『十三五』国家重点出版物出版规划项目
长江三峡工程文物保护项目报告
乙种第六十号

重庆市文物局　重庆市水利局　主编

巫山琵琶洲遗址与山包墓地

中国社会科学院考古研究所　编著

科学出版社

内 容 简 介

本书是重庆市巫山县琵琶洲遗址和山包墓地 1997 ~ 2006 年的考古发掘报告。自 1997 年以来共计清理了墓葬、灰坑、沟、坑、排水管道和水池等 137 处遗迹。

琵琶洲遗址应是一处以汉代遗存为主的遗址。由于遗址位置为历代理想的生活之所，汉代以后遗存被破坏严重。距遗址约 400 米的山包墓地发掘了战国至汉代墓葬 81 座、宋代墓葬 2 座、年代不明墓葬 17 座。本书重点对山包墓地战国晚期至汉代墓葬与琵琶洲遗址的关系、墓地布局、墓地形成过程、墓葬方向以及文化因素等相关问题进行了探讨。上述发现为研究三峡地区汉代聚落布局、丧葬制度以及社会文化提供了重要材料。

本书可供考古学、历史学等学科研究者，高等院校相关专业师生和广大历史、文物考古爱好者阅读、参考。

图书在版编目（CIP）数据

巫山琵琶洲遗址与山包墓地 / 中国社会科学院考古研究所编著.
北京 : 科学出版社，2025. 8. -- (长江三峡工程文物保护项目报告).
ISBN 978-7-03-082240-6

Ⅰ. K878. 85

中国国家版本馆CIP数据核字第2025P786R1号

责任编辑：王光明　杨　烁 / 责任校对：邹慧卿

责任印制：肖　兴 / 封面设计：陈　敬

科学出版社 出版

北京东黄城根北街16号

邮政编码：100717

http://www.sciencep.com

北京中科印刷有限公司印刷

科学出版社发行　各地新华书店经销

*

2025年8月第　一　版　开本：880×1230　1/16

2025年8月第一次印刷　印张：19 1/2　插页：71

字数：948 000

定价：358.00 元

（如有印装质量问题，我社负责调换）

"13th Five-Year Plan" National Key Publications Publishing and Planning Project

Reports on the Cultural Relics Conservation
in the Three Gorges Dam Project
B(site report) Vol.60

Cultural Relics and Heritage Bureau of Chongqing
Chongqing Water Resources Bureau

TGCR

The Pipazhou Site and Shanbao Cemetery in Wushan County

Institute of Archaeology, Chinese Academy of Social Sciences

Science Press

长江三峡工程文物保护项目报告
乙种第六十号

《巫山琵琶洲遗址与山包墓地》

主　　编

付仲杨

副　主　编

梁中合　丛德新

项目承担单位

中国社会科学院考古研究所长江三峡工作队

重庆市巫山县文物管理所

目　录

插 图 目 录

插 表 目 录

图 版 目 录

第一章　前　　言

第一节　巫山县地理位置与自然环境

巫山县城位于重庆市最东端，地处三峡库区腹心地带，素有“渝东门户之称”。县境跨长江巫峡两岸，东邻湖北省巴东县，南抵湖北省建始县，西与重庆市奉节县毗邻，北与重庆市巫溪县及湖北省神农架林区接壤。地理坐标为东经109°33′～110°11′，北纬30°45′～31°28′。县境东西最大距离61.2千米，南北最大距离80.3千米，总面积2958平方千米。境内山地占96%，丘陵平地只占4%。截至2020年，总人口46万人。巫山县城位于长江北岸，处于大宁河与长江交汇处，水路交通非常便利，地理位置极为重要。

巫山县域位于大巴山弧形构造、川东褶皱带及川鄂湘黔隆褶带三大构造体系结合部。长江横贯东西，大宁河、抱龙河等七条支流呈南北向强烈下切，地貌上呈深谷和中低山相间形态。地形起伏大，坡度陡，谷底海拔高程多在300米以内，坡顶多在1000米以上。区内出露地层多为沉积岩地层，自寒武系至侏罗系均有出露，另有第四系零星分布。岩层软硬相间，次级褶皱及断裂构造十分发育，构造地质背景复杂。因大巴山、巫山、七曜山三大山脉交汇于巫山县境内，形成典型的喀斯特地貌，最低海拔175米，最高海拔2680米。大宁河位于巫山之侧，长50千米，由龙门峡、巴雾峡、滴翠峡组成。琵琶洲遗址和山包墓地则位于大宁河下游龙门峡和巴雾峡之间（图1）。

巫山县属亚热带季风性湿润气候，立体气候特征明显。气候温和，雨量充沛，年均温度18.4℃，年平均降水量1041毫米。

巫山县资源丰富。矿产资源主要有煤、铁、硫铁矿、石灰岩、硫等。珍稀动物有金丝猴、鬣羚、牛羚、白唇鹿、鸳鸯、大鲵、红腹角雉、白尾椎红雉、绿尾红雉、猕猴、穿山甲、水獭、大灵猫、小灵猫、猞猁、獐、马鹿、斑羚、白冠长毛雉、金鸡等，还有豺、狼、熊、野猪、鹿等各种兽类50余种。珍稀植物有猕猴桃、野生大豆、三叶、金橘、桑、辛荑、香樟、重阳木、银杏、红豆、珙桐、三尖杉、杜仲等。

此外，巫山县境内有以峡谷、江河风光为代表的长江三峡；有以探险、休闲、漂流旅游为主要内容的小三峡；有曲径探幽、以神女峰为代表的巫山“三台八景十二峰”景点群。

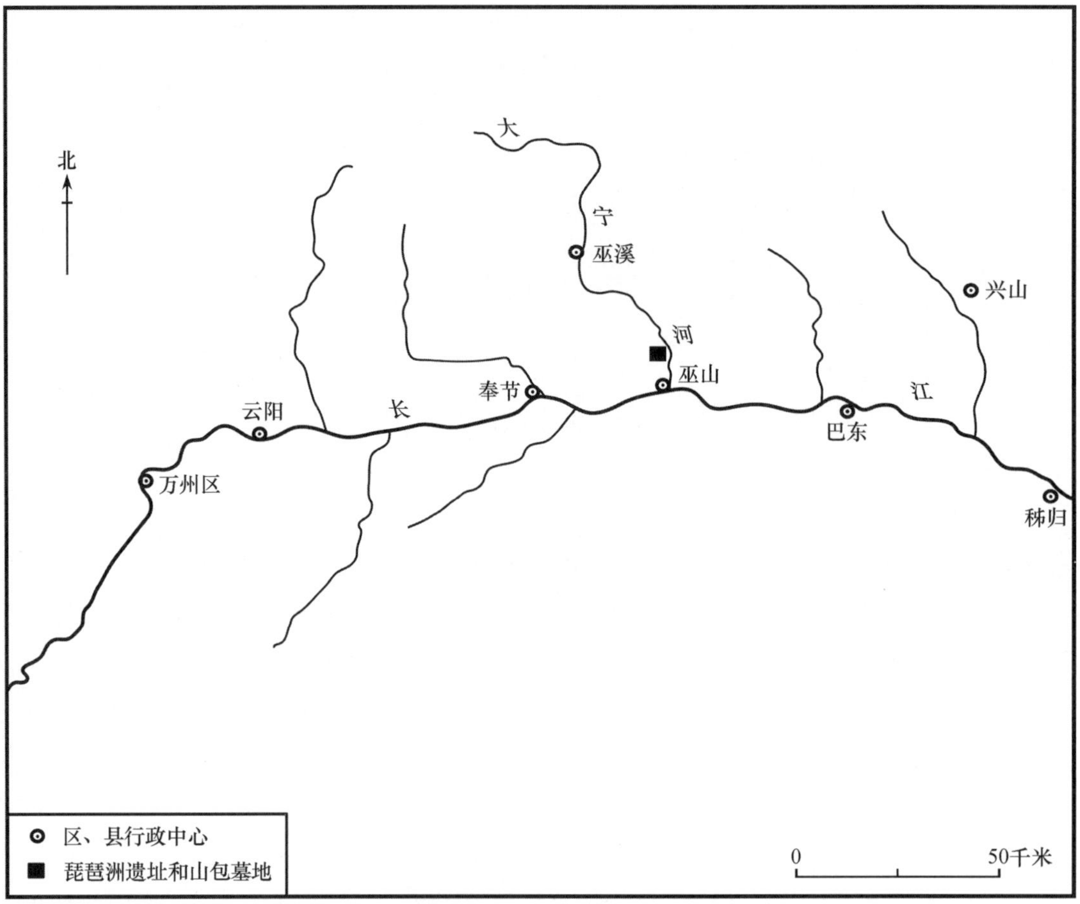

图1　琵琶洲遗址和山包墓地位置示意图

第二节　文化背景和巫山县建制沿革

1985年在巫山龙骨坡发现的“巫山直立人”，是中国境内发现的最早的人类化石，在探讨亚洲人类起源问题上发挥着重要的作用。旧石器中晚期以来，三峡地区也一直有人类生存、繁衍，至新石器时代的大溪文化更是研究长江流域文明起源不可或缺的一支重要文化。经过商周时期的发展演变，在春秋、战国之际，巴国完全统治了包括巫山在内的三峡地区东部。战国中期，楚国的势力一度占据整个三峡地区。秦灭巴蜀后，白起灭郢，三峡则归入秦属地。西汉初期，三峡承秦制，在西汉中期前后，中央集权下的汉制在三峡地区得以确立，其社会、经济、文化呈现出前所未有的繁荣，出现了大量的汉代遗址和墓地。

琵琶洲遗址和山包墓地位于大宁河下游，距离巫山县城8.7千米，虽然遗址和墓地无史料记载，但巫山县城历史建制沿革对琵琶洲遗址和山包墓地研究还是有参考价值的。

据《巫山县志·沿革志》[①]，巫山历唐、虞及三代，悉以巫称。

① （清）李友梁等纂：《巫山县志》（清光绪十九年版），巫山县志编纂委员会重印（内部发行），1988年。

唐尧时，巫山以巫咸得名。《艺林伐山》卷四引郭璞《巫咸山赋》："巫咸以鸿术为帝尧医师，生为上公，死为贵神，封于是山，因以得名。"

虞，《舜典》"肇十有二州"，巫山属荆梁之区。

夏，《禹贡》分九州，巫山仍在荆梁二州之域。

商，《商颂》"九有九围"，注皆九州，巫山所属，与夏无殊。

周，巫为庸国地，《牧誓》所谓庸，蜀者是。

春秋时巫为夔子国地，僖公三（应作二）十六年，楚人灭夔，地共入楚，巫乃属焉。《左传》"楚败郧师于蒲骚"，注"蒲骚在峡州巫山"。《寰宇记》"夔之巫山县，楚子熊挚所治，多熊姓"。

战国楚有巫郡，《国策》苏秦说楚威王曰"南（应作西）有巫郡"。《括地志》"郡在夔东百里，后为南郡邑"。

秦昭襄王三十年（前277年），改置巫县。《史记·秦本纪》"昭襄王三十年取楚巫郡"。《一统志》"巫郡改为巫县，属南郡"。

两汉因秦旧，仍名巫县，属南郡。

东汉建安十五年（210年），析巫县置北井县。

三国时期蜀汉章武二年（222年），县境属吴国宜都郡。吴孙休永安三年（260年），分宜都郡置建平郡，治巫县。

西晋泰始四年（268年），隶属巴东郡。

隋开皇三年（583年），罢郡改县，巫县更名巫山县，属巴东郡。

唐、五代属夔州。宋属夔州路。元沿用。明属夔州府。清因之。清康熙九年（1670年），大昌县并入巫山县。

第三节 琵琶洲遗址和山包墓地概况

琵琶洲隶属于重庆市巫山县巫峡镇东坪坝村。处于大宁河下游，南距巫山县城8.7千米。大宁河流经巫山县境内部分多处于高山之间，形成了著名的小三峡，而琵琶洲则位于小三峡的龙门峡和巴雾峡之间的盆地中央。大宁河从琵琶洲边缘蜿蜒经过，形成一半岛形状的台地，从空中俯瞰其半岛形状形似乐器琵琶，琵琶洲因此而得名。琵琶洲台地三面环水，西靠青窝山，北为鲤鱼山，南有黄金大山，东与东坪坝村隔河相望（图2；图版1）。

琵琶洲遗址位于台地东部的二级台地上，大多为农田。整个遗址地势呈西高东低，东西长300、南北宽250米，面积7.5万平方米。海拔高度在120～130米之间。发现有商代至明清时期的遗物，有汉代的灰坑、灰沟、排水管道与蓄水池，较多的是明清时期堆积。琵琶洲山包墓地则位于遗址的西侧岗地上和其下较平缓的坡地上。整个山包墓地地势略呈西高东低，东西长230、南北宽130米，面积近3万平方米。整个墓地大部分为农田，中心地势比较平缓。整个遗址地理坐标为东经109°53′39″，北纬31°81′30″，海拔115～170米。

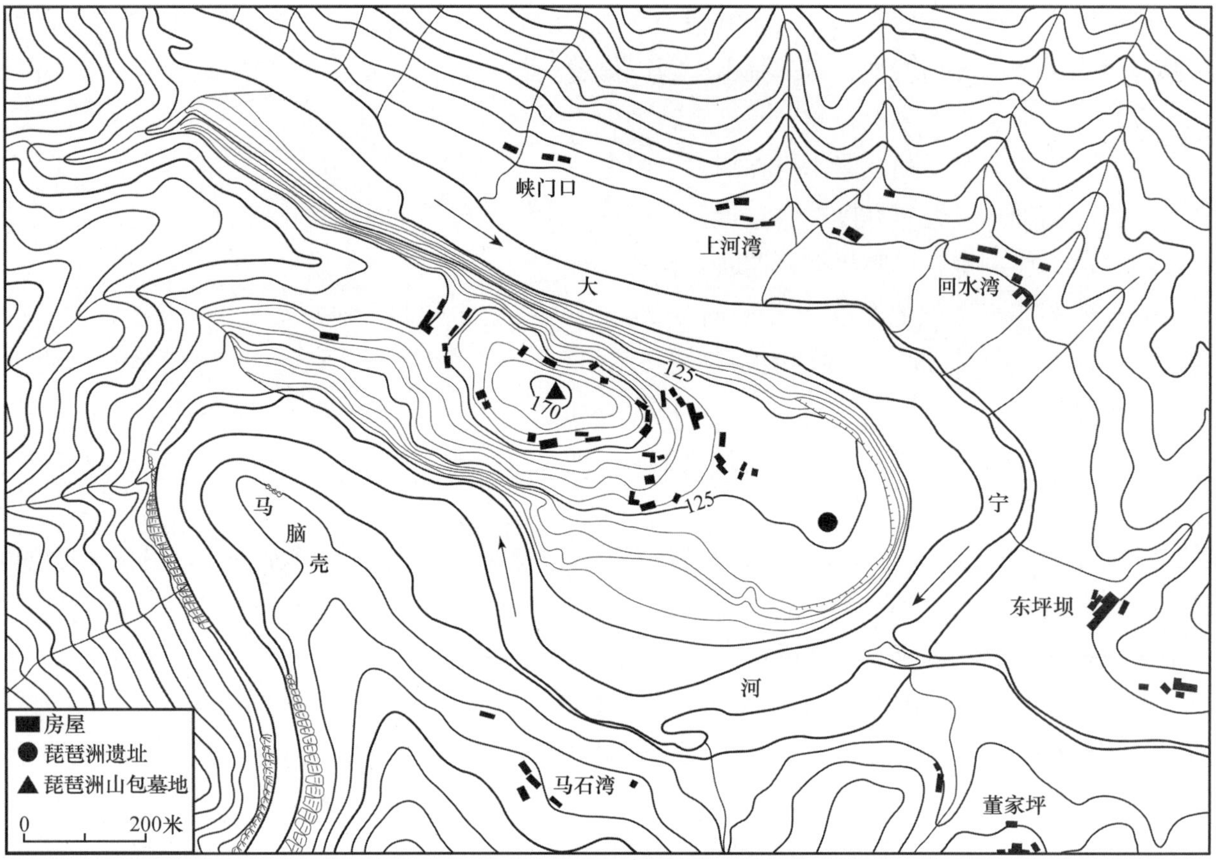

图2　琵琶洲遗址和山包墓地地形图

第四节　发 掘 概 况

琵琶洲遗址的考古工作始于20世纪50年代[①]，1985年11～12月四川省文物管理委员会、四川省文物考古研究所和巫山县文化馆在此地采集到石器、纺轮和网坠等遗物[②]。1987年5月中国社会科学院考古研究所四川工作队对该遗址又进行了调查[③]。1993年冬，中国社会科学院考古研究所长江三峡工作队对琵琶洲遗址进行了复查，1994年和1995年对该遗址连续进行了钻探和试掘工作[④]。为了配合三峡工程建设，中国社会科学院考古研究所长江三峡工作队承担了琵琶洲遗址和山包墓地的抢救性发掘任务。自1997年以来，先后与重庆市文化局三峡办签订了七个年度的发掘协议，累计完成钻探面积271400平方米，发掘面积9420.75平方米，发掘了100座墓

① 四川省博物馆：《川东长江沿岸新石器时代遗址调查简报》，《考古》1959年第8期。

② 四川省文物管理委员会、四川省文物考古研究所、巫山县文化馆：《巫山境内长江、大宁河流域古遗址调查简报》，《四川考古报告集》，文物出版社，1998年，第1～10页。

③ 中国社会科学院考古研究所四川工作队：《四川万县地区考古调查简报》，《考古》1990年第4期。

④ 中国社会科学院考古研究所三峡工作队：《巫山琵琶洲遗址发掘报告》，《重庆库区考古报告集·1998卷》，科学出版社，2003年，第172页。后文中的《巫山琵琶洲遗址发掘报告》均指该文。

葬、30座灰坑、4条沟、1个坑、1条排水管道和1个水池（表1）。

表1　琵琶洲遗址与山包墓地历年工作情况统计表

工作年度	协议号	协议钻探面积/平方米	钻探面积/平方米	协议发掘面积/平方米	发掘面积/平方米	发掘墓葬/座	发掘遗迹	备注
1997年	1997-1003	110000	110000	1000	1051	7	8座灰坑、1条沟和1个坑	
1998年	1998-1003			500	524.75	8	6座灰坑和1条沟	
1999年	1999-1002			550	600			
2000年	2000-1002	81300	81400	1000	1000		16座灰坑、2条沟、1条排水管道和1个水池	
2003年	2003-1010	80000	80000	2000	2050	33		
2004年	2004-1009			2000	2700	35		M164未发掘
2005年	2005-1008			1000	1495	17		
总计		271300	271400	8050	9420.75	100		

一、1997年协议及考古工作开展情况

1997年度协议号为1997-1003，田野工作任务是发掘面积1000平方米、普探面积100000平方米、重点勘探面积10000平方米。

本次考古发掘队长杨虎，副队长郑若葵，琵琶洲遗址负责人为丛德新，队员有陈超、付仲杨、郭留通、张绪武、钱常有、毕道传、杨利伟和裴建卫。具体考古工作情况如下：

1997年11月至1998年1月，实施了第一阶段的田野发掘和11万平方米的钻探工作（图版2，1）。其中遗址发掘在东台地的西南部，布5米×5米探方13个（编号为1998CWPT3001～T3013）（图3、图5），山包墓地发掘在山顶中心区域，布探方3个（编号为1998CWPT14～T16，其中T14为4米×8米、T15为7米×7米、T16为5米×7米[①]）（图3），发掘面积共计441平方米。

1998年3～5月，开展了第二阶段田野发掘工作。其中遗址发掘在东台地的西北部，共布5米×5米探方19个（编号为1998CWPT1001～T1010、T4001～4006、T4011～T4013）（图3、图5）。山包墓地发掘在山顶东部和南部，布探方3个（编号为1998CWPT17～T19，其中T17为3米×10米、T18为5米×15米、T19为5米×2米）（图3）。两处发掘面积共计610平方米。

本年度发掘总面积1051平方米[②]。遗址共发掘了8座灰坑、1条沟和1个坑。山包墓地共发掘了7座墓葬。

① 1998年山包墓地发掘基点是山顶变压器东北电杆，即图3中的基点1。1999年山包墓地发掘沿用此基点。

② 《巫山琵琶洲遗址发掘报告》第172页中发掘总面积为1065平方米，实际为1051平方米。通过核对发掘资料后发现第一阶段山顶墓地T16为5米×7米的探方，发掘面积应核减14平方米。

二、1998年协议及考古工作开展情况

1998年度协议号为1998-1003，田野工作任务是发掘面积500平方米。

本年度考古发掘队长郑若葵，琵琶洲遗址负责人陈超，队员有赵慧民、李学来、黄卫东、付仲杨、黎明、刘琦、贺战武、钱常有和申国胜。具体考古工作情况如下：

1999年3～4月，对琵琶洲遗址和山包墓地进行了田野发掘，遗址发掘面积375平方米，山包墓地发掘面积149.75平方米，共计524.75平方米（图3）。遗址发掘在东台地的西南部，共布5米×5米探方15个（编号为1999CWPT3014～T3024、T4007～T4010）（图3、图22）。共发现6座灰坑和1条沟。山包墓地共布探方2个（编号为1999CWPT8、T9，其中T9为5米×12米、T8为5米×9米，后扩方至89.75平方米）（图3）。共发掘了8座墓葬。

三、1999年协议及考古工作开展情况

1999年度协议号为1999-1002，田野工作任务是发掘面积550平方米。

本年度考古发掘队长郑若葵，琵琶洲遗址负责人赵慧民，队员有杨利伟、张水峰。具体考古工作情况如下：

2000年4～5月，对琵琶洲遗址进行了田野发掘，发掘面积600平方米。遗址发掘在东台地的东部，共布5米×5米探方24个（编号为2000CWPT1011～T1034）（图3、图33）。

四、2000年协议及考古工作开展情况

2000年度协议号为2000-1002，田野工作任务是发掘面积1000平方米、钻探面积81300平方米。

本年度考古发掘领队王仁湘，执行领队为梁中合，队员有贾笑冰、李涛、傅群启、毕道传。具体考古工作情况如下：

2000年10～12月，对琵琶洲遗址进行了田野发掘与钻探，发掘面积1000平方米，钻探面积81400平方米。遗址发掘在东台地的西北部和西南部，共布5米×5米探方40个（编号为2000CWPT1050～T1069、T3016～3035）（图3、图33）。共发掘了16座灰坑、2条沟、1条排水管道和1个水池。

五、2003年协议及考古工作开展情况

2003年度协议号为2003-1010，田野工作任务是钻探面积8万平方米、发掘面积2000平方米。

本年度考古发掘领队梁中合，执行领队为贾笑冰，队员有周海铎、李涛、傅群启、丁昌峰、张召刚、董海鹏、徐少华、钱道勋和李青山。具体考古工作情况如下：

2003年11～12月，对琵琶洲山包墓地进行了钻探和发掘，钻探面积8万平方米、发掘面积2050平方米（含扩方面积）。墓地发掘在山顶中心区域，共布10米×10米探方20个（编号为

2003CWPT1004、T1005、T1104、T1204、T1304、T1402～T1404、T1502～T1504、T1602～T1604、T3801、T3802、T4004、T4005、T4104、T4105①）（图3）。共发掘了33座墓葬。

六、2004年协议及考古工作开展情况

2004年度协议号为2004-1009，田野工作任务是发掘面积2000平方米。

本年度考古发掘领队梁中合，执行领队为陈超，队员有罗志宏、王铮、周海铎、李涛、傅群启、张召刚、丁昌峰和李青山。具体考古工作情况如下：

2004年11月至2005年1月，对琵琶洲山包墓地进行了发掘，发掘面积2700平方米。墓地发掘在山顶中心区域，共布10米×10米探方27个（编号为2004CWPT1302、T1303、T1408、T1409、T2407～T2409、T3501、T3502、T1401、T4007、T4102、T4103、T4106、T4107、T4202～T4207、T3801、T4604、T4804、T4903～T4905）（图3）。共发掘了35座墓葬。

七、2005年协议及考古工作开展情况

2005年度协议号为2005-1008，田野工作任务是发掘面积1000平方米。

本年度考古发掘领队梁中合，执行领队为陈超，队员有黄卫东、周海铎、傅群启、张召刚、丁昌峰、李青山、李涛和董海鹏。具体考古工作情况如下：

2006年2～3月，对琵琶洲山包墓地进行了发掘，实际发掘面积1495平方米（图3）。墓地发掘在山顶西部，共布10米×10米探方12个（编号为2006CWPT1002、T2001～T2301、T3001、T3002、T4002、T4307、T4606、T4707、T4706）、5米×13米探方1个（2006CWPT1102）、探方3个（15米×2米2006CWPTG1001、10米×2米2006CWPTG1002、5米×20米2006CWPTG4001）。共发掘了17座墓葬。

第五节 报告编写

琵琶洲遗址和山包墓地先后进行了7个年度的协议考古工作（表1）。由于各种原因，至2021年12月，仅发表了1997年协议年度的发掘简报②。2021年，为了落实习近平总书记关于三峡文物保护的重要指示批示精神，按照国家文物局的具体安排和要求，中国社会科学院考古研究所

① 2003年山包墓地基点重新设在琵琶洲西部山顶偏西位置，即图3中的基点2。以基点为原点，顺时针建立Ⅰ、Ⅱ、Ⅲ和Ⅳ区，Ⅰ区探方编号首位数字为1，Ⅱ区探方编号首位数字为2，Ⅲ区探方编号首位数字为3，Ⅳ区探方编号首位数字为4，具体探方编号见1998～2006年琵琶洲山包墓地发掘探方和墓葬分布图（图64）。2004年、2006年山包墓地发掘沿用此基点。

② 中国社会科学院考古研究所三峡工作队：《巫山琵琶洲遗址发掘报告》，《重庆库区考古报告集·1998卷》，科学出版社，2003年，第172～188页。

将琵琶洲遗址和山包墓地的报告整理作为考古研究所的重大任务，多次召开党委会和所长办公会进行商议和讨论，并据《考古所督办工作办法》，建立了报告编写的督办机制和任务台帐。2022年2月，考古所将琵琶洲遗址和山包墓地的资料整理和报告编写工作正式交付给我们。

由于原始田野资料存放于中国社会科学院考古研究所内和重庆中国三峡博物馆，我们接到任务后，于2022年3月初从西安到北京先将原长江三峡队保存的田野发掘资料、照片和部分汇报材料全部运至陕西西咸新区马王街道沣西工作站，再对这些资料进行扫描和数字化。经过初步核查资料，发现有部分原始资料缺失，故于3月底前往重庆中国三峡博物馆查阅和扫描缺失的原始资料。2022年6月，前往重庆市巫山县文物管理所（巫山博物馆）核查琵琶洲遗址和山包墓地出土器物，并拷贝已拍照的出土遗物照片和数据。2023年2月，前往巫山博物馆对保存的琵琶洲山包墓地人骨做鉴定工作。在资料核查和整理过程中，得到了重庆市文物局王建国先生、重庆中国三峡博物馆李琳女士、巫山博物馆张潸馆长、张辉副馆长、袁毅先生等人的大力支持和热忱帮忙，在此致以谢意。

资料收集和核查完成后，我们按年度对琵琶洲遗址和山包墓地分别进行整理。绘制了7个年度的发掘总图。以单个遗迹为单位，对遗迹线图、照片、出土遗物照片、线图和拓片等逐一进行整理和绘制。整理工作至2022年8月20日才全部完成。遗址发掘总图和各年度发掘总图由付仲杨绘制。探方和遗迹线图由付仲杨和崔凡绘制。遗物线图由崔凡、陕西师范大学硕士研究生彭子源和浦泽心、厦门大学硕士研究生匡正潇和钟泽宇绘制。锈蚀较严重的铜钱的照片和拓片由巫山县文物管理所袁毅和丁坤琮等人提供。遗址文字资料由付仲杨整理，山包墓地文字资料由中国社会科学院大学博士研究生王一凡整理，后期器物尺寸大小由西安文理学院本科生邵祎晨统一进行逐一核对，后期根据外审专家意见和建议的审核及校对工作由付仲杨和中国社会科学院大学博士研究生王耀文完成，其他整理事宜由付仲杨统筹完成。

本报告本着资料全面性的原则对发掘资料进行刊发，完整地发表琵琶洲遗址所有遗迹和山包墓地所有墓葬的全部资料。需要说明的是，本报告还是有些资料信息是缺失的。这包括由于当年发掘者没有提取或采集如墓砖、人骨标本等发掘资料以及因发掘、整理工作历时较长导致缺失的原始资料。

由于发掘时间较早，所有遗迹测量方向均是采用罗盘测量的，故报告中所有遗迹的指北方向均为磁北。墓葬中出土有人骨的且无墓道的墓葬方向指墓主头向；没有发现人骨且无墓道的墓葬方向以墓坑中轴线为准；而有墓道的墓葬方向均指墓道朝向。

另外，已发表的简报资料①若与本报告有不同之处，以本报告为准。

---

① 中国社会科学院考古研究所三峡工作队：《巫山琵琶洲遗址发掘报告》，《重庆库区考古报告集·1998卷》，科学出版社，2003年，第172～188页；中国社会科学院考古研究所长江三峡工作队、巫山县文物管理所：《重庆巫山琵琶洲山包墓地2004年、2006年发掘简报》，《江汉考古》2023年第4期；中国社会科学院考古研究所长江三峡工作队、巫山县文物管理所：《巫山琵琶洲山包墓地1999年、2003年发掘简报》，《重庆库区考古报告集》待刊。

第二章　琵琶洲遗址

第一节　遗 址 概 述

琵琶洲遗址位于琵琶洲台地东部的二级台地上。整个遗址地势呈西高东低，东北部地势略高，中部、南部及东南部地势较低矮，海拔高度在120～130米之间。遗址共进行了1997年、1998年、1999年和2000年等4个年度协议的考古工作（图4；图版1）①。共发现30座灰坑、4条沟、1个坑、1条排水管道和1个水池。区域内主要堆积为汉代以后的文化层。汉代遗迹主要有地层、灰坑、灰沟、排水管道和蓄水池等。2003年库区已经蓄水，琵琶洲台地东部被淹，即琵琶洲遗址全部没入水中（图版2，2、图版3，1）。本章按照年度对遗址发掘情况予以介绍。

第二节　遗迹与遗物

一、1998年发掘

1998年琵琶洲遗址的发掘工作分两个阶段进行。第一阶段在东台地的西南部Ⅲ区进行了发掘，共布5米×5米探方13个，编号为1998CWPT3001～T3013②。第二阶段在东台地中部和西北部的Ⅰ区与Ⅳ区进行了发掘，共布5×5米探方19个，编号为1998CWPT1001～T1010、T4001～T4006、T4011～T4013。两次共发掘800平方米。共发现8座灰坑、1条沟和1个坑（图5）。

---

① 1997年度协议考古工作是在1998年进行的；1998年度协议考古工作是在1999年进行的；1999和2000两个年度协议考古工作均是在2000年进行的。所有探方和遗迹按照发掘年度+CWP进行编号，而不是按照协议工作年度编号。例如1998CWPT3005代表1998年发掘的探方。

② 遗址基点设在琵琶洲东台地东西向小路南侧的中心位置。以基点为原点，顺时针建立Ⅰ、Ⅱ、Ⅲ和Ⅳ区，Ⅰ区探方编号首位数字为1，Ⅱ区探方编号首位数字为2，Ⅲ区探方编号首位数字为3，Ⅳ区探方编号首位数字为4，具体探方编号见图5。1999年、2000年琵琶洲遗址发掘沿用此基点。

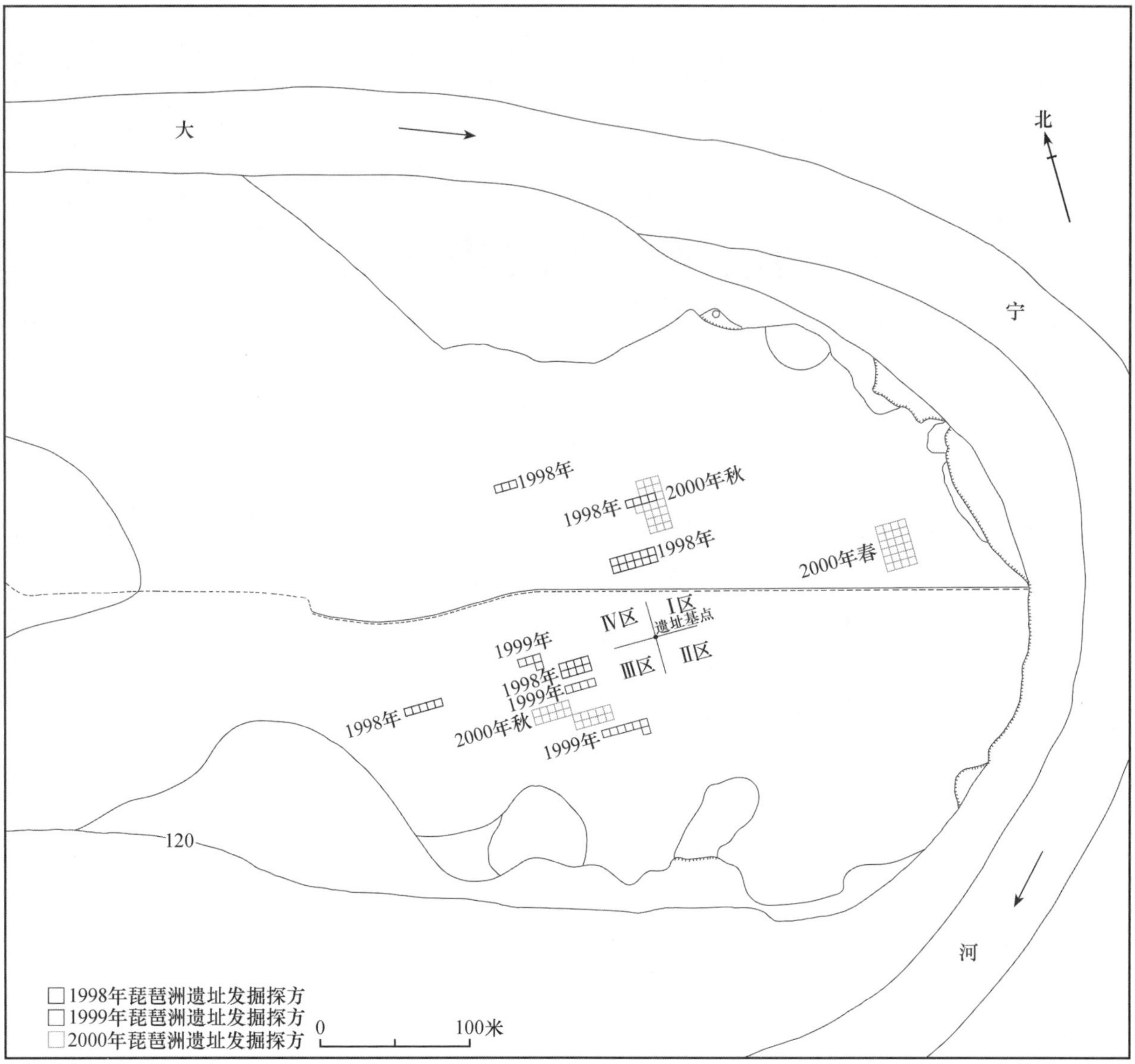

图4　1998～2000年琵琶洲遗址发掘探方分布图

（一）地层堆积

在台地Ⅳ区、Ⅲ区和Ⅰ区发掘的三个区域内主要堆积皆为汉代以后的文化层。堆积厚度不一。Ⅳ区T4011～T4013地层堆积较厚，共七层堆积。Ⅰ区T1007～T1010地层堆积也较厚，共五层堆积，其中第5层为汉代堆积。Ⅳ区T4001～T4006、Ⅰ区T1001～T1006地层堆积较薄，共三层堆积。Ⅲ区T3001～T3004共四层堆积；T3005～T3008共5层堆积，其中第5层为汉代堆积（图版3，2）；T3009～T3013仅一层堆积。现分别以T4013南壁①、T1010北壁和T4006南壁为例说明地层堆积情况。

① 《巫山琵琶洲遗址发掘报告》第173页中“T1013”南壁应是T4013，系笔误。

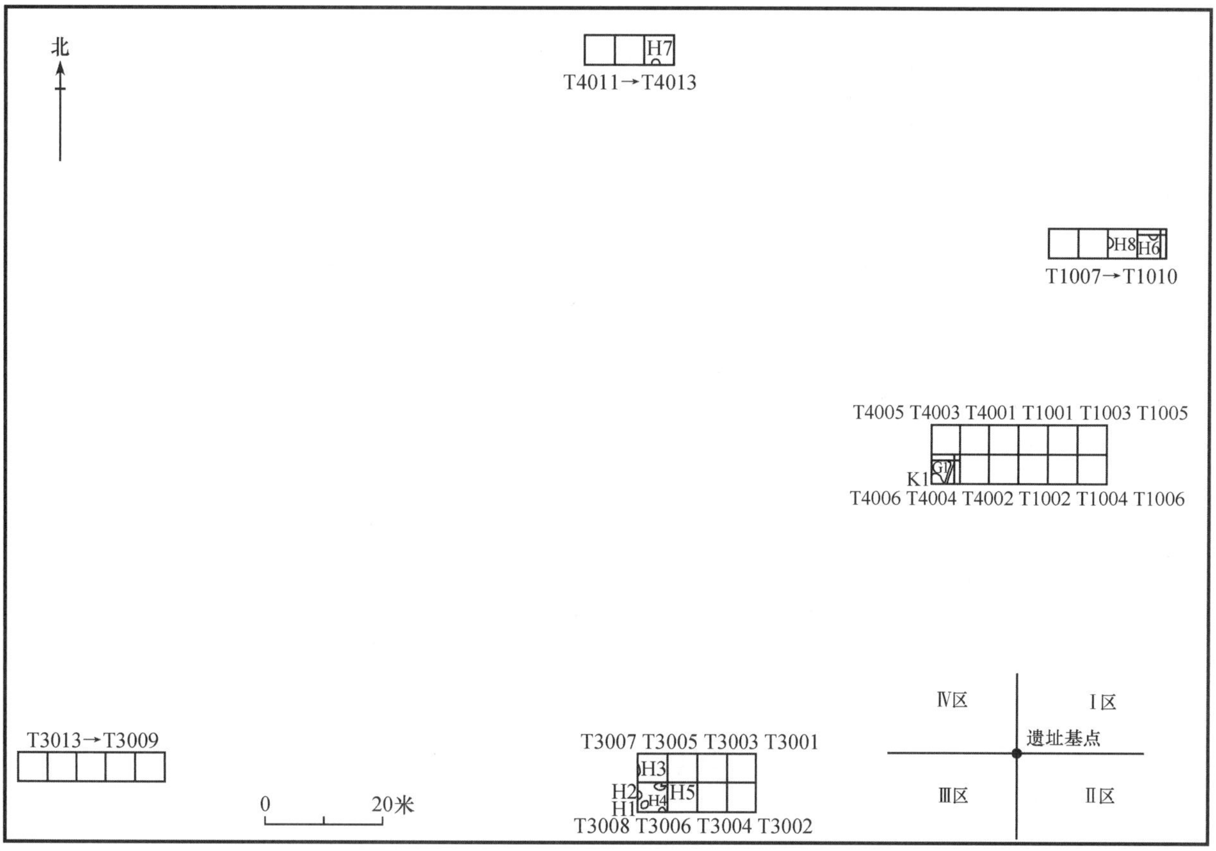

图5　1998年琵琶洲遗址发掘布方和遗迹分布图

1. 1998CWPT4013南壁

第1层：现代耕土层。浅灰色土，土质疏松，厚10～23厘米。内含植物根系和少量近现代陶片、瓷片。

第2层：浅黄褐色淤土层，土质略松，深10～23、厚8～25厘米。包含物极少，仅见少量近现代瓷片。

第3层：清代层。黄褐色土，土质略硬，深25～37、厚8～15厘米。内含有清代青花瓷片及板瓦残片等。

第4层：清代层。灰褐色土，土质略硬，深40～46、厚28～35厘米。该层南部堆积较厚。内含有明清时期的青花瓷片、白瓷片，以及泥质灰陶的板瓦、筒瓦残片和少量陶片。H7开口于此层下。

第5层：宋代层。黄褐色水锈土，土质坚硬，深75、厚18～40厘米。出土物以釉陶残片为主，另有少量泥质灰陶筒瓦残片、瓦当等。

第6层：宋代层。浅黄色水锈土，土质坚硬，深92～114、厚18～35厘米。仅见少量瓷片、釉陶残片。

第7层：次生土层，深黄色水锈土，土质坚硬，深116～137、厚10～25厘米。该层北部略厚，未见包含物。此层下为黄褐色胶泥生土（图6）。

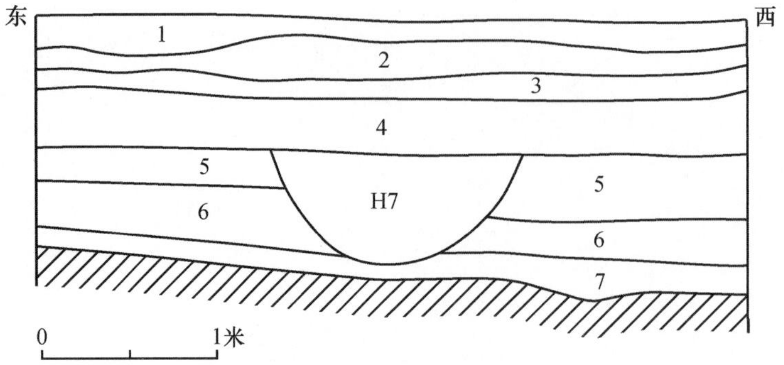

图6　1998CWPT4013南壁剖面图

2. 1998CWPT1010北壁

第1层：现代耕土层。浅灰色土，土质疏松，厚20～22厘米。内含大量植物腐朽质和少量近现代陶片、瓷片。

第2层：黄白色淤土层，土质细腻松软，深20～22、厚10～20厘米。未见包含物。

第3层：清代层。黄褐色土，土质略硬，深31～40、厚10～18厘米。内含有清代青花瓷片及宋代黑釉瓷片等。

第4层：宋代层。灰褐色土，土质较硬，内含较多红烧土块，深45～51、厚19～27厘米。出土较多宋代黑瓷片、白瓷片，以及汉代绳纹板瓦、筒瓦残片等。

第5层：汉代层。灰褐色土，土质坚硬，深66～77、厚56～76厘米。出土较多陶片，可辨器形有筒瓦、板瓦、瓦当、甑和罐等。H6开口于此层下。此层下为黄褐色胶泥生土（图7）。

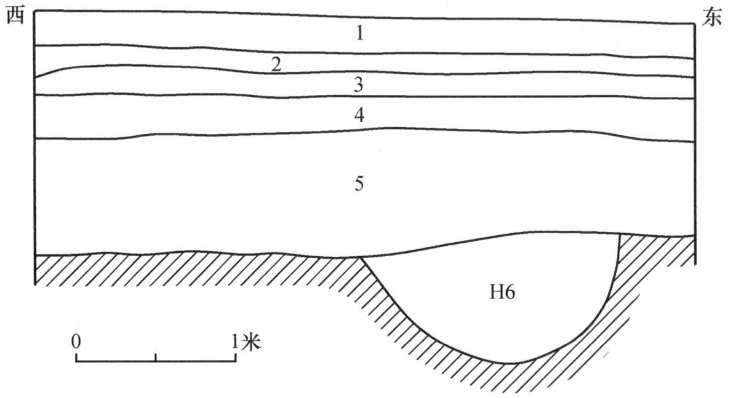

图7　1998CWPT1010北壁剖面图

3. 1998CWPT4006南壁

第1层：现代耕土层。浅灰色土，土质疏松，厚15～18厘米。内含大量植物腐朽质、少量近现代陶片、瓷片和兽骨。

第2层：近代层。黄褐色土，土质略硬，深15～18、厚8～20厘米。该层北薄南厚。内含青石块、清代青花瓷片等。

第3层：清代层。灰褐色土，土质坚硬，深25～40、厚20～25厘米。西北部堆积较厚。内含有清代青花瓷片、白瓷片以及汉代绳纹瓦片等。G1和K1开口于此层下。此层下为黄褐色胶泥生土（图8）。

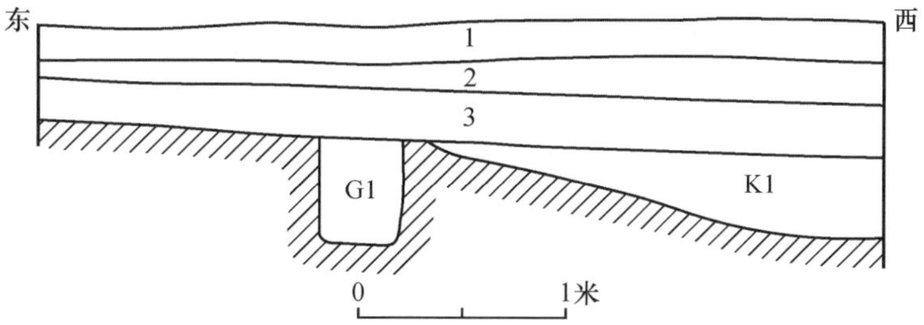

图8　1998CWPT4006南壁剖面图

（二）遗迹

共发现8座灰坑、1条沟和1个坑（表1）。其中汉代或东汉时期灰坑7座，清代灰坑、坑各1座和沟1条。

1. 1998CWPT3008H1

H1位于T3008西南部，其西北部有H2、东北部有H5、东南部有H4（图5）。开口于第4层下，直接打破生土。

坑口平面形状呈椭圆形，剖面形状呈锅底状。坑口距现地表50厘米。长150、宽114、深22厘米（图9）。坑内填土为黑褐色土，土质较硬。出土较多泥质灰陶片，可辨器形有汉代绳纹筒瓦和陶罐。

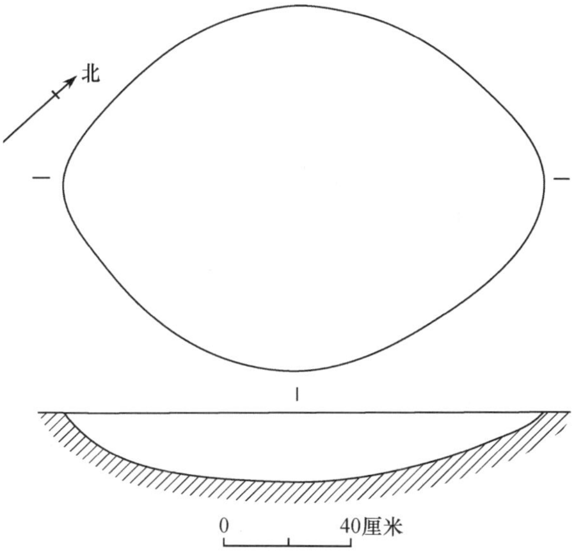

图9　1998CWPT3008H1平、剖面图

根据层位关系和出土物，推测其年代为汉代。

2. 1998CWPT3008H2

H2位于T3008西部偏北，有至少一半延伸至探方西壁外。其南部、东南部和东北部分别有H1、H4和H5（图5）。开口于第4层下，直接打破生土。

坑口现存部分平面形状呈半椭圆形，剖面呈锅底状。坑口距现地表70厘米。长150、宽71、深20厘米（图10）。坑内填土为黑褐色土，土质较硬。出土少量泥质陶片，可辨器形有罐和盆。

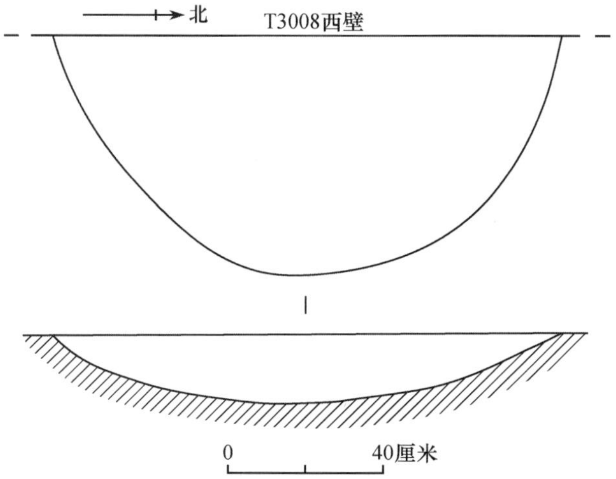

图10　1998CWPT3008H2平、剖面图

根据层位关系和出土物，推测其年代为汉代。

3. 1998CWPT3007H3

H3位于T3007西部中间，大部分延伸至探方西壁外（图5）。开口于第4层下，直接打破生土。

坑口现存部分平面形状呈半椭圆形，剖面呈锅底状。坑口距现地表55厘米。长205、宽40、深25～33厘米（图11）。坑内填土为黑褐色土，土质紧密，内含少量红烧土块。出土少量泥质灰陶片，可辨器形有绳纹瓦。

根据层位关系和出土物，推测其年代为汉代。

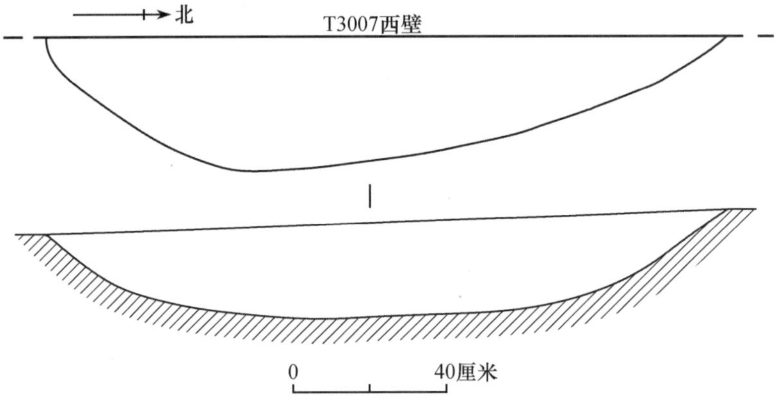

图11　1998CWPT3007H3平、剖面图

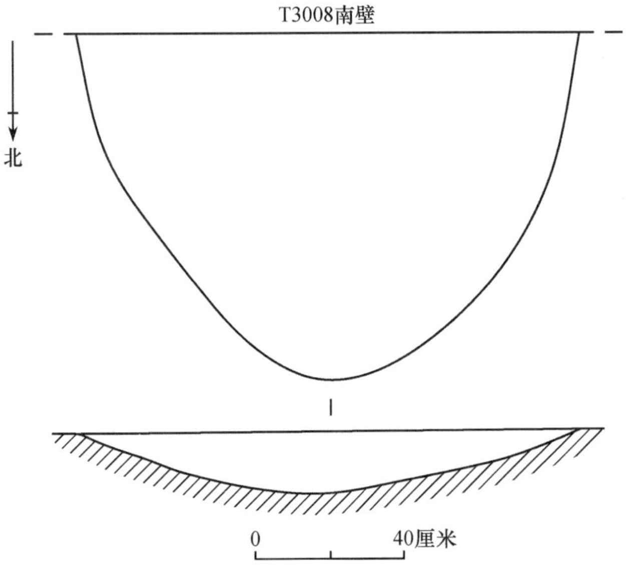

图12　1998CWPT3008H4平、剖面图

4. 1998CWPT3008H4

H4位于T3008东南部，有一部分延伸至探方南壁外，其西部、西北部和北部分别有H1、H2和H5（图5）。开口于第4层下，直接打破生土。

坑口现存部分平面形状呈半椭圆形，剖面呈锅底状。坑口距现地表50厘米。长125、宽85、深15厘米（图12）。坑内填土为黑褐色土，土质较硬。出土少量泥质灰陶片，可辨器形有绳纹瓦。

根据层位关系和出土物，推测其年代为汉代。

5. 1998CWPT3008H5

H5位于T3008东北部，有小部分压在探方关键柱下，其西部、西南部和东南部分别有H2、H1和H4（图5）。开口于第4层下，打破第5层和生土。

坑口平面形状呈椭圆形，剖面呈锅底状。坑口距现地表50厘米。长180、宽120、深37厘米（图13）。坑内填土为黑褐色土，土质较硬。出土少量泥质灰陶片，可辨器形有绳纹瓦。出土了5件小件，其中圆陶片2件，残铁刀、五铢铜钱和大泉五十铜钱各1件。

根据层位关系和出土物，推测其年代大致为东汉时期，上限不过新莽或东汉早期。

6. 1998CWPT1010H6

H6位于T1010东北部，一部分延伸至探方北隔梁下（图5）。开口于第5层下，直接打破生土。

坑口现存部分平面形状呈半椭圆形，剖面呈锅底状。坑口距现地表127厘米。长159、宽85、深65～80厘米（图14）。坑内填土为黑褐色土，土质较硬，内夹杂有少量红烧土块。出土少量陶片，以灰陶为主，可辨器形有绳纹板瓦、筒瓦和罐等。

根据层位关系和出土物，推测其年代为汉代。

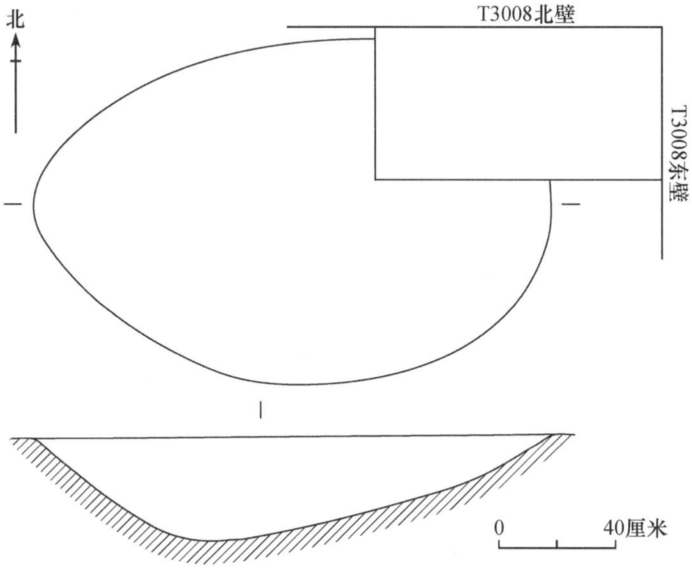

图13　1998CWPT3008H5平、剖面图

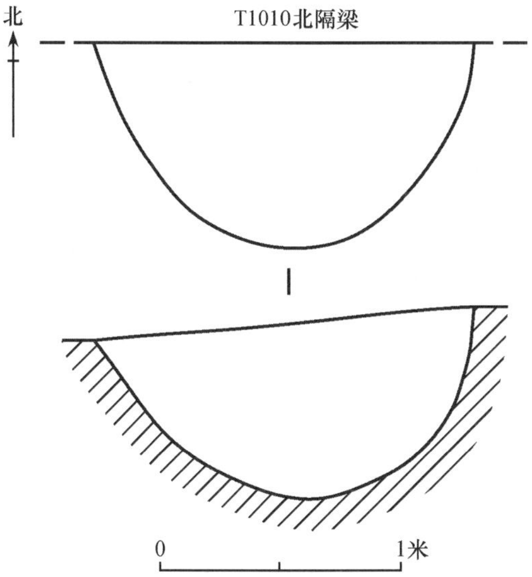

图14　1998CWPT1010H6平、剖面图

7. 1998CWPT4013H7

H7位于T4013南部中间，一部分延伸至探方南壁外（图5）。开口于第4层下，打破第5、6和7层。

坑口现存部分平面形状呈半椭圆形，剖面呈锅底状。坑口距现地表75厘米。长140、宽97、深63厘米（图15）。坑内填土为黑褐色土，土质较硬，内夹杂少量红烧土颗粒。出土少量陶片和瓷片，可辨器形有板瓦、汉代菱形方格纹砖块和陶罐等。砖块长21.8、宽14、厚4.2厘米（图16）。

根据层位关系和出土物，推测其年代为清代。

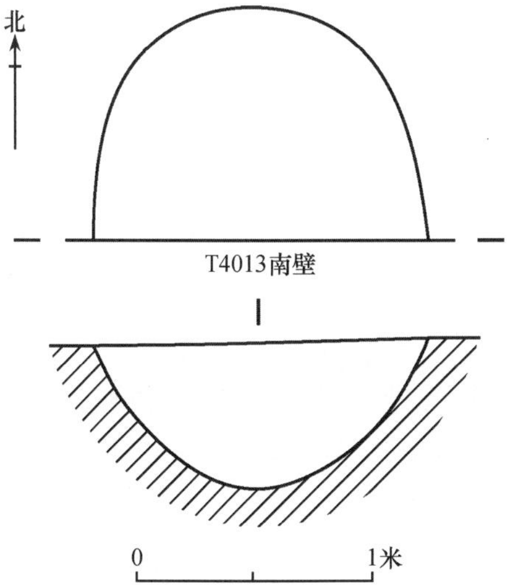

图15　1998CWPT4013H7平、剖面图

8. 1998CWPT1009H8

H8位于T1009西部中间，一部分延伸至探方西壁外（图5）。开口于第5层下，直接打破生土。

图16　1998CWPT4013H7出土砖块纹饰拓片

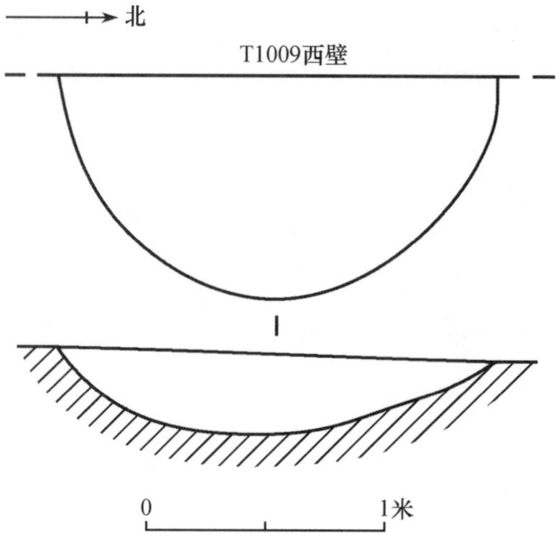

图17　1998CWPT1009H8平、剖面图

坑口现存部分平面形状呈半椭圆形，剖面呈锅底状。坑口距现地表53厘米。长184、宽94、深37厘米。坑内填土为浅灰色土，土质较硬。出土少量陶片，以灰陶为主，可辨器形有板瓦、筒瓦、菱形纹砖和陶罐等（图17）。

根据层位关系和出土物，推测其年代为汉代。

9. 1998CWPT4006G1和K1

G1位于T4006东部，南部延伸至探方南壁外，呈东北—西南走向（图5）。开口于第3层下，直接打破生土。

平面形状呈长条状。北部两边用石块堆砌。直壁，平底。沟口现存部分距现地表110厘米。长420、宽52～108、深45厘米（图18）。沟内填土为灰褐色土，土质较松。未见遗物。

因其南段距离K1很近，且均开口于第3层下，推测其可能为排水沟。年代为清代。

K1位于T4006西南部，部分延伸至探方西壁和南壁外。开口于第3层下，直接打破生土。

现存部分坑口平面形状呈扇形。周围用石块堆砌而成，坑底也铺有石块，其中一块为石磨残块。坑底东部略高。坑口距现地表65厘米。长204、宽180、深64厘米（图18）。坑内填土为灰黄色土，内夹杂一些小石块，土质较松。出土少量碎瓷片。

根据形制、结构及出土物推测其可能是用于蓄水灌溉。年代为清代。

（三）出土遗物

1998年度琵琶洲遗址出土遗物较少，主要是小件器物，有铜钱、铁钱、铁削、筒瓦和圆陶片等。

1. 铜器

主要是铜钱，有雍正通宝、乾隆通宝、大泉五十和五铢等。

雍正通宝铜钱　1枚。98T1008②：1，圆形，有郭，正面阳文楷体“雍正通宝”。背面满文“宝泉”。直径2厘米（图19，1；图版4，1、2）。

乾隆通宝铜钱　2枚。98T1008②：2，圆形，有郭，正面阳文楷体“乾隆通宝”。背面满文“宝泉”。直径2.2厘米（图19，2；图版4，3、4）。98T1002①：1，圆形，有郭，正面阳文楷体“乾隆通宝”。背面满文“宝武”。直径2.2厘米（图版4，5、6）。

大泉五十铜钱　1枚。98T3008H5：3，圆形，有郭，阳文篆体“大泉五十”。直径2.4厘米

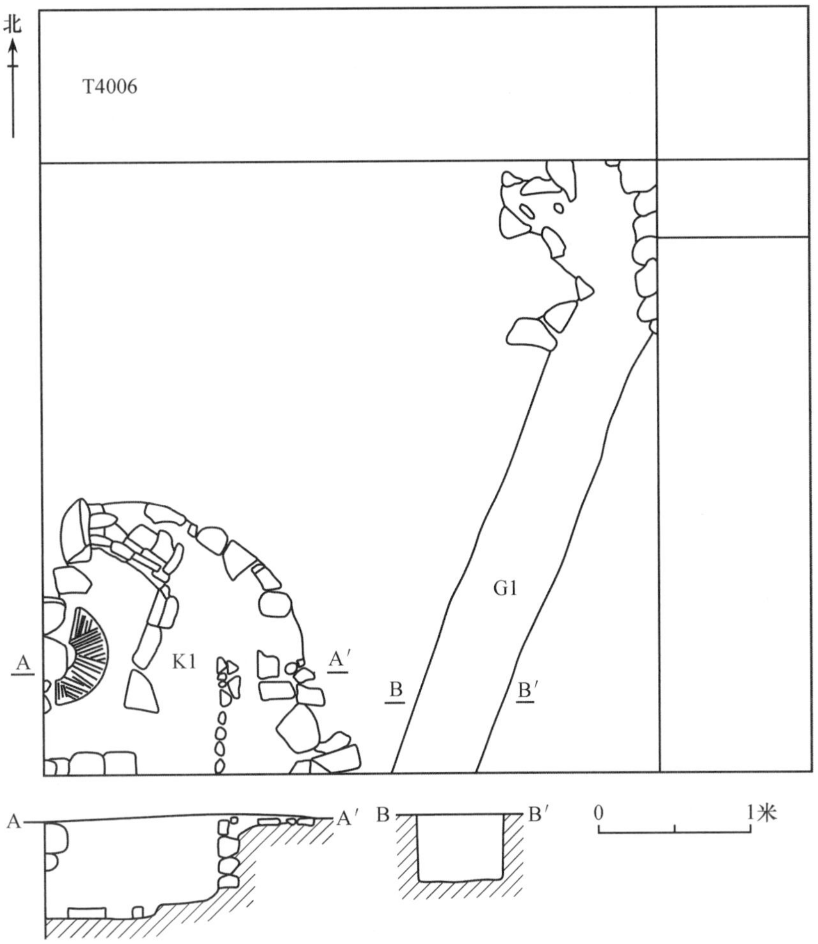

图18　1998CWPT4006G1和K1平、剖面图

（图19，4；图版5，1）。

五铢铜钱　1枚。98T3008H5：4，圆形，有郭，阳文篆体“五铢”。直径2.5厘米（图19，5；图版5，2）。

剪轮五铢铜钱　1枚。98T3005⑤：1，圆形，无外郭，阳文篆体“五铢”。直径2.1厘米（图19，3；图版5，3）。

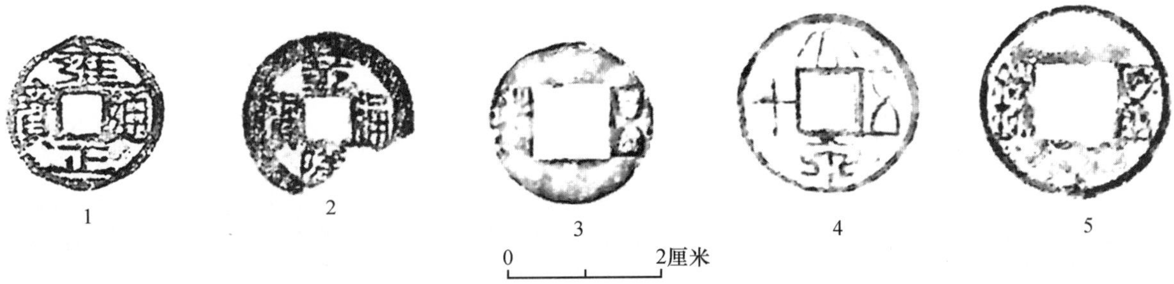

图19　1998年琵琶洲遗址出土铜钱

1. 雍正通宝（98T1008②：1）　2. 乾隆通宝（98T1008②：2）　3. 剪轮五铢（98T3005⑤：1）

4. 大泉五十（98T3008H5：3）　5. 五铢（98T3008H5：4）

2. 铁器

铁削　1件。98T1008④：1，尖部残，锈蚀严重。直背稍弧，弧刃，柄较扁，环首。残长32.6、宽4厘米（图20，1；图版5，4）。

铁器　1件。98T3008H5：1，尖部残，锈蚀严重，柄部残。直背，弧刃。残长18.9、宽2.6厘米（图20，2；图版5，6）。

铁钱　1枚。98T4012④：1，锈蚀严重，圆形，有郭。直径2.6厘米（图版5，5）。

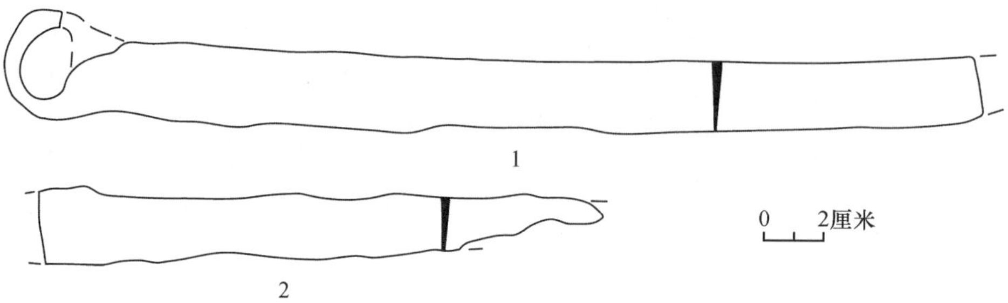

图20　1998年琵琶洲遗址出土铁器

1. 铁削（98T1008④：1）　2. 铁器（98T3008H5：1）

3. 陶器

主要有筒瓦、瓦当和圆陶片等。

筒瓦　3件。98T1002③：1，泥质灰陶。半圆筒状。凸面筒体饰绳纹，有两道抹断绳纹的痕迹。凹面素面。长38.5、宽14、厚1.1厘米（图21，1；图版6，1）。98T1002③：2，泥质灰陶。半圆筒状。凸面筒体饰绳纹，有两道抹断绳纹的痕迹。凹面素面。长39、宽15.1、厚1.1厘米（图21，2；图版6，2）。98T4011⑤：2，泥质灰陶。残，半圆筒状。凸面素面，凹面有布

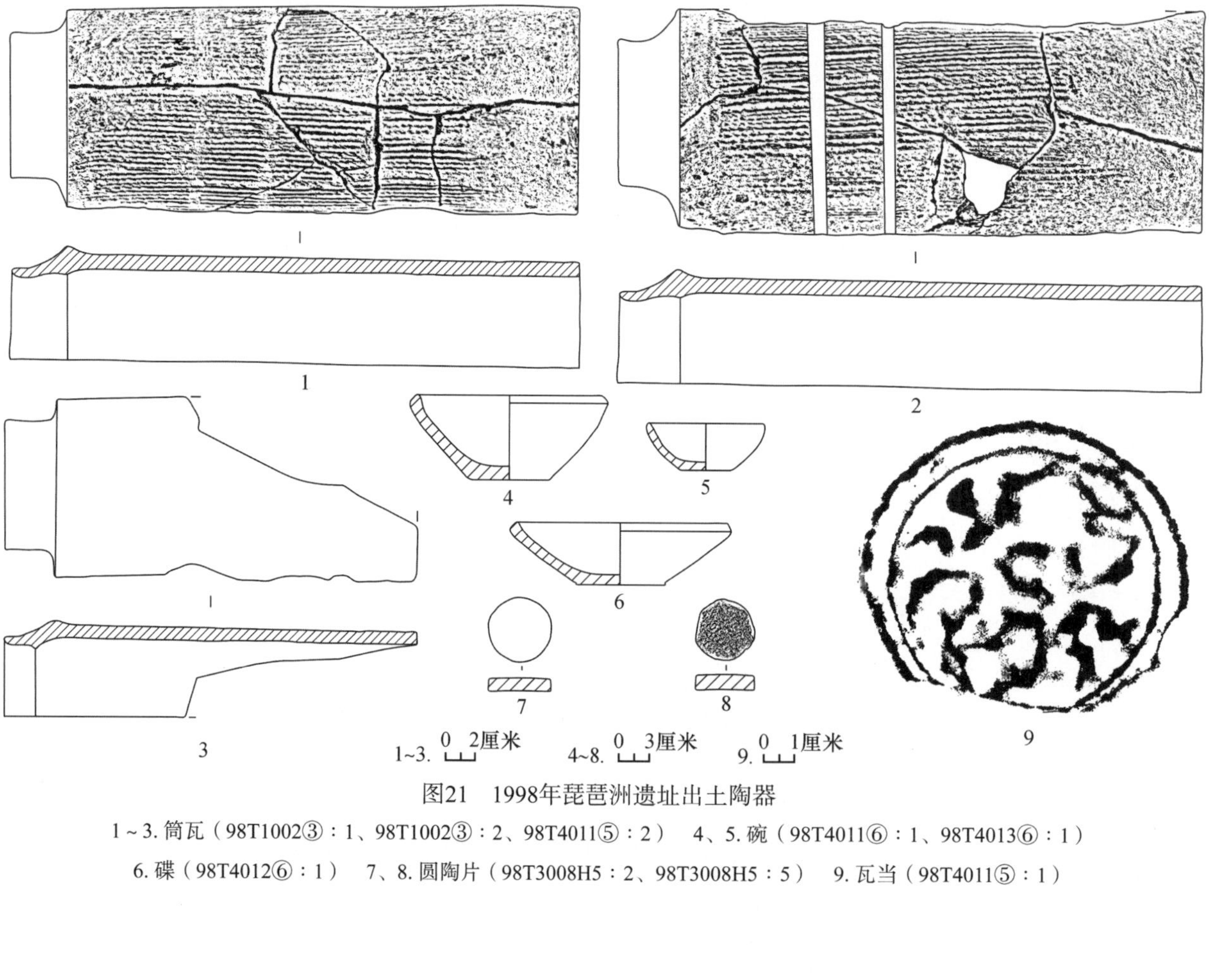

图21　1998年琵琶洲遗址出土陶器

1～3. 筒瓦（98T1002③：1、98T1002③：2、98T4011⑤：2）　4、5. 碗（98T4011⑥：1、98T4013⑥：1）　6. 碟（98T4012⑥：1）　7、8. 圆陶片（98T3008H5：2、98T3008H5：5）　9. 瓦当（98T4011⑤：1）

纹。长27.9、宽12.3、厚1厘米（图21，3；图版6，3）。

瓦当　6件。98T4011⑤：1，泥质灰陶。残。圆形。当面中部饰花叶纹，外面饰一周凸弦纹。直径11、厚2厘米（图21，9；图版6，4）。

陶碗　2件。98T4011⑥：1，泥质灰陶。敞口，圆唇，斜弧腹，平底。素面。口径8.4、底径4、高3.8厘米（图21，4；图版7，1）。98T4013⑥：1，夹细砂褐陶。敞口，圆唇，斜弧腹，平底。素面。口径5、底径2.2、高2.1厘米（图21，5；图版7，2）。

陶碟　1件。98T4012⑥：1，泥质灰陶。敞口，圆唇，浅弧腹，平底。素面。口径9.3、底径4、高2.8厘米（图21，6；图版7，3）。

圆陶片　2件。98T3008H5：2，泥质灰陶。圆形。经磨制。素面。直径2.9、厚0.6厘米（图21，7；图版7，4）。98T3008H5：5，夹砂灰陶。近圆形。正面饰绳纹。直径2.7、厚0.7厘米（图21，8；图版7，5）。

二、1999年发掘

1999年在东台地的西南部Ⅲ区和Ⅳ区对琵琶洲遗址进行了发掘，共布5米×5米探方15个，编号为1999CWPT3014～T3024、T4007～T4010，发掘面积375平方米。共发现6座灰坑和1条沟（图22）。

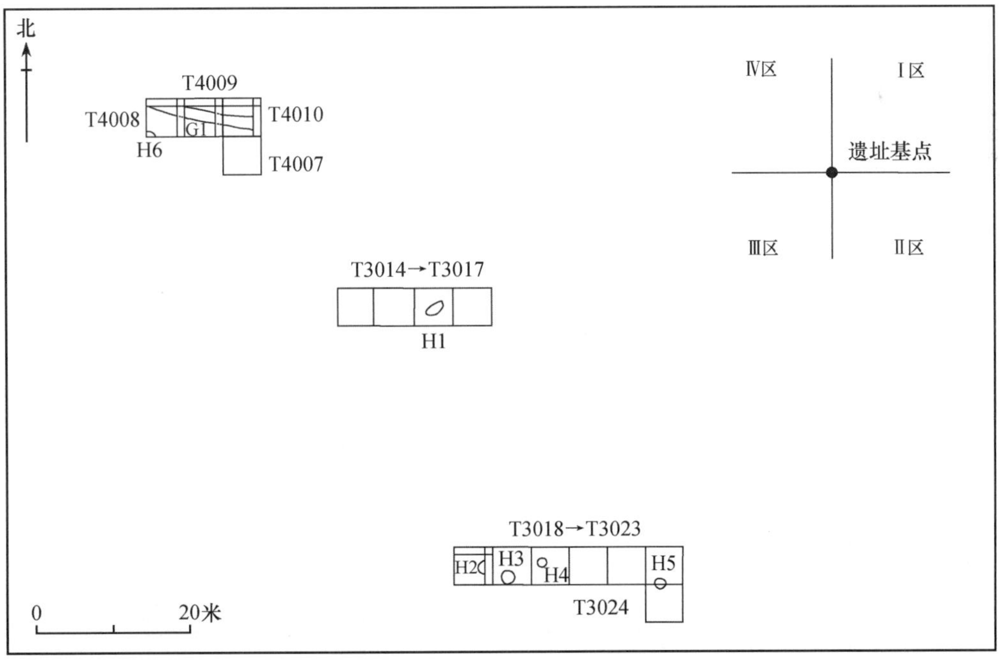

图22　1999年琵琶洲遗址发掘布方和遗迹分布图

（一）地层堆积

在台地Ⅳ区和Ⅲ区发掘的两个区域均有三层文化堆积层。Ⅳ区T4007～T4010第3层为汉代堆积。Ⅲ区T3014～T3024第2层和第3层为汉代堆积。现分别以T3023南壁和T4010东壁为例说明地层堆积情况。

1. 1999CWPT3023南壁

第1层：现代耕土层。浅灰色土，土质疏松，厚15～22厘米。内含大量植物腐朽质和少量近现代陶瓷片。

第2层：汉代层。灰褐色土，土质较硬，深15～22、厚15～35厘米。出土较多陶片，以灰陶为主。可辨器形有板瓦、筒瓦、罐和盆等。H5开口于此层下。

第3层：汉代层。黄褐色土，土质坚硬，深30～52、厚90～110厘米。出土少量陶片。此层下为黄褐色胶泥生土（图23）。

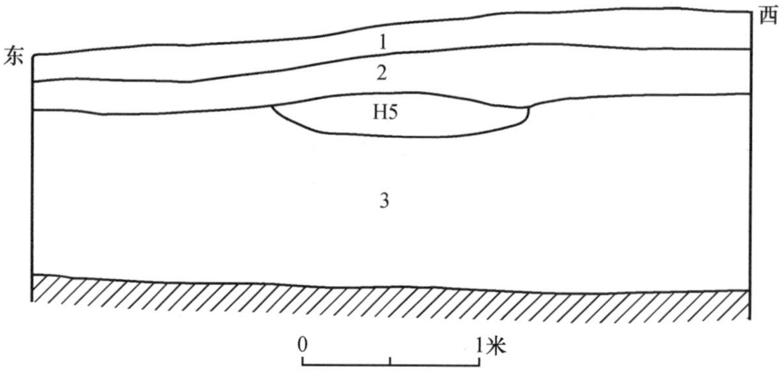

图23　1999CWPT3023南壁剖面图

2. 1999CWPT4010东壁

第1层：现代耕土层。浅灰色土，土质疏松，厚13～22厘米。内含大量植物根系和少量近现代陶瓷片。

第2层：近代层。灰褐色土，土质较硬，深13～22、厚5～20厘米。出土有青花瓷片、砖块和瓦片等。G1开口于此层下。

第3层：汉代层。红褐色土，土质较硬，深20～40、厚136～160厘米。出土少量泥质灰陶片。此层下为黄褐色胶泥生土（图24）。

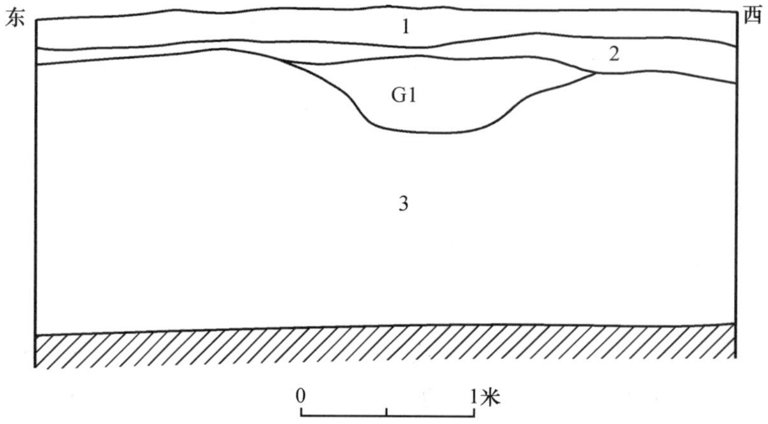

图24　1999CWPT4010东壁剖面图

（二）遗迹

共发现6座灰坑和1条沟（表1）。均为汉代灰坑和沟。

1. 1999CWPT3016H1

H1位于T3016中部（图22）。开口于第2层下，打破第3层。

坑口平面形状呈椭圆形，剖面呈锅底状。坑口距现地表40厘米。长196、宽119、深13～26厘米（图25）。坑内填土为灰黑色土，土质较硬，内夹杂有红烧土块。出土少量陶片，以灰陶为主，可辨器形有板瓦、筒瓦、甑、罐和钵等。

根据层位关系和出土物，推测其年代为汉代。

2. 1999CWPT3018H2

H2位于T3018东部中间，一部分延伸至探方东隔梁下（图22）。开口于第2层下，打破第3层。

坑口现存部分平面形状呈半圆形，剖面呈锅底状。坑口距现地表35厘米。直径180、深25～35厘米（图26）。坑内填土为灰黑色土，土质较硬。出土少量陶片，以灰陶为主，可辨器形有板瓦、筒瓦、甑、罐和钵等。

根据层位关系和出土物，推测其年代为汉代。

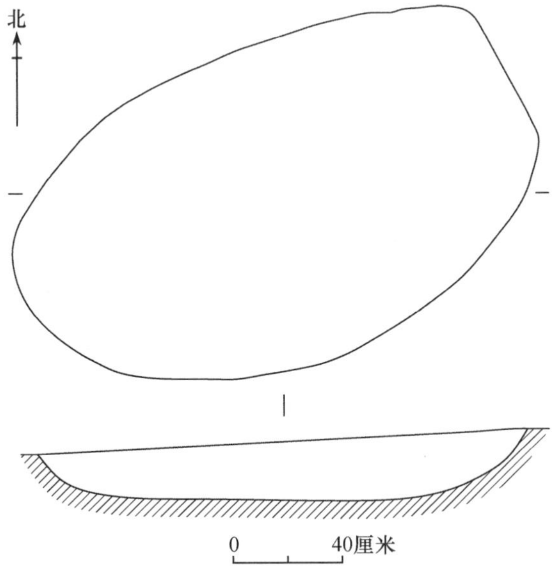

图25　1999CWPT3016H1平、剖面图

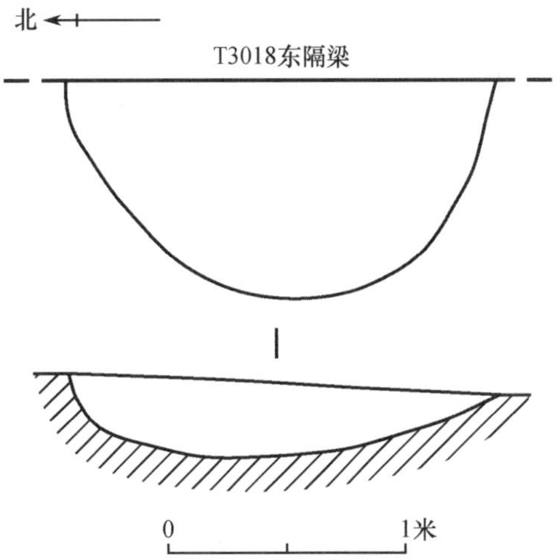

图26　1999CWPT3018H2平、剖面图

3. 1999CWPT3019H3

H3位于T3019西南部（图22）。开口于第2层下，打破第3层。

坑口平面形状近圆形，剖面略呈锅底状，底部不平。坑口距现地表35厘米。直径166～177、深17厘米（图27）。坑内填土为灰黑色土，土质较硬，内夹杂有红烧土块。出土少量陶片，以灰陶为主，可辨器形有板瓦、筒瓦、罐和瓦当等。出土瓦当1件。

根据层位关系和出土物，推测其年代为汉代。

4. 1999CWPT3020H4

H4位于T3020西北部（图22）。开口于第2层下，打破第3层。

坑口平面形状近圆形，剖面呈锅底状。坑口距现地表50厘米。直径125、深25厘米（图28）。坑内填土为灰黑色土，土质较硬。出土少量陶片，以灰陶为主，可辨器形有甑和罐等。另出土陶纺轮1件。

根据层位关系和出土物，推测其年代为汉代。

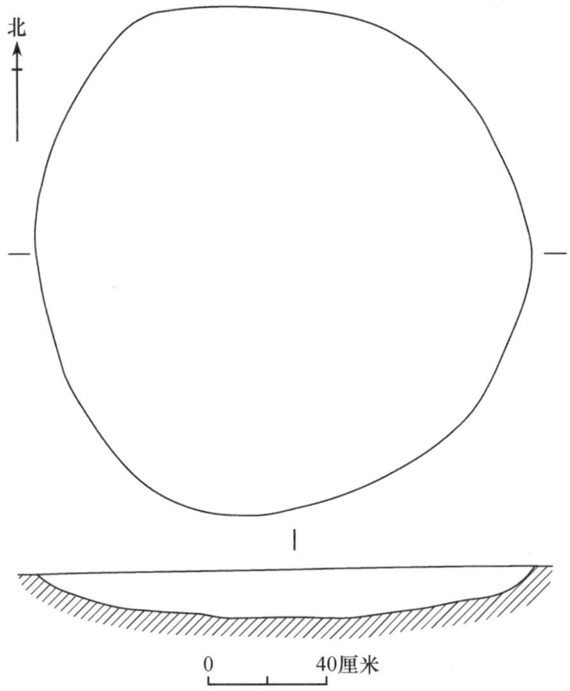

图27　1999CWPT3019H3平、剖面图

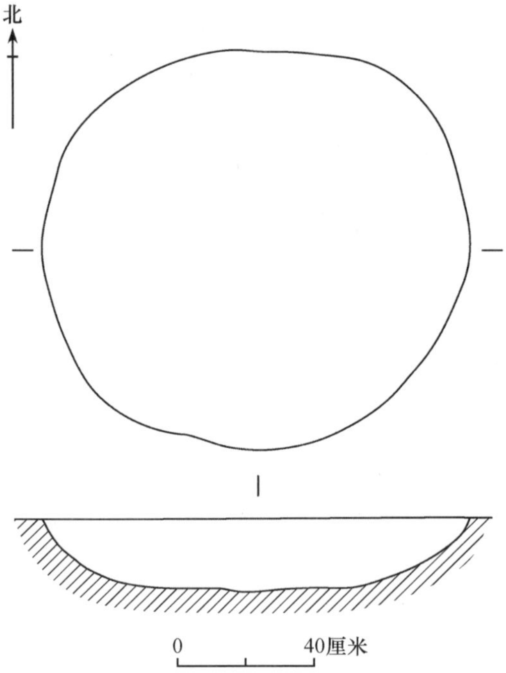

图28　1999CWPT3020H4平、剖面图

5. 1999CWPT3023H5

H5位于T3023南部偏西，小部分延伸至T3024内（图22）。开口于第2层下，打破第3层。

坑口平面形状近圆形，剖面呈锅底状。坑口距现地表40～50厘米。直径135～150、深24厘米（图29）。坑内填土为灰黑色土，土质较硬。出土少量泥质灰陶片，可辨器形有盆和罐等。

根据层位关系和出土物，推测其年代为汉代。

6. 1999CWPT4008H6

H6位于T4008西南角，大部分延伸至探方西壁和南壁外（图22）。开口于第2层下，打破第3层。

坑口现存部分平面形状呈四分之一椭圆形，坑壁斜内收，底部较平。坑口距现地表50厘米。长120、宽71、深22～28厘米（图30）。坑内填土为灰褐色土，土质较硬。出土少量泥质灰陶片，可辨器形有板瓦和筒瓦等。

根据层位关系和出土物，推测其年代为汉代。

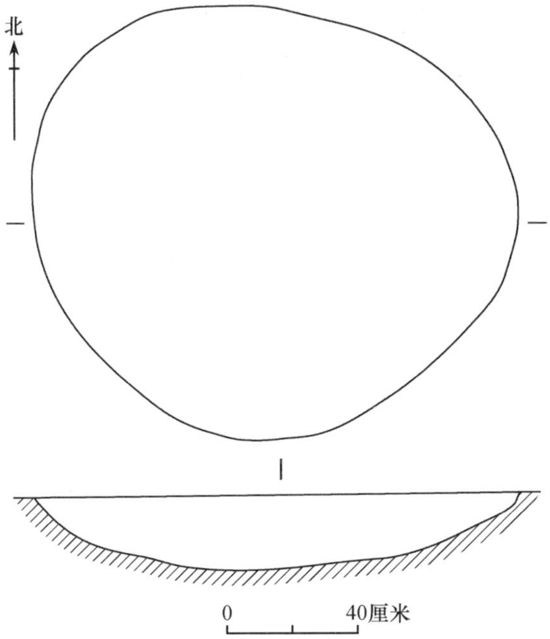

图29　1999CWPT3023H5平、剖面图

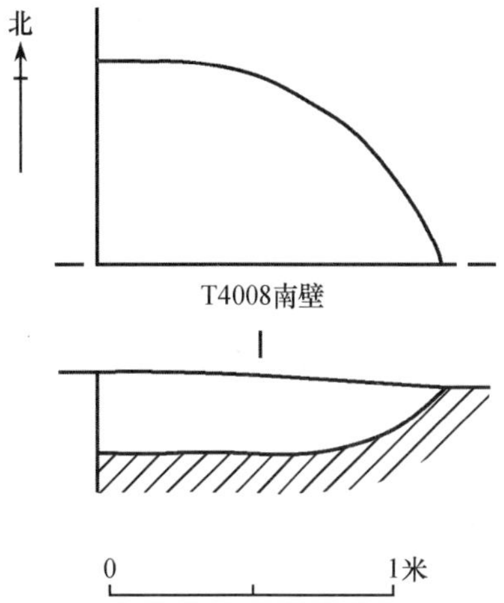

图30　1999CWPT4008H6平、剖面图

7. 1999CWPG1

G1分布于T4008、T4009和T4010西南角，呈西北—东南走向，往东延伸至T4010东壁外，往西北延伸至T4008北壁外（图22）。开口于第2层下，打破第3层。

沟口现存部分呈长条状，沟壁斜内收，剖面呈锅底状。沟口距现地表25～30厘米。现长1407、宽135～181、深45～64厘米（图31）。沟内填土为灰褐色土，土质较硬。出土少量泥质灰陶片，可辨器形有板瓦、筒瓦和瓮等。

根据层位关系和出土物，推测其年代为汉代。

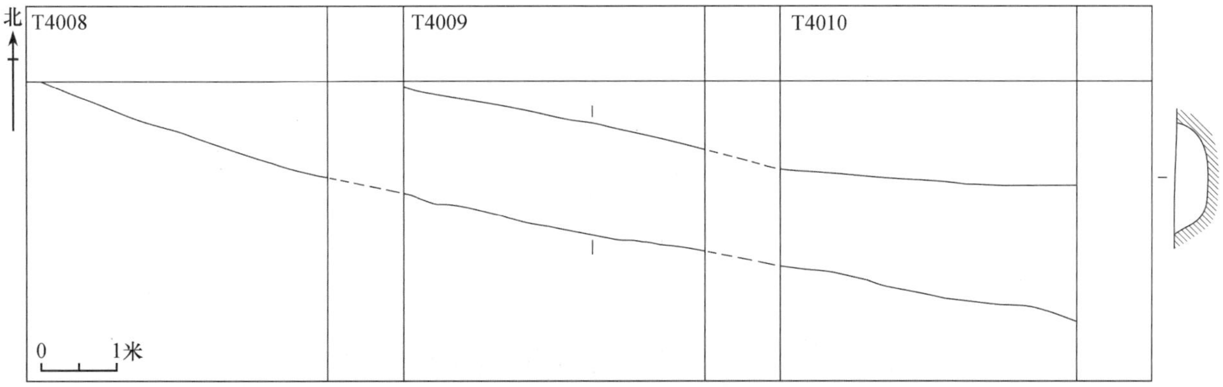

图31　1999CWPG1平、剖面图

（三）出土遗物

1999年度琵琶洲遗址出土遗物较少，主要是小件器物，有铜耳杯扣，铁镞、铁锥、铁钉等铁器以及陶纺轮、瓦当等陶器。

瓦当　1件。99T3019H3：1，泥质灰陶。稍残。圆形。当心为一大乳钉，外饰一周凸弦纹。双界格线不穿过当心，连至每朵云纹中部。每界格内各有一树叶纹、四个对称小乳钉和两个对称三角形纹。当面云纹外饰一周凸弦纹。直径13.5、厚2.6厘米（图32，1；图版7，6）。

陶纺轮　1件。99T3020H4：1，夹砂灰陶。剖面呈鼓状，中部有一孔。素面。直径3.8、孔径0.6、厚1.7厘米（图32，2；图版8，1）。

铜耳杯扣　1件。99T3021②：1，平面呈月牙形，剖面呈“L”形。素面。长10.7、宽2、高0.6厘米（图32，3；图版8，2）。

铁钩　1件。99T3018②：2，一端残。通体锈蚀严重。呈弯钩状。长3.8、宽0.8厘米（图32，4；图版8，3）。

铁钉　3件。99T3014②：2-1，残。通体锈蚀严重。扁锥状。长8.8、宽0.7厘米（图32，5；图版8，4）。

铁锥　1件。99T3018②：1，通体锈蚀严重。尖锥状。长7.8、宽0.7厘米（图32，6；图版8，5）。

铁镞　1件。99T3023②：1，通体锈蚀严重。镞身剖面呈三角形，圆形长铤。长6.9、宽1.2、铤长4.1厘米（图32，7；图版8，6）。

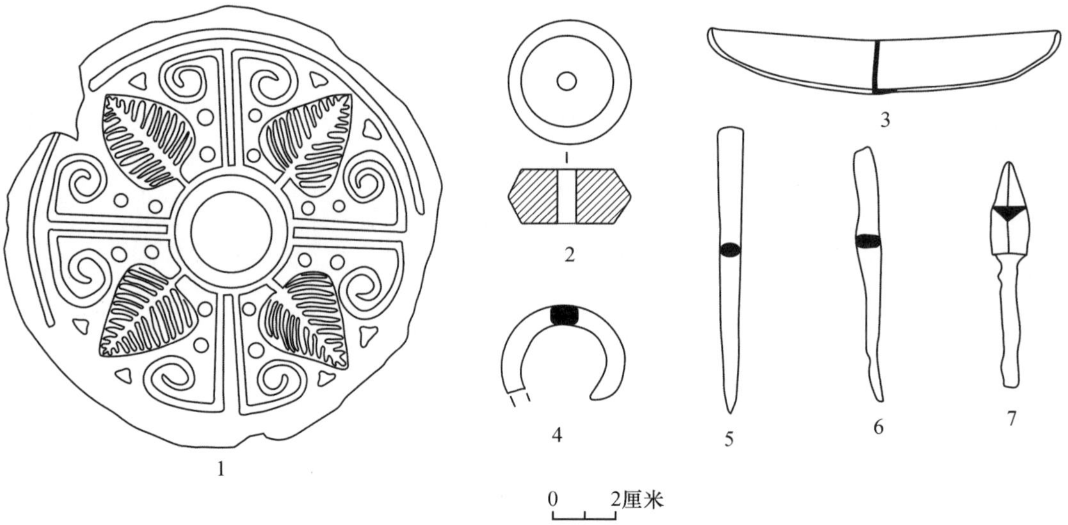

图32　1999年琵琶洲遗址出土器物

1. 瓦当（99T3019H3：1）　2. 陶纺轮（99T3020H4：1）　3. 铜耳杯扣（99T3021②：1）　4. 铁钩（99T3018②：2）　5. 铁钉（99T3014②：2-1）　6. 铁锥（99T3018②：1）　7. 铁镞（99T3023②：1）

三、2000年发掘

2000年琵琶洲遗址的发掘工作分两个阶段进行。2000年春，在东台地的东部Ⅰ区进行了发掘，共布5米×5米探方24个，编号为2000CWPT1011～T1034，发掘面积600平方米。2000年秋，在东台地的西北部Ⅰ区和西南部Ⅲ区进行了发掘，共布5米×5米探方40个，编号为2000CWPT1050～T1069（图版9，1）、T3016～3035（图版9，2），发掘面积1000平方米。两次发掘总面积1600平方米，共发现16座灰坑、2条沟、1条排水管道和1个水池（图33）。

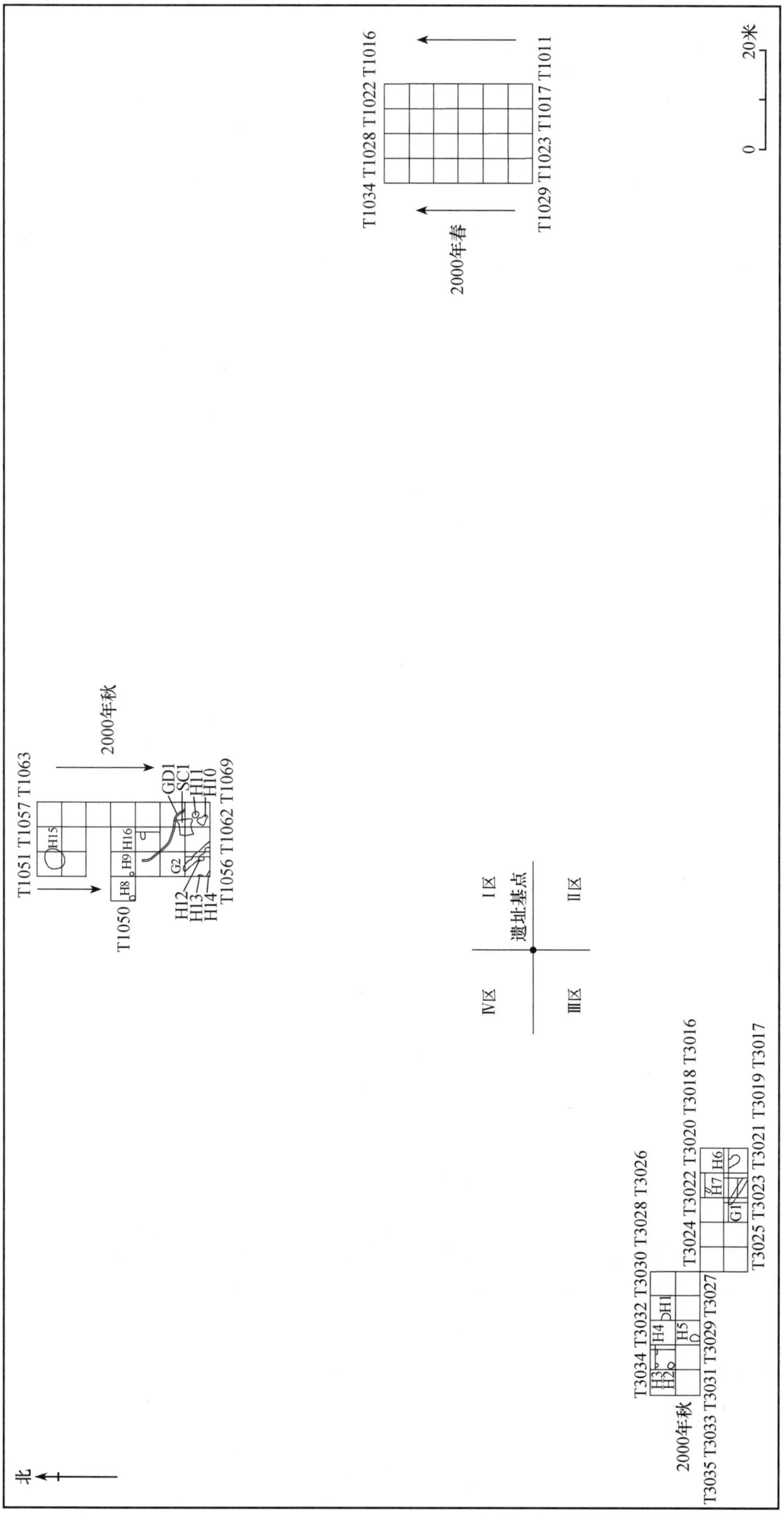

图33　2000年琵琶洲遗址发掘布方和遗迹分布图

（一）地层堆积

在台地东部Ⅰ区、西北部Ⅰ区以及西南部Ⅲ区发掘的三个区域文化堆积厚度不一。台地东部Ⅰ区T1011～T1034堆积较薄，均为三层堆积，其中第3层为汉代堆积。西北部Ⅰ区均有五层以上堆积，T1051和T1057有七层堆积，T1052、T1058、T1063和T1064有六层堆积，其余均为五层堆积，其中第5层、第6层和第7层为汉代堆积。西南部Ⅲ区堆积也较薄，均为三层堆积，其中第3层为汉代堆积。现以T1025北壁、T1051东壁和T3017北壁为例说明地层堆积情况。

1. 2000CWPT1025北壁

第1层：现代耕土层。浅灰色土，土质疏松，厚8～18厘米。内含大量植物根系和少量近现代陶瓷片。

第2层：近代层。黄褐色土，土质较硬，深8～18、厚12～24厘米。出土少量陶瓷片。

第3层：汉代层。灰褐色土，土质较松，深25～40、厚12～27厘米。出土少量陶片，可辨器形有瓦等。此层下为黄色生土（图34）。

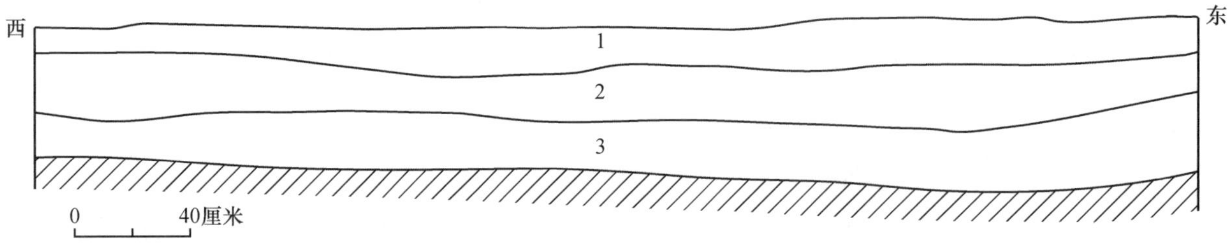

图34　2000CWPT1025北壁剖面图

2. 2000CWPT1051东壁

第1层：现代耕土层。灰褐色土，土质疏松，厚20～25厘米。内含植物根系和少量近现代陶片、瓷片。

第2层：浅黄色淤土层，较纯净，土质松软，内含较多细沙，深20～25、厚10～20厘米。包含物较少，出土有青花瓷片、铁钉等。

第3层：宋代层。棕褐色土，土质略硬，含少量红烧土颗粒和木炭屑，深34～40、厚12～20厘米。出土物以瓷片为主，有白胎青瓷片、粗褐胎黑釉瓷等。另有少量泥质灰陶片，可辨器形有素面陶瓦。

第4层：唐代层。又可分为4A和4B两小层。

4A层，浅褐色土，土质较硬，内夹杂较多红烧土颗粒和木炭屑，深45～60、厚30～63厘米。出土物以瓷片为主，有白胎黑釉瓷、灰胎白瓷等。陶片较少，可辨器形有瓦当和罐等。H15开口于此层下。

4B层，浅灰色土，土质较硬，含少量草木灰和红烧土颗粒，深85、厚33厘米。出土较多陶、瓷片，瓷片有白胎青瓷、红褐胎灰釉瓷等，陶片以泥质灰陶为主，可辨器形有罐、盆、板瓦、筒瓦等。

第5层：汉代层。灰黑色土，土质坚硬，内含少量红烧土颗粒和较多草木灰，深114～182、厚50～106厘米。探方西北部较薄，呈坡状堆积。出土物以釉陶残片为主，另有少量泥质灰陶筒瓦残片、瓦当等。出土较多陶片，以泥质灰陶为主，有少量黑皮陶和印纹硬陶，可辨器形有瓮、罐和盆等。

第6层：汉代层。灰黄色土，土质坚硬，深166～265、厚13～66厘米。出土少量陶片，可辨器形有甑和罐等。

第7层：汉代层。深灰色土，含沙量大，土质较软，深277～298、厚0～44厘米。仅分布在探方东南部。出土少量夹砂灰陶片。此层下为黄褐色胶泥生土（图35）。

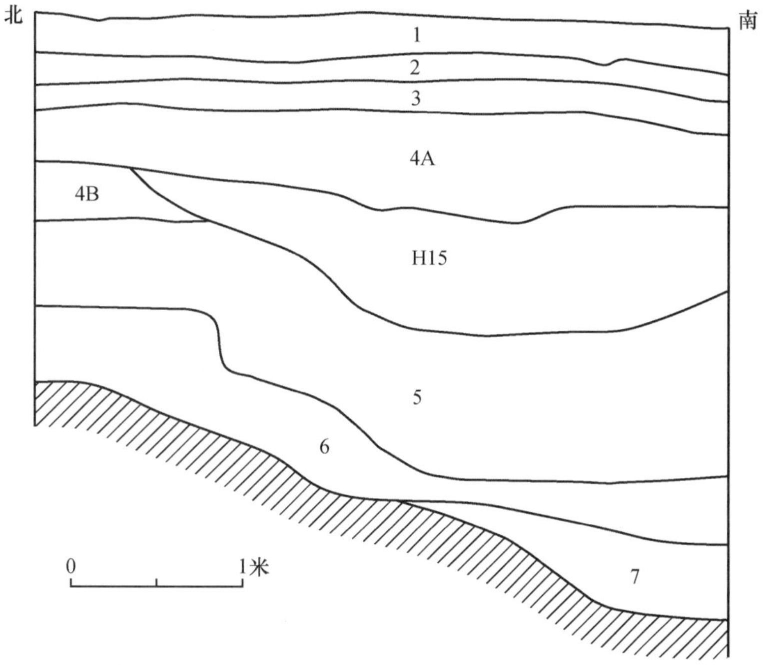

图35　2000CWPT1051东壁剖面图

3. 2000CWPT3017北壁

第1层：现代耕土层。灰褐色土，土质疏松，厚13～19厘米。内含大量植物根系和少量近现代陶瓷片。

第2层：唐代层。灰黑色土，土质紧密，内含草木灰和红烧土颗粒，深13～19、厚4～15厘米。出土少量陶瓷片，以泥质灰陶为主，可辨器形有板瓦、筒瓦和罐等。

第3层：汉代层。黄褐色土，土质紧密，深25～30、厚43～50厘米。出土少量陶片，以泥质灰陶为主。可辨器形有筒瓦、板瓦、钵和罐等。此层下为黄色生土（图36）。

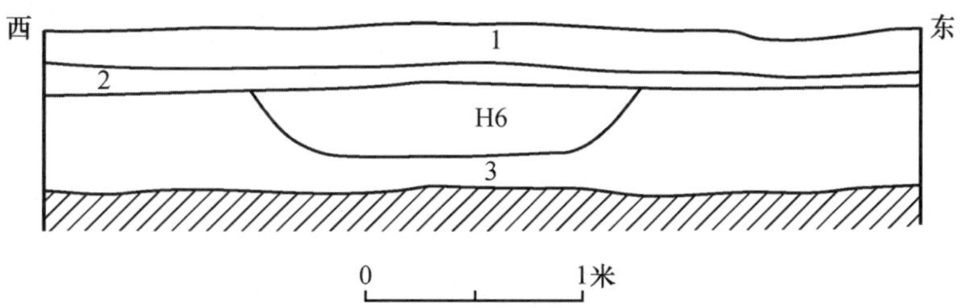

图36　2000CWPT3017北壁剖面图

（二）遗迹

共发现16座灰坑、2条沟、1条排水管道和1个水池（表1）。其中汉代时期灰坑13座、沟1条，唐代灰坑3座、排水管道1条和水池1座以及年代不明的沟1条。

1. 2000CWPT3028H1

H1位于T3028西部略偏南，小部分延伸至T3030东隔梁下（图33）。开口于第2层下，打破第3层。

坑口现存部分平面形状呈半椭圆形，坑壁斜内收，平底。坑口距现地表37厘米。长173、宽137、深24厘米（图37）。坑内填土为灰黑色土，土质较硬，内含红烧土颗粒。出土较多陶片，多为灰陶。可辨器形有板瓦、筒瓦、甑和钵等。

根据层位关系和出土物，推测其年代为汉代。

2. 2000CWPT3032H2

H2位于T3032西南部，其北部有H3，东北部有H4（图33）。开口于第2层下，打破第3层。

坑口平面形状呈椭圆形，坑壁斜内收，底部近平。坑口距现地表40厘米。长128、宽108、深20厘米（图38）。坑内填土为深灰色土，土质较松。出土较多陶片，多为灰陶。可辨器形有板瓦、筒瓦、甑和罐等。出土了2件小件器物，陶钵和铜镞各1件。

根据层位关系和出土物，推测其年代为汉代。

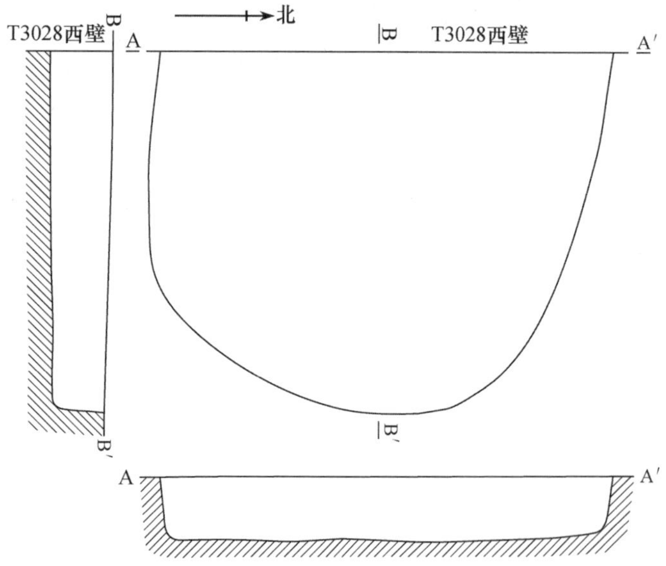

图37　2000CWPT3028H1平、剖面图

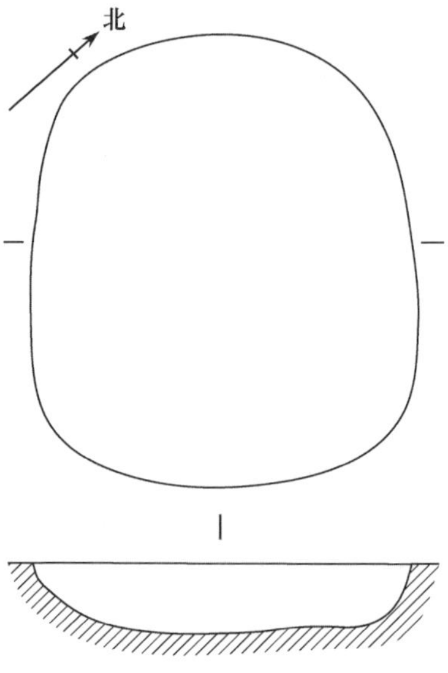

图38　2000CWPT3032H2平、剖面图

3. 2000CWPT3032H3

H3位于T3032西北部，其南部有H2，东部有H4（图33）。部分压在探方北隔梁下。开口于第2层下，打破第3层。

坑口现存部分平面形状呈半椭圆形，坑壁斜内收，底部近平。坑口距现地表48厘米。长85、宽59、深16厘米（图39）。坑内填土为深灰色土，土质较松，内含红烧土颗粒。出土少量陶片，以泥质灰陶为主。可辨器形有板瓦、筒瓦和钵等。

根据层位关系和出土物，推测其年代为汉代。

4. 2000CWPT3032H4

H4位于T3032东北部，其西部有H3，西南部有H2（图33）。部分压在探方北隔梁和东隔梁下。开口于第2层下，打破第3层。

坑口现存部分平面形状近似圆角长方形的一部分，坑壁斜内收，底部近平。坑口距现地表45～50厘米。长100、宽41、深17～23厘米（图40）。坑内填土为灰黑色土，土质略松，内含红烧土颗粒。出土少量陶片，以泥质灰陶为主。可辨器形有瓦、钵和罐等。

根据层位关系和出土物，推测其年代为汉代。

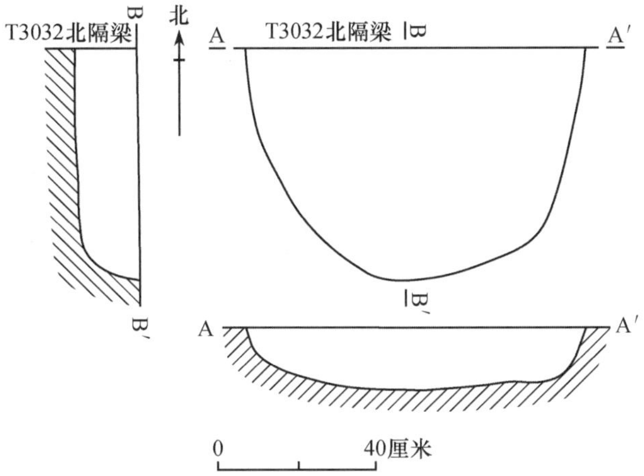

图39　2000CWPT3032H3平、剖面图

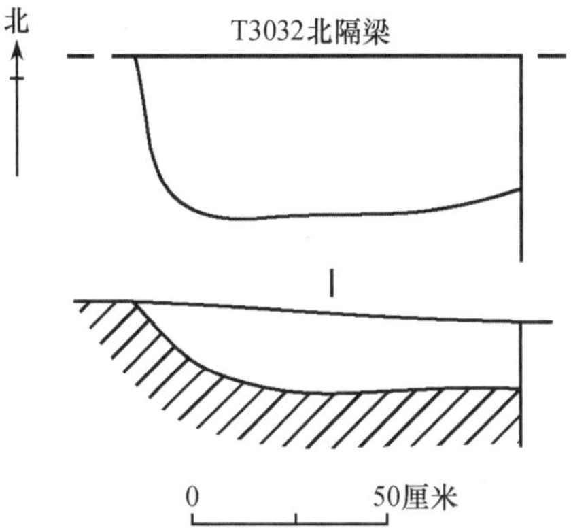

图40　2000CWPT3032H4平、剖面图

5. 2000CWPT3031H5

H5位于T3031西南部（图33）。开口于第2层下，打破第3层。

坑口平面形状呈椭圆形，剖面呈锅底状。坑口距现地表35厘米。长200、宽136、深18厘米（图41）。坑内填土为灰褐色土，土质紧密。出土较多陶片，以泥质灰陶为主。可辨器形有绳纹板瓦、筒瓦和罐底等。

根据层位关系和出土物，推测其年代为汉代。

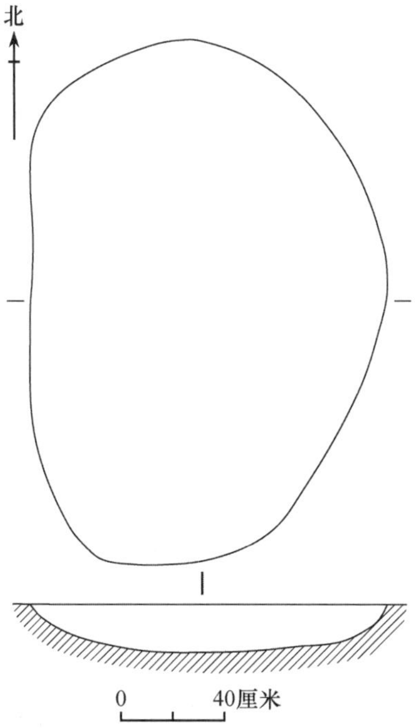

图41　2000CWPT3031H5平、剖面图

6. 2000CWPT3017H6

H6位于T3017北部，部分压在探方北隔梁下（图33）。开口于第2层下，打破第3层。

坑口现存部分平面形状略呈椭圆的大半部分，坑壁斜内收，底略呈斜坡状。坑口距现地表27厘米。长314、宽170、深12～30厘米（图42）。坑内填土为灰黑色土，土质较硬，含较多红烧土颗粒和草木灰。出土较多陶片，以泥质灰陶为主，有少量夹砂陶和印纹硬陶。可辨器形有绳纹板瓦、筒瓦和罐等。另出土铁刀和铁凿各1件。

根据层位关系和出土物，推测其年代为汉代。

7. 2000CWPT3018H7

H7位于T3018西北部，小部分压在探方北隔梁下（图33）。开口于第2层下，打破第3层。

坑口现存部分平面形状略呈圆角长方形的大半部分，坑壁斜内收，底近平。坑口距现地表29厘米。长135、宽58、深16厘米（图43）。坑内填土为浅黑色土，土质较硬，含少量红烧土颗粒和木炭。出土较多陶片，以泥质灰陶为主，有少量夹砂陶。可辨器形有绳纹瓦、罐和钵等。

根据层位关系和出土物，推测其年代为汉代。

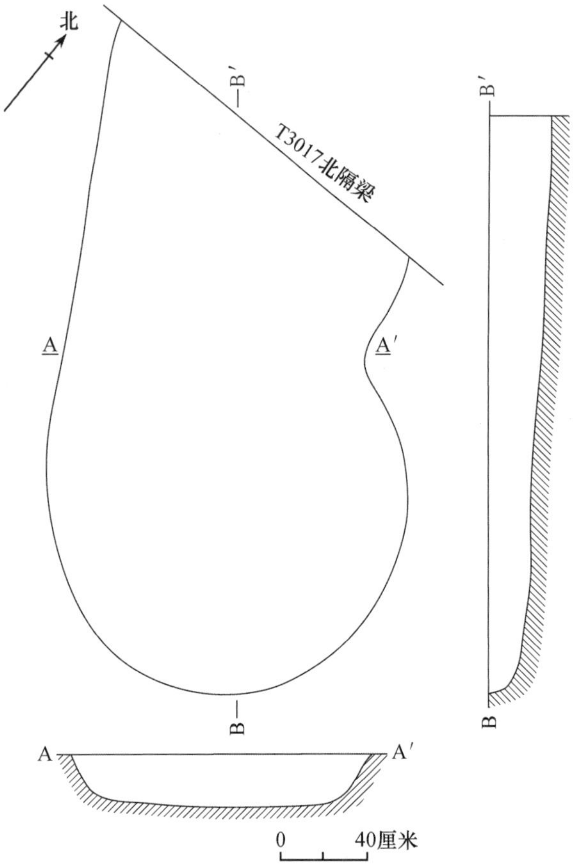

图42　2000CWPT3017H6平、剖面图

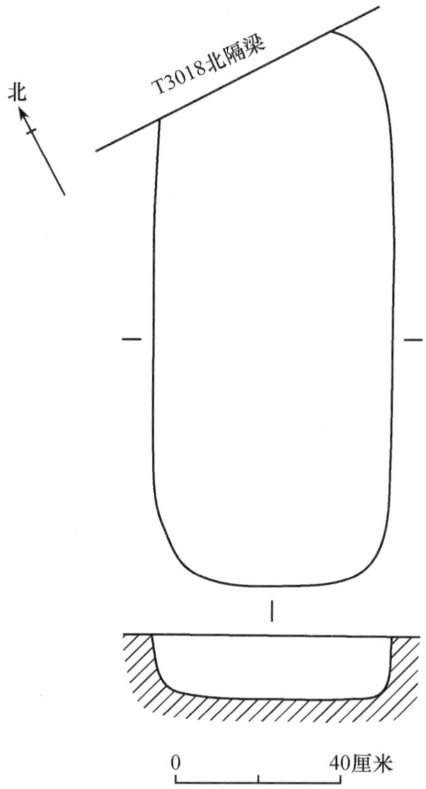

图43　2000CWPT3018H7平、剖面图

8. 2000CWPT1050H8

H8位于T1050西南部。开口于第4层下，打破第5层。

坑口平面形状呈椭圆形，剖面呈锅底状。坑口距现地表50厘米。长120、宽92、深26厘米（图44）。坑内填土为灰黑色土，土质较硬，含较多红烧土颗粒和木炭。出土少量陶片，以泥质灰陶为主。可辨器形有绳纹瓦和钵等。另出土有少量黑釉瓷片和白瓷片。

根据层位关系和出土物，推测其年代为唐代。

9. 2000CWPT1053H9

H9位于T1053西南部（图33）。开口于第4层下，打破第5层。

坑口平面形状近圆形，坑壁斜内收，底近平。坑口距现地表45厘米。直径84、深25厘米（图45）。坑内填土为灰黑色土，底部有较多炭粒，土质较硬。出土少量陶片，以泥质灰陶为主。可辨器形有瓦和罐等。

根据层位关系和出土物，推测其年代为汉代。

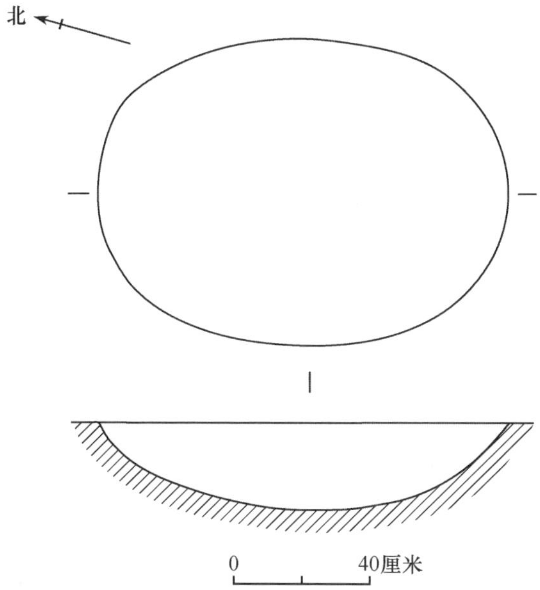

图44　2000CWPT1050H8平、剖面图

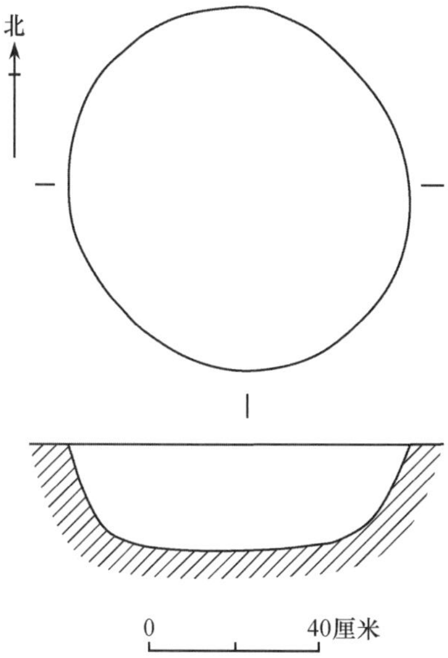

图45　2000CWPT1053H9平、剖面图

10. 2000CWPT1069H10

H10位于T1069西南部，东北部有H11，北部有SC1（图33）。开口于第4层下，打破第5层。

坑口平面形状似瓢形，坑壁斜内收，底部呈斜坡状。坑口距现地表40厘米。长222、宽56～167、深0～38厘米（图46）。坑内填土为灰黑色土，土质较松。出土较多陶片，以泥质灰陶为主。可辨器形有绳纹板瓦、筒瓦、豆和罐等。

根据层位关系和出土物，推测其年代为汉代。

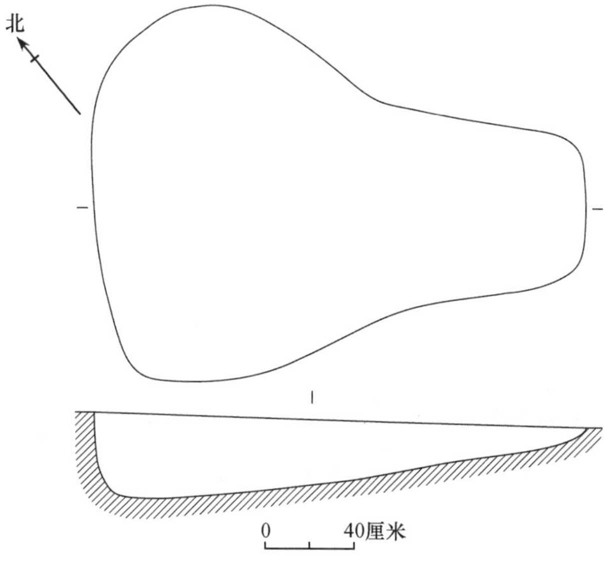

图46　2000CWPT1069H10平、剖面图

11. 2000CWPT1069H11

H11位于T1069中部偏北，西南部有H10，西北部有SC1（图33）。开口于第4层下，打破

第5层。

坑口平面形状呈椭圆形，剖面呈锅底状。坑口距现地表70厘米。长141、宽116、深16厘米（图47）。坑内填土为灰褐色土，土质较松。出土少量陶片，以泥质灰陶为主。可辨器形有绳纹板瓦、筒瓦和罐等。

根据层位关系和出土物，推测其年代为汉代。

12. 2000CWPT1056H12

H12位于T1056东部中间，部分压在探方东隔梁下，西南部有H13和H14（图33）。开口于第4层下，被G2打破，并打破第5层和生土。

因被G2打破且部分压在东隔梁下无法确定H12完整形状，可能为圆角方形。坑壁斜内收，底近平。坑口距现地表60厘米。长125、宽79、深20厘米（图48）。坑内填土为灰黑色土，土质较松。出土少量陶片，以泥质灰陶为主。可辨器形有绳纹板瓦、筒瓦和罐等。另有少量印纹硬陶片和青瓷片。

根据层位关系和出土物，推测其年代为汉代。

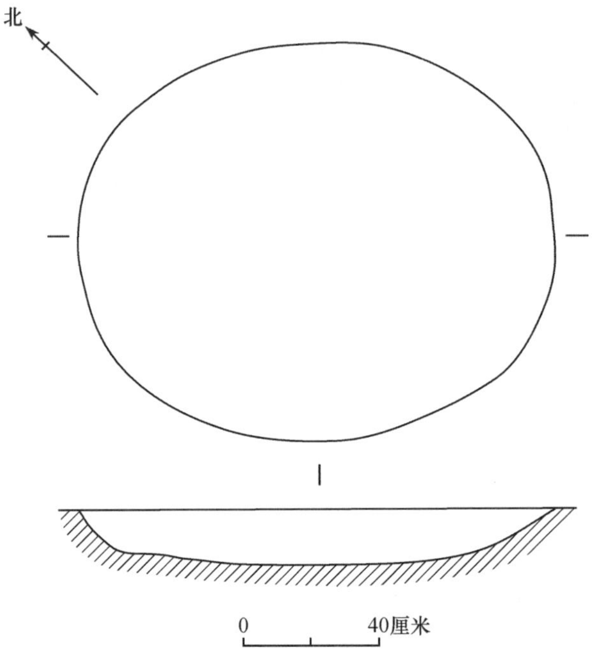

图47　2000CWPT1069H11平、剖面图

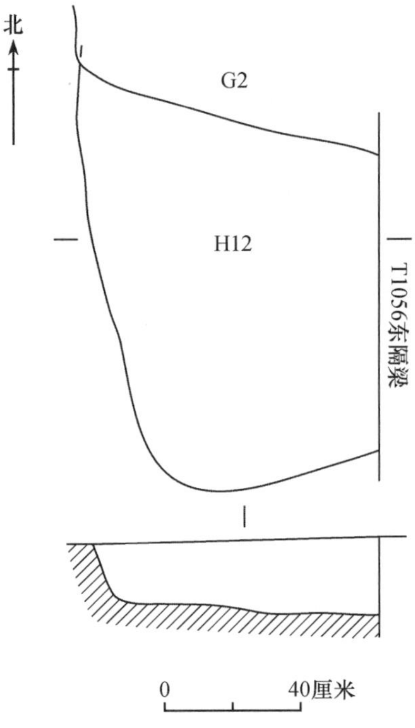

图48　2000CWPT1056H12平、剖面图

13. 2000CWPT1056H13

H13位于T1056西南，大部分压在探方西壁外，南部有H14，东北部有G2和H12（图33）。开口于第4层下，打破第5层和生土。

因大部分在探方西壁外无法确定H13完整形状，现存部分呈圆角三角形。坑壁斜内收，底部不平，略呈缓坡状。坑口距现地表60厘米。长144、宽36、深10～34厘米（图49）。坑内填土为黑色土，土质较松。出土2片陶片，均为泥质灰陶。可辨器形有罐。

根据层位关系和出土物，推测其年代为汉代。

14. 2000CWPT1056H14

H14位于T1056西南部，部分压在探方西壁和南壁外，北部有H13，东北部有G2和H12（图33）。开口于第4层下，打破第5层和生土。

因大部分在探方西壁和南壁外，故无法确定H14完整形状。现存部分平面形状呈三角形。坑壁斜内收，平底。坑口距现地表60厘米。长120、宽74、深37厘米（图50）。坑内填土为黑色土，土质较松。出土2片陶片，为青瓷片和酱罐底。

根据层位关系和出土物，推测其年代为汉代。

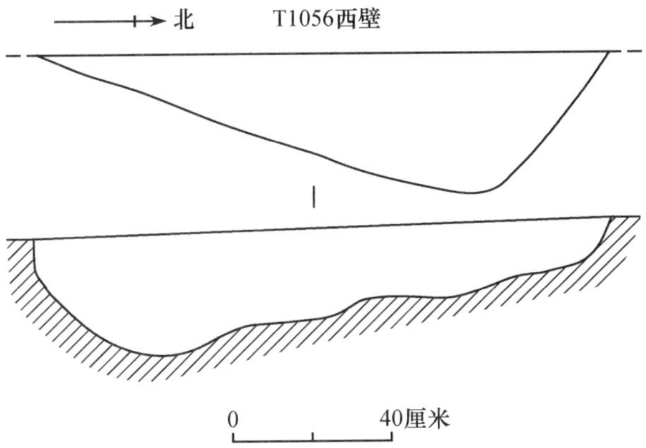

图49　2000CWPT1056H13平、剖面图

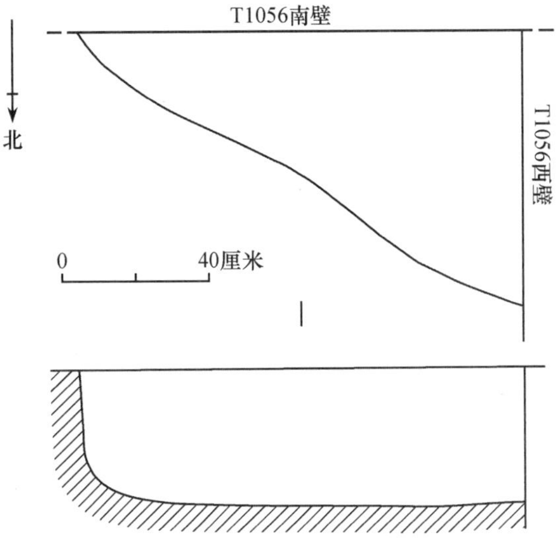

图50　2000CWPT1056H14平、剖面图

15. 2000CWPT1051H15

H15大部分位于T1051东南部，小部分在T1052和T1057内（图33）。开口于第4A层下，打破第4B层和第5层。

坑口平面形状呈椭圆形。坑壁斜内收，底部不平，略呈斜坡状。坑口距现地表80~110厘米。长452、宽392、最深76厘米（图51）。坑内填土为灰黄色土，土质较软，含少量红烧土颗粒和炭粒。在其西部距坑口15厘米处，发现一完整人骨架（图版10，1）。头向南，面朝东，侧身，下肢微屈，双手交叉置于腹部。经陈靓先生鉴定，为一例20岁左右的女性，详情见附录三。坑内出土少量陶片和瓷片。陶片以泥质灰陶为主。可辨器形有板瓦和筒瓦。瓷片有白胎青瓷、白胎黑瓷以及褐胎白瓷等。

根据层位关系和出土物，推测其年代为唐代。

16. 2000CWPT1060H16

H16位于T1060东北部，部分压在探方东隔梁下（图33）。开口于第3层下，打破第4层、第5层和生土。

坑口现存部分为椭圆形的大部分。坑壁斜内收，底部略呈斜坡状。坑口距现地表45~50厘米。长152、宽90、深52~67厘米（图52）。坑内填土为黄褐色土，土质较硬，内含少量红烧

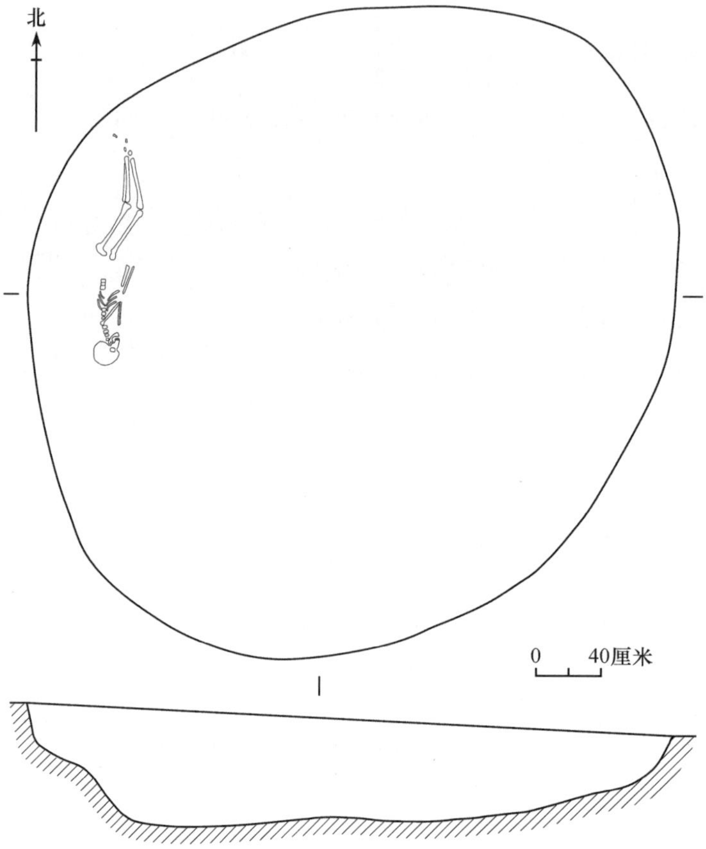

图51　2000CWPT1051H15平、剖面图

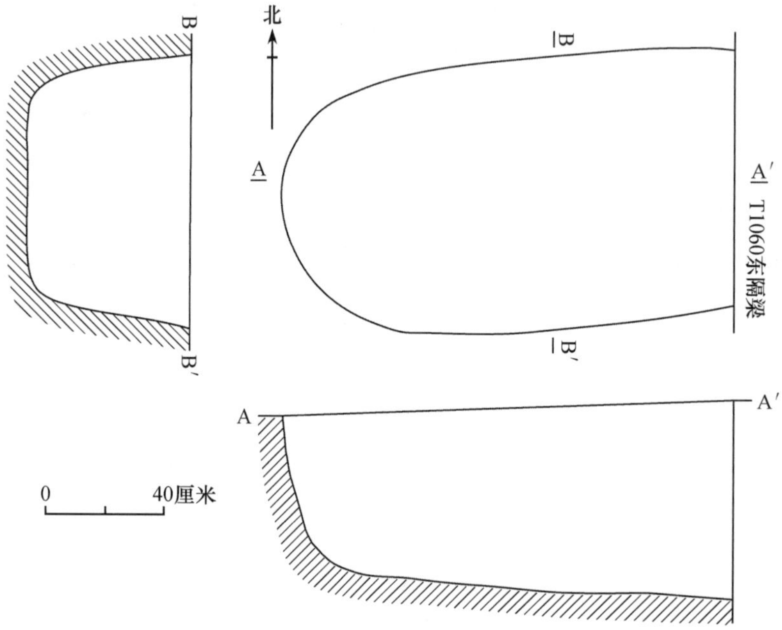

图52　2000CWPT1060H16平、剖面图

土颗粒和草木灰。出土少量陶片，以泥质灰陶为主。可辨器形有绳纹板瓦、筒瓦和罐等。另出土开元通宝铜钱1枚。

根据层位关系和出土物，推测其年代为唐代。

17. 2000CWPT3019G1

G1大部分位于T3019内，小部分在T3021内。呈西北—东南走向（图33）。开口于第2层下，打破第3层和生土。

沟口平面形状呈长条状。沟壁斜直内收，底部较平。口部距现地表20厘米。现存部分长657、上口宽110、底宽70、深90厘米（图53）。沟内填土为灰褐色土，土质较硬，内含少量红烧土颗粒和草木灰。出土较多陶片，以泥质灰陶为主。可辨器形有板瓦、甑和罐等。另有少量印纹硬陶片。出土陶纺轮、陶甑和陶罐各1件。

根据层位关系和出土物，推测其年代为汉代。

18. 2000CWPT1056G2

G2大部分位于T1056内，小部分在T1055和T1062内，并延伸至T1062南壁外，总体呈西北—东南走向（图33）。开口于第4层下，打破H12、第5层和生土。

沟口平面形状整体呈长条状，有多处弧弯。沟壁稍斜内收，底近平。口部距现地表70厘米。现存部分长785、宽50～131、深48厘米（图54）。沟内填土为浅灰黑色土，土质较紧密。沟内未见包含物。

根据层位关系，推测其年代早不过汉代。因无出土物，年代不明。

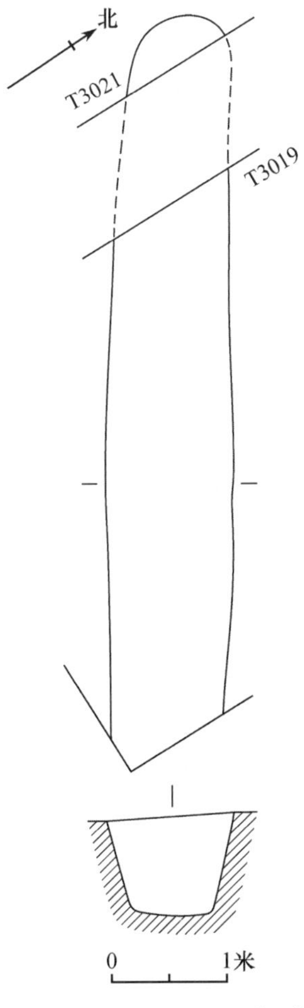

图53　2000CWPT13019G1平、剖面图

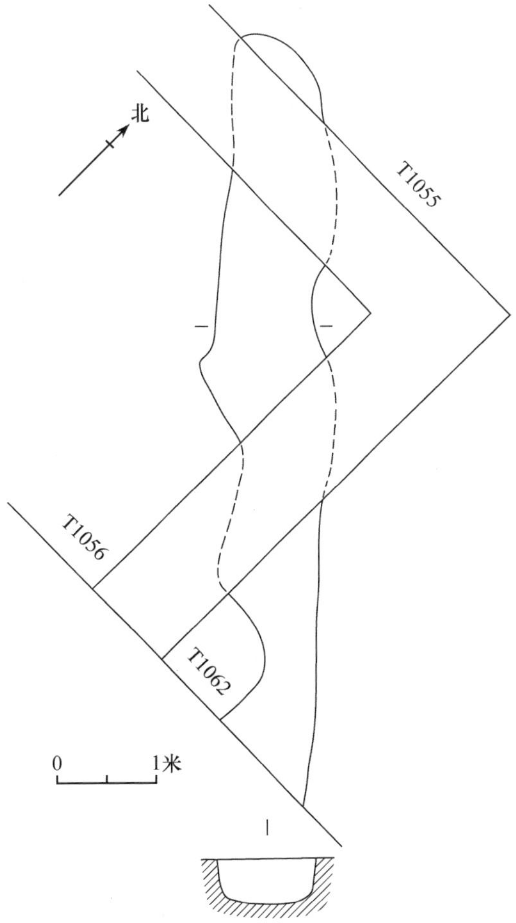

图54　2000CWPT1056G2平、剖面图

19. 2000CWPGD1和SC1

GD1和SC1共同组成一套取水设施。SC1位于在GD1西南侧（图版10，2）。

GD1自T1054东北部开始，经T1055东北角和T1060西南角，直至T1068东南部（图33）。南北两端因被破坏，具体情况不详。总体呈西北—东南走向。开口于第3层下，打破第4层和生土。

GD1由35组上下扣合的70片筒瓦构成，并埋在宽42、深22厘米的浅沟内。沟壁斜内收，平底。管道开口距现地表45厘米。筒瓦扣合形成了每组长43、直径14.6厘米的水管，包括中间被破坏的一段，管道总长1520厘米（图55）。

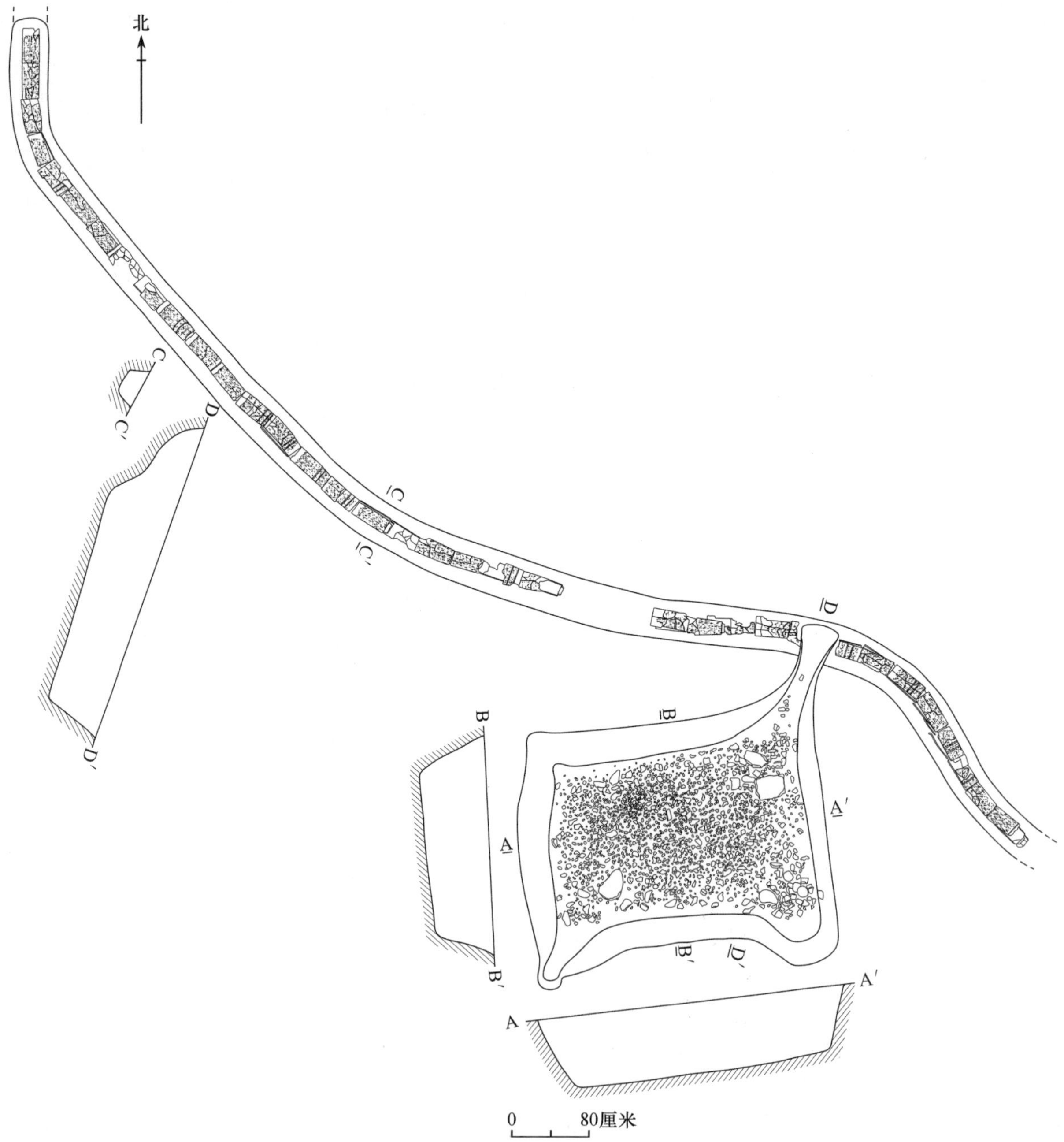

图55　2000CWPGD1和SC1平、剖面图

SC1分布在T1061东南角、T1062东北角、T1068西南角和T1069西北角。开口于第3层下，打破第4层和生土。水池平面形状呈不规则的圆角方形。西、北、东三边较直，而南边向池内内弧凹。西南、东南两个池角向外凸出。池壁斜内收，平底。东北角伸出一斜底小沟与筒瓦组成的管道相通。水池口距现地表40～45厘米。长310～380、宽232～334、深59～78厘米（图55）。

池内填土为灰土，土质较松。出土陶片40片，多为泥质灰陶，可辨器形有绳纹板瓦和罐等。另出土1枚锈蚀严重的铜钱。池底分布有密集的碎石块、砖瓦片、陶片和瓷片等。在池底东北部和西南部各有1块较大的石块。

根据GD1和SC1的层位关系和出土物，推测其年代为唐代，为汲水和蓄水之用。

（三）出土遗物

2000年度琵琶遗址出土遗物不多，主要是小件器物，陶纺轮、筒瓦、网坠、瓦当、滴水、钵、甑、罐和圆陶片等陶器，瓷碗、瓷盏、瓷罐等瓷器以及硬陶盏，有铜钱、铜镞、铜耳杯扣、铜环、铜镜等铜器，铁刀、铁凿、铁钩等铁器。

1. 陶器

陶罐　1件。00T3019G1：3，泥质灰陶。底残。敞口，斜方唇，广圆肩，斜弧腹。肩部有两道弦纹。口径24、残高25.6、厚0.6厘米（图56，2）。

陶钵　1件。00T3032H2：1，泥质灰黑陶。敞口，圆唇，上腹斜直，下部有折棱，下腹斜收，微凹底。素面。口径17、底径6、高6厘米（图56，3）。

陶甑　1件。00T3019G1：2，泥质灰陶。微侈口，折沿，尖唇，斜弧腹，平底微凹，底部

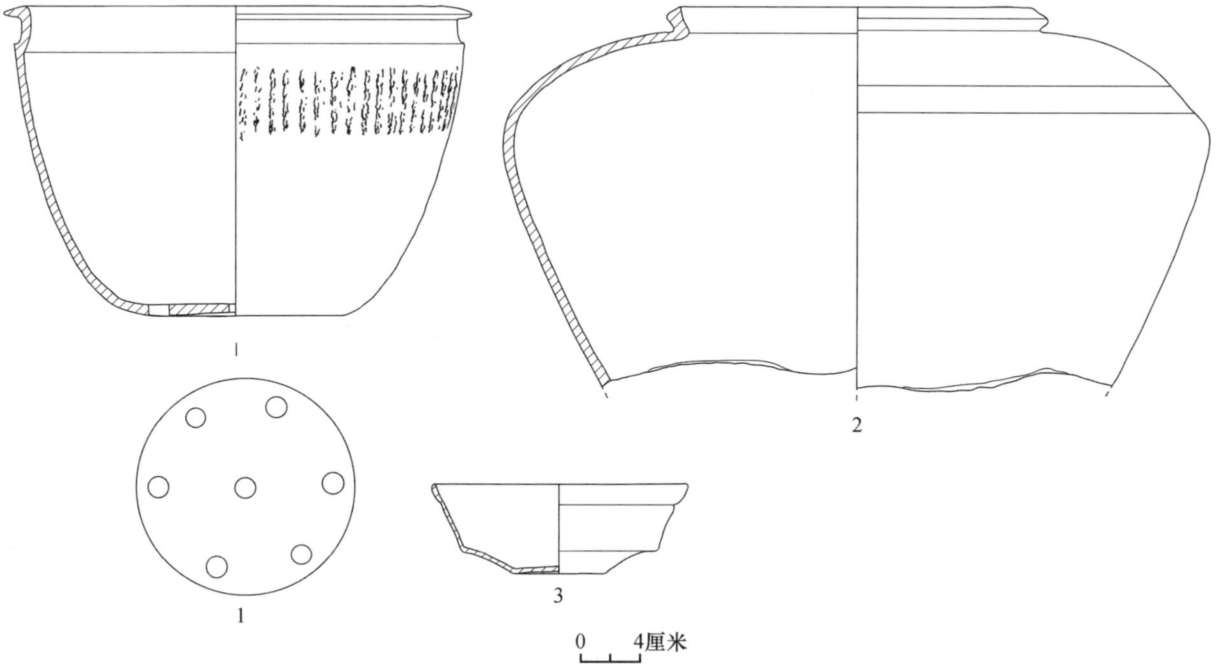

图56　2000年琵琶洲遗址出土陶器

1. 甑（00T3019G1：2）　2. 罐（00T3019G1：3）　3. 钵（00T3032H2：1）

有七个箅孔。腹部饰绳纹。口径31.1、底径12.9、高20.7、厚0.6厘米（图56，1）。

板瓦　1件。00T1059④：1，泥质灰陶。平面呈梯形，横截面呈弧形。凸面饰交错绳纹，凹面饰绳纹，但大部分被抹掉。长54、残宽30.5～35、厚2.4厘米（图57，9；图版11，1、2）。

筒瓦　9件。00T1030③：2，泥质灰陶。剖面呈半圆形。瓦舌微上翘。凸面饰绳纹，后端有一道绳纹被抹痕迹。凹面有布纹。瓦舌有绳纹被抹痕迹。长33.4、宽11.6、厚1厘米（图57，1；图版11，3、4）。00T1052⑤：1，泥质灰陶。瓦舌残。剖面呈半圆形。凸面饰绳纹，后端有两道绳纹被抹痕迹。凹面有布纹。残长39.3、宽16.8、厚1.5厘米（图57，2；图版11，5、6）。00T1054GD1：30-1，泥质灰陶。残。剖面呈半圆形。瓦舌平直。凸面饰绳纹，前端有两道绳纹被抹痕迹。凹面素面。长42.5、宽14.5、厚1.2厘米（图57，3；图版12，1、2）。00T1054GD1：30-2，泥质灰陶。残。剖面呈半圆形。瓦舌平直。凸面饰绳纹，前端有两道绳纹被抹痕迹，后端饰一道凹弦纹。凹面素面。长39.2、宽15.3、厚1.2厘米（图57，4）。00T1061GD1：26-1，泥质灰陶。残。剖面呈半圆形。瓦舌微上翘。凸面饰绳纹，前端有两道绳纹被抹痕迹。凹面素面。长44.6、宽16、厚1.3厘米（图57，5；图版12，3、4）。00T1061GD1：26-2，泥质灰陶。稍残。剖面呈半圆形。瓦舌微上翘。凸面饰绳纹，

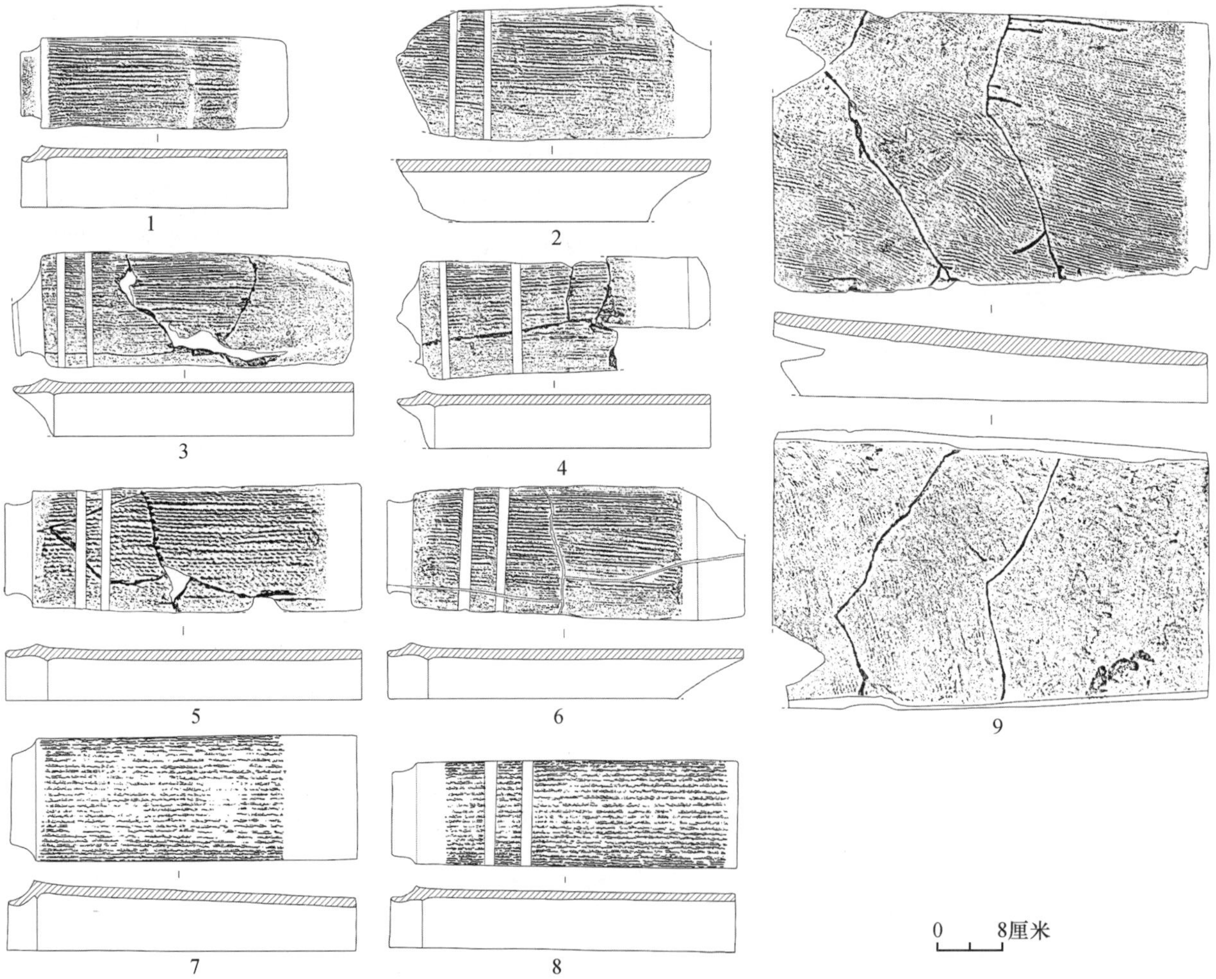

图57　2000年琵琶洲遗址出土筒瓦和板瓦

1～8. 筒瓦（00T1030③：2、00T1052⑤：1、00T1054GD1：30-1、00T1054GD1：30-2、00T1061GD1：26-1、00T1061GD1：26-2、00T1068GD1：15、00T1068GD1：20）　9. 板瓦（00T1059④：1）

前端有两道凹弦纹。凹面素面。长44.6、宽16.7、厚1.3厘米（图57，6；图版12，5、6）。00T1068GD1：15，泥质灰陶。剖面呈半圆形。瓦舌微上翘。凸面饰绳纹。凹面素面。长43.4、宽15.7、厚1.3厘米（图57，7）。00T1068GD1：20，泥质灰陶。剖面呈半圆形。瓦舌微上翘。凸面饰绳纹，前端有两道绳纹被抹痕迹。凹面素面。长43.3、宽13.5、厚1.2厘米（图57，8）。

瓦当　6件。00T1022③：2，泥质灰陶。瓦身残。圆形，当面内凹。当心为一大乳钉，外饰一周凸弦纹。双界格线不穿过当心，连至每朵云纹中部。每界格内各有一树叶纹、四个对称小乳钉和两个对称三角形纹。当面云纹外饰一周凸弦纹。直径14.5、厚4.2厘米（图58，1；图版13，1、2）。00T1022③：4，泥质灰陶。瓦身残。圆形，当面内凹。当心为一大乳钉，外饰一周凸弦纹。双界格线不穿过当心，连至每朵云纹中部。每界格内各有一树叶纹。当面云纹外饰一周凸弦纹。直径14.5、厚4.2厘米（图58，2；图版13，3、4）。00T1026③：1，泥质灰陶。瓦身残。圆形，当面内凹。当心为一大乳钉，外饰一周凸弦纹。双界格线不穿过当心，连至每朵云纹中部。每界格内各有一树叶纹。当面云纹外饰一周凸弦纹。直径14.3、厚3.8厘米（图58，3；图版13，5、6）。00T1050④：2，泥质灰陶。大部分残。椭圆形。当面饰兽面纹。残长8.2、残高6.4、厚2.7厘米（图58，4）。00T1054④：2，残。泥质灰陶。圆形，后接部分瓦身。当面饰花叶纹，外饰一周凸弦纹。瓦身素面。直径11.6、残长10.5、瓦当厚1.1、瓦身厚1.2厘米（图58，5；图版14，1）。00T1058③B：2，残。泥质灰陶。瓦身残。圆形。当面内凹。当心为一大乳钉，外饰一周凸弦纹。双界格线不穿过当心，连至每朵云纹中部。每界格内各有一树叶纹、四个对称小乳钉和两个对称三角形纹。当面云纹外饰一周凸弦纹。复原直

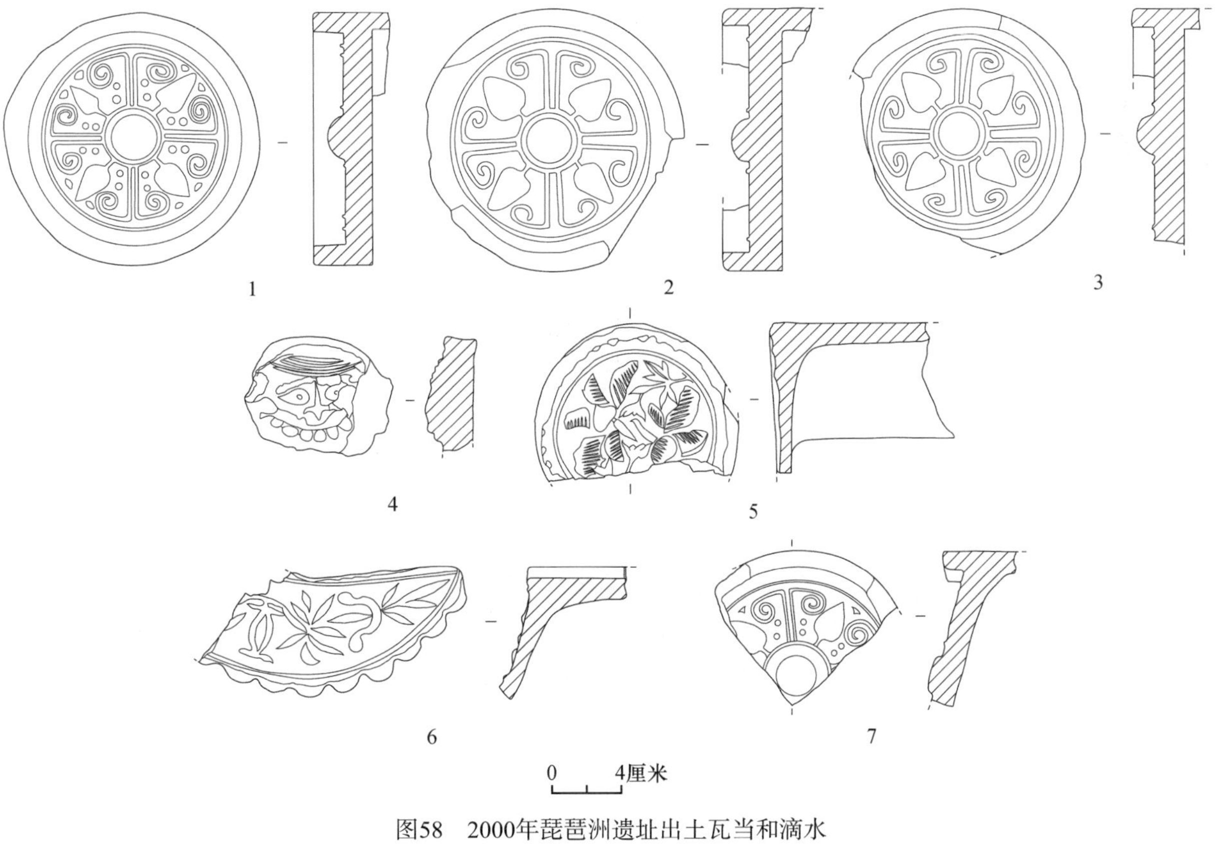

图58　2000年琵琶洲遗址出土瓦当和滴水

1～5、7. 瓦当（00T1022③：2、00T1022③：4、00T1026③：1、00T1050④：2、00T1054④：2、00T1058③B：2）　6. 滴水（00T1058③B：1）

径13.2、厚1.5厘米（图58，7；图版14，2）。

滴水　1件。00T1058③B：1，残。泥质灰陶。半圆形，连接部分瓦身。滴水外层饰一周半圆形花边，内饰花瓣纹。瓦身素面。残长12.9、高7.5、厚1.2厘米（图58，6；图版14，3）。

陶纺轮　6件。00T1017③：1，泥质灰陶。剖面呈鼓状。中部有一孔。正面饰一周凹弦纹。直径3.6、厚1.3、孔径0.6厘米（图59，1；图版14，4）。00T1024③：1，泥质灰陶。剖面呈鼓状。中部有一孔。正反两面饰两道凹弦纹。直径3.7、厚1.5、孔径0.5厘米（图59，2；图版14，5）。00T1057⑤：3，泥质褐陶。剖面呈鼓状。中部有一孔。上下两端各饰两道凹弦纹。直径4、厚2.3、孔径0.7厘米（图59，3；图版14，6）。00T1058⑤：1，泥质灰陶。剖面呈鼓状，中部凸出。中部有一孔。素面。长3.3、厚2.2、孔径0.7厘米（图59，4；图版15，1）。00T1068④：1，泥质灰陶。剖面呈鼓状，中间部分有一周凸棱。中部有一孔。素面。直径3.3、厚1.7、孔径0.7厘米（图59，5；图版15，2）。00T3019G1：1，泥质灰陶。剖面呈鼓状，中间部分有一周凸棱。中部有一孔。素面。直径4、厚1.8、孔径0.4厘米（图59，6；图版15，3）。

陶网坠　8件。整体形状呈橄榄形，中部圆鼓。中间有一穿孔。素面。00T1025③：2，夹细砂褐陶。长2.3、最宽0.9、孔径0.4厘米（图59，7；图版15，4）。00T1025③：3，夹细砂褐陶。长2、最宽0.9、孔径0.4厘米（图59，8；图版15，5）。00T1030③：5，夹细砂褐陶。长3.4、最宽1、孔径0.3厘米（图59，9；图版15，6）。00T1057④：1，夹细砂灰陶。长3.2、最宽1.8、孔径0.4厘米（图59，10；图版16，1）。00T1057⑤：2，夹细砂褐陶。长3.8、最宽2.3、孔径0.5厘米（图59，11；图版16，2）。00T1058⑤：2，夹细砂灰陶。最宽1.8、孔径0.4、长3.6厘米（图59，12；图版16，3）。00T1062④：1，夹细砂灰陶。长3.1、最宽1.7、孔径0.4厘米（图59，13；图版16，4）。00T1065④：5，夹细砂灰陶。孔径0.5、长3.8、最宽1.8厘米（图59，14；图版16，5）。

圆陶片　12件。00T1025③：1，泥质灰陶。圆形。周边有磨制痕迹。素面。直径4、厚0.6厘米（图59，15；图版16，6）。00T1030③：3，泥质灰陶。残。边缘有磨制痕迹。素面。直径4.2厘米、厚0.7厘米（图59，16；图版17，1）。00T1030③：4，泥质褐陶。素面。直径3厘米、厚0.6厘米（图59，17）。00T1031③：2，泥质灰陶。正面有一道凹槽。直径5.7厘米、厚1.1厘米（图59，22；图版17，2）。00T1031③：3，泥质褐陶。直径3.4厘米、厚0.6厘米（图59，19；图版17，3）。00T1031③：4，泥质灰陶。正面饰绳纹。直径2.7厘米、厚0.7厘米（图59，18；图版17，4）。00T1031③：5，泥质褐陶。直径2.7厘米、厚0.6厘米（图59，20；图版17，5）。00T1031③：6，泥质褐陶。直径2.7厘米、厚0.5厘米（图59，21；图版17，6）。00T1031③：7，夹砂褐陶。直径4.9厘米、厚0.7厘米（图59，23；图版18，1）。00T1031③：8，夹砂褐陶。直径2.9厘米、厚0.7厘米（图59，24；图版18，2）。00T1031③：9，夹砂灰陶。直径2.6厘米、厚0.6厘米（图59，25；图版18，3）。00T1019③：1，泥质褐陶。微向上凸起。正面饰绳纹。直径5.6、厚0.8厘米（图59，26；图版18，4）。

2. 瓷器和硬陶

瓷碗　5件。00T1050④：1，浅白色瓷胎。残。敞口，圆唇，斜弧腹，小平底。内壁及外壁上腹部施酱釉。口径10.4、底径3.4、高5.1厘米（图60，5；图版18，5）。00T1051④：4，

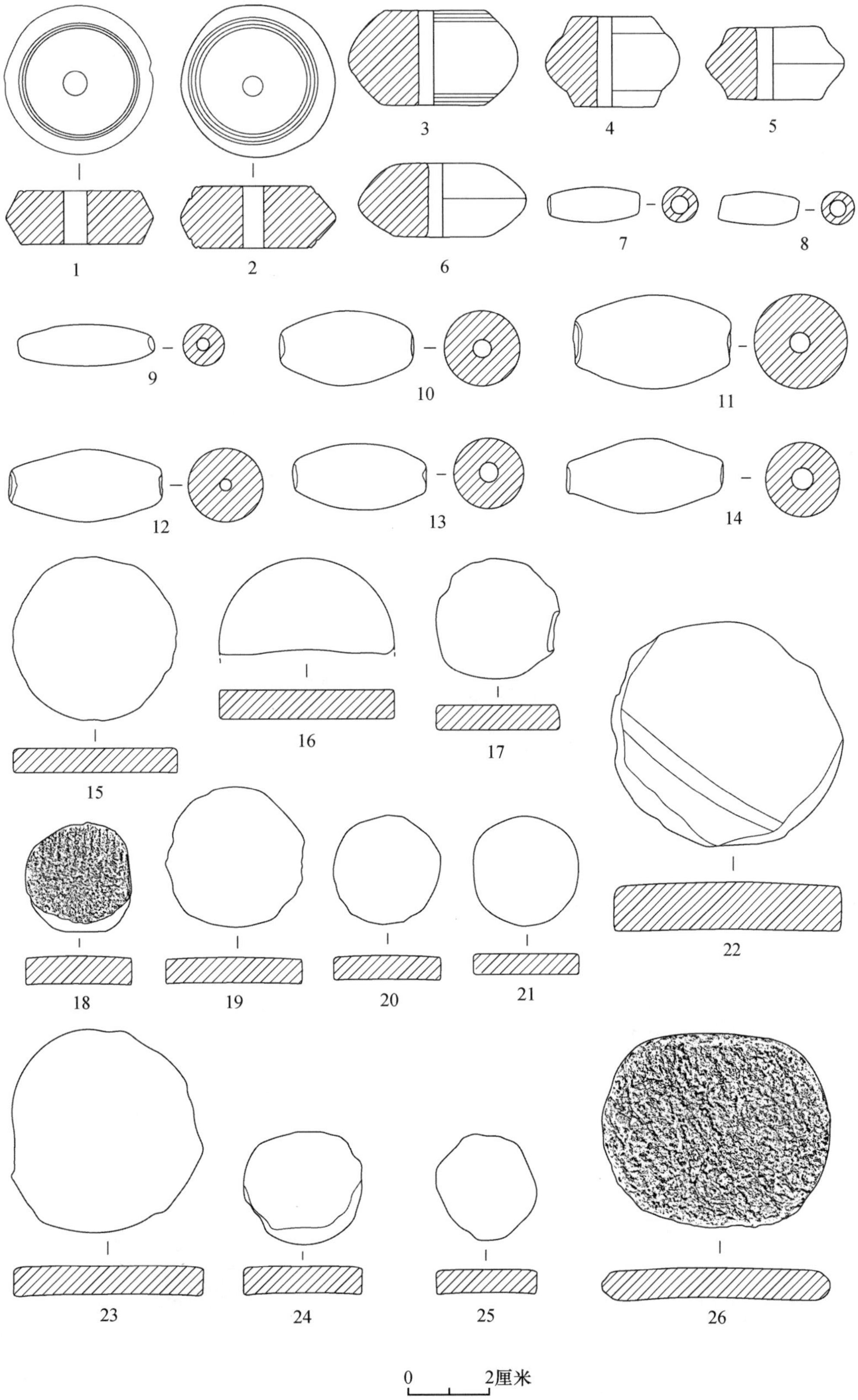

图59　2000年琵琶洲遗址出土小件陶器

1～6. 纺轮（00T1017③：1、00T1024③：1、00T1057⑤：3、00T1058⑤：1、00T1068④：1、00T3019G1：1）
7～14. 网坠（00T1025③：2、00T1025③：3、00T1030③：5、00T1057④：1、00T1057⑤：2、00T1058⑤：2、00T1062④：1、00T1065④：5）　15～26. 圆陶片（00T1025③：1、00T1030③：3、00T1030③：4、00T1031③：4、00T1031③：3、00T1031③：5、00T1031③：6、00T1031③：2、00T1031③：7、00T1031③：8、00T1031③：9、00T1019③：1）

红褐色粗瓷胎。残。敞口，尖唇，斜弧腹，圜底，圈足。内壁和外壁圈足以上施酱釉。口径17.5、底径6、高5厘米（图60，4）。00T1051④：5，红褐色瓷胎。残。敞口，圆唇，浅弧腹，平底。通体施酱釉，外壁及底部大多剥落。口径8.4、底径3.8、高2.3厘米（图60，1）。00T1051④：8，红褐色粗瓷胎。残。敞口，尖唇，斜弧腹，圜底，圈足。内壁和外壁上部施蓝黑釉。口径16.1、底径7、高5.6厘米（图60，6；图版18，6）。00T1056④：3，白色粗瓷胎。残。侈口，尖唇，斜弧腹，圜底，圈足。内、外均施白釉，外壁施釉至近圈足处。口径17、底径6、高5.3厘米（图60，8）。

瓷盏　3件。00T1051④：2-1，红褐色瓷胎。残。敞口，圆唇，浅弧腹，小平底。内壁和沿上施酱釉，沿外有一周凸棱。口径11、底径2.3、高2.7厘米（图60，2）。00T1051④：2-2，残。敞口，尖唇，浅弧腹，平底。内壁施酱釉，沿外有一周凸棱。口径11、底径3.4、高2.5厘米（图60，3）。00T1055④：1，白色瓷胎。残。敞口，尖唇，斜直壁，小平底。外壁素面，内壁上刻划一周宽带纹，下刻划花瓣纹。内外壁皆施淡青色釉。口径13.2、底径2.4、高4.2厘米（图60，7）。

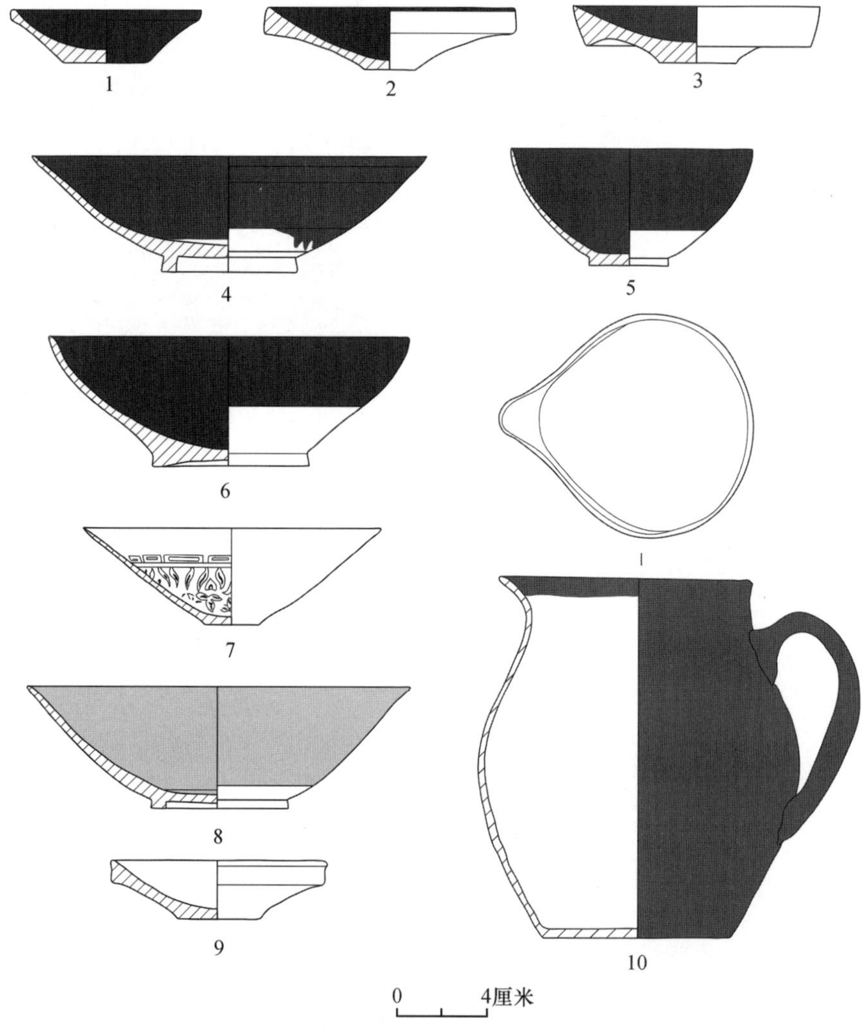

图60　2000年琵琶洲遗址出土瓷器和硬陶器

1、4～6、8. 瓷碗（00T1051④：5、00T1051④：4、00T1050④：1、00T1051④：8、00T1056④：3）

2、3、7. 瓷盏（00T1051④：2-1、00T1051④：2-2、00T1055④：1）

9. 硬陶盏（00T1064④：2）　10. 瓷罐（00T1062④：3）

瓷罐　1件。00T1062④：3，深灰色瓷胎。残。侈口，圆唇，带流，鼓腹，平底。单耳。外壁和内壁口沿施酱釉。口径11、底径8、高15.7厘米（图60，10）。

硬陶盏　1件。00T1064④：2，泥质灰褐陶。残。敞口，圆唇，浅弧腹，小平底。素面。口径9.6、底径3.8、高2.6厘米（图60，9；图版19，1）。

3. 石器

石锛　2件。00T1012③：1，稍残。长方形，磨光。长5.9、宽2.8、厚1.2厘米（图61，1；图版19，2）。00T1063⑥：2，残。磨光。残长6.7、残宽5.4、厚1.5厘米（图61，3；图版19，3）。

石斧　2件。00T1023③：1，残。磨光。长10.2、残宽7.9、厚1.3厘米（图61，2；图版19，4）。00T1063⑥：3，残，仅存刃部。磨光。残长6.9、残宽3.6、厚1.6厘米（图61，5）。

石网坠　1件。00T1051④：1，红褐色卵石制成。亚腰形，两侧打制。长5.6厘、最宽3.3厘米（图61，4；图版19，5）。

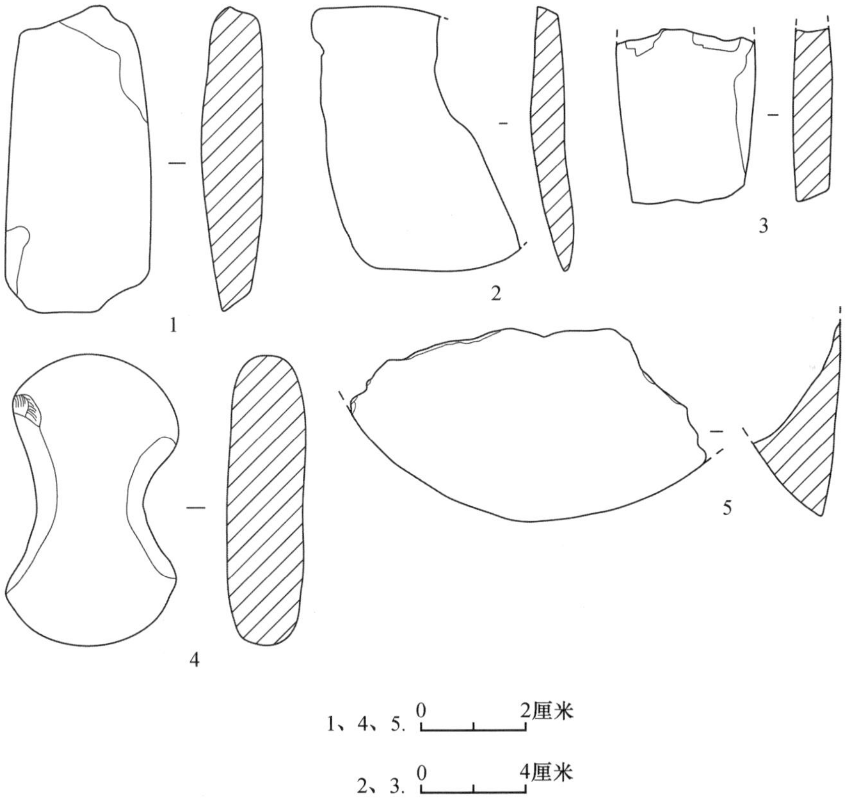

图61　2000年琵琶洲遗址出土石器
1、3. 石锛（00T1012③：1、00T1063⑥：2）
2、5. 石斧（00T1023③：1、00T1063⑥：3）　4. 石网坠（00T1051④：1）

4. 铁器

铁钩　1件。00T1030③：1，通体锈蚀严重。长23.3、厚1.1厘米（图62，1；图版19，6）。

铁刀　6件。00T1054④：1，柄略残。通体锈蚀严重。长条状。平背，刃微弧。长12.6、刃宽1.8、厚0.4厘米（图62，2；图版20，1）。00T1055④：2，柄略残。通体锈蚀严重。弧背，刃微凹。长21、刃宽2.9、厚0.4厘米（图62，3；图版20，2）。00T1059④：3，刃和柄部稍残。窄长条状。平背，直刃。长12.9、宽1.5、厚0.4厘米（图62，4）。00T1065④：1，尖部稍残。通体锈蚀严重。窄长条状，平背，刃微弧。长14.2、宽1.5、厚0.3厘米（图62，5；图版20，3）。00T3017H6：1，柄部残。通体锈蚀严重。断面呈长三角形，直背，弧刃。长17、宽3.1、厚0.6厘米（图62，6）。

铁凿　2件。00T1059④：2，通体锈蚀严重。窄长条状。长10.4、宽1、厚0.5厘米（图62，7；图版20，4）。00T3017H6：2，尖残。通体锈蚀严重。圆柱状。长7.2、直径1.4厘米（图62，8）。

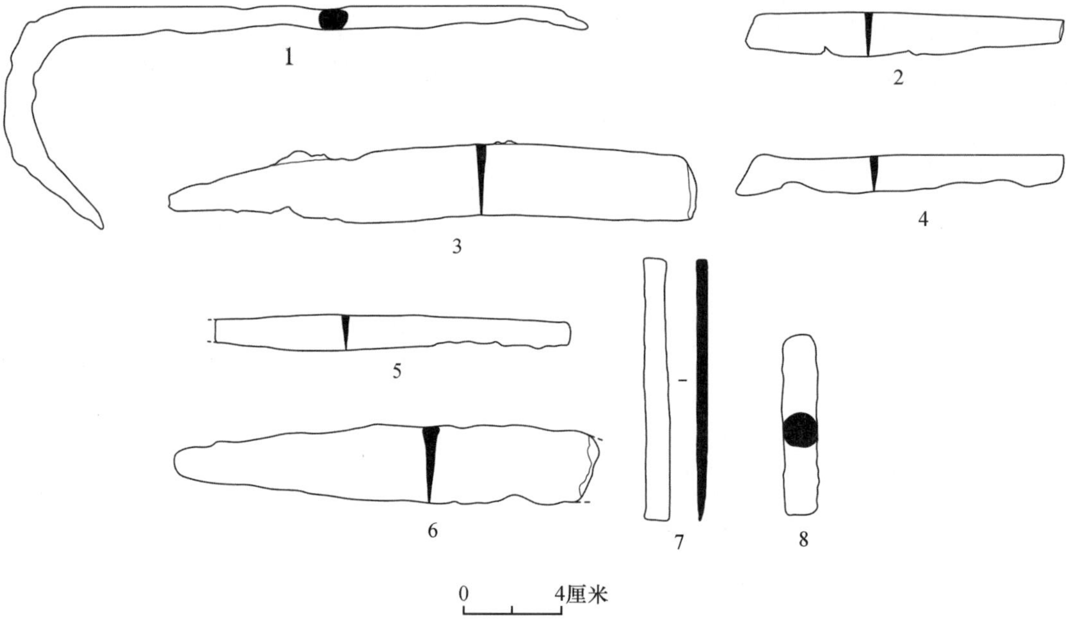

图62　2000年琵琶洲遗址出土铁器

1. 铁钩（00T1030③：1）　2～6. 铁刀（00T1054④：1、00T1055④：2、00T1059④：3、00T1065④：1、00T3017H6：1）
7、8. 铁凿（00T1059④：2、00T3017H6：2）

5. 铜器

铜簪　1件。00T1056④：1，窄长条状。扁薄细长，铜笄头部有一小部分突出。铜笄上部刻划两道平行直线，直线间刻划两道交叉直线，柄部刻划交错刻划纹，下有两道平行直线。下部稍残。残长12、宽0.5厘米（图63，1；图版20，5）。

铜环　4件。00T1012③：2，残。直径3.2、厚0.3厘米（图63，2；图版20，6）。00T1031③：11，残。直径3.1、厚0.4厘米（图63，3；图版21，1）。00T1031③：10，直径2.1、厚0.3厘米（图63，4；图版21，2）。00T1031③：12，直径1.6、厚0.2厘米（图63，5；图版21，3）。

铜耳杯扣　1件。00T1031③：13，平面呈月牙形，剖面呈“L”形。素面。残长6.3、宽0.8厘米（图63，6；图版21，4）。

铜镜　1件。00T1062④：2，残。器表呈黑色。圆形镜纽，镜面光滑。背面饰神兽纹。残长3.9、厚0.3厘米（图63，8）。

铜镞　2件。00T1014③：1，双翼，中部有脊，两侧有血槽，底端有铤。长5.3、铤长2、宽1.2厘米（图63，9；图版21，5）。00T3032H2：2，器身光滑，无锈蚀痕迹。三翼镞，刃口锋利，銎中空。器身有范铸痕迹。长5.9、宽1.5厘米（图63，10；图版21，6）。

五铢铜钱　4枚。均为圆形，有郭，阳文篆体“五铢”。00T1012③：3，直径2.2厘米（图版22，1）。00T1065④：2，直径2.5厘米（图版22，2）。00T1065④：4，直径2.6厘米（图版22，3）。

货泉铜钱　2枚。均为圆形，有郭，阳文篆体“货泉”。00T1026③：2，直径1.9厘米（图版22，4）。00T1057⑤：4，直径2.3厘米（图版22，5）。

开元通宝铜钱　4枚。均为圆形，有郭，阳文“开元通宝”。00T1060H16：1，直径2.2厘米（图版22，6）。

铜钱　1枚。00T1022③：1，圆形，锈蚀严重，无法辨别铭文。直径1.5厘米（图版23，1）。

6. 琉璃器

琉璃管　1件。00T1051④：6，残。淡蓝色。长管状，器表光滑，中间有孔。残长4.1、直径0.6厘米（图63，7；图版23，2）。

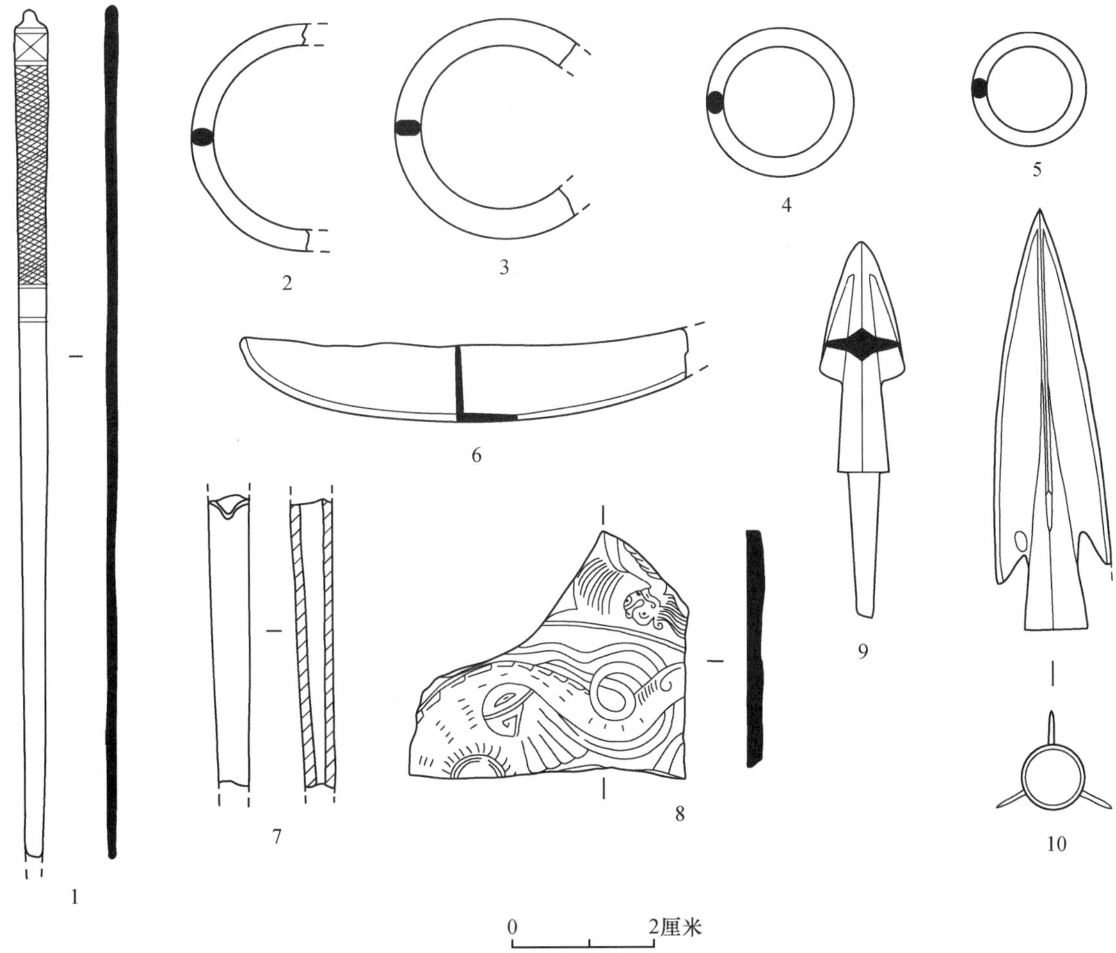

图63　2000年琵琶洲遗址出土铜器和琉璃器

1. 铜簪（00T1056④：1）　2～5. 铜环（00T1012③：2、00T1031③：11、00T1031③：10、00T1031③：12）　6. 铜耳杯扣（00T1031③：13）　7. 琉璃管（00T1051④：6）　8. 铜镜（00T1062④：2）　9、10. 铜镞（00T1014③：1、00T3032H2：2）

第三节　小　　结

通过前文对琵琶洲遗址发现的遗迹和遗物的介绍与分析，我们发现琵琶洲遗址应是以汉代遗存为主的遗址。从地层堆积来看，除了琵琶洲台地西北部的1998CWPT4011～4013内没有发现汉代地层堆积外，其余发掘区域的下层均发现有汉代堆积层。虽然在遗址内只发现有灰坑和沟两类汉代遗迹，但也出土了大量汉代筒瓦、板瓦和瓦当等建筑材料，说明遗址当时可能存在大型建筑。同时，遗址还出土了五铢和大泉五十等铜钱以及铜镞、铜耳杯扣、铜环和陶甑等汉代遗物。遗址西距山包墓地约400米，从后文也可以看出山包墓地历时较长，从战国晚期一直延续到东汉晚期，故两者应属于同一聚落。琵琶洲遗址距巫山县城也较近，应为汉代巫县下辖的大宁河沿岸较大的一处聚落。

由于遗址位于大宁河边琵琶洲一级台地上，该区域地势平坦，为历代理想的生活之所。历代人类活动遗存的发现充分说明了这一情况：在遗址上采集有新石器时期的石器[①]；发掘区域内发现有唐宋时期的灰坑、由陶筒瓦组成的排水管道和用于汲水或蓄水的水池，出土有板瓦等陶器，碗、盏等瓷器；同时也发现清代用于蓄水灌溉的遗迹。但汉代以后的人类活动也对汉代遗址造成了严重破坏。2000年Ⅰ区T1051和T1057等探方内第5层以上堆积均为汉代以后堆积，大部分汉代灰坑保留下来的堆积厚度不到50厘米等情况均能说明遗址遭受破坏的严重程度，我们对遗址具体的聚落布局状况也就难以探讨。

① 四川省博物馆：《川东长江沿岸新石器时代遗址调查简报》，《考古》1959年第8期。

第三章　山包墓地

第一节　墓地概述

琵琶洲山包墓地位于琵琶洲台地西侧岗地上和其下较平缓的坡地上（图版1）。整个山包墓地地势略呈西高东低。墓地共进行了1997年、1998年、2003年、2004年和2005年等5个年度协议的考古工作（图64）[①]。2003年，因库区蓄水，东部的遗址已全部被淹没，仅见西部的山包墓地（图版2，2；图版3，1）。共发掘各类墓葬100座，其中1998年发掘了7座墓葬，编号为1998CWPM1～M7；1999年发掘了8座墓葬，编号为1999CWPM8～M15；2003年发掘了33座墓葬，编号为2003CWPM101～M133（图版23，3）；2004年发掘了35座墓葬，编号为2003CWPM134～M163、M165～M169[②]；2006年发掘了17座墓葬，编号为2006CWPM170～M186。

所有墓葬依年代可分为战国晚期至汉代、宋代墓葬及年代不明三类。其中战国至汉代墓葬81座，宋代墓葬2座，年代不明墓葬17座。按照墓葬营建方式又可以分为竖穴土坑墓和洞式墓两大类，其中竖穴土坑墓又可分为土坑墓和砖（石）室土坑墓；洞式墓又可分为土洞墓和洞式砖（石）室墓。本报告按照墓葬年代和营建方式全部予以介绍。

一、竖穴土坑墓

共96座。是琵琶洲山包墓地最常见的墓葬形制。其中战国至汉代墓葬有77座，其余时代的墓葬均为竖穴土坑墓。在战国至汉代墓葬中，依有无使用砖（石）修建墓室分为竖穴土坑墓和砖（石）室土坑墓两大类。竖穴土坑墓的营建方式是：先挖一个竖穴土坑，再建造墓室。有的直接放入棺椁；有的在两端挖出放置垫木的凹槽，再放置垫木和棺椁；有的在墓底再挖出放置棺椁的坑，形成生土二层台；有的先在墓底平铺一层石块或卵石，再放置棺椁。砖（石）室土坑墓均有墓道，有的还有甬道。其营建方式是：先挖一个竖穴墓道、甬道和墓室，然后在甬道和墓室底部铺砖，再用砖（石）砌筑甬道和墓室，接着放置棺椁和随葬品，最后起券、回填。

---

① 1997年度协议考古工作是在1998年进行的；1998年度协议考古工作是在1999年进行的；2003、2004年度协议考古工作分别是在2003年和2004年进行的；2005年度协议考古工作是在2006年进行的。故探方和墓葬按照发掘年度+CWP进行编号。例如2004CWPM156代表2004年度发掘的156号墓葬。

② M164未发掘。

砌筑甬道和墓室有使用砖、石和砖石混用三种方式。土坑墓63座，砖（石）室土坑墓14座。墓葬形制有带墓道和无墓道两种。带墓道有27座，占35.1%。又有凸字形和刀把形两种，其中刀把形17座，凸字形8座，形状不明的2座。无墓道的51座，占64.9%。

二、洞　式　墓

共4座。全部为战国至汉代墓葬。依有无使用砖（石）修建墓室分为土洞墓和洞式砖（石）室墓两类。其中土洞墓2座，洞式砖（石）室墓2座。其营建方式是：先向下挖一斜坡墓道或竖穴甬道，然后掏挖出土洞墓室①。有的用砖（石）砌筑墓室，有的仅在墓底铺砖（石）。洞式墓均有墓道，其形制可分为凸字形和刀把形两种。其中凸字形1座，刀把形3座。

第二节　地 层 堆 积

山包墓地位于琵琶洲台地西侧岗地山顶上及其下较缓的坡地上。因历代耕作和居住，破坏较为严重。地层堆积相对较薄且简单，最多有两层堆积，墓葬原有开口层位也多已不存。现分别选取位于山顶中间、西南部和西北部的2003CWPT1004西壁、2004CWPT3501南壁和2006CWPT4307西壁为例说明墓地地层堆积情况。

1. 2003CWPT1004西壁

第1层：现代耕土层。黄褐色土，土质疏松，厚15～45厘米。内含大量植物根系和少量近现代陶瓷片。

第2层：近代扰土层。红褐色土，土质紧密，深15～45、厚12～30厘米。出土少量明清瓷片等。M121、M118和M119开口于此层下。

第2层下为含大量料礓石的浅黄色生土（图65）。

2. 2004CWPT3501南壁

第1层：现代耕土层。黄褐色土，土质疏松，厚15～30厘米。内含大量植物根系和少量近现代陶瓷片。M151开口于此层下。

第1层下为含大量料礓石的浅黄色生土（图66）。

3. 2006CWPT4307西壁

第1层：现代耕土层。黄褐色土，土质疏松，厚10～17厘米。内含大量植物根系和少量近

① 需要说明的是，由于琵琶洲山包墓地破坏严重，砖（石）室墓葬券顶以上部分大多被毁，故墓葬营建方式分类只能通过残存部分和参考保存较好的麦沱山墓地的同类型砖（石）墓进行推定。凡是残存有生土洞顶的墓葬都归为洞式墓类；凡是不见生土洞顶的墓葬暂归为竖穴土坑墓类。那么在竖穴土坑砖（石）室墓中就不能排除有洞式砖（石）室墓的可能。参见重庆市文物局、重庆市移民局编：《巫山麦沱墓地》，科学出版社，2018年。

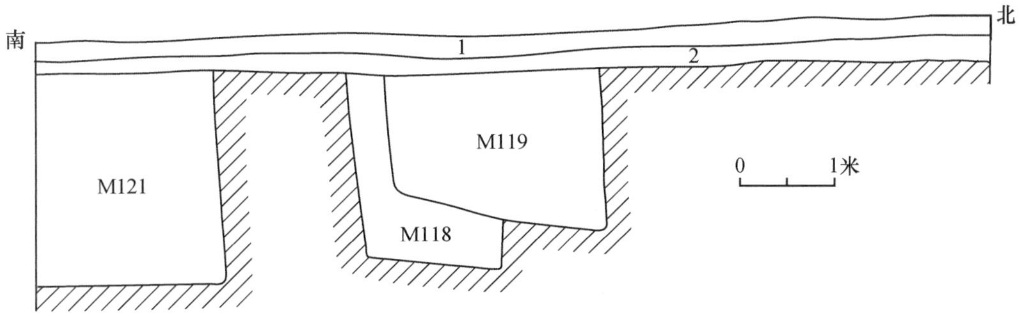

图65　2003CWPT1004西壁剖面图

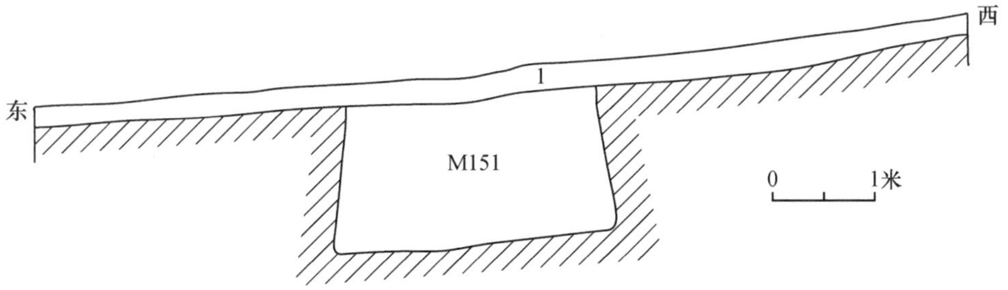

图66　2004CWPT3501南壁剖面图

现代陶瓷片。

第2层：近代扰土层。红褐色土，土质紧密，深10～17、厚10～18厘米。出土少量明清瓷片等。M170开口于此层下。

第2层下为含大量料礓石的浅黄色生土（图67）。

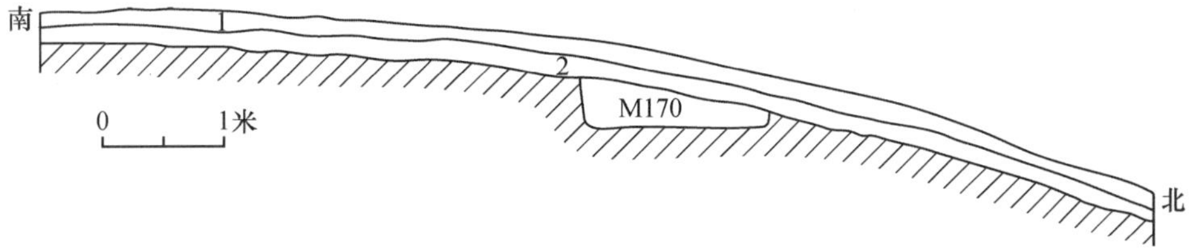

图67　2006CWPT4307西壁剖面图

第三节　战国至汉代墓葬

共81座，其中竖穴土坑墓77座，洞式墓4座。

一、竖穴土坑墓

共77座。依有无使用砖（石）修建墓室分为土坑墓和砖（石）室土坑墓两类。其中土坑墓63座，砖（石）室土坑墓14座。

（一）土坑墓

共63座。又依有无墓道分为无墓道和有墓道两小类。其中无墓道的有49座，占比77.78%；有墓道的14座，占比22.22%。49座无墓道的竖穴土坑墓中有M6、M9、M102、M103、M109、M111、M116、M120、M123、M124、M125、M133、M138、M145、M146、M148、M149和M161等18座有壁龛（一般为头龛）。

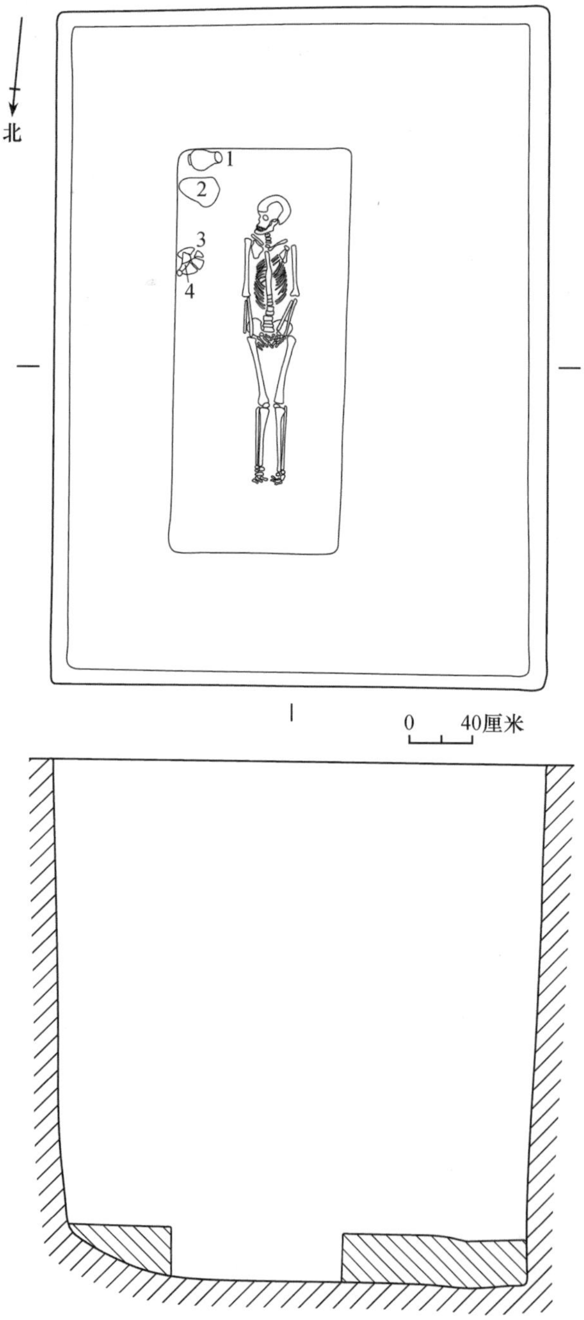

图68　1998CWPM2平、剖面图
1. 陶壶　2. 漆器　3. 陶豆　4. 兽骨

1. 1998CWPM2

（1）墓葬概况

M2位于山包墓地东南部1998CWPT16中部（图64）。墓向175°。

开口于第1层下，打破生土。未被盗扰。

竖穴土坑墓。墓口平面形状呈长方形。口大底略小，墓壁稍内收，平底。墓口距现地表15厘米，长433、宽317、深333厘米；墓底距现地表348厘米，长414、宽294厘米（图68；图版24，1、2）。

填土为黄褐色五花土。墓室四周有熟土二层台。二层台高30、北二层台宽76、东二层台宽66、南二层台宽79、西二层台宽118厘米。在墓底发现有板灰痕迹，推测原应有木棺。棺长260、宽110、高32厘米。棺内发现1具人骨，保存状况较好，仰身直肢葬，头向南，面向右。经陈靓先生鉴定为一例中老年男性，详情见附录三。在棺内东南随葬4件器物，有1件陶壶、1件漆器、1件陶豆和1件动物肩胛骨。

根据墓葬形制和出土器物，初步推测该墓年代为西汉早期。

（2）出土器物

该墓共出土4件器物，除1件漆器残片和1件动物肩胛骨外，还随葬2件陶器。

陶壶　1件。M2∶1，泥质灰陶。盘口，方唇，高领，束颈，鼓腹，高圈足，有盖。肩部有对称的铺首，兽头的鼻子凸起形成瘤状。肩部饰两道凹弦纹。腹部饰一道凹弦纹。器盖上有三个“S”形纽。口径9.8、腹最大径16.2、底径9.4、通高30.8厘米（图69，1；图版67，2）。

陶豆　1件。M2∶3，夹细砂灰陶。微敛口，尖唇，浅盘，高中空豆柄，喇叭形圈足。素面。口径13.6、底径8.3、高11.8厘米（图69，2；图版57，4）。

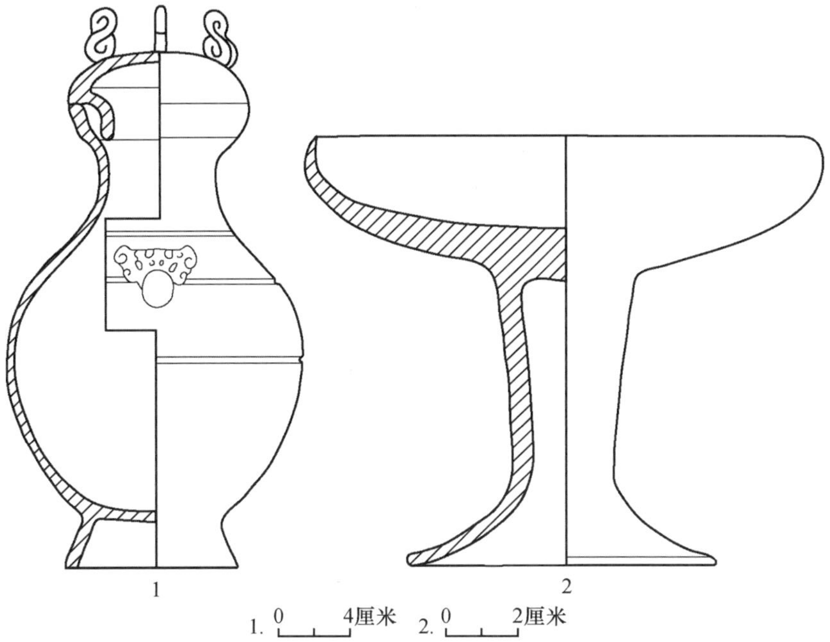

图69　1998CWPM2出土陶器

1. 壶（M2∶1）　2. 豆（M2∶3）

2. 1998CWPM5

（1）墓葬概况

M5位于山包墓地东北部的1998CWPT18北部，部分延伸至1998CWPT19内（图64）。墓向347°。

开口于第1层下，打破生土。南部被M4打破。未被盗扰。

竖穴土坑墓。墓口平面形状呈长方形。口大底小，墓壁斜直内收，平底。墓口距现地表20厘米，残长228、宽193～206、深160～195厘米；墓底距现地表180～215厘米，长282、宽158～170厘米（图70；图版25，1）。

填土为黑褐色五花土。墓室四周有熟土二层台。二层台高50、北二层台宽38、东二层台宽33、南二层台宽55、西二层台宽33厘米。墓底发现有棺灰，棺长188、宽98厘米。在棺底四角有四个直径12厘米的柱洞，棺底四周有宽4厘米的浅沟，推测是固定棺木之用（图版24，3）。棺内人骨已腐朽，仅在棺内北部发现一片骨渣，推测墓主头向北。在棺内北侧随葬陶鼎和陶壶各1件。另外，在填土中发现1件石斧。

根据墓葬形制和出土陶器，初步推测该墓年代为西汉早期。

（2）出土器物

该墓填土和棺内共出土3件器物，陶鼎和陶壶各1件，1件石斧。

陶鼎　1件。M5∶2，泥质灰陶。子母口，方唇，扁腹，底近平，三蹄形足。有一对长方形

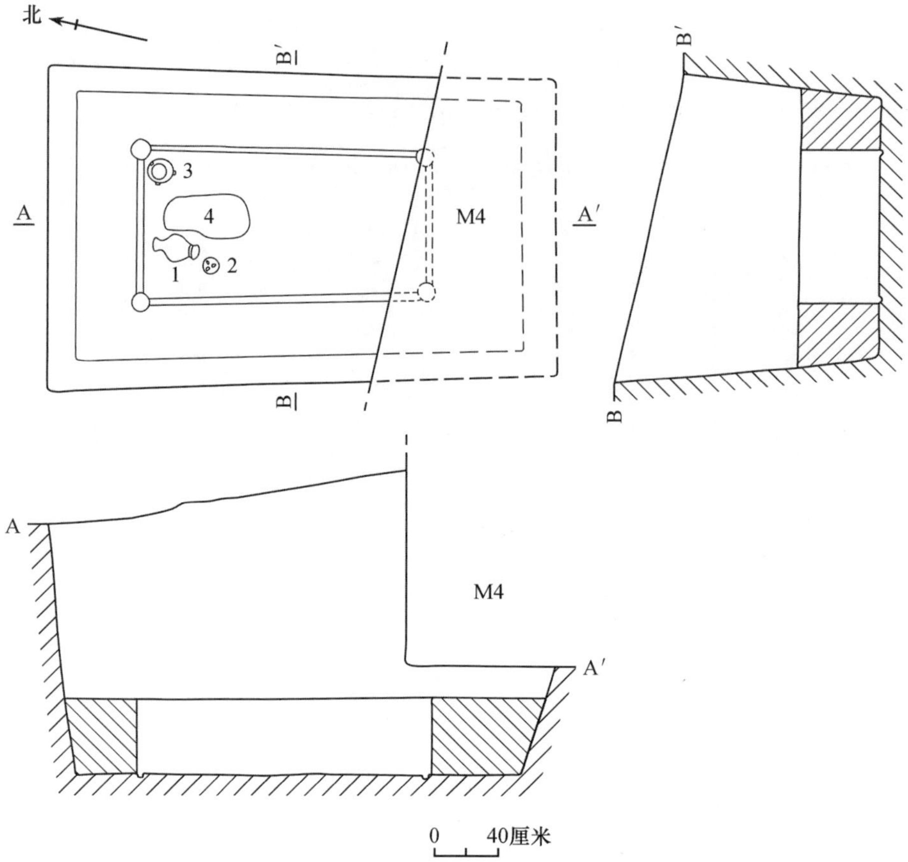

图70　1998CWPM5平、剖视图

1. 陶壶　2. 陶壶盖　3. 陶鼎　4. 人骨渣范围

附耳，中间有长方形孔。腹部饰一道凸棱。口径13.2、腹径16.1、高12.4厘米（图71，1；图版54，2）。

陶壶　1件。M5：3，泥质灰陶。敞口，方唇，高领，束颈，扁鼓腹，圈足，有盖。肩部饰两个对称铺首，颈部饰一道凸棱，肩部及腹部饰七道凹弦纹。器盖上有三个实心扁纽。口径10.4、腹最大径18.3、底径11、器盖高8、通高25.7厘米（图71，2；图版66，5）。

石斧　1件。M5填土：1，平面近长方形，底端有刃，局部有磨制痕迹。长15、宽6.8、厚3.2厘米（图71，3；图版117，6）。

3. 1998CWPM6

（1）墓葬概况

M6位于山包墓地东南部1998CWPT17北部（图64）。墓向113°。

开口于第1层下，打破生土。未被盗扰。

竖穴土坑墓。墓口平面形状呈长方形。墓壁较直，平底。在头部墓壁挖有一壁龛。墓口距现地表20厘米，长223、宽81、深146厘米。壁龛宽38、进深26、高25、下部距墓底20厘米。北侧有宽18、高48厘米的生土二层台（图72；图版25，2）。

填土为黄褐色五花土，较黏。未发现葬具。发现1具人骨，保存状况较好，仰身直肢葬，头向东南，面朝上，上肢交叉置于左侧，左下肢交叉置于右下肢上。经陈靓先生鉴定为一例

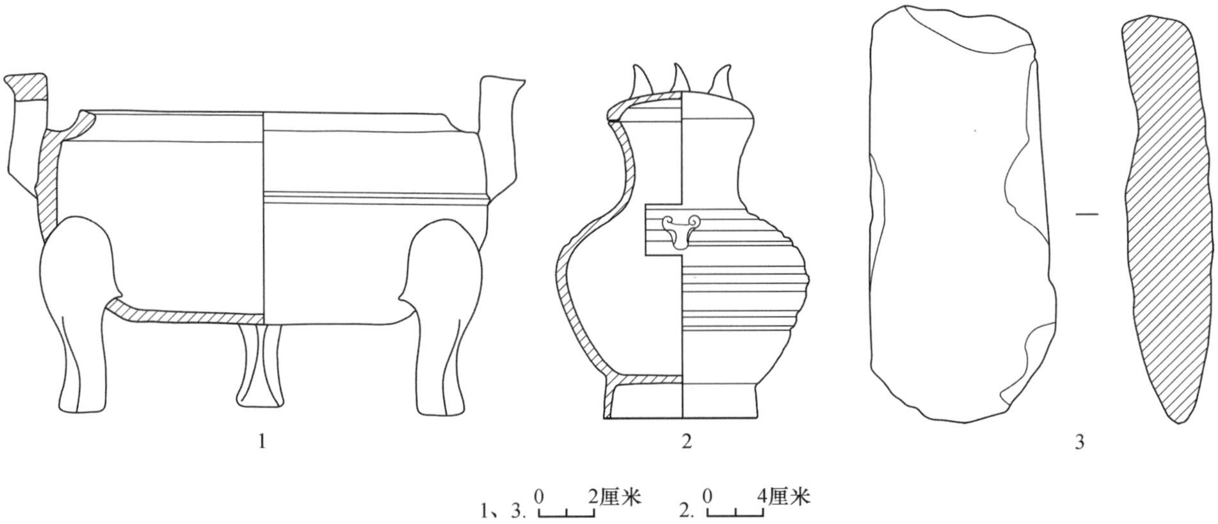

图71　1998CWPM5出土器物

1. 陶鼎（M5：2）　2. 陶壶（M5：3）　3. 石斧（M5填土：1）

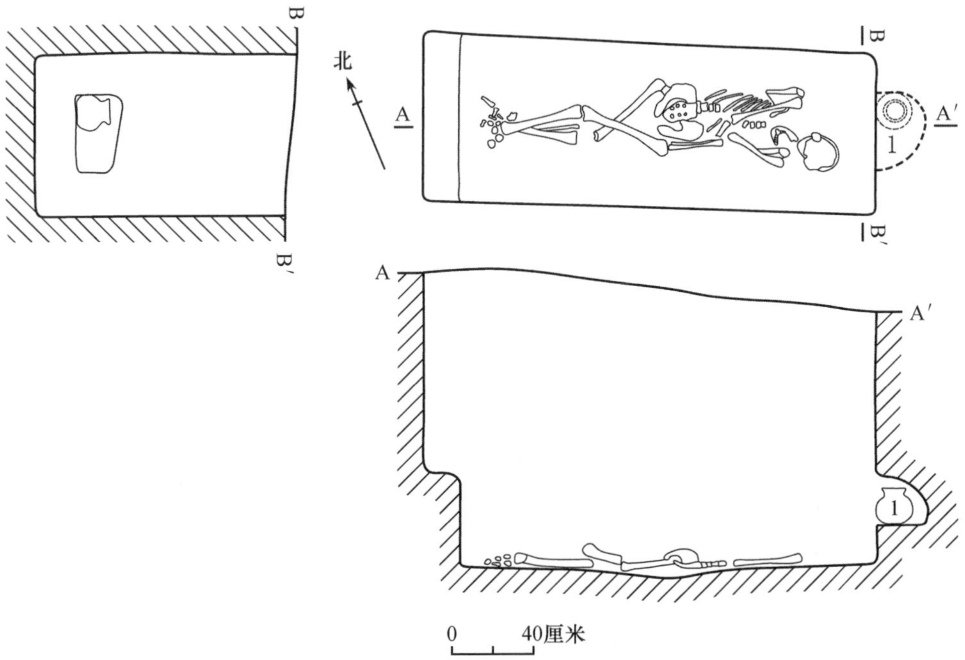

图72　1998CWPM6平、剖视图

1. 陶罐

35～40岁的男性，详情见附录三。在壁龛中随葬陶罐1件。

根据墓葬形制和出土陶器，初步推测该墓年代为西汉中晚期。

（2）出土器物

该墓仅在壁龛中随葬1件陶罐。

陶罐　1件。M6：1，泥质褐陶。直口，三角形唇沿，尖圆唇，高领，球腹，凹底。颈肩部有一道凹弦纹，器腹及器底饰交错绳纹。口径13.2、腹最大径19.8、底径7.5、高17.6厘米（图73；图版90，6）。

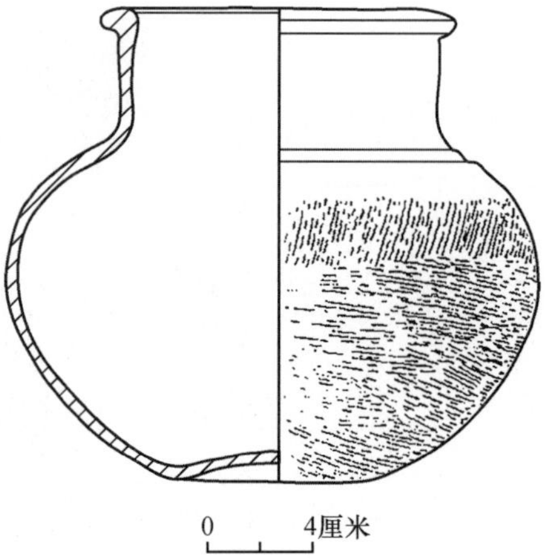

图73　1998CWPM6出土陶罐
（M6：1）

4. 1998CWPM7

（1）墓葬概况

M7位于山包墓地东南部1998CWPT17南部（图64）。墓向117°。

开口于第1层下，打破生土。未被盗扰。

竖穴土坑墓。墓口平面形状呈长方形。口大底小，墓壁斜直内收，平底。墓口距现地表20厘米，长337、宽212、深260厘米；墓底距现地表280厘米，长286、宽160厘米。墓底发现有白色板灰痕迹与残铁钉，原应有棺椁，具体情况不明。在棺下东南、西北两端各有一垫木，东南端垫木长162、宽28、厚8厘米；西北端垫木长154、宽26、厚10厘米（图74；图版25，3）。

填土为黄褐色黏土。发现1具人骨，保存状况较好，仰身直肢，头向东南，面向上。经陈靓先生鉴定可能为一例成年女性个体，详情见附录三。在东南端垫木中间位置随葬3件陶器，陶鼎、陶盒和陶壶各1件。其中陶壶和陶盒出土时表面有白色陶衣，陶壶上还施红彩（图版26，1）。

根据墓葬形制和出土陶器，初步推测该墓年代为西汉初期，可能早至战国晚期。

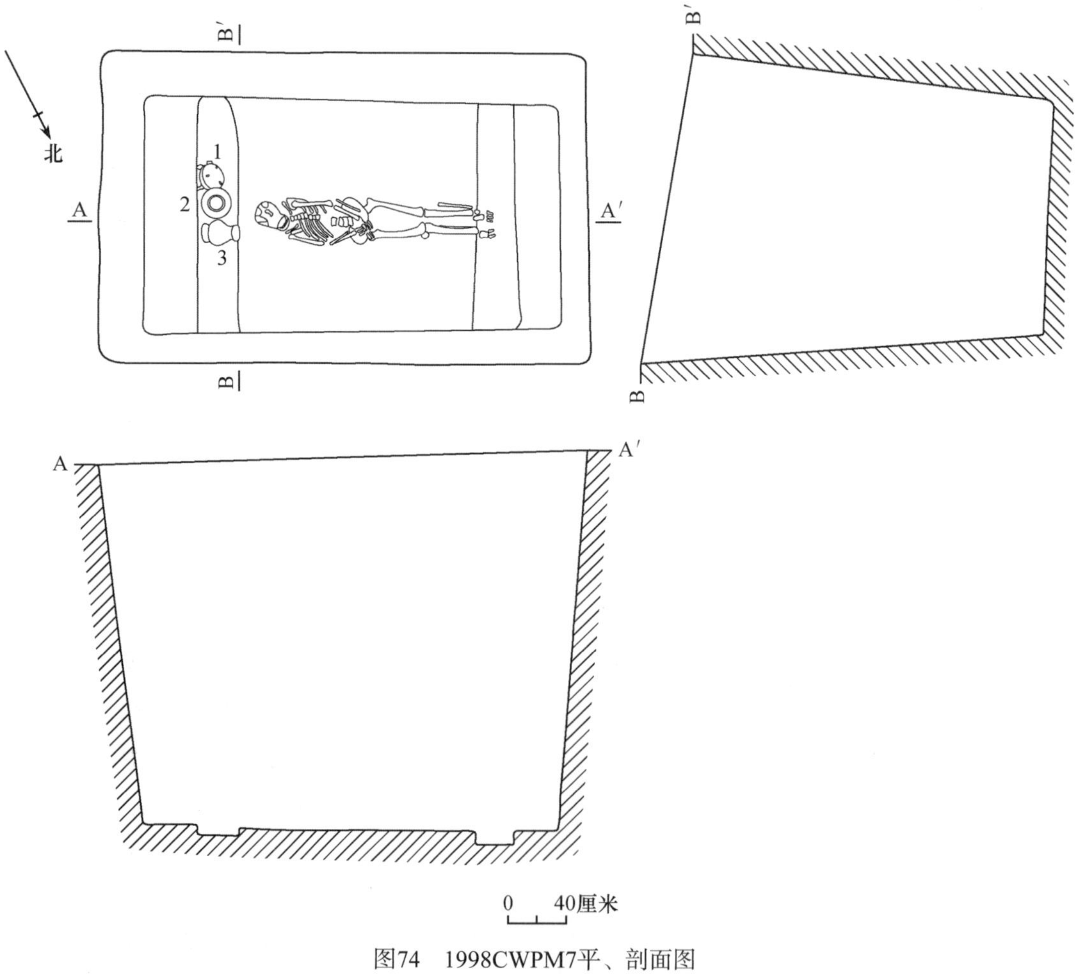

图74　1998CWPM7平、剖面图
1. 陶鼎　2. 陶盒　3. 陶壶

（2）出土器物

该墓随葬有陶鼎、陶盒和陶壶3件陶器。

陶鼎　1件。M7：1，泥质褐陶，器表较光滑。子母口微内敛，圆唇，扁鼓腹，圜底，三蹄形足。有一对方形附耳，中间有长方形孔。腹部饰一道凸弦纹。有浅盘形盖，上有三个“S”形纽，上有一道凹弦纹。口径12.9、腹径18.2、通高14.1厘米（图75，2；图版52，4）。

陶盒　1件。M7：2，泥质褐陶，器表光滑。子母口，方唇，斜弧腹，圜底，圈足。腹部饰两道凹弦纹。器盖为敞口，斜弧腹，圈足。盖口径18.4、器身口径16、圈足径9.8、通高15厘米（图75，3；图版55，5）。

陶壶　1件。M7：3，泥质褐陶。敞口，高领，束颈，鼓腹，圈足，有盖。肩部饰两个对称的铺首，颈部及肩部饰五道凹弦纹。该器为彩绘陶，在白色陶衣上施红彩。出土时大部分已斑驳脱落，仅在壶的口颈部保留一圈倒三角纹。颈、肩处有一条宽条带纹。器盖上有三个“S”形纽。口径11.2、腹最大径18.4、底径11.5、通高28.4厘米（图75，1；图版66，1）。

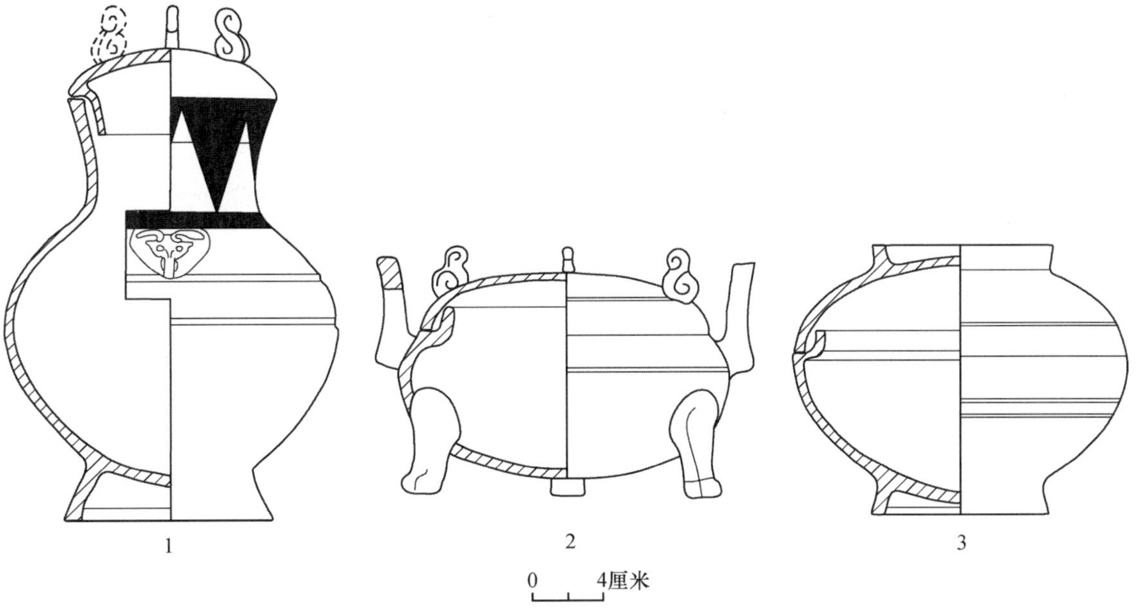

图75　1998CWPM7出土陶器

1. 壶（M7：3）　2. 鼎（M7：1）　3. 盒（M7：2）

5. 1999CWPM9

（1）墓葬概况

M9位于山包墓地南部偏东的1999CWPT8北部（图64）。墓向114°。

开口于第1层下，被M8与M11打破，并打破生土。被扰动。

竖穴土坑墓。墓口平面形状呈长方形。口大底小，墓壁斜直内收，平底。在西北端有一壁龛。墓口距现地表25厘米，长296～300、宽166、深240厘米；墓底距现地表265厘米，长264、宽130厘米。壁龛宽66、进深23、高35、下边缘距墓底63厘米。在壁龛内随葬2件器物，陶罐和铜鍪各1件（图76）。

墓内填土为黄褐色五花土。未发现葬具和人骨。

根据墓葬形制和出土陶器，初步推测该墓年代为东汉中期。

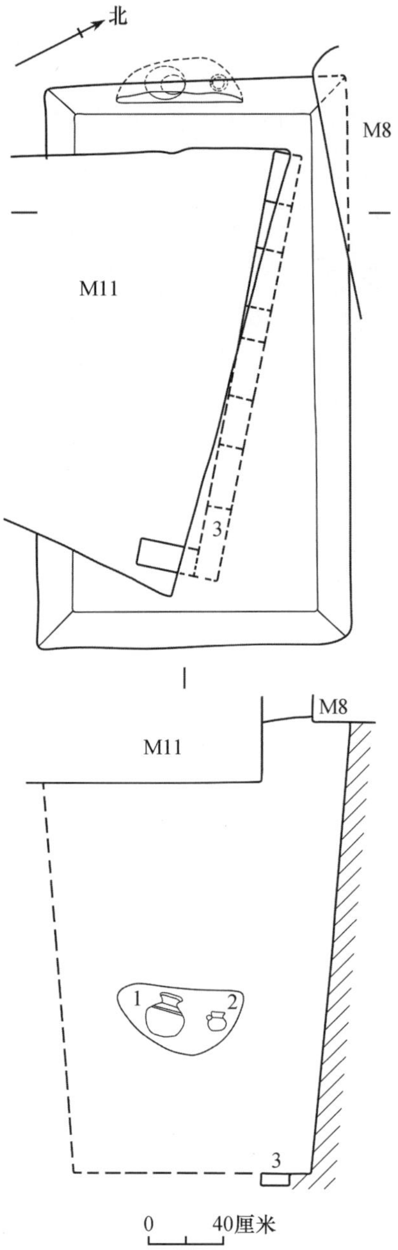

图76　1999CWPM9平、剖视图
1. 陶罐　2. 铜鍪　3. M11墓砖

（2）出土器物

该墓仅在壁龛发现陶罐和铜鍪各1件。

陶罐　1件。M9∶1，夹砂褐陶。直口微敞，三角形唇沿，尖圆唇，高领，圆肩，深弧腹，小凹底。腹部饰一周戳印纹，下饰绳纹。口径13.5、肩径22、底径4.4、高20.9厘米（图77，1；图版89，6）。

铜鍪　1件。M9∶2，敞口，圆唇，束颈，折肩，鼓腹，圜底，肩部有麻绳状单耳。口径9.7、腹最大径12.2、高11.9厘米（图77，2；图版106，2）。

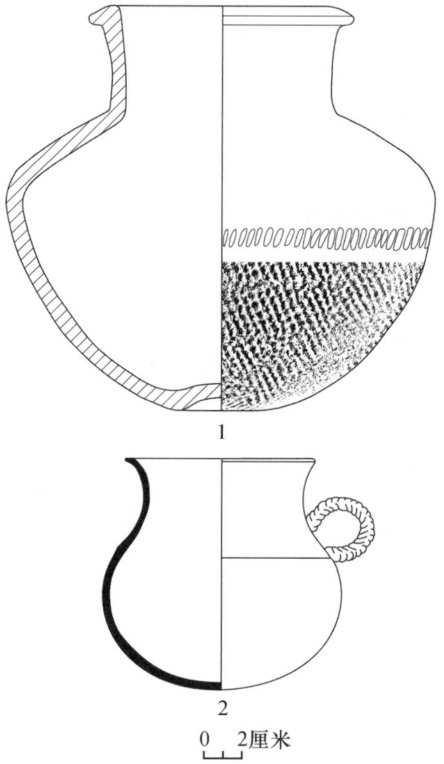

图77　1999CWPM9出土器物
1. 陶罐（M9∶1）　2. 铜鍪（M9∶2）

6. 1999CWPM10

M10位于山包墓地南部偏东的T8南部（图64）。墓向125°。

开口于第1层下，打破生土，西北部被M11打破。被扰动。

竖穴土坑墓。墓口平面形状为长方形小部分。口大底小，墓壁斜直内收，平底。墓口距现地表25厘米，残长106～154、宽239、深251～293厘米；墓底距现地表276～318厘米，残长94～134、宽200厘米。在东、北、南三面还残存有部分熟土二层台。二层台高42厘米。东二层台宽40、北二层台宽31、南二层台宽28厘米（图78）。

填土为黄褐色五花土。未发现葬具痕迹。无随葬品。仅在墓室发现一人头骨，头向东南，面朝上。

因其被M11打破，结合墓葬形制来看，该墓年代可能为汉代，最迟不晚于M11，具体年代不明。

7. 2003CWPM102

M102位于山包墓地东北部的2003CWPT1604西北部（图64）。墓向101°。

开口于第2层下，打破生土。未被盗扰。

竖穴土坑墓。墓口平面形状呈长方形。口大底小，墓壁斜直内收，平底。在东壁设一壁龛，壁龛上部被扰，仅存底部。墓口距现地表35～52厘米，长248、宽115、深70～77厘米；墓底距现地表105～127厘米，长226、宽101厘米。壁龛宽62、进深26、残存部分高4、下部距墓底72厘米（图79；图版26，2）。

填土为浅黄色花土，土质较硬，较黏。在壁龛内随葬绳纹陶罐1件，仅存罐底。

发现有棺灰痕迹，原应有棺。发现1具人骨，保存较好。仰身直肢，头向东，面向左，双手向上折起，置于双肩处。初步推断墓主为一成年男性。

根据墓葬形制和出土器物，推测其年代为西汉时期，具体年代不明。

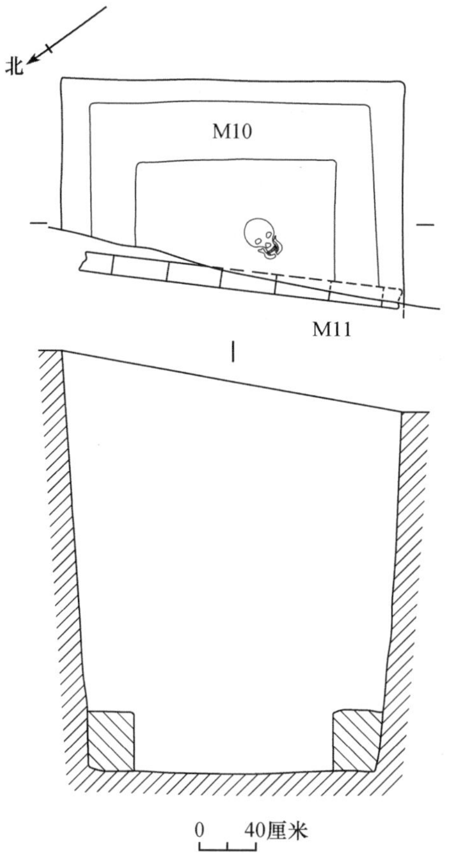

图78　1999CWPM10平、剖面图

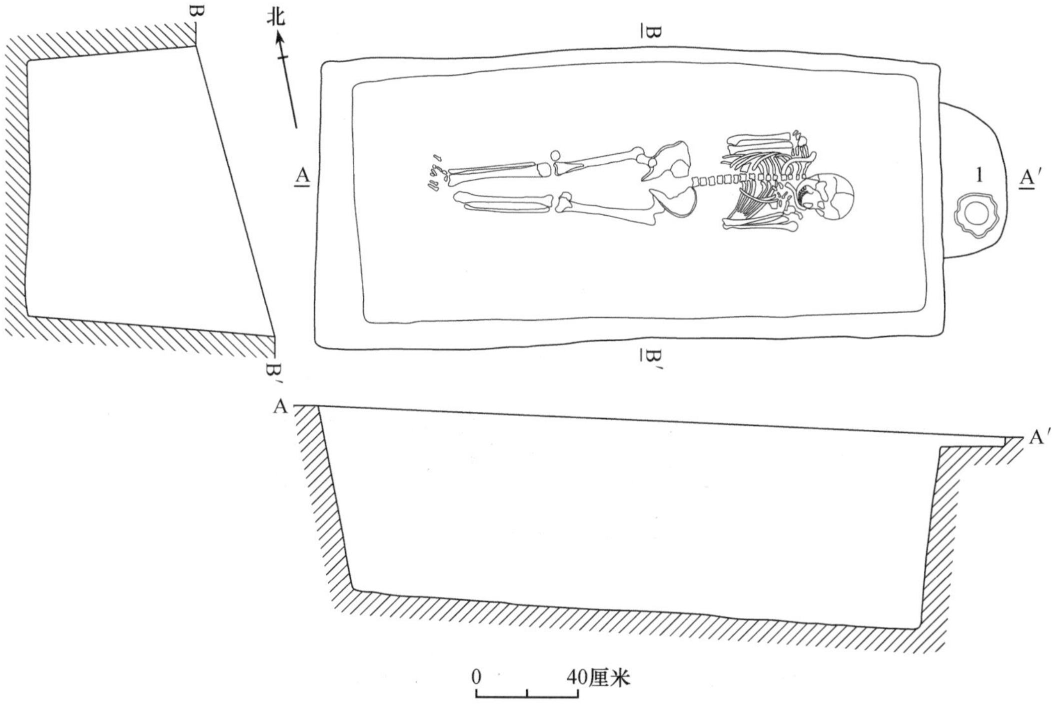

图79　2003CWPM102平、剖面图

1. 陶罐底

8. 2003CWPM103

（1）墓葬概况

M103位于山包墓地东北部的2003CWPT1604东南部（图64）。墓向192°。

开口于第2层下，打破生土。未被盗扰。

竖穴土坑墓。墓口平面形状呈长方形。口略大底小，墓壁斜直内收，底部近平。在南壁设有一壁龛。墓口距现地表35～52厘米，长314、宽166、深90～192厘米；墓底距现地表125～240厘米，长300、宽158厘米。壁龛宽125、进深23、高28、下部距墓底100厘米。墓室四周有熟土二层台。二层台高17、北二层台宽34、东二层台宽43、南二层台宽43、西二层台宽48厘米。发现有板灰痕迹，应有一棺。棺长226、宽67厘米、高度不明。另发现1具人骨，保存较差。仰身直肢，头向南，面向左。初步推断墓主为一成年女性（图80；图版26，3）。

填土为浅黄色五花土，土质较硬、较黏。壁龛内随葬3件陶器，1件陶钵和2件陶罐（图版27，1）。

根据墓葬形制和出土器物，推测其年代为西汉中晚期。

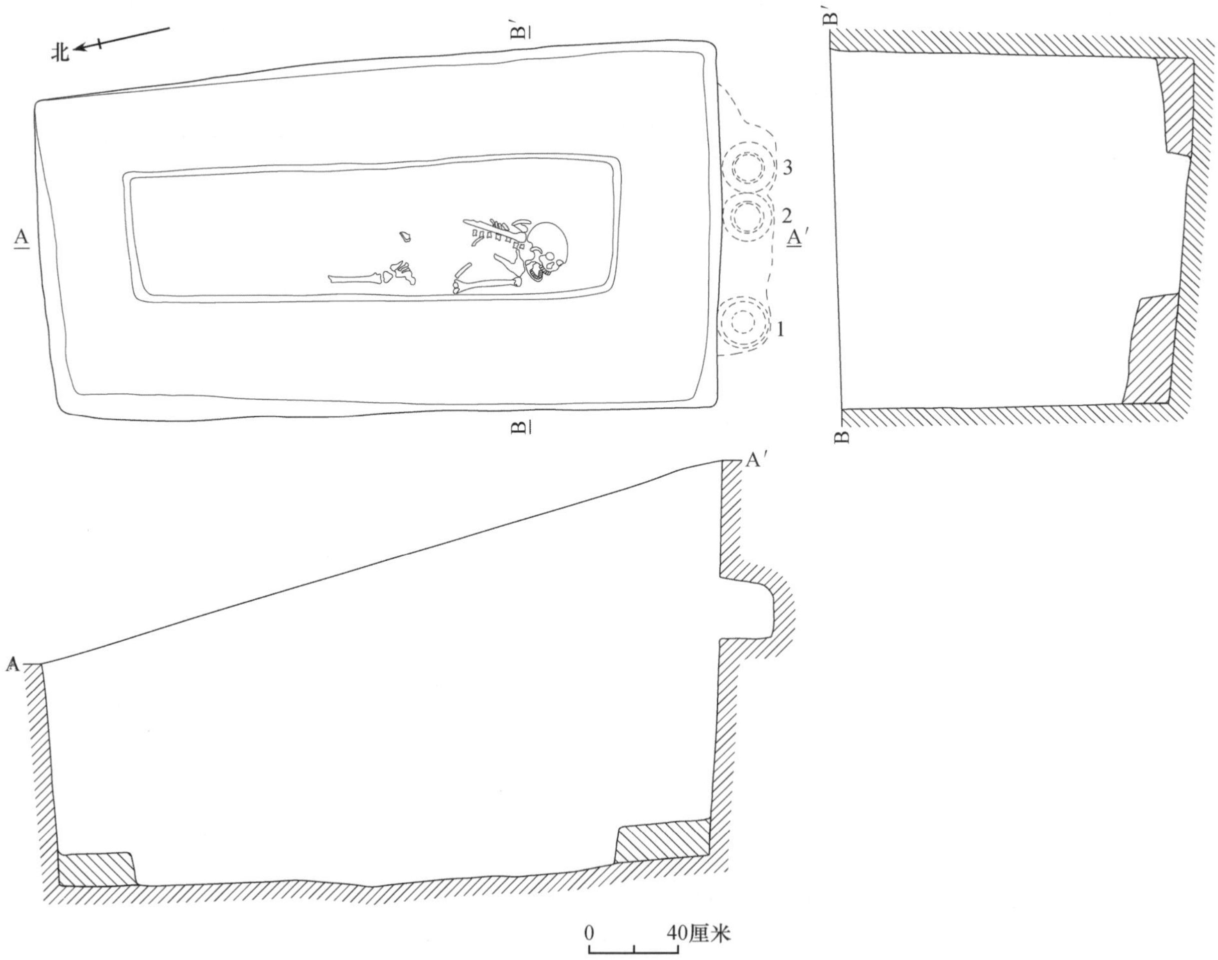

图80　2003CWPM103平、剖面图

1. 陶钵　2. 陶罐　3. 陶罐

（2）出土器物

该墓共出土3件陶器。

陶钵　1件。M103：1，泥质灰陶。口部残。弧腹，平底。上腹部饰两道凸弦纹，下腹部有一道折棱。底径11、残高9.6厘米（图81，1）。

陶罐　2件。M103：2，泥质灰陶。直口微敞，三角形唇沿，尖圆唇，高领，圆肩，球腹，小平底。颈部及腹部饰三道浅凹弦纹，肩部及上腹部饰竖绳纹，下腹部经切削后再饰交错绳纹，器底饰交错绳纹。口径14.2、腹最大径20.7、底径7、高19.5厘米（图81，2；图版91，6）。M103：3，泥质灰陶。直口微敞，三角形唇沿，尖圆唇，高领，微溜肩，球腹，小凹底。颈腹部饰三道浅凹弦纹，肩部及上腹部饰竖绳纹，下腹部和器底饰交错绳纹。口径14.4、腹最大径21.6、底径8.6、高19.7厘米（图81，3；图版91，1）。

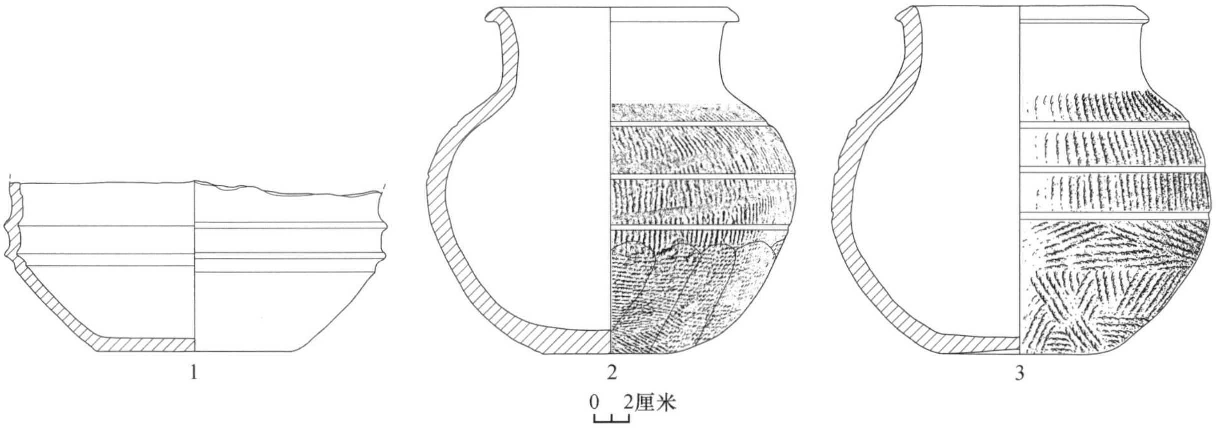

图81　2003CWPM103出土陶器

1. 钵（M103：1）　2、3. 罐（M103：2、M103：3）

9. 2003CWPM106

（1）墓葬概况

M106位于山包墓地东北部的2003CWPT1504东北部，部分延伸至T1504北壁外（图64）。墓向193°。

开口于第2层下，打破生土。未被盗扰。

竖穴土坑墓。墓口平面形状呈长方形。口大底小，墓壁斜直内收，平底。墓口距现地表32～35厘米，长385、宽216、深235～329厘米；墓底距现地表260～318厘米，长338、宽189厘米。墓室四周有熟土二层台。二层台高9～14厘米，北二层台宽47、东二层台宽41、南二层台宽32、西二层台宽31厘米（图82；图版27，2）。

填土为浅黄色五花土，土质较硬、较黏。墓室呈“T”字形，南部墓主人头端有一横长方形口大底小的头箱，长118、宽62厘米。北部应有一棺，长200、宽85厘米。棺内发现1具人骨，保存较差，仅存部分头骨与肢骨。头向西南，面向、性别、年龄不详。在头箱中随葬3件陶器，陶壶、陶敦、陶鼎各1件。陶壶在出土时器表有白色陶衣，其上施红彩（图版28，1）。

根据墓葬形制和出土器物，推测其年代大致为西汉初期。但因该墓发现的头箱与战国时期墓葬中常见的形制相似，且出土有楚式仿铜陶敦，故其年代可能早至战国晚期。

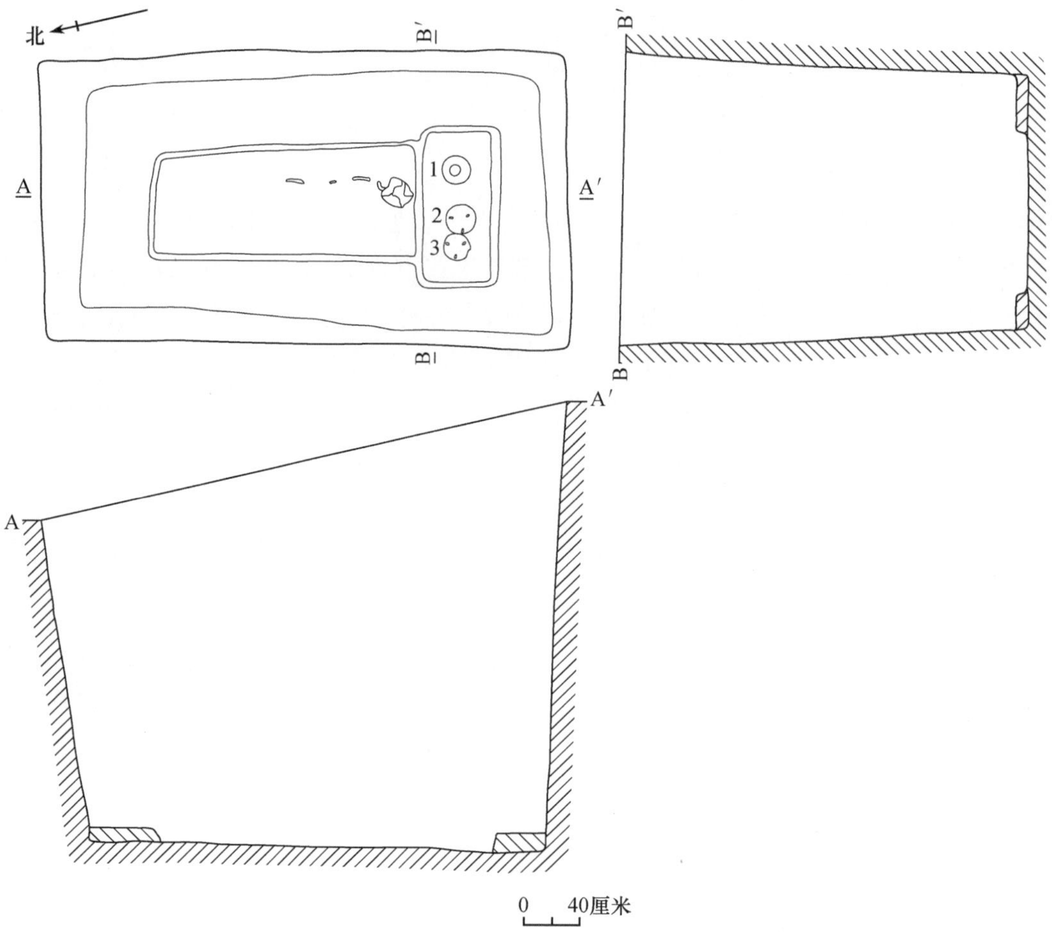

图82　2003CWPM106平、剖面图

1. 陶壶　2. 陶敦　3. 陶鼎

（2）出土器物

该墓共出土3件陶器。

陶鼎　1件。M106：3，泥质灰陶。子母口，圆唇，鼓腹，圜底，三蹄形足。有一对长方形附耳，中间有长方形孔。带盖，上有三个“S”形纽。纽上、下各有一道浅凹弦纹，腹部饰一道凸弦纹。口径13.4、腹径18.8、通高16.7厘米（图83，3；图版52，5）。

陶敦　1件。M106：2，泥质灰陶。敞口，平沿，方唇，浅弧腹，圜底。上下对称，各有三个“S”形纽。纽上、下各有一道浅凹弦纹。口径19.5、通高21.7厘米（图83，2；图版54，4）。

陶壶　1件。M106：1，泥质灰陶。敞口，方唇，高领，束颈，鼓腹，圈足，圜底。带盖，盖上有三个“S”形纽。该器为彩绘陶，在白色陶衣上施红彩。出土时大部分已斑驳脱落，仅在壶的口颈部保留一圈倒三角纹。颈上部、下部及上腹部各有一条窄条带纹。颈部上、下各饰一道凹弦纹。上腹部饰两个对称铺首，下有两道凹弦纹。口径11.8、腹最大径20.8、底径12.1、通高35.6厘米（图83，1；图版66，2）。

10. 2003CWPM109

（1）墓葬概况

M109位于山包墓地东北部的2003CWPT1504南部，部分在2003CWPT1503内（图64）。墓向0°。开口于第2层下，打破生土。未被盗扰。

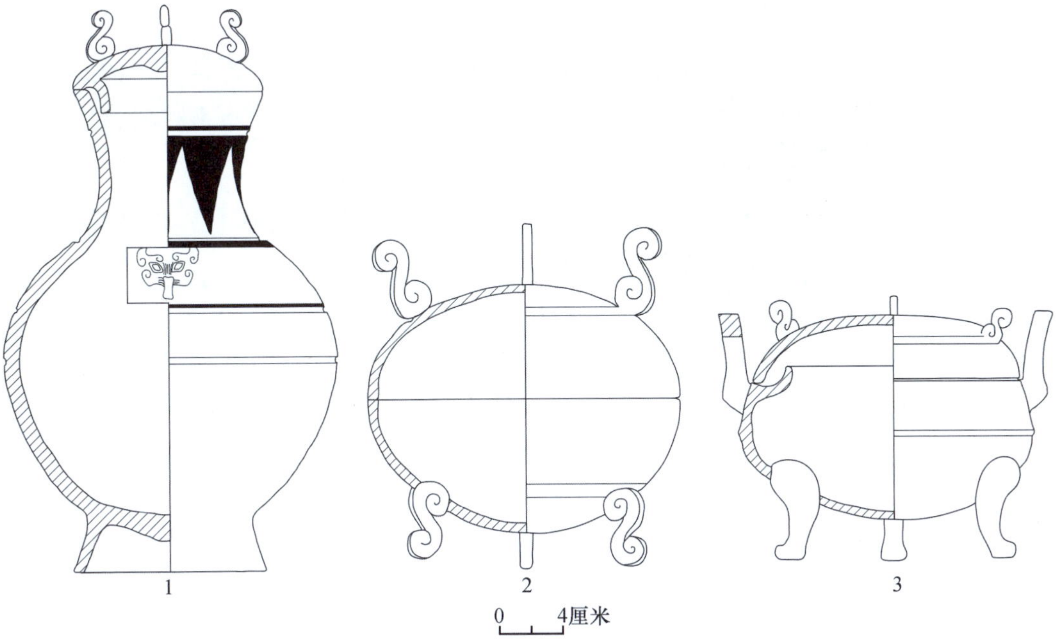

图83　2003CWPM106出土陶器

1. 壶（M106：1）　2. 敦（M106：2）　3. 鼎（M106：3）

竖穴土坑墓。墓口平面形状呈长方形。口大底小，墓壁斜直内收，底部北部稍高。墓口距现地表40～44厘米，长272、宽97、深90～130厘米；墓底距现地表173～176厘米，长202、宽58厘米。墓室四周有生土二层台。二层台高50～55厘米，北二层台宽36、东二层台宽9、南二层台宽5～18、西二层台宽10厘米（图84；图版27，3）。

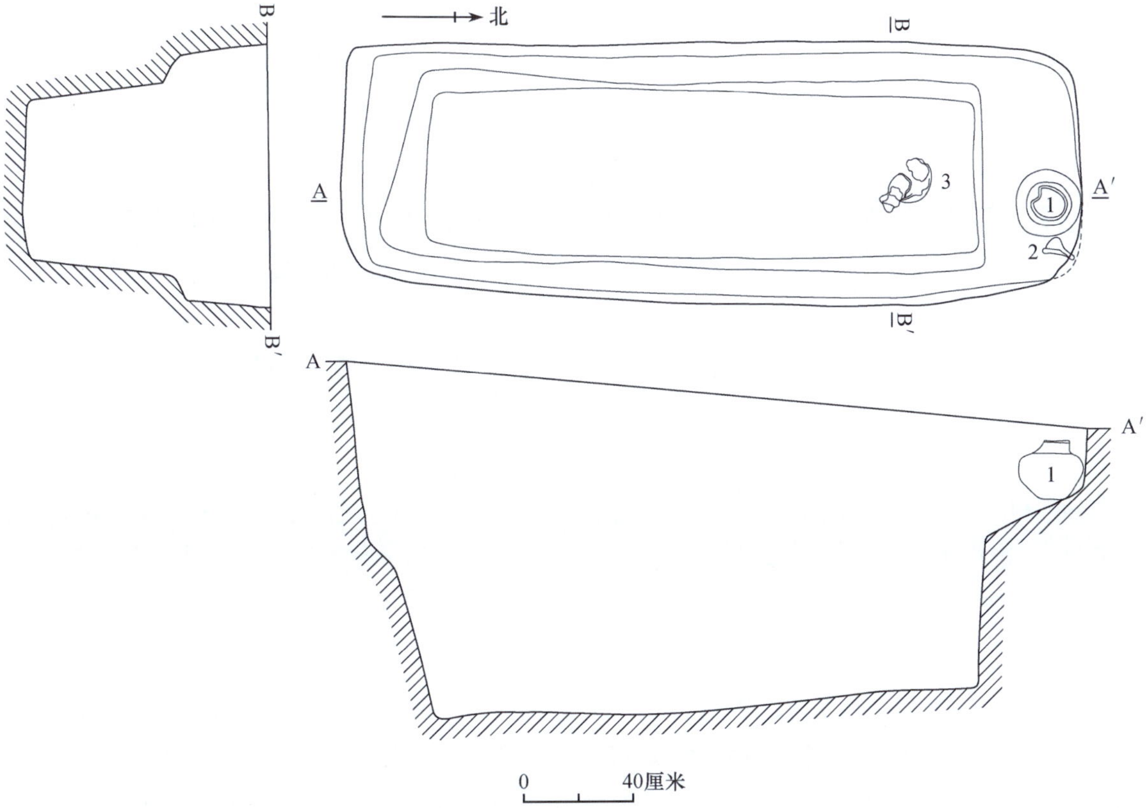

图84　2003CWPM109平、剖面图

1. 陶罐　2. 动物肩胛骨　3. 人头骨

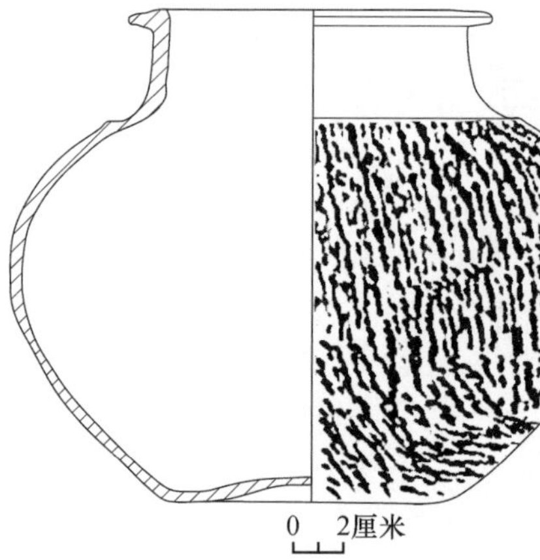

图85　2003CWPM109出土陶罐
（M109：1）

填土为黄色五花土。未发现葬具。发现1具人骨，保存状况差，仅存部分头骨。头向北，葬式、面向、年龄和性别不详。在北二层台上随葬有陶罐1件和动物肩胛骨1块。

根据墓葬形制和出土器物，推测其年代为西汉早期。

（2）出土器物

该墓共出土1件陶罐和1件动物肩胛骨。

陶罐　1件。M109：1，泥质灰陶。直口微敛，三角形唇沿，尖圆唇，高领，圆肩，鼓腹，小凹底。肩部及上腹部饰竖绳纹，下腹部和器底饰交错绳纹。口径14.2、腹最大径23.3、底径10.8、高19.1厘米（图85；图版90，3）。

11. 2003CWPM110

（1）墓葬概况

M110位于山包墓地东部2003CWPT1502东北角，部分在2003CWPT1503内（图64）。墓向342°。开口于第2层下，打破M119与生土。被盗扰。

竖穴土坑墓。墓口平面形状呈刀把形。通长658厘米。由斜坡墓道和墓室两部分组成。墓道在北，墓室在南。

我们推测其营建方式是：先挖一竖穴斜坡墓道和竖穴墓室，然后放置葬具与随葬品，最后回填。

墓道平面形状呈长方形，前端呈弧形外凸。前端口大底略小；后端大部分口小底略大。两侧壁较直，斜坡状底，中间凹凸不平。口部距现地表35～40厘米，长316、宽78～90、深32～202厘米；底部宽96厘米。墓道坡度24°。

墓室平面形状呈长方形。东、西壁稍往外扩，南壁稍往内收，平底。口部距现地表35～40厘米，长342、宽194～226、深185厘米；墓底距现地表220～225厘米，长338、宽208～229厘米（图86；图版28，2）。

填土为浅灰褐色夹杂红褐色的五花土，土质较松。在墓底发现有白色板灰，原应有棺。并发现3具人骨，保存状况较差，仅存部分肢骨。两具头向南，一具头向北。葬式、面向、性别和年龄不明。在盗洞和墓室出土器物31件，有铜带钩1件、银环6件、陶罐7件、陶灶1件、陶鼎1件、陶壶1件、陶钵1件、陶鸡俑1件、半两铜钱2枚。另外，还有2座陶楼、6个陶人物俑、1个陶鸡俑和1个陶狗俑等10件陶器未能修复。

根据墓葬形制和出土器物，推测其年代为东汉中期。

（2）出土器物

该墓共出土31件器物，其中有12件陶器、3件铜器以及6件银环。另外，有10件陶器未能修复。

陶鼎　1件。M110：9，泥质灰陶。子母口微敛，圆唇，弧腹，圜底近平，三蹄形足。有一对长方形附耳，中部有长方形孔。素面。口径20.6、腹径22.3、高13.9厘米（图87，3；图版52，3）。

陶壶　1件。M110：12，泥质灰陶。盘口，圆唇，高领，束颈，斜弧腹，圈足，圜底。颈

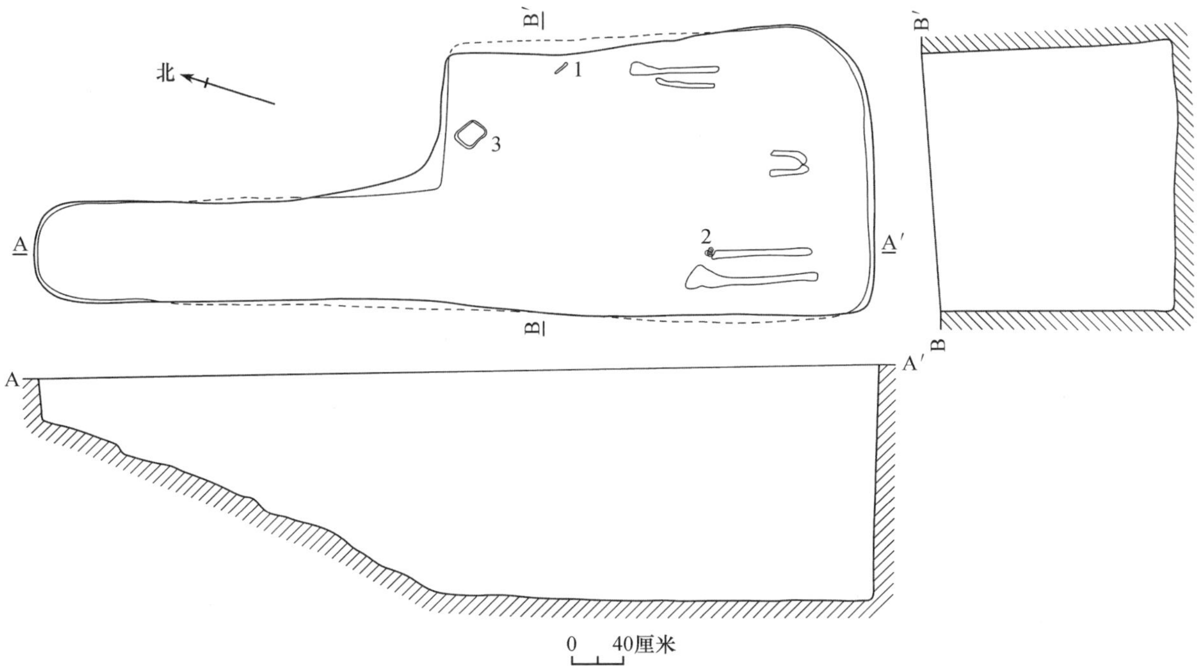

图86　2003CWPM110平、剖面图
1. 铜带钩　2. 银环　3. 石块

下部、肩部中间及中腹部处各饰两道凹弦纹，前两组凹弦纹之间饰一段网格纹。肩部中间有两个对称桥形耳。口径16、腹最大径27.4、底径15.2、高28.6厘米（图87，1；图版68，4）。

陶灶　1件。M110：8，泥质灰陶。圆角长方形，单釜眼，单梯形火门悬置于一长侧边，并与釜眼相对。釜眼后方一侧有一圆形烟囱孔。灶身素面。长18、宽14、高8厘米（图87，2；图版58，4）。

陶罐　7件。M110：7，泥质灰陶。敞口，三角形唇沿，尖唇，高弧领，圆肩，鼓腹，平底。唇部饰一道凹弦纹，肩部饰两道浅凹弦纹，中间饰一周网格纹。下腹部有切削痕迹。口径9.1、腹最大径10.9、底径4.3、高9.5厘米（图87，4；图版86，1）。M110：3，泥质灰陶。小直口，方唇，耸肩微折，深斜直腹，平底。肩下部靠近折肩处饰一周网格纹。口径10.3、肩径16.6、底径10.3、高13.9厘米（图87，6；图版93，1）。M110：10，泥质灰陶。小直口，方唇，耸肩微折，深斜直腹，底微内凹。肩下部靠近折肩处饰一周网格纹。口径9.6、肩径16.2、底径10.1、高13.7厘米（图87，7；图版93，2）。M110：6，泥质灰陶。小直口，圆方唇，圆肩，平底。下腹部有切削痕迹。口径6.2、腹最大径10、底径4.3、高6.8厘米（图87，8；图版80，4）。M110：4，泥质灰陶。小直口，圆方唇，鼓腹，平底。下腹部有切削痕迹。口径7.1、腹最大径10.2、底径3.7、高7厘米（图87，9；图版80，3）。M110：5，泥质灰陶。小直口，圆方唇，鼓腹，平底。下腹部有切削痕迹。口径6.9、腹最大径11.4、底径4.5、高6.8厘米（图87，10；图版78，3）。M110：11，泥质灰陶。小直口，圆方唇，鼓腹，平底。下腹部有切削痕迹。口径8.1、腹最大径10.6、底径3.8、高7厘米（图87，11；图版80，5）。

陶钵　1件。M110：13，泥质灰陶。敞口，三角形唇沿，尖圆唇，浅弧微折腹，平底。腹上部饰一道凹弦纹。下腹部有切削痕迹。口径13.1、底径4.2、高5.5厘米（图87，5；图版71，6）。

陶鸡俑　1件。M110：14，泥质红陶。腹内空。站立式，形象逼真。翅与尾均单独刻画出

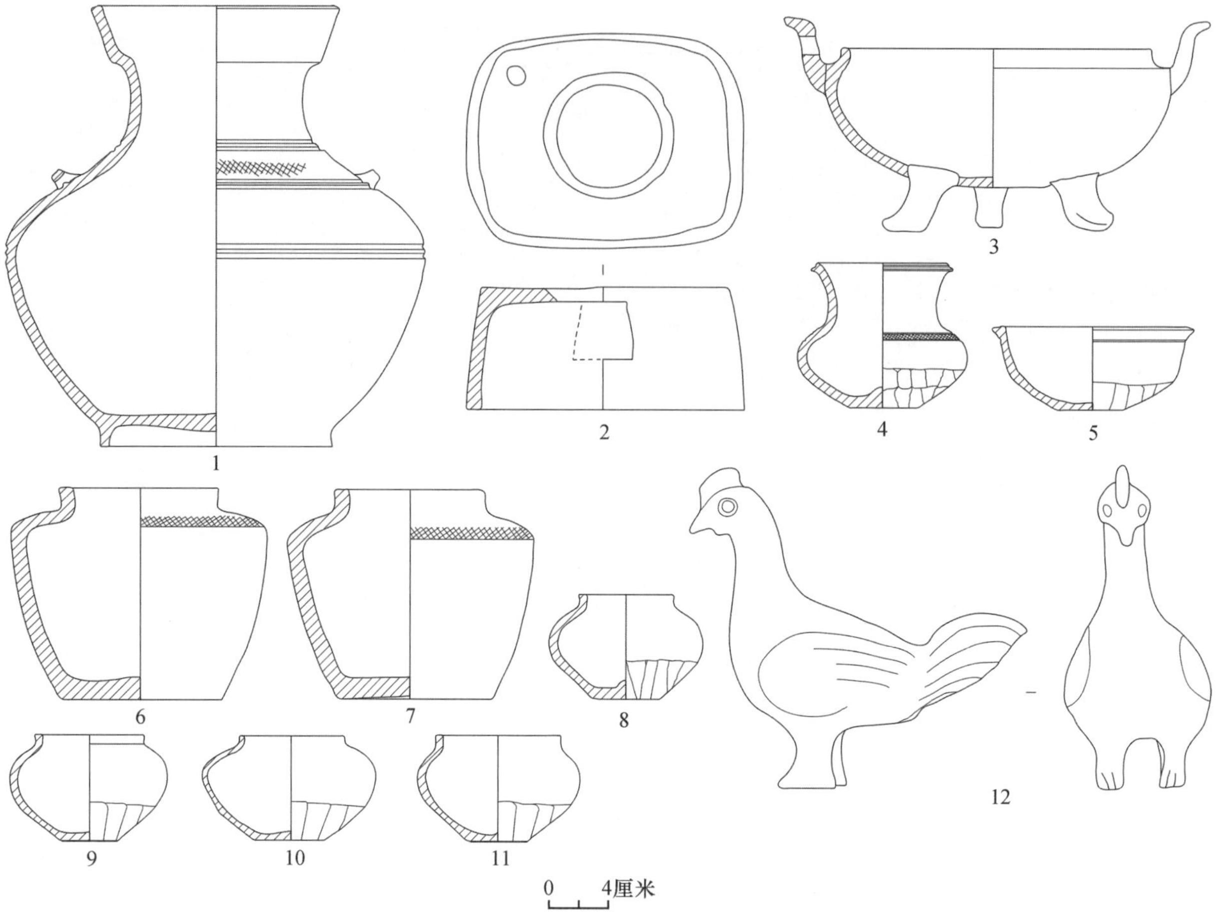

图87　2003CWPM110出土陶器

1. 壶（M110：12）　2. 灶（M110：8）　3. 鼎（M110：9）　4、6～11. 罐（M110：7、M110：3、M110：10、M110：6、M110：4、M110：5、M110：11）　5. 钵（M110：13）　12. 鸡俑（M110：14）

来。长21.8、宽9.6、高20.9厘米（图87，12）。

铜带钩　1件。M110：1，整器似"S"形，钩身细长，圆扣居中，尾部细长且无翼。长10.5、高2.1厘米（图88，1；图版114，1）。

半两铜钱　2枚。M110：15，共2枚，均圆形，有郭，篆体阳文"半两"。其中1枚锈蚀严重，字体不清晰。M110：15-1，直径2.2厘米（图88，8；图版125，5）。

银环　6件。M110：2-1～6，均圆形，表面呈黑色。直径2.3厘米（图88，2～7；图版120，5）。

12. 2003CWPM111

（1）墓葬概况

M111位于山包墓地东北部的2003CWPT1304东南角（图64）。墓向286°。

开口于第2层下，打破生土。未被盗扰。

竖穴土坑墓。墓口平面形状呈长方形。口大底小，墓壁斜直内收，平底。在西壁设有一壁龛。墓口距现地表35～45厘米，长244、宽106、深117～133厘米；墓底距现地表152～178厘米，长215、宽83厘米。壁龛宽43、进深32、高39、下部距墓底44厘米（图89；图版28，3）。

填土为红褐色夹杂灰土的五花土，土质较硬，较黏。未发现葬具。在墓室南侧发现1具人骨，保存较差。仰身直肢葬，头向西，面向上，性别、年龄不明。在墓主胸前随葬黑色角瑱1

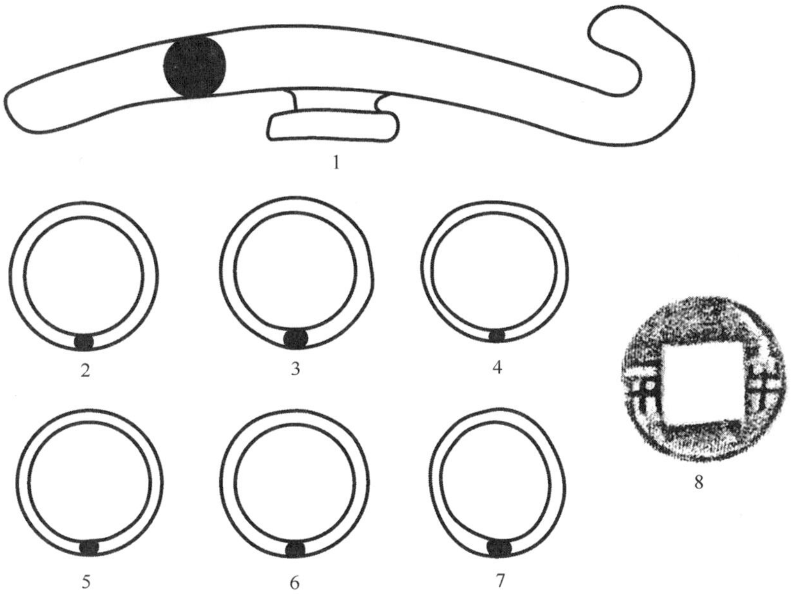

图88　2003CWPM110出土小件器物

1. 铜带钩（M110：1）　2～7. 银环（M110：2-1～6）　8. 半两铜钱拓片（M110：15-1）

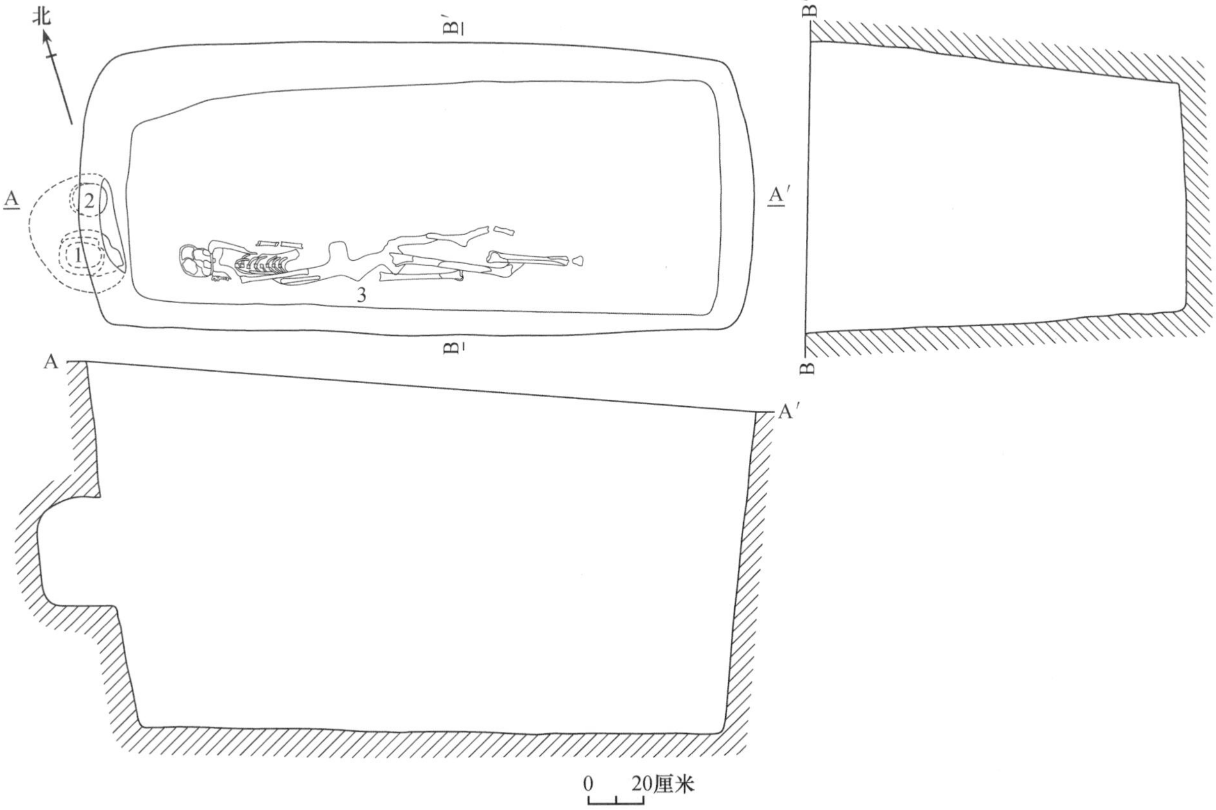

图89　2003CWPM111平、剖面图

1. 陶罐　2. 漆器残痕　3. 人骨

件。在壁龛中随葬绳纹陶罐1件，并发现有漆器残痕（图版29，1）。

根据墓葬形制和出土器物，推测其年代为西汉时期，具体年代不明。

（2）出土器物

该墓共随葬陶罐、漆器和角瑱各1件。陶罐和漆器均无法修复。

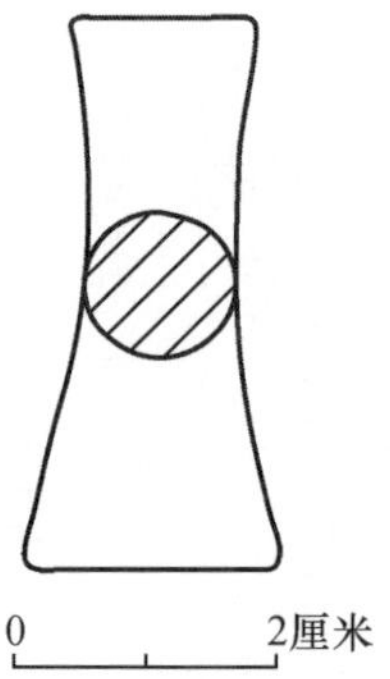

图90　2003CWPM111出土角瑱（M111：2）

角瑱　1件。M111：2，质地未鉴定，初步推断为角质。黑色。两端粗，中间细，呈束腰状。长3.7厘米（图90；图版121，2）。

13. 2003CWPM112

（1）墓葬概况

M112位于山包墓地东北部的2003CWPT1403中部偏南（图64）。墓向277°。

开口于第2层下，打破生土。被盗扰，在墓室东部有1个直径100厘米的圆形盗洞。

竖穴土坑墓。墓口平面形状呈长方形。口大底小，墓壁斜直稍往内收，平底。墓口距现地表40厘米，长360、宽228、深455厘米；墓底距现地表495厘米，长329、宽206厘米。墓室四周有熟土二层台。二层台高20厘米，北二层台宽58、东二层台宽37、南二层台宽42、西二层台宽47厘米。根据痕迹推测，原应有棺椁。椁下西端有一垫木，长100、宽20、厚5厘米。东端垫木应被破坏。在垫木东边发现一片骨末。推测头向西，葬式、面向、性别和年龄不明（图91；图版29，2；图版30，1）。

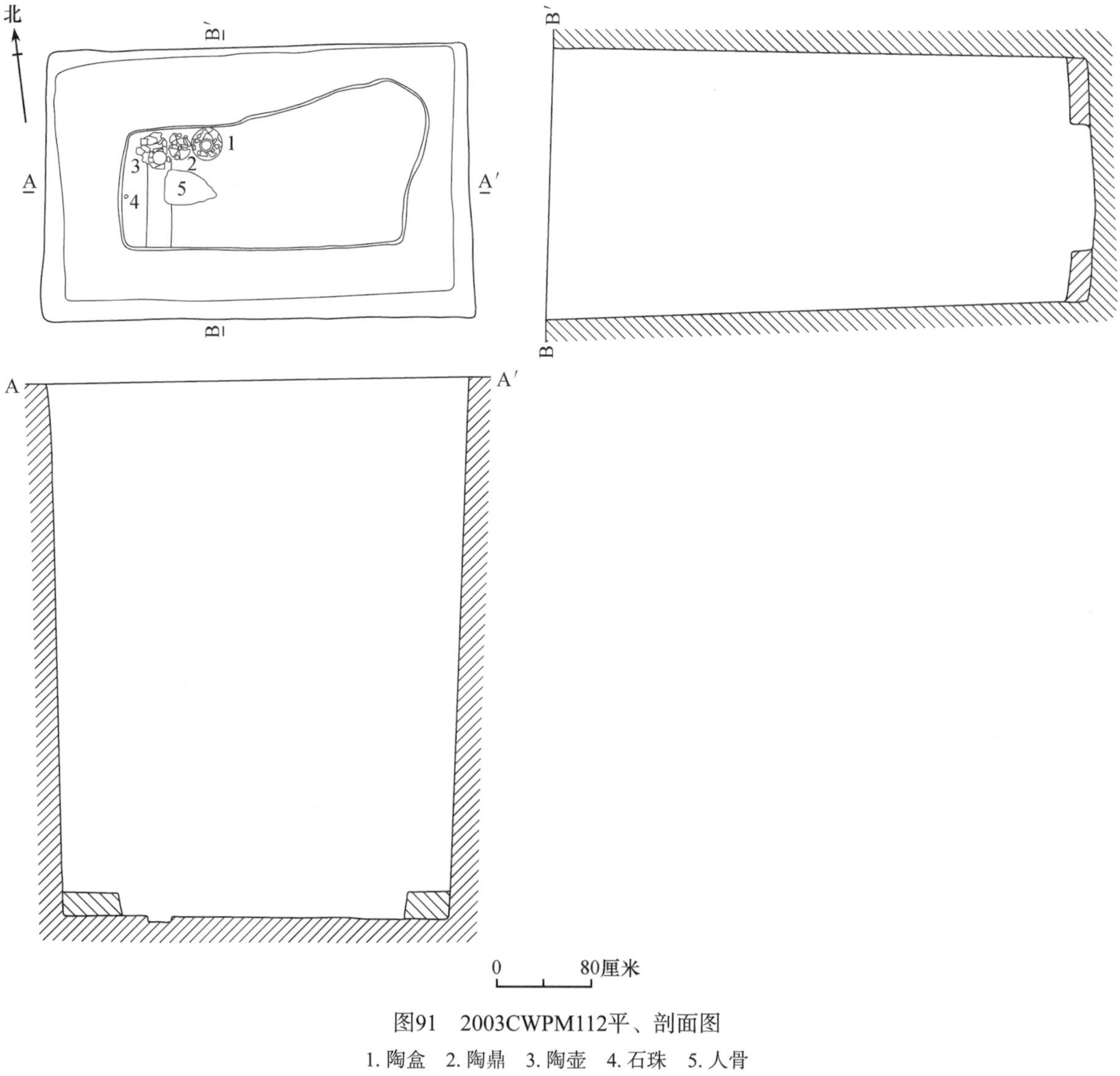

图91　2003CWPM112平、剖面图
1. 陶盒　2. 陶鼎　3. 陶壶　4. 石珠　5. 人骨

填土为红褐色夹杂有灰土的五花土，土质较硬，较黏。在墓室西北部随葬4件器物，陶盒、陶鼎、陶壶各1件，石珠1件。其中陶盒和陶壶出土时器表施有红彩（图版30，2）。

根据墓葬形制和出土器物，推测其年代为西汉初期，可能早至战国晚期。

（2）出土器物

该墓共随葬4件器物，其中陶器3件和石珠1件。

陶鼎　1件。M112：2，泥质褐陶。子母口微内敛，圆方唇，扁鼓腹，圜底，三蹄形足。有一对方形附耳，中间有长方形孔。腹部饰一道浅凹弦纹。有浅盘形盖，盖上有三个“S”形纽，上有一道凹弦纹。口径16、腹径19.3、通高18.4厘米（图92，4；图版52，6）。

陶盒　1件。M112：1，泥质灰陶。子母口，方唇，斜弧腹，圜底，圈足。腹部饰两道凹弦纹，其上施红彩。器盖为敞口，斜弧腹，圈足。上部施一周红彩。下部饰两道凹弦纹，其上施红彩。盖口径20.7、器身口径17.8、圈足径11.9、通高14.4厘米（图92，3；图版55，6）。

陶壶　1件。M112：3，泥质褐陶。敞口，高领，束颈，鼓腹，圈足。有盖，盖上有三个“S”形纽，上施一周红彩。肩部饰对称的铺首，颈部、肩部及腹部饰四道凹弦纹，其上施红彩。在壶的颈部两道凹弦纹之间施一周三角纹红彩，颈外上部靠近口沿处施一周红彩。器物出土时红彩大部分已斑驳脱落。口径12.4、腹最大径19.7、底径15.3、通高34.2厘米（图92，1；图版66，3）。

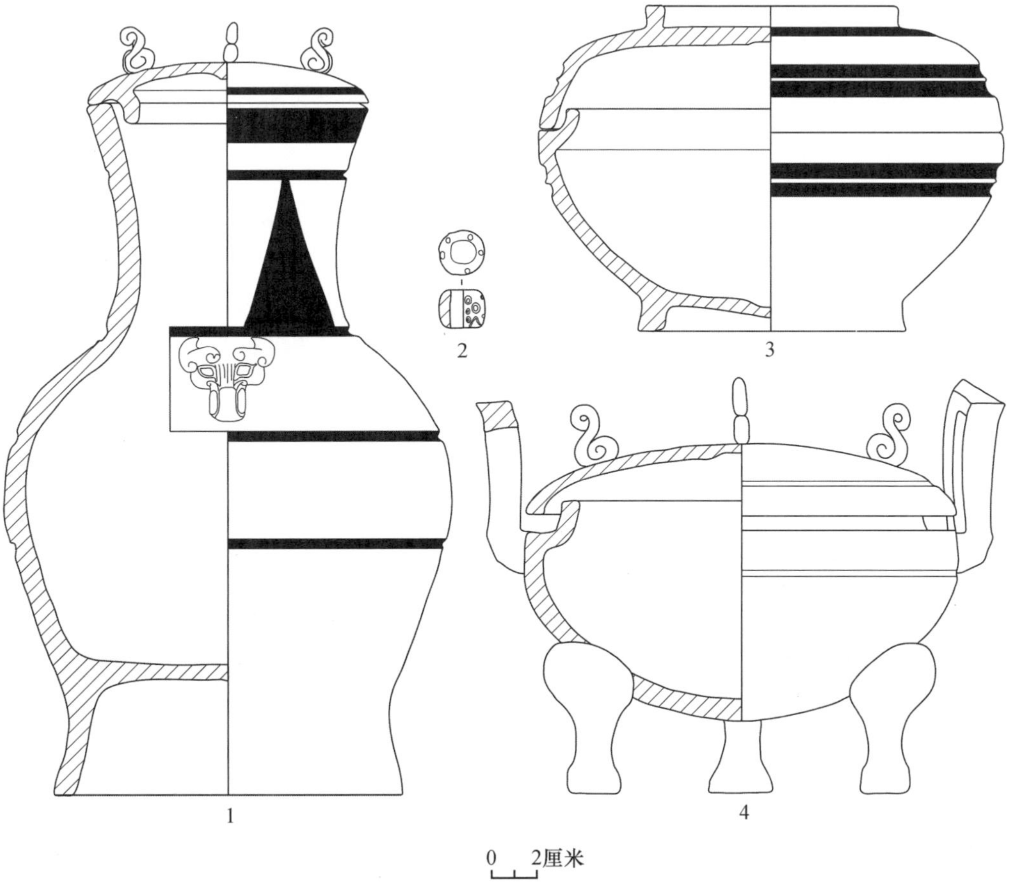

图92　2003CWPM112出土器物

1. 陶壶（M112：3）　2. 石珠（M112：4）　3. 陶盒（M112：1）　4. 陶鼎（M112：2）

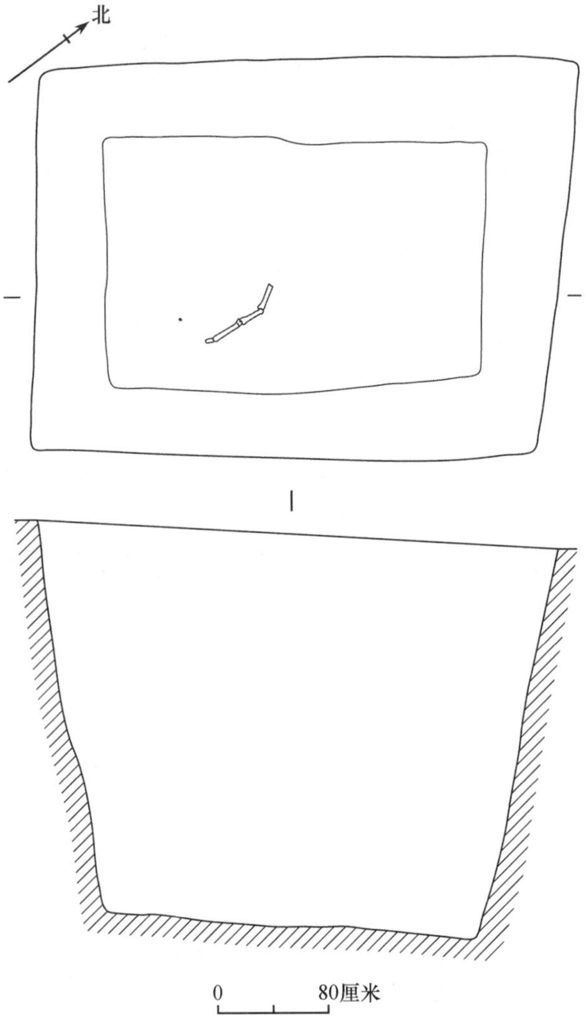

图93　2003CWPM114平、剖面图

石珠　1件。M112∶4，圆柱状，中空。器表有很多小凹坑。宽2、孔径1.1、高1.7厘米（图92，2；图版118，3）。

14. 2003CWPM114

M114位于山包墓地北部2003CWPT1104中西北部，部分在探方北壁外（图64）。墓向36°。

开口于第2层下，打破生土。被盗扰，在墓室南部有一个长103、宽90厘米的椭圆形盗洞。

竖穴土坑墓。墓口平面形状呈长方形。口大底小，墓壁斜向内收，底部南部稍高。墓口距现地表40～46厘米，长367～388、宽281、深282厘米；墓底距现地表322～328厘米，长270～276、宽164～181厘米（图93；图版29，3）。

填土为红褐色五花土，夹杂有黄色土块。未发现葬具。人骨仅残存有小部分肢骨和头骨末。葬式、头向、面向、性别和年龄不明。未发现随葬品。

根据墓葬形制，推测其年代为汉代，具体年代不明。

15. 2003CWPM115

M115位于山包墓地东北部的2003CWPT 1404西南部（图64）。墓向27或207°。

开口于第2层下，打破生土。被盗扰，在墓室东北角有一个直径125厘米的圆形盗洞。

竖穴土坑墓。墓口平面形状呈长方形。口大底小，墓壁斜直内收，平底。墓口距现地表40厘米，长380、宽283、深495厘米；墓底距现地表535厘米，长345、宽248厘米。墓室四周有熟土二层台。二层台高38厘米，北二层台宽39、东二层台宽61、南二层台宽50、西二层台宽53厘米（图94）。

该墓至少有一棺，棺长256、宽134厘米。棺下南北两端各有一垫木，北端垫木长115、宽31、厚14厘米；南端垫木长113、宽32、厚14厘米。

填土为灰褐色黏土。发现1具人骨，保存状况极差。仅存骨末，头向南，葬式、面向、年龄和性别不明。无随葬品。

根据墓葬形制，推测其年代为西汉时期，具体年代不明。

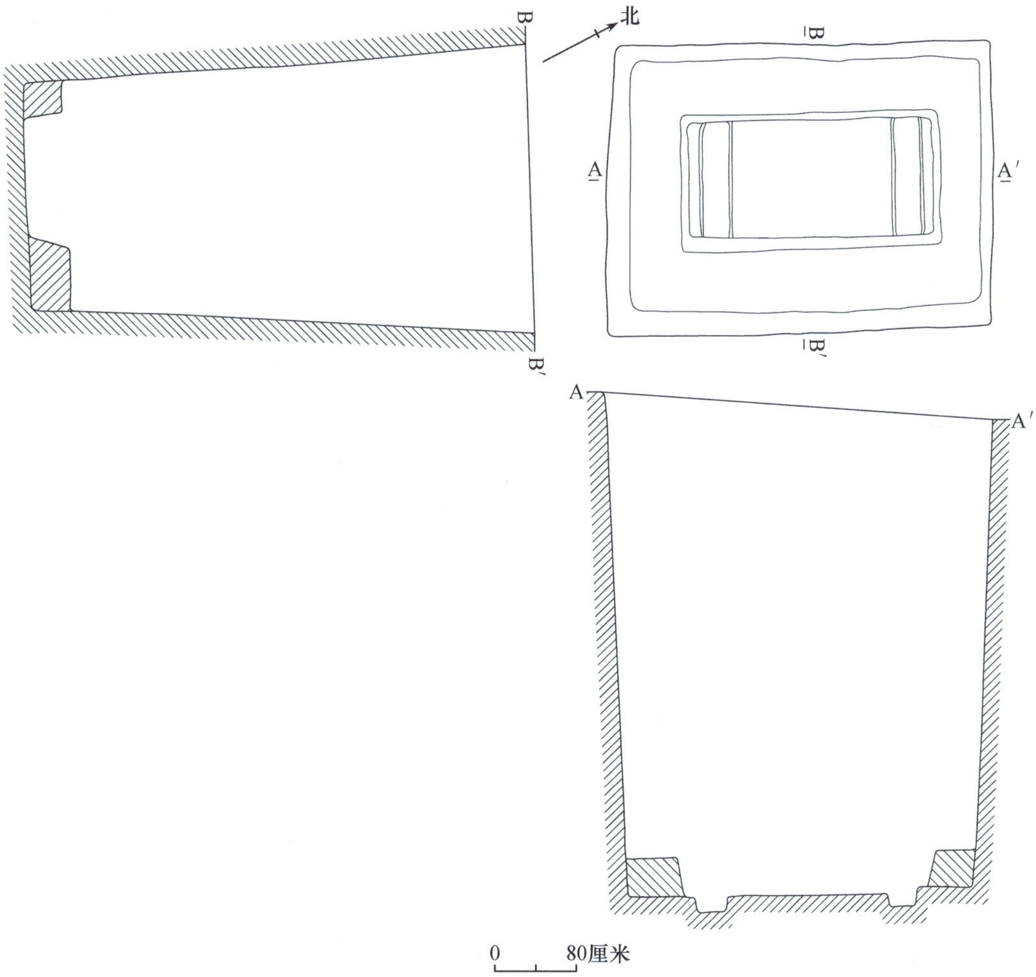

图94　2003CWPM115平、剖面图

16. 2003CWPM116

（1）墓葬概况

M116位于山包墓地东北部的2003CWPT 1304西北部（图64）。墓向252°。

开口于第2层下，打破生土。被扰动。

竖穴土坑墓。墓口平面形状呈长方形。口大底小，墓壁斜直内收，平底。在西壁设有一壁龛。墓口距现地表30～40厘米，长320、宽192、深224～280厘米；墓底距现地表254～320厘米，长280、宽154厘米。壁龛宽79、进深44、高32、下部距墓底89厘米（图95；图版31，2）。

填土为红褐色夹杂有灰色土的五花土，土质略松，较黏。葬具情况不明。发现1具人骨，保存较差，仅存部分肢骨。葬式、头向、面向、性别和年龄不明。在壁龛中随葬2件陶器，陶罐和陶盆各1件（图版31，1）。

根据墓葬形制和出土器物，推测其年代为西汉早期。

（2）出土器物

该墓仅在壁龛中随葬2件陶器。

陶罐　1件。M116：1，泥质灰陶。直口微敛，尖圆唇，高领，圆肩，鼓腹，小凹底。上腹部饰两道浅凹弦纹。肩部及上腹部饰竖绳纹，下腹部和器底饰交错绳纹。口径11.9，腹最大

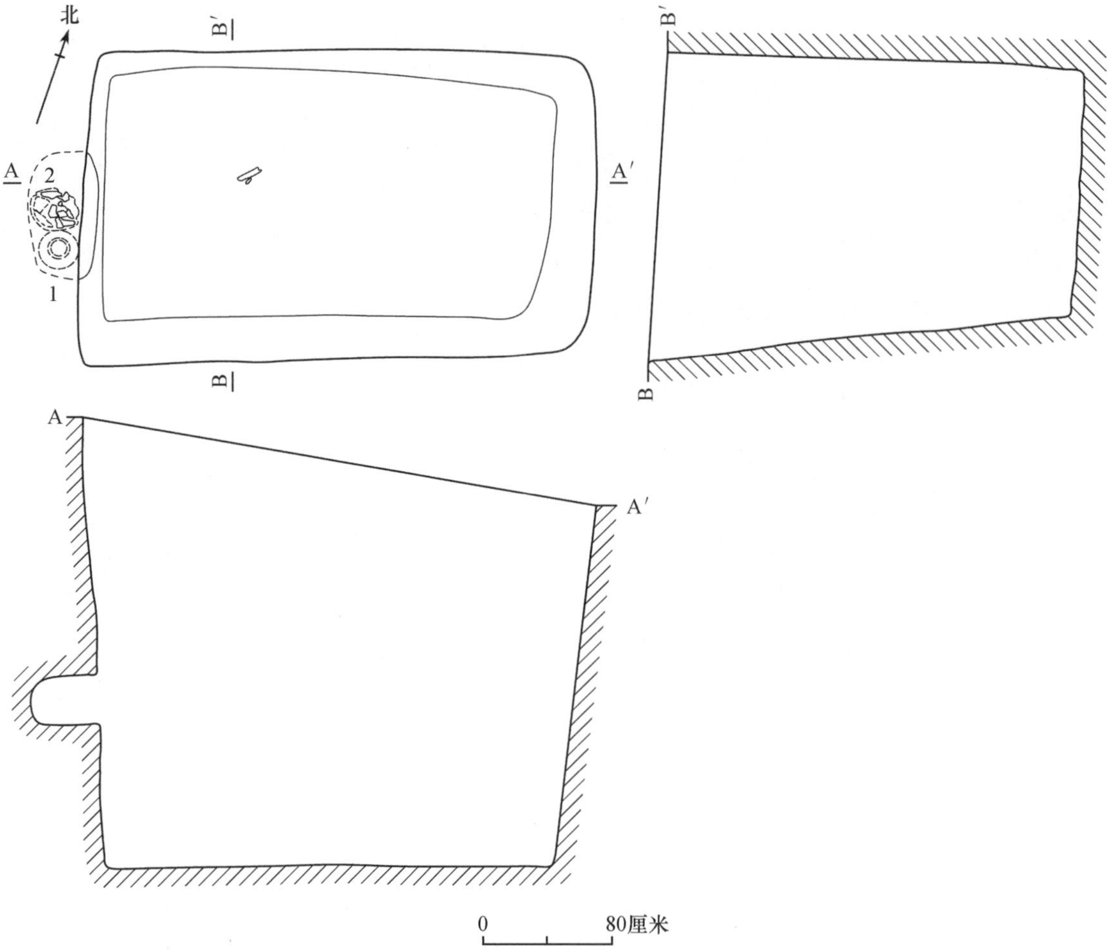

图95　2003CWPM116平、剖面图
1. 陶罐　2. 陶盆

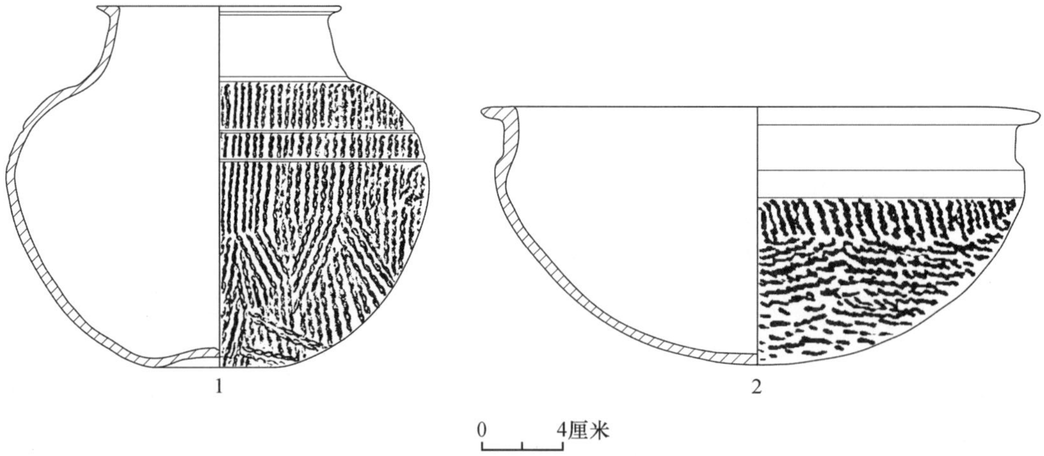

图96　2003CWPM116出土陶器
1. 罐（M116：1）　2. 盆（M116：2）

径20.7、底径6.1、高17.5厘米（图96，1；图版90，4）。

陶盆　1件。M116：2，泥质灰陶。近直口，尖圆唇，浅弧腹，上腹短直，下腹斜内收，圜底。下腹部饰交错绳纹。口径26.9、腹径25.4、高12.5厘米（图96，2；图版70，1）。

17. 2003CWPM118

（1）墓葬概况

M118位于山包墓地中部的2003CWPT1004西部（图64）。墓向110°。

开口于第2层下，被M117打破，打破生土。未被盗扰。

竖穴土坑墓。墓口平面形状呈长方形。口大底小，墓壁斜直内收，平底。墓口距现地表36～43厘米，长250～267、宽152～160、深182～202厘米；墓底距现地表238厘米，长228～240、宽132厘米。墓室北、南、西有熟土二层台。二层台高11～17厘米，北二层台长157、宽16～22、南二层台长202、宽10、西二层台宽15厘米（图97；图版31，3）。

填土为红褐色五花土，土质稍松。发现有棺木痕迹。发现1具人骨，保存状况一般。侧身直肢，头向东南，面向右，初步推断为成年女性。在人骨北侧发现17件随葬品，有铜带钩1件、陶盒1件、陶壶1件、陶鼎1件、陶罐5件、陶甑2件、陶釜2件、陶灶1件、陶器座1件和陶钵2件（图版32，1）。

根据墓葬形制和出土器物，推测其年代为东汉早期。

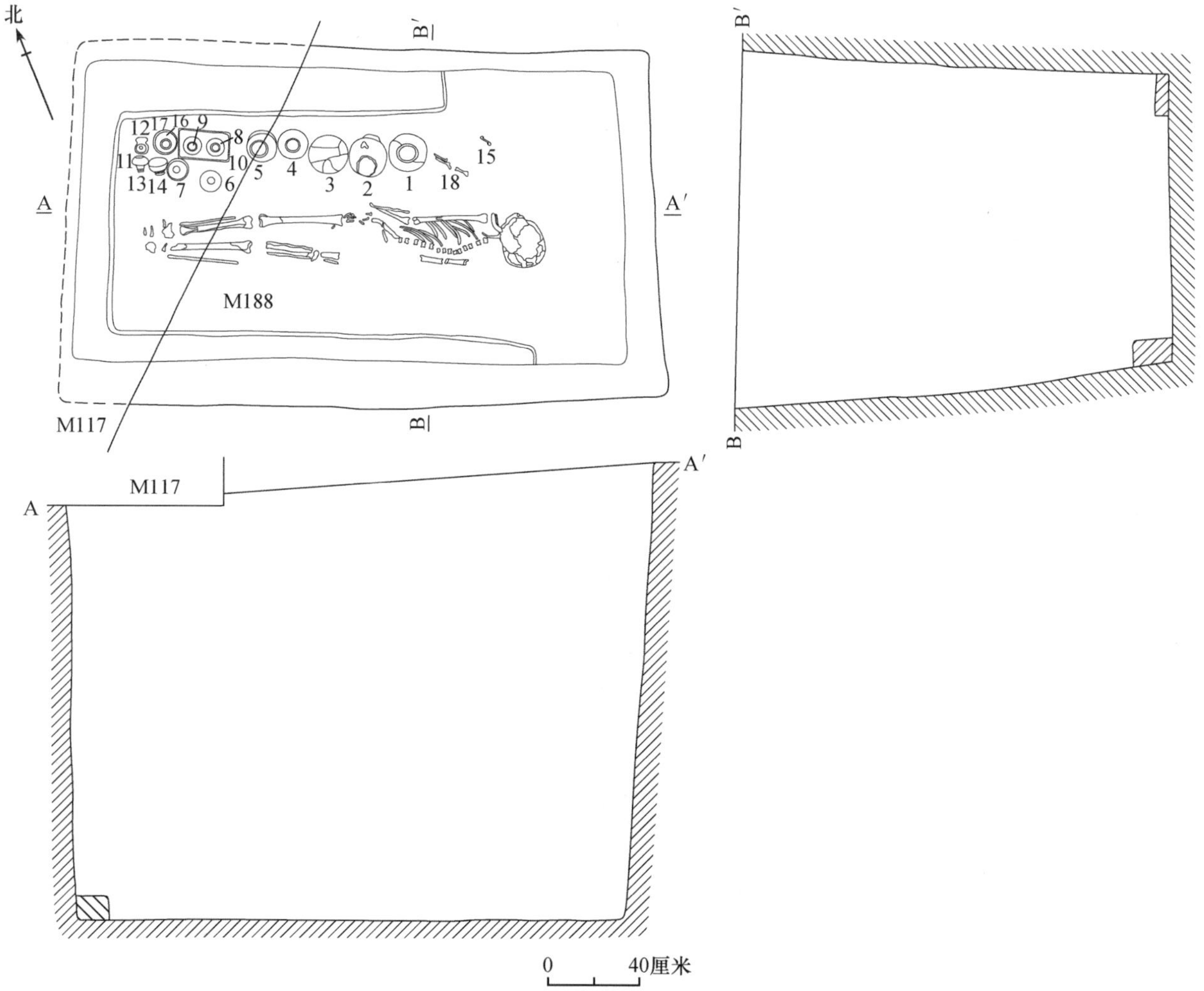

图97　2003CWPM118平、剖面图

1. 陶盒　2. 陶壶　3. 陶鼎　4. 陶罐　5. 陶罐　6. 陶甑　7. 陶甑　8. 陶釜　9. 陶釜　10. 陶灶　11. 陶罐　12. 陶器座　13. 陶罐　14. 陶罐　15. 铜带钩　16. 陶钵　17. 陶钵　18. 兽骨

（2）出土器物

该墓共出土17件器物，其中陶器16件以及铜带钩1件。

陶鼎　1件。M118：3，泥质黑皮褐陶。子母口微内敛，圆方唇，扁弧腹，圜底近平，三蹄形足。有一对方形附耳，中间有长方形孔。腹部饰一道凸弦纹。有浅盘形盖，上有三个实心扁纽，上饰五道浅凹弦纹。口径13.1、腹径16.3、高13.7厘米（图98，3；图版52，2）。

陶盒　1件。M118：1，泥质灰陶。子母口，圆方唇，斜弧腹，圜底，圈足。腹部饰四道凹弦纹。器盖为敞口，斜弧腹，圈足，上饰八道凹弦纹。盖口径16.3、器身口径14.6、圈足径

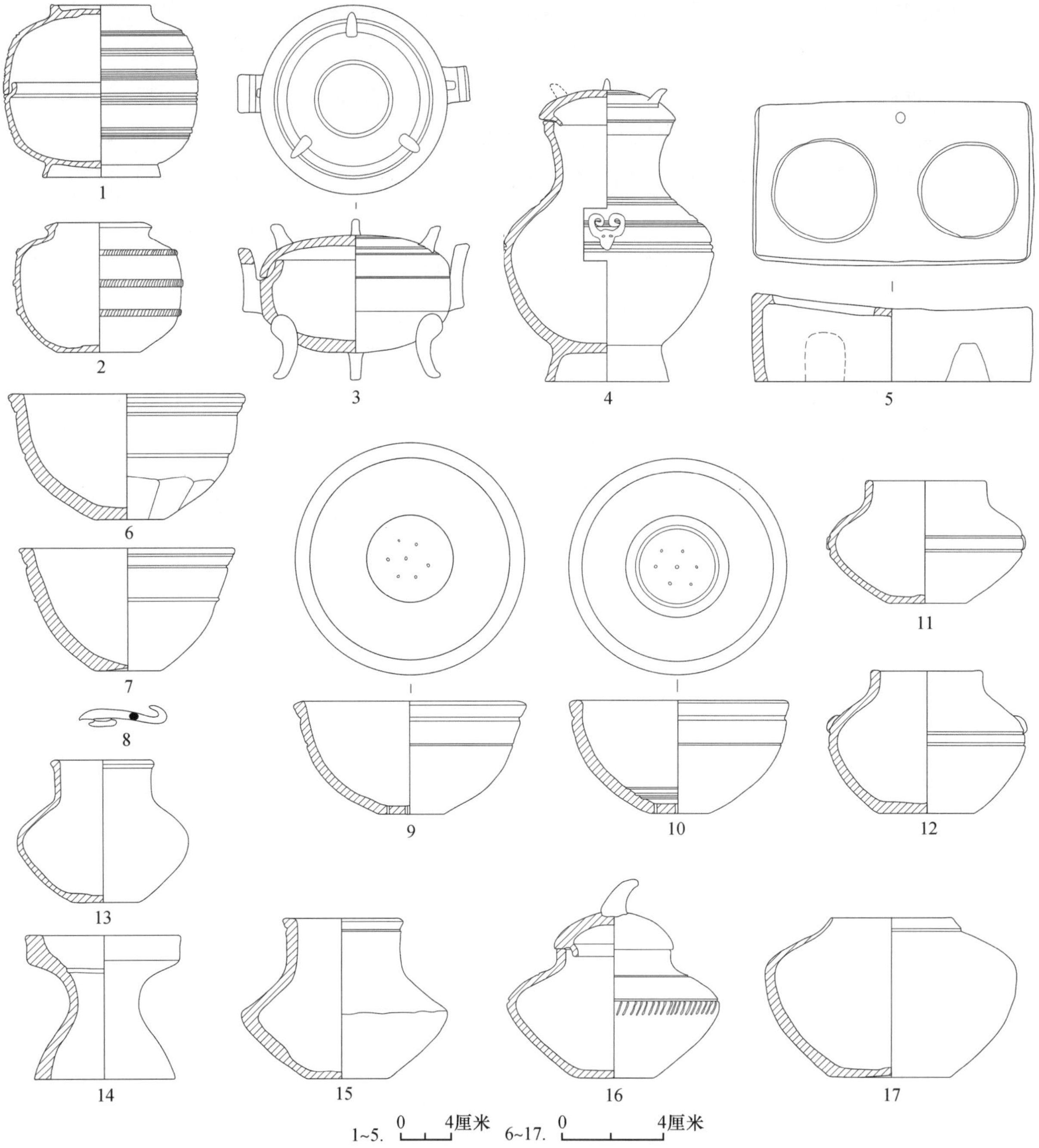

图98　2003CWPM118出土器物

1. 陶盒（M118：1）　2、13、15～17. 陶罐（M118：5、M118：11、M118：13、M118：14、M118：4）　3. 陶鼎（M118：3）　4. 陶壶（M118：2）　5. 陶灶（M118：10）　6、7. 陶钵（M118：16、M118：17）　8. 铜带钩（M118：15）　9、10. 陶甑（M118：6、M118：7）　11、12. 陶釜（M118：8、M118：9）　14. 陶器座（M118：12）

10、通高14.7厘米（图98，1；图版55，3）。

陶壶　1件。M118：2，泥质灰陶。盘口，高领，束颈，鼓腹，圈足。有盖，盖上有三个实心扁纽。肩部饰两个对称铺首。颈部及肩部饰六道凹弦纹。口径10.8、腹最大径17.7、底径10.4、通高25.8厘米（图98，4；图版67，4）。

陶灶　1件。M118：10，泥质灰陶。圆角长方形，双釜眼，双火门位于一长侧边，并与釜眼相对。左侧火门呈拱形，右侧火门呈梯形。两釜眼后方中间有一圆形烟囱孔。灶身素面。长23.8、宽14、高7.6厘米（图98，5；图版58，6）。

陶罐　5件。M118：5，泥质灰陶。直口微敛，三角形唇沿，圆肩，上腹较直，下腹斜急收，平底。腹部饰三周索状附加堆纹。口径9.1、腹最大径14.1、底径7.2、高11厘米（图98，2；图版95，6）。M118：11，泥质灰陶。小直口，圆唇，高领，圆肩，鼓腹，平底。素面。口径4.4、腹最大径7.3、底径2.8、高6厘米（图98，13；图版84，4）。M118：13，泥质灰陶。小直口，尖圆唇，高领，微折肩，鼓腹，平底。颈上部饰一道凹弦纹。口径5.1、肩径8.8、底径3.3、高6.9厘米（图98，15；图版88，4）。M118：14，泥质灰陶。直口，方唇，矮领，圆肩，鼓腹，平底。有盖。肩部饰两道浅凹弦纹。鼓腹处饰一周索状附加堆纹。口径4.5、腹最大径9、底径3.3、高8.4厘米（图98，16；图版79，1）。M118：4，泥质灰陶。小敛口，斜方唇，圆肩，斜弧腹，微凹底。素面。口径5、腹最大径10.7、底径5、高6.8厘米（图98，17；图版78，4）。

陶钵　2件。M118：16，泥质灰陶。敞口，三角形唇沿，尖唇，深弧腹，平底。沿外中部饰一道凹弦纹，沿下和腹中部各饰一道凹弦纹，下腹部有切削痕迹。口径10.1、底径2.9、高5.4厘米（图98，6；图版71，1）。M118：17，泥质灰陶。敞口，三角形唇沿，方唇，深弧腹，微凹底。沿外中部饰一道凹弦纹，沿下饰一道凹弦纹，腹中部饰一道凸弦纹。口径9.2、底径2.8、高5.2厘米（图98，7；图版71，2）。

陶甑　2件。敞口，三角形唇沿，方唇，深弧腹，平底。底部有七个箅孔。沿下和腹上部各饰一道凹弦纹。M118：6，口径10、底径2.8、高4.8厘米（图98，9；图版63，1）。M118：7，口径9.2、底径2.4、高4.8厘米（图98，10；图版63，2）。

陶釜　2件。泥质灰陶。小直口，方唇，圆肩，鼓腹，平底。肩下附加一对实心泥凸和两道凹弦纹。M118：8，口径5.1、腹最大径8.2、底径3.3、高5.3厘米（图98，11；图版73，5）。M118：9，口径4.5、腹最大径8.3、底径4、高6.1厘米（图98，12；图版73，6）。

陶器座　1件。M118：12，泥质灰陶。豆形，中空。敞口，方唇，束腰，喇叭形圈足。素面。口径6.6、底径6、高6.2厘米（图98，14；图版76，5）。

铜带钩　1件。M118：15，整器似“S”形，钩身较短，圆扣在一端。长3.8、高0.9厘米（图98，8；图版113，2）。

18. 2003CWPM119

（1）墓葬概况

M119位于山包墓地东部的2003CWPT1502东北部，小部分在2003CWPT1602内（图64）。墓向94°。

开口于第2层下，被M110打破，打破生土。未被盗扰。

竖穴土坑墓。墓口平面形状呈长方形。口大底小，墓壁斜直内收，平底。墓口距现地表

35～40厘米，长334、宽219、深190～231厘米；墓底距现地表255厘米，长300、宽166～181厘米。墓室四周有熟土二层台。二层台高28～44厘米，北二层台宽38、东二层台宽32、南二层台宽32、西二层台宽42厘米。应有一椁一棺，但棺椁已朽，仅在墓底发现有棺椁痕迹。椁长226、宽100厘米。木棺情况不详。椁下东西两端各有一垫木，东侧垫木长142、宽32、厚15厘米；西侧垫木长152、宽21、厚15厘米（图99；图版32，2）。

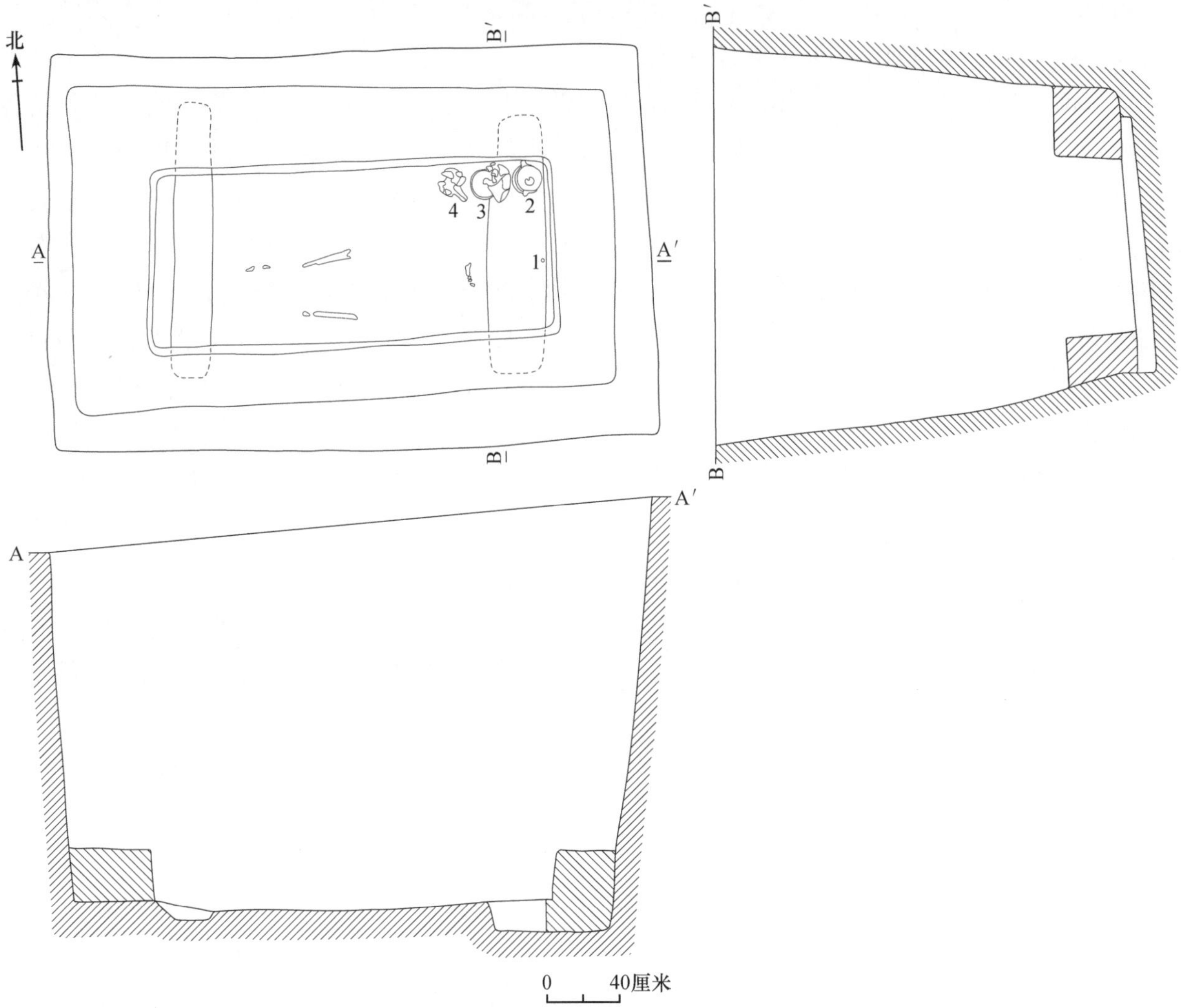

图99　2003CWPM119平、剖面图

1. 石珠　2. 陶鼎　3. 陶敦　4. 陶豆

填土为黄褐色夹杂灰褐色土的五花土，土质较松。发现1具人骨，保存状况较差，仅存少许肢骨与下颌骨。头向东南，葬式、面向、年龄和性别不明。在墓室东北角随葬3件陶器，陶鼎、陶敦和陶豆各1件（图版33，1）。在墓主头部发现石珠1颗（图版33，2）。

根据墓葬形制和出土器物，推测其年代为西汉初期。但因该墓出土有战国时期楚式仿铜陶鼎和陶敦，故其年代可能早至战国晚期。

（2）出土器物

该墓共出土4件器物，其中陶鼎、陶敦和陶豆等3件陶器以及1件石珠。

陶鼎　1件。M119：2，泥质灰陶。子母口微敛，圆唇，弧腹，圜底近平，三蹄形足，有一对长方形附耳，中有长方形孔。有浅盘形盖，中有一桥形纽，内穿有一圆形套环。器盖和腹部均饰一道凸弦纹。口径13、腹径16.7、通高17.8厘米（图100，1；图版52，1）。

陶敦　1件。M119：3，泥质灰陶。敞口，平沿，方唇，浅弧腹，圜底，上下对称，各有三个“S”形纽。纽上、下各有一道浅凹弦纹。口径17.8、通高22.8厘米（图100，2；图版54，5）。

陶豆　1件。M119：4，泥质灰陶。敞口，圆唇，浅盘，高中空豆柄，喇叭形圈足。素面。口径13.3、底径8.7、高12.1厘米（图100，3；图版56，5）

石珠　1件。M119：1，圆柱状，中空。器表有很多小凸起。宽2.6、孔径0.9、高2.4厘米（图100，4；图版118，4）。

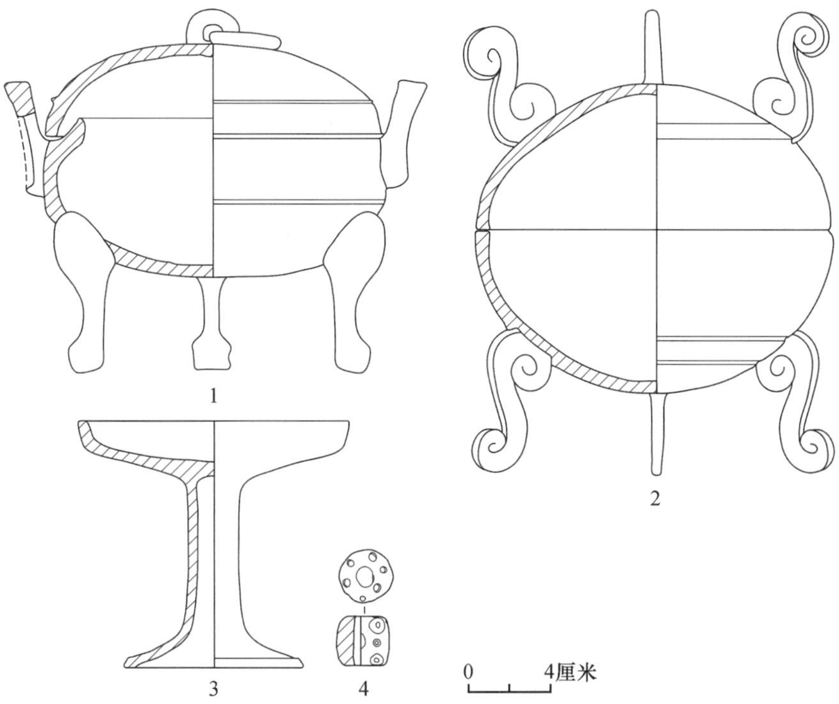

图100　2003CWPM119出土器物

1. 陶鼎（M119：2）　2. 陶敦（M119：3）　3. 陶豆（M119：4）　4. 石珠（M119：1）

19. 2003CWPM120

（1）墓葬概况

M120位于山包墓地中部的2003CWPT1004西北角（图64）。墓向293°。

开口于第2层下，打破生土。被盗扰。在墓葬东北部有一个直径60厘米的圆形盗洞，挖至墓底以下20厘米。

竖穴土坑墓。墓口平面形状呈长方形。口大底小，墓壁斜直内收，底近平。在西壁设有一壁龛，壁龛仅存下半部分。墓口距现地表40～43厘米，长296、宽150～182、深93厘米；墓底距现地表133～136厘米，长266、宽125～154厘米。壁龛宽40、进深34、残存部分高15、下部距墓底67厘米。在西北部有生土二层台，呈斜缓坡状，西高东西。高12、长128、宽20～40厘米（图101；图版32，3）。

填土为褐色五花土，土质较松。墓底发现板灰痕迹，原应有木棺。未发现人骨。在壁龛中发现1件陶釜。

根据墓葬形制和出土器物，推测其年代为西汉早期。

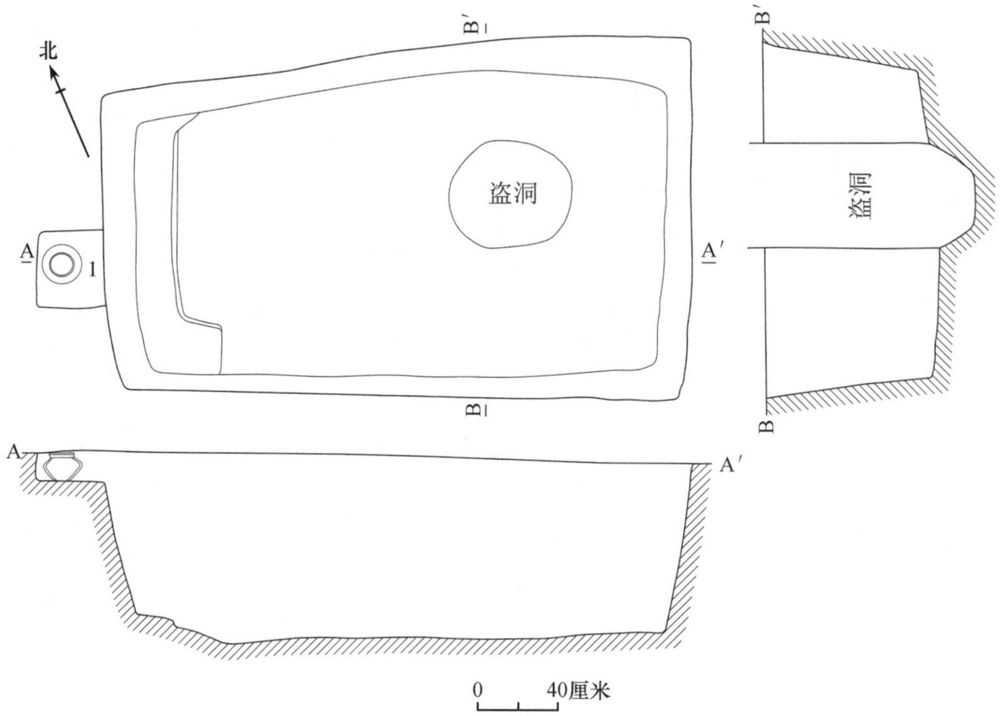

图101　2003CWPM120平、剖面图
1. 陶釜

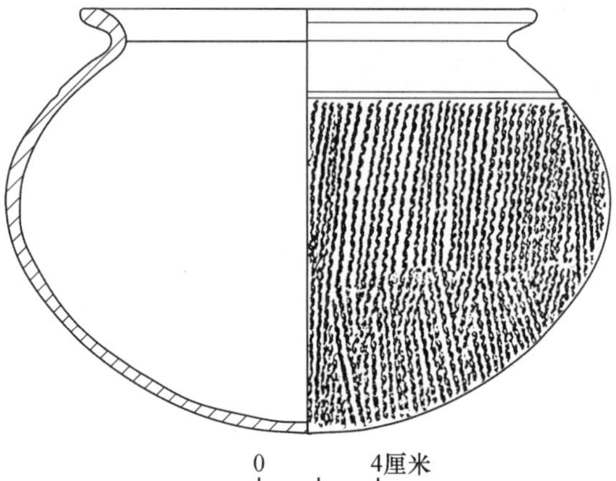

图102　2003CWPM120出土陶釜
（M120：1）

（2）出土器物

陶釜　1件。M120：1，泥质灰陶。小侈口，尖唇，短束颈，圆肩，鼓腹，圜底。肩部饰一道浅凹弦纹，其下饰绳纹。口径14.9、腹最大径20.1、高14厘米（图102；图版76，4）。

20. 2003CWPM122

M122位于山包墓地东南部的2003CWPT1502南部，大部分延伸至探方南壁外（图64）。墓向289°。

开口于第2层下，打破生土。被盗扰，在墓室东半部发现1个直径60厘米的圆形盗洞。

竖穴土坑墓。墓口平面形状呈长方形。口大底略小，墓壁斜直内收，平底。

墓口距现地表35厘米，长273、宽137～151、深127厘米；墓底距现地表162厘米，长269、宽127～142厘米（图103；图版34，2）。

填土为浅黄褐色五花土，土质较松，较黏。未发现葬具。发现1具人骨，保存状况较差，仅存部分头骨和肢骨。仰身直肢葬，头向西，面向左，性别和年龄不明。无随葬品。

根据墓葬形制，推测其年代为汉代，具体年代不明。

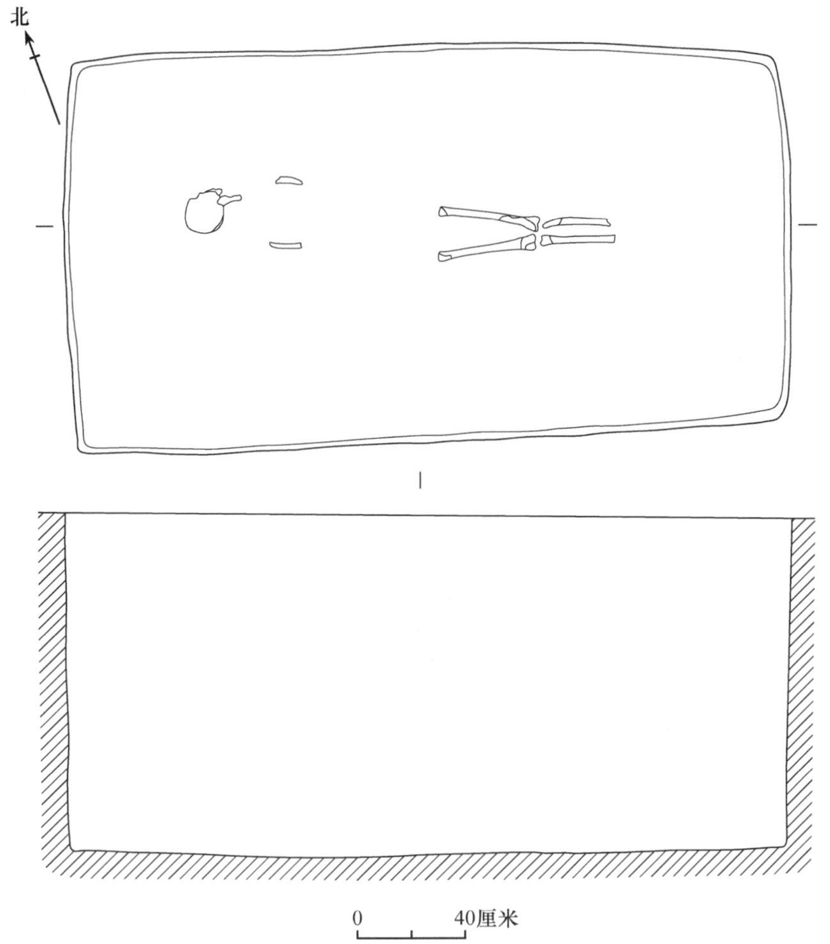

图103　2003CWPM122平、剖面图

21. 2003CWPM123

（1）墓葬概况

M123位于山包墓地中部偏东南的2003CWPT1402西北部，小部分延伸至2003CWPT1403内（图64）。墓向293°。

开口于第2层下，打破生土。未被盗扰。

竖穴土坑墓。墓口平面形状呈长方形。口大底略小，墓壁斜直内收，平底。

在西北部头向的墓壁上设有一壁龛。墓口距现地表36～42厘米，长256、宽154～165、深207～218厘米；墓底距现地表243～260厘米，长249、宽130～142厘米。壁龛宽60、进深35、高40、下部距墓底66厘米（图104；图版34，3）。

填土为灰褐色夹杂黄褐色土的五花土。未发现葬具。发现1具人骨，保存状况较差。仰身直肢葬，头向西，面向上，性别和年龄不明。在壁龛中随葬品3件陶器，陶釜、陶罐和陶豆各1件（图版34，1）。

根据墓葬形制和出土物，推测其年代为西汉早期。

（2）出土器物

该墓出土3件陶器。

陶豆　1件。M123：3，泥质灰陶。敞口，尖唇，浅盘，高中空豆柄，喇叭形圈足。素

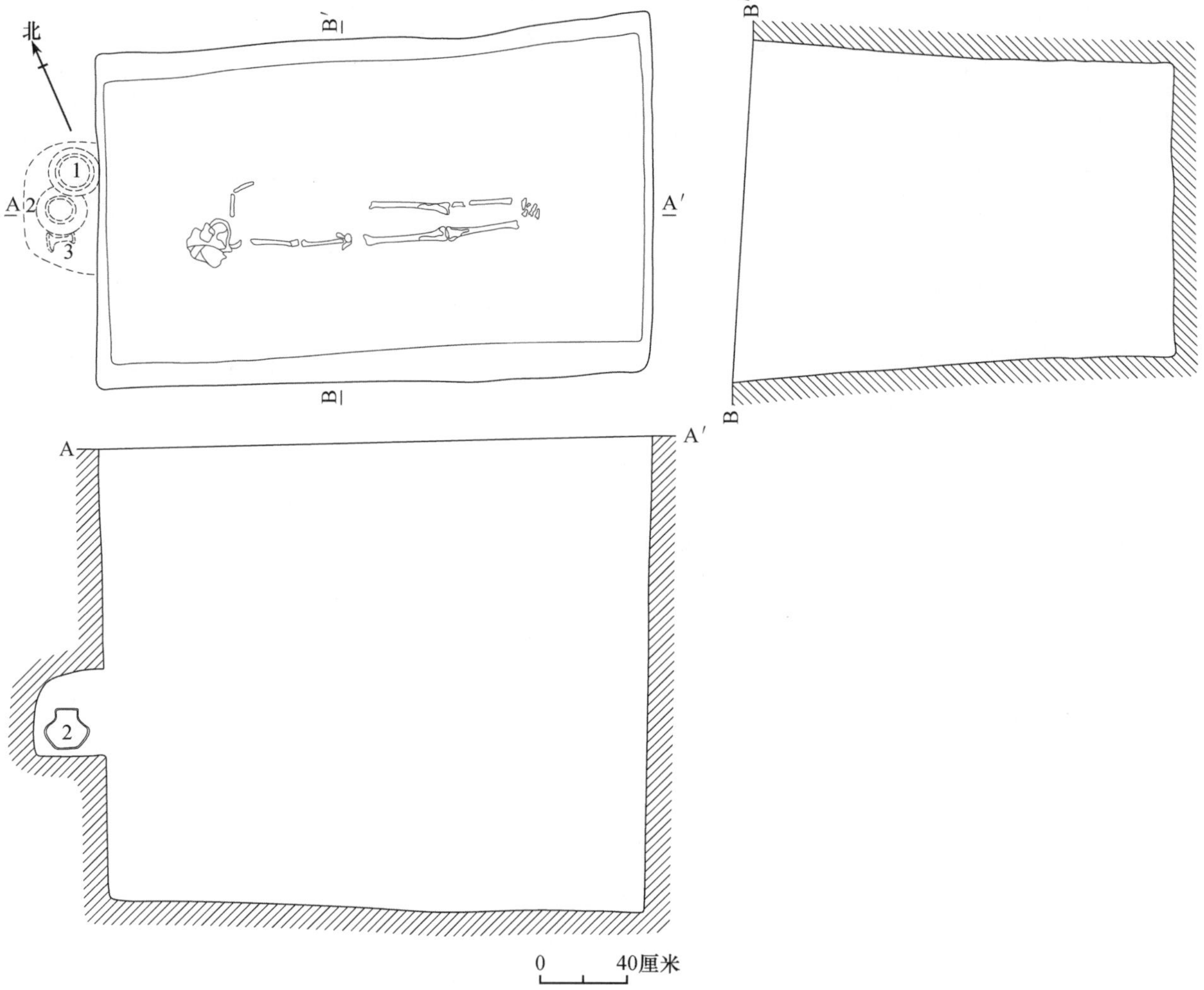

图104 2003CWPM123平、剖面图
1. 陶釜 2. 陶罐 3. 陶豆

面。口径12.4、底径5.5、高10.2厘米（图105，3；图版56，6）。

陶釜 1件。M123：1，泥质灰陶。小侈口，尖唇，短束颈，圆肩，鼓腹，圜底。上腹部饰竖绳纹，下腹部及底部饰交错绳纹。口径16.5、腹最大径19.6、高17.4厘米（图105，1；图版76，2）。

陶罐 1件。M123：2，泥质黑皮褐陶。直口，三角形唇沿，尖唇，高领，圆肩，鼓腹，小凹底。上腹部饰一道浅凹弦纹和竖绳纹，下腹部和器底饰交错绳纹。口径12.5、腹最大径20.9、底径6.9、高16.6厘米（图105，2；图版90，5）。

22. 2003CWPM124

（1）墓葬概况

M124位于山包墓地中部偏东南的2003CWPT1402南部（图64）。墓向275°。

开口于第2层下，打破生土。未被盗扰。

竖穴土坑墓。墓口平面形状呈长方形。口大底略小，墓壁斜直内收，平底。在西壁设有一壁龛。墓口距现地表36～40厘米，长332～347、宽164～177、深232～239厘米；墓底距现地表

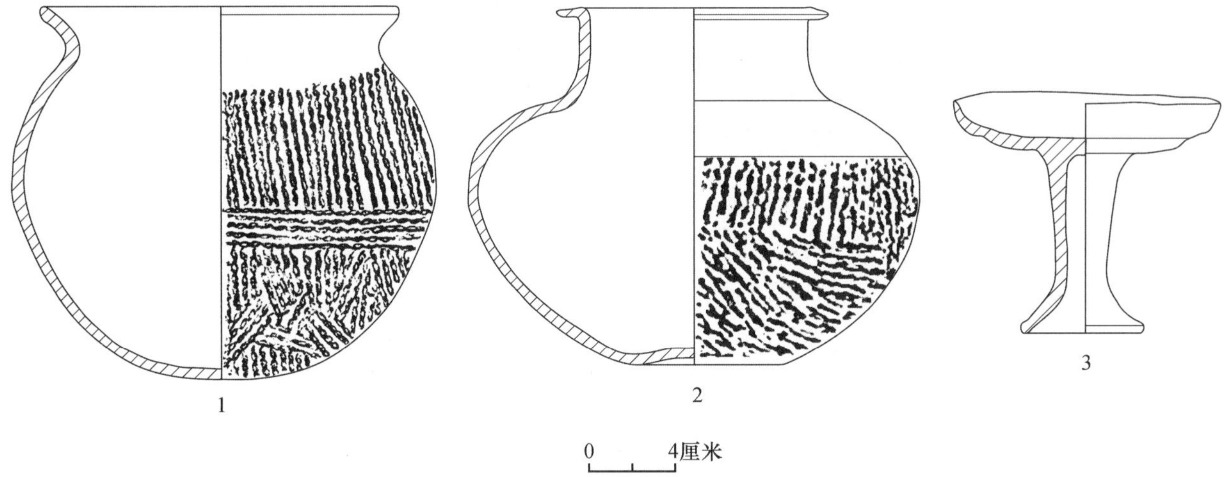

图105　2003CWPM123出土陶器

1. 釜（M123：1）　2. 罐（M123：2）　3. 豆（M123：3）

270～279厘米，长310～326、宽156～163厘米。壁龛宽105、进深32、高98、下部距墓底62厘米。墓室四周有熟土二层台。二层台高32～36、北二层台宽31厘米、东二层台宽44、南二层台宽41、西二层台宽68厘米（图106；图版35，2）。

填土为灰褐色土夹杂黄褐色土的五花土。一棺，棺长215、宽90厘米。

发现1具人骨，保存状况较差，仅残存部分椎骨与肢骨。仰身直肢，头向西，面向、性别和

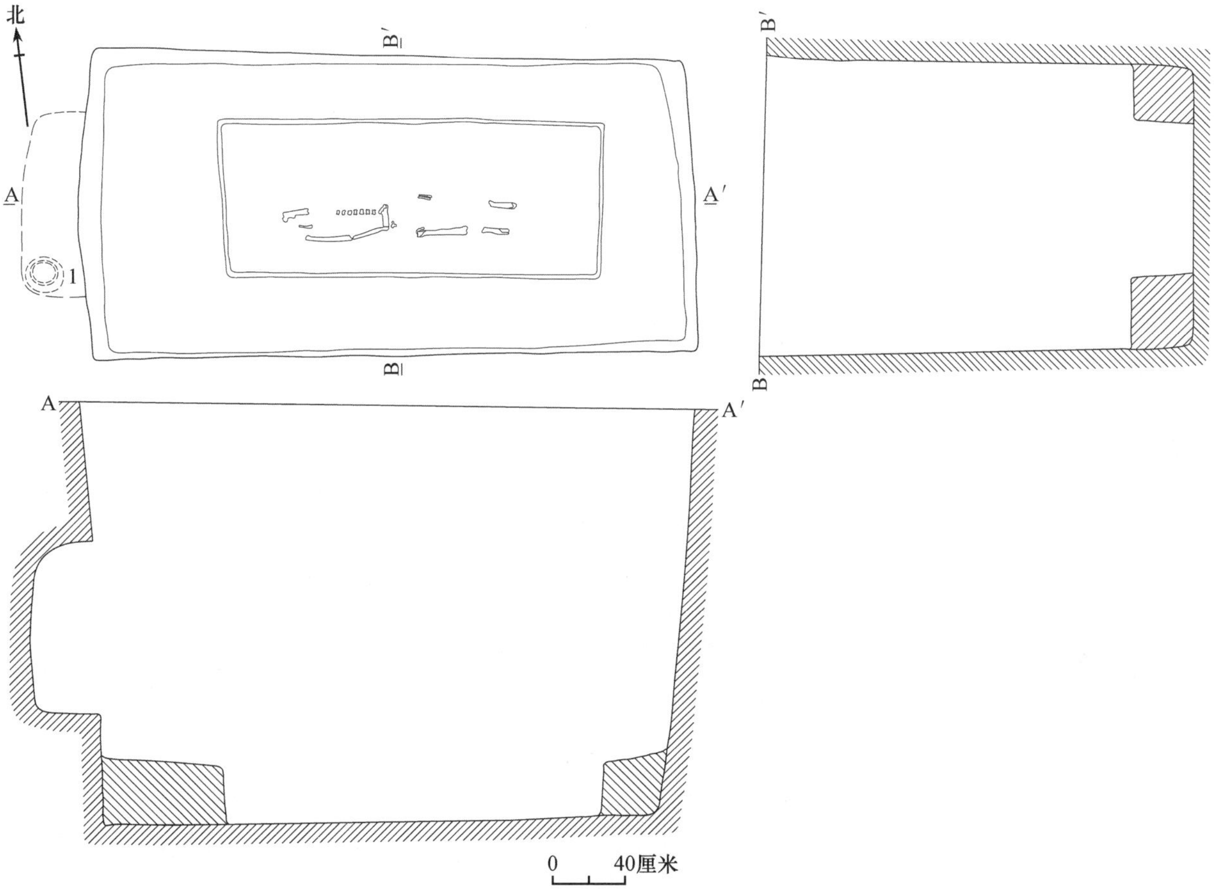

图106　2003CWPM124平、剖面图

1. 陶釜

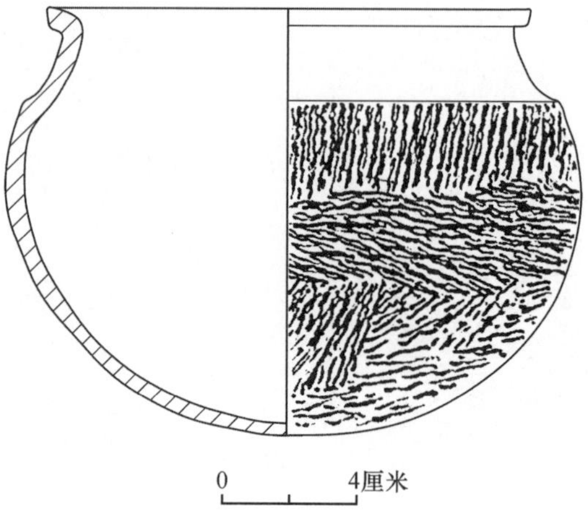

图107　2003CWPM124出土陶釜
（M124：1）

年龄不明。在壁龛中随葬1件陶釜（图版35，1）。

根据墓葬形制和出土物，推测其年代为西汉早期。

（2）出土器物

该墓仅在壁龛中随葬1件陶釜。

陶釜　1件。M124：1，泥质灰陶。小侈口，方唇，短束颈，鼓腹，圜底。颈下部有一周折棱。上腹部饰竖绳纹，下腹部及底部饰交错绳纹。口径14.3、腹最大径17.1、高12.6厘米（图107；图版76，3）。

23. 2003CWPM125

（1）墓葬概况

东南部的2003CWPT1502西北角（图64）。墓向96°。

开口于第2层下，打破生土。被扰动过。

竖穴土坑墓。墓口平面形状呈长方形。口大底略小，墓壁斜直内收，平底。在西部设有一壁龛，壁龛上部被破坏，仅存下半部分。墓口距现地表36～40厘米，长243、宽107、深96～104厘米；墓底距现地表140～144厘米，长235、宽93厘米。壁龛宽56、进深27、残高15、下部距墓底82厘米。墓室北壁有熟土二层台。二层台高9、宽17～28厘米（图108；图版35，3）。

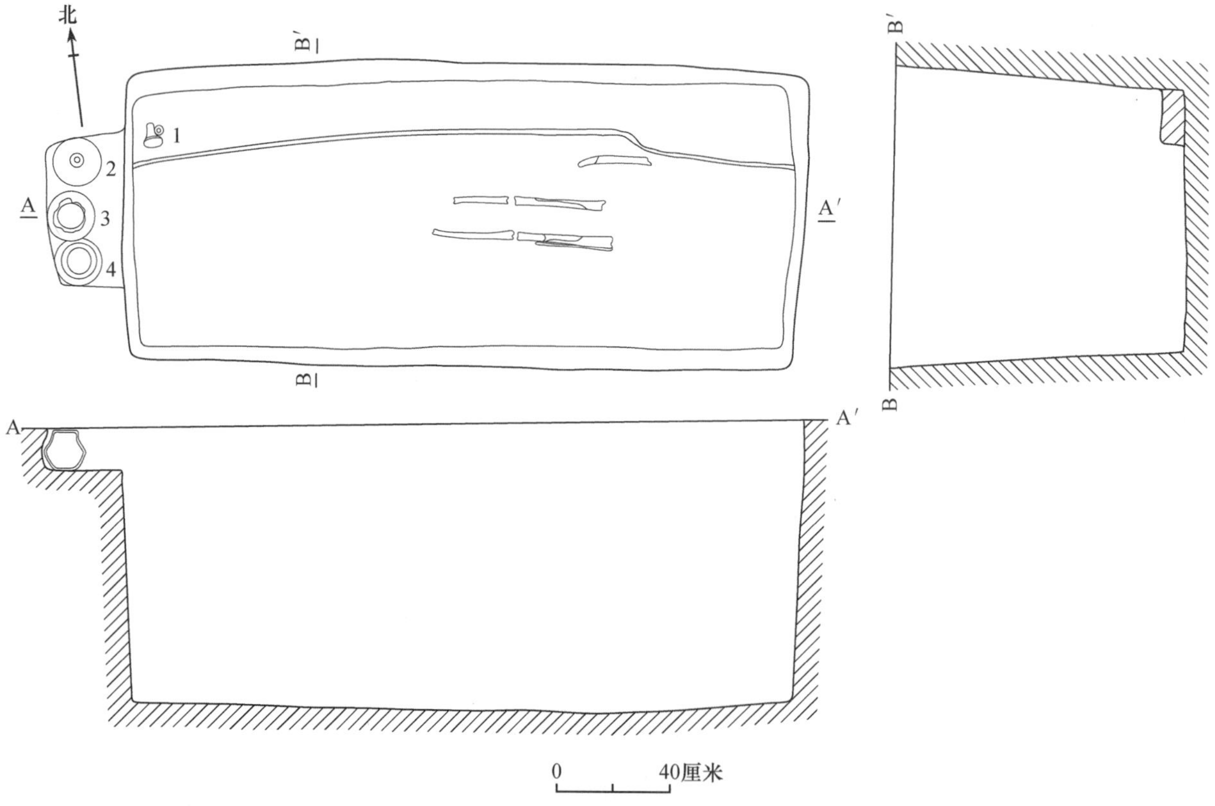

图108　2003CWPM125平、剖面图
1. 豆柄　2. 豆盘　3. 陶罐　4. 陶鍪

填土为浅黄褐色五花土，土质较硬。未发现葬具。发现1具人骨，保存极差，仅存部分肢骨。头向西，葬式、面向、性别和年龄不明。在壁龛中随葬3件陶器，有1件陶豆、1件陶罐和1件陶鋬。其中豆盘在壁龛中，豆柄在墓室西北角的二层台上。

根据墓葬形制和出土物，推测其年代为西汉中晚期。

（2）出土器物

该墓仅出土3件陶器，陶豆1件、陶罐1件和陶釜1件。

陶豆　1件。M125：1，泥质灰陶。微敛口，尖唇，浅盘，高中空豆柄，喇叭形圈足。素面。口径15.3、底径9.2、高15.4厘米（图109，1；图版57，5）。

陶罐　1件。M125：2，泥质黑皮褐陶。直口微敞，三角形唇沿，方唇，高领，圆溜肩，球腹，小凹底。颈下部饰一道浅凹弦纹。上腹部饰竖绳纹，下腹部和器底饰交错绳纹。口径12.7、腹最大径16.5、底径7.1、高15.9厘米（图109，2；图版91，2）。

陶鋬　1件。M125：3，夹砂褐陶。耳残。侈口，圆唇，短束颈，单耳，鼓腹，圜底。素面。口径13.5、腹最大径16.6、高15.5厘米（图109，3；图版75，6）。

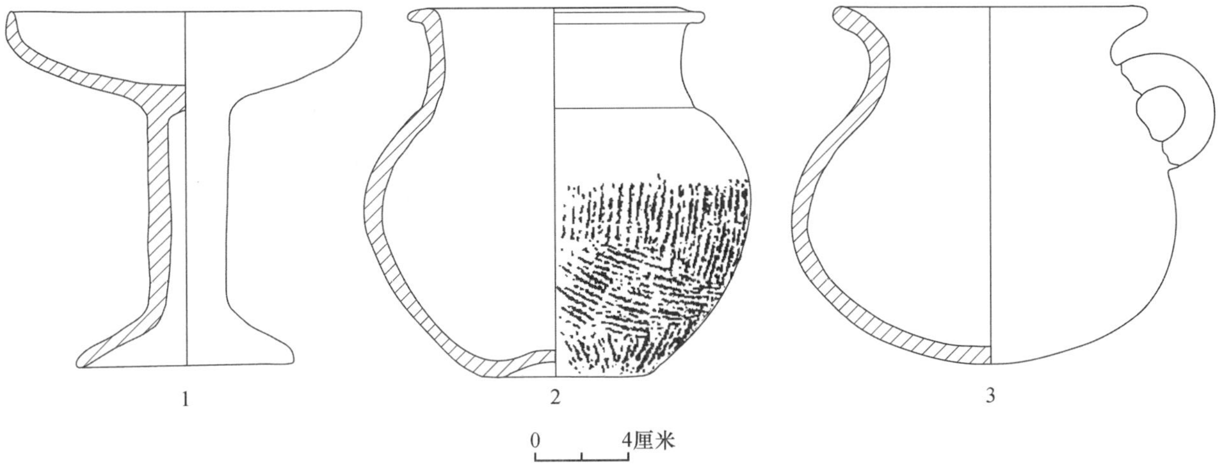

图109　2003CWPM125出土陶器

1. 豆（M125：1）　2. 罐（M125：2）　3. 鋬（M125：3）

24. 2003CWPM127

（1）墓葬概况

M127位于山包墓地西南部的2003CWPT3802东南角，小部分延伸至探方外（图64）。墓向286°

开口于第2层下，打破生土。被扰动。

竖穴土坑墓。墓口平面形状呈长方形。口大底略小，墓壁斜直内收，平底。

墓口距现地表38厘米，长302、宽216～228、深214～240厘米；墓底距现地表253～270厘米，长294、宽200～216厘米（图110）。

填土为红褐色土夹杂灰褐色土的五花土，土质较松。未发现葬具和人骨，但西端稍宽，头向可能朝西北。在墓室东部出土16枚大泉五十铜钱。

根据墓葬形制和出土物，推测其年代为东汉时期，不早于新莽，具体年代不明。

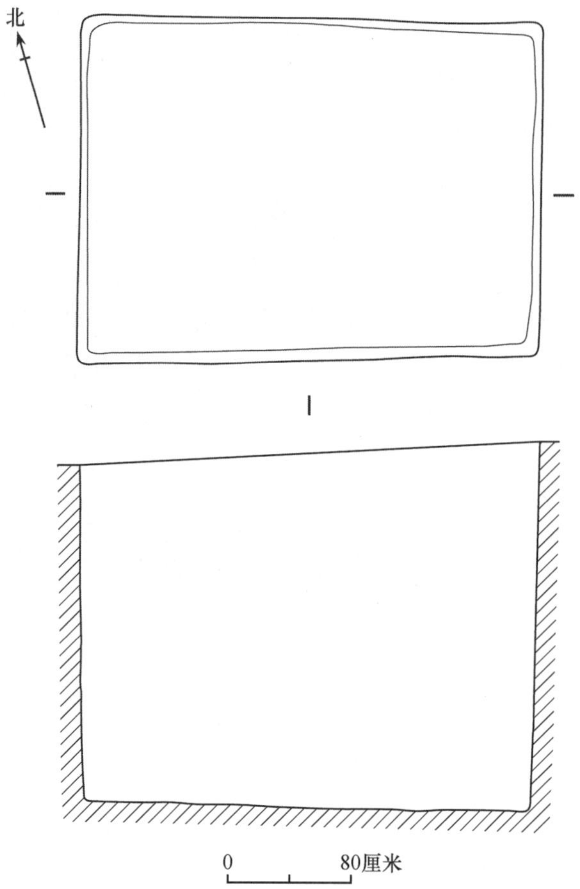

图110　2003CWPM127平、剖面图

（2）出土器物

该墓仅出土16枚大泉五十铜钱。

大泉五十铜钱　16枚。M127：1-1，共3枚（图版133，4）。M127：1-1-1，直径2.7厘米（图111，1）。M127：1-1-2（图111，2），直径2.7厘米。M127：1-2，共13枚。均锈蚀严重。

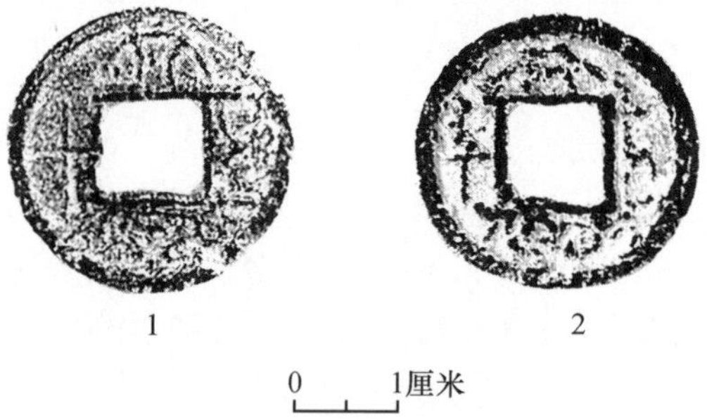

图111　2003CWPM127出土大泉五十铜钱拓片

1、2. M127：1-1-1、M127：1-1-2

25. 2003CWPM129

（1）墓葬概况

M129位于山包墓地中部的2003CWPT4005南部，小部分延伸至2003CWPT4004内（图64）。墓向116°或296°。

开口于第2层下，打破生土。被盗扰。

竖穴土坑墓。墓口平面形状呈长方形。口大底小，墓壁逐渐内收，底部北部稍高。墓口距现地表35～50厘米，长373、宽220、深205～220厘米；墓底距现地表240～270厘米，长300、宽165厘米（图112；图版36，1）。

填土为红褐色土夹杂有黄色土的五花土，土质紧密，包含有大量生土块。在盗洞中发现残陶壶1件，应为随葬品。发现有板灰痕迹，原应有木棺。未发现人骨。

根据墓葬形制和出土物，推测其年代为东汉中期。

（2）出土器物

该墓仅在盗洞中发现1件陶壶。

陶壶　1件。M129D1：01[①]，泥质灰陶。微盘口，高领，束颈，扁鼓腹，圈足。肩部饰两个对称铺首。颈肩部及下腹部各饰两道凹弦纹，两者之间饰五道微凸弦纹。口径9.6、腹最大径16.1、底径10、高19.6厘米（图113；图版67，5）。

① 琵琶洲山包墓地中凡是墓葬盗洞出土的遗物均在编号前加0，如M129D1：01表示M129的1号盗洞出土的第一件器物；M151：01，表示盗洞中出土的第一件器物，具体哪个盗洞不详。

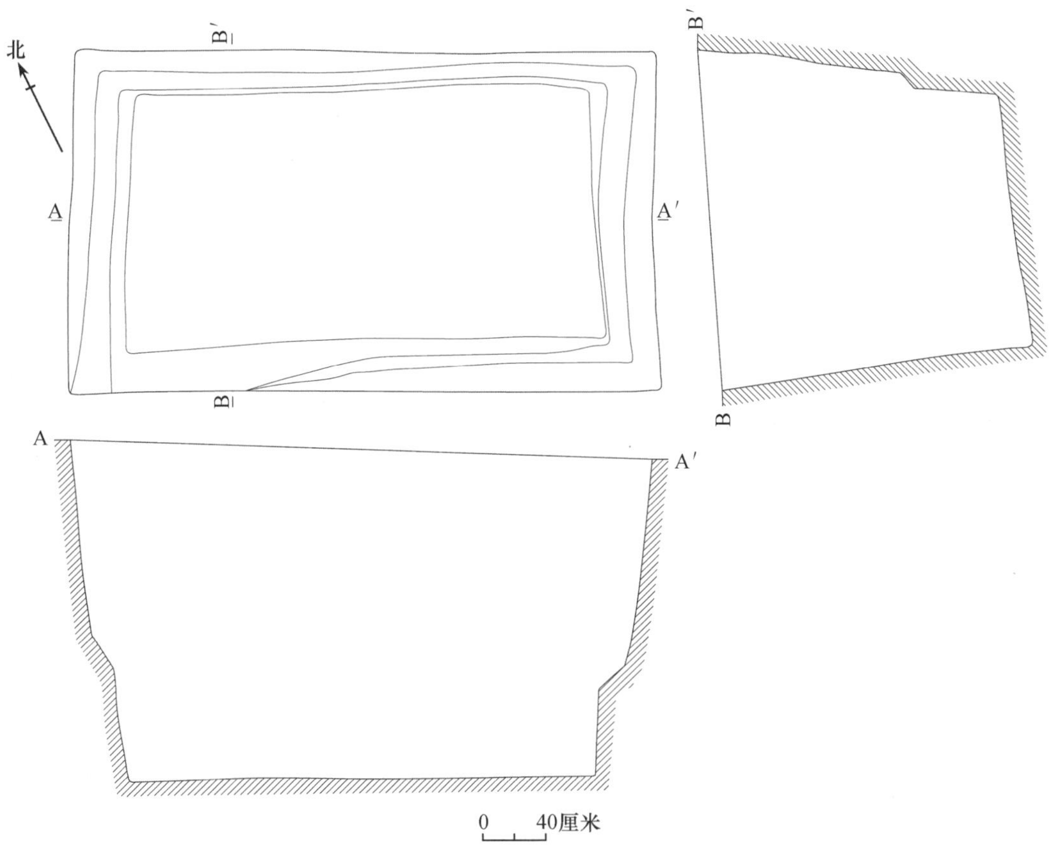

图112　2003CWPM129平、剖面图

26. 2003CWPM130

（1）墓葬概况

M130位于山包墓地中部的2003CWPT4005东部，小部分延伸至2003CWPT1005内（图64）。墓向122°。

开口于第2层下，打破生土。被盗扰。

竖穴土坑墓。墓口平面形状呈长方形。口大底略小，墓壁斜直内收，平底。

墓口距现地表35～50厘米，长302～323、宽180、深204～217厘米；墓底距现地表240～267厘米，长287～310、宽168厘米。在墓室东北、西北两壁有熟土二层台。二层台高25～30厘米，东北二层台宽35～40、西北二层台宽36～50厘米（图114；图版36，2）。

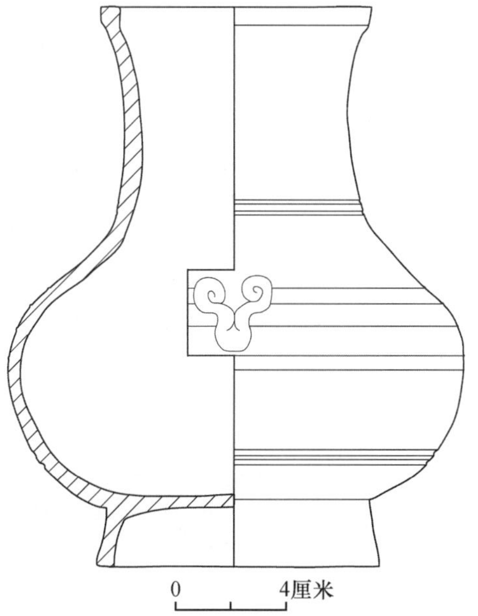

图113　2003CWPM129出土陶壶（M129D1：01）

填土为黄褐色土夹红色土的五花土，土质紧密。发现有棺灰痕迹，原应有木棺。在墓室东南部发现1具人骨，保存状况极差，仅存2块腿骨。头向东南，面向、葬式、性别和年龄情况不明。发现随葬品5件，有秦半两铜钱3枚、陶鼎和陶盒各1件。

根据墓葬形制和出土物，推测其年代为西汉中晚期。

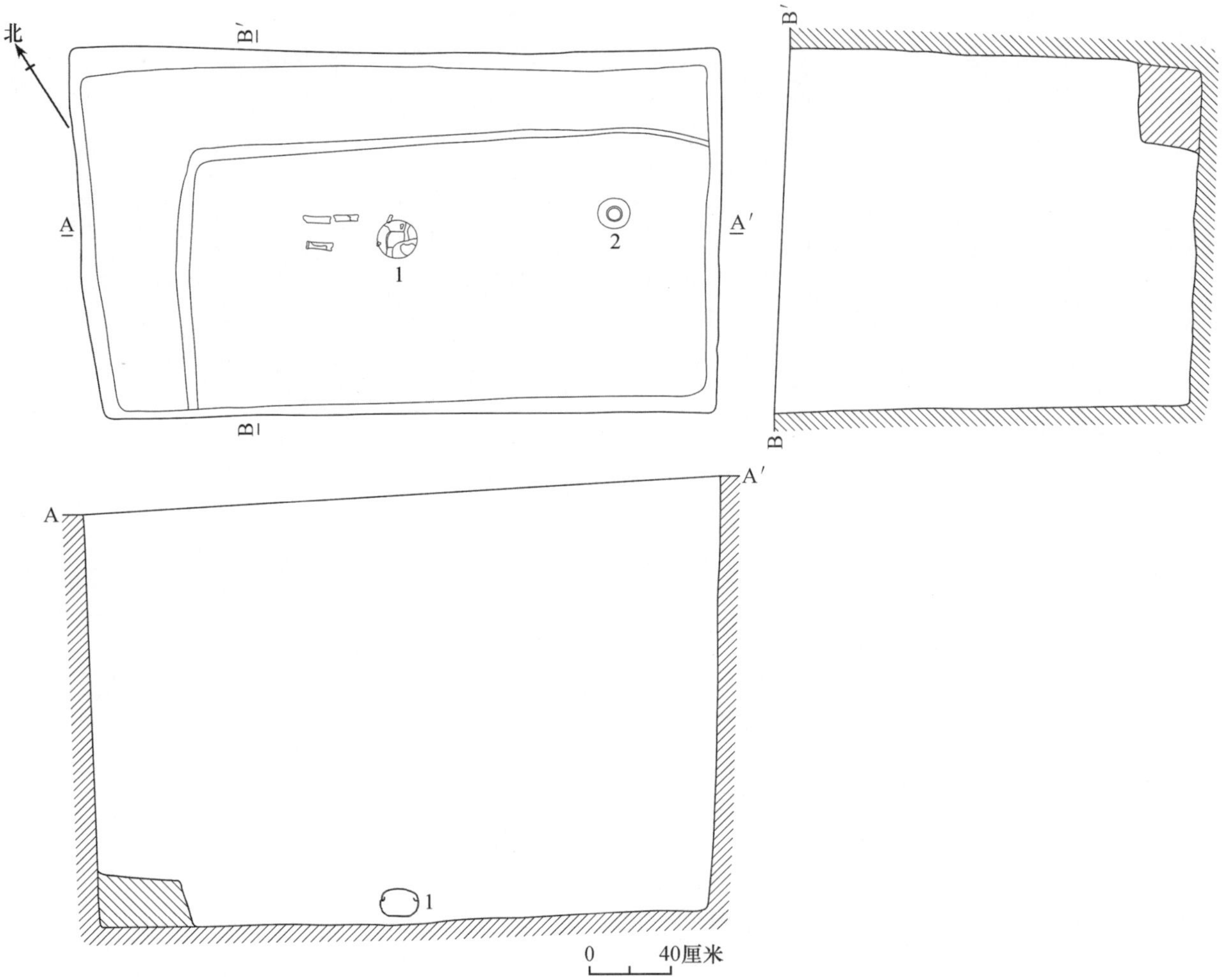

图114　2003CWPM130平、剖面图
1. 陶鼎　2. 陶盒

（2）出土器物

该墓共出土5件器物，其中陶鼎、陶盒各1件、半两铜钱3枚。

陶鼎　1件。M130：1，泥质黑皮褐陶。器表较光滑。子母口微内敛，斜方唇，扁腹，平底，三蹄形足。有一对方形附耳，中间有长方形孔。腹部饰一道凸弦纹。有浅盘形盖，盖上有三个实心扁纽，上有六道凹弦纹。口径15.4、腹径18.9、通高16.9厘米（图115，1；图版54，3）。

陶盒　1件。M130：2，泥质灰陶。子母口，尖圆唇，斜弧腹，圜底。腹部饰五道凹弦纹。缺器盖。口径13.4、高7厘米（图115，2；图版56，2）。

半两铜钱　3枚。M130：3，共3枚，圆形，有郭，篆体阳文“半两”。M130：3-1，直径2.2厘米（图115，3）。

27. 2003CWPM131

（1）墓葬概况

M131位于山包墓地中部的2003CWPT4105西南部，部分在2003CWPT4005内（图64）。墓向269°。

开口于第2层下，打破生土。未被盗扰。

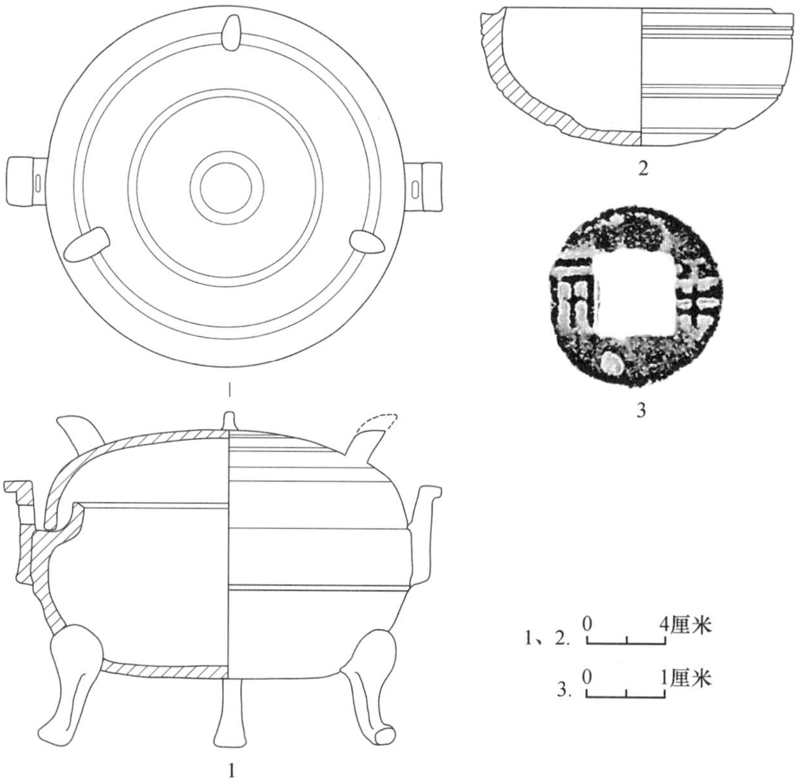

图115　2003CWPM130出土器物

1. 陶鼎（M130：1）　2. 陶盒（M130：2）　3. 半两铜钱（M130：3-1）拓片

竖穴土坑墓。墓口平面形状呈刀把形。通长577厘米。由斜坡墓道和竖穴墓室两部分组成。墓道在西，墓室在东。

根据发掘情况，我们推测其营建方式是：先挖一斜坡墓道和竖穴墓室，然后挖出两个棺室和头箱，接着用卵石铺棺底和头箱底后，再放置葬具与随葬品，最后回填。

墓道平面形状呈长方形。口大底小，斜坡状底。口部距现地表30～50厘米，长256、宽82～127、深38～200厘米；底部距现地表228～248厘米，宽100厘米。前端较陡，坡度52°，后端较缓，坡度22°。

墓室平面形状呈梯形，前端较窄。口大底略小，墓壁斜直内收，平底。口部距现地表30～50厘米，长297～320、宽166～218、深250厘米；墓底距现地表280～300厘米，长302～321、宽153～198厘米。墓室底部挖出长方形方格，长240、宽140厘米，方格中有“T”形生土梁，将大长方形方格分为三个。两个并列位于东部，一个横置于其西，每个方格底部用卵石铺砌（图版37，1）。东部两个为棺床，西部为头箱。东部棺床北侧长178、宽66、深20厘米；南侧长177、宽60、深22厘米。头箱长138、宽52、深20厘米（图116；图版36，3、4）。

填土为红褐色土夹杂浅黄色土的五花土，土质较松。墓室东部偏南侧和偏北侧均有木棺。发现3具人骨。北侧两具上下重叠。上面人骨保存较好。仰身直肢葬，头向西，面向上，性别和年龄不明；下面人骨保存较差，仅存部分肢骨。头朝西，面向和葬式不明。初步推断两具人骨均为成年女性。南侧一具人骨，保存较差。仰身直肢葬，头向西，面向和葬式不明。初步推断为成年男性。

出土随葬品43件，有铁矛1件、陶罐7件、陶甑1件、陶钵1件、陶釜1件、陶灶1件、货泉铜

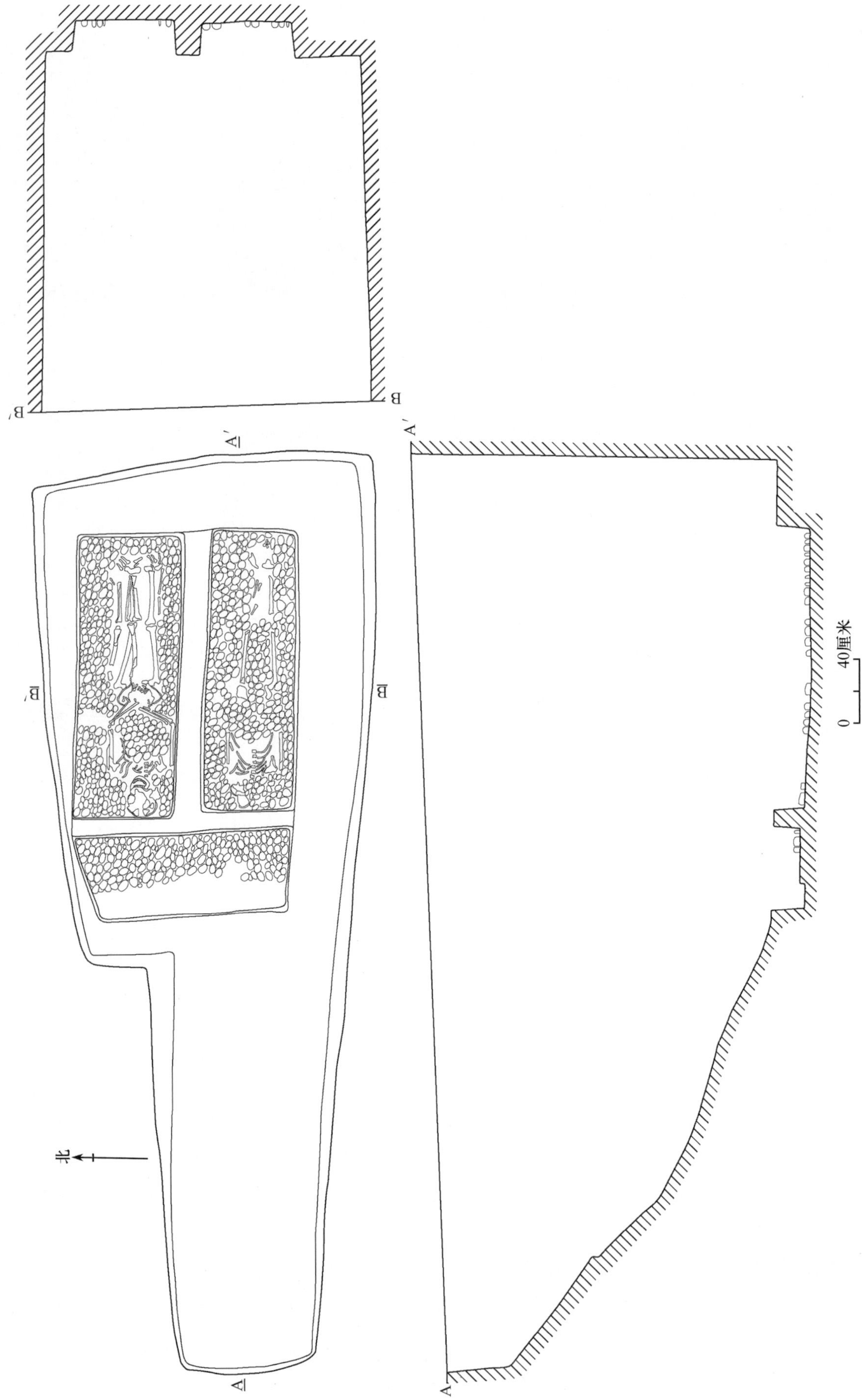

图116　2003CWPM131平、剖面图

钱30枚和五铢铜钱1枚。其中有1个陶罐与1枚铜钱出土于北侧棺中，4个陶罐出土于南侧棺中，30枚铜钱出土于南侧棺与头箱之间，在其余均出土于头箱中（图117；图版37，2）。

根据墓葬形制和出土物，推测其年代为东汉晚期。

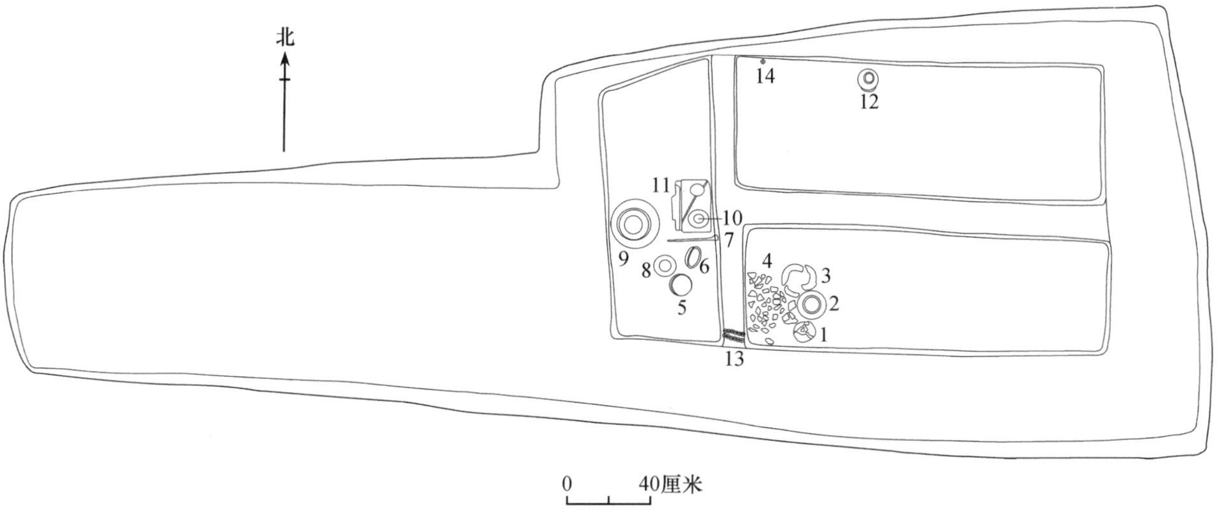

图117 2003CWPM131出土器物位置图

1～4、10、12. 陶罐 5. 陶甑 6. 陶钵 7. 铁矛 8. 陶釜 9. 陶壶 11. 陶灶 13、14. 铜钱

（2）出土器物

该墓出土了43件器物，其中陶器11件、铁器1件以及铜器31枚。

陶灶 1件。M131：11，泥质灰陶。长方形，双釜眼，双半圆形火门悬置于一长侧边，并与釜眼相对。两釜眼后方拐角处各有一个圆形烟囱孔。灶身素面。长23.3、宽13、高6.7厘米（图118，2；图版60，2）。

陶罐 7件。M131：2，泥质灰陶。直口微敛，平沿，折肩，斜直腹，平底。折肩处有一周戳印纹。口径7.5、肩径13.9、底径8.4、高11.6厘米（图118，3；图版93，3）。M131：3，泥质灰陶。直口，平沿，折肩，斜直腹，平底。折肩处有一周戳印纹。口径9.8、肩径16、底径12.2、高13厘米（图118，4；图版93，4）。M131：4，泥质灰陶。直口，平沿，折肩，斜直腹，平底。折肩处有一周戳印纹。口径9.1、肩径15.5、底径8.9、高13.6厘米（图118，7；图版93，5）。M131：1，泥质灰陶。敞口，高领，束颈，扁鼓腹，平底。腹部饰一周戳印纹。口径7.6、腹最大径8.7、底径6.5、高7.5厘米（图118，8；图版87，1）。M131：10，泥质灰陶。直口，平沿，折肩，斜腹，平底微内凹。素面。口径5.8、肩径10.1、底径6.1、高4.1厘米（图118，9；图版83，6）。M131：12，泥质灰陶。直口，平沿，折肩，斜腹，凹底。折肩处有一周凹槽。口径5.6、肩径10.5、底径6.3、高5.6厘米（图118，5；图版84，1）。M131：9，泥质灰陶。敞口，三角形唇沿，尖唇，束颈，折肩，深弧腹，凹底。肩部饰一周戳印纹，腹部饰绳纹。口径16.3、肩径23.9、底径9.2、高19.8厘米（图118，10；图版89，1）。

陶钵 1件。M131：6，泥质灰陶。敞口，平沿，浅折腹，平底，内底上凸。素面。口径11.4、底径4.9、高3.6厘米（图118，12；图版70，5）。

陶釜 1件。M131：8，泥质灰褐陶。直口，平沿，扁鼓腹，平底微凹。肩部附加一对实心泥凸。口径7.1、腹最大径9.9、底径6.1、高4.5厘米（图118，6；图版74，6）。

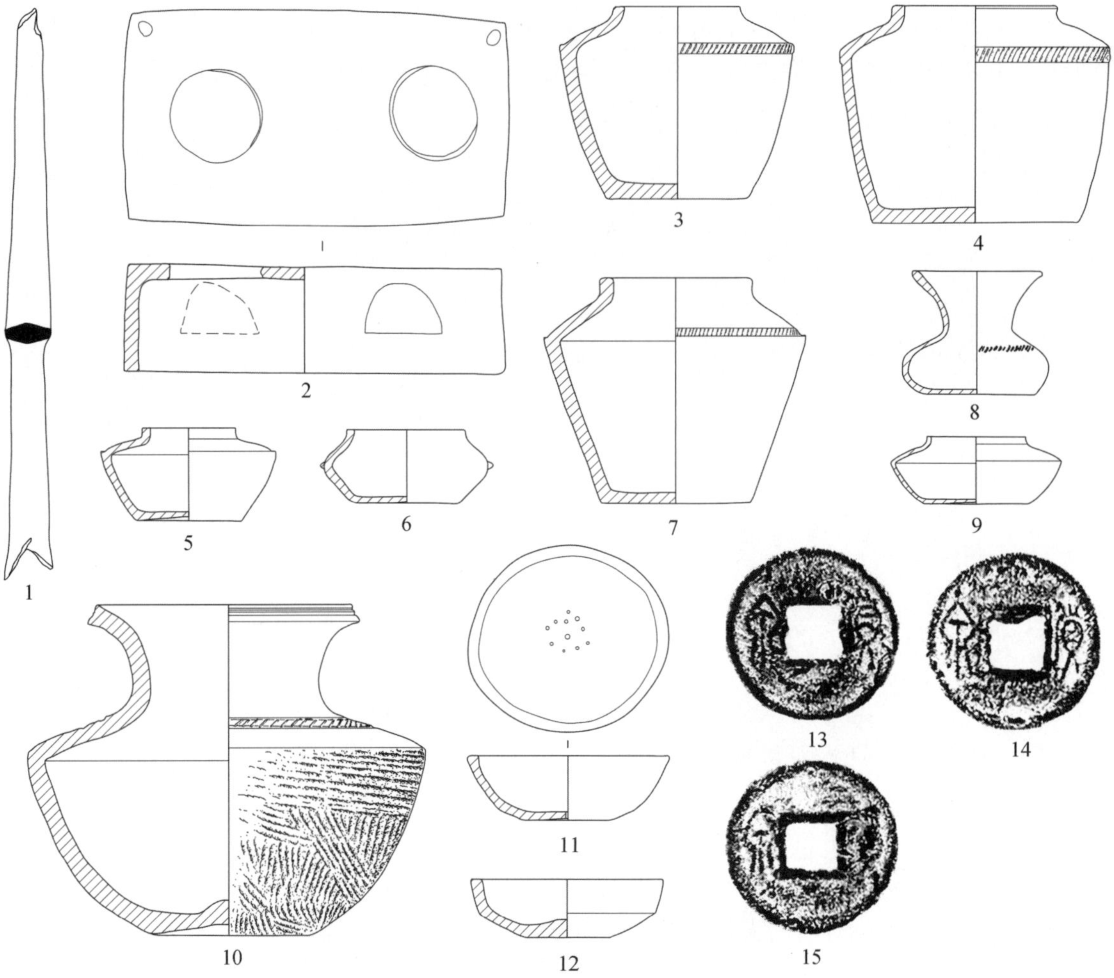

1~12. 0 4厘米　13~15. 0 1厘米

图118　2003CWPM131出土器物

1. 铁矛（M131：7）　2. 陶灶（M131：11）　3～5、7～10. 陶罐（M131：2、M131：3、M131：12、M131：4、M131：1、M131：10、M131：9）　6. 陶釜（M131：8）　11. 陶甑（M131：5）　12. 陶钵（M131：6）　13～15. 货泉（M131：13-1、M131：13-3、M131：13-2）

陶甑　1件。M131：5，泥质灰陶。敞口，平沿，斜弧腹，平底微凹，底部有十一个箅孔。素面。口径12、底径5.1、高3.9厘米（图118，11；图版65，1）。

铁矛　1件。M131：7，尖部和銎部稍残。整体细长，由矛头和銎两部分组成。残长34.2、宽3、銎残长14.1厘米（图118，1；图版117，4）。

铜钱　31枚。五铢铜钱，1枚。M131：14，锈蚀严重。直径2.6厘米（图版133，1）。货泉铜钱，30枚。M131：13，共30枚（图版133，5）。M131：13-1，直径2.3厘米（图118，13）。M131：13-2，直径2.3厘米（图118，15）。M131：13-3，直径2.3厘米（图118，14）。

28. 2003CWPM132

（1）墓葬概况

M132位于山包墓地中部的2003CWPT1005西部，小部分延伸至2003CWPT4005内（图64）。墓向105°。

开口于第2层下，打破生土。未被盗扰。

竖穴土坑墓。墓口平面形状呈刀把形。通长493～504厘米。由斜坡墓道和竖穴墓室两部分组成。墓道在东，墓室在西。

根据发掘情况，我们推测其营建方式是：先挖一斜坡墓道和竖穴墓室，再放置葬具与随葬品，最后回填。

墓道平面形状呈长方形。前端墓壁斜直内收，后端稍往外扩。斜坡状底。口部距现地表30～40厘米，长291～298、宽92、深88～98厘米；底距现地表15～58厘米，宽90厘米。坡度9°。

墓室平面形状呈长方形。口大底略小，底部东高西低。坡度7°。口部距现地表30～40厘米，长196～206、宽119、深58～86厘米；墓底距现地表93～126厘米，长195、宽105厘米（图119；图版38，2）。

填土为红褐色五花土，土质较松，夹杂有石块。葬具、人骨情况不明。

在墓道与墓室连接处的两侧随葬7件陶器，有陶罐5件、陶壶1件、陶甑1件（图版39）。

根据墓葬形制和出土物，推测其年代为东汉早期。

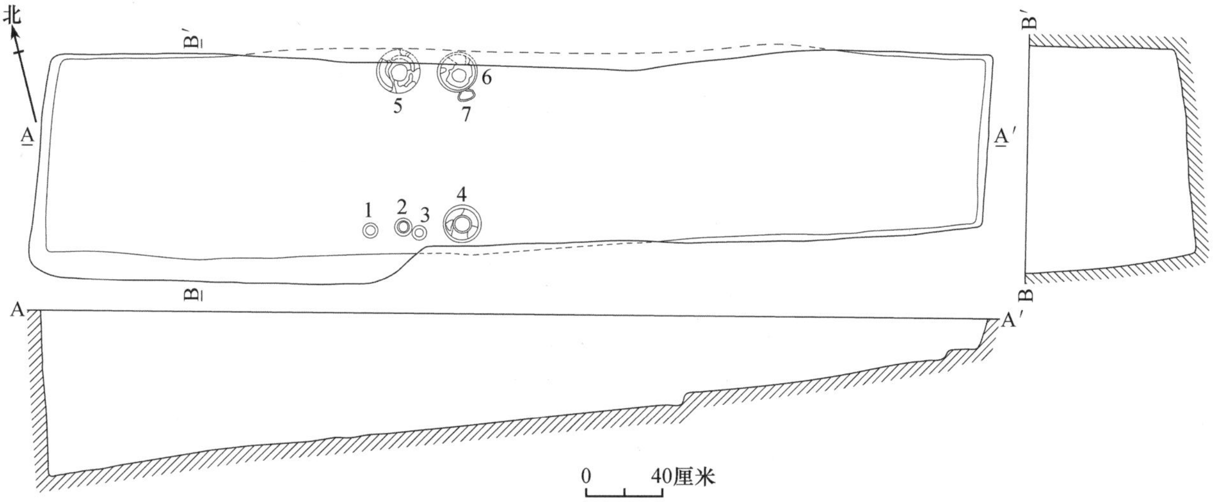

图119　2003CWPM132平、剖面图
1～4、6. 陶罐　5. 陶壶　7. 陶甑

（2）出土器物

该墓共出土7件陶器，其中5件陶罐、1件陶壶和1件无法修复的陶甑。

陶罐　共5件。M132：4，泥质灰陶。敞口，三角形唇沿，尖圆唇，高弧领，宽斜折肩，深弧腹，底微内凹。唇沿上饰两道凹弦纹。肩部饰两周窄网格纹，腹部及底部饰交错绳纹。口径15.3、肩径21、底径11.6、高21.2厘米（图120，2；图版89，2）。M132：6，泥质灰陶。敞口，三角形唇沿，尖圆唇，高弧领，宽斜折肩，深弧腹，底微内凹。唇沿上饰两道凹弦纹。肩部饰两周窄网格纹，腹部及底部饰交错绳纹。口径17.3、肩径23.5、底径8.7、高20.5厘米（图120，3；图版89，3）。M132：1，泥质灰陶。三角形唇沿，敞口，斜唇，高弧领，圆肩，鼓腹，平底。唇沿上饰一道凹弦纹，下腹部有切削痕迹。口径8.1、腹最大径8.7、底径5.2、高8.5厘米（图120，4；图版84，5）。M132：3，泥质灰陶。敞口，三角形唇沿，斜方唇，高弧领，微折肩，斜弧腹，平底。唇部饰一道凹弦纹，下腹部有切削痕迹。口径6.9、肩径8、底径4.6、高7.2厘米（图120，5；图版88，5）。M132：2，泥质灰陶。小直口，方唇，

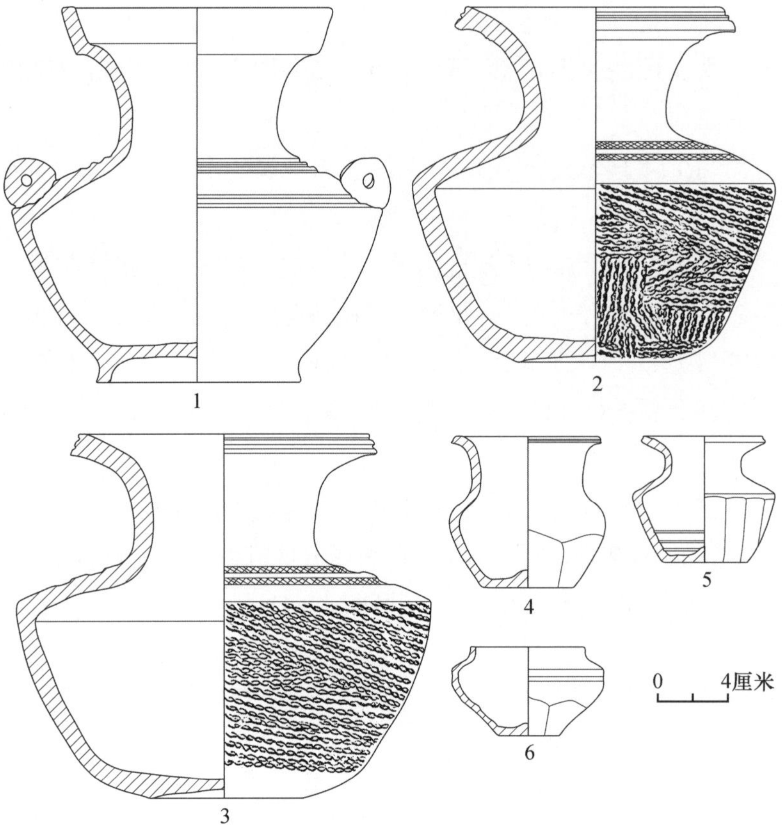

图120　2003CWPM132出土陶器

1. 陶壶（M132：5）　2～6. 陶罐（M132：4、M132：6、M132：1、M132：3、M132：2）

微折肩，斜弧腹，平底。腹部饰一道凹弦纹，下腹部有切削痕迹。口径6.4、肩径8.6、底径3.4、高5厘米（图120，6；图版83，2）。

陶壶　1件。M132：5，泥质灰陶。盘口，方唇，高领，束颈，折肩，斜弧腹，圜底，圈足。肩部上、下各饰三道和两道凹弦纹。肩部有两个对称桥形耳。口径15.3、肩径21、底径11.6、高21.2厘米（图120，1；图版68，2）。

29. 2003CWPM133

（1）墓葬概况

M133位于山包墓地东北部的2003CWPT1304东北部，小部分延伸至2003CWPT1404内（图64）。墓向218°。

开口于第2层下，打破生土。未被盗扰。

竖穴土坑墓。墓口平面形状呈长方形。口大底小，墓壁斜直内收，平底。在西南端墓壁（墓主头端）设有一壁龛。墓口距现地表25～35厘米，长218～232、宽81、深110～166厘米；墓底距现地表183厘米，长198、宽45～60厘米。壁龛宽62、进深31、高32、下部距墓底33厘米（图121；图版38，3）。

填土为红褐色土夹杂有灰色土的五花土，土质较硬，较黏。未发现葬具。发现1具人骨，保存较差。仰身直肢葬，头向西南、面向左，性别和年龄不明。

共出土4件器物。在填土中出土1件石斧。在壁龛中随葬3件器物，有1件漆器、陶罐和陶盆

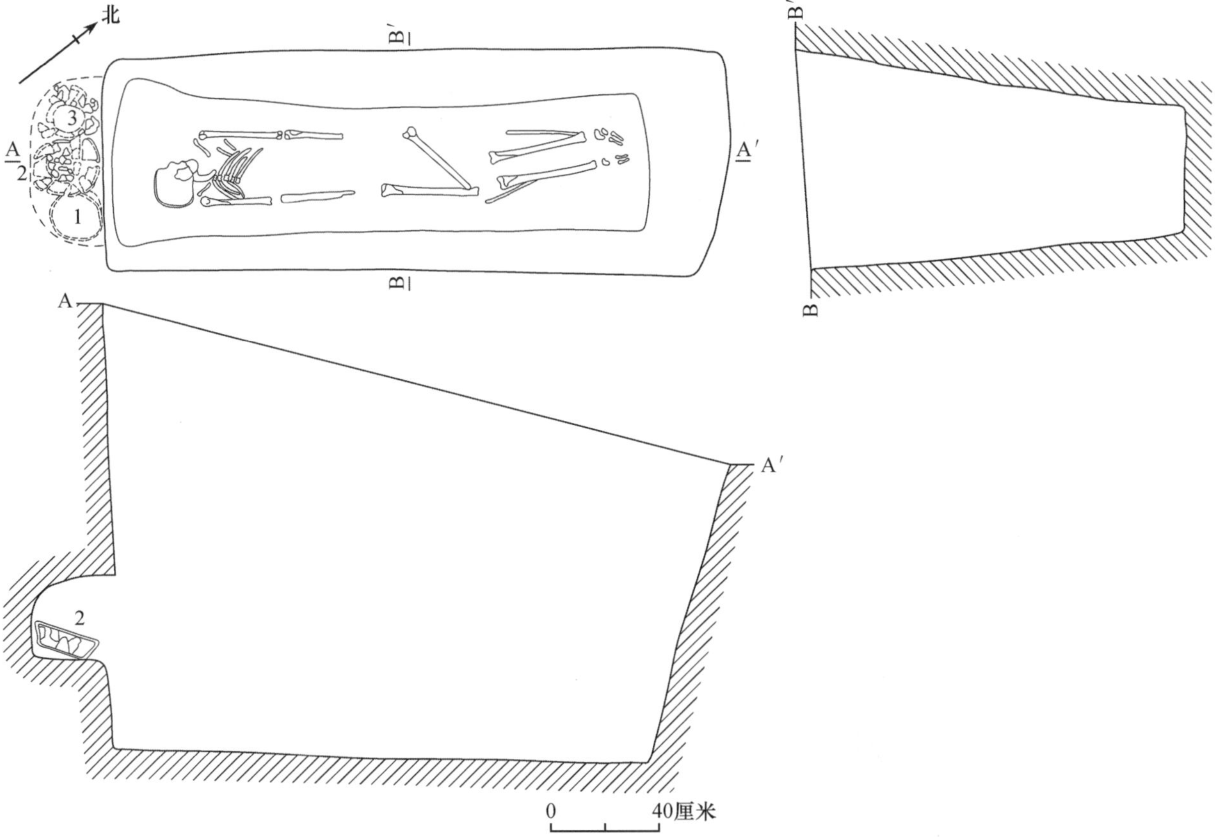

图121　2003CWPM133平、剖面图
1. 漆器　2. 陶盆　3. 陶罐

各1件（图版38，1）。

根据墓葬形制和出土物，推测其年代为西汉早期。

（2）出土器物

该墓共出土4件器物，陶罐、陶盆、石斧和漆器各1件，其中陶罐和漆器均无法修复。

陶盆　1件。M133：2，泥质灰陶。敛口，尖圆唇，浅弧腹，小凹底。腹部饰绳纹。口径21.9、腹径21.9、底径5.4、高10.6厘米（图122，1；图版69，5）。

石斧　1件。M133填土：1，长条状，上有打制和磨制的痕迹。长15.3、宽6.7、厚2.1厘米（图122，2）。

30. 2004CWPM134

（1）墓葬概况

M134位于山包墓地中部偏西南的2004CWPT4202西北部，部分延伸至2004CWPT4102内（图64）。墓向258°。

开口于第2层下，打破生土。未被盗扰。

竖穴土坑墓。墓口平面形状长方形。口大底略小，西壁、北壁和南壁斜直内收，东壁稍斜直外扩，平底。墓口距现地表33～35厘米，长310、宽174、深170～185厘米；墓底距现地表216厘米，长308、宽136厘米。墓室四周有熟土二层台。二层台高11厘米，北二层台宽40、东

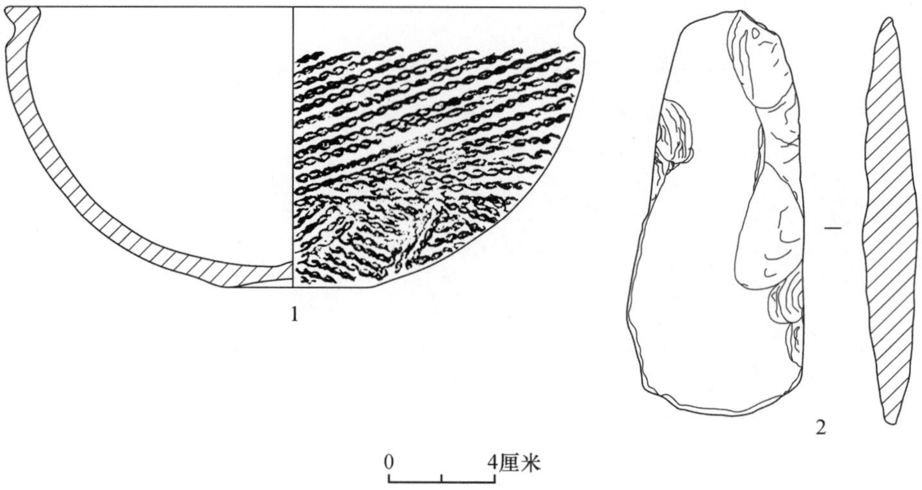

图122　2003CWPM133出土器物

1. 陶盆（M133：2）　2. 石斧（M133填土：1）

二层台宽31、南二层台宽25、西二层台宽51厘米（图123；图版40，1）。

填土为红褐色土、黄褐色土相杂的五花土。发现有白色朽灰，应是棺木腐朽后形成。发现1具人骨，保存较好。仰身直肢，头向西，面朝上。经西北大学文化遗产学院陈靓先生鉴定为一41～50岁女性。在西二层台上随葬1件陶壶。

根据墓葬形制和出土物，推测其年代为东汉早期。

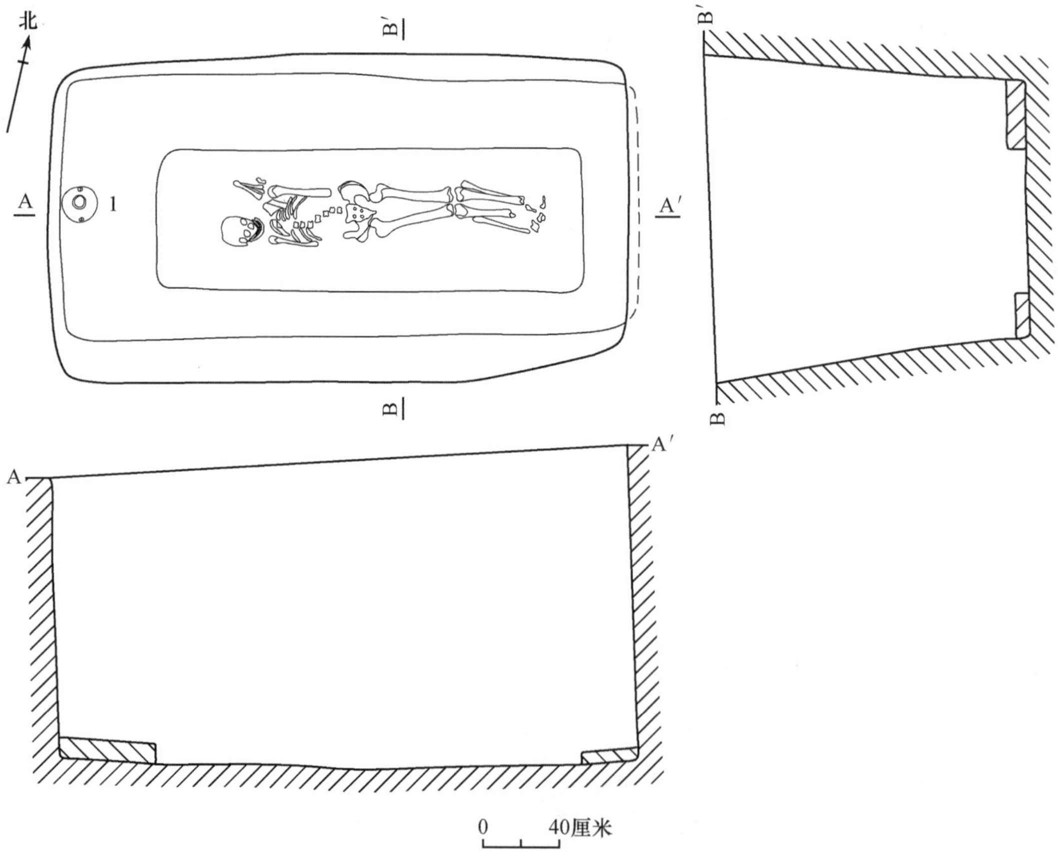

图123　2004CWPM134平、剖面图

1. 陶壶

（2）出土器物

该墓仅出土1件陶壶。M134：1，泥质灰陶。盘口，方唇，高领，束颈，折肩，深弧腹，圜底，圈足。肩部上、下各饰三道和两道凹弦纹。肩部有两个对称桥形耳。口径13、肩径21.1、底径12.5、高21.7厘米（图124；图版68，3）。

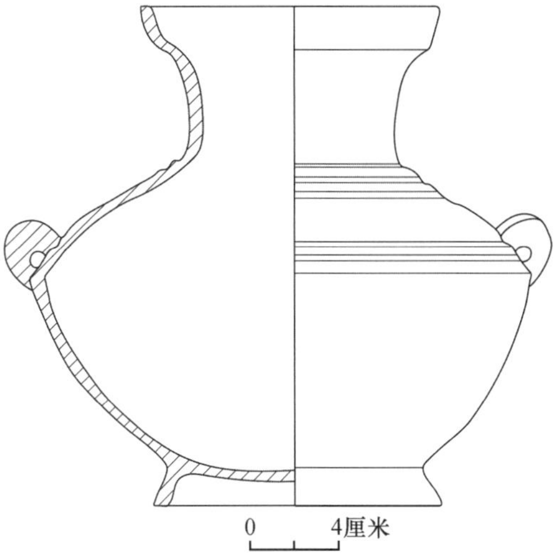

图124　2004CWPM134出土陶壶
（M134：1）

31. 2004CWPM135

（1）墓葬概况

M135位于山包墓地西北部的2004CWPT4207东南部，部分延伸至2004CWPT4107内（图64）。墓向100°。

开口于第2层下，打破生土。被盗扰，在墓道与墓室连接处有1个直径100厘米的圆形盗洞。

竖穴土坑墓。墓口平面形状呈刀把形。通长529～538厘米。由斜坡墓道和墓室两部分组成。墓道在东，墓室在西。

墓道平面形状大体呈长方形，南壁斜直内收，北壁稍往外扩，弧状坡底。口部距现地表30厘米，长202～236、宽121、深0～99厘米；底部距现地表0～100厘米，长195～205、宽120厘米。坡度23°。

墓室平面形状呈长方形。口小底略大，平底。底部出土较多石块，推测当时应铺有石块。口部距现地表35～43厘米，长306、宽218～228、深70～103厘米；墓底距现地表111～139厘米，长311、宽244厘米（图125；图版40，2）。

填土为黄、白、灰相间的花土。发现2具人骨，1具在南，1具在北。南侧人骨保存极差，仅存骨末。周围发现有白色板灰，推测原应有棺。北侧人骨仅存部分肢骨。头应向东，面向、葬式不明。推测可能为夫妻合葬墓。在墓室北部出土8件随葬品，有4件陶罐、2件陶钵和2件铁器。

根据墓葬形制和出土物，推测其年代为东汉晚期。

（2）出土器物

该墓共出土8件器物，陶器6件和铁器2件。其中1件陶罐和1件陶钵无法修复，2件铁器锈蚀严重。

陶罐　4件，其中1件无法修复。M135：1，泥质灰陶。敞口，三角形唇沿，尖圆唇，高弧领，宽斜折肩，深弧腹，凹底。肩部饰四个鱼形刻划符号，下饰一周戳印纹。腹部及底饰交错绳纹。口径14、肩径26.3、底径4.3、高24.5厘米（图126，1；图版89，5）。M135：3，泥质灰陶。喇叭形口，三角形唇沿，斜方唇，高弧领，圆肩，深弧腹，凹底。腹部及底部饰绳纹。口径13、肩径17.7、底径5.3、高16.2厘米（图126，2；图版90，2）。M135：4，泥质灰陶。敞口，三角形唇沿，斜方唇，高弧领，圆肩，扁鼓腹，平底。唇沿上饰一道凹弦纹。肩部饰一周戳印纹。口径6、腹最大径10.1、底径5.5、高7.2厘米（图126，3；图版87，2）。

陶钵　2件，其中1件无法修复。M135：2，泥质褐陶。敞口，三角形唇沿，圆唇，浅弧腹，平底。素面。口径10.1、底径3.7、高4.1厘米（图126，4；图版72，1）。

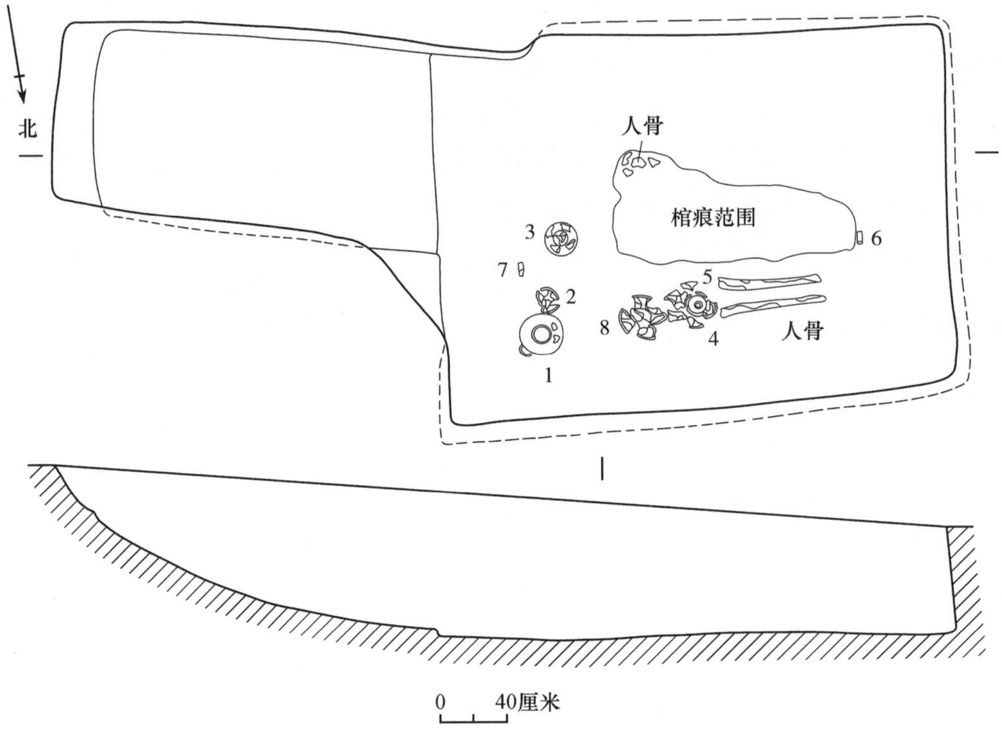

图125　2004CWPM135平、剖面图
1、3、4、8. 陶罐　2、5. 陶钵　6、7. 铁器

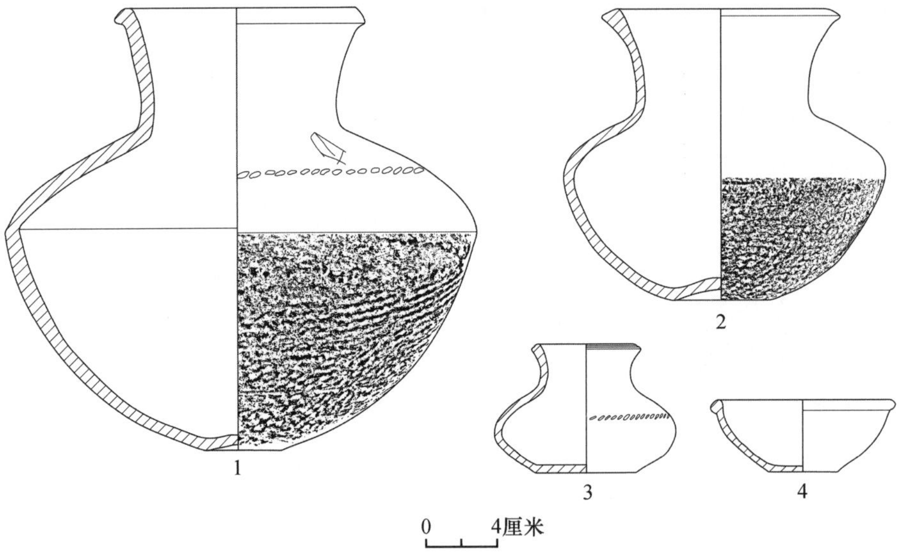

图126　2004CWPM135出土陶器
1～3. 罐（M135：1、M135：3、M135：4）　4. 钵（M135：2）

32. 2004CWPM136

（1）墓葬概况

M136位于山包墓地西北部的2004CWPT4207西南部，部分延伸至2006CWPT4307内（图64）。墓向279°。

开口于第2层下，打破生土。被盗扰，在墓室西南角有1个直径70厘米的圆形盗洞。

竖穴土坑墓。墓口平面形状呈凸字形。通长610厘米。由斜坡墓道和墓室两部分组成。墓室在东，墓道在西。

墓道平面形状呈梯形，前端窄，后端稍宽，墓壁斜直内收，斜坡状底。口部距现地表32厘米，长269、宽70～124、深0～79厘米；底部距现地表32～111厘米，宽60～108厘米。坡度16°。墓室底部较墓道后端低14厘米。

墓室平面形状呈长方形。口小底略大，墓壁斜直稍往外扩，平底，墓底铺有石块。口部距现地表35～39厘米，长341、宽245、深54～96厘米；墓底距现地表94～130厘米，长364、宽255厘米（图127；图版40，3）。

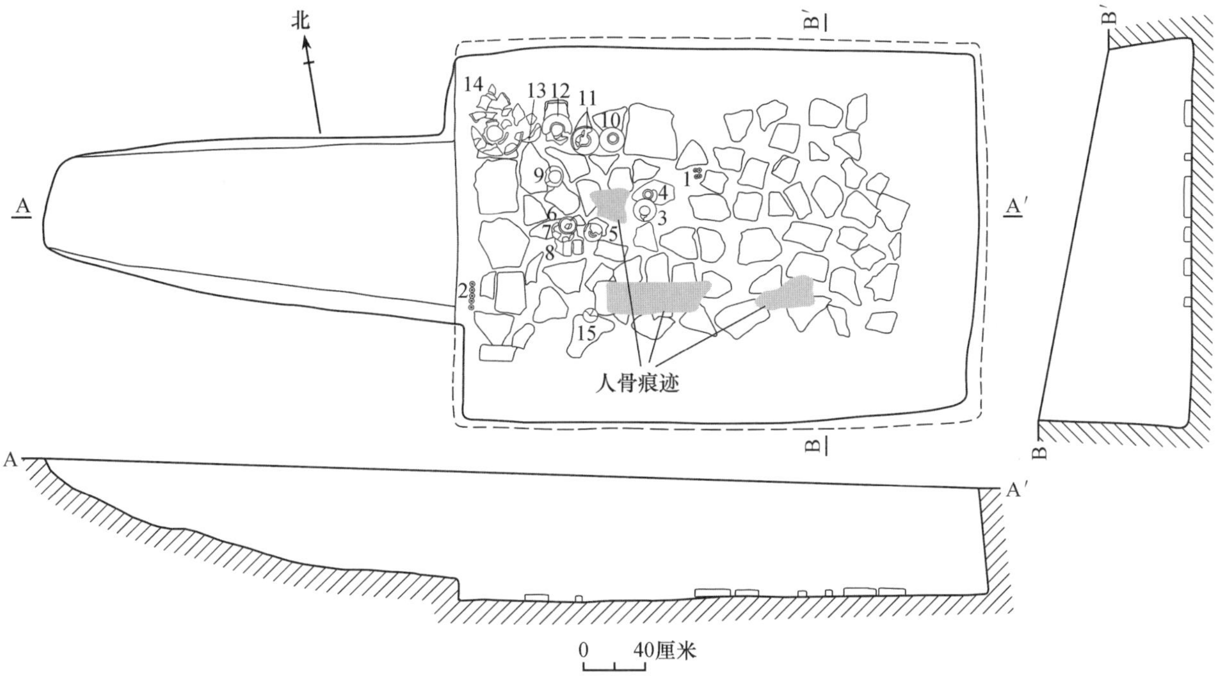

图127　2004CWPM136平、剖面图

1、2. 铜钱　3～5、10～13. 陶罐　6. 陶甑　7、14. 陶钵　8. 陶灶　9. 陶釜　15. 铜镜

填土为五花土。在墓底发现有白色板灰，推测原应有棺。发现2具人骨痕迹。可以推断头均向西，葬式、面向、性别和年龄不明。推测可能为夫妻合葬墓。在墓室西部出土35件器物，有陶罐7件、陶钵2件、陶甑1件、陶灶1件、陶釜1件、铜镜1件以及22枚货泉铜钱。

根据墓葬形制和出土物，推测其年代为东汉晚期。

（2）出土器物

该墓出土器物共计35件，其中陶器12件、铜镜1件以及22枚货泉铜钱。

陶灶　1件。M136：8，泥质褐陶。平面呈长方形，单拱形火门悬置于一长侧边，并与釜眼相对。釜眼后方一侧有一圆形烟囱孔，烟囱孔周围有三个凸起。素面。长19.5、宽14.2、高8.6厘米（图128，1；图版58，2）。

陶罐　7件。M136：11，泥质褐陶。直口，平沿，方唇，折肩，深斜直腹，平底。肩部下饰一周戳印纹，腹部饰三周凹弦纹。口径10、肩径16.7、底径10.4、高16.7厘米（图128，2；图版92，4）。M136：13，泥质褐陶。直口微敞，平沿，方唇，折肩，深斜直腹，平底。肩下部饰一周戳印纹，腹部饰三周凹弦纹。口径10、肩径16.4、底径9.9、高17.2厘米（图128，3；图版92，6）。M136：5，泥质褐陶。直口，平沿，方唇，圆肩，鼓腹，平底。腹部有两道折棱。口径7.9、腹最大径11.1、底径4.2、高5厘米（图128，5；图版80，6）。M136：3，泥质灰陶。直口，平沿，方唇，折肩，深斜直腹，平底。肩部下饰一周戳印纹，上腹部饰两周凹弦纹，下腹部有切削痕迹。口径8.7、肩径14.4、底径9.3、高13.2厘米（图128，9；图版92，2）。M136：10，泥质褐陶。直口，平沿，方唇，折肩，深斜直腹，平底。肩部下饰一周戳印纹，上腹部饰两周凹弦纹。口径8.6、肩径12.6、底径9.4、高13厘米（图128，11；图版92，3）。M136：12，泥质褐陶。直口微敞，平沿，方唇，折肩，深斜直腹，平底。肩部下饰一周戳印纹，上腹部饰两周凹弦纹，下腹部有刮削痕迹。口径9.1、肩径14.7、底径9.1、高13.1厘米（图128，10；图版92，5）。M136：4，泥质褐陶。敞口，斜平沿，尖唇，高领，束颈，扁鼓腹，平底。近底处有切削痕迹。口径9.3、腹最大径10.9、底径5.4、高8.4厘米（图128，12；图版87，3）。

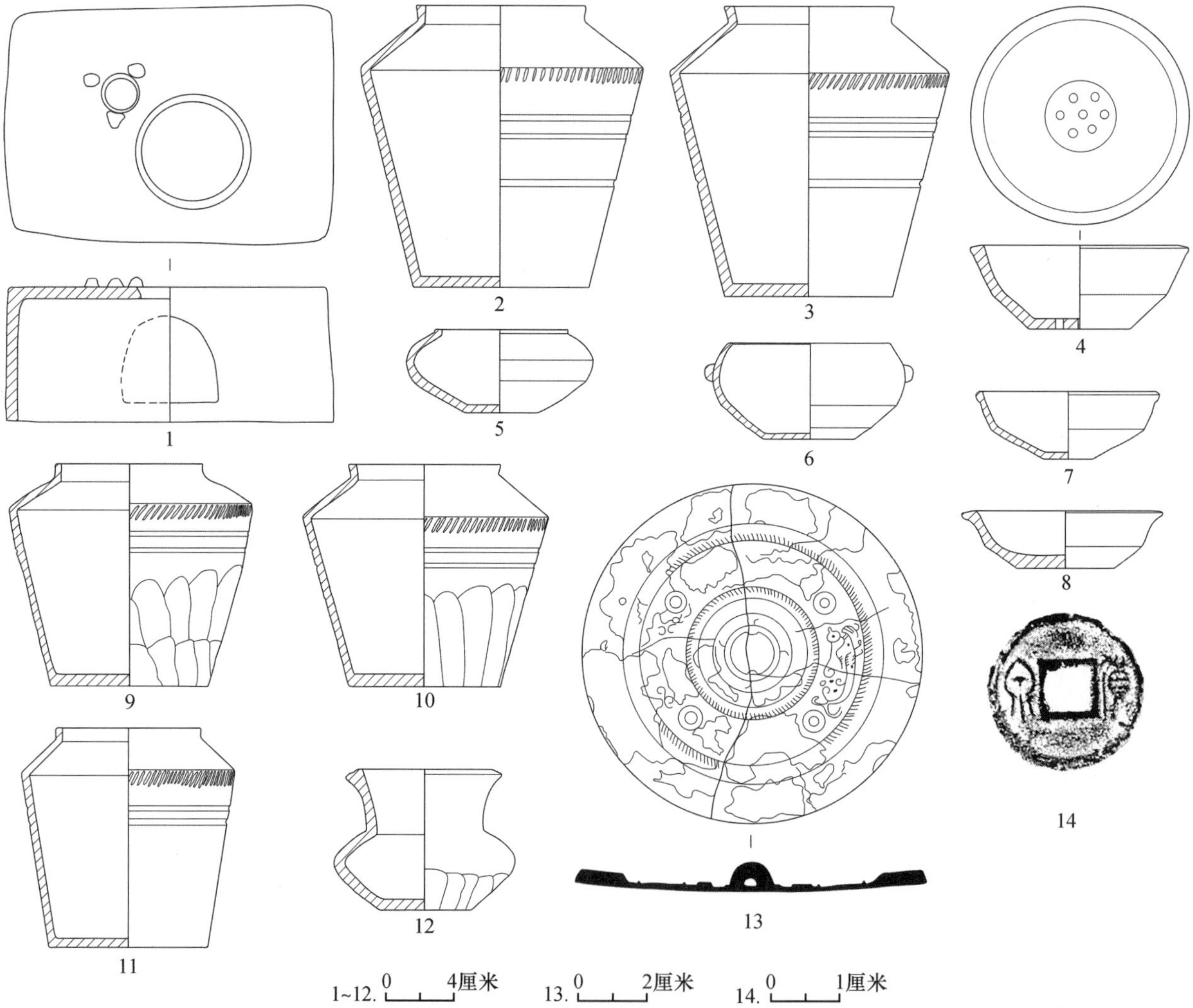

图128　2004CWPM136出土器物

1. 陶灶（M136：8）　2、3、5、9～12. 陶罐（M136：11、M136：13、M136：5、M136：3、M136：12、M136：10、M136：4）　4. 陶甑（M136：6）　6. 陶釜（M136：9）　7、8. 陶钵（M136：7、M136：14）　13. 铜镜（M136：15）　14. 货泉拓片（M136：1-1）

陶钵 2件。M136：7，泥质褐陶。敞口，圆唇，折腹，平底。素面。口径10.8、底径2.9、高4厘米（图128，7；图版70，3）。M136：14，泥质灰陶。敞口，斜平沿，折腹，平底。素面。口径11.9、底径5.7、高3.5厘米（图128，8；图版70，6）。

陶釜 1件。M136：9，泥质褐陶。敛口，斜平沿，尖唇，圆肩，鼓腹，平底，肩部附加一对实心泥凸。腹部有两道折棱。口径9.3、腹最大径11.3、底径5.4、高5.7厘米（图128，6；图版75，4）。

陶甑 1件。M136：6，泥质灰陶。敞口，斜平沿，尖唇，折腹，平底，底部有七个箅孔。素面。口径12.8、底径5.8、高5厘米（图128，4；图版65，2）。

铜镜 1件。M136：15，整体呈银灰色。素面宽缘，外区为四乳钉神兽纹，内外各一周光线纹，内区为一周宽带纹。纽座为半球形。直径10、最厚处0.4厘米（图128，13；图版106，3）。

货泉铜钱 22枚。均圆形，有郭，篆体阳文“货泉”。M136：1，共8枚。其中4枚锈蚀严重（图版129，6）。M136：1-1，直径2.3厘米（图128，14；图版129，5）。M136：2，共14枚。均锈蚀严重。

33. 2004CWPM137

（1）墓葬概况

M137位于山包墓地北部的2004CWPT4007东南部（图64）。墓向288°。

开口于第2层下，打破M141与生土。未被盗扰。

竖穴土坑墓。墓口平面形状呈长方形。口大底小，墓壁斜直内收，平底。墓口距现地表30～60厘米，长256、宽151、深60～88厘米；墓底距现地表90～148厘米，长225、宽92厘米。墓室北、南、东三面有生土二层台。二层台高17厘米，北二层台宽16～17、东二层台宽15～17、南二层台宽17～18厘米（图129；图版40，4）。

填土为五花土夹杂生土块与石块。发现1具人骨，保存状况差。头向西北，面向、葬式、性别和年龄不明。在骨架周围发现有板灰痕迹，推测原应有棺。

在人骨左侧墓室西北部出土11件陶器，有4件陶罐、2件陶甑、1件陶钵、2件陶釜、1件陶灶和1件陶器座。

根据墓葬形制和出土物，推测其年代为东汉中期。

（2）出土器物

该墓共出土11陶器。

陶灶 1件。M137：9，泥质褐陶。平面呈长方形，双釜眼，双半圆形火门位于一长侧边，并与釜眼相对。素面。长25.6、宽15.7、高6.7厘米（图130，1；图版59，1）。

陶罐 4件。M137：1，泥质灰陶。敞口，三角形唇沿，圆尖唇，高领，束颈，圆溜肩，深弧腹，凹底。上腹部饰一周戳印纹，下腹部及底部饰绳纹。口径13.2、肩径20.7、底径5.6、高17.4厘米（图130，2；图版90，1）。M137：8，泥质褐陶。敛口，平沿，方唇，圆肩，上腹部较直，下腹部斜直内收，平底。上、下腹部各饰一周戳印纹。口径9.5、腹最大径16.3、底径10.7、高11.9厘米（图130，3；图版96，5）。M137：4，泥质灰陶。敞口，三角形唇沿，圆唇，高领，束颈，圆肩，鼓腹，平底。素面。口径4.9、腹最大径7.9、底径3.2、

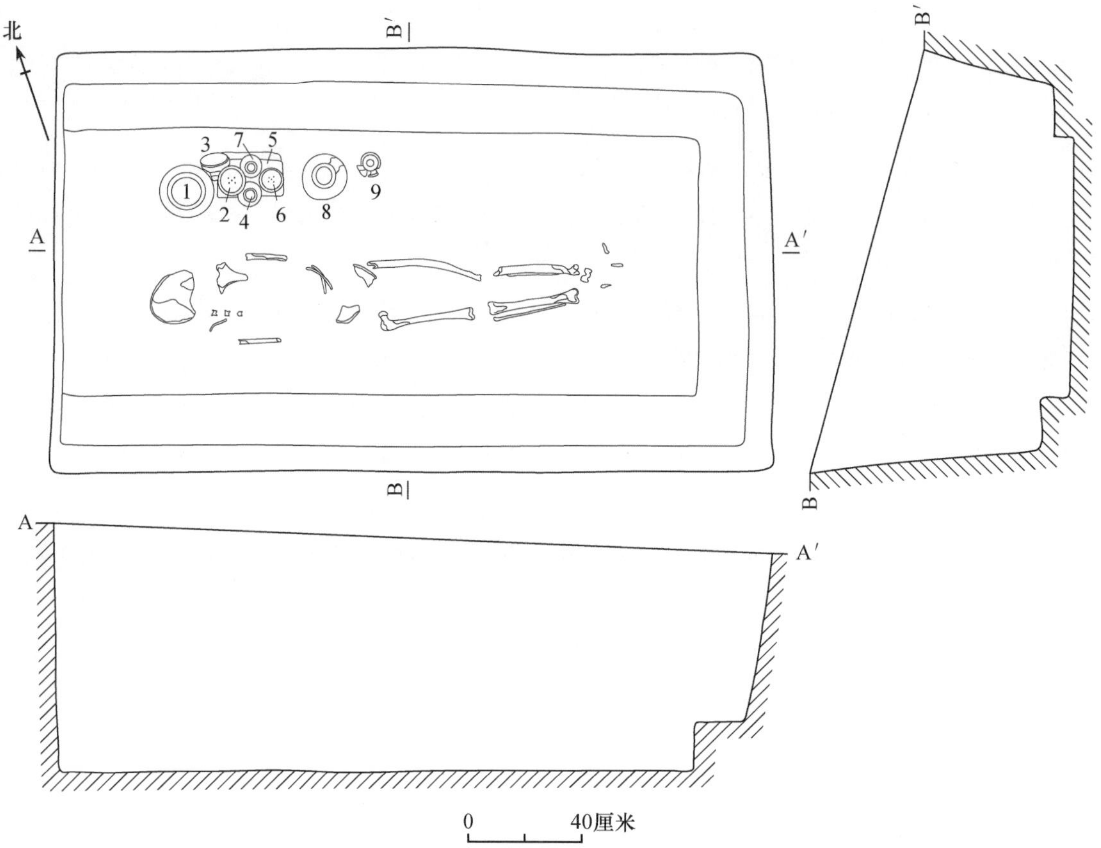

图129　2004CWPM137平、剖面图

1、4、8. 陶罐　2、6. 陶甑　3. 陶钵　5. 陶灶　7. 陶釜　9. 陶器座

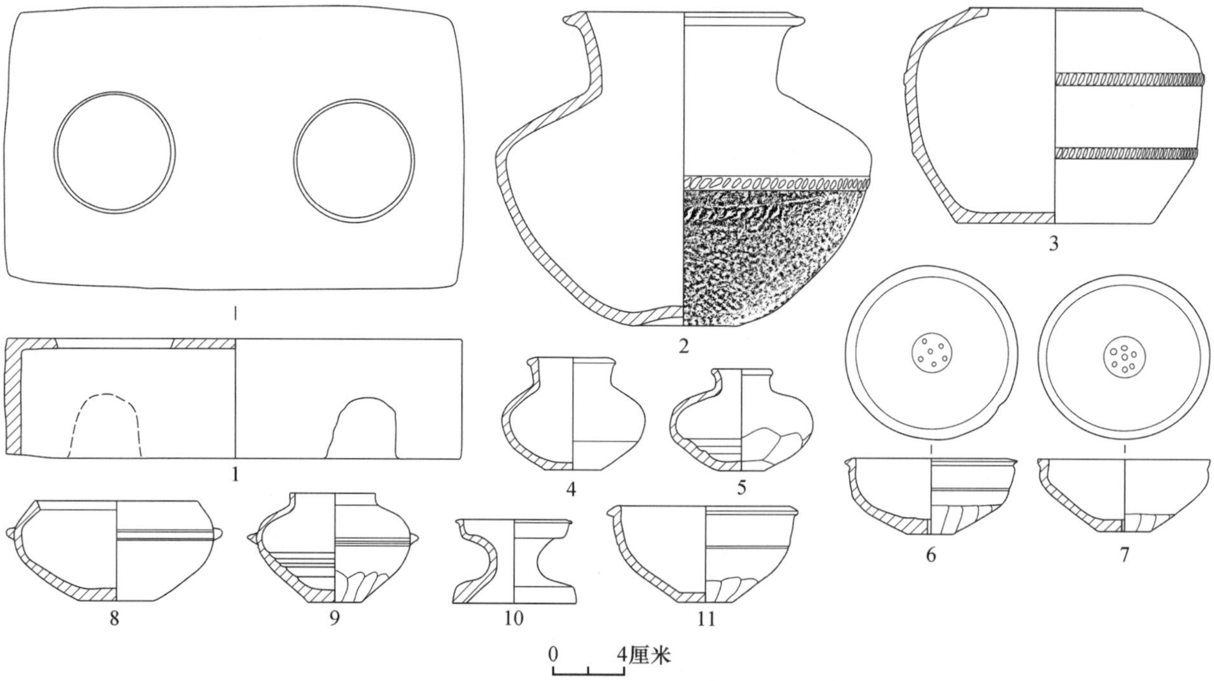

图130　2004CWPM137出土器物

1. 陶灶（M137：9）　2～5. 陶罐（M137：1、M137：8、M137：4、M137：5）　6、7. 陶甑（M137：2、M137：6）　8、9. 陶釜（M137：10、M137：7）　10. 陶器座（M137：11）　11. 陶钵（M137：3）

高6.2厘米（图130，4；图版84，6）。M137：5，泥质灰陶。直口微侈，短颈，圆肩，鼓腹，小平底。下腹部有切削痕迹。口径3.3、腹最大径7.9、底径2.5、高5.6厘米（图130，5；图版85，1）。

陶钵　1件。M137：3，泥质褐陶。敞口，三角形唇沿，尖唇，弧腹，小平底。腹部饰有一道凹弦纹，下腹部有切削痕迹。口径10.4、底径3、高5.3厘米（图130，11；图版72，2）。

陶釜　2件。M137：7，泥质灰陶。直口，方唇，圆肩，鼓腹，小平底，肩下附加一对实心泥凸。腹部饰两道弦纹，下腹部有切削痕迹。口径4.8、腹最大径8.5、底径3、高6.1厘米（图130，9；图版74，1）。M137：10，泥质褐陶。敛口，内斜平沿，鼓腹，小平底，肩部附加一对实心泥凸和两道弦纹。口径8.9、腹最大径11、底径4、高5.6厘米（图130，8；图版75，5）。

陶甑　2件。M137：2，泥质灰陶。直口微敛，三角形唇沿，尖唇，斜弧腹，小平底。底部有六个箅孔。腹部饰有两道凹弦纹，下腹部有切削痕迹。口径9.5、底径2.6，高4.3厘米（图130，6；图版61，1）。M137：6，泥质灰陶。直口微敛，平沿，尖唇，折腹，小平底。底部有七个箅孔。下腹部有切削痕迹。口径9.5、底径2.9、高4厘米（图130，7；图版61，2）。

陶器座　1件。M137：11，泥质褐陶。盘口，短柄，中空，束腰，喇叭形圈足。器座口径6.5、底径6.9、高4.7厘米（图130，10；图版78，1）。

34. 2004CWPM138

（1）墓葬概况

M138位于山包墓地东南部的2004CWPT1401东扩方内（图64）。墓向275°。

开口于第2层下，打破生土。未被盗扰。

竖穴土坑墓。墓口平面形状呈长方形。口大底略小，墓壁斜直内收，平底。在西壁设有一壁龛，上部已被破坏，仅存下半部分。墓口距现地表30厘米，长244～250、宽116～119、深80～103厘米；墓底距现地表110～133厘米，长221～227、宽110厘米。壁龛宽58～67、进深22～24、残高16、下边缘距墓底62厘米。

墓室四周有熟土二层台。二层台高40厘米，北二层台宽18、东二层台宽23～25、南二层台宽19、西二层台宽20厘米（图131；图版41，1）。

填土为红黄色五花土。发现1具人骨，保存状况较差。仰身直肢葬，头向西，面向上。女性，年龄30岁左右。在骨架周围发现有板灰痕迹，推测原应有棺。在壁龛内出土2件陶罐。

根据墓葬形制和出土物，推测其年代为西汉中晚期。

（2）出土器物

陶罐　2件。M138：1，泥质灰陶。侈口，平沿，圆唇，高领，束颈，圆肩，斜弧腹，平底。下腹部饰一周凹弦纹。口径11.6、腹最大径18.1、底径12.1、高15.2厘米（图132，1；图版97，1）。M138：2，泥质灰陶。直口微敞，三角形唇沿，尖圆唇，高领，束颈，圆肩，斜弧腹，平底。下腹部间饰绳纹。口径12.5、腹最大径21.8、底径12.7、高18.1厘米（图132，2；图版97，2）。

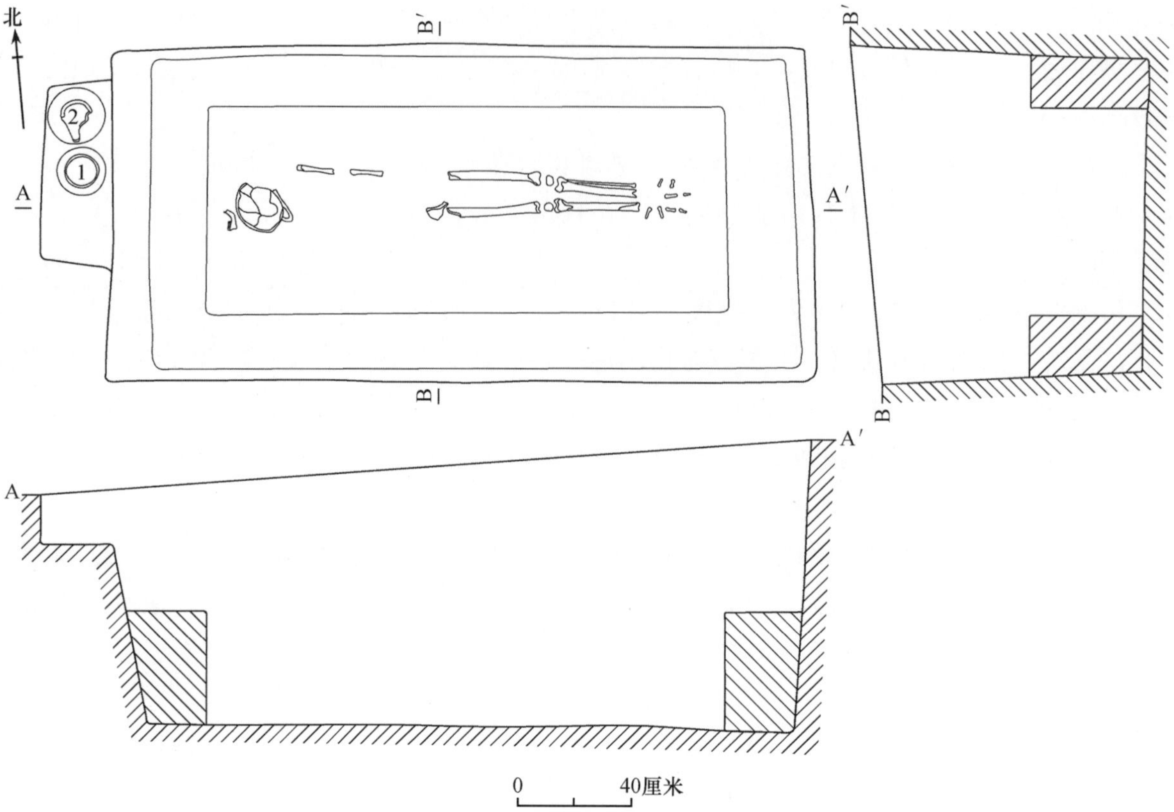

图131　2004CWPM138平、剖面图

1、2. 陶罐

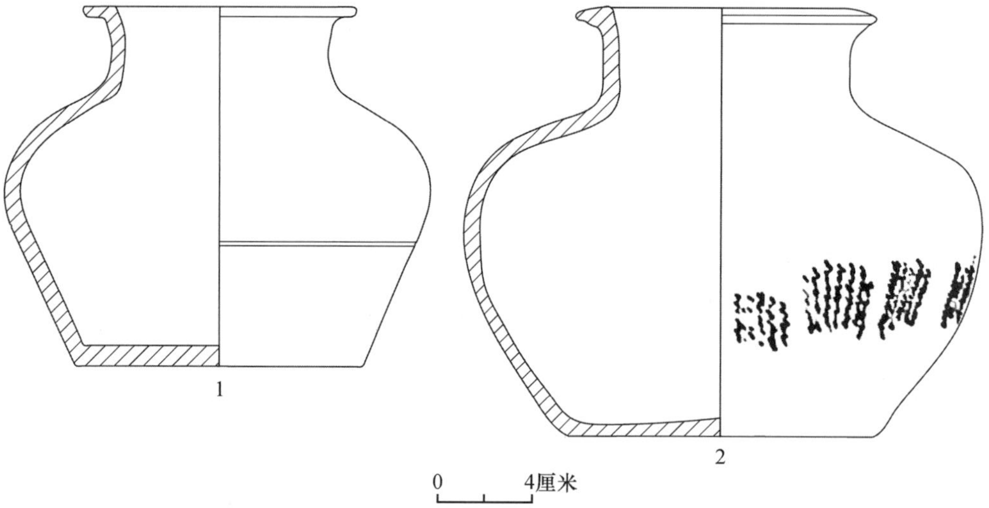

图132　2004CWPM138出土陶罐

1. M138：1　2. M138：2

35. 2004CWPM140

（1）墓葬概况

M140位于山包墓地北部的2004CWPT4107东南部（图64）。墓向99°。

开口于第2层下，打破生土，墓道被M147打破。被盗扰，墓室中部有一直径90厘米的圆形盗洞。

竖穴土坑墓。墓口平面形状呈凸字形。通长548厘米。墓道在东，墓室在西。由斜坡墓道和墓室两部分组成。

墓道前端被2004CWPM147打破。两侧壁斜直内收，现存部分底部近平。口部距现地表40厘米，残长233、宽75～131、深0～50厘米；底部距现地表40～90厘米，宽120～130厘米。

墓室平面形状大体呈长方形。整体上口大底略小，除北壁东段和西壁南段墓壁稍往外扩，其余部分墓壁斜直内收，平底，底部铺有石块。口部距现地表42厘米，长315、宽160～182、深50厘米；墓底距现地表90厘米，长305～310、宽160～171厘米（图133；图版41，2）。

填土为五花土。发现有棺木痕迹，具体情况不明。发现1具人骨痕迹，保存状况极差，仅存骨末。头向、面向、性别和年龄不明。在墓室东南部出土随葬品8件，有3枚五铢铜钱、2件陶罐、1件陶壶、1件陶釜和1件陶灶。

根据墓葬形制和出土物，推测其年代为东汉晚期。

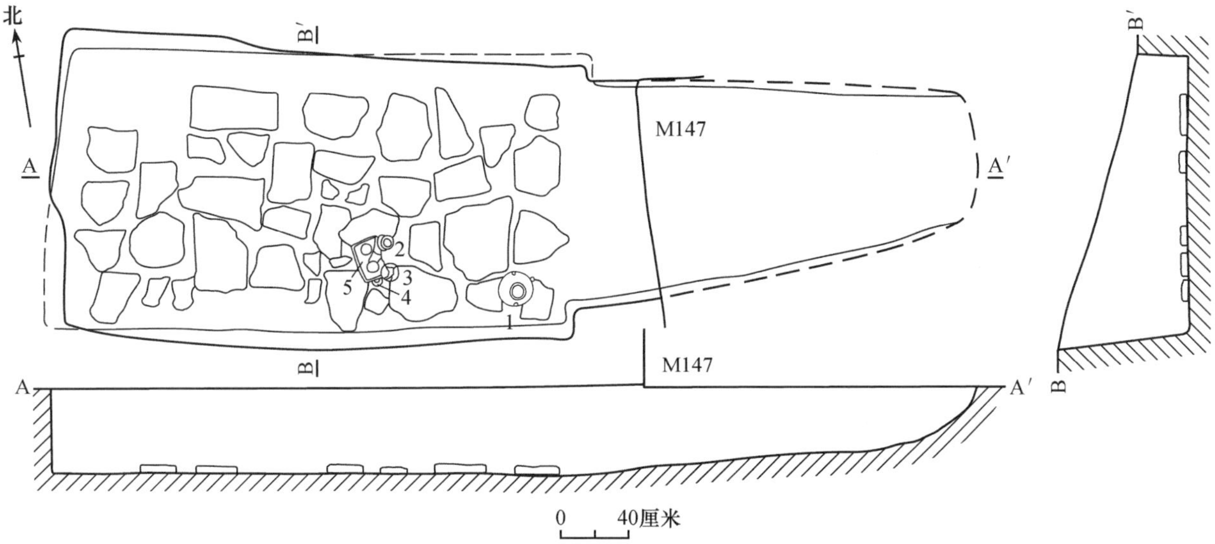

图133　2004CWPM140平、剖面图
1. 陶壶　2、4. 陶罐　3. 陶釜　5. 陶灶

（2）出土器物

该墓共出土8件器物，其中陶器5件以及3枚五铢铜钱。

陶灶　1件。M140：5，泥质灰陶。圆角长方形，单釜眼，单拱形火门悬置于一长侧边，并与釜眼相对。釜眼后方一侧有一圆形烟囱孔。长21.7、宽15.3、高6.9厘米（图134，1；图版58，5）。

陶壶　1件。M140：1，泥质灰陶。盘口，高领，束颈，圆肩，斜弧腹，圈足，平底，肩部有一对桥形耳。肩部饰四道凹弦纹。口径11、腹最大径19.8、底径9.9、高21.6厘米（图134，2；图版68，5）。

陶罐　2件，其中1件无法修复。M140：2，泥质灰陶。敞口，三角形唇沿，尖唇，高领，束颈，圆肩，圜底。肩部饰一周戳印纹，下腹部有切削痕迹。口径9.4、腹最大径10、高8.4厘米（图134，3；图版86，2）。

陶釜　1件。M140：3，泥质灰陶。口微侈，扁鼓腹，平底，肩部附加一对实心泥凸。下

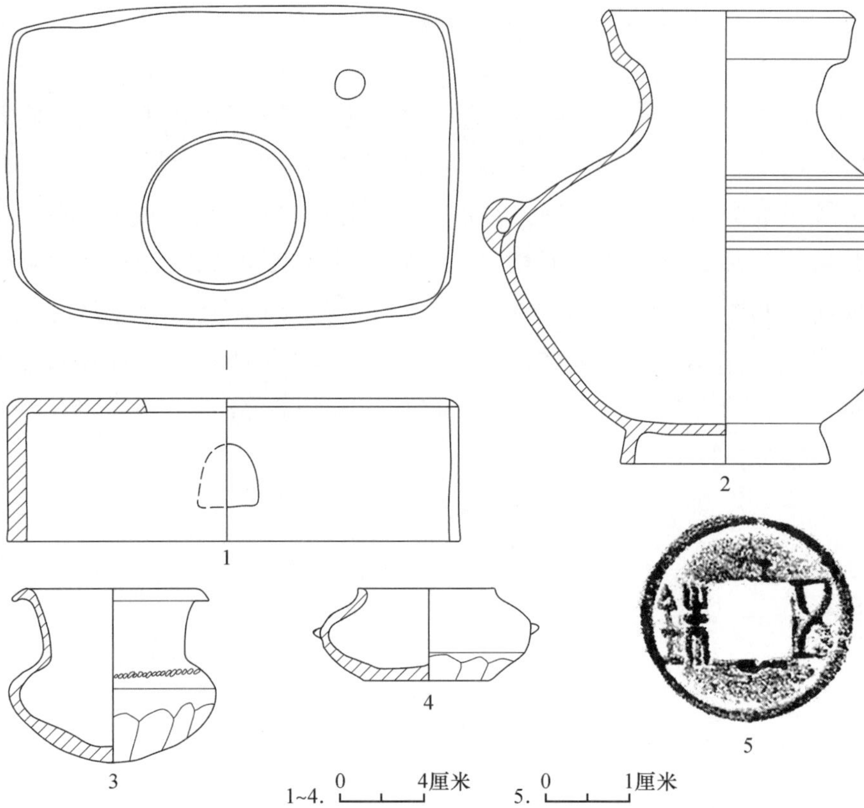

图134　2004CWPM140出土器物

1. 陶灶（M140：5）　2. 陶壶（M140：1）　3. 陶罐（M140：2）
4. 陶釜（M140：3）　5. 五铢铜钱（M140：6-1）拓片

腹部有切削痕迹。口径6.6、腹最大径9.8，底径5.9、高4.5厘米（图134，4；图版75，1）。

五铢铜钱　3枚。M140：6，共3枚。均圆形，有郭，篆体阳文“五铢”。M140：6-1，直径2.5厘米（图134，5；图版130，1、2）。

36. 2004CWPM141

（1）墓葬概况

M141位于山包墓地西北部的2004CWPT4007西部（图64）。墓向94°或274°。

开口于第2层下，打破生土。被盗扰，在墓室东部和西部各有一个直径80厘米的圆形盗洞。

竖穴土坑墓。墓口平面形状呈长方形。口大底略小，墓壁斜直内收，底部东高西低。墓口距现地表32～45厘米，长278、宽165、深13～106厘米；墓底距现地表58～110厘米，长267、宽150厘米（图135；图版41，3）。

填土为五花土。葬具和人骨情况不明。在墓室东北部和西北部出土10件器物，有4件陶罐、2件陶甑、1件陶釜、1件陶壶、1件陶灶和1件陶盒。另外，在东部盗洞内出土1件陶器座。

根据墓葬形制和出土物，推测其年代为东汉中期。

（2）出土器物

该墓共出土11件陶器。

陶盒　1件。M141：9，泥质灰陶。子母口，深直腹，圜底微凹，圈足。器盖与器身形制相同。器盖直口微敛。器盖与器耳腹部各饰有五道凹弦纹。盖口径16.2、器身口径13.2、圈足

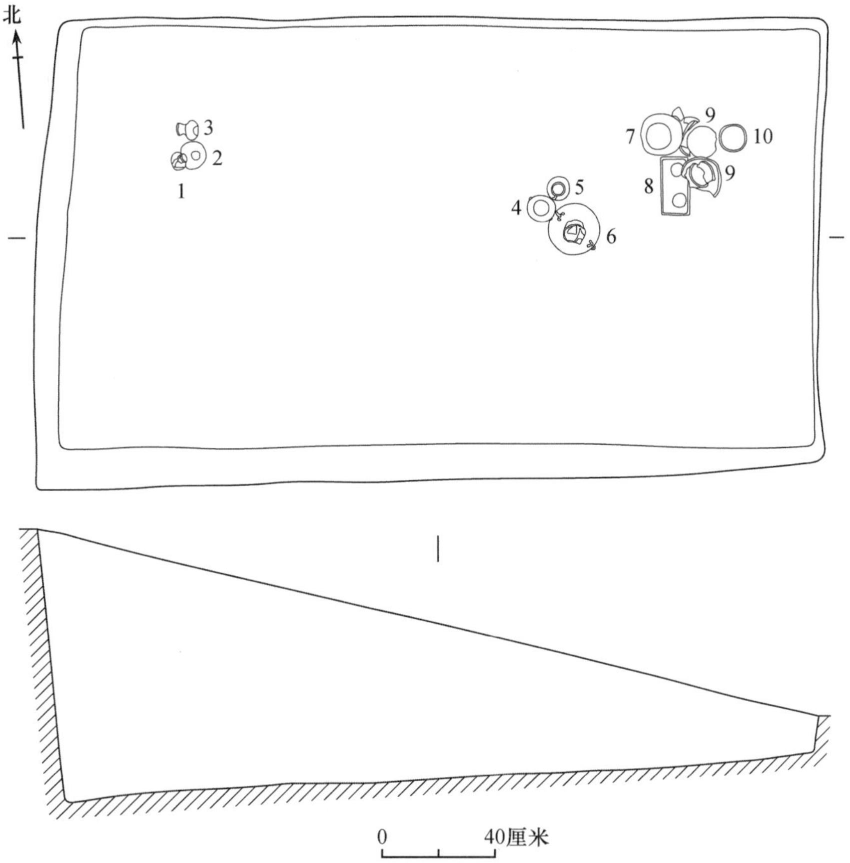

图135　2004CWPM141平、剖面图
1、3、5、7. 陶罐　2、10. 陶甑　4. 陶釜　6. 陶壶　8. 陶灶　9. 陶盒

径10.7、通高13.1厘米（图136，3；图版55，4）。

陶灶　1件。M141∶8，泥质灰陶。平面呈圆角长方形，双釜眼，双拱形火门位于一长侧边，并与釜眼相对。两釜眼后方中间有一个圆形烟囱孔。灶身素面。长23.2、宽12.8、高5.8厘米（图136，1；图版59，2）。

陶壶　1件。M141∶6，泥质灰陶。盘口，方唇，高领，束颈，扁鼓腹，圈足。肩部饰两个对称铺首。肩部及腹部各饰三道凹弦纹。口径12、腹最大径16.6、底径12、高20.1厘米（图136，2；图版67，6）。

陶罐　4件。M141∶7，泥质灰陶。敛口，斜方唇，圆肩，上腹较直，下腹斜收，平底。腹部上部与下部饰两道戳印附加堆纹。口径7.8、腹最大径15.7、底径10.8、高11.5厘米（图136，6；图版96，6）。M141∶1，泥质灰陶。小直口微敛，圆肩，鼓腹，小平底，有盖。下腹部有切削痕迹。口径5.4、腹最大径8.4、底径3.8、通高7.2厘米（图136，4；图版81，1）。M141∶5，泥质灰陶。敞口，斜平沿，圆唇，高领，束颈，圆肩，鼓腹，平底。下腹处有切削痕迹。口径5.3、腹最大径8.3、底径3.5、高7厘米（图136，5；图版86，4）。M141∶3，泥质灰陶。敞口，斜平沿，圆唇，高领，束颈，圆肩，鼓腹，平底。下腹部有切削痕迹。口径5.3、腹最大径7.3、底径3.8、高6.1厘米（图136，9；图版86，3）。

陶釜　1件。M141∶4，泥质灰陶。小直口微敞，圆肩，鼓腹，小平底。肩下附加一对实心泥凸和一道凹弦纹，下腹部有切削痕迹。口径5.3、腹最大径8.4、底径3.4、高5.1厘米

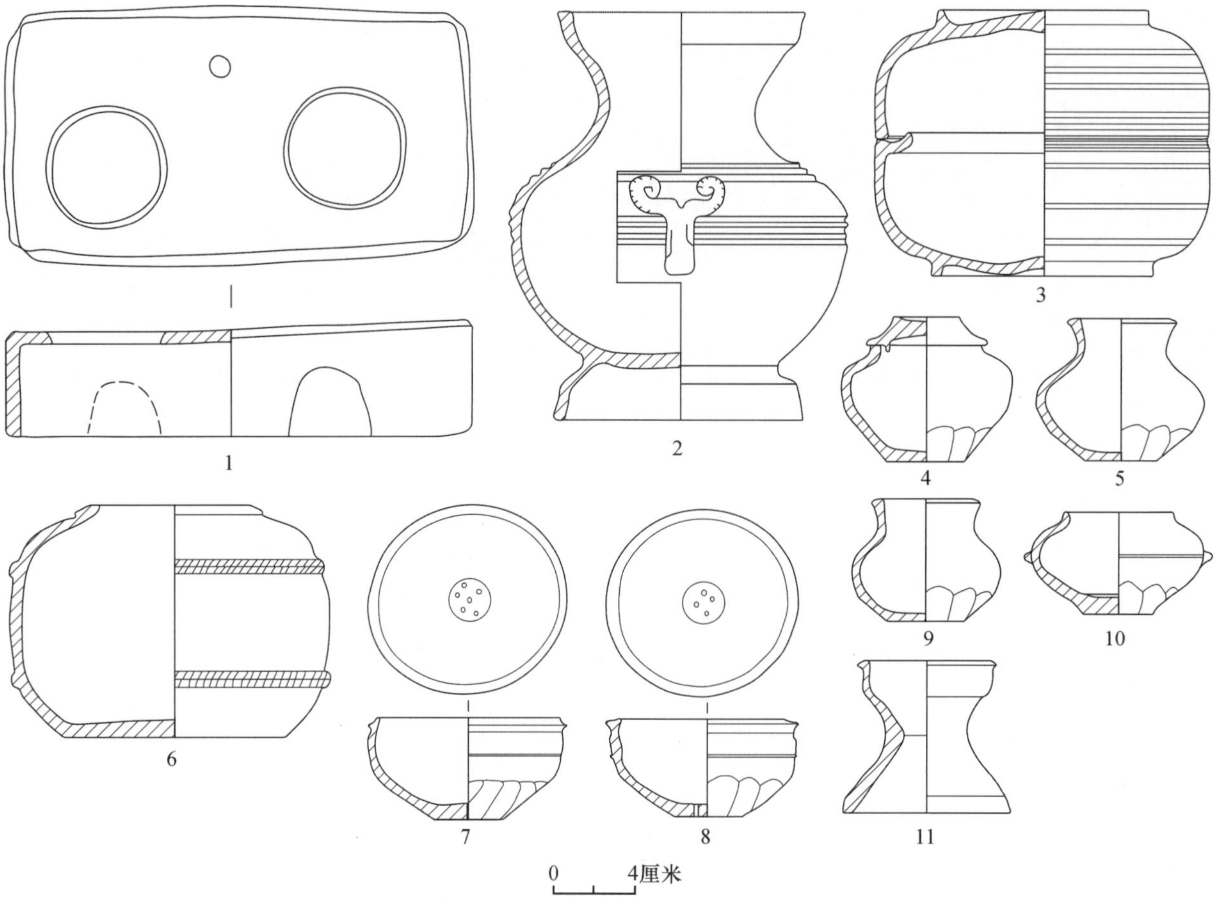

图136　2004CWPM141出土陶器

1. 陶灶（M141：8）　2. 陶壶（M141：6）　3. 陶盒（M141：9）　4～6、9. 陶罐（M141：1、M141：5、M141：7、M141：3）　7、8. 陶甑（M141：2、M141：10）　10. 陶釜（M141：4）　11. 陶器座（M141D1：01）

（图136，10；图版74，2）。

陶甑　2件。M141：2，泥质灰陶。敛口，三角形唇沿，尖唇，斜弧腹，平底，底部有六个箅孔。腹部有一道凹弦纹，下腹部有切削痕迹。口径9、底径3.5、高5.1厘米（图136，7；图版61，3）。M141：10，夹砂灰陶。直口微敛，三角形唇沿，尖唇，斜弧腹，小平底，底部有四个箅孔。腹部中部饰有一道凸弦纹，下腹部有切削痕迹。口径9.3、底径3.3、高4.9厘米（图136，8；图版62，1）。

陶器座　1件。M141D1：01，泥质灰陶。直口，三角形唇沿，圆唇，束腰，喇叭形圈足，中空。口径6.7、底径8.2、高7.5厘米（图136，11；图版78，2）。

37. 2004CWPM144

（1）墓葬概况

M144位于山包墓地中部偏东的2004CWPT1302北部（图64）。墓向289°。

开口于第2层下，打破生土，被M142打破。被盗扰，在墓室西南有一个直径80厘米的圆形盗洞，在墓室南部有一个直径75厘米的圆形盗洞。

竖穴土坑墓。墓口平面形状呈长方形。口大底略小，墓壁斜直内收，平底。墓口距现地表36～43厘米，长336、宽194～210、深260～421厘米；墓底距现地表296～457厘米，长324、宽

184～194厘米（图137）。

填土为黄、灰相间的五花土。未发现葬具。发现1具人骨痕迹。头向西，葬式、面向、性别和年龄不明。

在盗洞中出土3件陶器，有2件陶豆和1件陶壶。

根据墓葬形制和出土物，推测其年代为西汉中晚期。

（2）出土器物

该墓共出土3件陶器。

陶壶 1件。M144：01，泥质灰陶。敞口，束颈，鼓腹，圜底，圈足。有盖，上有三个实心扁纽。颈部和腹部饰五道凹弦纹。口径10.6、腹最大径16.1、底径9.8、通高22厘米（图138，1；图版69，3）。

陶豆 2件。M144：02，泥质褐陶。敞口，浅盘，细柄，喇叭形圈足。素面。口径15.5、底径8、高12.6厘米（图138，2；图版57，1）。M144：03，泥质褐陶。敞口，浅盘，细柄，中部微鼓，喇叭形圈足。素面。口径12.1、底径9、高10.9厘米（图138，3；图版57，2）。

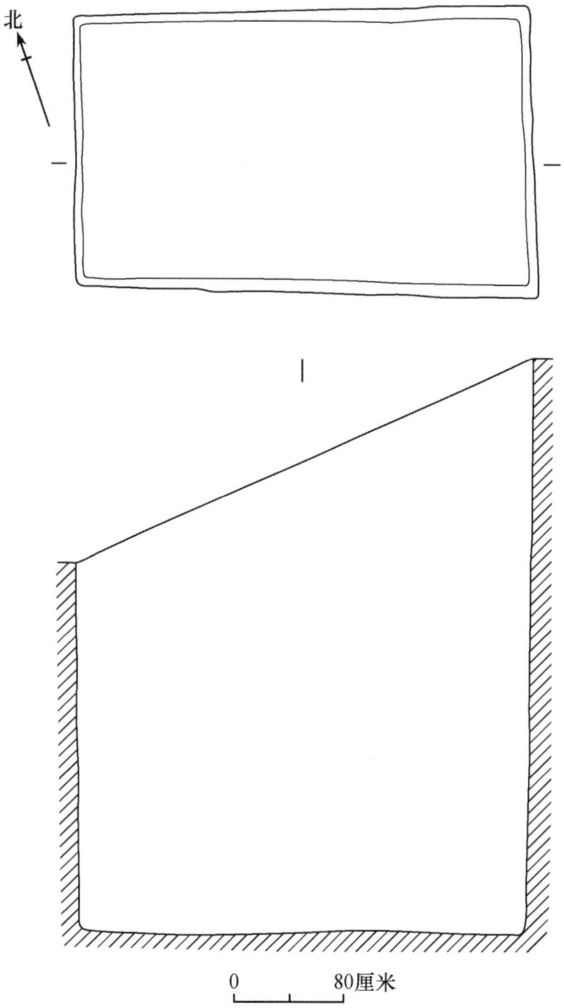

图137 2004CWPM144平、剖面图

38. 2004CWPM145

（1）墓葬概况

M145位于山包墓地东南部2004CWPT1401西南角，大部分延伸至探方南壁外（图64）。墓向273°。

开口于第2层下，打破生土。未被盗扰。

竖穴土坑墓。墓口平面形状呈长方形。口大底略小，四壁斜直稍内收，东壁在距墓口32厘米处有一宽8厘米的平台，平底。在西壁设有一壁龛，其上部被破坏。墓口距现地表28～34厘米，长256、宽116～121、深98～103厘米；墓底距现地表126～137厘米，长215、宽81厘米。壁龛最宽70、进深36、残高39、下部距墓底59厘米。墓室四周有生土二层台。北二层台高37、宽18厘米；东二层台高34、宽9厘米；南二层台高51、宽17厘米；西二层台高40、宽8厘米（图139；图版41，4）。

填土为红、黑相间的五花土。发现有板灰痕迹，推测原应有棺。发现1具人骨，保存状况一般。仰身直肢，头向西，面向左。为一成年男性。

在壁龛内出土2件陶罐和1件漆器（图版42，1）。漆器仅能辨识出圆形髹红漆，无法辨认出器形。

根据墓葬形制和出土物，推测其年代为西汉早期。

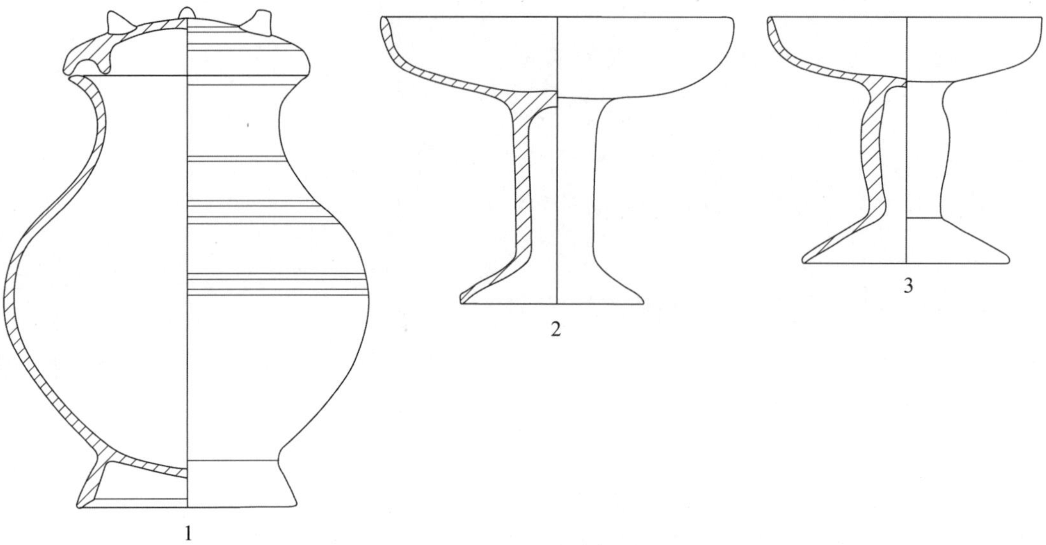

图138　2004CWPM144出土陶器

1. 壶（M144：01）　2、3. 豆（M144：02、M144：03）

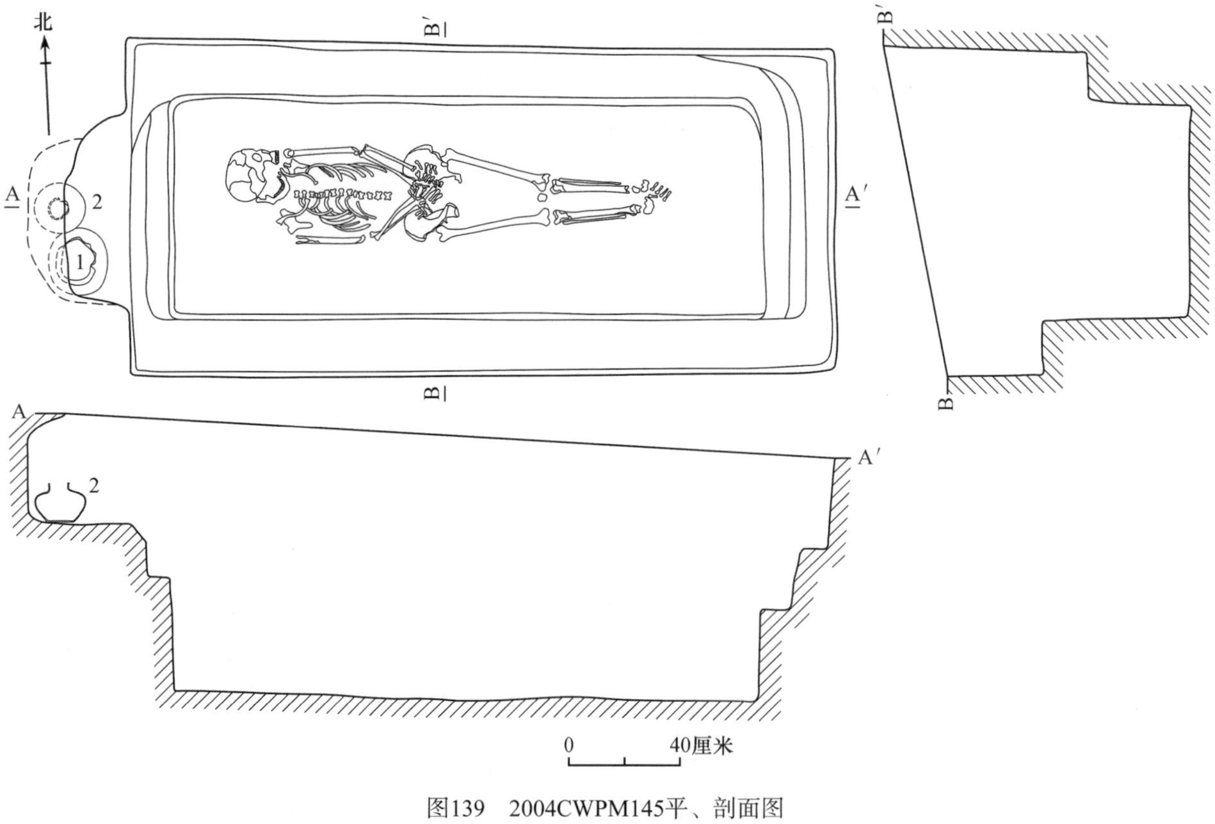

图139　2004CWPM145平、剖面图

1、2. 陶罐

（2）出土器物

该墓共出土3件器物，包括2件陶罐和1件漆器，其中1件陶罐和漆器无法修复。

陶罐　2件。其中1件无法修复。M145：2，泥质灰陶。侈口，圆尖唇，高领，束颈，圆肩，球鼓腹，小平底。下腹部饰绳纹。口径14、腹最大径22.1、底径5.8、高17.1厘米（图140；图版91，5）。

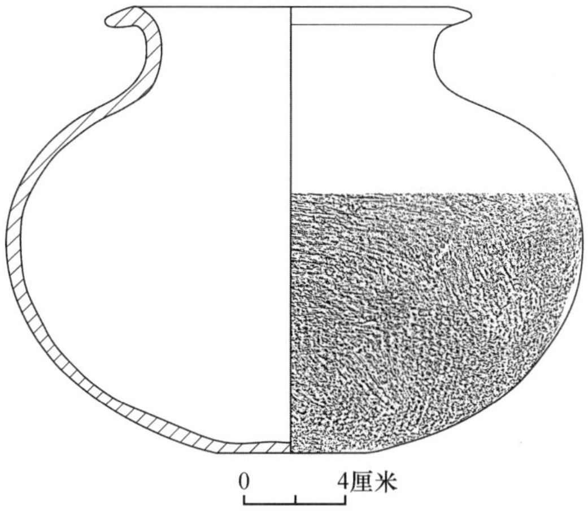

图140　2004CWPM145出土陶罐（M145：2）

39. 2004CWPM146

（1）墓葬概况

M146位于山包墓地东部的2004T1303西南部（图64）。墓向104°。

开口于第2层下，打破生土。被盗扰，墓室西南角有一个直径70厘米的圆形盗洞。

竖穴土坑墓。墓口平面形状呈长方形。东、西壁斜直稍往外扩，南壁斜直内收，北壁不直，稍往内收，平底。在西壁设有一圆角方形壁龛。墓口距现地表41厘米，长236、宽141、深228～241厘米；墓底距现地表275厘米，长262、宽118～141厘米；壁龛宽32、进深40、高41、下部距墓底94厘米（图141；图版43，1）。

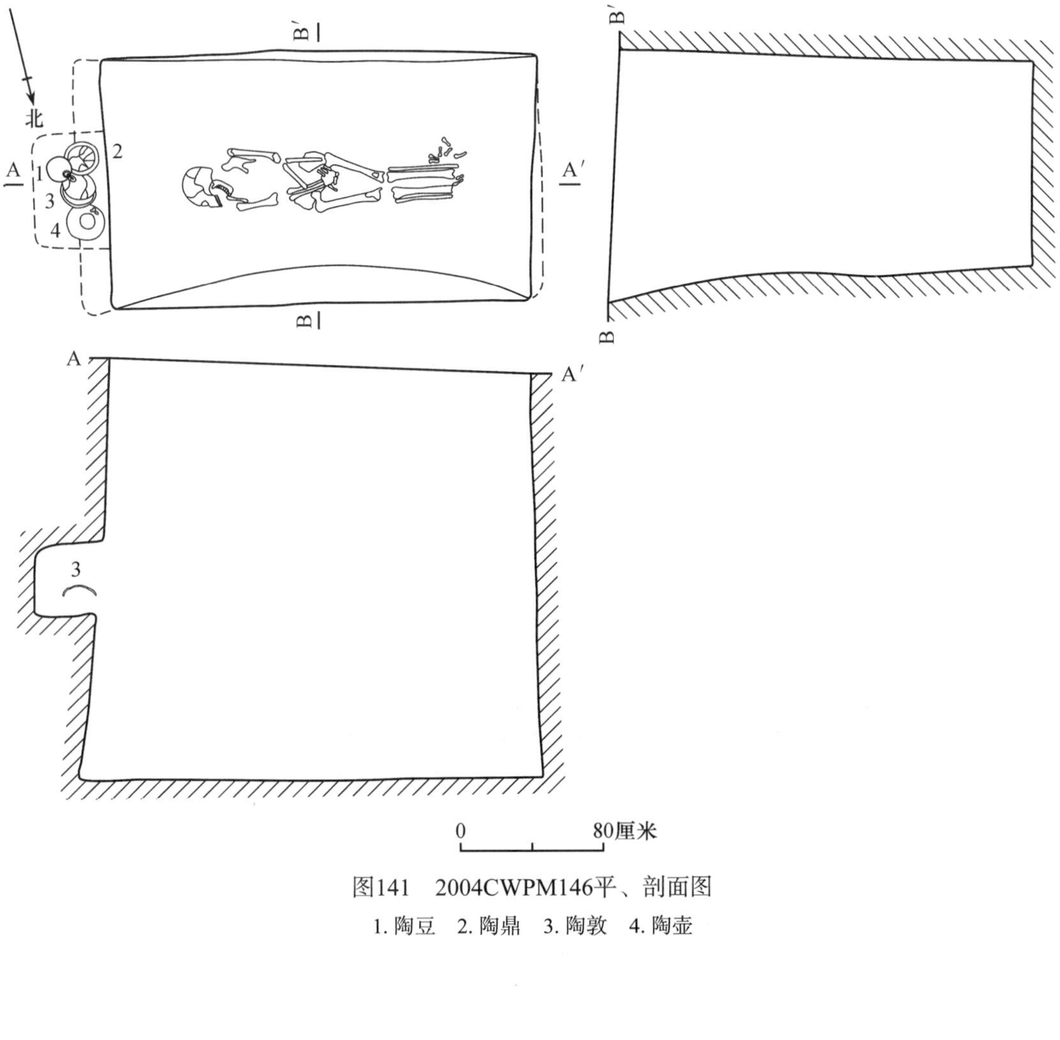

图141　2004CWPM146平、剖面图

1. 陶豆　2. 陶鼎　3. 陶敦　4. 陶壶

填土为黄、白、灰相杂的五花土。发现1具人骨，保存状况一般。仰身直肢葬，头向东，面向右，性别和年龄不明。骨架周围可见板灰痕迹，推测原应有葬具。在壁龛内随葬品4件陶器，陶豆、陶鼎、陶敦和陶壶各1件（图版42，2）。

根据墓葬形制和出土物，推测其年代为西汉初期。但因该墓出土有战国时期楚式仿铜陶敦，故其年代可能早至战国晚期。

（2）出土器物

该墓共出土4件陶器。

陶鼎　1件。M146：2，泥质灰陶。子母口，鼓腹，圜底，三蹄形足。有一对长方形附耳，中有长方形孔。有浅盘形盖，上有三个“S”形纽。盖与腹各饰有一道凹弦纹。口径13.6、腹径17.7、通高15.9厘米（图142，3；图版53，1）。

陶敦　1件。M146：3，泥质灰陶。敞口，平沿，方唇，盖与器身为上下对称的两部分，上下各有三个“S”形纽。盖与腹各饰有两道凹弦纹。口径22.6、通高24.4厘米（图142，1；图版54，6）。

陶豆　1件。M146：1，泥质灰陶。敞口，浅盘，细柄微鼓，喇叭形圈足。素面。口径15.1、底径8.7、高11.6厘米（图142，4；图版57，3）。

陶壶　1件。M146：4，泥质灰陶。敞口，方唇，高领，束颈，圆肩，鼓腹，圜底，圈足，肩部有两个对称铺首。颈部、肩部及腹部饰四道凹弦纹。口径11.1、腹最大径17.4、底径11、高24.3厘米（图142，2；图版66，4）。

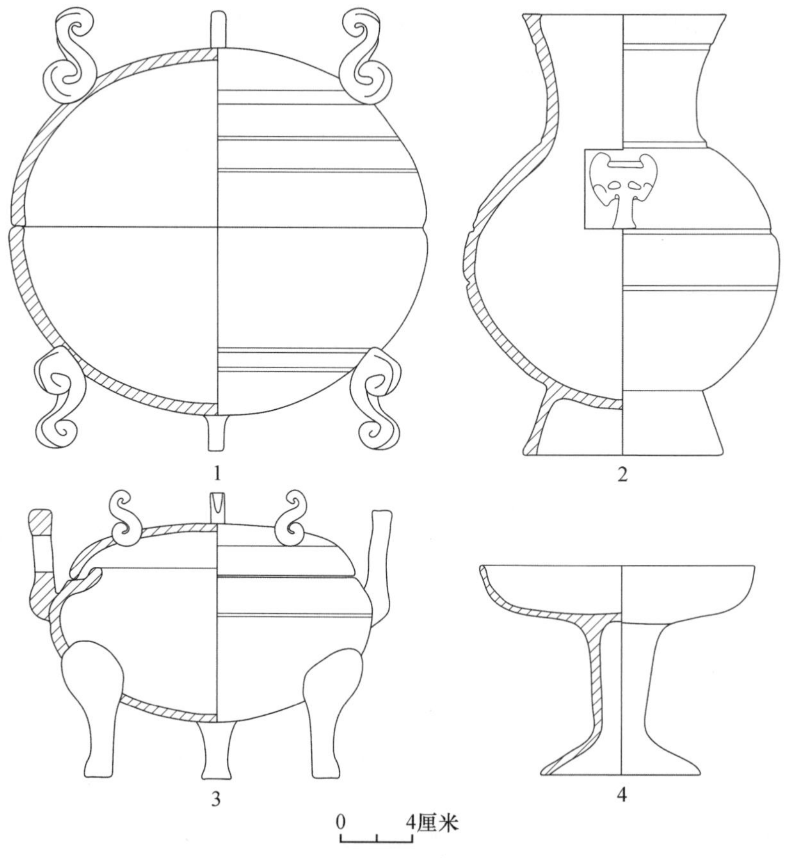

图142　2004CWPM146出土陶器

1. 敦（M146：3）　2. 壶（M146：4）　3. 鼎（M146：2）　4. 豆（M146：1）

40. 2004CWPM147

（1）墓葬概况

M147位于山包墓地西北部的2004CWPT4107东南部，部分延伸至探方外（图64）。墓向276°。

开口于第2层下，打破M140和生土。被盗扰，墓室南部有一个圆形盗洞。

竖穴土坑墓。墓口平面形状呈长方形。大体上口大底略小，除西壁南段墓壁稍往外扩外，其余墓壁均斜直内收，平底。墓底出土较多石块，推测墓底应铺有石块。墓口距现地表44～49厘米，长300～312、宽232～240、深60～102厘米；墓底距现地表145厘米，长300、宽225厘米（图143）。

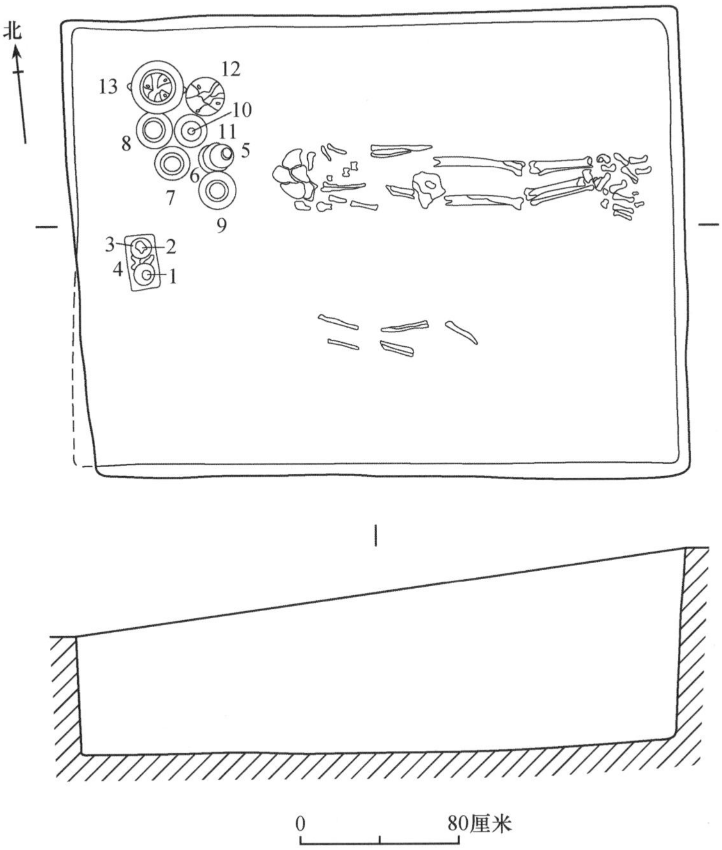

图143　2004CWPM147平、剖面图

1～3、5～11. 陶罐　4. 陶灶　12. 陶鼎　13. 陶壶

填土为黄、白、灰相杂的五花土。发现2具人骨，保存状况较差。北侧人骨仰身直肢，头向西，面向、性别和年龄不明。南侧人骨仅存部分肢骨，头向西，葬式、面向、性别和年龄不明。推测可能为夫妻合葬墓。骨架周围可见板灰痕迹，推测原应有葬具。

在墓室西北部出土15件器物，有1件铜帽饰、11件陶罐、1件陶灶、1件陶鼎和1件陶壶。

根据墓葬形制和出土物，推测其年代为东汉晚期。

（2）出土器物

该墓共出土15件器物，其中陶器14件及1件铜帽饰。

陶鼎　1件。M147：12，泥质灰陶。子母口，浅鼓腹，圜底，三兽形足。有一对长方形附耳，中间有长方形孔。有浅盘形盖，弧腹，上有三个耳纽。腹部饰凹弦纹与凸弦纹各一周。口径16.4、腹径19.3、高16.5厘米（图144，7；图版53，6）。

陶灶　1件。M147：4，泥质灰陶。平面呈长方形，双釜眼，双半圆拱形火门位于一长侧边，并与釜眼相对。两釜眼后方中间有一圆形烟囱孔。灶身素面。长24.9、宽16.9、高7.7厘米（图144，1；图版59，3）。

陶壶　1件。M147：13，泥质灰陶。口部残。高领，束颈，折肩，深弧腹，平底，圈足。肩部饰一对衔环耳，环朝上，并紧贴器表。颈部饰四道凹弦纹，肩部、腹部各饰一道凹弦纹。底径15.8、腹最大径30.1、残高28.1厘米（图144，2；图版68，6）。

陶罐　11件，其中2件无法修复。M147：1，泥质灰陶。小直口微侈，扁鼓腹，平底。下腹部有切削痕迹。口径4.5、腹最大径8.6、底径5、高4.7厘米（图144，3；图版81，5）。M147：10，泥质灰陶。小直口微侈，扁鼓腹，平底。下腹部有切削痕迹。口径5.6、腹最大径

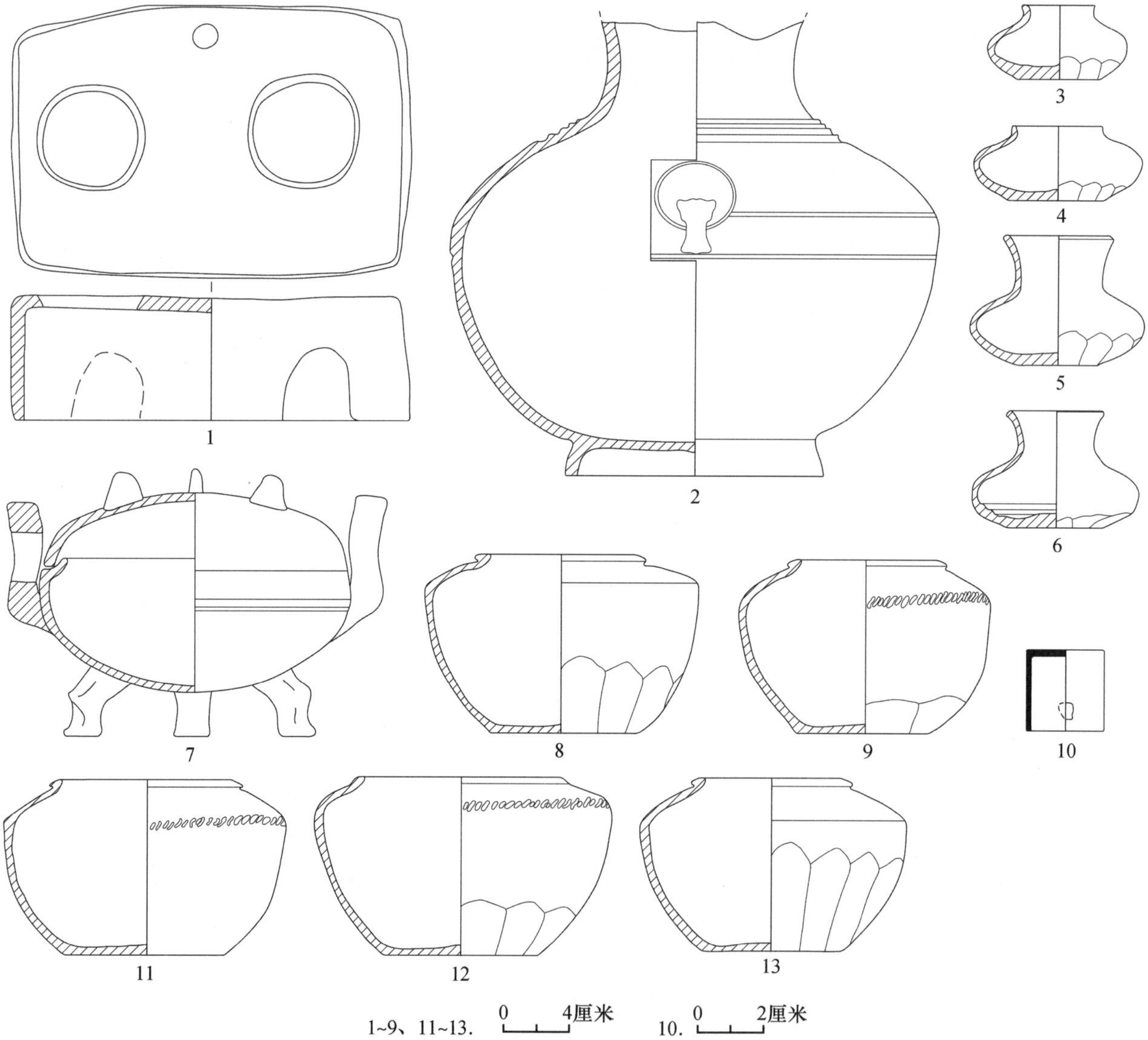

图144　2004CWPM147出土器物

1. 陶灶（M147：4）　2. 陶壶（M147：13）　3～6、8、9、11～13. 陶罐（M147：1、M147：10、M147：5、M147：14、M147：6、M147：7、M147：8、M147：9、M147：11）　7. 陶鼎（M147：12）　10. 铜帽饰（M147：15）

10.4、底径5.8、高4.6厘米（图144，4；图版81，6）。M147：5，泥质灰陶。敞口，高领，束颈，扁鼓腹，平底。下腹部有切削痕迹。口径6.8、腹最大径10.8、底径4.8、高8.1厘米（图144，5；图版87，4）。M147：14，泥质灰陶。敞口，斜方唇，高领，束颈，扁鼓腹，平底。下腹部有切削痕迹。口径6、腹最大径10.3、底径5.8、高7.3厘米（图144，6；图版87，5）。M147：6，泥质灰陶。敛口，斜平沿，折肩，斜弧腹，平底。下腹部有切削痕迹。口径10.1、肩径16.9、底径8.9、高11.1厘米（图144，8；图版95，1）。M147：7，泥质褐陶。敛口，斜平沿，微折肩，斜弧腹，平底。肩部饰一周戳印纹，下腹部有切削痕迹。口径9.7、肩径15.5、底径8、高10.7厘米（图144，9；图版95，2）。M147：8，泥质灰陶。敛口，斜平沿，微折肩，斜弧腹，平底。肩部饰一周戳印纹。口径11.9、肩径17.5、底径9.8、高10.9厘米（图144，11；图版95，3）。M147：9，泥质灰陶。敛口，斜平沿，微折肩，斜弧腹，平底。肩部饰一周戳印纹，下腹部有切削痕迹。口径13.4、肩径18.6、底径9.5、高11.1厘米（图144，12；图版95，4）。M147：11，泥质灰陶。敛口，斜平沿，微折肩，斜弧腹，平底。下腹部有切削痕迹。口径9.9、肩径16.5、底径8.4、高10.7厘米（图144，13；图版95，5）。

铜帽饰　1件。M147：15，铜帽。圆筒状，中空，外壁有一小孔。口径2.5、高2.6厘米（图144，10；图版115，5）。

41. 2004CWPM148

（1）墓葬概况

M148位于山包墓地东南部的2004CWPT1303西南角，部分延伸至探方西壁外（图64）。墓向287°。

开口于第2层下，打破生土。被盗扰，在墓室西部有一个直径100厘米的圆形盗洞。盗洞位于墓主头部上方，并挖穿墓底。在盗洞内还发现有短蜡烛头，应为盗墓者在盗墓时使用的。

竖穴土坑墓。墓口平面形状呈长方形。东壁、西壁和北壁斜直内收，南壁稍往外扩，平底。并在西壁设有一壁龛。墓口距现地表33～39厘米，长336～362、宽183、深258～266厘米；墓底距现地表296厘米，长305～331、宽130～176厘米；壁龛宽60、进深51、高27～43、下部距墓底88厘米。

墓底北壁和南壁中段有梯形生土二层台。北二层台长145～160、宽15、高41厘米；南二层台长158～180、宽19、高39厘米（图145）。

填土为红黑色五花土。墓底发现有少量板灰痕迹，推测原应有葬具。发现1具人骨，保存状况极差，仅存少量肢骨。头向西，葬式、面向，性别和年龄不明。墓室应经盗墓者翻动盗扰过。在壁龛内随葬3件陶器，陶鼎、陶壶和陶敦各1件。

根据墓葬形制和出土物，推测其年代为西汉早期。

（2）出土器物

该墓共出土3件陶器。

陶鼎　1件。M148：1，泥质灰陶。子母口，深鼓腹，圜底，三蹄形足。有一对长方形附耳，中间有长方形孔。有浅盘形盖，上有三个“S”形纽。腹部有一道折棱，盖上饰两道凹弦纹。口径 14、腹径17.9、通高16.9厘米（图146，3；图版53，2）。

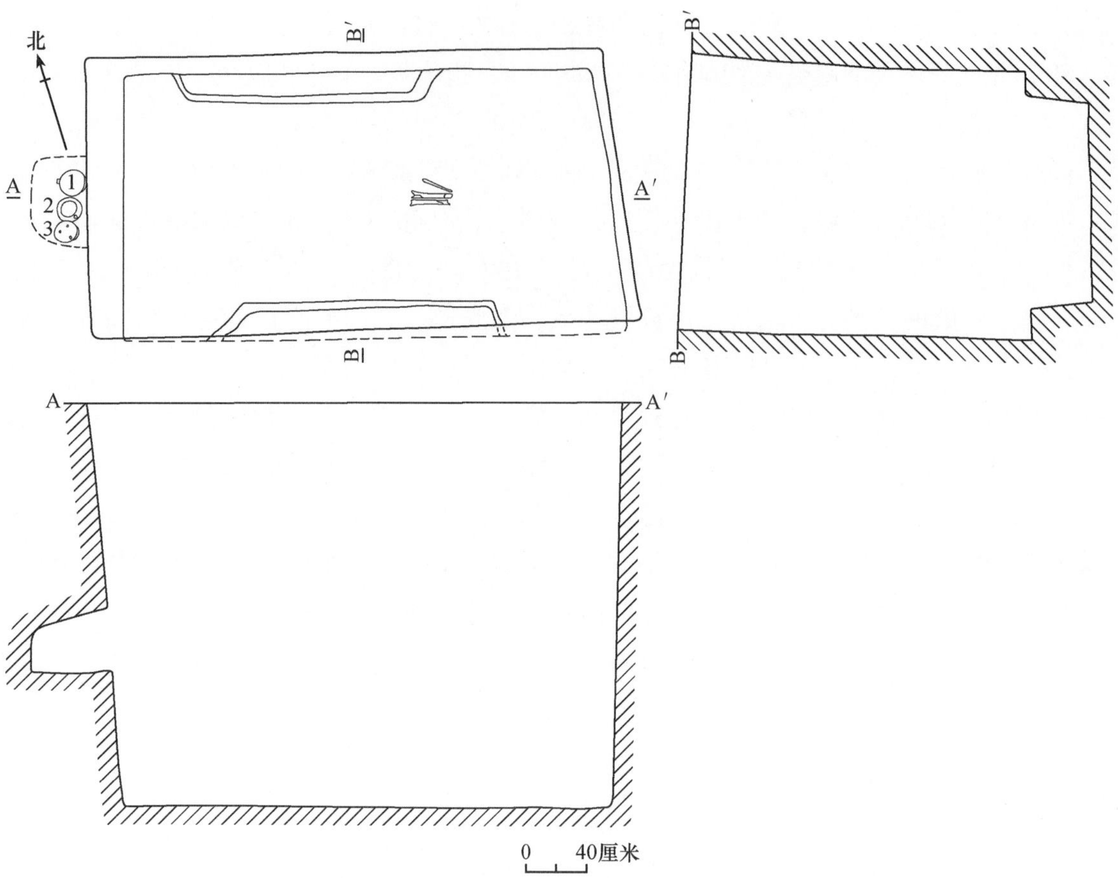

图145　2004CWPM148平、剖面图

1. 陶鼎　2. 陶壶　3. 陶敦

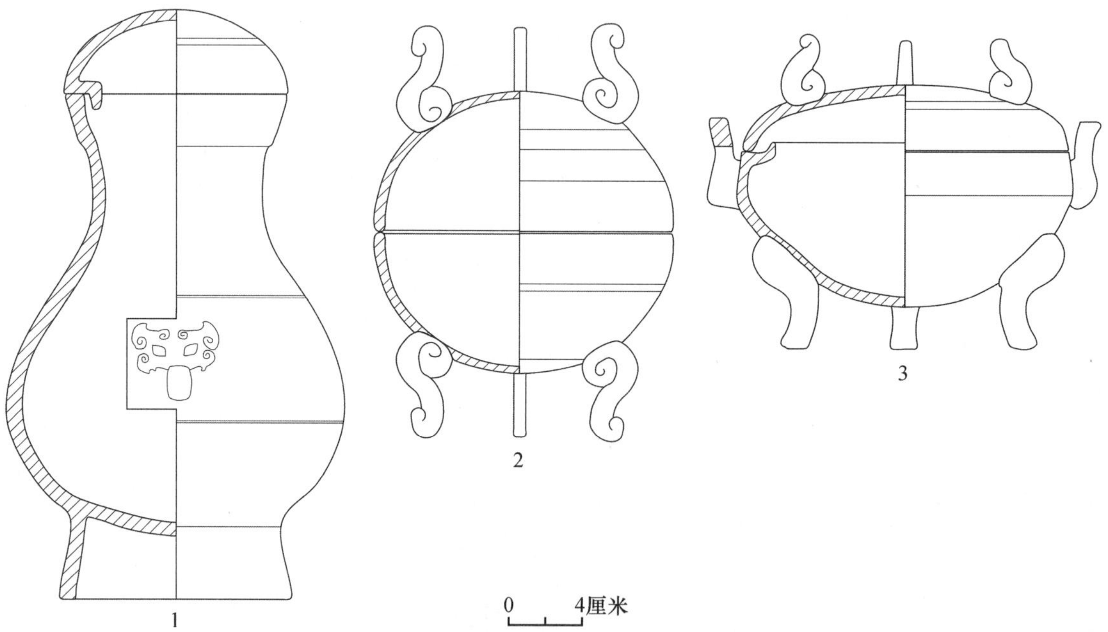

图146　2004CWPM148出土陶器

1. 壶（M148：2）　2. 敦（M148：3）　3. 鼎（M148：1）

陶敦　1件。M148：3，泥质灰陶。敞口，弧腹，圜底。盖与器对称。盖上与器身各有三个“S”形纽。腹部饰有两道凹弦纹，盖上饰有三道凹弦纹。口径 16.4、通高22.4厘米（图146，2；图版55，1）。

陶壶　1件。M148：2，泥质灰陶。盘口，高领，束颈，鼓腹，圜底，圈足。肩部有一对铺首。有盖，盖纽残。腹部有两道凹弦纹，盖上饰两道弦纹。口径11.8、腹最大径18.3、底径12.5、通高31.6厘米（图146，1；图版67，3）。

42. 2004CWPM149

（1）墓葬概况

M149位于山包墓地东南部的2004CWPT1302东部，小部分延伸至2003CWPT1402内（图64）。墓向96°。

开口于第2层下，打破生土。未被盗扰。

竖穴土坑墓。墓口平面形状呈长方形。口大底小，四壁斜直内收，平底。在东壁设有一圆角方形壁龛。墓口距现地表28～30厘米，长245、宽124、深150～158厘米；墓底距现地表178厘米，长222、宽100厘米；壁龛宽60、进深30、高24、下部距墓底65厘米（图147）。

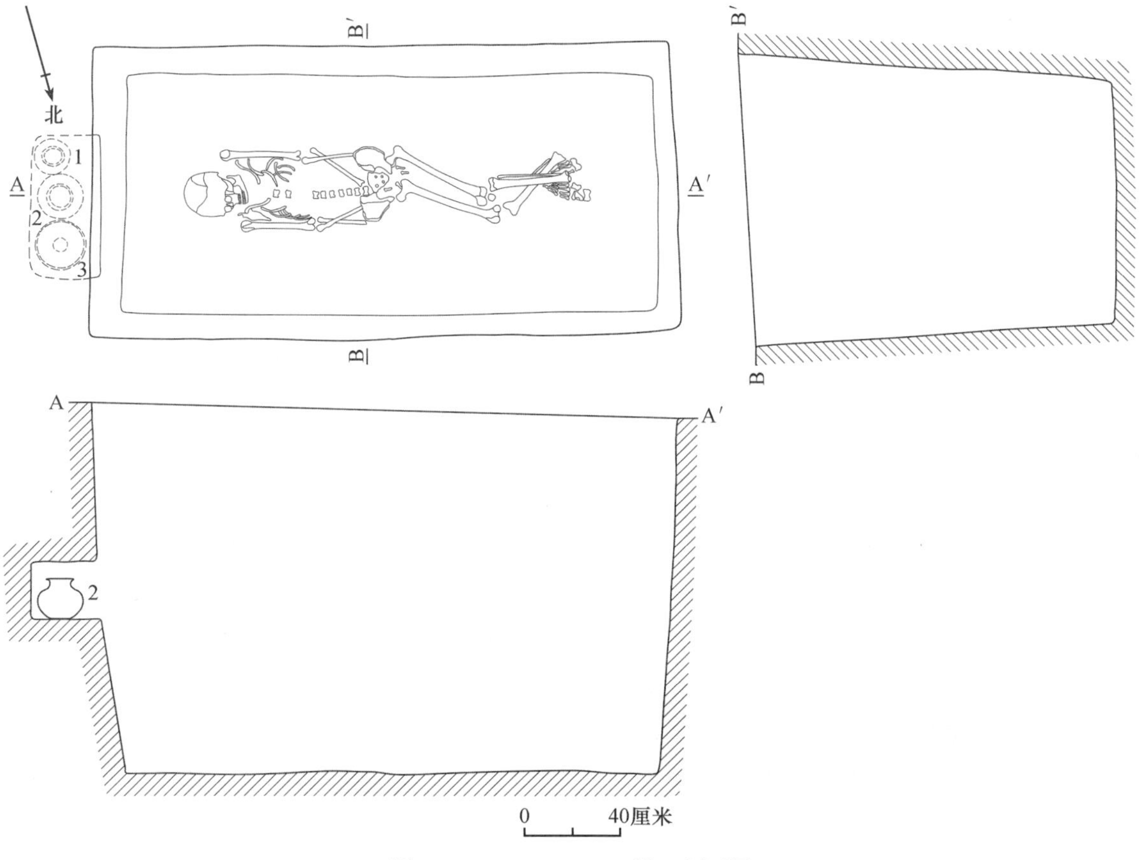

图147　2004CWPM149平、剖面图
1、2. 陶罐　3. 陶盆

填土为红黑色五花土。墓底发现有少量板灰痕迹，推测原应有葬具。发现1具人骨，保存状况较好。仰身，下肢微屈，头向东南，面向右双手置于腹部，双脚交叉，初步推断为一成年男性。在壁龛内随葬3件陶器，2件陶罐和1件陶盆。

根据墓葬形制和出土物，推测其年代为西汉中晚期。

（2）出土器物

该墓共出土3件陶器。

陶罐　2件。M149：1，夹细砂灰陶。直口，折沿，圆唇，高领，鼓腹，微凹底。肩部饰四道弦纹，腹部及底部饰交错绳纹。口径11.8、腹最大径17.2、底径7、高15.3厘米（图148，1；图版91，3）。M149：2，夹细砂灰陶。直口微侈，折沿，尖唇，高领，球腹，小凹底。颈部饰一道弦纹，肩部及腹部饰四道弦纹，肩部以下及底部饰绳纹。口径12.2、腹最大径18.7、底径7.8、高16.6厘米（图148，2；图版91，4）。

陶盆　1件。M149：3，泥质褐陶。敛口，卷沿，尖圆唇，束颈，浅弧腹，小凹底。腹部及底部饰绳纹。口径18.4、底径6.9、高9.6厘米（图148，3；图版69，6）。

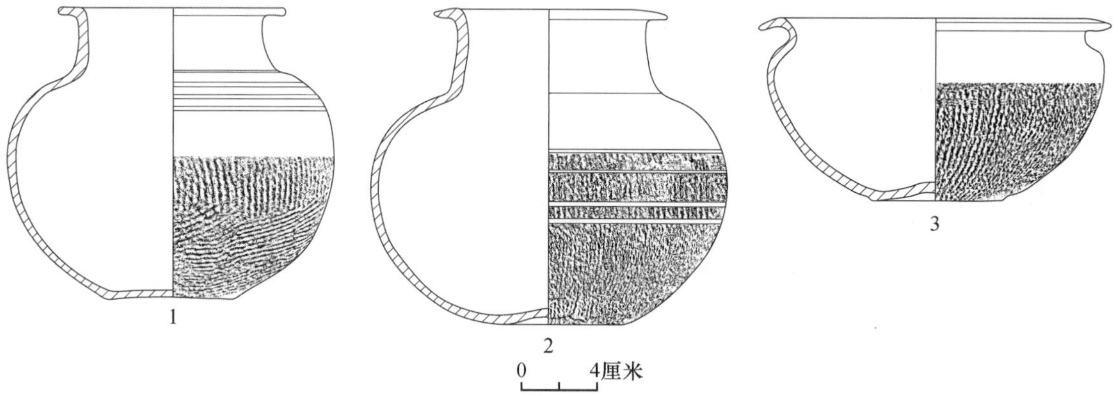

图148　2004CWPM149出土陶器

1、2. 罐（M149：1、M149：2）　3. 盆（M149：3）

43. 2004CWPM152

（1）墓葬概况

M152位于山包墓地西北部的2004CWPT4308西北部（图64）。墓向279°。

开口于第2层下，打破生土。被盗扰，在墓室东南角有1个直径80厘米的圆形盗洞。

竖穴土坑墓。墓葬平面形状近刀把形。通长417厘米。由斜坡墓道和竖穴墓室两部分组成。墓室在东，墓道在西。

墓道平面形状呈梯形，两侧壁斜直内收，斜坡状底。口部距现地表20厘米，长123、宽87～119、深0～48厘米；底部距现地表0～68厘米，宽70～112厘米。前端较陡，后端较缓，前端坡度43°，后端坡度8°。

墓室平面形状呈长方形。除西壁稍往外扩外，其余墓壁均斜直内收，平底。底部平铺一层石块。口部距现地表20厘米，长290～296、宽220、深40～82厘米；墓底距现地表60～102厘米，长282～298、宽208厘米。

墓室四周有熟土二层台。二层台高5厘米。西二层台长96、宽12～20厘米；北二层台宽11厘米；南二层台宽13厘米；东二层台宽10厘米（图149）。

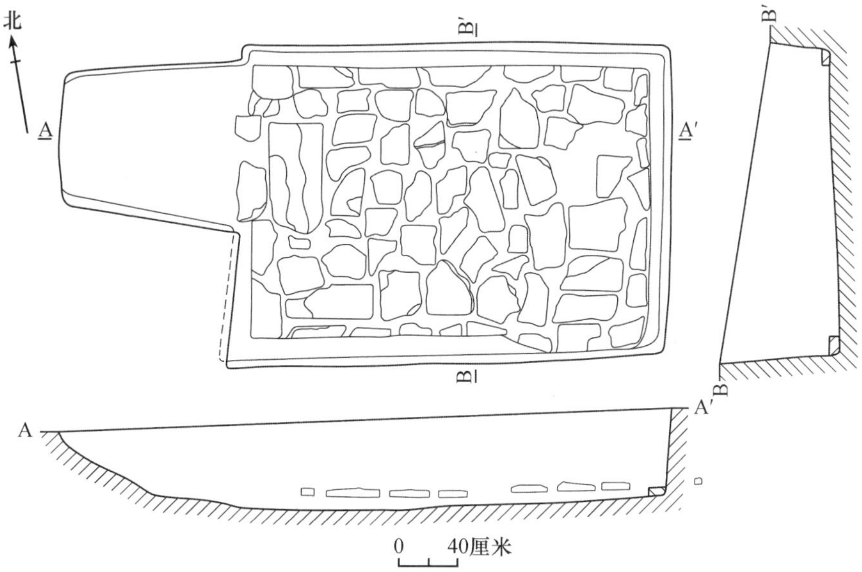

图149　2004CWPM152平、剖面图

填土为夹杂有生土块的五花土。在墓底发现有白色板灰，推测原应有棺。未发现人骨。因该墓被严重盗扰，仅在盗洞出土1件陶罐，墓室填土中出土2枚锈蚀严重的五铢钱。

根据墓葬形制和出土物，推测其年代为东汉晚期。

（2）出土器物

该墓共出土3件器物，其中1件陶罐和2枚锈蚀严重的五铢铜钱。

陶罐　1件。M152D1：01，泥质灰陶。敛口，圆唇，微折肩，折鼓腹，平底。下腹部有切削痕迹。口径5.6、腹最大径8.8、底径4.9、高 5.3厘米（图150；图版81，3）。

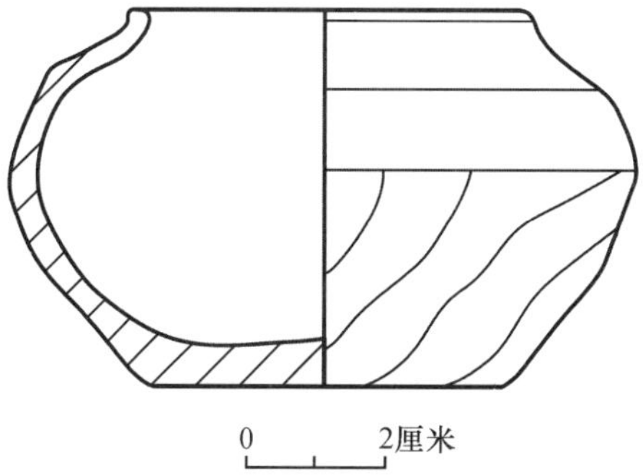

图150　2004CWPM152出土陶罐
（M152D1：01）

44. 2004CWPM154

（1）墓葬概况

M154位于山包墓地东南部的2004CWPT1302东南部，部分延伸至探方外（图64）。墓向292°。

开口于第2层下，打破生土。被盗扰，在墓室西北角有一个直径100厘米的圆形盗洞。

竖穴土坑墓。墓口平面形状呈长方形。口大底小，墓壁斜直内收，平底。墓口距现地表33～46厘米，长383～392、宽293、深310～317厘米；墓底距现地表343～363厘米，长336、宽230厘米。墓室北、东、南三面有生土二层台。北二层台高72、宽24、东二层台高92、宽30、南二层台高87、宽16厘米（图151）。

填土为黄灰色花土。墓底发现有板灰，推测原应有葬具。发现1具人骨，保存较差，仅存下肢骨。头向西北，面向、性别和年龄不明。在人骨周围出土3件器物，有1件陶鼎、1件陶敦和1件铜带钩。

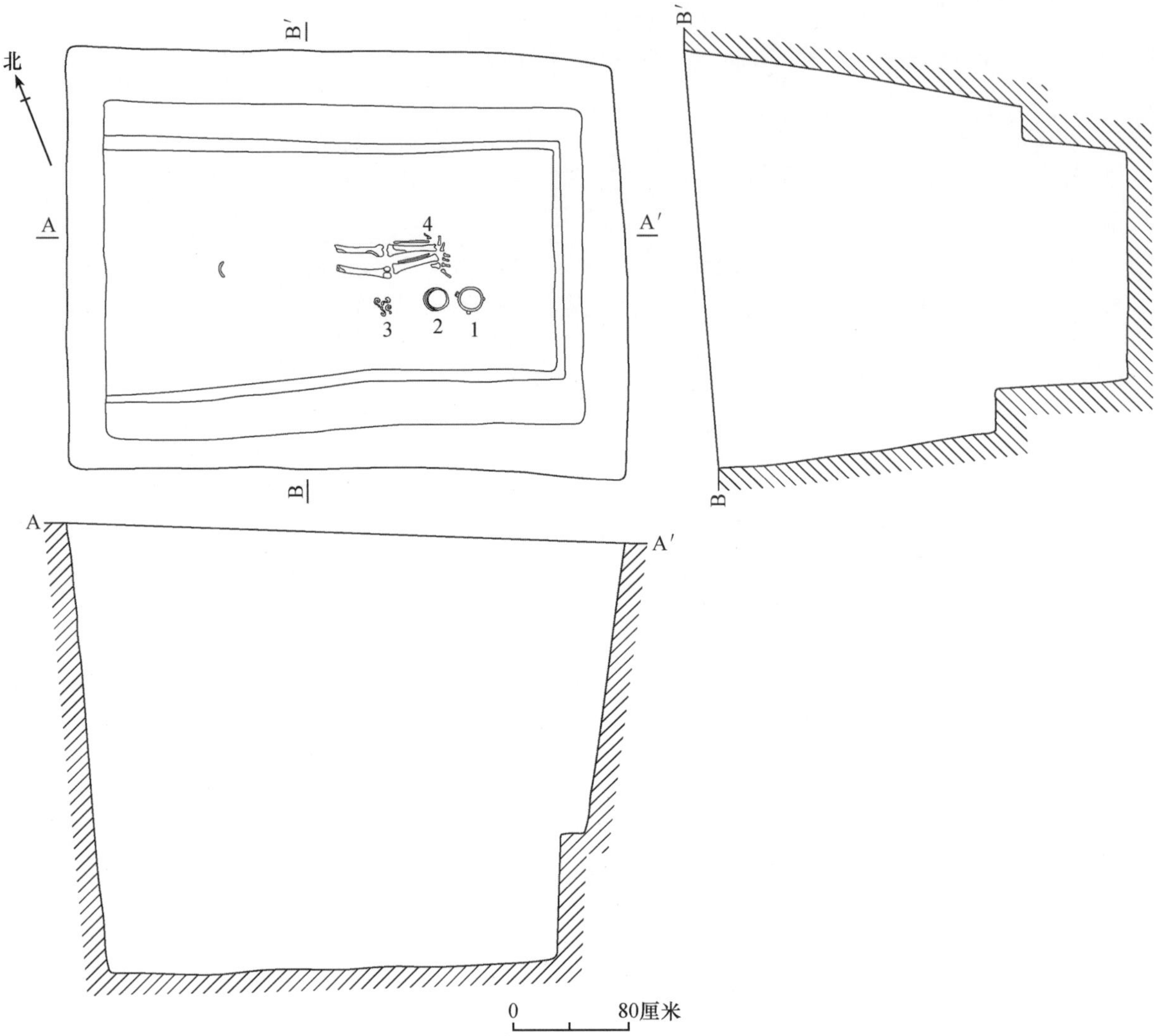

图151　2004CWPM154平、剖面图
1. 陶鼎　2. 陶敦　3. 陶敦器纽　4. 铜带钩

根据墓葬形制和出土物，推测其年代为西汉早期。

（2）出土器物

该墓共出土3件器物，其中陶鼎、陶敦等陶器2件及1件铜带钩。

陶器共2件。

陶鼎　1件。M154：1，泥质灰陶。子母口，鼓腹，圜底，三蹄形足。有一对对称长方形附耳，中间有长方形孔。有浅盘形盖，上有三个“S”形纽。腹部饰一道凸弦纹。口径 13.8、腹径18.7、通高19厘米（图152，1；图版53，3）。

陶敦　1件。M154：2，泥质褐陶。敞口，方唇，弧腹，圜底。盖与器对称。盖上有三个钩状纽，器身下有三个“S”形纽。腹部饰两道凹弦纹，盖上饰三道凹弦纹。口径16、通高20.5厘米（图152，2；图版55，2）。

铜带钩　1件。M154：4，钩首残。尾部近舟形，下有圆扣。残长3.4、宽1.3、高1.2厘米（图152，3；图版113，5）。

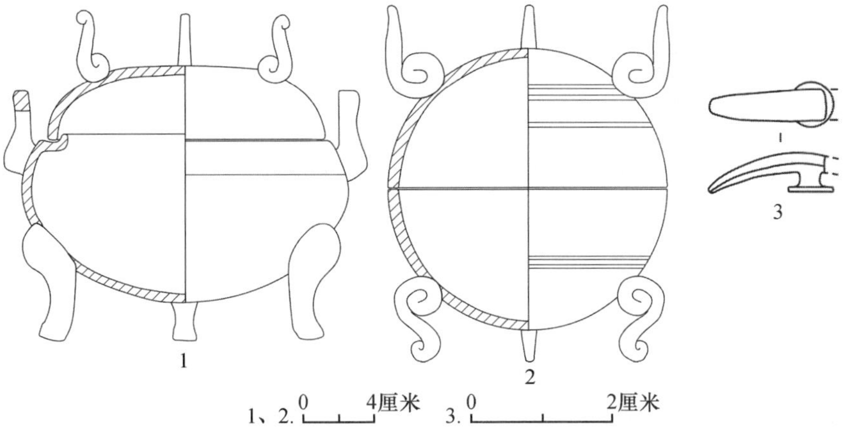

图152　2004CWPM154出土器物

1. 陶鼎（M154：1）　2. 陶敦（M154：2）　3. 铜带钩（M154：4）

45. 2004CWPM155

（1）墓葬概况

M155位于山包墓地东南部的2004CWPT1408西北部（图64）。墓向212°。

开口于第2层下，打破M158和生土。被盗扰，在墓室西北角有1个直径70厘米的圆形盗洞。

竖穴土坑墓。墓口平面形状呈不规则长方形。口大底小，墓壁斜内收，底部北高南低。墓口距现地表45厘米，长263～289、宽123～150、深62～75厘米；墓底距现地表107～120厘米，长246～272、宽109～133厘米（图153）。

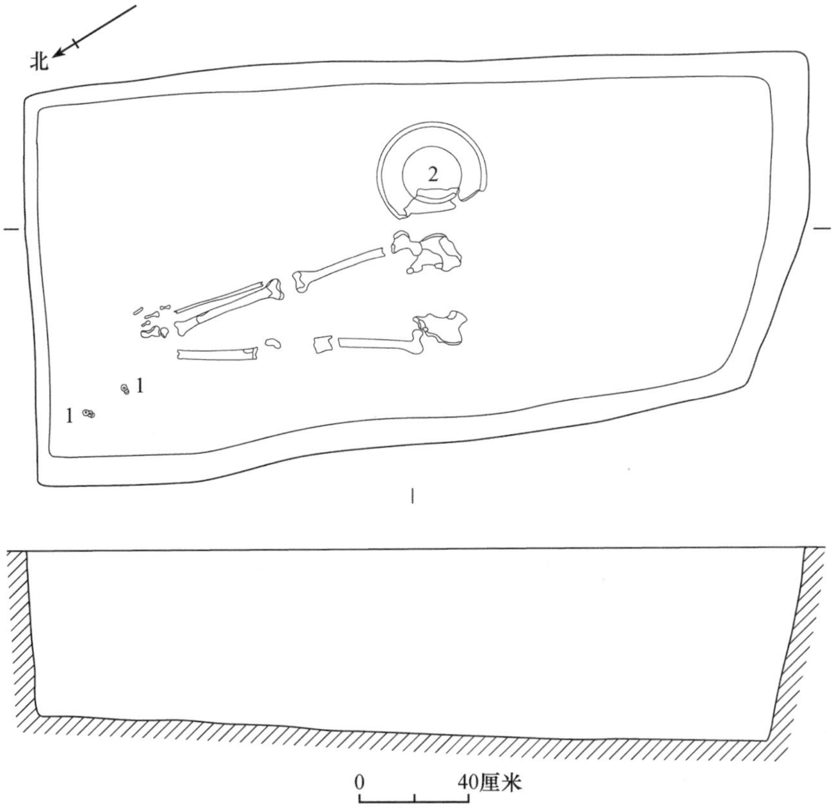

图153　2004CWPM155平、剖面图

1. 铜钱　2. 铜盆

填土为黄、白、灰相杂的五花土。在墓底有少量板灰痕迹，推测原应有棺。发现1具人骨，保存状况差，仅存下肢骨与盆骨。头向西南，葬式应为仰身直肢葬。面向、性别和年龄不明。在盆骨东侧出土1件铜盆。在墓室西北角出土14枚五铢铜钱。

根据墓葬形制和出土物，推测其年代大致为西汉晚期。出土铜盆（M155：2）与巫山麦沱墓地M66：4①器形相近，而发掘者将M66归为第三期墓葬，年代为西汉晚期，故我们推测M155的年代为西汉晚期。

（2）出土器物

该墓共出土15件器物，14枚五铢铜钱和1件铜盆。

铜盆　1件。M155：2，盆身呈蓝绿色。敞口，折沿，尖圆唇，斜弧腹，凹底。口径41.2、底径20.8、高12.2厘米（图154，1；图版106，1）。

五铢铜钱　14枚。均圆形，有郭，篆体阳文“五铢”。M155：1-1，共6枚。M155：1-1-1，直径2.5厘米（图154，2；图版126，5、6）。M155：1-2，共8枚。M155：1-2-1，直径2.5厘米（图154，3；图版127，1、2）。

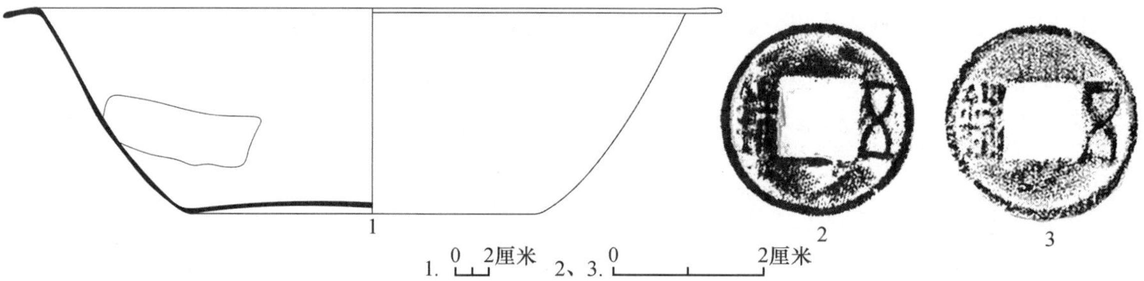

图154　2004CWPM155出土铜器

1. 铜盆（M155：2）　2、3. 五铢铜钱拓片（M155：1-1-1、M155：1-2-1）

46. 2004CWPM157

（1）墓葬概况

M157位于山包墓地东南部的2004CWPT2407中，小部分延伸至探方南壁外（图64）。墓向169°。

开口于第2层下，打破生土。被盗扰，在墓道北部和墓室北部分别有1个直径75、85厘米的圆形盗洞。

竖穴土坑墓。墓口平面形状呈刀把形。通长915厘米。由斜坡墓道、竖穴墓室两部分组成。墓道在南，墓室在北。

墓道平面形状呈长条形，前端弧状外凸，后端弧形与墓室相接，两侧壁斜直内收，斜坡状底。口部距现地表32～39厘米，长528、宽50～188、深0～65厘米；底部距现地表32～104厘米，宽55～165厘米。前端坡度较陡，后端较平缓，坡度13°。

墓室平面形状呈梯形。口大底略小，平底。口部距现地表28厘米，长387、宽196～242、深68厘米；墓底距现地表97厘米，长378、宽170～215厘米（图155）。

① 重庆市文物局、重庆市移民局编：《巫山麦沱墓地》，科学出版社，2018年，第236页，图一九二，2。

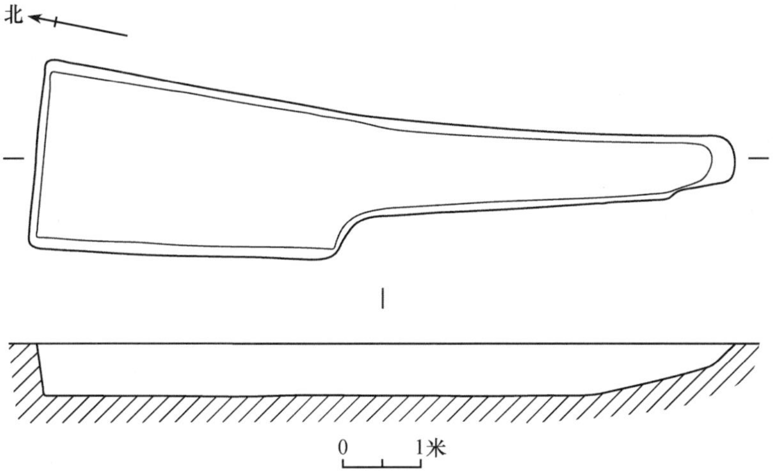

图155　2004CWPM157平、剖面图

填土为黄、灰、白相间的五花土。墓底发现少量板灰痕迹，推测应原有棺。未发现人骨。在墓室盗洞中发现3件器物。

根据墓葬形制和出土物，推测其年代为东汉晚期。

（2）出土器物

该墓共出土3件器物，陶壶和陶钵等2件陶器及1件铜棺钉。

陶壶　1件。M157：02，泥质灰陶。盘口，方唇，束颈，高领，圆肩，斜弧腹，平底，矮圈足。肩部饰六道凹弦纹。口径 12.6、腹最大径21、底径13.5、高20.5厘米（图156，1；图版69，4）。

陶钵　1件。M157：03，泥质灰陶。敞口，平沿，圆唇，弧腹内收，平底。下腹部有切削痕迹。口径 15.7、底径4.5、高6.9厘米（图156，2；图版72，3）。

铜棺钉　1件。M157：01，钉尖残。伞状，中部向上凸起，上鎏金，下有尖锥状钉。直径3.6、残高0.6厘米（图156，3；图版110，3、4）。

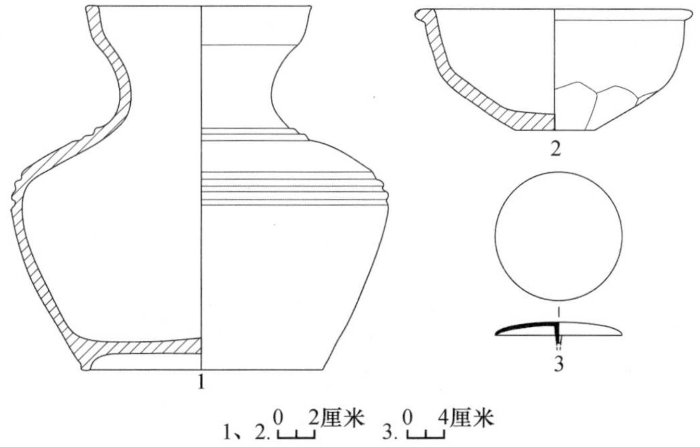

图156　2004CWPM157出土器物

1. 陶壶（M157：02）　2. 陶钵（M157：03）　3. 铜棺钉（M157：01）

47. 2004CWPM158

M158位于山包墓地东南部的2004CWPT1408中，部分延伸至2004CWPT1409、T2408和T2409中（图64）。墓向133°。

开口于第2层下，打破生土，并被M155打破。被盗扰，在墓道西北、墓室东北角、东南角和西部分别有1个直径90、70、60和70厘米的圆形盗洞。

竖穴土坑墓。墓口平面形状近凸字形。通长1325厘米。由斜坡墓道和竖穴墓室两部分组成。墓道在东，墓室在西。

墓道平面形状呈长条状，前端较窄，后端稍宽。两侧壁斜直内收，斜坡状底。口部距现地表42厘米，长738、宽60～165、深0～413厘米；底部距现地表42～458厘米，长714、宽60～120厘米。前端较陡，坡度38°。后端较缓，坡度7°。

因要避开墓室北部的大石块，墓室平面形状呈长弧条形。墓室口大底略小，墓壁斜直内收，底部东部稍高。口部距现地表55厘米，长588、宽145～227、深375～465厘米；墓底距现地表430～520厘米，长575、宽145～200厘米（图157）。

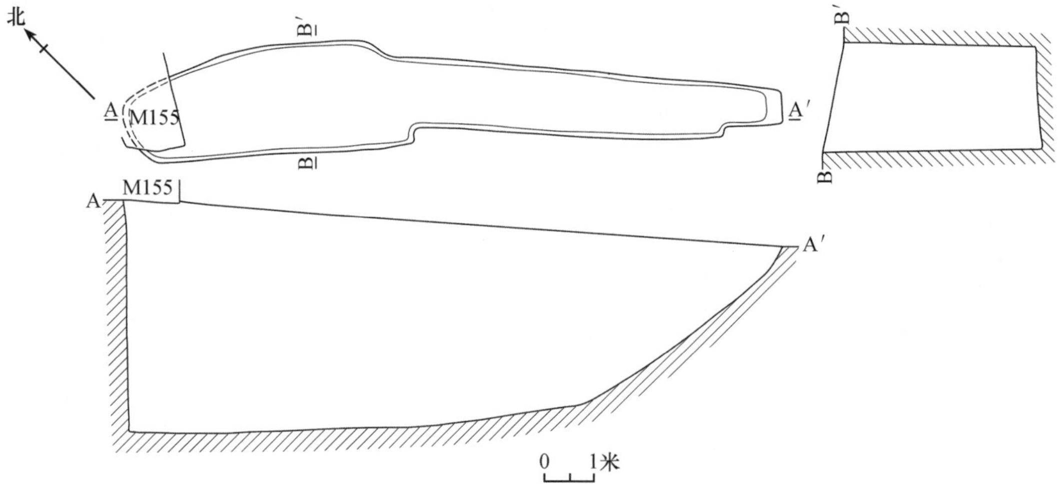

图157　2004CWPM158平、剖面图

填土为五花土。在墓底发现有板灰痕迹，推测原应有棺。因被严重盗扰，只在盗洞中发现1枚锈蚀严重的五铢铜钱和人头骨碎块。

根据层位关系和墓葬形制，其年代早于M155年代，推测其年代为西汉时期，具体年代不明。

48. 2004CWPM161

（1）墓葬概况

M161位于山包墓地中部偏东南的2004CWPT1302西南部，部分延伸至T1302探方外（图64）。墓向296°。

开口于第2层下，打破生土。被盗扰，在墓室西部有1个直径90厘米的圆形盗洞，并打穿墓底。

竖穴土坑墓。墓口平面形状呈长方形。口大底小，墓壁斜直内收，平底。在西壁上设有一圆角方形壁龛。墓口距现地表18厘米，长280、宽141、深176厘米；墓底距现地表194厘米，长265、宽120厘米。壁龛宽54、进深30、高30、下部距墓底74厘米（图158）。

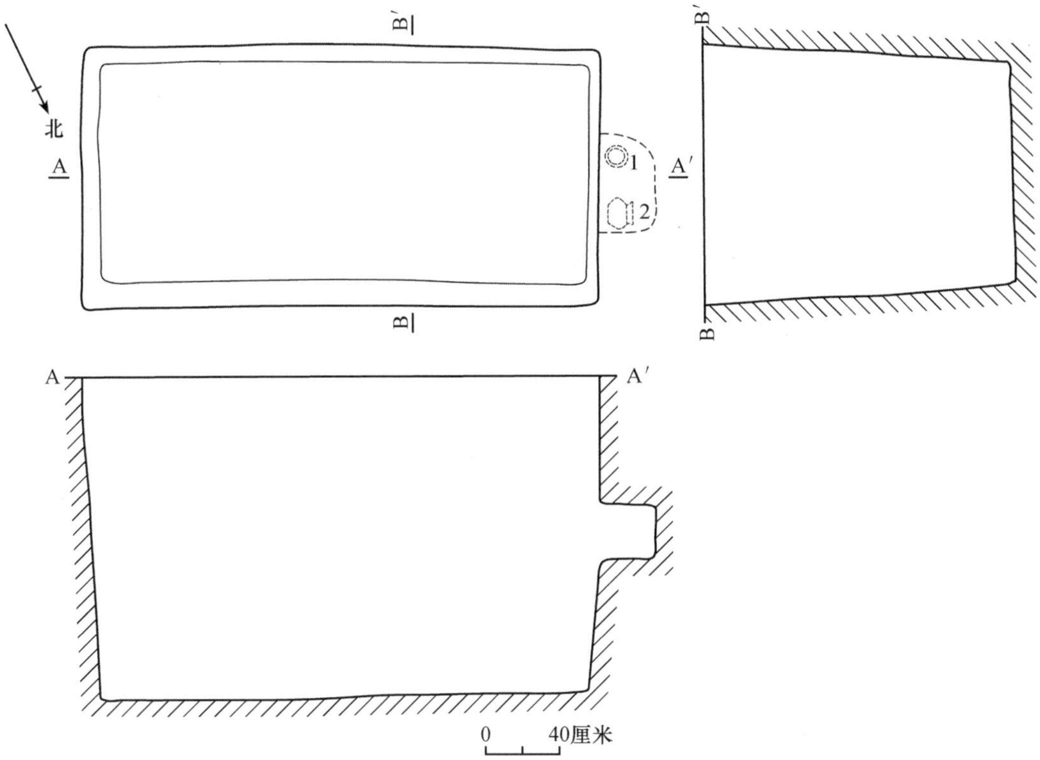

图158　2004CWPM161平、剖面图
1、2. 陶罐

填土为黄灰色花土。未发现葬具和人骨。在壁龛内随葬2件陶罐。

根据墓葬形制和出土物，推测其年代为西汉中晚期。

（2）出土器物

陶罐　2件。M161：1，泥质灰陶。侈口，卷沿，尖唇，高领，束颈，圆肩，斜弧腹，平底。下腹部饰竖绳纹。口径12.2、腹最大径19.9、底径10.1、高15.5厘米（图159，1；图版97，3）。M161：2，夹砂灰陶。侈口，圆唇，束颈，圆肩，斜弧腹，小凹底。下腹部饰绳纹。口径10.6、腹最大径15.9、底径4.6、高10.1厘米（图159，2；图版92，1）。

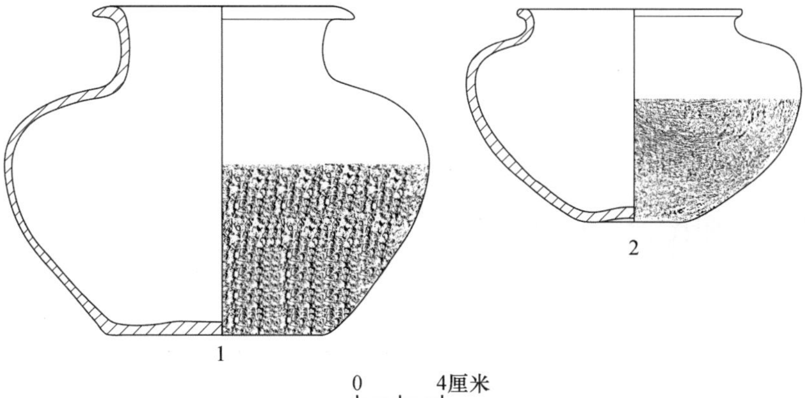

图159　2004CWPM161出土陶罐
1. M161：1　2. M161：2

49. 2004CWPM163

M163位于山包墓地东南部的2004CWPT2407西北部，大部分延伸至探方外（图64）。墓向238°。

开口于第2层下，打破生土。被盗扰，在墓室南部有1个长80、宽70厘米的椭圆形盗洞。

竖穴土坑墓。墓口平面形状呈刀把形。通长488厘米。由斜坡墓道和墓室两部分组成。墓道在西，墓室在东。

墓道平面形状呈长方形，两侧壁斜直收，斜坡状底。口部距现地表20厘米，长120、宽95、深0～142厘米；底部距现地表20～162厘米，宽86厘米。坡度47°。墓道下端至墓室底高41厘米。

墓室平面形状呈梯形。除北侧壁稍往外扩外，其余墓壁均斜直内收，底部东部稍高。口部距现地表20厘米，长350～368、宽146～228、深142～212厘米；墓底距现地表162～232厘米，长342～360、宽148～221厘米（图160）。

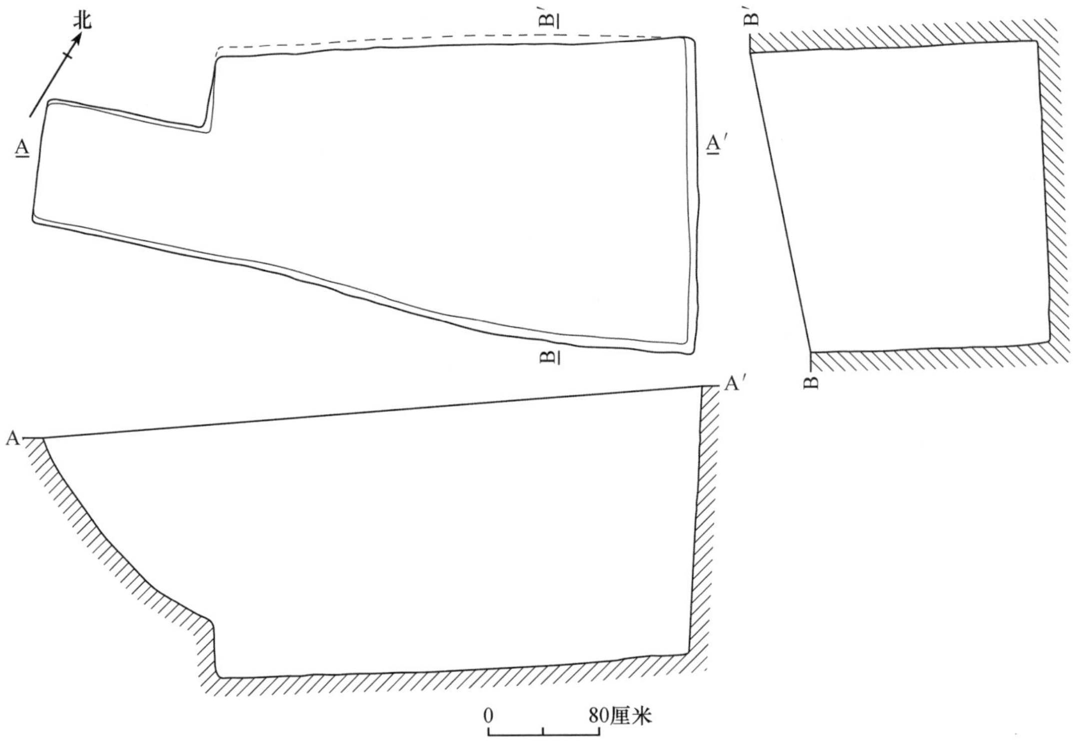

图160　2004CWPM163平、剖面图

填土为五花土。在墓中发现有板灰痕迹，推测原应有棺。因被严重盗扰，未见人骨和随葬品。

根据墓葬形制，推测其年代为汉代，具体年代不明。

50. 2004CWPM165

（1）墓葬概况

M165位于山包墓地西南部的2004CWPT4903西南角，大部分延伸至探方外（图64）。墓向150°。

开口于第2层下，打破生土。未被盗扰。

竖穴土坑墓。墓口平面形状呈长方形。口大底略小，墓壁斜直内收，底部东部稍高。墓口距现地表45厘米，长280、宽123～135、深35～71厘米；墓底距现地表80～116厘米，长274、宽117～129厘米。墓室北、西、南面有熟土二层台。北二层台高23、宽21厘米；南二层台高20、宽19厘米；西二层台高10、宽19厘米（图161；图版43，2）。

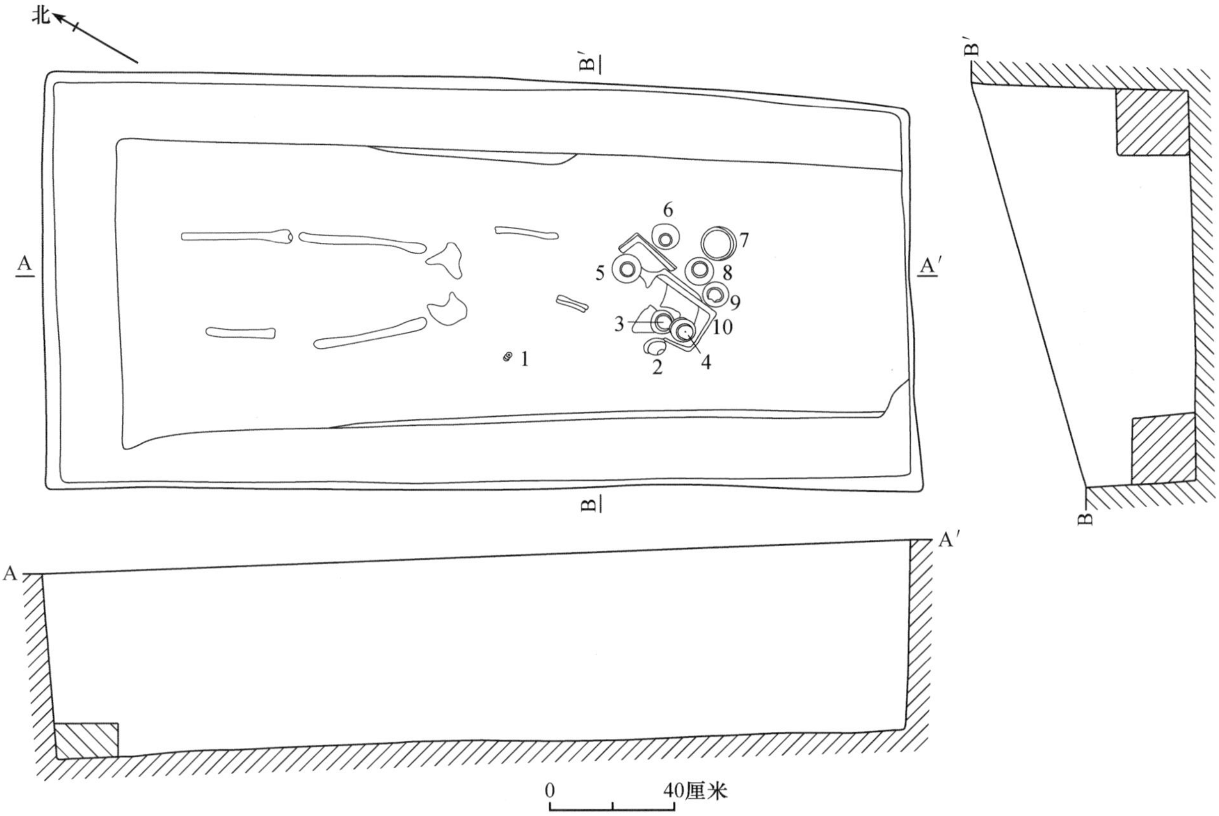

图161　2004CWPM165平、剖面图
1. 铜钱　2. 陶甑　3～6、8、9. 陶罐　7. 陶钵　10. 陶灶

填土为黑红色五花土。二层台内发现有板灰痕迹，推测原应有葬具。发现1具人骨，保存较差，仅存下肢骨和盆骨。仰身直肢，头向东南，面向、性别和年龄不明。在墓室东部发现13件随葬品，有4枚大泉五十铜钱、1件陶甑、6件陶罐、1件陶钵和1件陶灶。

根据墓葬形制和出土物，推测其年代为东汉中期。

（2）出土器物

该墓共出土13件器物，其中陶器9件以及4枚大泉五十铜钱。

陶灶　1件。M165：10，泥质灰陶。圆角长方形，单釜眼，单圆拱形火门悬置于一长侧边，并与釜眼相对。釜眼后方一侧有一圆形烟囱孔。灶身素面。长 25.2、宽18.1、高8.4厘米（图162，8；图版58，1）。

陶罐　5件。M165：4，泥质灰陶。小直口，方唇，微折肩，鼓腹，平底。下腹部有切削痕迹。口径6、腹最大径9、底径5.5、高5.4厘米（图162，3；图版79，2）。M165：5，泥质灰陶。直口，圆唇，折肩，斜弧腹，平底。下腹部有切削痕迹。口径6.2、肩径9.3、底径4.6、高5厘米（图162，4；图版83，3）。M165：6，泥质灰陶。直口，方唇，折肩，斜弧腹，平

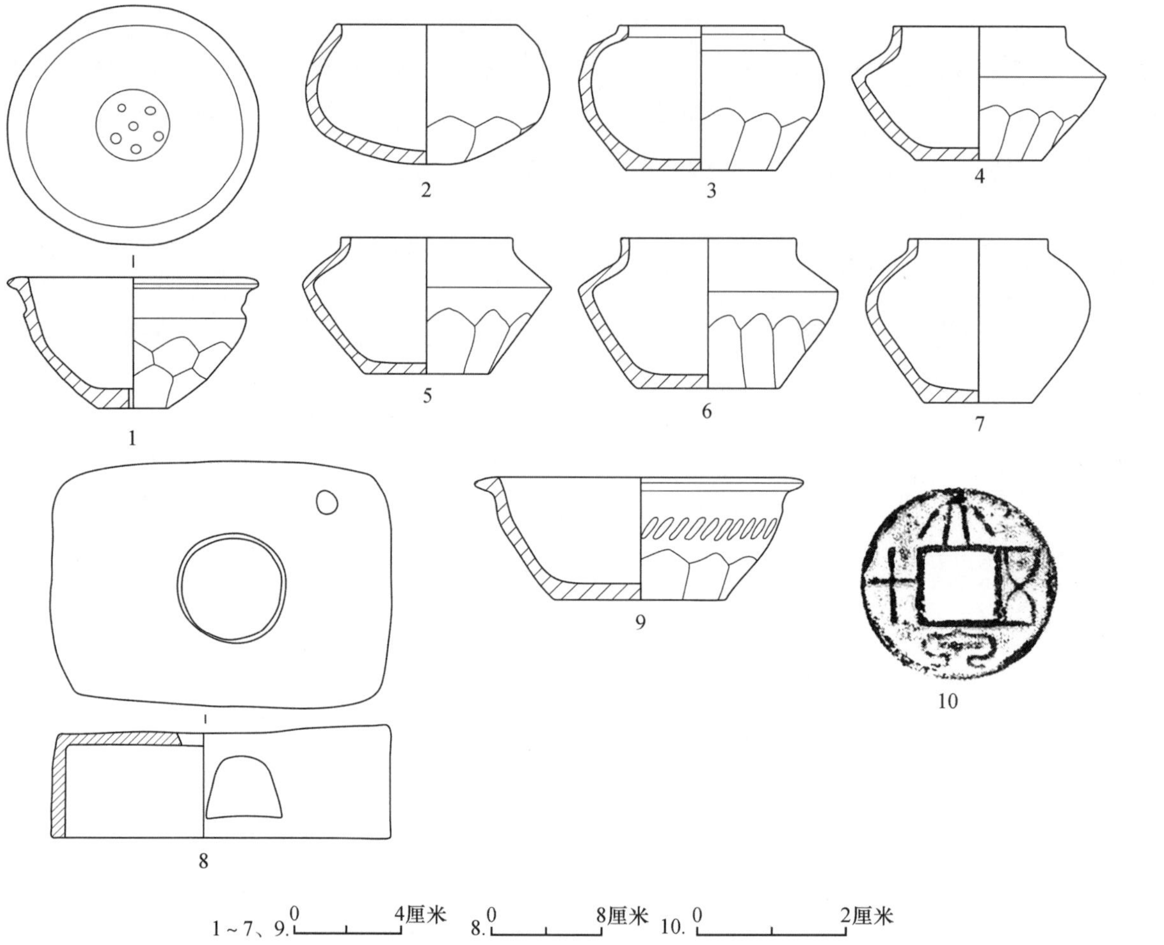

图162　2004CWPM165出土器物

1. 陶甑（M165∶2）　2、9. 陶钵（M165∶3、M165∶7）　3～7. 陶罐（M165∶4、M165∶5、M165∶6、M165∶8、M165∶9）　8. 陶灶（M165∶10）　10. 大泉五十铜钱拓片（M165∶1-1）

底。下腹部有切削痕迹。口径6.3、肩径9.2、底径4.6、高5厘米（图162，5；图版83，4）。M165∶8，陶罐，泥质灰陶。直口，方唇，折肩，斜弧腹，平底。下腹部有切削痕迹。口径6.4、肩径9.5、底径5.2、高5.5厘米（图162，6；图版83，5）。M165∶9，泥质灰陶。直口，方唇，圆肩，斜弧腹，平底。素面。口径5、腹最大径8.2、底径3.9、高6厘米（图162，7；图版79，3）。

陶钵　2件。M165∶3，泥质灰陶。敛口，内斜方唇，鼓腹，圜底。下腹部有切削痕迹。口径6.6、腹最大径9、高5.2厘米（图162，2；图版73，3）。M165∶7，泥质灰陶。敞口，平沿，尖唇，斜弧腹，平底。腹部饰一周戳印纹，下腹部饰切削痕迹。口径12、底径6.2、高4.5厘米（图162，9；图版72，4）。

陶甑　1件。M165∶2，泥质灰陶。敞口，斜平沿，圆唇，深弧腹，平底，底部有六个箅孔。上腹部有一道折棱，下腹部有切削痕迹。口径9.2、底径2.6、高4.9厘米（图162，1；图版63，3）。

大泉五十铜钱　4枚。M165∶1，共4枚，均圆形，有郭，篆体阳文“大泉五十”（图版127，4）。M165∶1-1，直径2.6厘米（图162，10；图版127，3）。

51. 2004CWPM166

（1）墓葬概况

M166位于山包墓地西南部的2004CWPT4903西南的扩方中（图64）。墓向156°。

开口于第2层下，打破M169和生土，被M168打破。被扰动。

竖穴土坑墓。现存墓口平面形状近方形。口小底略大，平底。墓口距现地表35厘米，残长291、宽236、深169～220厘米；墓底距现地表204～255厘米，残长304、宽251厘米。墓底西部有熟土二层台，残长296、宽20、高12厘米（图163；图版43，3）。

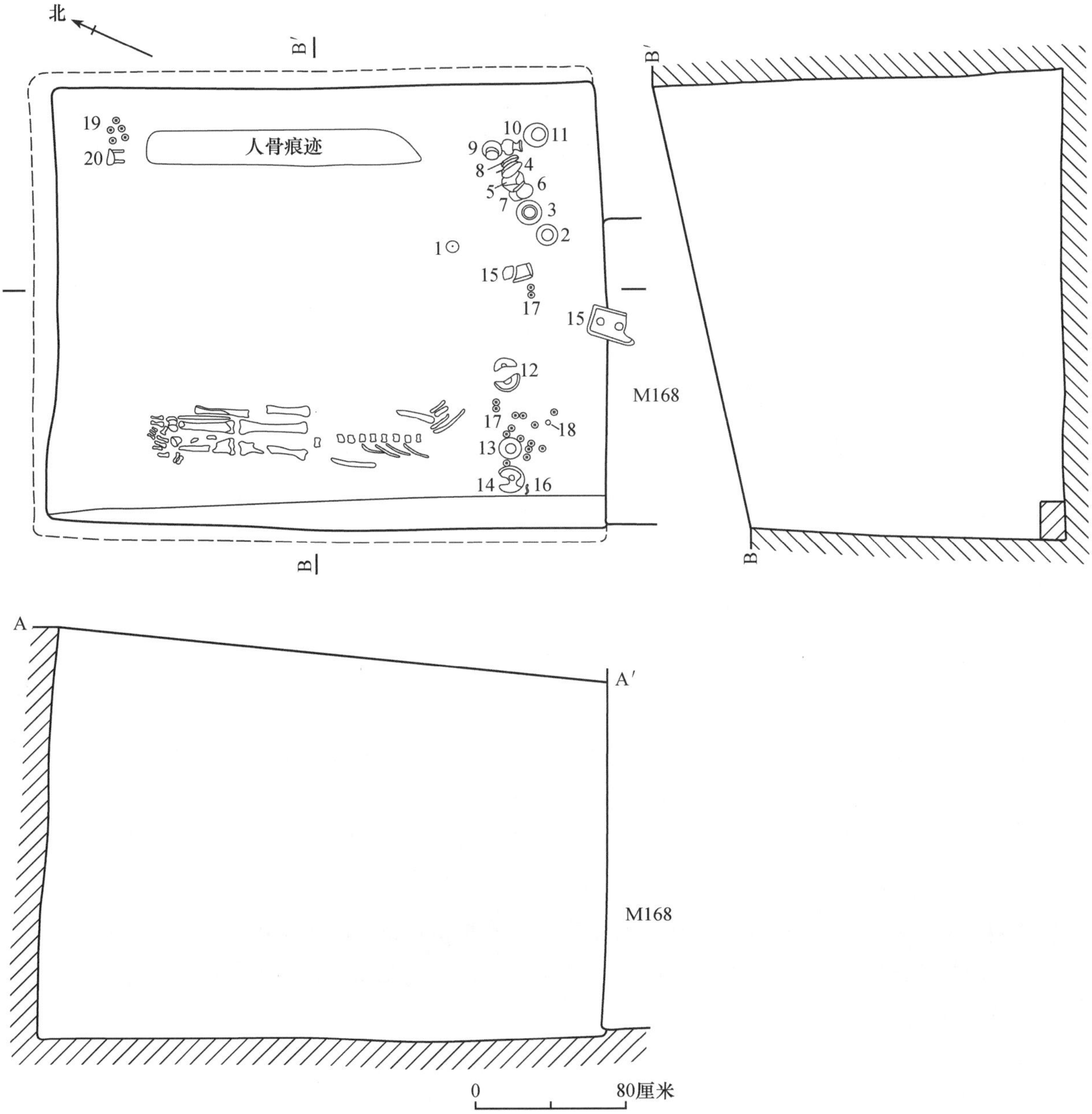

图163　2004CWPM166平、剖面图

1. 铜镜　2、3、6、8～11. 陶罐　4、5、7、12、14. 陶钵　13. 陶釜　15. 陶灶　16. 铜带钩　17、19. 铜钱　18. 陶珠　20. 铁锸

填土为黑褐色五花土。发现3具人骨，保存较差。一具位于墓室东部，仅存骨末痕迹。两具位于墓室西部。根据痕迹推测其头向均为东南。面向、性别和年龄不明。骨架下铺有草木灰。

墓室残存随葬品79件，有铜镜2件、陶罐7件、陶钵4件、陶釜1件、陶灶1件、陶珠1件、陶盒2件、铁锸1件、铜带钩1件、五铢钱59枚。

根据墓葬形制和出土物，推测其年代为东汉晚期。

（2）出土器物

该墓共出土79件器物，有铜带钩、铜镜、五铢钱等铜器62件，陶罐、陶钵、陶釜、陶灶、陶盒和陶珠等陶器16件及铁锸1件。其中1件陶钵无法修复，1件乳钉纹神兽镜残缺大半，且锈蚀严重。

陶盒　2件。M166：5，泥质灰陶。仅剩器盖。子母口，弧腹，圜底。上饰两道凹弦纹。口径19.1、高 6.3厘米（图164，12；图版56，3）。M166：20，泥质灰陶。器盖部分缺失。子母口，弧腹，圜底。素面。口径13、腹最大径15.4、高6.6厘米（图164，13；图版56，4）。

陶灶　1件。M166：15，泥质灰陶。圆角长方形，双釜眼，双拱形火门位于一长侧边，并与釜眼相对。两釜眼后方中间有一圆形烟囱孔。灶身素面。长26.1、宽15.7、高7.9厘米（图164，1；图版59，4）。

陶罐　7件。M166：2，泥质褐陶。小敛口，微折肩，扁鼓腹，平底。下腹部有切削痕迹。口径6、腹最大径10.3、底径2.8、高 3.7厘米（图164，2；图版82，1）。M166：3，泥质灰陶。小直口微敞，圆肩，扁鼓腹，圜底。下腹部及底部有切削痕迹。口径8.1、腹最大径11.4、高5.3厘米（图164，3；图版82，5）。M166：6，泥质灰陶。小直口，方唇上有凹槽，圆肩，上腹微折，下腹斜收，平底。下腹部有切削痕迹。口径5.7、腹最大径8.8、高3.5厘米（图164，4；图版82，2）。M166：8，泥质灰陶。小直口，方唇上有凹槽，圆肩，扁鼓腹，圜底。素面。口径7.4、腹最大径11.6、高5.5厘米（图164，5；图版82，6）。M166：9，泥质褐陶。敞口，斜平沿，尖唇，高领，束颈，圆肩，扁鼓腹，小平底。肩部饰一周戳印纹，下腹部有切削痕迹。口径7.5、腹最大径10.5、底径2.9、高8.3厘米（图164，6；图版87，6）。M166：10，泥质褐陶。敞口，斜平沿，尖唇，扁鼓腹，平底。肩部饰一周戳印纹，下腹部有切削痕迹。口径6.4、腹最大径8.5、底径4.8、高6.9厘米（图164，7；图版88，1）。M166：11，泥质灰陶。小直口，方唇，鼓腹，小平底。下腹部有切削痕迹。口径7.4、腹最大径11、底径4.3、高4.5厘米（图164，8；图版82，3）。

陶钵　4件。其中1件无法修复。M166：4，泥质灰陶。敞口，三角形唇沿，尖唇，斜弧腹，小平底。素面。口径11.1、底径3.6、高 4.4厘米（图164，9；图版72，5）。M166：7，泥质褐陶。敞口，三角形唇沿，尖唇，斜弧腹，小平底。下腹部有切削痕迹。口径11.8、底径3、高4.4厘米（图164，10；图版72，6）。M166：12，泥质灰陶。敞口，斜平沿，尖唇，斜弧腹，圜底。素面。口径14、高 4.3厘米（图164，11；图版73，1）。

陶釜　1件。M166：13，泥质灰陶。小直口，方唇，扁鼓腹，小平底。肩部附加一对实心泥凸。口径8.8、腹最大径11.7、高5厘米（图164，14；图版75，2）。

陶珠　1件。M166：18，夹砂褐陶，球形，外表光滑。直径1.9厘米（图164，17；图版98，1）。

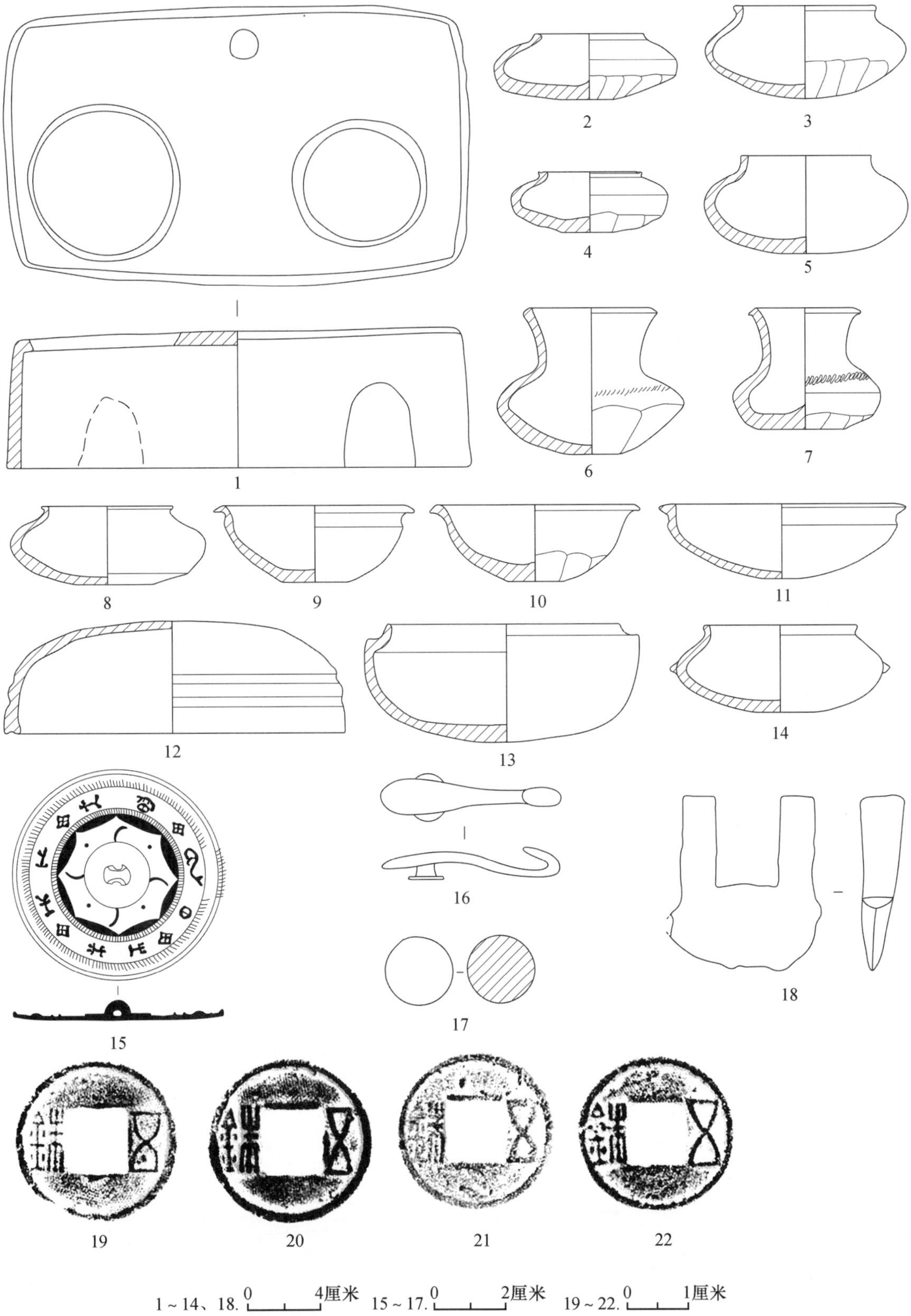

图164　2004CWPM166出土器物

1. 陶灶（M166：15）　2～8. 陶罐（M166：2、M166：3、M166：6、M166：8、M166：9、M166：10、M166：11）　9～11. 陶钵（M166：4、M166：7、M166：12）　12、13. 陶盒（M166：5、M166：20）　14. 陶釜（M166：13）　15. 铜镜（M166：1-1）　16. 铜带钩（M166：16）　17. 陶珠（M166：18）　18. 铁锸（M166：21）　19～22. 五铢铜钱拓片（M166：17-1-1、M166：17-2-1、M166：19-1-1、M166：19-2-1）

铜镜　2件。M166：1-1，连弧纹日光镜。整体呈银灰色。窄缘，铭文带两侧各一周短线纹。外区有铭文“见日之光，天下大明”。内区为连弧纹加点线纹。桥形纽。直径5.9、最厚处0.2厘米（图164，15；图版106，5）。M166：1-2，乳钉纹神兽镜。残缺大半，且锈蚀严重。桥形纽。直径9.6、最厚处0.3厘米（图版106，4）。

铜带钩　1件。M166：16，蛇形钩首，下有圆形扣尾部平面近椭圆形，向上弯曲。素面。长5、宽1.4、高1厘米（图164，16；图版113，3）。

五铢铜钱　59件。圆形，有郭，阳文篆体“五铢”。M166：17-1，共25枚。M166：17-1-1，直径2.6厘米（图164，19；图版127，5、6）。M166：17-2，共24枚。M166：17-2-1，直径2.6厘米（图164，20；图版128，1、2）。M166：19-1，共5枚。M166：19-1-1，直径2.5厘米（图164，21；图版128，3、4）。M166：19-2，共5枚。M166：19-2-1，直径2.5厘米（图164，22；图版128，5、6）。

铁锸　1件。M166：21，锈蚀严重，整体呈“U”形，顶端较粗，底端有弧刃。长9.8、宽8.6厘米（图164，18；图版117，3）。

52. 2004CWPM167

（1）墓葬概况

M167位于山包墓地西南部的2004CWPT4903西南的扩方中（图64）。墓向158°或338°。

开口于第2层下，打破M168和生土。被扰动。

竖穴土坑墓。墓口平面形状呈长方形。口大底略小，墓壁斜直内收，平底。墓底平铺一层石块。墓口距现地表85厘米，长284、宽143、深58～77厘米；墓底距现地表143～162厘米，长271、宽130厘米（图165）。

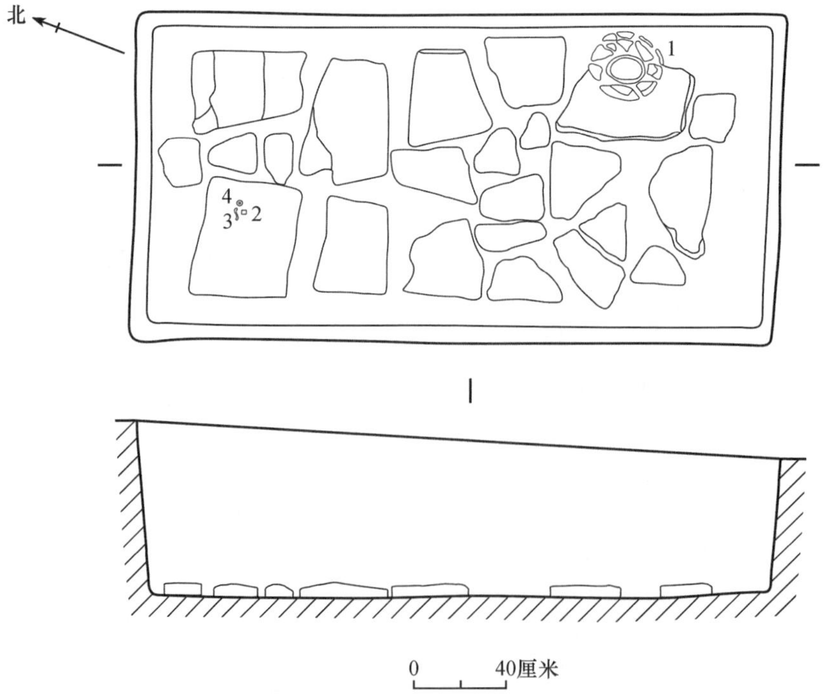

图165　2004CWPM167平、剖面图

1. 陶罐　2. 铜印　3. 铜带钩　4. 陶珠

填土为五花土。墓底有板灰痕迹，推测原应有棺。未发现人骨。出土4件随葬品，有铜印1件、铜带钩1件、陶珠1件和陶罐1件。

根据墓葬形制和出土有Ⅲ式铜带钩，推测其年代为东汉晚期。

（2）出土器物

该墓共出土4件器物，其中1件陶罐（M167：4）无法修复。

陶珠　1件。M167：3，夹砂褐陶。鼓状，上、下平，中部有穿孔。表面有许多圆形小孔。直径2.1厘米（图166，1；图版98，2）。

铜带钩　1件。M167：2，蛇形钩首，下有圆形扣，尾部向上弯曲。尾部纹饰锈蚀严重。长4.1、宽1、高1.2厘米（图166，2；图版113，4）。

铜印　1件。M167：1，方形印身，桥形纽。底面四个篆体阴文“服者君卿”。应为吉语铜印。长1.6、宽1.6、通高1.6厘米（图166，3～5；图版107，2）。

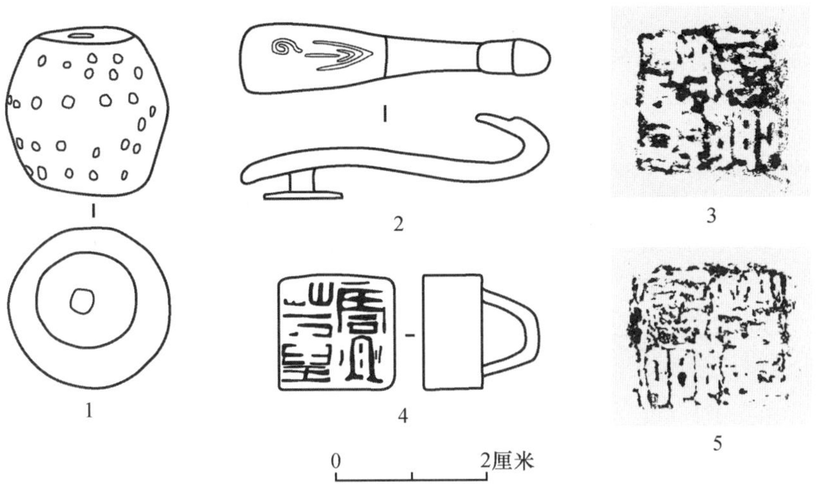

图166　2004CWPM167出土器物

1. 陶珠（M167：3）　2. 铜带钩（M167：2）　3. 铜印（M167：1）拓片　4. 铜印（M167：1）　5. 铜印（M167：1）盖印

53. 2004CWPM168

（1）墓葬概况

M168位于山包墓地西南部的2004CWPT4903西南扩方中（图64）。墓向159°。

开口于第2层下，打破M166和生土，并被M167打破。被扰乱过。

竖穴土坑墓。墓道被M167打破，墓口平面形状原应为凸字形。现存部分通长300厘米。由斜坡墓道和墓室两部分组成。墓道在南，墓室在北。

墓道仅存后端小部分。两侧壁稍往里收，应为斜坡状底。口部距现地表40厘米，残长26、宽122、深60厘米；底部宽118厘米。

墓室平面形状呈长方形。口小底略大，墓壁稍往外扩，平底，底部平铺一层石块。口部距现地表30厘米，长274、宽171、深60～175厘米；墓底距现地表90～205厘米，长285、宽183厘米。墓室东部有熟土二层台，高8、宽17厘米（图167；图版43，4）。

填土为黑褐色五花土。在墓底发现有板灰痕迹，推测原应有棺。发现2具人骨，仅存部分

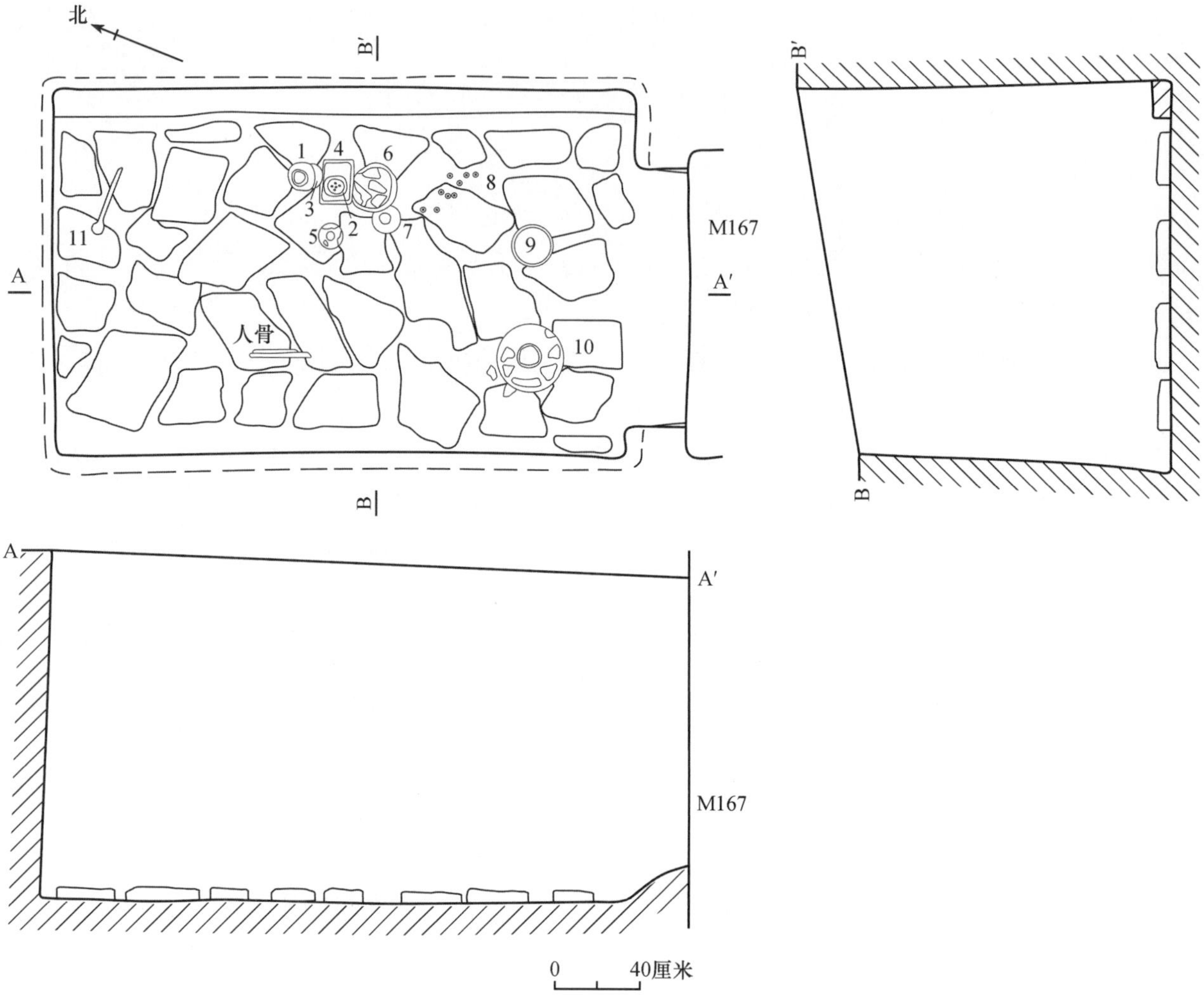

图167　2004CWPM168平、剖面图

1、5. 陶罐　2、7. 陶甑　3. 陶釜　4. 陶灶　6. 陶鼎　8. 铜钱　9. 陶钵　10. 陶壶　11. 铁刀

肢骨和骨末。可辨头向东南，葬式、面向、性别和年龄不明。推测可能为夫妻合葬墓。在墓室中部偏东和墓室西南出土随葬品17件，有7枚五铢铜钱、1件铁刀、2件陶罐、1件陶钵、1件陶釜、2件陶甑、1件陶灶、1件陶鼎和1件陶壶。

根据墓葬形制和出土物，推测其年代为东汉晚期。

（2）出土器物

该墓共出土17件，有陶器9件、五铢铜钱7枚和锈蚀严重的铁刀1件。

陶鼎　1件。M168∶6，泥质灰陶。子母口，浅鼓腹，圜底，三兽形足，双耳皆残缺。有浅盘形盖，上有三个实心扁纽。素面。口径19.2、腹径22、通高17.8厘米（图168，2；图版54，1）。

陶灶　1件。M168∶4，泥质灰陶。近方形。单釜眼，单拱形火门位于一长侧边，并与釜眼相对。釜眼后方一侧有一椭圆形烟囱孔。长19.5、宽15、高6.3厘米（图168，3；图版57，6）。

陶壶　1件。M168∶10，泥质灰陶。盘口，方唇，高领，束颈，广折肩，深弧腹，平底，圈足。肩部饰九道凹弦纹，肩部饰一对衔环耳，环朝上，并紧贴器表。口径14.7、腹最大径31.4、底径15.1、高32.3厘米（图168，1；图版69，1）。

陶罐　2件。M168∶1，泥质灰陶。敛口，平沿，折肩，平底微凹。素面。口径9.4、肩径

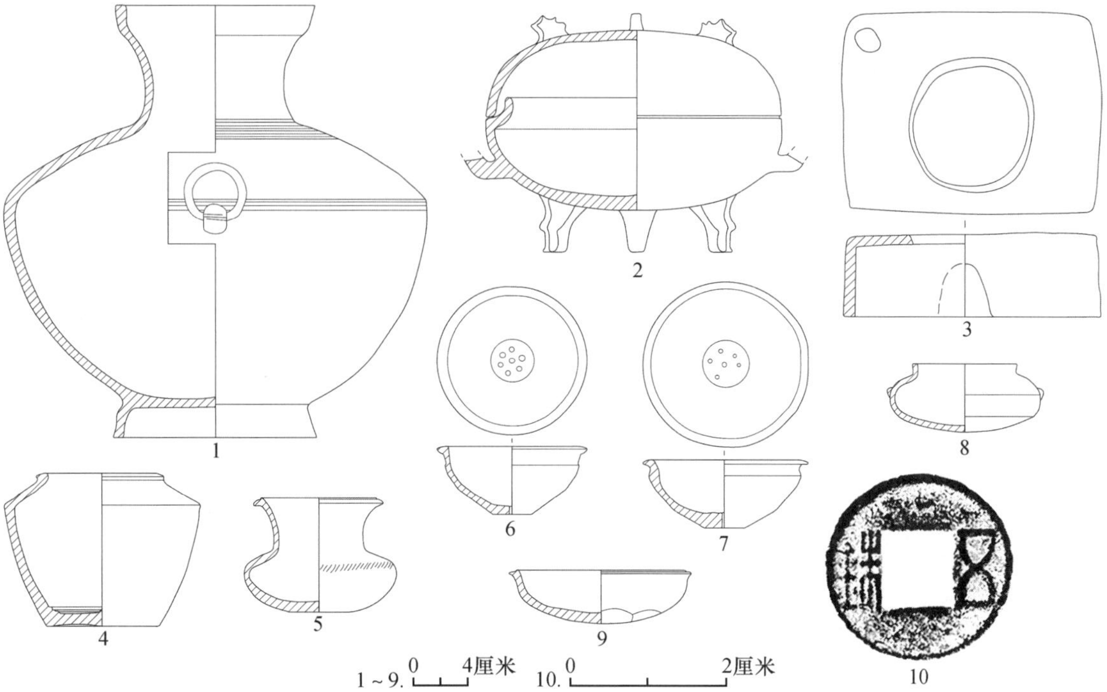

图168　2004CWPM168出土器物

1. 陶壶（M168：10）　2. 陶鼎（M168：6）　3. 陶灶（M168：4）　4、5. 陶罐（M168：1、M168：5）　6、7. 陶甑（M168：2、M168：7）　8. 陶釜（M168：3）　9. 陶钵（M168：9）　10. 五铢铜钱（M168：8-1）拓片

14.7、底径8.3、高11.5厘米（图168，4；图版94，2）。M168：5，泥质灰陶。敞口，三角形唇沿，圆唇，沿上有一道凹槽，高领，束颈，扁鼓腹，小平底。肩部饰有一周戳印纹。口径9.6、腹最大径11.3、底径4.4、高8.6厘米（图168，5；图版88，2）。

陶钵　1件。M168：9，泥质灰陶。敞口，三角形唇沿，沿上有一道凹槽，尖唇，圜底。下腹部有切削痕迹。口径13.5、高4厘米（图168，9；图版73，2）。

陶釜　1件。M168：3，泥质褐陶。直口，方唇，折肩，上腹较直，下腹斜收，圜底。肩部附加一对实心泥凸。腹部有两道折棱。口径7.9、腹最大径11.4、高5.1厘米（图168，8；图版75，3）。

陶甑　2件。泥质褐陶。敞口，三角形唇沿，尖唇，上腹较直，下弧腹，平底。素面。M168：2，底部有七个箅孔。口径11.1、底径2.8、高5.2厘米（图168，6；图版64，1）。M168：7，底部有六个箅孔。口径12.3、底径3、高5.2厘米（图168，7；图版64，2）。

五铢铜钱　7枚。M168：8，共7枚。锈蚀较严重（图版133，2）。M168：8-1，直径2.5厘米（图168，10）。

铁刀　1件。M168：11，锈蚀严重，无法修复。

54. 2004CWPM169

（1）墓葬概况

M169位于山包墓地西南部2004CWPT4903西南扩方中（图64）。墓向156°。

开口于第2层下，打破生土，并被M166打破。被扰动。

竖穴土坑墓。墓口平面形状呈长方形。口大底略小，墓壁斜直内收，平底。墓底平铺有一层石块。墓口距现地表35厘米，残长374、宽258、深180～232厘米；墓底距现地表215～267厘米，残长362、宽240厘米（图169）。

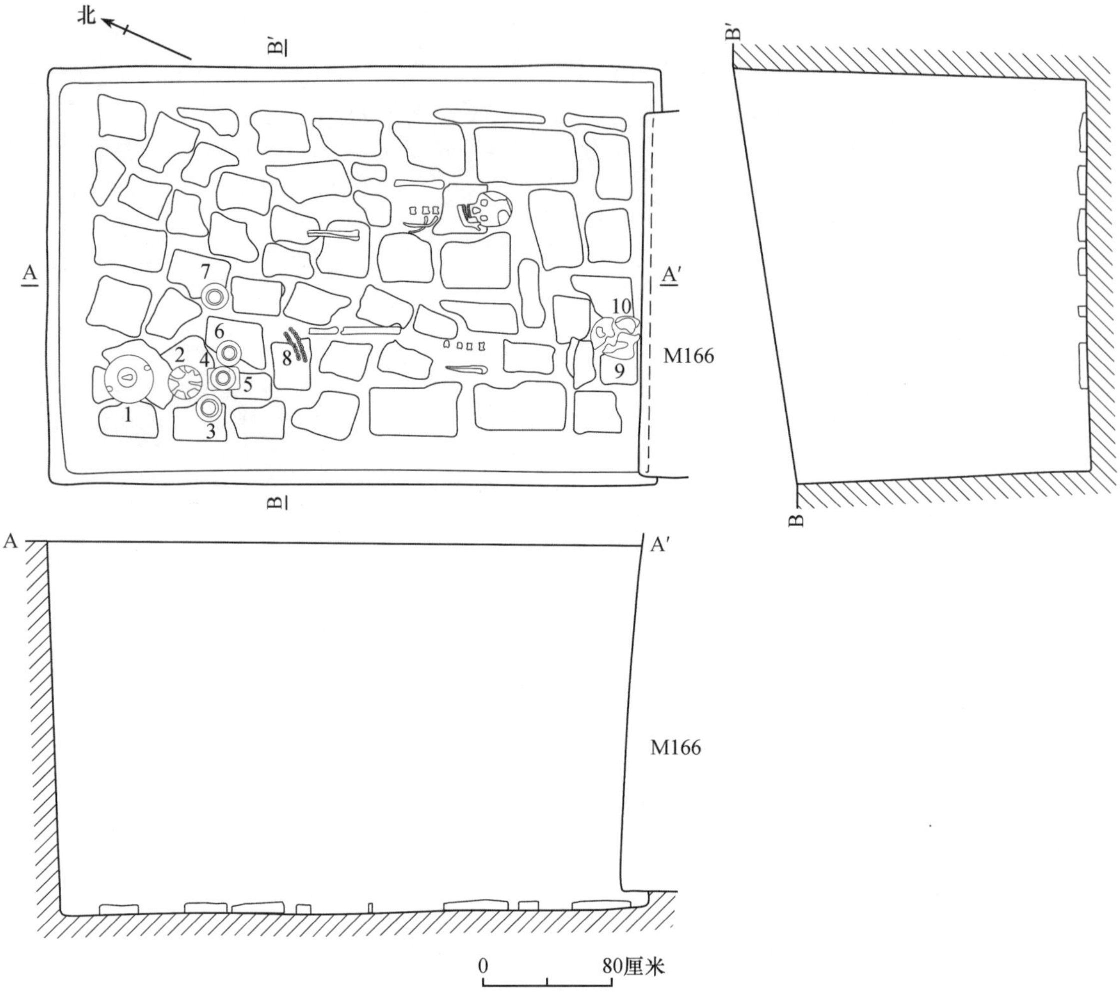

图169　2004CWPM169平、剖面图

1. 陶壶　2. 陶鼎　3～7. 陶罐　8. 铜钱　9. 铜盆残片　10. 陶钵

填土为黑黄色五花土。未发现葬具。发现2具人骨，保存较差。东侧人骨仅存头骨、椎骨和部分肢骨。头朝东南，面向上，性别和年龄不明。西侧人骨仅存部分椎骨和肢骨。头向东南，面向、性别和年龄不明。推测可能为夫妻合葬墓。

在墓室东南部和西南部出土190件器物，有181枚大泉五十铜钱、1件陶壶、1件陶鼎、4件陶罐、1件陶灶、1件陶钵和1件铜盆残片。

根据墓葬形制和出土物，推测其年代为东汉中期。

（2）出土器物

该墓共出土190件器物，其中陶器8件、181枚大泉五十铜钱和1件铜盆残片无法修复。

陶鼎　1件。M169：2，泥质灰陶。子母口，方唇，鼓腹，圜底，三兽形足。有一对折附耳。有浅盘形盖，上有三个扁形实纽。腹部饰一道凹弦纹，盖上饰两道凹弦纹。口径17.7、腹径20.3、通高19.9厘米（图170，2；图版53，5）。

陶壶　1件。M169：1，泥质灰陶。盘口，方唇，束颈，圆溜肩，鼓腹，平底，圈足。肩部饰一对衔环耳，环朝上，并紧贴器表。肩部至腹部饰六道凹弦纹。口径13.8、腹最大径28、底径15.7、高32厘米（图170，1；图版69，2）。

陶灶　1件。M169：5，泥质灰陶。平面呈长方形。单釜眼，单拱形火门悬置于一长侧边，并与釜眼相对。釜眼后方一侧有一圆形烟囱孔。长20.7，宽15.6，高8.4厘米（图170，10；图版58，3）。

陶罐　4件。泥质灰陶。敛口，斜方唇，折肩，斜弧腹，平底。M169：3，素面。口径10.6、肩径16.5、底径9.9、高13.1厘米（图170，3；图版94，3）。M169：4，腹部近折肩处饰一周戳印纹。口径11.2、肩径16.1、底径9.2、高11.7厘米（图170，4；图版94，4）。M169：6，腹部饰两道凸弦纹。口径10.7、肩径15.8、底径8.3、高12.3厘米（图170，5；图版94，5）。M169：7，腹部饰一周戳印纹和一道凸弦纹。口径11.1、肩径15.3、底径7.2、高11.8厘米（图170，6；图版94，6）。

陶钵　1件。M169：10，泥质灰陶。敞口，圆唇，上腹弧腹，下腹内折斜收，平底。素

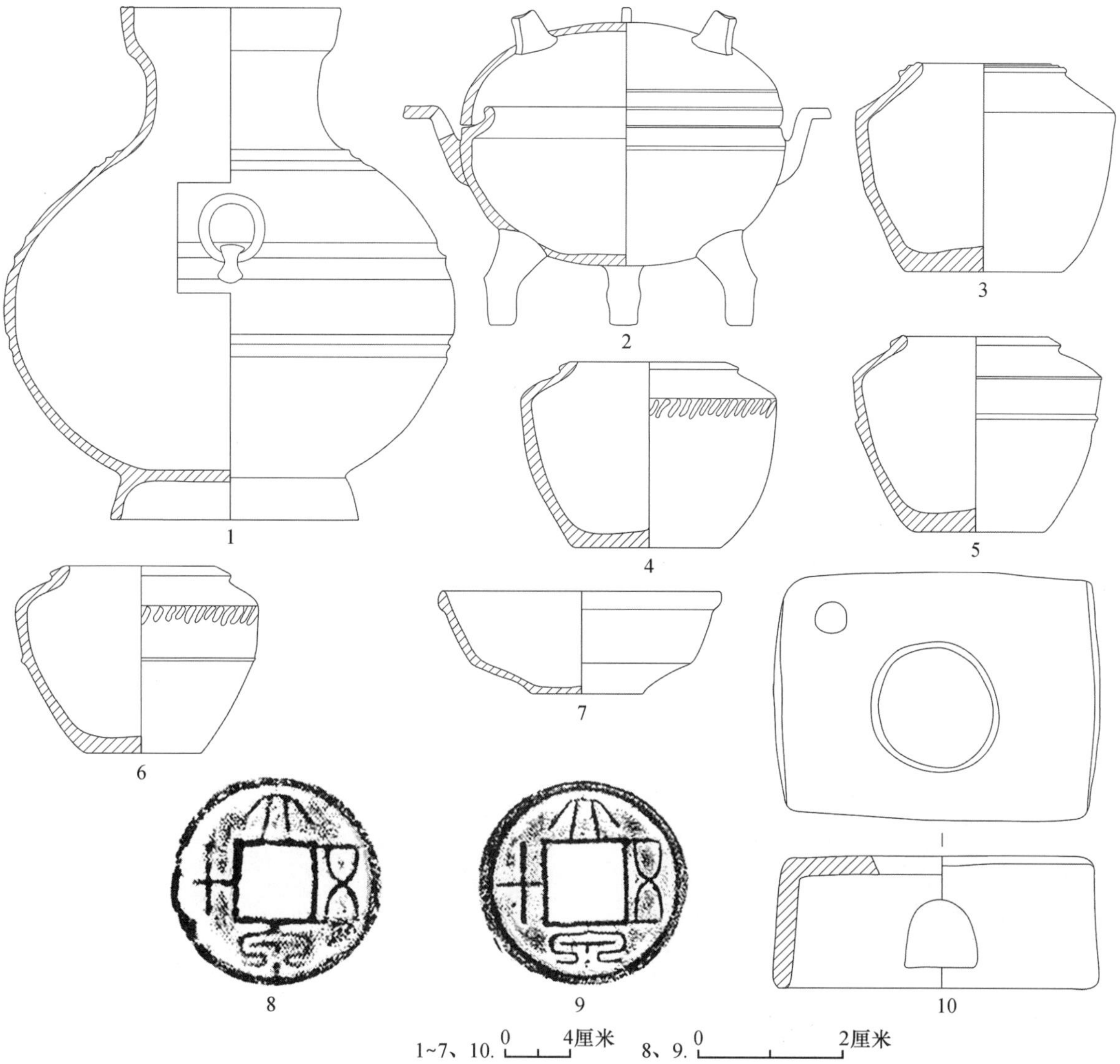

图170　2004CWPM169出土器物

1. 陶壶（M169：1）　2. 陶鼎（M169：2）　3～6. 陶罐（M169：3、M169：4、M169：6、M169：7）　7. 陶钵（M169：10）　8、9. 大泉五十铜钱拓片（M169：8-1-1、M169：8-2-1）　10. 陶灶（M169：5）

面，口径17.7、底径6.9、高6.5厘米（图170，7；图版70，4）。

大泉五十铜钱　181枚。圆形，有郭，阳文篆体“大泉五十”。M169：8-1，共160枚。M169：8-1-1，直径2.9厘米（图170，8；图版129，1、2）。M169：8-2，共21枚。M169：8-2-1，直径2.9厘米（图170，9；图版129，3、4）。

55. 2006CWPM170

M170位于山包墓地西北部的2006CWPT4307西部，部分延伸至探方西壁外（图64）。墓向105°或285°。

开口于第2层下，打破生土。被扰动。

竖穴土坑墓。墓口平面形状呈长方形。墓壁较直，平底，底部平铺一层石块。墓口距现地表25～30厘米，长313、宽150、深12～43厘米；墓底距现地表40～70厘米，长306、宽148厘米（图171）。

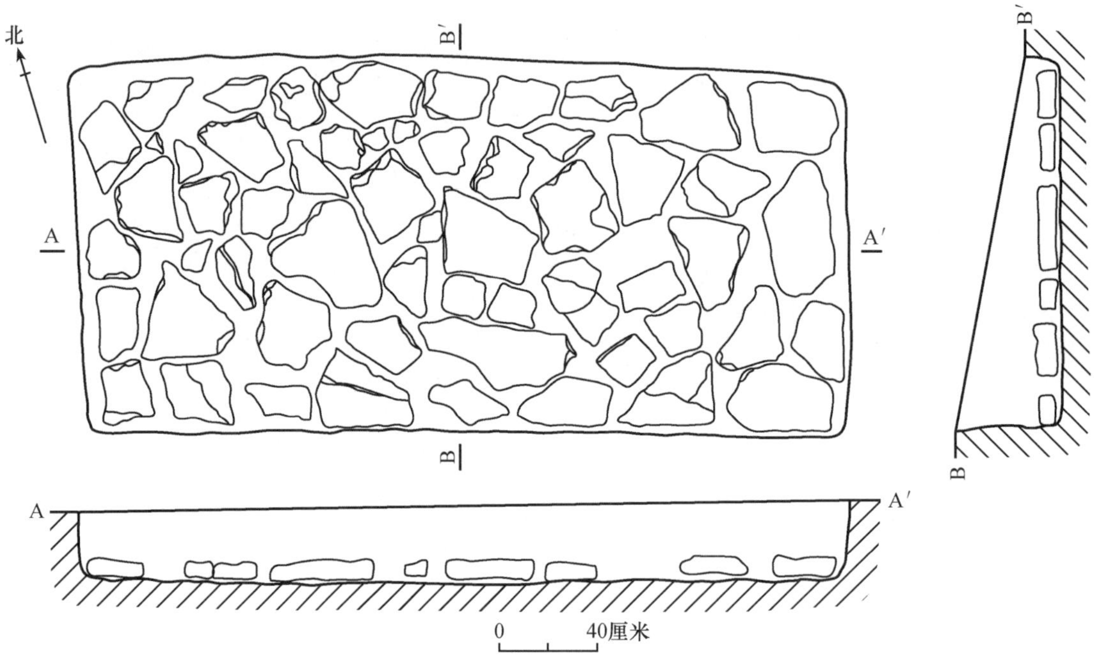

图171　2006CWPM170平、剖面图

填土为红褐色土和黄褐色土相杂的五花土。未发现葬具和人骨。无随葬品。

根据墓葬形制，推测其年代为汉代，具体年代不明。

56. 2006CWPM171

（1）墓葬概况

M171位于山包墓地南部的2006CWPT2001东部偏南，部分延伸至2006CWPT2101内（图64）。墓向275°。

开口于第2层下，打破生土。未被盗扰。

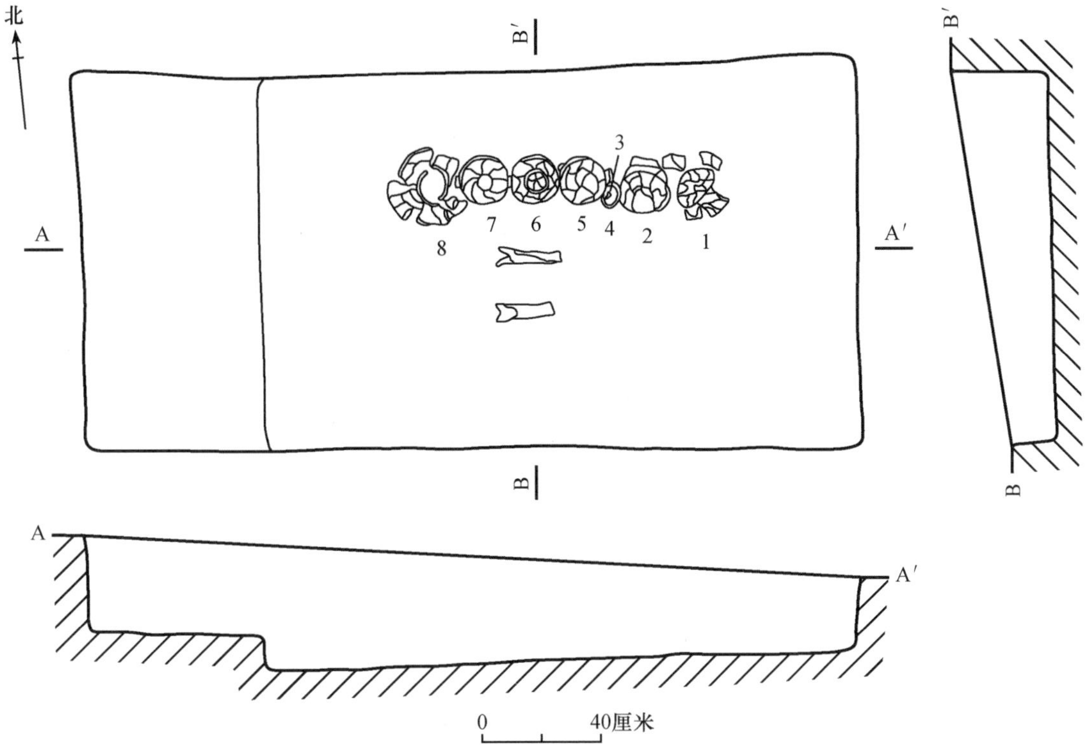

图172　2006CWPM171平、剖面图
1、2. 陶壶　3. 铜带钩　4. 陶盒盖　5、7. 陶鼎　6. 陶盒　8. 陶釜

竖穴土坑墓。墓口平面形状呈长方形。墓壁较直，平底。墓口距现地表25～29厘米，长266、宽128、深26～49厘米；墓底距现地表45～58厘米，长261、宽126厘米（图172）。

填土为红褐色五花土。墓底西部留有长128、宽59、高12厘米的生土二层台。二层台东部为墓室，长202、宽127厘米。未发现葬具。发现1具人骨，保存较差，仅存部分头骨和股骨。头向西南，葬式、性别和年龄不明。

在人骨北侧随葬7件器物，有2件陶壶、2件陶鼎、1件陶釜、1件陶盒（M171：4和M171：6为同一件器物）和1件铜带钩。

根据墓葬形制，推测其年代为西汉早期。

（2）出土器物

该墓共出土7件器物，6件陶器及1件铜带钩。

陶鼎　2件。M171：7，泥质黑皮褐陶。子母口，方唇，弧腹，圜底，三蹄形足。有一对长方形附耳，中间有长方形孔。腹部饰一道微凸弦纹。口径13.1、腹径16.4、高10.7厘米（图173，5；图版53，4）。M171：5，无法修复。

陶盒　1件。M171：6，泥质黑皮褐陶。子母口，圆唇，弧腹，圜底，矮圈足。盖微敞口，浅弧腹，圜底，圈足。上腹部和下腹部各有两道凹弦纹，盖上饰四道凹弦纹。盖口径15.5、器身口径11.7、圈足径9.8、通高12厘米（图173，4；图版56，1）。

陶壶　2件。微敞口，高领，微束颈，圆肩，扁鼓腹，圜底，圈足。肩部有两个对称铺首。M171：1，泥质黑皮褐陶。颈上部饰两道凹弦纹，肩部饰两道凹弦纹。口径9.8、腹最大径

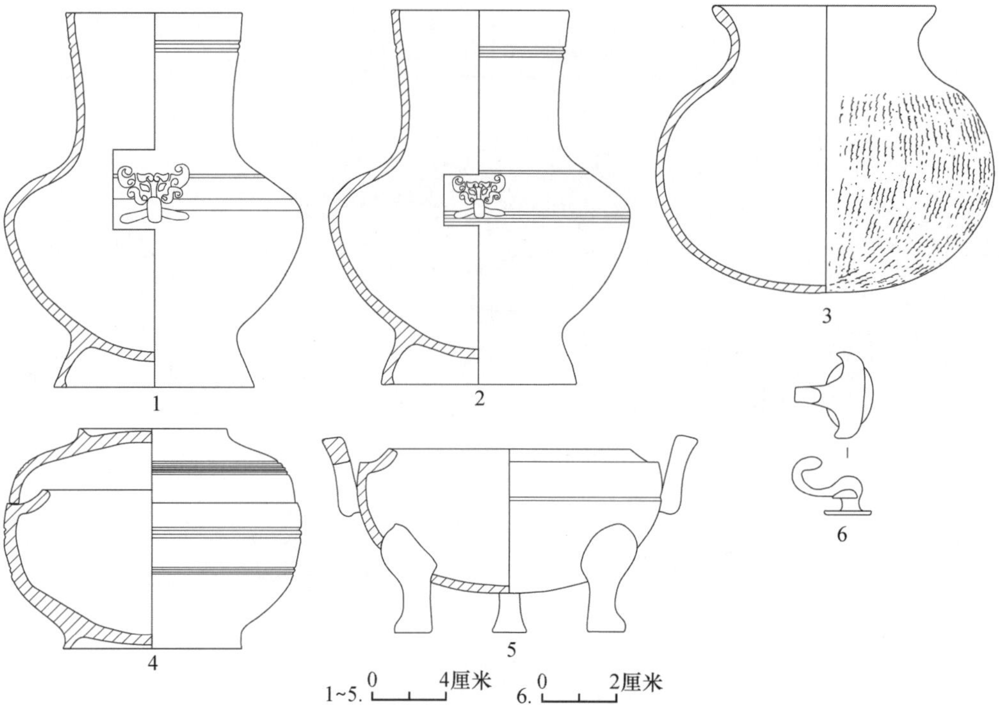

图173　2006CWPM171出土器物

1、2. 陶壶（M171：1、M171：2）　3. 陶釜（M171：8）　4. 陶盒（M171：6）　5. 陶鼎（M171：7）　6. 铜带钩（M171：3）

16.3、底径11、高20.3厘米（图173，1；图版66，6）。M171：2，泥质黑皮红胎。颈上部饰两道凹弦纹，肩部饰三道凹弦纹。口径9.6、腹最大径16.4、底径10.5、高20.3厘米（图173，2；图版67，1）。

陶釜　1件。M171：8，夹砂褐陶。侈口，尖圆唇，束颈，鼓腹，圜底。腹部及底部饰绳纹。口径12、腹最大径18.2、高15.6厘米（图173，3；图版76，1）。

铜带钩　1件。M171：3，钩作蛇首状，椭圆形扣，钩身两侧有羽翼伸出。素面。长2.2、最宽处2.4厘米（图173，6；图版112，5）。

57. 2006CWPM173

M173位于山包墓地南部的2006CWPT2201的西南角（图64）。墓向90°。

开口于第2层下，打破生土。被扰动。

竖穴土坑墓。因该墓地处坡底，流水冲刷掉大部分，仅存有小下半部分。墓口平面形状呈长方形。墓壁较直，平底。墓口距现地表35～40厘米，长216～220、宽115、深4～45厘米。墓底东、西端各有一个长条形凹槽，应是放置棺底垫木的。西部凹槽长115、宽27、深6厘米；东部凹槽长110、宽21、深5厘米（图174）。

填土为红褐色夹灰白斑块的五花土。发现1具人骨，保存状况较差。仰身直肢葬，头向东，面向、性别和年龄不明。未发现葬具痕迹，但根据墓底有凹槽的情况，我们推测原应有棺椁。无随葬品。

根据墓葬形制，推测其年代大致为汉代，具体年代不明。

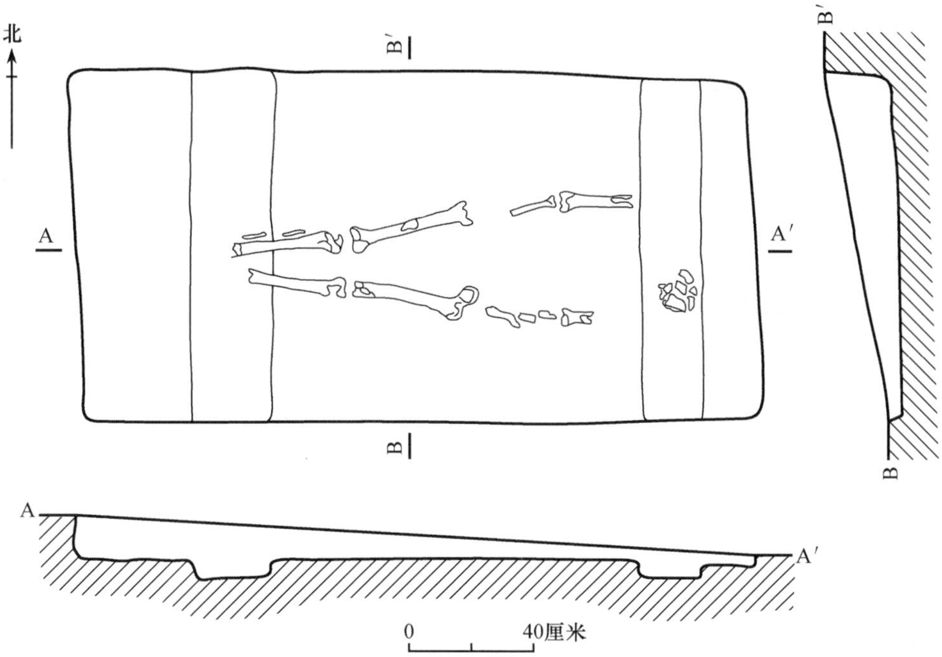

图174　2006CWPM173平、剖面图

58. 2006CWPM178

M178位于山包墓地南部的2006CWPT2101南部，部分延伸至探方南壁外（图64）。墓向178°。

开口于第2层下，打破M179、M180和生土。被盗扰，墓室与墓道连接处和墓室后部各有1个直径65、70厘米的圆形盗洞。

竖穴土坑墓。墓口平面形状呈刀把形。通长765厘米。由竖穴墓道和墓室两部分组成。墓室在北，墓道在南。

墓道平面形状呈长方形。墓壁斜直往外扩，平底。口部距现地表28～34厘米，长212、宽138、深115～160；底部距现地表145～190厘米，长222、宽170厘米。

墓室平面形状呈长方形。口小底大，墓壁斜直往外扩，平底。口部距现地表28～34厘米，长553、宽187、深165～290厘米；底部距现地表199～324厘米，长585、宽227厘米（图175）。

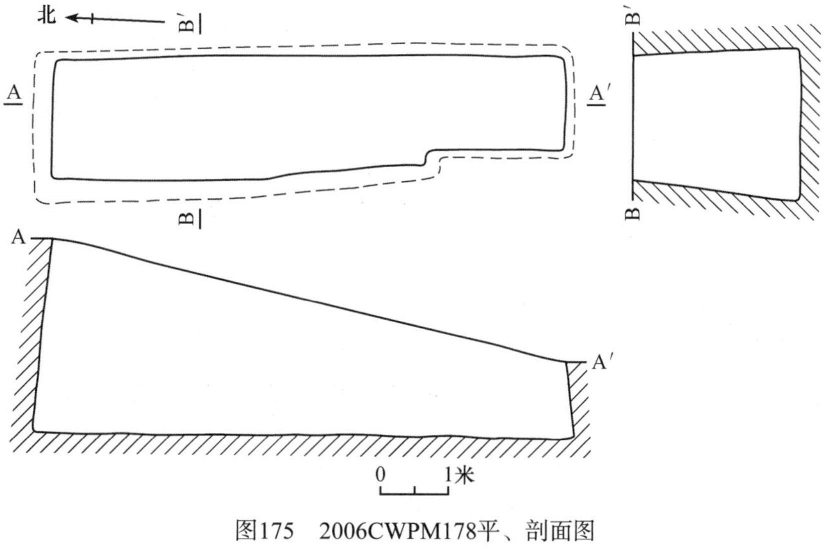

图175　2006CWPM178平、剖面图

填土为浅黄褐色黏土。在填土中发现凌乱的漆皮，推测原应有漆棺。未发现人骨。因被盗扰，无完整器物出土。在墓葬填土和盗洞中发现有绳纹灰陶罐残片，无法修复。

根据层位关系和墓葬形制，其年代晚于M180年代，推测其年代为东汉晚期。

59. 2006CWPM179

（1）墓葬概况

M179位于山包墓地南部的2006CWPT2101南扩方中（图64）。墓向90°。

开口于第2层下，打破生土，被M176和M178打破。未被盗扰。

竖穴土坑墓。因其东部被M178打破，现存墓葬西部部分。现存部分平面形状呈长方形。北壁西段墓壁稍往外扩，东段墓壁较直，其余墓壁均斜直内收，平底。墓口距现地表35厘米，残长92～106、宽162、深89～97厘米；墓底距现地表124～132厘米，残长181、宽160厘米。在墓室北、南、西面有熟土二层台。二层台高20厘米，北二层台宽34、南二层台宽43、西二层台宽25厘米（图176）。

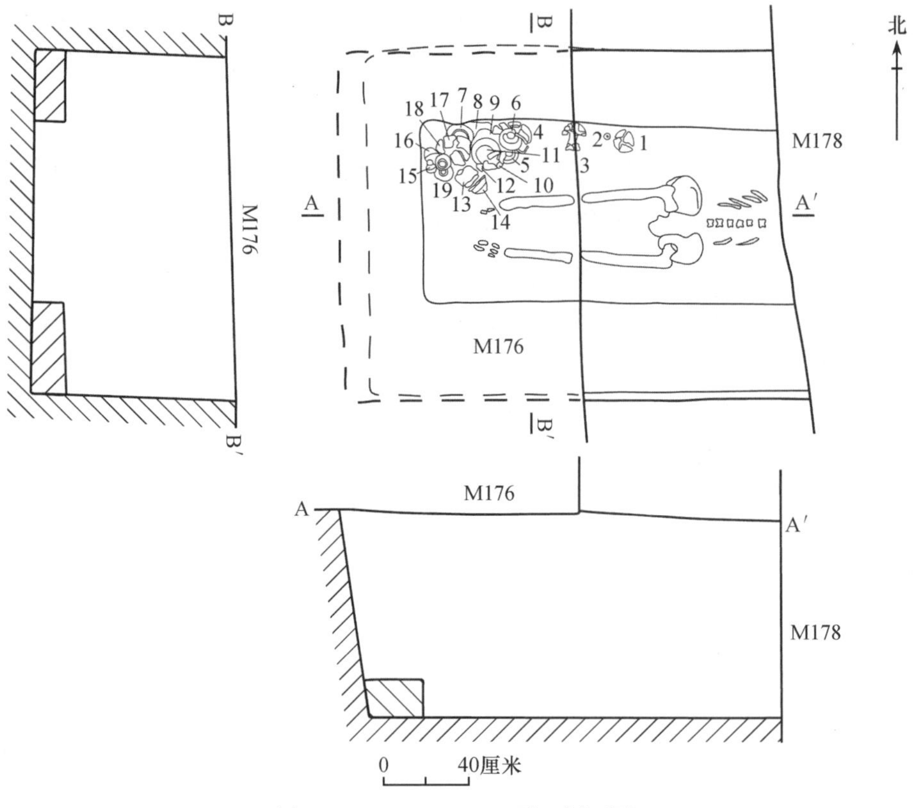

图176　2006CWPM179平、剖面图

1. 铜镜　2. 铜钱　3. 陶器座　4、6、10、11、13、15、16、18、19. 陶罐　5、12. 陶钵　7. 陶灶　8、9. 陶釜　14、17. 陶甑

填土为灰褐色黏土，部分经过夯打。在墓底发现有白色板灰，推测原应有棺。发现1具人骨，保存状况较差，仅存残存有下肢骨、盆骨、部分椎骨与肋骨。头向东，仰身直肢，面向、性别和年龄不明。在墓室西北角出土了21件器物，有1件铜镜、3枚半两铜钱、9件陶罐、2件陶钵、1件陶器座、2件陶釜、2件陶甑和1件陶灶。

根据墓葬形制和出土物，推测其年代为东汉早期。

（2）出土器物

该墓共出土21件器物，其中陶器17件、铜镜1件和半两铜钱3枚。

陶灶　1件。M179：7，泥质灰陶。平面呈长方形。双釜眼，两拱形火门悬置于一长侧边，并与釜眼相对。两釜眼后方中部有一长条形烟囱孔。灶身素面。长23.1、宽13.7、高5.7厘米（图177，1；图版59，6）。

陶罐　9件。M179：4，泥质灰陶。敛口，斜方唇，圆肩，上腹较直，下腹斜收，平底。肩部和下腹部各饰一周附加堆纹，其上饰戳印纹，下腹部有切削痕迹。口径10、腹最大径14.8、底径8.6、高12.8厘米（图177，2；图版96，1）。M179：10，泥质灰陶。敛口，斜方唇，圆肩，上腹较直，下腹斜收，平底。肩部和下腹部各饰一道附加堆纹，其上施戳印纹，下腹部有切削痕迹。口径9.5、腹最大径14.6、底径9、高12.1厘米（图177，3；图版96，2）。M179：11，泥质灰陶。敛口，斜方唇，圆肩，上腹较直，下腹斜收，平底。肩部和下腹部各饰一道附加堆纹，其上施戳印纹。口径9.2、腹最大径14.5、底径9、高12.4厘米（图177，4；图版96，3）。M179：13，泥质灰陶。敛口，斜方唇，圆肩，上腹较直，下腹斜收，圜底。肩部和下腹部各饰一道附加堆纹，其上饰戳印纹，下腹部和底部有切削痕迹。口径7.3、腹最大径10.6、高9.2厘米（图177，5；图版96，4）。M179：6，泥质灰陶。敛口，斜方唇，圆肩，斜弧腹，平底。下腹部有切削痕迹。口径7.3、腹最大径10.5、底径3.5、高7厘米（图177，6；图版79，4）。M179：15，泥质灰陶。侈口，三角形唇沿，尖唇，高领，束颈，圆肩，鼓腹，平底。下腹部有切削痕迹。口径4、腹最大径6.4、底径3.6、高5.8厘米（图177，7；图版85，2）。M179：16，泥质灰陶。侈口，三角形唇沿，尖圆唇，高领，束颈，圆肩，鼓腹，平底。下腹部有切削痕迹。口径4.3、腹最大径7.2、底径3.5、高6.7厘米（图177，8；图版85，3）。M179：18，泥质灰陶。侈口，三角形唇沿，尖唇，高领，束颈，圆肩，鼓腹，平底。腹部饰一周附加堆纹，其上饰戳印纹，下腹部有切削痕迹。口径4.4、腹最大径7.9、底径3.2、高7.5厘米（图177，9；图版85，4）。M179：19，泥质灰陶。小直口，方唇，圆肩，弧腹，平底。下腹部有切削痕迹。口径4.6、腹最大径8.7、底径2、高5.4厘米（图177，10；图版79，5）。

陶钵　2件。泥质灰陶。敞口，三角形唇沿，尖唇，深弧腹，平底。腹部有一道折棱，下腹部有切削痕迹。M179：5，口径9.4、底径3.9、高5.5厘米（图177，11；图版71，3）。M179：12，口径10.3、底径3.9、高6.2厘米（图177，14；图版71，4）。

陶釜　2件。M179：8，泥质灰陶。直口，方唇，圆肩，弧腹，平底，肩部附加一对实心泥凸和两道凹弦纹，下腹部有切削痕迹。口径6.2、腹最大径9.8、底径3.4、高6.1厘米（图177，15；图版74，3）。M179：9，泥质灰陶。小直口微敞，方唇，圆肩，弧腹，小平底。有盖，盖上有扁纽。肩部附加一对实心泥凸和两道凹弦纹，下腹部有切削痕迹。口径5.4、腹最大径8.6、底径2、高5.1、器盖高3厘米（图177，16；图版74，4）。

陶甑　2件。M179：14，泥质灰陶。直口，三角形唇沿，尖唇，深弧腹，小平底，底部有十一个箅孔。沿下有一道折棱。腹部饰一道附加堆纹，其上施戳印纹。下腹部有切削痕迹。口径10.1、底径2.5、高6.6厘米（图177，12；图版60，3）。M179：17，泥质灰陶。直口微敛，三角形唇沿，尖唇，深弧腹，平底，底部有七个箅孔。沿下有一道折棱，腹部饰一道凸弦纹，下腹部有切削痕迹。口径9、底径2.1、高5厘米（图177，13；图版60，4）。

陶器座　1件。M179：3，泥质灰陶。敞口，方唇，细高柄，喇叭形圈足。中空。素面。口径8.3、底径5.8、高9.6厘米（图177，17；图版77，1）。

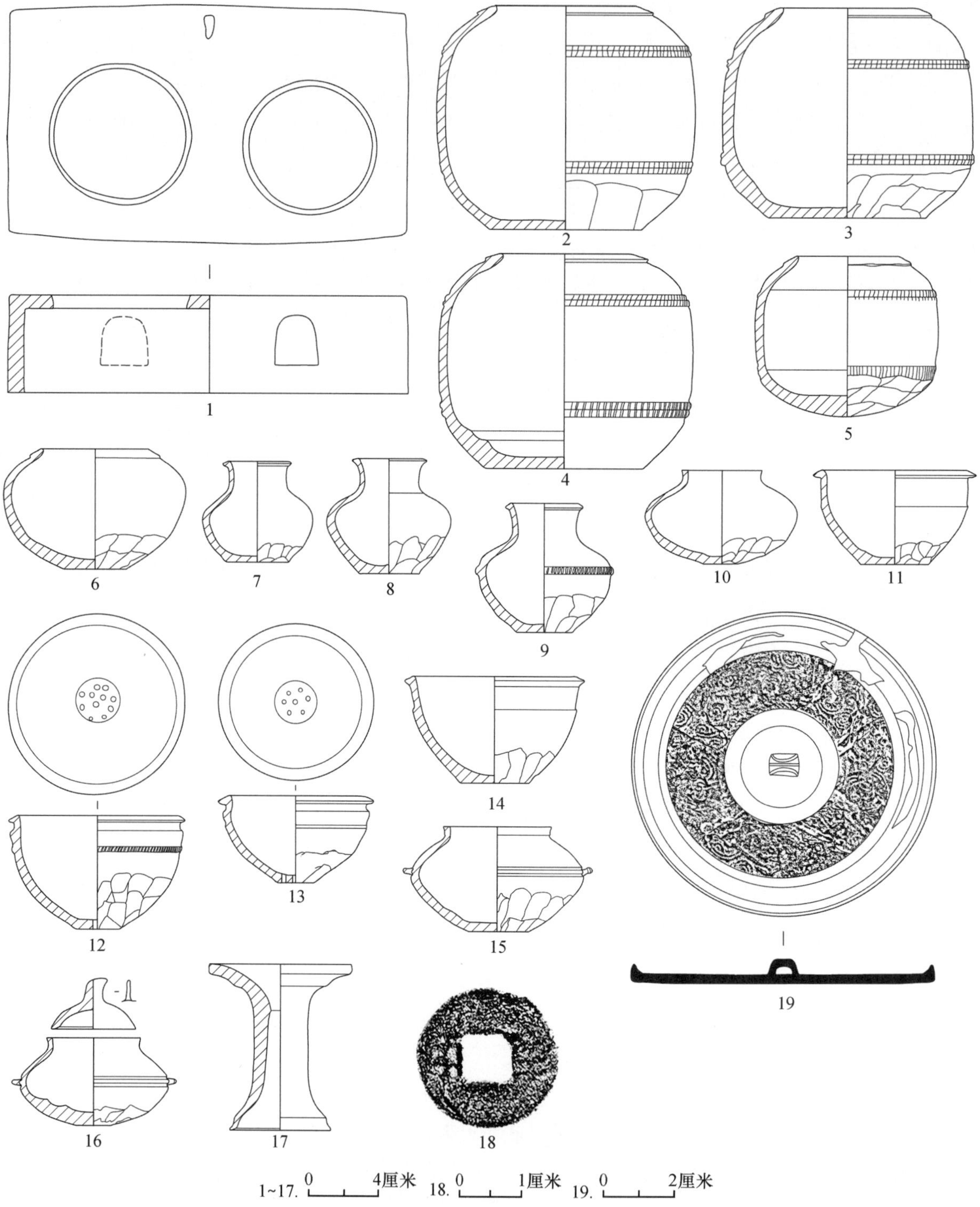

图177　2006CWPM179出土器物

1. 陶灶（M179：7）　2～10. 陶罐（M179：4、M179：10、M179：11、M179：13、M179：6、M179：15、M179：16、M179：18、M179：19）　11、14. 陶钵（M179：5、M179：12）　12、13. 陶甑（M179：14、M179：17）　15、16. 陶釜（M179：8、M179：9）　17. 陶器座（M179：3）　18. 半两铜钱拓片（M179：2-1）　19. 铜镜（M179：1）

铜镜　1件。M179：1，铜镜。稍残。窄缘，中部有三弦桥形纽。中间饰蟠螭纹。直径8.7、最厚处0.7厘米（图177，19；图版106，6）。

半两铜钱　3枚。M179：2，共3枚，圆形，有郭，篆体阳文“半两”（图版133，6）。M179：2-1，直径2.3厘米（图177，18）。

60. 2006CWPM180

（1）墓葬概况

M180位于山包墓地南部的2006CWPT2101南部，部分延伸至探方南壁外（图64）。墓向90°或270°。

开口于第2层下，打破生土，被M176和M178打破。被盗扰，墓室北部中间有1个直径70厘米的圆形盗洞。

竖穴土坑墓。因被M178打破，东南部被破坏。墓口平面形状呈长方形。除北壁西端稍往外扩外，其余墓壁均斜直内收，平底。墓口距现地表29～31厘米，残长239、宽217、深90～219厘米；墓底距现地表120～249厘米，残长279、宽203厘米（图178）。

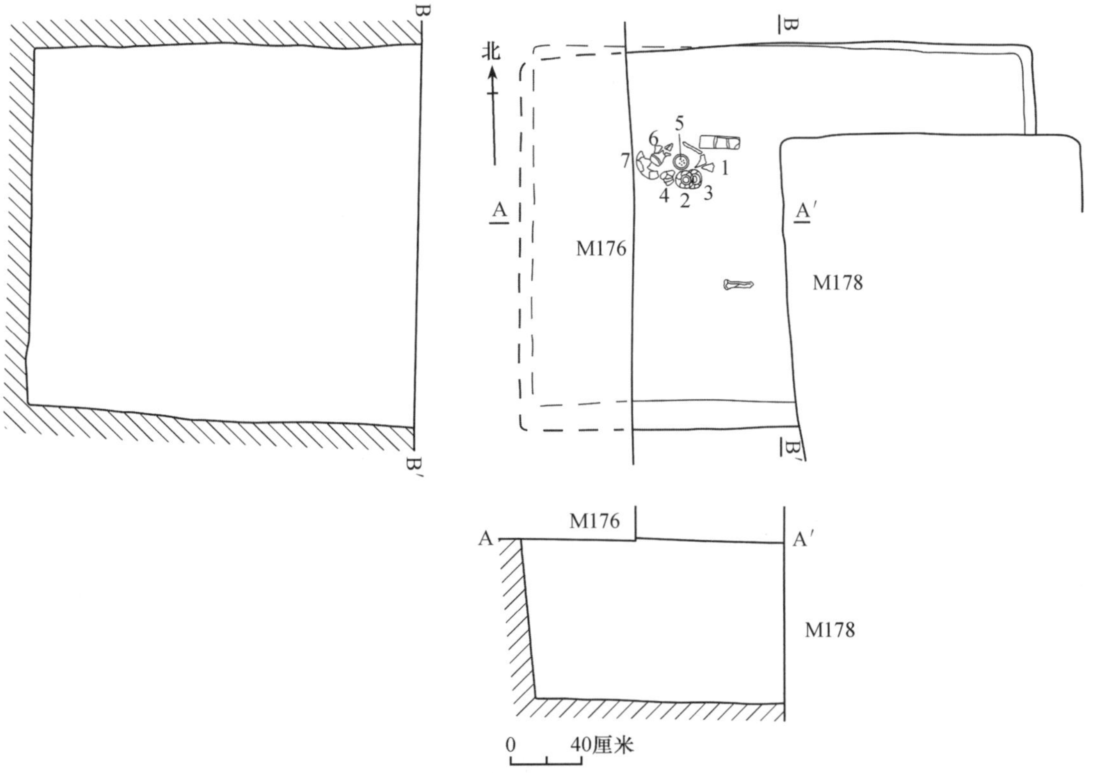

图178　2006CWPM180平、剖面图
1. 陶灶　2、4、7. 陶罐　3. 陶釜　5. 陶甑　6. 陶器座

填土为浅灰黄色黏土，经过夯打，夯层厚20厘米。在墓底发现有白色板灰，推测原应有棺。发现2具人骨，保存状况极差，仅存部分肢骨。头向、面向、性别和年龄不明。

在墓室西北部出土随葬品7件，有陶灶1件、陶罐3件、陶釜1件、陶甑1件、陶器座1件。

根据墓葬形制和出土物，推测其年代为东汉中期。

（2）出土器物

该墓共出土7件陶器。

陶灶　1件。M180：1，泥质灰陶。残。平面呈长方形。双釜眼，双拱形火门悬置于一长侧边，并与釜眼相对。两釜眼后方中间有一长条形烟囱孔。灶身素面。长22.3、宽14.1、高6.6厘米（图179，1；图版60，1）。

陶罐　3件。泥质灰陶。M180：2，直口，圆方唇，圆肩，鼓腹，圜底。腹部饰一周戳印纹。口径4.3、腹最大径8.4、高4.8厘米（图179，4；图版82，4）。M180：4，敞口，斜方唇，高领，束颈，圆肩，鼓腹，平底。下腹部有切削痕迹。口径4.6、腹最大径7.9、底径2.8、高6厘米（图179，6；图版86，5）。M180：7，敞口，方唇，高领，束颈，圆肩，鼓腹，平底。下腹部有切削痕迹。口径4.5、腹最大径8.1、底径3.6、高5.8厘米（图179，7；图版86，6）。

陶釜　1件。M180：3，泥质灰陶。直口微敞，方唇，圆肩，鼓腹，圜底。肩部饰两道凹弦纹，并有两个对称实心泥凸。口径4.8、腹最大径8.5、高5厘米（图179，5；图版74，5）。

陶甑　1件。M180：5，泥质灰陶。敞口，三角形唇沿，尖唇，弧腹，平底，底部有七个箅孔。沿下和腹部各有一道凸起。口径8.9、底径2、高4.6厘米（图179，2；图版64，3）。

陶器座　1件。M180：6，泥质灰陶。敞口，方唇，浅腹，束腰，喇叭形圈足，中空。腹部有一道折棱。口径8.2、底径5.9、高7.1厘米（图179，3；图版77，2）。

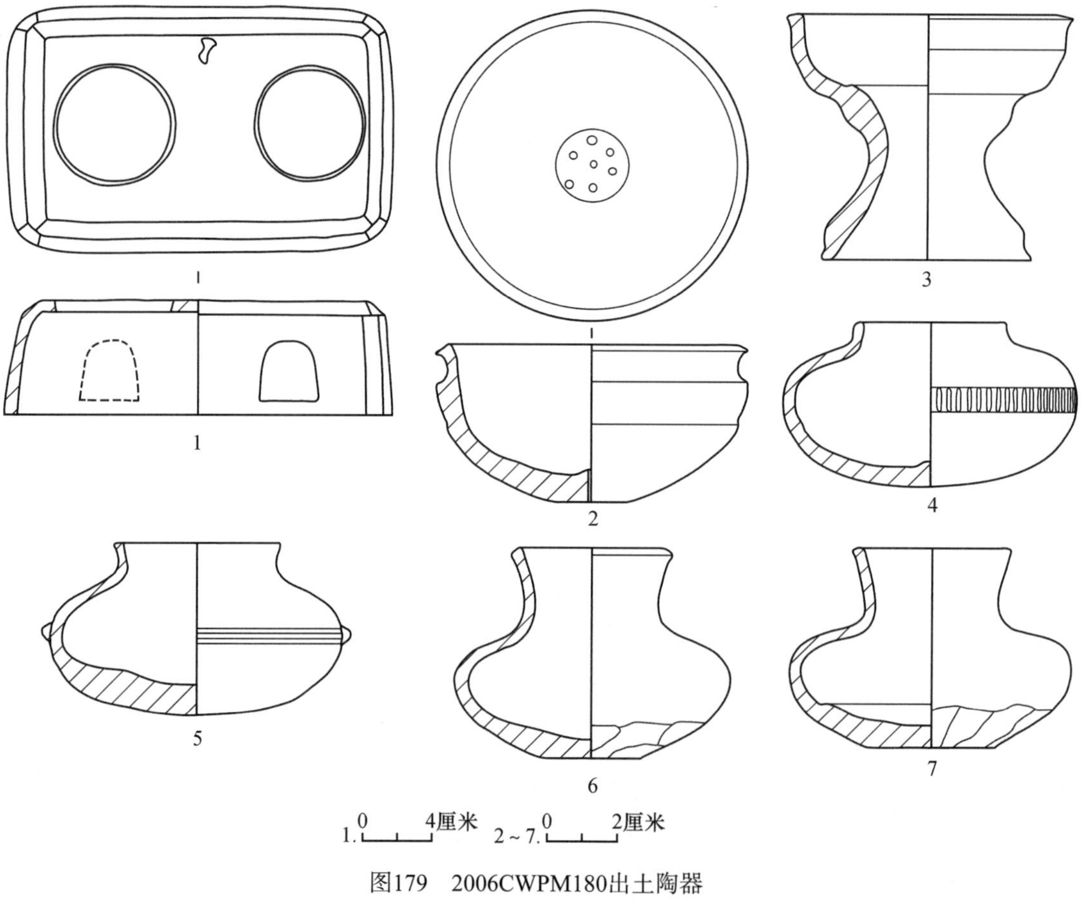

图179　2006CWPM180出土陶器

1. 灶（M180：1）　2. 甑（M180：5）　3. 器座（M180：6）　4、6、7. 罐（M180：2、M180：4、M180：7）　5. 釜（M180：3）

61. 2006CWPM181

M181位于山包墓地北部的2006CWPTG1002东部（图64）。墓向98°。

开口于第2层下，打破生土。被扰动。

竖穴土坑墓。墓口平面形状近凸字形。通长438厘米。由斜坡墓道和竖穴墓室组成。墓道在东，墓室在西。

墓道平面形状呈长方形，前端略呈弧形外凸，墓壁较直，斜坡状底。口部距现地表40～50厘米，长128、宽96、深0～74厘米；底部距现地表40～124厘米，宽96厘米。坡度35°。墓道后端下部距墓室底部13厘米。

墓室平面形状呈长方形，墓壁较直，平底，底部平铺一层石块。口部距现地表39～41厘米，长312、宽214～220、深60～106厘米（图180）。

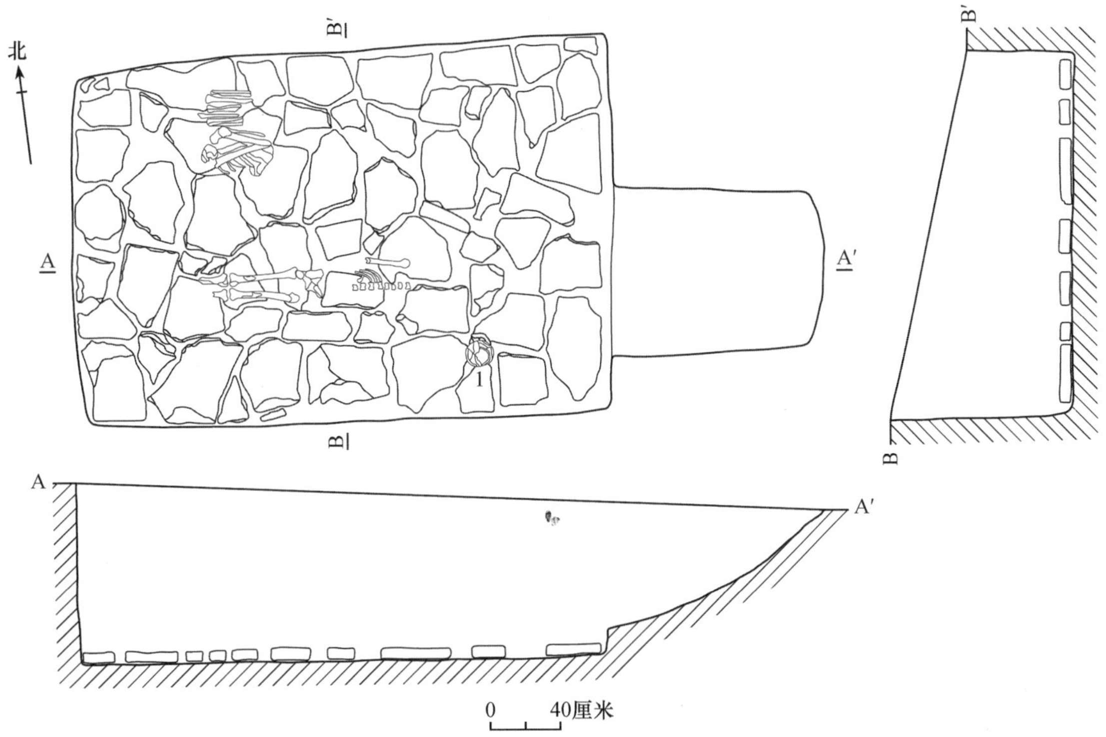

图180　2006CWPM181平、剖面图

1. 陶罐

填土为红褐色土夹白斑块五花土。未发现葬具。发现2具人骨，北部人骨为二次葬；南部人骨应为一次葬。北部人骨保存较差，现存部分肢骨。性别和年龄不明。南部人骨保存较差，仅存部分肢骨、椎骨和肋骨。仰身直肢葬，头朝东南，面向、性别和年龄不明。初步推测应是夫妻合葬墓。

在墓室东南部出土1件仓形陶罐，无法修复。

根据墓葬形制和出土物，推测其年代为东汉时期，具体年代不明。

62. 2006CWPM182

M182位于山包墓地北部的2006CWPTG1002西部，大部分延伸至探沟北壁和南壁外（图64）。墓向355°。

开口于第2层下，打破生土。被扰动过。

竖穴土坑墓。墓口平面形状呈刀把形。通长512～543厘米。由斜坡墓道和竖穴墓室两部分组成。墓道在北部，墓室在南部。

墓道平面形状呈长方形，墓壁较直，斜坡状底。口部距现地表30厘米，长212～219、宽83～107、深0～96厘米。坡度16°。

墓室平面形状呈长方形。大部分墓壁斜直内收，平底。口部距现地表30～37厘米，长276～316、宽170～201、深96～152厘米；墓底距现地表126～189厘米，长262～305、宽172厘米（图181）。

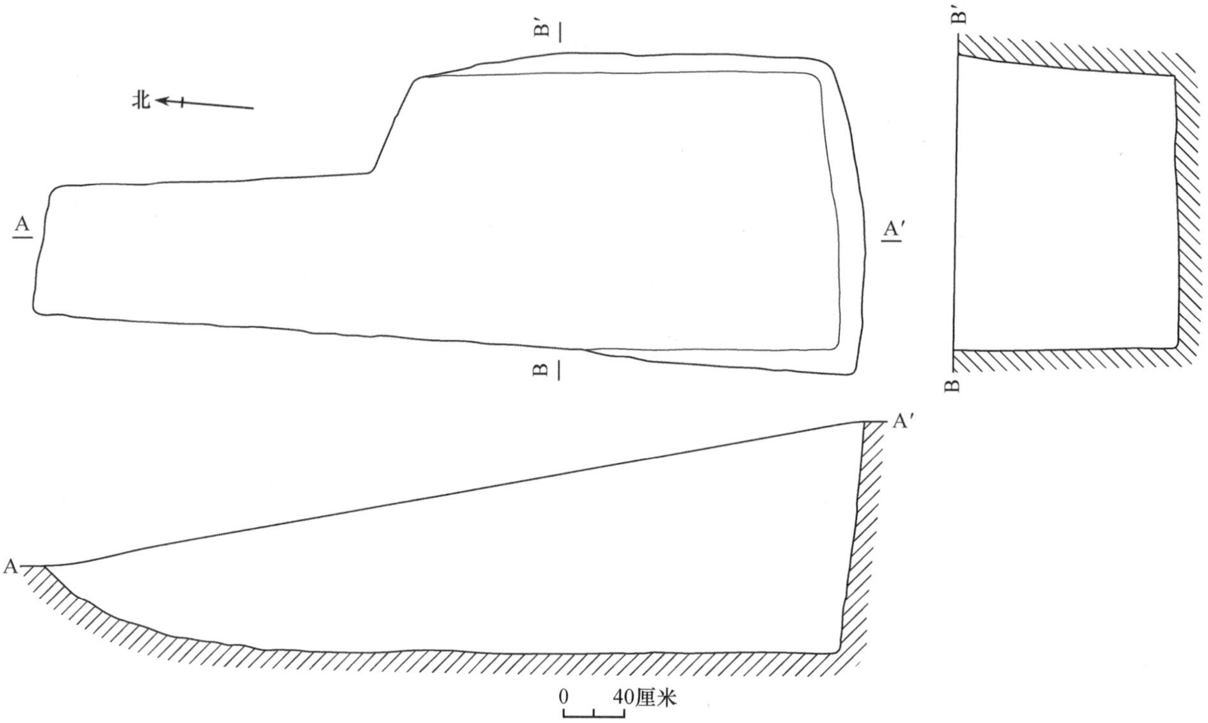

图181　2006CWPM182平、剖面图

填土为红褐色土。未发现葬具和人骨。因被扰，无随葬品。

根据墓葬形制，推测其年代为汉代，具体年代不明。

63. 2006CWPM184

M184位于山包墓地中部的2006CWPT1002东北部，小部分延伸至2006CWPT1102内（图64）。墓向148°。

开口于第2层下，打破生土。未被盗扰。

竖穴土坑墓。墓口平面形状呈长方形。口大底小，墓壁斜直内收，平底。墓口距现地表28～50厘米，长360、宽248～255、深147～162厘米；墓底距现地表184～207厘米，长317、宽218～230厘米（图182）。

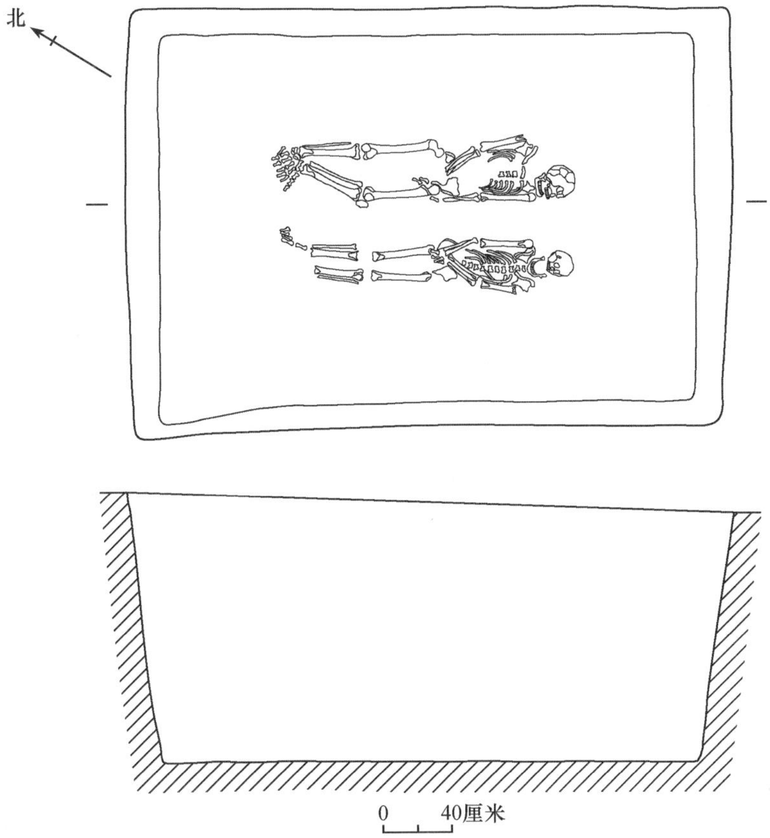

图182　2006CWPM184平、剖面图

填土为红褐色土和黄褐色土相杂的五花土，隔层夯打，每层厚15～20厘米。

发现2具人骨，保存状况较好。南侧（左）人骨仰身直肢，头向东南，面朝上，双手交叉置于腹部。经陈靓先生鉴定为一例中老年女性个体，详情见附录三。北侧（右）人骨侧身直肢，上半身稍朝左倾斜，头朝东南，面朝左，双手交叉置于腹部。经陈靓先生鉴定为一例30岁左右的男性，详情见附录三。推测可能是一座夫妻合葬墓。在人骨上、下均发现有较厚的白色朽灰，应是棺木朽灰。

根据墓葬形制和结构，推测其年代为西汉时期，具体年代不明。

（二）砖（石）室土坑墓

共14座。均有墓道，有些墓葬还有甬道。挖建墓葬方式与竖穴土坑墓没有不同，但是在建墓材料上存在采用砖、石和砖石混用三种方式，且砖石混用居多。

1. 1998CWPM1

（1）墓葬概况

M1位于山包墓地东南部1998CWPT14内（图64）。墓向177°。

开口于第1层下，打破生土。被盗扰。

竖穴土坑砖石室墓。由斜坡墓道、甬道和墓室三部分组成。通长966厘米。墓口平面形状呈刀把形。墓道在南，甬道和墓室在北（图183；图版44，1）。

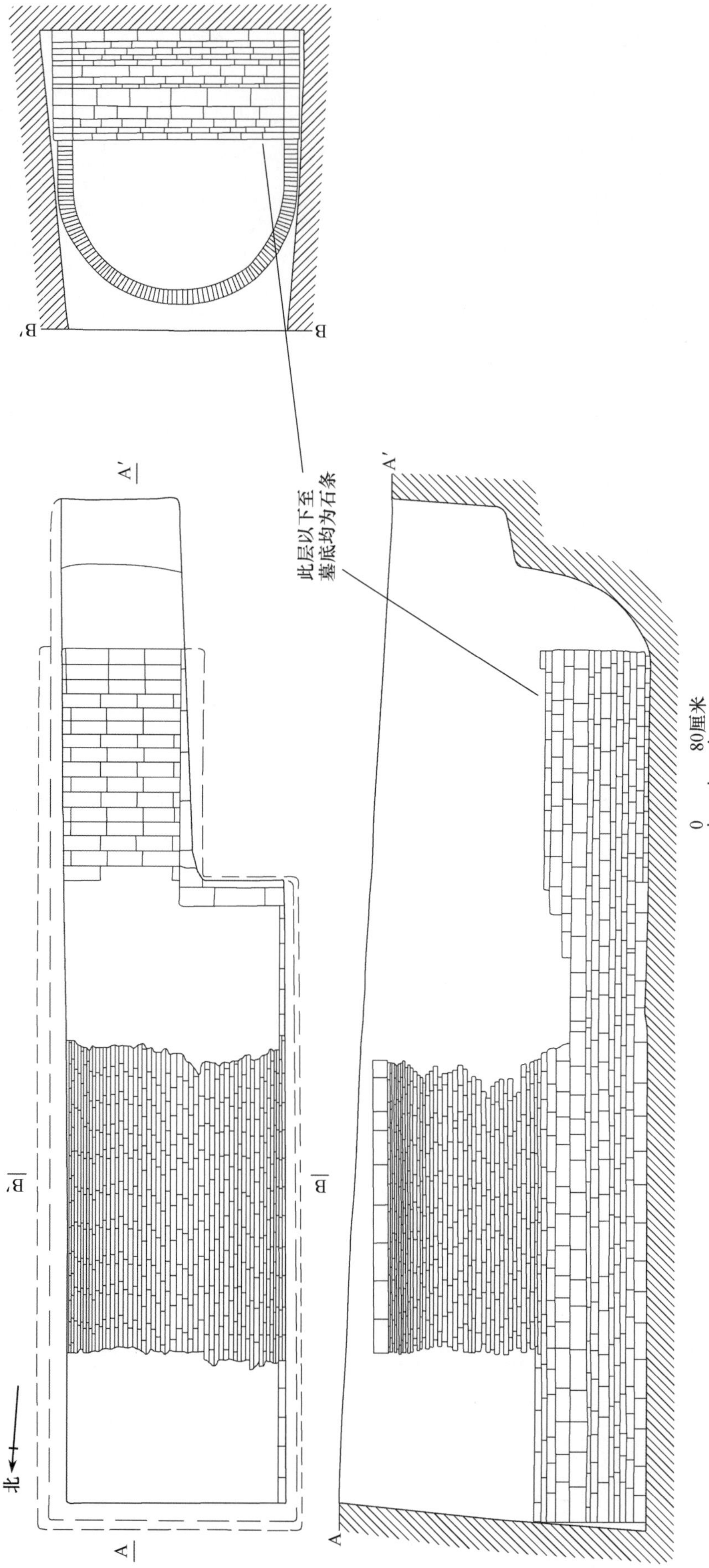

图183　1998CWPM1平、剖视图

由于券顶以上部分被毁，我们推测其营建方式是：先挖出竖穴墓道、甬道和墓室，再用砖石砌筑甬道、墓室，后放入葬具与随葬品，最后起券封顶、回填。

墓道口部平面形状呈长方形。西侧壁较直，东侧壁稍往外扩，未砌砖石。前端有一级宽64、深120厘米的台阶，以供上下。后端为较陡直斜坡。墓道口距现地表15厘米，长144、宽118、最深250厘米；底宽128厘米。

甬道位于墓室南侧，连接墓室和墓道。平面呈长方形，口小略底大，平底。口部距现地表15厘米，长223、宽140、深250～264厘米；底部距现地表275厘米，宽160厘米。券顶部分已坍塌，仅存下部石块砌筑的部分。甬道底部铺砖，采用错缝横铺。

墓室平面形状呈长方形，口小底略大，平底。口部距现地表15厘米，长599、宽213、深264～294厘米；底部距现地表279～309厘米，长624、宽258厘米。墓室四壁用砖石砌筑，下部先用石条错缝砌筑13层，高106厘米。石条以上采用单砖错缝垒砌。在距墓底156厘米处开始起券。券顶前、后部分已坍塌，剩余券顶部分长274、最高处距墓底264厘米（图版44，2）。因近墓底发现较多残砖，故推测底部应铺有砖。墓砖长32～37、宽14～15、厚4～7厘米。墓砖花纹多为组合几何纹，有交叉、斜线、网格以及横、竖线纹等（图184）。

填土为黄褐色五花土。因遭严重盗扰，仅在墓室填土中发现2枚五铢铜钱和13颗石珠。墓底发现板灰痕迹，应原有木棺。未发现人骨。

根据墓葬形制和出土器物，初步推测该墓年代为东汉时期，具体年代不明。

（2）出土器物

石珠　13颗，应为一组串饰。M1：2，共13颗。均为白色。球形，中间有小孔。宽0.8～1、高0.6～0.8厘米（图版118，2）。M1：2-1，宽0.8、孔径0.15、高0.7厘米（图185，1）。

五铢铜钱　2枚。均圆形，有郭，篆体阳文“五铢”。M1：1，直径2.6厘米（图185，2；图版130，3）。M1：3，锈蚀严重。

图184　1998CWPM1墓砖纹饰拓片

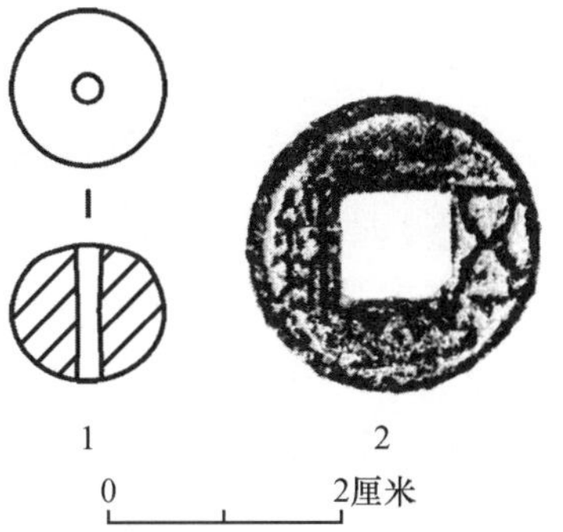

图185　1998CWPM1出土石珠和五铢铜钱拓片

1. 石珠（M1：2-1）　2. 五铢铜钱拓片（M1：1）

2. 1998CWPM3

（1）墓葬概况

M3位于山包墓地东南部1998CWP T15内（图64）。墓向205°。

开口于第1层下，打破生土。被盗扰。

竖穴土坑砖室墓。由斜坡墓道、甬道和墓室三部分组成，墓室在东北部，甬道和墓道在西南部。通长1044厘米。墓口平面形状呈凸字形（图186；图版44，3）。

由于券顶被毁，我们推测其营建方式与1998CWPM1相同：先挖出竖穴斜坡墓道、甬道和墓室，再用砖砌筑甬道、墓室，后放入葬具与随葬品，最后起券封顶、回填。

墓道口部平面形状呈长方形。直壁，斜坡状底，中间有一小缓坡。口部距现地表15厘米，长162、宽100～186、深0～121厘米，坡度38°。

甬道平面呈长方形。直壁，平底。口部距现地表15厘米，长240、宽200、深128厘米。在甬道与墓道相接处，有一长180、宽24、深8厘米凹槽。甬道两壁用单砖错缝砌筑，底部也铺有砖。

墓室口部平面形状呈长方形。直壁，平底。口部距现地表15厘米，长642、宽259、深125～128厘米。墓室两侧与后壁均用单砖错缝砌筑。墓底也铺有墓砖（图版45）。两侧墓砖残高57～100、后壁残高92～122、壁厚15厘米。墓砖长35、宽15、厚6.5厘米。纹饰多为菱形方格纹以及竖线纹等组合纹饰（图187；图版47）。

填土为黄褐色五花土。在甬道填土内发现有散乱的人体肢骨数块。葬具情况不明。该墓共出土78件器物，有琉璃瑱1件、五铢铜钱54枚、银环9件、釉陶锺1件、陶罐4件、陶壶1件、陶钵1件、陶舞俑1件、陶立俑2件、残陶楼2件、陶狗俑1件、陶子母鸡俑1件（图版46）。

根据墓葬形制和出土陶器，初步推测该墓年代为东汉中期。

（2）出土器物

该墓随葬有陶器、铜器、银器和琉璃器等78件。陶器14件，其中2件陶楼无法修复，五铢铜钱54枚，银环9件，琉璃瑱1件。

釉陶锺　1件。M3：15，泥质红陶。盘口，方唇，高领，束颈，溜肩，鼓腹，圈足，平底，腹部有两个对称铺首衔环。通体施釉，呈红褐色。口径14.7、腹最大径24.3、底径17.4、高31.2厘米（图188，6；图版105，1）。

陶壶　1件。M3：5，泥质灰陶。盘口，尖唇，高领，束颈，折肩，斜弧腹，圜底，圈足，肩部有对称桥形扁耳。颈部有一道凹弦纹，肩部有两道凹弦纹。口径14.9、肩径20、底径12.2、高20.7厘米。（图188，7；图版68，1）。

陶罐　4件。泥质灰陶。M3：14，侈口，重沿，方唇，鼓腹，底部上凹。口沿上有一条凹槽，肩部有两个对称的桥形耳。器身上部饰细密的纵向间断绳纹，下部饰横向粗绳纹。器底饰绳纹。口径15.3、腹最大径25.6、底径10.5、高27.6厘米（图188，1；图版97，5）。M3：6，敞口，圆唇，折沿，高领，束颈，折肩，弧腹，凹底。肩部压印有两道网格纹，腹部饰横向或交错绳纹。口径15.6、肩径21.5、底径10、高21.8厘米（图188，2；图版88，6）。M3：7，敞口，尖圆唇，折肩，斜弧腹，平底。肩部饰两道凹弦纹。口径17.2、肩径25.2、底径13.8、高

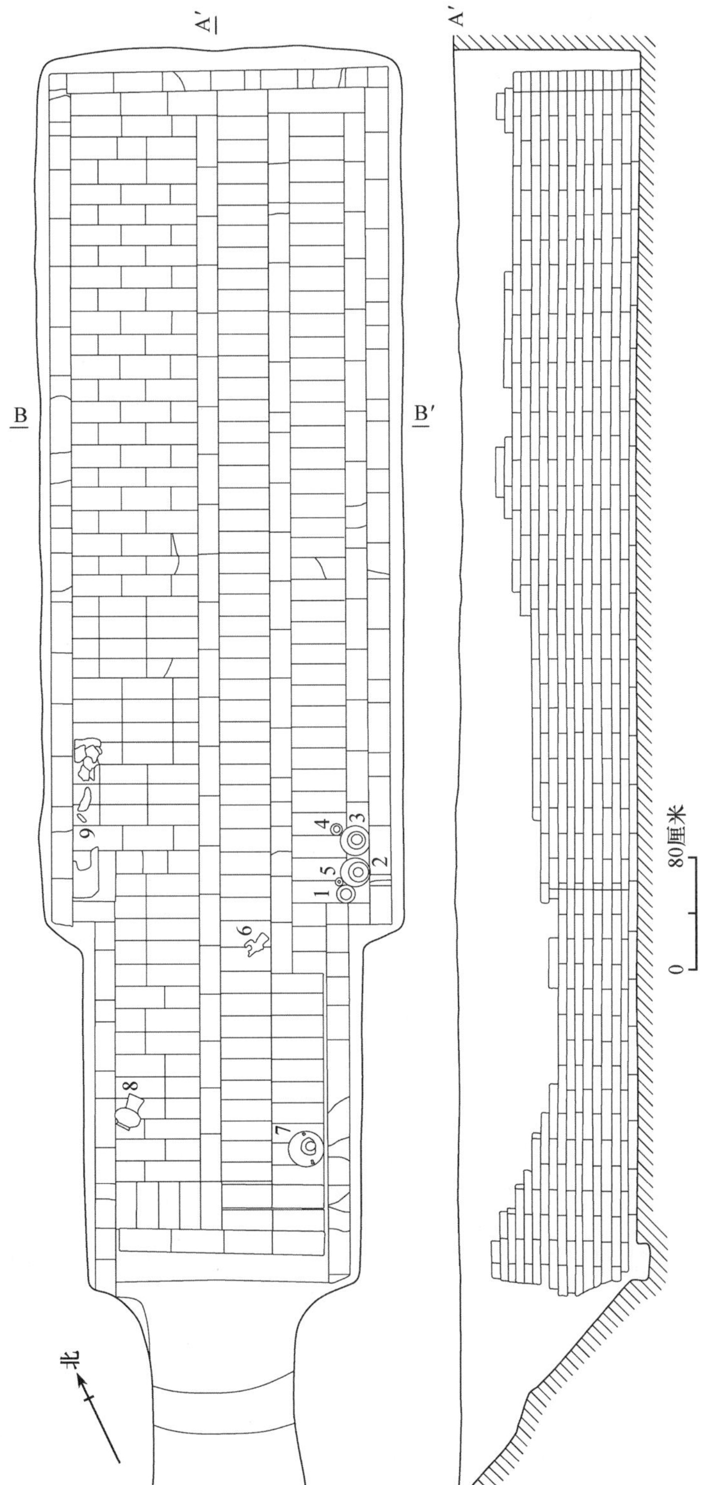

图186 1998CWPM3平、剖视图
1、3、4. 陶罐 2. 陶壶 5. 陶钵 6. 陶舞俑 7. 陶罐 8. 釉陶锺 9. 陶楼

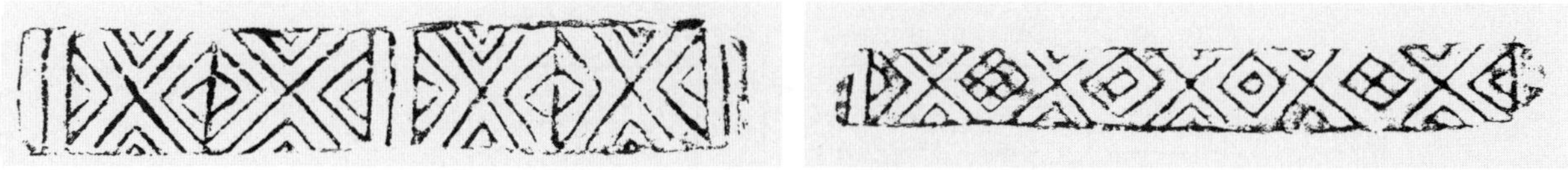

图187　1998CWPM3墓砖纹饰拓片

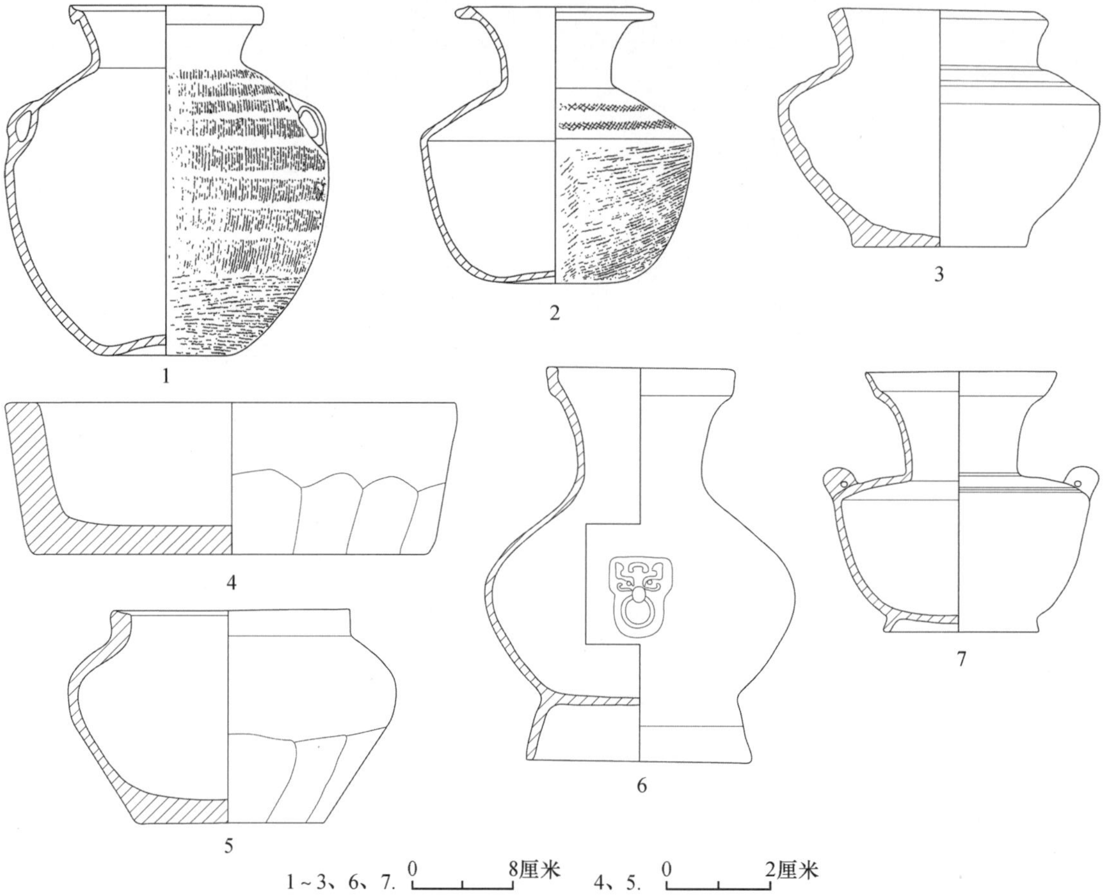

图188　1998CWPM3出土陶器

1～3、5. 陶罐（M3∶14、M3∶6、M3∶7、M3∶4）　4. 陶钵（M3∶8）　6. 釉陶锺（M3∶15）　7. 陶壶（M3∶5）

18.8厘米。（图188，3；图版83，1）。M3∶4，直口，圆肩，鼓腹，平底。下腹部有切削痕迹。口径4.7、腹最大径6.5、底径3.7、高4.2厘米（图188，5；图版79，6）。

陶钵　1件。M3∶8，夹砂褐陶。直口微敞，浅斜直腹，平底。下腹部有切削痕迹。口径9、底径7.8、高3厘米（图188，4；图版73，4）。

陶立俑　2件。M3∶16，泥质红陶。制作粗糙，呈拱手站立状，面部粗糙，仅能辨认双眼和鼻子。高12.1厘米（图189，2；图版101，1、2）。M3∶20，泥质红陶。戴冠，眉目漫漶不清，着深衣，拱手而立。高20.8厘米（图189，4；图版99，1、2）。

陶舞俑　1件。M3∶10，泥质红陶。舞俑梳高髻，着深衣，眉目清晰。头微偏向右侧，右臂弯曲上扬，提左腿，作舞蹈状。高23.9厘米（图189，1；图版102，3、4）。

陶狗俑　1件。M3∶12，泥质红陶。略残，狗俑肩部及背部上有项圈及勒带[①]。长25.6、

① 《巫山琵琶洲遗址发掘报告》第185页图一八，2的陶狗俑应是M3:12，系作者将其和M4:13陶狗俑混淆。

图189　1998CWPM3出土陶俑

1. 陶舞俑（M3：10）　2、4. 陶立俑（M3：16、M3：20）　3. 陶子母鸡俑（M3：21）　5. 陶狗俑（M3：12）

高21厘米（图189，5；图版103，5、6）。

陶子母鸡俑　1件。M3：21，泥质红陶。制作粗糙。鸡胸前和背上各有一只小鸡。长14.7、高9.8厘米（图189，3）。

银环　9件。圆形，表面呈黑色。M3：17，直径7厘米（图190，1；图版119，1）。M3：18，直径6.9厘米（图190，2；图版119，2）。M3：19，直径6.9厘米（图190，3；图版119，3）。M3：30，共2件（图版119，5）。M3：30-1，直径2.1厘米（图190，4）。M3：33，直径2.2厘米（图190，5；图版119，6）。M3：34，直径2厘米（图190，6；图版120，1）。M3：35，直径1.9厘米（图190，7；图版120，2）。M3：13，直径1.9厘米（图190，8；图版119，4）。

铜钱　54枚。均圆形，有郭，阳文篆体“五铢”。M3：2，直径2.5厘米（图190，15；图版122，4）。M3：3，直径2.5厘米（图190，14；图版122，5）。M3：9，直径2.5厘米（图190，13；图版122，6）。M3：22，直径2.6厘米（图190，12；图版123，1）。M3：23，直径2.5厘米（图190，11；图版123，2）。M3：24，共21枚。M3：24-1，直径2.5厘米（图190，10；图版123，3）。M3：25，直径2.5厘米（图190，9）。M3：26，共21枚。M3：26-1，直径2.5厘米（图190，16；图版123，4）。M3：27，直径2.5厘米（图190，17）。M3：28，直径2.5厘米（图190，18）。M3：29，锈蚀严重，字体不清晰。直径2.5厘米（图版123，5）。M3：31，直径2.5厘米（图190，19；图版123，6）。M3：32，直径2.5厘米（图190，20；图

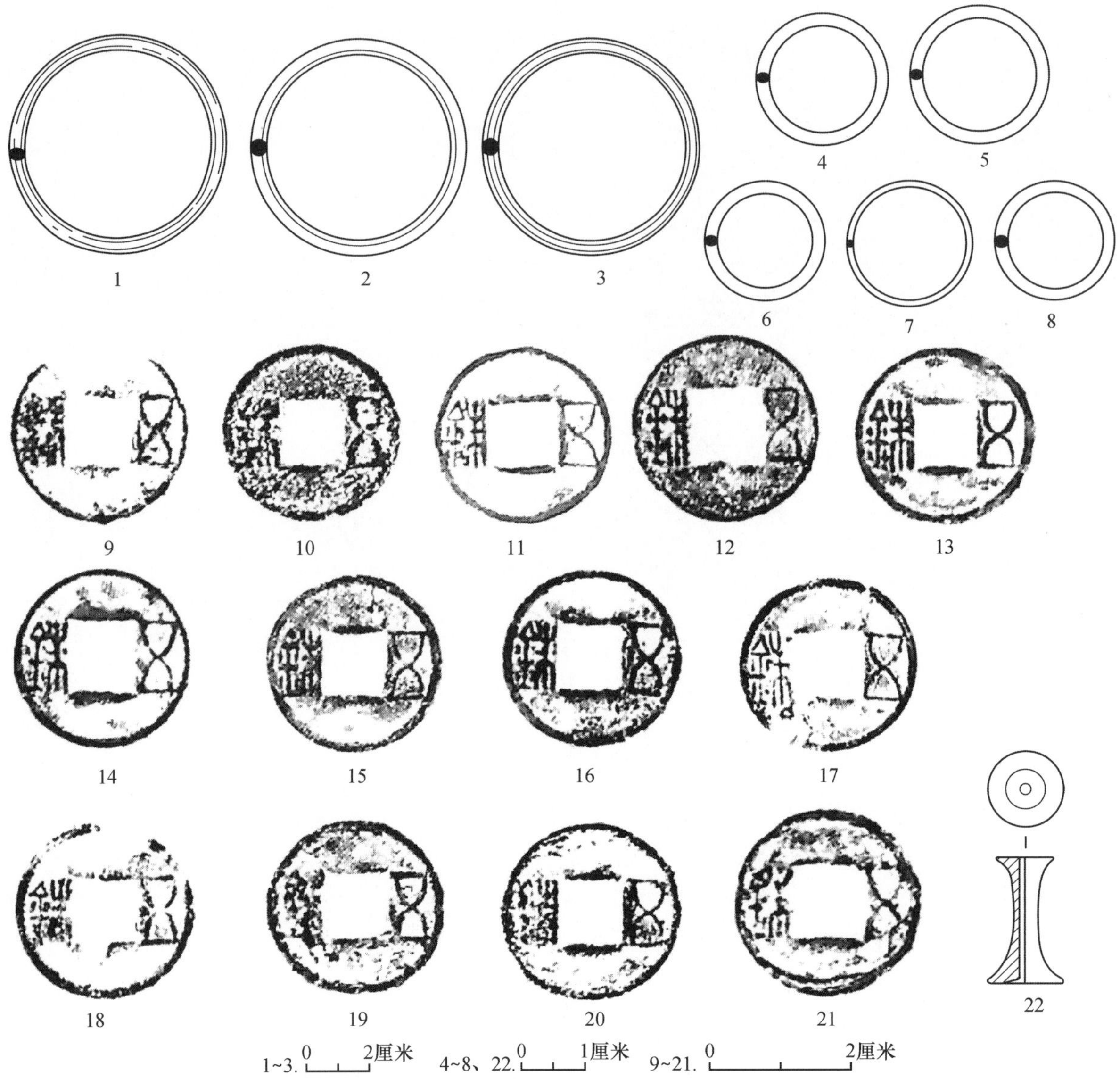

图190　1998CWPM3出土小件器物

1～8. 银环（M3：17、M3：18、M3：19、M3：30-1、M3：33、M3：34、M3：35、M3：13）　9～21. 五铢铜钱拓片（M3：25、M3：24-1、M3：23、M3：22、M3：9、M3：3、M3：2、M3：26-1、M3：27、M3：28、M3：31、M3：32、M3：36）　22. 琉璃瑱（M3：1）

版124，1）。M3：36，直径2.6厘米（图190，21）。

琉璃瑱　1件。M3：1，蓝色。呈束腰状，两端粗，中间细。中有小孔。上端直径0.9、下端直径1.2、孔径0.2、高2厘米（图190，22；图版121，3）。

3. 1998CWPM4

（1）墓葬概况

M4位于山包墓地东部1998CWPT18内（图64）。墓向89°。

开口于第1层下，打破M5与生土（图版48，1）。被盗扰。

竖穴土坑砖石室墓。墓口平面形状呈刀把形。通长1112厘米。由斜坡墓道、甬道和墓室三部分组成。墓道在东，甬道和墓室在西（图191；图版44，4）。

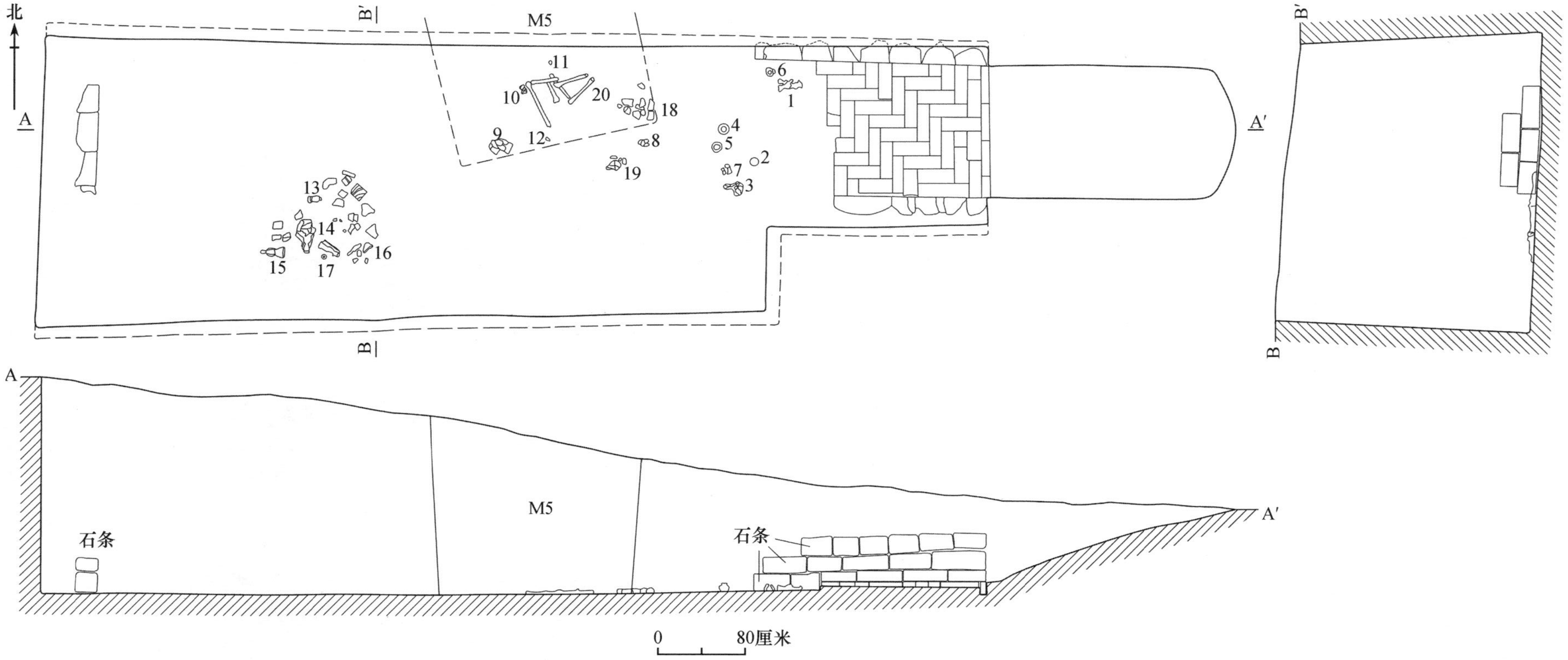

图191 1998CWPM4平、剖视图

1. 陶鸡俑 2. 陶钵 3、7～10、13～16、19. 陶俑 4. 陶罐 5. 陶钵 6. 陶豆 11、12. 铜钉 17. 五铢钱 18. 釉陶罐 20. 人骨

因券顶被毁，我们推测其营建方式与1998CWPM1相同：先挖出竖穴斜坡墓道、甬道和墓室，再用砖石砌筑甬道、墓室，后放入葬具与随葬品，最后起券封顶、回填。

墓道口部平面形状近似长方形，前段弧形外凸。直壁，斜坡状。距现地表20厘米，长228、宽122、深0～76厘米，坡度16°。

甬道平面形状呈长方形。口小底略大，平底。口部距现地表20厘米，长207、宽165、深84～108厘米；底部距现地表104～128厘米，宽183厘米。在甬道与墓道衔接处，有一长124、宽6、深7厘米的凹槽。甬道两侧用大青石错缝垒砌。底部呈人字纹铺砖。

墓室口部平面形状呈长方形。口小底略大，西壁较直，南、北壁稍往外扩，平底。口部距现地表20厘米，长677、宽246～267、深108～200厘米；墓底距现地表128～223厘米，长677、宽266～286厘米。墓室后部发现大青石块（图版48，2），墓室底部也发现少量碎砖块，故推测墓室两侧与后壁应是用青石块垒砌的，墓底铺砖。未发现棺木痕迹，但根据出土棺钉的情况推测其应有棺木。在墓室填土内发现有散乱的人骨数块。经陈靓先生鉴定可能为一例成年男性个体，详情见附录三。

墓砖有两种。一种是有菱形方格纹以及横、竖线纹等纹饰的墓砖。砖长35、宽11.5、厚5.5厘米（图192，1）。一种是有纪年的铭文砖。砖长33.5、宽11.5、厚6厘米。如“永初五年九月造 郭延年益寿后子孙吉”铭文（图192，2）；“永初二年七月廿八日吉，宜大吉”铭文

1　　2　　3　　4

图192　1998CWPM4墓砖纹饰和铭文拓片

1. 菱形方格纹和竖线纹墓砖　2、4. 永初五年铭文砖　3. 永初二年铭文砖

（图192，3）；“永初五年九……，延年益寿……”铭文（图192，4）。

填土为黄褐色五花土。因早期被盗扰，出土随葬品50件，有陶猪俑1件、陶狗俑2件、陶鸡俑1件、铜棺钉4件、五铢铜钱20枚、陶罐4件、釉陶罐2件、陶钵1件、釉陶锺1件、陶甑2件、陶人物俑10件、陶器座1件、铜饰1件。

因发现有明确纪年的墓砖，“永初”为东汉安帝刘祜年号，永初二年为公元108年，永初五年为公元111年，故该墓年代为东汉中期。

（2）出土器物

该墓共出土50件器物，其中3件陶人物俑、1件釉陶罐无法修复。

陶罐　4件。M4：6，敞口，三角形唇沿，尖唇，高领，束颈，圆肩，鼓腹，平底。颈上部饰两道浅凹弦纹。口径4.6、腹最大径8.1、底径2.7、高6.7厘米（图193，3；图版85，5）。M4：10，泥质红陶。小直口，圆唇，圆肩，鼓腹，平底微凹。素面。口径6.3、腹最大径9.5、底径6.1、高6.4厘米（图193，4；图版80，1）。M4：21，泥质灰陶。直口微敞，三角形唇沿，尖唇，高领，鼓腹，小平底。下腹部有切削痕迹。口径4.1、腹最大径8、底径2、高6.7厘米（图193，5；图版85，6）。M4：11，泥质红陶。小敞口，圆唇，圆肩，鼓腹，平底。素面。口径6.3、腹最大径10、底径6.4、高6.2厘米（图193，6；图版80，2）。

陶钵　1件。M4：7，泥质灰陶。敞口，三角形唇沿，尖唇，斜弧腹，平底。腹部饰一道凸棱。口径8.6、底径1.8、高5.1厘米（图193，7；图版71，5）。

陶甑　2件。M4：17，泥质灰陶。敞口，三角形唇沿，尖唇，深弧腹，平底，底部有三个箅孔。素面。口径6.3、底径1.5、高3.7厘米（图193，9；图版62，2）。M4：24，泥质灰陶。敞口，三角形唇沿，尖唇，深弧腹，平底，底部有四个箅孔。下腹部有切削痕迹。口径9.7、底径1.5、高5厘米（图193，10；图版62，3）。

陶器座　1件。M4：25，泥质灰陶。敞口，三角形唇沿，尖唇，束腰，细柄，喇叭形圈足。中空。下腹部饰一周凹弦纹。圈足上饰一周凹弦纹。口径6.1、底径6.8、高7.3厘米（图193，8；图版77，3）。

陶立俑　5件。泥质红陶。系采用合模制成。戴冠，眉目漫漶不清，着深衣，拱手站立。M4：23，高20.8厘米（图194，1；图版99，3、4）。M4：29，高22厘米（图194，2；图版99，5、6）。M4：33，高21.1厘米（图194，3；图版100，1、2）。M4：34，高19厘米（图194，4；图版100，3、4）。M4：35，高19.2厘米（图194，5；图版100，5、6）。

陶吹乐俑　1件。M4：27，泥质红陶。稍残。头戴冠帽，着深衣，跽坐。头微偏向左侧，双手执物（笛）吹奏。高21.1厘米。（图194，6；图版102，1、2）。

陶抚琴俑　1件。M4：32，泥质红陶。稍残。为一束发男子，着深衣，跽坐抚琴。高18.8厘米。（图194，7；图版101，5、6）。

陶猪俑　1件。M4：1，泥质红陶。长头，双目凸出，两支獠牙长而外翻。长27.2、高13.6厘米（图194，8；图版103，1、2）。

陶鸡俑　1件。M4：16，泥质红陶。站立状，身上有羽毛。高20.6厘米（图194，9；图版102，5、6）。

陶狗俑　2件。M4：2，泥质红陶。略残。颈部有项圈，背部及胸前有勒带。长47.3、高

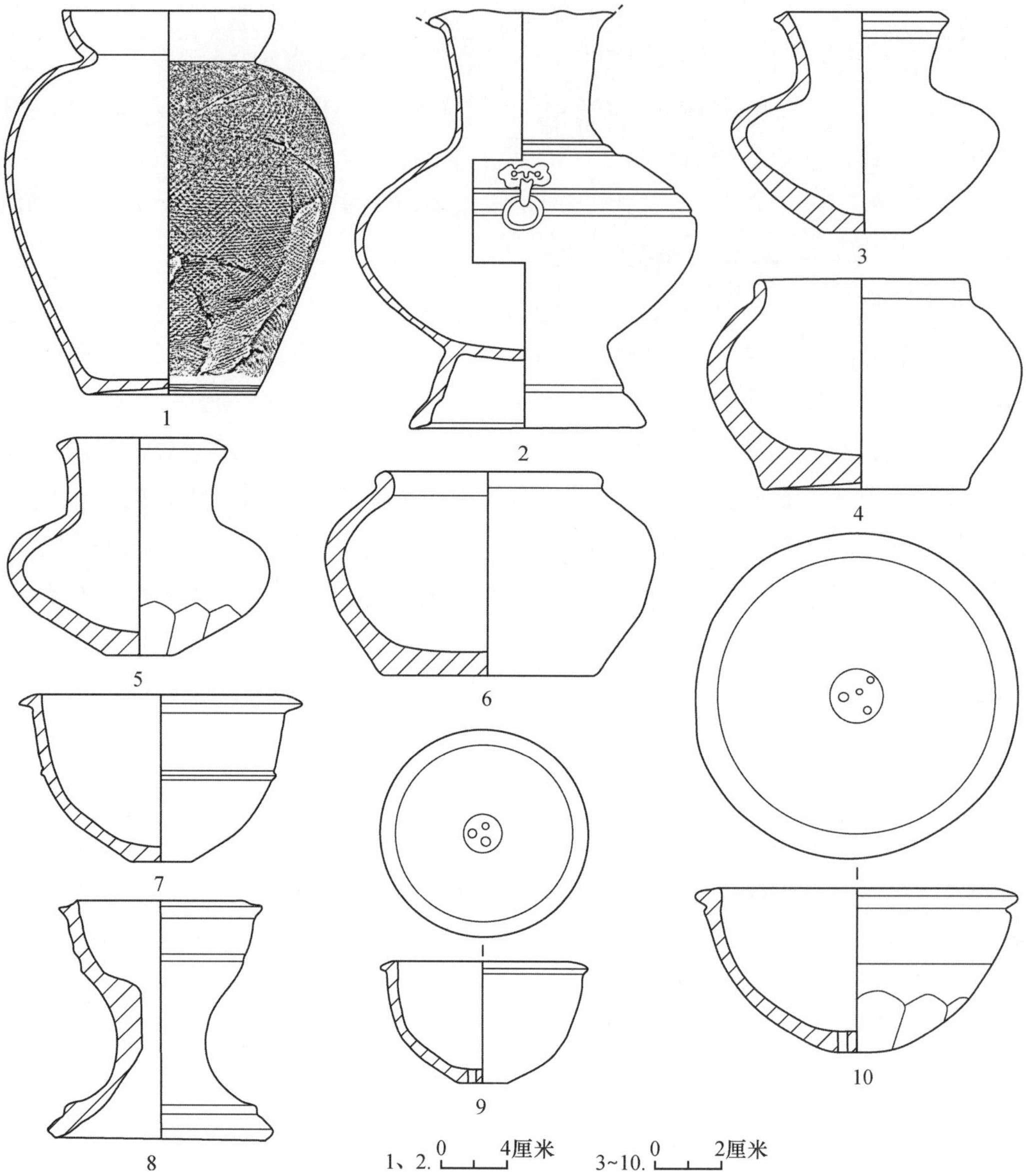

图193　1998CWPM4出土陶器和釉陶器

1. 釉陶罐（M4∶8）　2. 釉陶锺（M4∶12）　3～6. 陶罐（M4∶6、M4∶10、M4∶21、M4∶11）
7. 陶钵（M4∶7）　8. 陶器座（M4∶25）　9、10. 陶甑（M4∶17、M4∶24）

43.9厘米（图194，10；图版104，1、2）。M4∶13，泥质红陶。残，仅存头部及颈肩部。肩部有项圈。残高约14.8厘米（图194，11；图版104，3、4）。

釉陶锺　1件。M4∶12，泥质红陶。口部残。高领，扁鼓腹，圜底，高圈足。颈部、肩部各饰两道凹弦纹。肩上有两个铺首衔环，不甚对称，其中一个模糊不清。器身通体施釉，呈暗红色。腹最大径20.6、底径14.2、残高25.4厘米（图193，2；图版105，2）。

釉陶罐　2件。其中1件无法修复。M4∶8，泥质灰陶。盘口，方唇，束颈，圆肩，深弧腹，平底微凹。器身拍印方格纹。肩、腹部施黄褐色釉。口径12.7、肩径20、底径10.3、高23.4厘米（图193，1；图版105，4）。

铜棺钉　4件。伞状1件。M4∶30，钉尖残。内有尖锥状钉。直径4.3、残高1.3厘米（图195，1；图版107，3、4）。圆帽状3件。M4∶3，共3件（图版111，5、6）。M4∶3-1，钉尖

图194　1998CWPM4出土陶俑

1～5. 立俑（M4：23、M4：29、M4：33、M4：34、M4：35）　6. 吹乐俑（M4：27）　7. 抚琴俑（M4：32）
8. 猪俑（M4：1）　9. 鸡俑（M4：16）　10、11. 狗俑（M4：2、M4：13）

残。剖面呈梯形，内有扁锥状钉。残高0.7、直径1.8厘米（图195，3；图版111，5、6）。

铜饰　1件。M4：26，铜饰件，侧面呈长方形，横剖面呈角菱形，中空。顶面有一个尖状乳突。长4.2、最宽处1.1、高2.5厘米（图195，2；图版116，1）。

五铢铜钱　20枚。圆形，有郭，阳文篆体“五铢”。M4：4，共3枚（图版124，2）。M4：4-1，直径2.5厘米（图195，4）。M4：5，直径2.5厘米（图195，5；图版124，3）。M4：15，直径2.5厘米（图195，6；图版124，4）。M4：18，共6枚（图版124，5）。M4：18-1，直径2.5厘米（图195，7）。M4：20，直径2.6厘米（图195，8；图版124，6）。M4：22，直径2.3厘米（图195，9；图版125，1）。M4：36，共4枚（图版125，2）。M4：36-1，直径2.5厘米。M4：37，直径2.5厘米（图195，10；图版125，3）。M4：38，共2枚（图版125，4）。M4：38-1，直径2.5厘米（图195，11）。

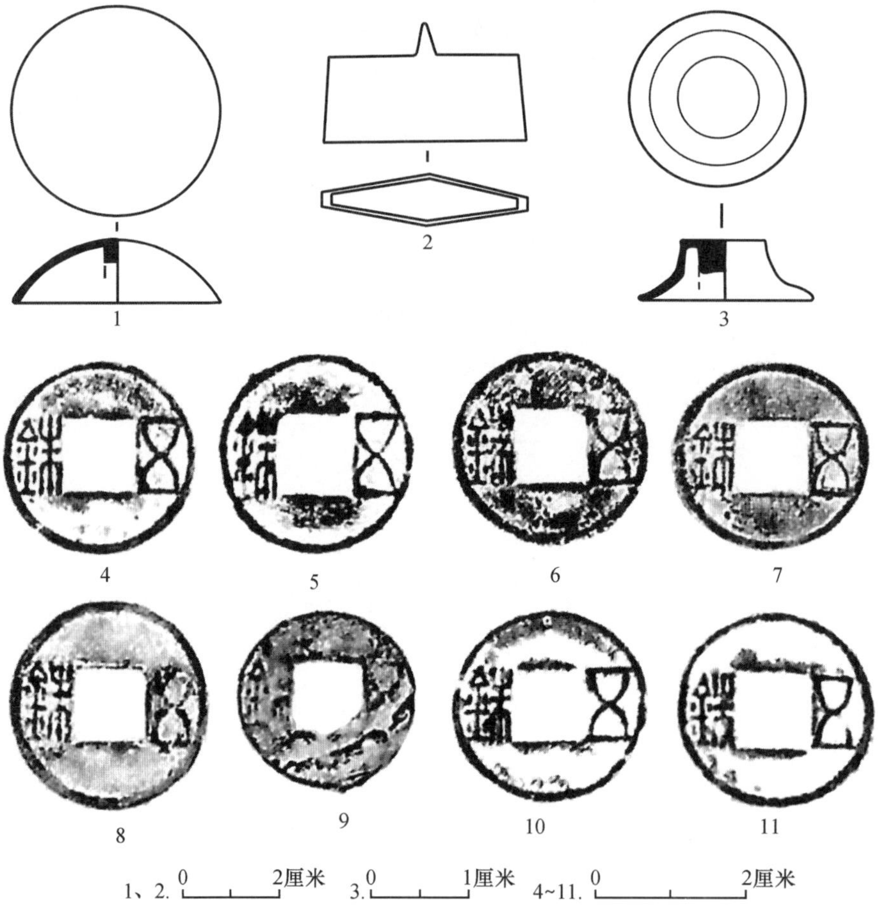

图195　1998CWPM4出土铜器

1、3. 棺钉（M4：30、M4：3-1）　2. 铜饰（M4：26）　4～11. 五铢铜钱拓片（M4：4-1、M4：5、M4：15、M4：18-1、M4：20、M4：22、M4：37、M4：38-1）

4. 1999CWPM12

（1）墓葬概况

M12位于山包墓地东南部的1999CWPT9中（图64）。墓向174°。

开口于第1层下，被M13、M14、M15打破，并打破生土。被扰动。

竖穴土坑砖石室墓。由斜坡墓道、甬道和墓室三部分组成。通长1061厘米。墓口平面形状呈刀把形。墓道和甬道在南，墓室在北。因墓室填土散乱有砖石块，推测该墓应是砖石混砌（图196）。

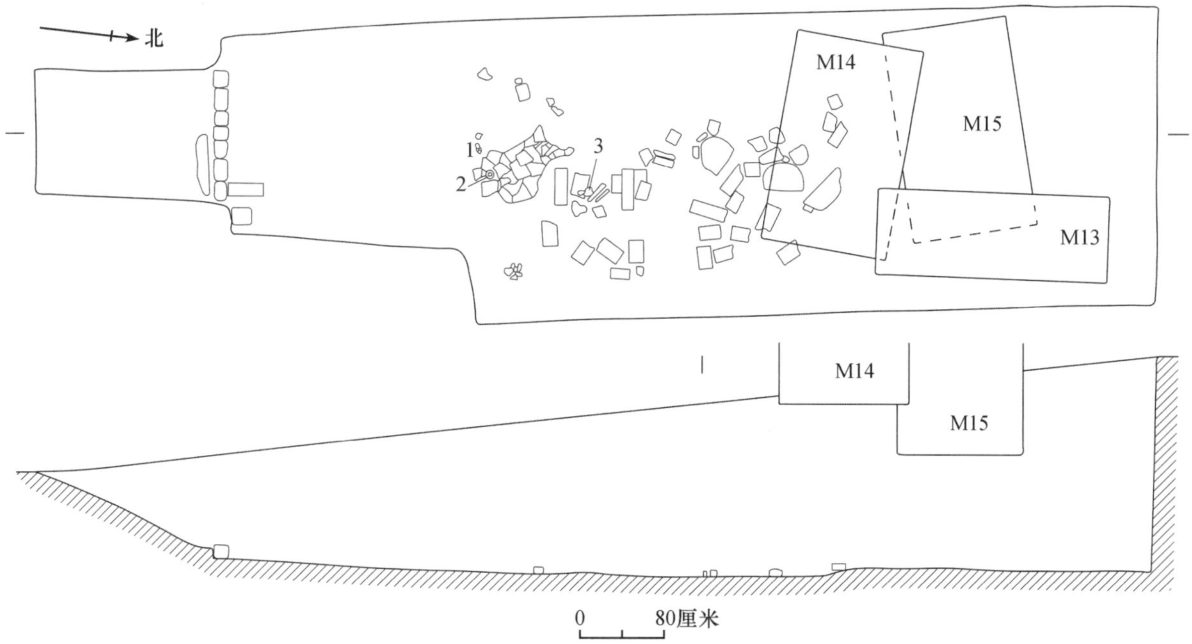

图196　1999CWPM12平、剖面图

1. 陶罐　2. 铜环　3. 陶罐

由于券顶和墓壁均被严重破坏，我们推测其营建方式与1998CWPM1相同：先挖出竖穴斜坡墓道、甬道和墓室，再用砖石砌筑甬道、墓室，后放入葬具与随葬品，最后起券封顶、回填。

墓道平面呈长方形。直壁，斜坡状。口部距现地表25厘米，长168、宽122厘米、深0～100厘米。坡度24°。

甬道平面呈长方形。直壁，平底。原应有券顶，现已不存。口部距现地表25厘米，长230、宽187～216、深100～135厘米。甬道与墓道连接处用青石封砌。甬道两侧用青石铺砌。底部应铺有砖。

墓室平面呈长方形。直壁，平底。口部距现地表25厘米，长663、宽285、深135～203厘米。根据墓室填土出土砖块和青石的情况看，推测两侧壁和后壁下部先用石块砌筑，其上部和墓底应是用砖铺砌。

墓砖长33、宽14、厚4～6厘米。发现有纹饰和“永元十二年”铭文砖①。

填土为黄褐色五花土。填土中还发现有人肢骨、大量漆片及残铜饰、残陶俑、陶楼残片等。墓室内未发现葬具和人骨。共发现41件器物，有铜残片2块、五铢铜钱18枚、银环1件、陶立俑1件、陶罐3件、瓷盏1件、铜环3件、铜棺钉1枚、铜摇钱树3件、青釉瓷碗1件、陶俑头1件、陶俑身2件、铜饰1件、陶器座1件、陶钵1件、陶摇钱树器座1件。

① 1999CWPM12墓砖原已采集，整理报告时未找到实物。报告依发掘记录进行描述。

因发现有明确纪年的墓砖，“永元”为东汉和帝刘肇年号，永元十二年为公元100年，故该墓年代应为东汉中期。

（2）出土器物

该墓共出土41件器物，其中瓷器2件，包括瓷碗和瓷盏。陶器10件，包括罐、钵、器座、摇钱树器座以及陶人物俑，其中2件陶俑身无法修复。铜器28件，包括铜环、铜棺钉、铜摇钱树、铜饰、铜残片以及五铢铜钱，其中有2件为铜残片。银器1件，为银环。

陶罐　3件。M12：36，泥质灰陶。敛口，方唇，折肩，深弧腹，平底。腹部有一道凸棱，下腹部有切削痕迹。口径9.6、肩径12.2、底径7.8、高11.6厘米（图197，4；图版93，

图197　1999CWPM12出土陶器和瓷器

1. 摇钱树陶器座（M12：40）　2. 陶立俑（M12：24）　3. 陶俑头（M12：34）　4～6. 陶罐（M12：36、M12：37、M12：25）　7. 瓷盏（M12：14）　8. 陶钵（M12：38）　9. 瓷碗（M12：21）

6）。M12：37，泥质灰陶。敛口，方唇，折肩，深弧腹，平底。上腹部有一道凹弦纹，下腹部有一道折棱。口径9、肩径11.3、底径6.2、高11.3厘米（图197，5；图版94，1）。M12：25，泥质褐陶。敞口，方唇，高领，束颈，折肩，弧腹，平底。素面。口径5.5、腹最大径6.9、底径4.2、高5.6厘米（图197，6；图版88，3）。

陶钵　1件。M12：38，泥质红陶。敞口，斜方唇，浅折腹，平底。腹部有一道折棱。口径13.3、底径4.2、高3.5厘米（图197，8；图版70，2）。

陶器座　1件。M12：35，泥质红陶。残。无法修复。

摇钱树陶器座　1件。M12：40，泥质褐陶。呈覆钟形，上部残。纹饰分为上下两栏。上部仅存兽足和花叶图案，下栏正面有三头象向左行走，左侧象有人骑乘，背面有两头象向右行走，左侧象有人牵引。宽31.2、残高29.3、厚26厘米（图197，1；图版104，5、6）。

陶立俑　1件。M12：24，泥质红陶。系采用合模制成，眉目漫漶不清，着深衣，拱手站立。高19.1厘米（图197，2；图版101，3、4）。

陶俑头　1件。M12：34，泥质红陶。系采用合模制成，戴冠，眉目漫漶不清。残高14.3厘米（图197，3）。

瓷碗　1件。M12：21，褐色粗瓷胎。敞口，斜弧腹，平底。器内及上腹部施青釉。口径20.7、底径12、高7.1厘米（图197，9；图版105，6）。

瓷盏　1件。M12：14，褐色粗瓷胎。敞口，浅弧腹，平底。除器底外施青釉。口径7.3、底径4.7、高2.6厘米（图197，7；图版105，5）。

铜环　3件。圆环状。M12：20，直径6.7厘米（图198，2；图版114，2）。M12：22。直径2.2厘米（图198，5；图版114，4）。M12：17。直径1.9厘米（图198，4；图版114，3）。

铜棺钉　1件。M12：18，蝉形，前圆，后尖，边缘有四个乳凸状足。上有弧形及直线刻纹。长7.5、最宽处3.6、高2.3厘米（图198，1；图版112，1、2）。

铜摇钱树　3件。M12：19（图版116，3）、M12：27（图版116，4）和M12：28（图版116，5），均锈蚀严重。仅能辨识出树枝纹。

铜饰　1件。M12：30，锈蚀严重。

五铢铜钱　18枚。圆形，有郭，阳文篆体“五铢”。M12：3，共3枚。M12：3-1，直径2.6厘米（图198，6）。M12：4，共2枚。锈蚀较严重。直径2.6厘米（图版131，5）。M12：5，共2枚。M12：5-1，直径2.5厘米（图198，7）。M12：7，锈蚀较严重。直径2.5厘米（图198，10；图版132，1）。M12：8，锈蚀严重。M12：9，锈蚀较严重。直径2.5厘米（图198，11；图版132，2）。M12：10，锈蚀严重。直径2.5厘米（图版132，3）。M12：12，直径2.5厘米（图198，8）。M12：15，锈蚀较严重。直径2.5厘米（图198，12；图版132，4）。M12：16，锈蚀较严重。直径2.5厘米（图版132，5）。M12：31，锈蚀严重。M12：32，锈蚀较严重。直径2.5厘米（图版132，6）。M12：33，共2枚。M12：33-1，直径2.6厘米（图198，9）。

银环　1件。M12：6，银质，表面呈黑色。直径2.2厘米（图198，3；图版120，4）。

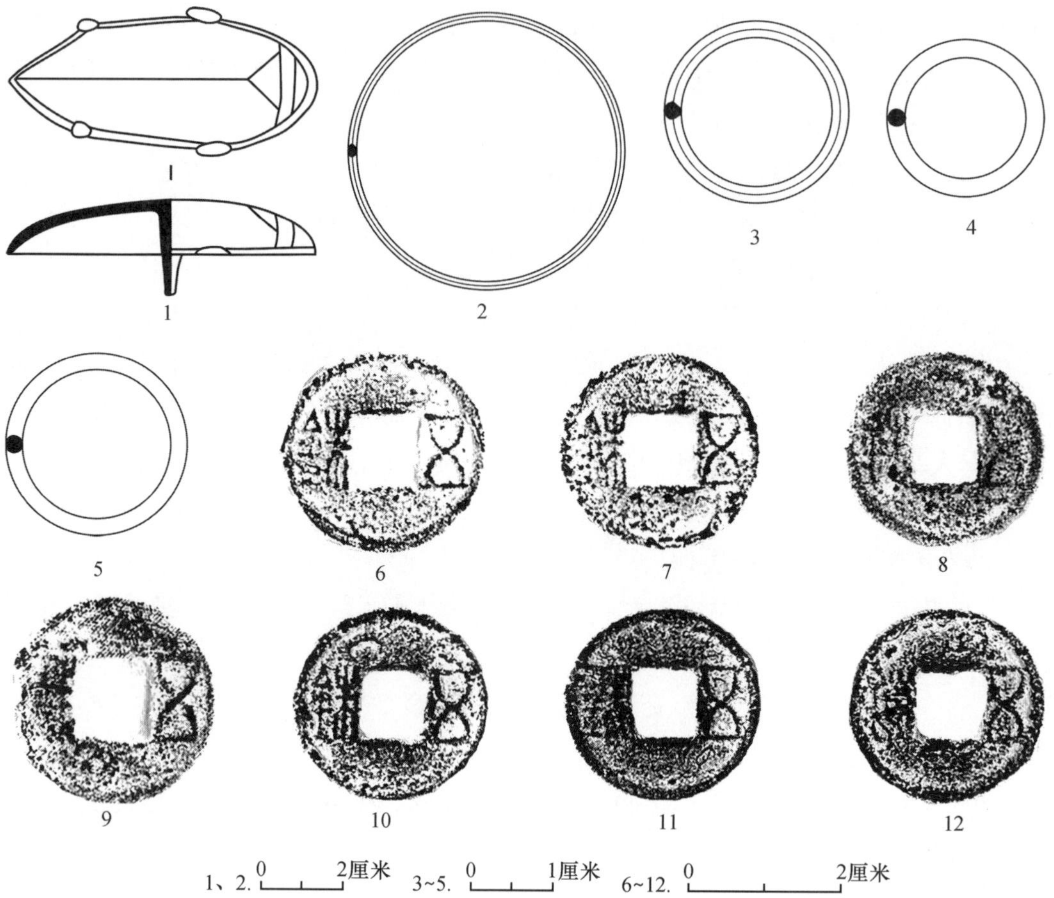

图198　1999CWPM12出土小件器物

1. 铜棺钉（M12：18）　2、4、5. 铜环（M12：20、M12：17、M12：22）　3. 银环（M12：6）　6～12. 五铢铜钱拓片（M12：3-1、M12：5-1、M12：12、M12：33-1、M12：7、M12：9、M12：15）

5. 2003CWPM105

M105位于山包墓地东部的2003CWPT1602中北部，小部分在2003CWPT1603内（图64）。墓向358°。

开口于第2层下，打破生土。被扰动。

竖穴土坑砖石室墓。墓口平面形状呈刀把形。通长840～850厘米。由墓道和墓室两部分组成。墓道在北，墓室在南。据墓室残留的砖石块看，该墓应是砖石混砌（图199）。

因仅存墓圹下部小部分，我们推测其营建方式：先是挖好竖穴墓道与竖穴墓室，在墓底铺砖，接着用砖石砌筑墓道和墓室侧壁，后放入葬具与随葬品，最后起券封顶、回填。

墓道平面形状呈长方形。口大底小，斜直壁内收，平底。口部距现地表42厘米，长205、宽182、深22厘米；底部距现地表64厘米，长196、宽173厘米。

墓室平面形状呈长方形。口大底略小，平底。口部距现地表20～35厘米，长623～645、宽288、深26厘米；底部距现地表46～61厘米，长614～640、宽279厘米。墓室侧壁和后壁应用石块垒砌，墓底也应原铺有砖和卵石。现仅在墓室西壁北端发现两块青石块以及在墓室后部发现砖块和卵石。

墓砖长35、宽15、厚6.5厘米。纹饰多为菱形方格纹以及竖线纹等组合纹饰（图200）。

填土为红褐色花土。未发现葬具和人骨，也无随葬品。

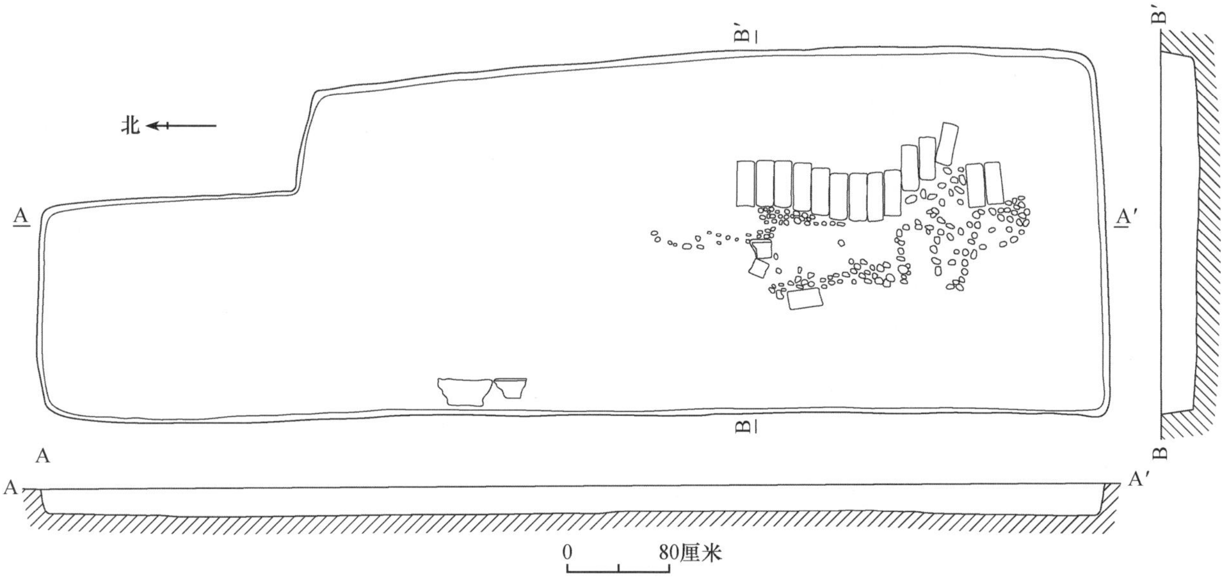

图199　2003CWPM105平、剖面图

图200　2003CWPM105墓砖纹饰拓片

根据墓葬形制，推测其年代为东汉时期。

6. 2003CWPM113

（1）墓葬概况

M113位于山包墓地中部偏东的2003CWPT1204中部偏西，部分在2003CWPT1104内（图64）。墓向98°。

开口于第2层下，打破生土。被扰动。

竖穴土坑砖石室墓。墓口平面形状呈刀把形。通长1048厘米。由斜坡墓道和墓室两部分组成。墓道在东，墓室在西（图201；图版49，1）。

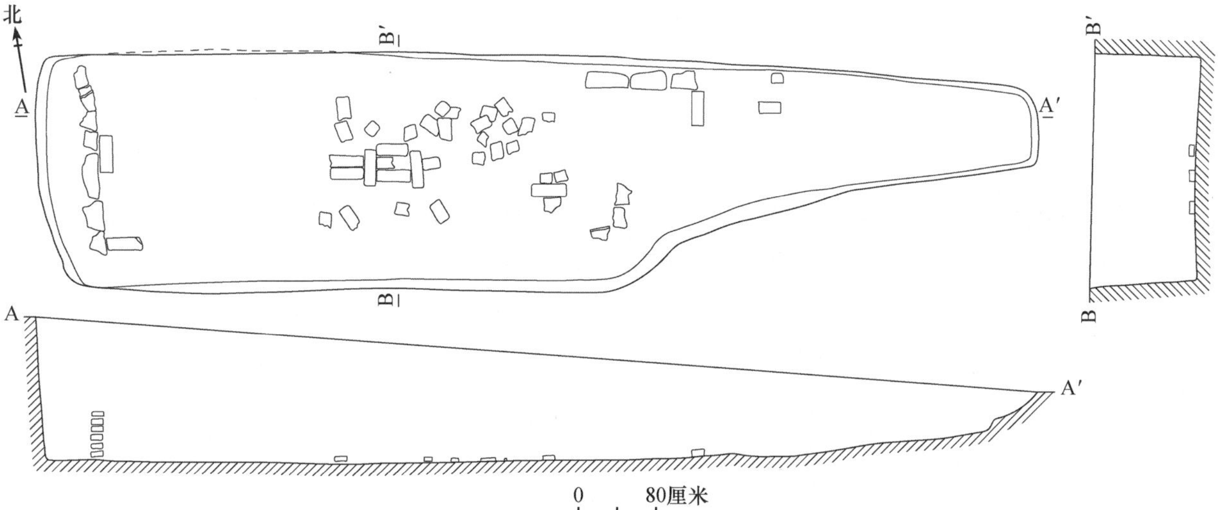

图201　2003CWPM113平、剖面图

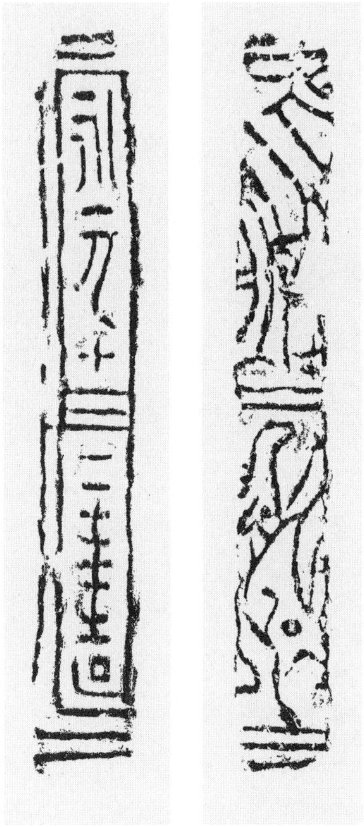

1　　2

图202　2003CWPM113出土墓砖拓片
1. 永元十二年铭文砖　2. 曲线和竖线组合纹饰砖

我们推测营建方式是：先挖一较平缓的斜坡墓道和竖穴墓室，再用砖石砌筑墓壁与墓底，接着放置葬具与随葬品，然后起券、回填。

墓道平面形状呈长条形。口大底略小，侧壁斜直内收，斜坡状底。口部距现地表20厘米，长352、宽81～181、深68厘米；底部距现地表88厘米，宽72～159厘米，坡度11°。

墓室平面形状呈长方形，墓壁大都斜直内收，近北壁小部分稍往外扩，平底。口部距现地表42～45厘米，长696、宽248、深150厘米；墓底距现地表192～195厘米，长685、宽233厘米。墓室后壁和北侧壁砌有石块，后壁有六层，北侧壁仅一层。墓室中部底部铺有砖块。墓砖长35、宽13、厚5厘米。发现有由曲线和竖线组合的纹饰砖（图202，2）和“永元十二年造”铭文砖（图202，1）。

填土为红褐色夹杂浅黄色土的五花土，土质较松，较黏。未发现葬具和人骨。因被盗扰，仅在填土中出土20件小件器物，有铜耳杯扣2件、石瑱1件、铜饰1件、大泉五十铜钱1枚、货泉1枚、铜棺钉4件、五铢铜钱8枚、铜圈扣1件、石斧1件。

因发现有明确纪年的墓砖，“永元”为东汉和帝刘肇年号，永元十二年为公元100年，故该墓年代应为东汉中期。

（2）出土器物

由于被盗扰，该墓仅出土五铢铜钱、大泉五十铜钱、货泉、铜耳杯扣、石瑱等20件小件器物，石器2件，铜器18件。其中8枚五铢铜钱和1件铜圈扣锈蚀严重。

石斧　1件。M113：8，长条状。长15.8、宽7、厚2厘米（图203，1；图版118，1）。

石瑱　1件。M113：2，残。应为束腰状，中部有穿孔。宽1.4、孔径0.3、残高1.2厘米（图203，7；图版118，6）。

铜棺钉　4件。M113：5，共4件。呈圆帽形，内有扁尖锥状钉（图版111，3、4）。M113：5-1，直径1.9、高1厘米（图203，2）。M113：5-2，直径1.8、高1厘米（图203，3）。M113：5-3，直径1.8、高1厘米（图203，4）。M113：5-4，直径1.8、高1厘米（图203，5）。

铜耳杯扣　2件。M113：1，共2件（图版115，3）。平面呈月牙形，截面呈“L”形。M113：1-1，长7、高1.4厘米（图203，6）。

铜饰　1件。M113：3，两端残。呈长条圆弧状，截面呈圆角方形。长8.9、厚0.9厘米（图203，8；图版115，6）。

铜圈扣　1件。M113：7，锈蚀严重。

大泉五十铜钱　1枚。M113：4-1，圆形，有郭，阳文篆体“大泉五十”，直径2.7厘米（图203，9；图版125，6）。

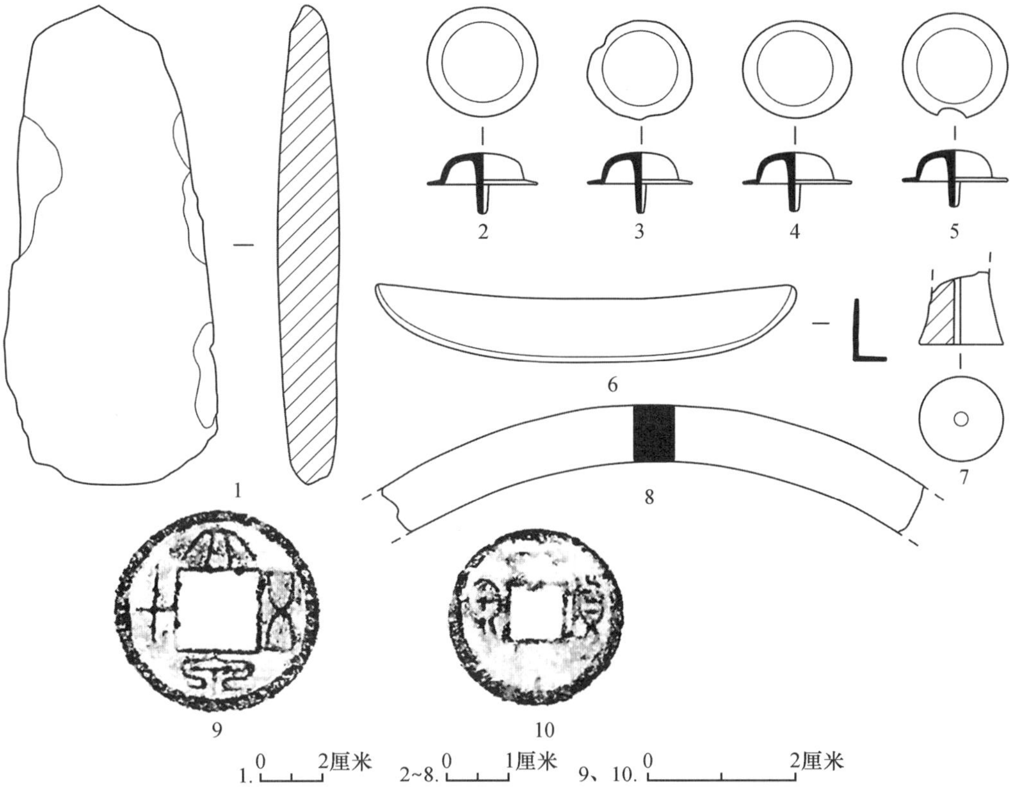

图203　2003CWPM113出土小件器物

1. 石斧（M113：8）　2～5. 铜棺钉（M113：5-1、M113：5-2、M113：5-3、M113：5-4）　6. 铜耳杯扣（M113：1-1）　7. 石瑱（M113：2）　8. 铜饰（M113：3）　9. 大泉五十铜钱拓片（M113：4-1）　10. 货泉铜钱拓片（M113：4-2）

货泉铜钱　1枚。M113：4-2，圆形，有郭，阳文篆体“货泉”，直径2.3厘米（图203，10）。

五铢铜钱　8枚。M113：6，共8枚，均锈蚀严重。均圆形，有郭，阳文篆体“五铢”。

7. 2003CWPM121

（1）墓葬概况

M121位于山包墓地中部的2003CWPT4004东南部，大部分在延伸至探方南壁外和2003CWPT1004西南（图64）。墓向267°。

开口于第2层下，打破生土。被盗扰。

竖穴土坑砖石室墓。墓口平面形状呈刀把形。通长1234厘米。由斜坡墓道、甬道和竖穴墓室三部分组成。墓道在西，甬道和墓室在东（图204；图版49，2、3）。

因甬道保留有大部分券顶，我们推测其营建方式是：先挖一斜坡墓道、竖穴甬道和墓室，然后放入葬具和随葬品，最后起券、回填。

墓道平面形状呈梯形，前端稍窄。口大底略小，两侧壁较直，斜坡状底。口部距现地表35～50厘米，长375、宽81～145、深0～180厘米；底部距现地表35～230厘米，宽80～138厘米。坡度27°。

甬道平面形状呈长方形。北壁斜直稍往内收，南壁斜直稍往外扩，平底。甬道底部铺砖，两侧壁用石块错缝砌筑，顶部用石块砌筑券顶，形成拱形墓门。墓门高173、宽127厘米。甬道口部距现地表35～50厘米，长232、宽173、深190厘米；底部距现地表225～240厘米，宽153～168厘米。

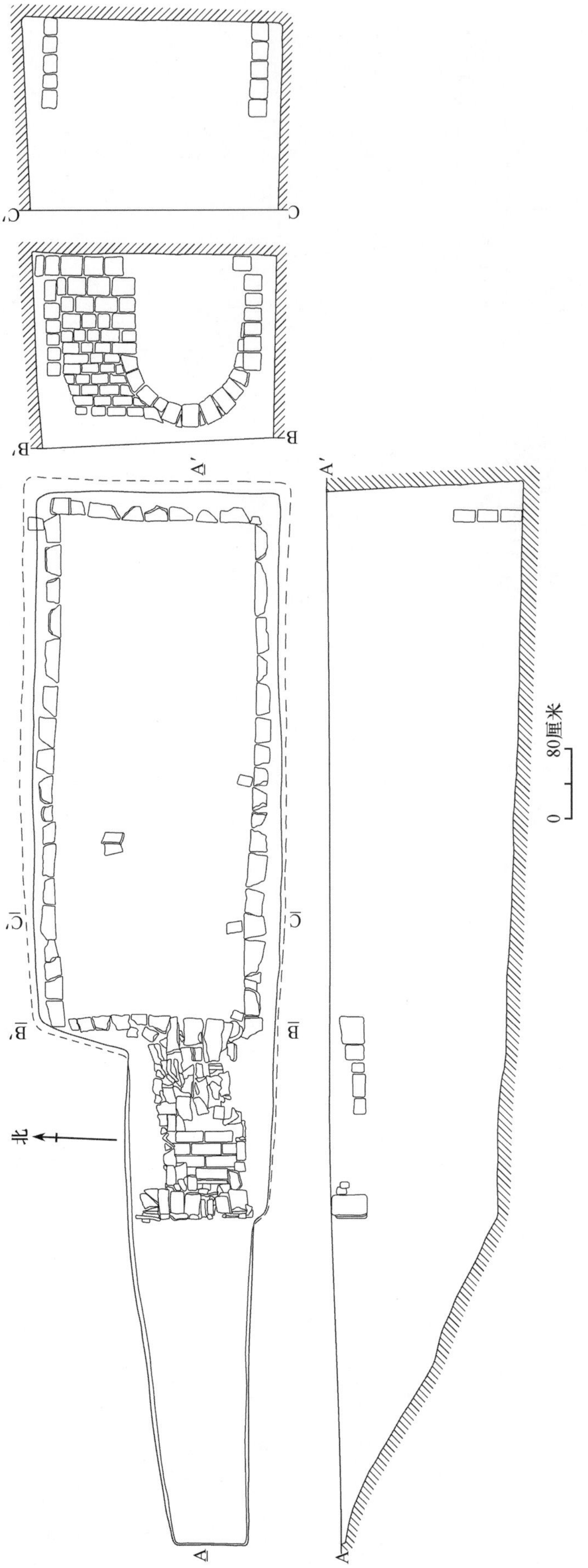

图204　2003CWPM121平、剖面图

墓室平面形状呈长方形。口小底略大，两侧壁和后壁斜直往外扩，平底。从墓室填土出土较多砖块看，底部应铺砖。侧壁和后壁均用石块错缝砌筑，也应用石块砌筑券顶，但现已不存。后壁残存3层砌石，高78厘米；两侧壁至少残存5层砌石，高103厘米。墓室口部距现地表35～50厘米，长645、宽287、墓深219厘米；墓底距现地表258～269厘米，长655、宽303厘米。

墓砖长35、宽12、厚6厘米。常见菱形方格纹以及横、竖线纹等组合纹饰（图205）。

图205　2003CWPM121墓砖纹饰拓片

填土为黄褐色夹杂红色土的五花土。墓底发现板灰痕迹，应原有木棺。未发现人骨。发现随葬品31件，有残陶罐1件、铜环2件、五铢铜钱25枚、货泉铜钱1枚、半两铜钱2枚。

根据墓葬形制和出土物，推测其年代为东汉时期，具体年代不明。

（2）出土器物

该墓共出土31件器物，其中五铢铜钱25枚、货泉铜钱1枚、半两铜钱2枚、1件陶罐和2件铜环。陶罐残，无法修复。

铜环　2件。M121：2，共2件。M121：2-1，圆环状，直径2厘米（图206，1；图版114，5）。

半两铜钱　2枚。M131：3-3，共2枚。均圆形，有郭，篆体阳文“半两”。M121：3-3-1，直径2.2厘米（图206，5）。

货泉铜钱　1枚。圆形，有郭，阳文篆体“货泉”。M121：3-2，锈蚀严重。直径2.3厘米。

五铢铜钱　25枚。M121：3-1，共25枚，其中10枚完整（图版126，2），锈蚀严重15枚。均圆形，有郭，阳文篆体“五铢”。M121：3-1-1，直径2.5厘米（图206，2；图版126，1）。M121：3-1-2，直径2.5厘米（图206，3；图版126，2）。M121：3-1-3，直径2.5厘米（图206，4；图版126，2）。

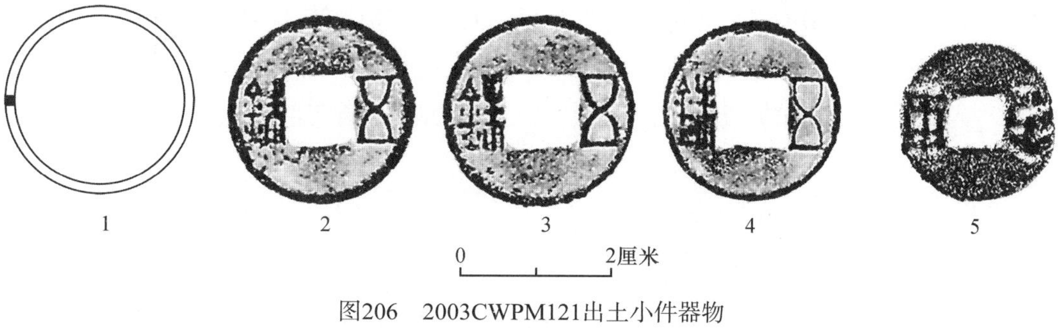

图206　2003CWPM121出土小件器物

1. 铜环（M121：2-1）　2～4. 五铢铜钱拓片（M121：3-1-1、M121：3-1-2、M121：3-1-3）　5. 半两铜钱拓片（M121：3-3-1）

8. 2003CWPM126

（1）墓葬概况

M126位于山包墓地西南部的2003CWPT3801东北部，小部分延伸至探方外（图64）。墓向212°。

开口于第2层下，打破生土。被盗扰。

竖穴土坑砖室墓。墓口平面形状呈刀把形。通长865厘米。由竖穴墓道和竖穴墓室两部分组成。墓道在东南，墓室在东北（图207；图版49，4）。

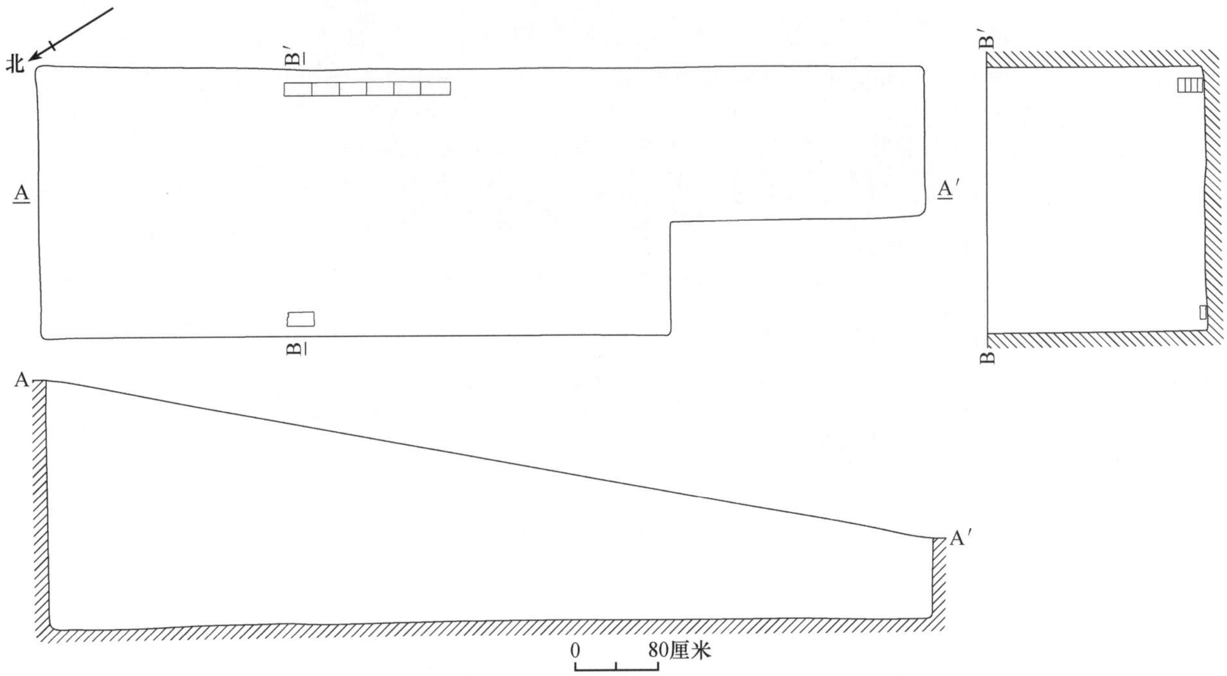

图207　2003CWPM126平、剖面图

根据发掘情况，我们推测其营建方式是：先挖一竖穴墓道和竖穴墓室，然后在墓底铺砖、用砖砌筑墓室，再放置葬具与随葬品，最后起券、回填。

墓道平面形状呈长方形，直壁，平底。口部距现地表40厘米，长246、宽150、深76～120厘米。

墓室平面形状呈长方形，直壁，平底。墓口距现地表28～52厘米，长619、宽260、深120～243厘米。墓室底部原应铺有砖，现已不存。两侧壁还残存有砖块，东侧壁有四层，采用单砖错缝砌筑，西侧壁仅存1块砖。墓砖未采集，详情不明。

填土为黄褐色土夹杂有灰褐色土的五花土，土质较硬。在填土中发现1把铁刀。未发现葬具和人骨。

根据墓葬形制和出土物，推测其年代为汉代，具体年代不明。

（2）出土器物

该墓仅在填土中出土1件铁刀。

铁刀　1件。M126填土：1，残，锈蚀较严重。窄长条状，直背，刃微弧。残长43.8、宽3.9厘米（图208；图版117，1）。

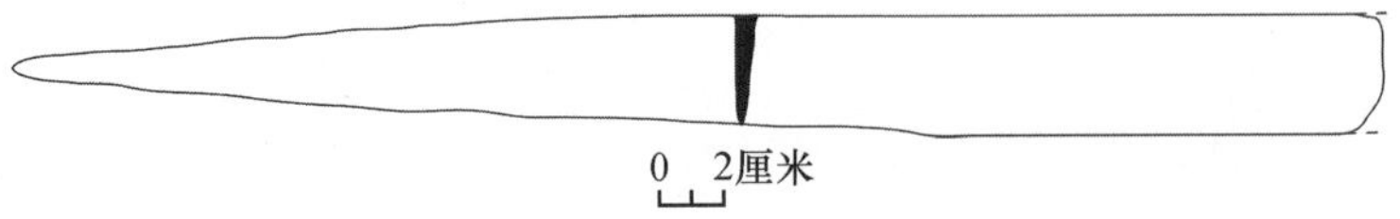

图208　2003CWPM126填土出土铁刀

（M126填土：1）

9. 2004CWPM150

（1）墓葬概况

M150位于山包墓地西北部的2004CWPT4905北部（图64）。墓向272°。

开口于第2层下，打破生土。被盗扰，在墓室东北角有一个直径95厘米的圆形盗洞。因该墓位于山坡，流水冲刷掉墓葬的西部，现存墓室部分。

竖穴土坑（砖）石室墓。该墓应有墓道或甬道，因被破坏，仅存墓室部分。整体形状不明。现存部分口部平面形状近似长方形。除南侧壁东段墓壁稍往外扩外，其余部分墓壁均斜直内收，平底。南、侧壁东段和东壁均用石块垒砌，最多有两层砌石。墓地残留有较多砖块，推测墓底原铺有砖块（图209）。

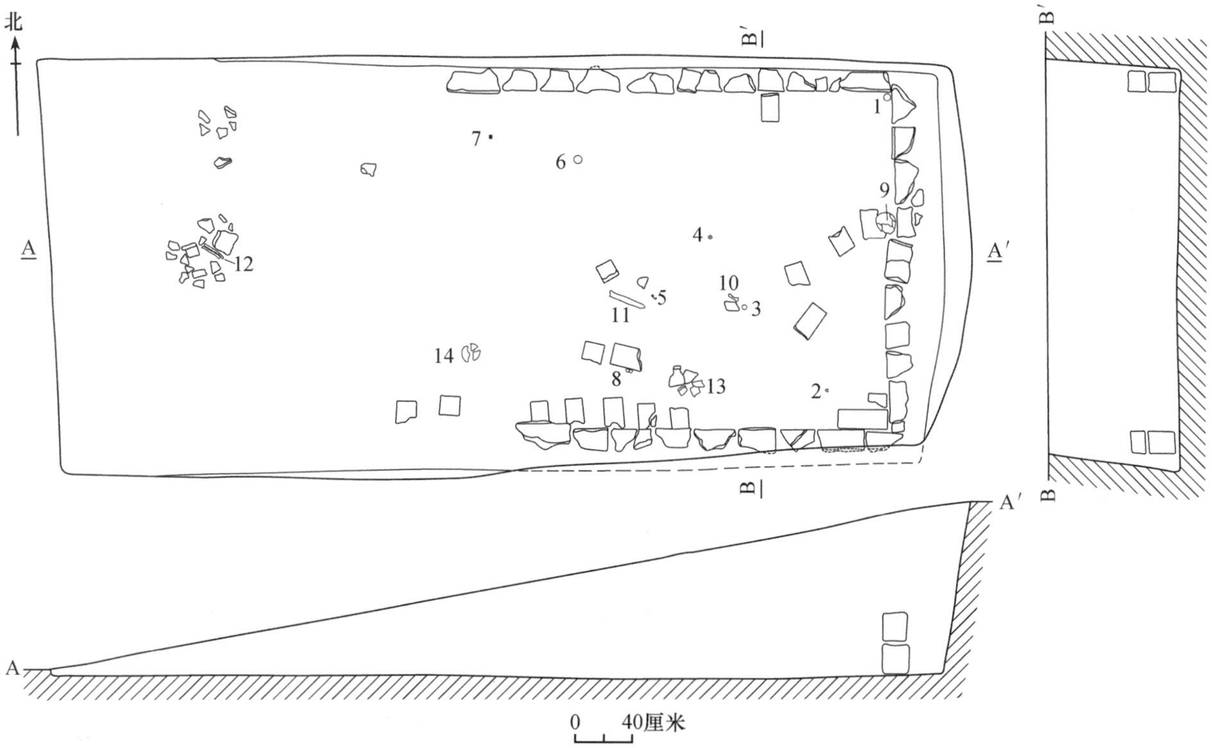

图209　2004CWPM150平、剖面图

1、8. 铜棺钉　2. 铜印　3. 铜环　4. 铜钱　5. 铜带钩　6. 铜泡　7. 煤精司南佩　9. 人头骨　10. 手指骨　11. 人腿骨　12. 人骨　13、14. 陶片

墓口距现地表15厘米，残长612～654、宽299、深3～123厘米；墓底距现地表18～138厘米，长612～634、宽286厘米。

填土为五花土。因被盗扰，发现一些散乱的人头骨和肢骨。头向、面向、葬式、性别和年龄不明。也发现有少量板灰及棺漆痕迹，推测原应有葬具。出土9件器物，有五铢铜钱2枚、铜环1件、铜棺钉3件、铜印1件、铜带钩1件和煤精司南佩1件。

根据墓葬形制和出土有AⅡ式铜带钩，推测其年代为东汉早期或稍早。

（2）出土器物

该墓共出土9件小件器物，2枚五铢铜钱、3件铜棺钉、1件铜环、1件铜印、1件铜带钩和1件煤精司南佩。

铜棺钉　3件。均呈伞状，下有尖锥状钉。器表鎏金。M150：1，残。直径3.5、残高0.5厘米（图210，2；图版109，1、2）。M150：6，残。直径5、高0.5厘米（图210，1；图版109，3、4）。M150：8，直径1.8、高0.8厘米（图210，3；图版109，5、6）。

铜环　1件。M150：3，残。圆环状。直径2、厚0.1厘米（图210，4；图版114，6）。

铜带钩　1件。M150：5，蛇形钩首，下有圆扣尾部近圆形。长2.9、宽1.3、高2.1厘米（图210，5；图版113，1）。

铜印　1件。M150：2，十字形，顶部有纽，阳文篆体“宜侯王”。应为吉语铜印。长1.5、宽1.5、高1.4厘米（图210，6～8；图版107，1）。

五铢铜钱　2枚。均圆形，有郭，阳文篆体“五铢”。M150：01，直径2.4厘米（图210，10；图版126，3）。M150：4，直径2.6厘米（图210，11；图版126，4）。

煤精司南佩　1件。M150：7，平面呈“串”字形，中部两侧有穿孔。长2.4、宽2.3、厚1.6厘米（图210，9；图版122，2）。

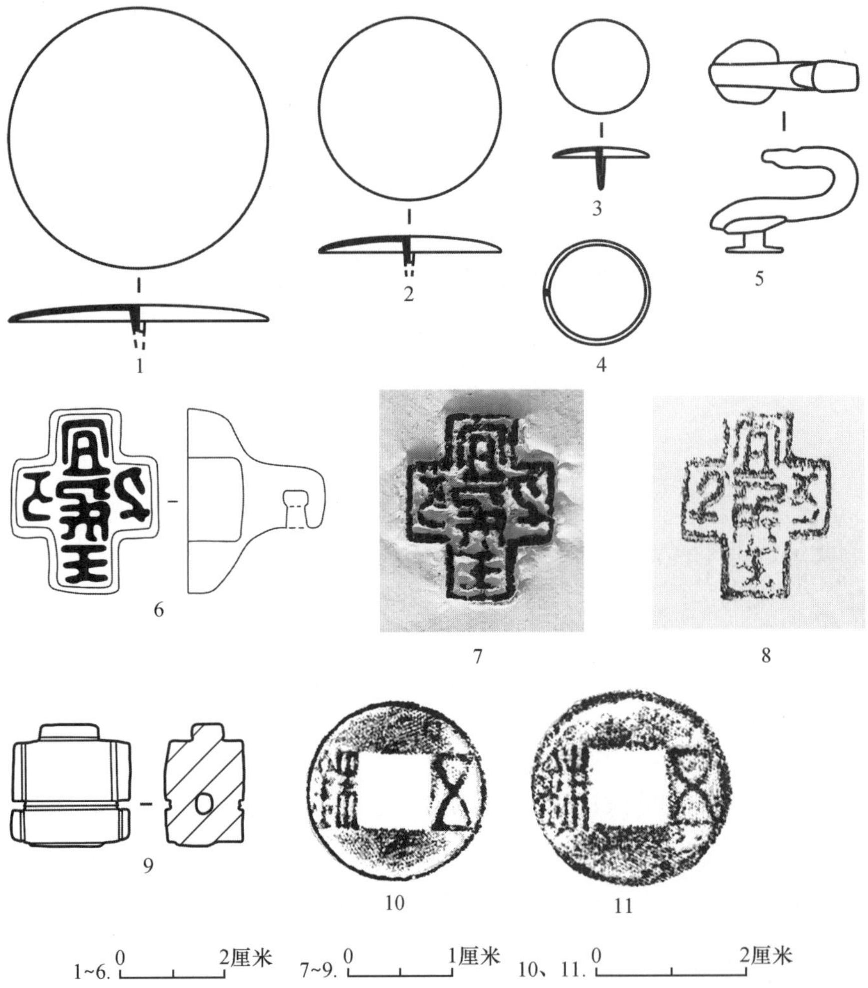

图210　2004CWPM150出土器物

1～3. 铜棺钉（M150：6、M150：1、M150：8）　4. 铜环（M150：3）　5. 铜带钩（M150：5）
6～8. 铜印、铜印拓片和盖印（M150：2）　9. 煤精司南佩（M150：7）　10、11. 五铢铜钱（M150：01、M150：4）拓片

10. 2004CWPM151

（1）墓葬概况

M151位于山包墓地西南部的2004CWPT3502北部，部分延伸至2004CWPT3501内（图64）。墓向174°。

开口于第2层下，打破生土。被盗扰，在墓室北端、东南角、墓道南端分别有1个直径100、70和80厘米的圆形盗洞。因该墓位于山坡，流水冲刷掉墓葬的南部墓道部分，现存甬道和墓室部分。

竖穴土坑砖室墓。现存部分口部平面形状呈凸字形。通长890厘米。该墓应由墓道、甬道和墓室三部分组成，墓室在北，甬道和墓道在南（图211）。

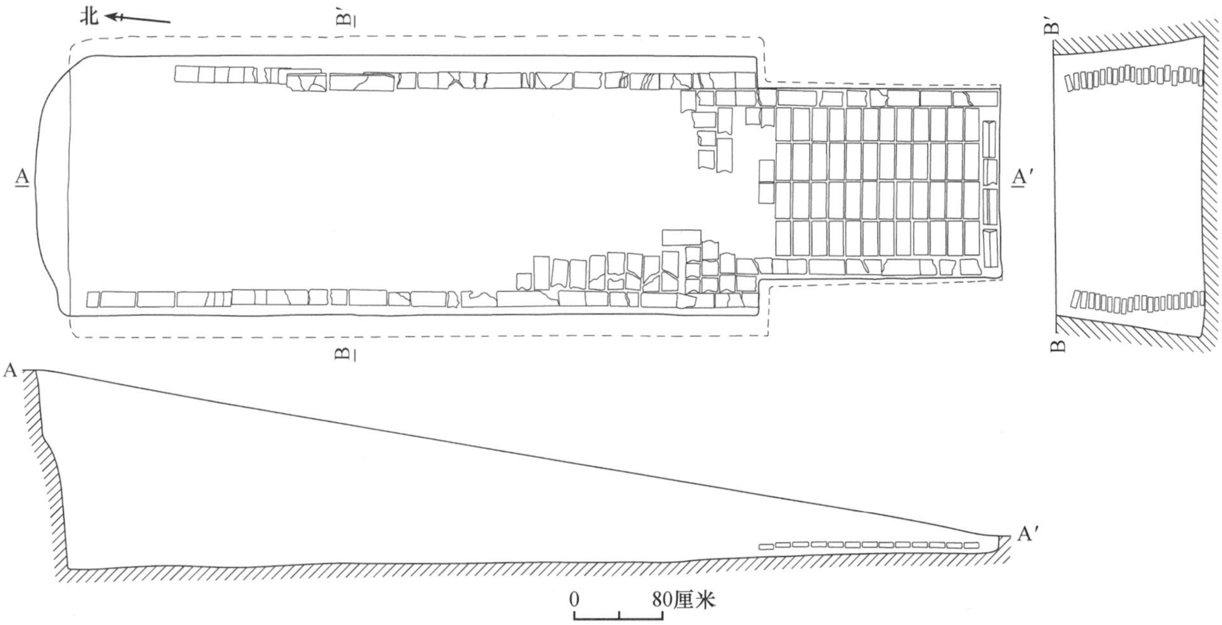

图211　2004CWPM151平、剖面图

根据发掘情况，我们推测其推测营建方式是：先挖一竖穴墓道、甬道和竖穴墓室，然后在甬道和墓室底部铺砖、侧壁砌砖，接着放置葬具与随葬品，最后起券、回填。

因流水冲刷与取土破坏，墓道已不存。

甬道平面形状呈长方形。侧壁斜直稍往外扩，平底。底部竖铺4列砖，侧壁单砖错缝砌砖。口部距现地表25厘米，残长226、宽179、深16厘米；底部距现地表41厘米，宽188厘米。

墓室平面形状呈长方形。东、西侧壁斜直往外扩，后壁稍往内收，平底。底部铺砖，侧壁单砖错缝砌砖，残高128厘米。口部距现地表25厘米，长664、宽240、深40～181厘米；墓底距现地表65～206厘米，长634、宽278厘米。墓砖长32～34、宽14～16、厚6厘米。

填土为五花土。在墓底发现有红黑色漆皮，推测原应有漆棺。未发现人骨。

在盗洞和墓室填土中出土5件器物，盗洞出土2件陶罐和1件陶灶，墓室出土1件琉璃瑱和1件银环。

根据墓葬形制和出土物，推测其年代为东汉中期。

（2）出土器物

该墓共出土5件器物，其中陶罐和陶灶等3件陶器，1件琉璃瑱和1件银环。

陶灶　1件。M151：03，泥质灰陶。双釜眼，双拱形火门悬置于一长侧边，并与釜眼相对。两釜眼后方中间有一个圆形烟囱孔。长24、宽14.1、高9.5厘米（图212，1；图版59，5）。

陶罐　2件。M151：01，泥质褐陶。直口，方唇，圆肩，上腹较直，下腹斜收，小平底。下腹部有切削痕迹。口径6.6、腹最大径8.6、底径4.2、高5.2厘米（图212，2；图版81，2）。M151：02，泥质灰陶。小直口，方唇，圆肩，鼓腹，小平底。口径7、腹最大径10、底径4.9、高5.4厘米（图212，3；图版81，4）。

银环　1件。M151：2，银质，表面呈黑色。直径2.2厘米（图212，4；图版120，6）。

琉璃瑱　1件。M151：1，呈深蓝色。两端粗，中间细。束腰，中间有一小孔。上端直径0.8、下端直径1.07、孔径0.2、高2厘米（图212，5；图版121，4）。

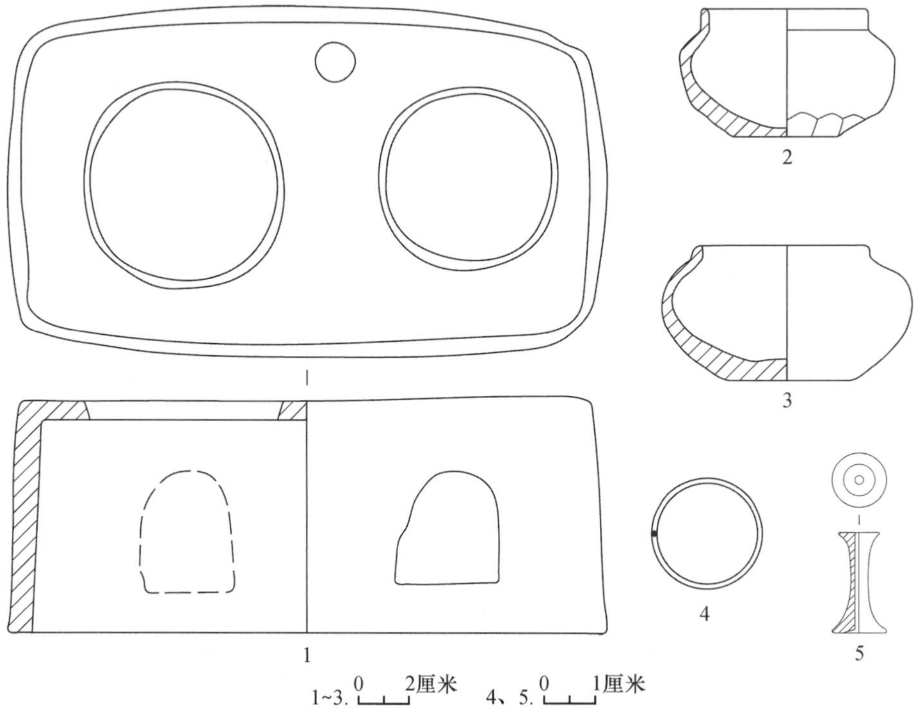

图212　2004CWPM151出土器物

1. 陶灶（M151：03）　2、3. 陶罐（M151：01、M151：02）　4. 银环（M151：2）　5. 琉璃瑱（M151：1）

11. 2004CWPM153

（1）墓葬概况

M153位于山包墓地西南部的2004CWPT4903中南部，部分延伸至探方外（图64）。墓向175°。

开口于第2层下，打破生土。被盗扰，在墓室东北角、中部、甬道与墓室连接处分别有1个直径100、105和100厘米的圆形盗洞。

竖穴土坑砖（石）室墓。墓口平面形状呈刀把形。通长984厘米。由斜坡墓道、甬道、墓室三部分组成。墓室在北，墓道和甬道在南（图213）。

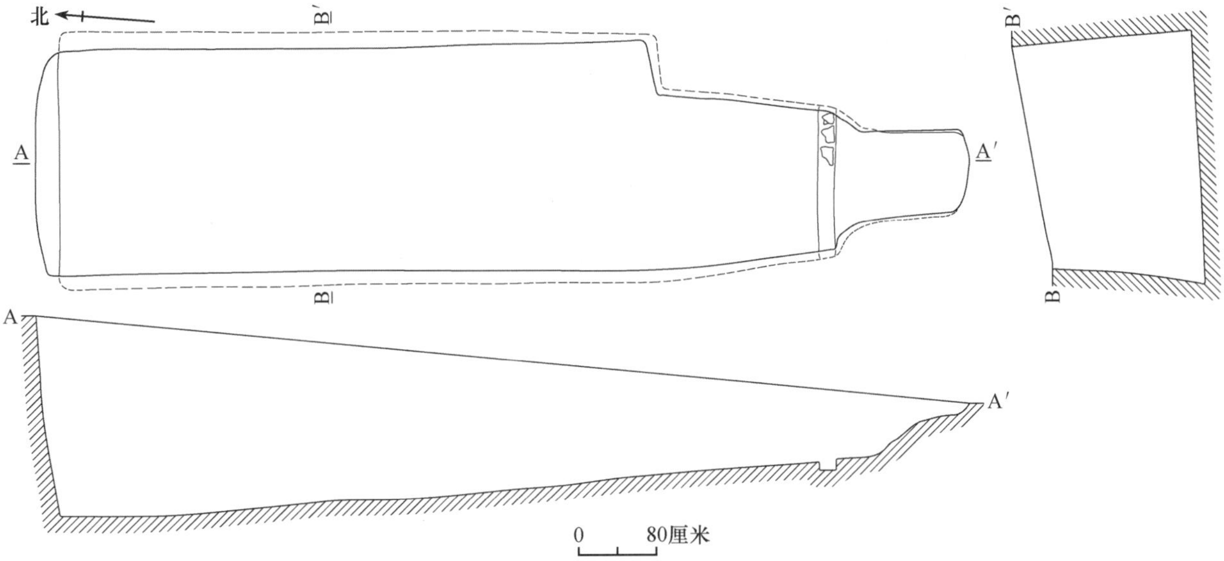

图213　2004CWPM153平、剖面图

根据填土中出土较多石块和碎砖块的情况，我们推测其营建方式是：先挖一较缓平的斜坡墓道、竖穴甬道和墓室，然后在甬道、墓室底部铺砖，接着垒砌墓室和甬道，再放置葬具与随葬品，最后起券、回填。

墓道平面形状呈梯形。东侧壁斜直内收，西壁稍往外扩，斜坡状底。口部距现地表35厘米，长144、宽86～137、深0～73厘米；底部距现地表35～108厘米，宽154厘米。坡度23°。墓道与甬道相接处发现封门用的凹槽，凹槽底部铺石块。凹槽上部长147、宽18、深9厘米。

甬道平面形状呈梯形。两侧壁斜直外扩，底部南高北低。口部距现地表35厘米，长188、宽173～185、深78～106厘米；底部距现地表113～141厘米，宽164～206厘米。

墓室平面形状呈长方形。东、西侧壁均斜直外扩，后壁斜直内收，底部南高北低。口部距现地表35厘米，现长654、宽236、深106～213厘米；墓底距现地表141～248厘米，长627、宽268厘米。

填土为红褐色五花土。在墓底发现有红黑色漆皮，推测原应有漆棺。未发现人骨。因盗扰严重，该墓共出土4件小件器物，3枚铜棺钉和1枚铁棺钉。另外，在墓室填土中发现有陶俑和陶楼等残陶片。

根据墓葬形制和出土物，推测其年代为东汉时期，具体年代不明。

（2）出土器物

该墓共出土4件小件器物。

铜棺钉　3件。M153：2，共3件。均呈伞状，下有尖锥状钉。器表鎏金（图版110，1、2）。M153：2-1。直径4.7、高1.8厘米（图214，1）。

铁棺钉　1件。M153：1，呈尖锥状，末端平面近椭圆形。锈蚀严重。长8.3、直径0.6厘米（图214，2；图版117，5）。

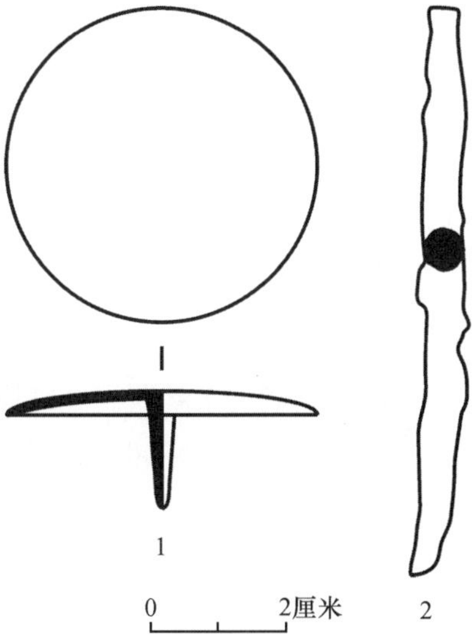

图214　2004CWPM153出土器物
1. 铜棺钉（M153：2）
2. 铁棺钉（M153：1）

12. 2004CWPM160

（1）墓葬概况

M160位于山包墓地西部的2004CWPT4604中，部分延伸至探方南壁外（图64）。墓向182°。

开口于第1层下，打破生土。被盗扰，在墓室北端、东南部和墓道中间分别有1个直径100、70和65厘米的圆形盗洞。

竖穴土坑石室墓。墓口平面形状呈刀把形。通长965厘米。由斜坡墓道、甬道和墓室三部分组成。墓室在北，甬道和墓道在南（图215）。

根据发掘情况，我们推测其营建方式是：先挖斜坡墓道、竖穴甬道和墓室，然后在甬道和墓室底部铺卵石和石块，接着砌砖甬道和墓室，再放入葬具和随葬品，最后起券、回填。

墓道平面形状呈梯形，两侧壁斜直内收，斜坡状底。口部距现地表20厘米，长85、宽100～124、深0～58厘米；底部距现地表20～78厘米，宽100～120厘米。坡度32°。墓道下端至甬道底部51厘米。

甬道平面形状呈长方形。两侧壁稍往外扩，平底。两侧壁用石块砌筑，底部应也铺有石块。口部距现地表20厘米，长217、宽167、深58～128厘米；底部距现地表78～148厘米，宽186厘米。

墓室平面形状呈长方形。东、西侧壁稍往外扩，后壁斜直内收，平底。墓室四壁均用石块垒砌，墓底铺有卵石。口部距现地表20厘米，长663、宽260、深128～192厘米；底部距现地表148～212厘米，长603、宽276厘米。

填土为夹杂有生土块和石块的五花土。墓底发现有少量板灰痕迹和漆皮，推测原应有漆棺。未发现人骨。因被严重盗扰，在盗洞中发现1件铁刀。在墓室中发现3件小件器物，银环、铜棺钉和石珠各1件。

根据墓葬形制和出土物，推测其年代为东汉时期，具体年代不明。

（2）出土器物

该墓共出土4件器物，铁刀、银环、铜棺钉和石珠各1件。

铁刀　1件。M160：01，后端残，整体锈蚀严重。直背，弧刃，尖略残。残长42.1、宽3.6厘米（图216，1；图版117，2）。

铜棺钉　1件。M160：2，呈伞状，下有尖锥状钉。器表鎏金。直径5.1、高2.5厘米（图216，2；图版110，5、6）。

银环　1件。M160：1，银质，表面呈黑色。直径2.1、厚0.1厘米（图216，3；图版121，1）。

石珠　1件。M160：3，呈圆柱状，中部穿孔。外壁表面有圆形凸起。直径1.2、孔径0.5、高1.1厘米（图216，4；图版118，5）。

13. 2004CWPM162

（1）墓葬概况

M162位于山包墓地西部的2004CWPT4804中，部分延伸至探方东壁外（图64）。墓向243°。

开口于第2层下，打破生土。被盗扰，在墓室西部有1个直径80厘米的圆形盗洞。

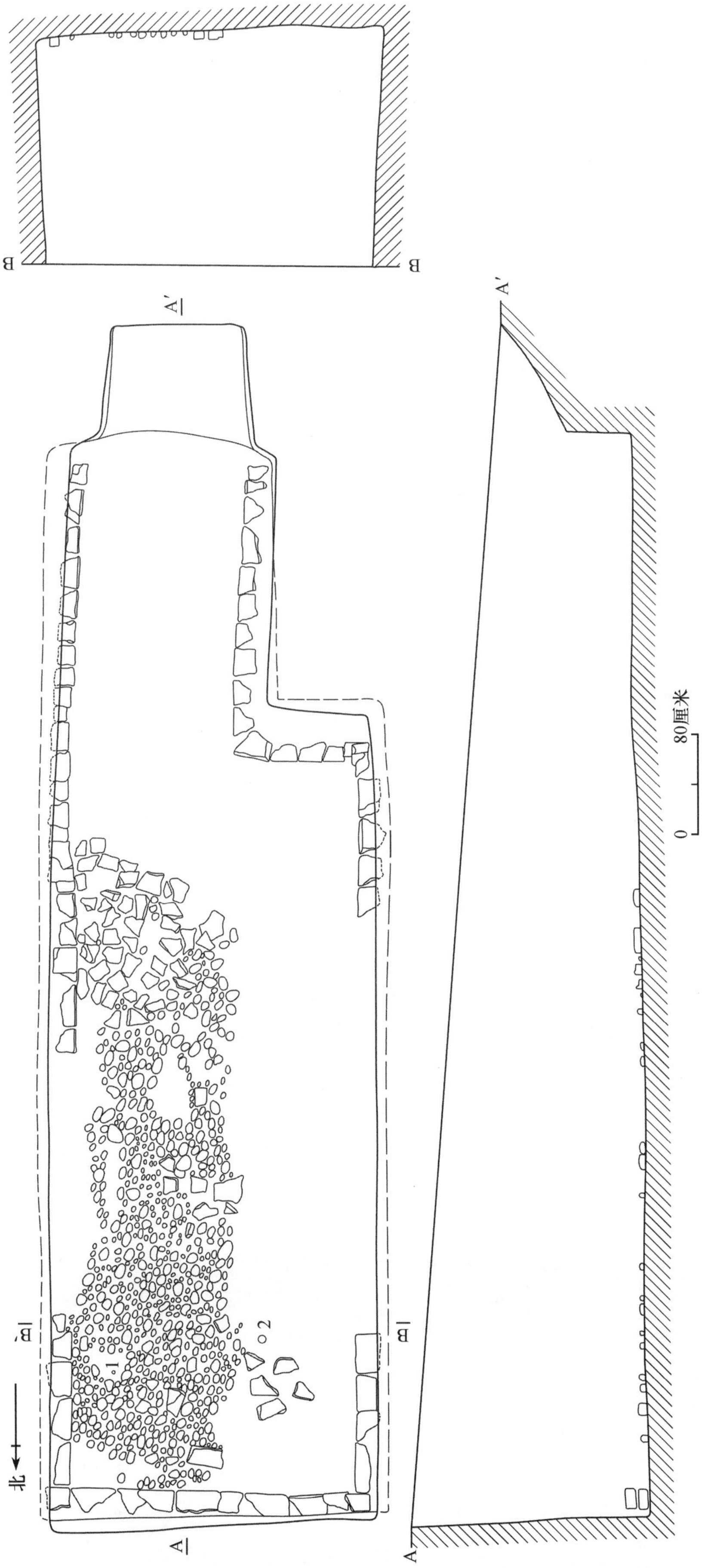

图215　2004CWPM160平、剖面图
1. 银环　2. 铜棺钉

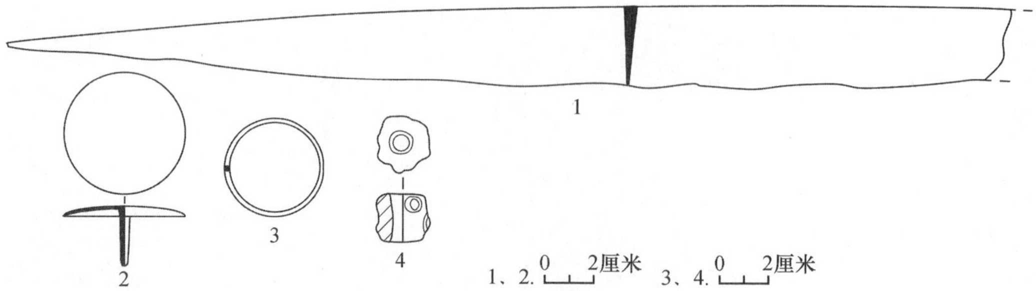

图216　2004CWPM160出土器物

1. 铁刀（M160：01）　2. 铜棺钉（M160：2）　3. 银环（M160：1）　4. 石珠（M160：3）

竖穴土坑砖石室墓。因地处山坡，流水冲掉墓室上部和大部分墓道。从残存情况看，该墓应由斜坡墓道和竖穴墓室两部分组成。墓口平面形状呈凸字形。通长520厘米。墓道在西部，墓室在东部（图217）。

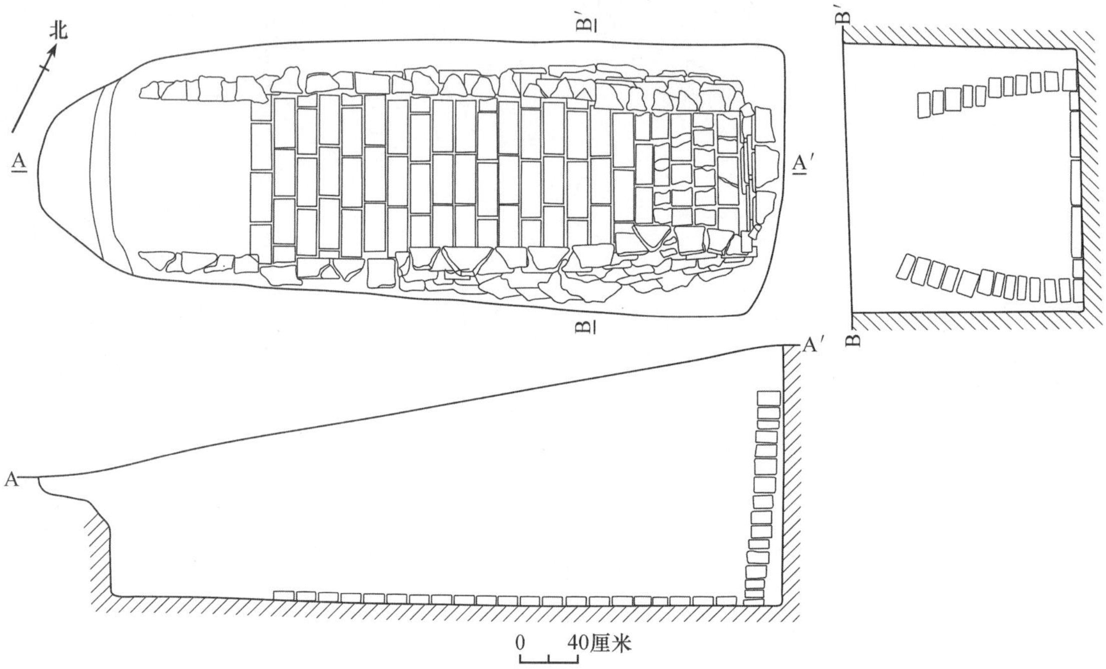

图217　2004CWPM162平、剖面图

根据发掘情况，我们推测其营建方式是：先挖一斜坡墓道和竖穴墓室，然后墓底铺砖，用石块砌筑墓壁，再放入葬具和随葬品，最后起券、回填。

墓道仅存后端小部分，斜坡状底。口部距现地表61厘米，长50、最宽处129、深0～35厘米；底部距现地表0～96厘米，宽128厘米。坡度33°。墓道下端至墓室底部高50厘米。

墓室平面形状呈长方形，墓壁较直，平底。墓底铺砖，侧壁和后壁用石块垒砌。原应有券顶，在两壁55厘米高度以上开始起券，现券顶已毁。口部距现地表59厘米，长470、宽188、深92～181厘米；底部距现地表153～241厘米，长467、宽179厘米。南、北侧壁垒砌石块高129、后壁高149厘米。

填土为夹杂有生土块和石块的五花土。墓底发现有板灰痕迹，推测原应有棺。未发现人骨。因该墓被盗扰严重，仅在盗洞中出土1件陶甑、2件陶罐和1件琉璃瑱。

根据墓葬形制和出土物，推测其年代为东汉晚期。

（2）出土器物

该墓共出土4件器物，其中陶甑1件、陶罐2件和琉璃瑱1件。

陶罐 2件。泥质灰陶。小直口微侈，折肩，斜弧腹，平底。下腹部有切削痕迹。M162D1：02，口径6.4、肩径9.9、底径4.4、高 5.1厘米（图218，2；图版84，2）。M162D1：03，口径6.5、肩径9.4、底径3.9、高 4.5厘米（图218，3；图版84，3）。

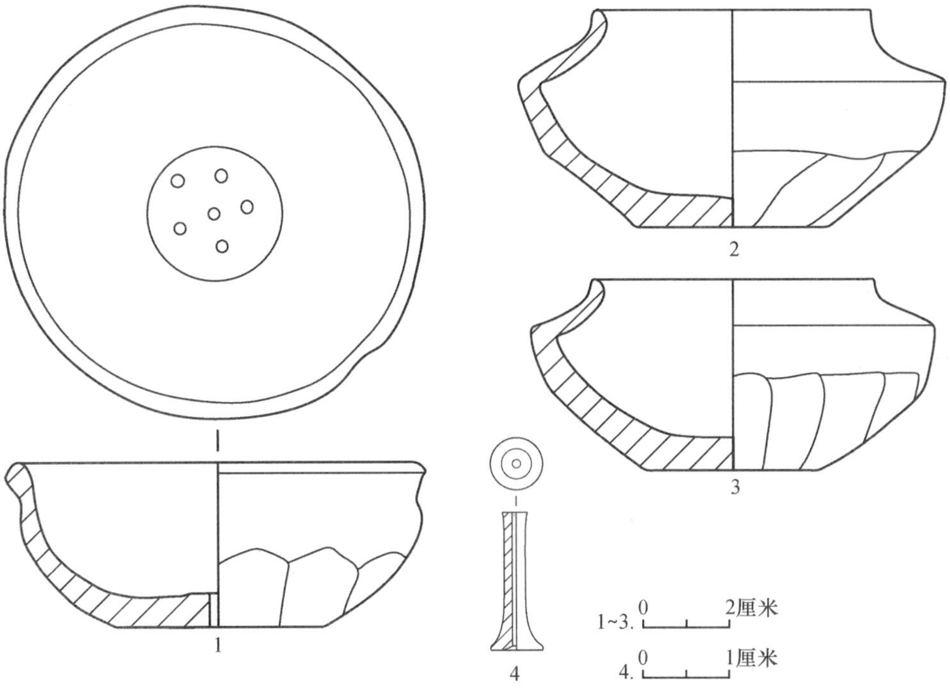

图218 2004CWPM162出土器物

1. 陶甑（M162D1：01） 2、3. 陶罐（M162D1：02、M162D1：03） 4. 琉璃瑱（M162D1：04）

陶甑 1件。M162D1：01，泥质灰陶。敞口，三角形唇沿，圆唇，弧腹，平底，底部有六个箅孔。下腹部有切削痕迹。口径9.6、底径4.7、高 3.9厘米（图218，1；图版65，3）。

琉璃瑱 1件。M162D1：04，残。蓝色。两端粗，中间细。束腰，中间有一小孔。上端直径0.3、下端直径0.6、孔径0.2、高1.6厘米（图218，4；图版121，5）。

14. 2006CWPM176

（1）墓葬概况

M176位于山包墓地南部的2006CWPT2101南部，部分延伸至探方南壁外（图64）。墓向176°。

开口于第2层下，打破M179、M180和生土。被盗扰。

因填土中出土较多碎砖块，所以推测其为竖穴土坑砖室墓。因墓葬南部被破坏，墓葬整体形状不知。但南部应有墓道（图219）。

根据发掘情况，我们推测其营建方式是：先挖一斜坡墓道和竖穴墓室，然后墓底铺砖，用石块砌筑墓壁，再放入葬具和随葬品，最后起券、回填。

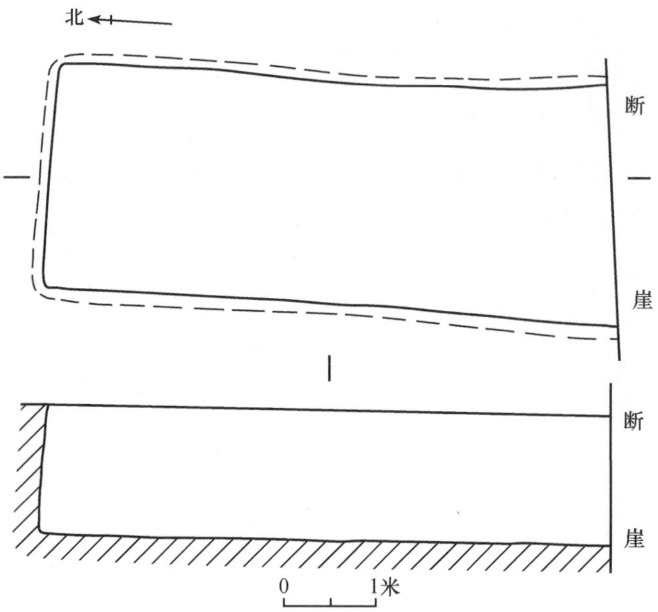

图219　2006CWPM176平、剖面图

现存部分平面形状呈长方形。口小底略大，平底。墓口距现地表18～35厘米，残长610～630、宽250～265、深144～150厘米；墓底距现地表162～180厘米，残长615～650、宽270～285厘米。

填土为浅黄褐色土。未发现葬具和人骨。墓室填土出土较多陶俑碎片。在墓底出土有18枚五铢铜钱和1件鎏金蝉形铜棺钉。

根据层位关系和墓葬形制，其年代晚于M180年代，推测其年代为东汉晚期。

（2）出土器物

该墓共出土19件器物，其中五铢铜钱18枚和鎏金蝉形铜棺钉1件。

铜棺钉　1件。M176：2，表面鎏金。蝉形，前圆，后尖，边缘有四个乳突状足。上有弧形及直线刻纹。长7.2、最宽处4、高3厘米（图220，1；图版112，3、4）。

五铢铜钱　18枚。M176：1，共18枚。均锈蚀严重。均圆形，有郭，阳文篆体“五铢”（图版133，3）。M176：1-1，直径2.5厘米（图220，2）。M176：1-2，直径2.5厘米（图220，3）。

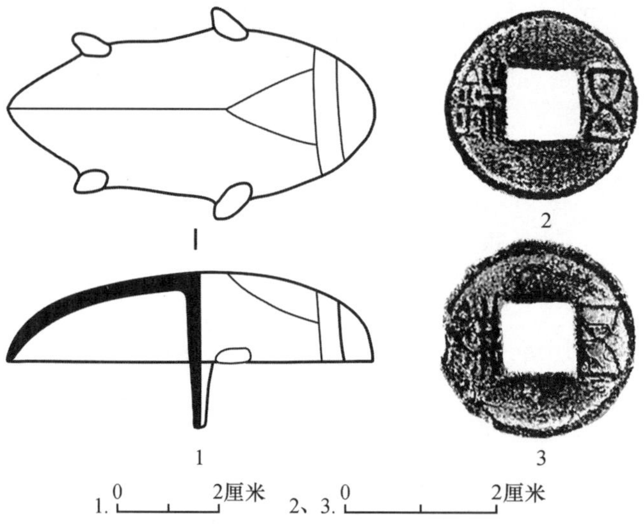

图220　2006CWPM176出土鎏金蝉形铜棺钉和五铢铜钱

1. 铜棺钉（M176：2）　2、3. 五铢铜钱拓片（M176：1-1、M176：1-2）

二、洞　式　墓

共4座。依建墓材料的不同，又分为土洞墓和洞式砖（石）室墓两类。洞式墓一般都有墓道。

（一）土洞墓

共2座。

1. 2003CWPM117

（1）墓葬概况

M117位于山包墓地中部的2003CWPT1004西部，部分在2003CWPT4004内（图64）。墓向223°。

开口于第2层下，打破M118和生土。未被盗扰。

土洞墓。墓口平面形状呈刀把形。通长545厘米。由斜坡墓道和洞式墓室两部分组成。墓道在西南，墓室在东北（图221；图版50，1）。

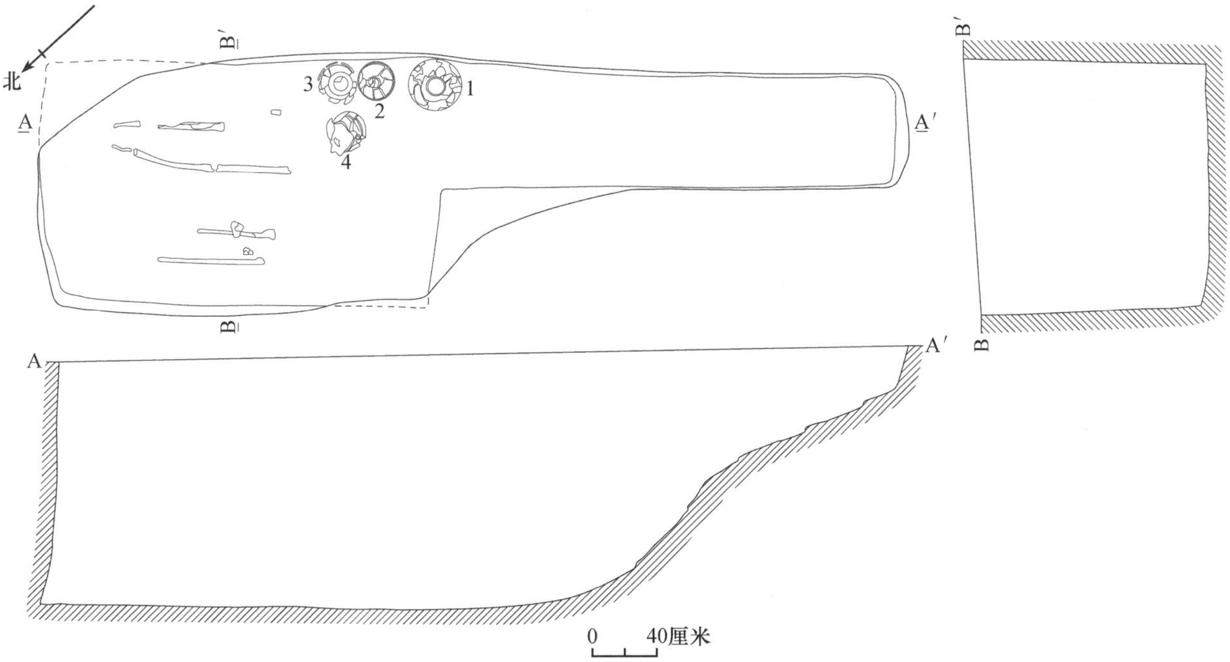

图221 2003CWPM117平、剖面图

1、3、4. 陶罐 2. 陶壶

因墓室东北角残留有部分穹顶，故推测其营建方式是：先挖一斜坡墓道，然后掏挖出横穴墓室，再放置葬具与随葬品，最后回填①。

墓道平面形状呈长方形。侧壁稍斜直内收，斜坡状底，前端较缓，后端较陡。口部距现地表38～43厘米，长292、宽74、深30～165厘米；底部距现地表68～208厘米，宽68厘米。前端坡度23°，后端坡度47°。

洞式墓室已塌陷。墓口距现地表40～43厘米，长253、宽160、深154厘米；墓底距现地表

① 这种墓葬营建方式可参考巫山麦沱墓地M29，参见重庆市文物局、重庆市移民局编：《巫山麦沱墓地》，科学出版社，2018年，第58～61页。

194～200厘米，长252、宽152厘米。

填土为五花土，土质较硬，含有大量石块。发现棺木痕迹，保存状况较差。发现2具人骨，保存状况较差，仅存部分肢骨。头向西南，面向、葬式、性别和年龄不明。在靠近墓道的墓室南部出土4件陶器，有3件陶罐和1件陶壶（图版50，2）。

根据墓葬形制和出土陶器，初步推测该墓年代为东汉晚期。

（2）出土器物

该墓共出土4件陶器。

陶罐　3件。M117∶1，泥质黑皮褐陶。器表光滑。小直口微侈，三角形唇沿，矮领，广溜肩，扁鼓腹，大圜底。上腹部饰五道浅凹弦纹。上肩部饰网格纹，其下饰绳纹。口径12、腹最大径33.1、高19.4厘米（图222，1；图版97，4）。M117∶3，泥质灰陶。敞口，尖唇，高弧领，折肩，深弧腹，圜底。唇沿饰两道凹弦纹。肩部饰两周窄网格纹，腹部及底饰交错绳纹。口径15.7、肩径22.9、高21.2厘米（图222，2；图版89，4）。M117∶4，泥质灰陶。敞口，圆唇，高弧领，圆肩，圜底。肩下饰三道凸弦纹。口径20.8、腹最大径21.6、高19.3厘米（图222，3；图版97，6）。

陶壶　1件。M117∶2，泥质灰陶。口、领及圈足均残。高领，宽折肩，弧腹，平底，圈足。肩部有一对桥形耳，并饰四道凹弦纹。肩径24、残高18.8厘米（图222，4）。

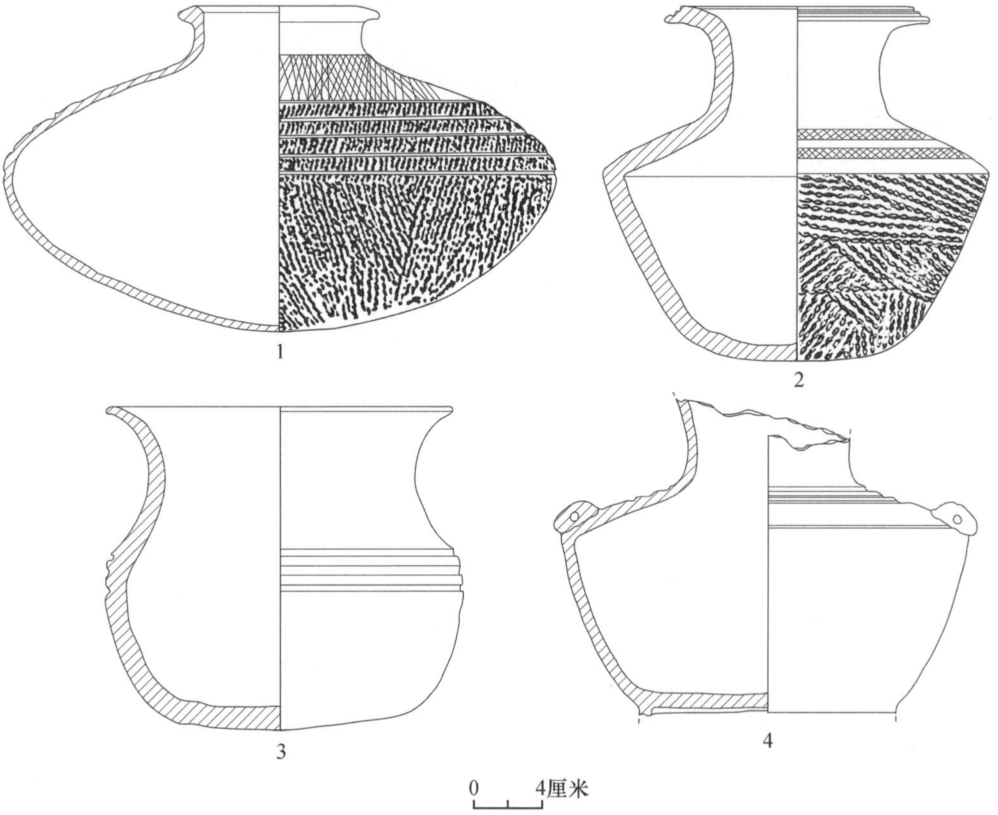

图222　2003CWPM117出土陶器

1～3. 罐（M117∶1、M117∶3、M117∶4）　4. 壶（M117∶2）

2. 2006CWPM177

（1）墓葬概况

M177位于山包墓地西北部的2006CWPT4607北部，部分延伸至探方北壁外（图64）。墓向318°。

开口于第2层下，打破生土。被盗扰。在墓室后端有一个直径210厘米的圆形盗洞，在墓室前端有一个边长135厘米的方形盗洞。

土洞墓。墓口平面形状近凸字形。通长453厘米。由斜坡墓道和洞式墓室组成。墓道在西北，墓室在东南（图223）。

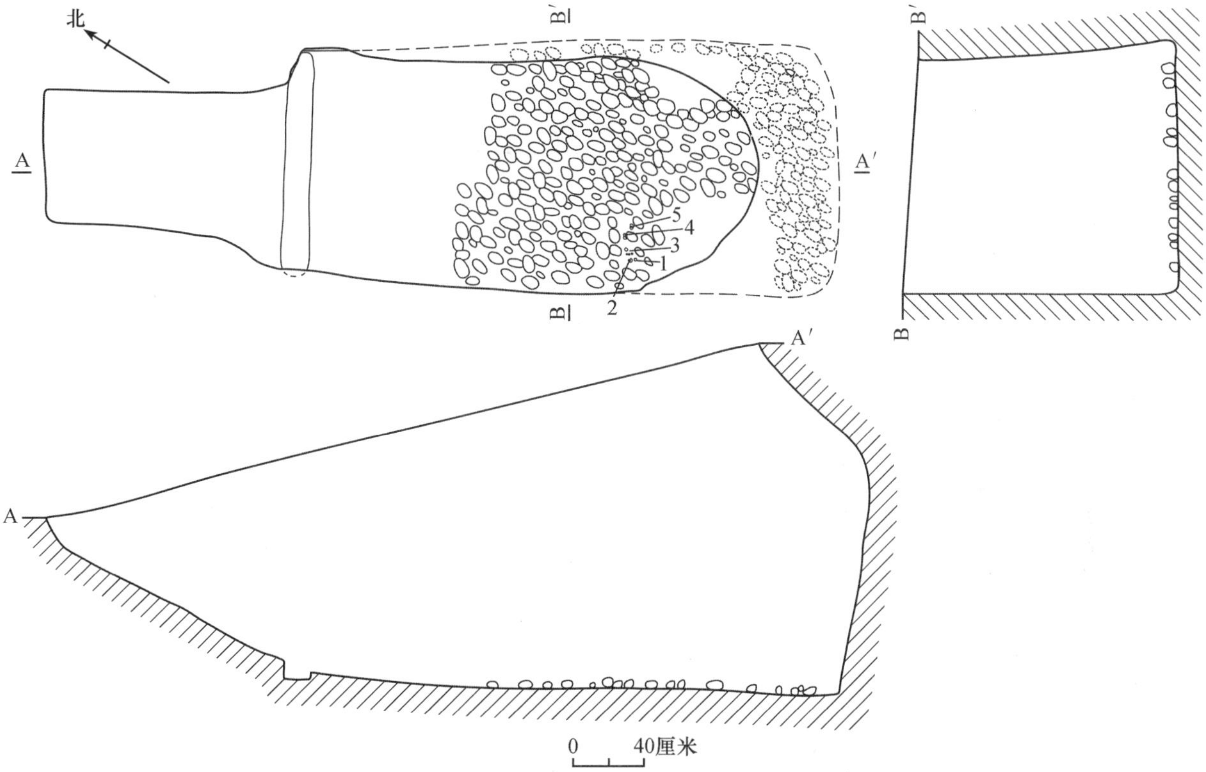

图223　2006CWPM177平、剖面图

1. 铜铃　2. 铜钱　3. 煤精串饰　4. 煤精司南佩　5. 煤精狮子

因墓室后端残留有部分穹顶，故推测其营建方式是：先挖一斜坡墓道，然后掏挖出横穴墓室，再放置葬具与随葬品，最后回填。

墓道平面形状呈长方形。墓壁较直，斜坡状底。口部距表20厘米，长137、宽77～104厘米，深0～112厘米。坡度31°。墓道与墓室衔接处有一长127、宽15、深11厘米的凹槽。

墓室底部平面形状呈长方形。墓室前部已坍塌。墓底距现地表132～219厘米，长316、宽146厘米。穹顶残高199厘米。

填土为红褐色土和黄褐色土相杂的五花土。墓室底部残存有白色棺木灰和红色漆皮，推测原应有漆棺。人骨保存状况极差，仅存骨末。数目、头向、面向、葬式、性别和年龄不明。因被严重盗扰，仅在墓室后部出土5件器物，有1件铜铃、1枚五铢铜钱、1件煤精串饰、1件煤精狮子和1件煤精司南佩。另外，在墓室填土中发现有灰色陶楼残片、绿色釉陶罐残片和红色陶俑残片。在墓室前端接近墓道的左侧还发现有直径15厘米的圆形绿色锈迹，推测可能是被盗走的青铜器残迹。

根据墓葬形制与出土物，推测该墓年代为东汉时期，具体年代不明。

（2）出土器物

该墓共出土5件小件器物，有1件铜铃、1枚五铢铜钱、1件（组）煤精串饰、1件煤精狮子和1件煤精司南佩，其中五铢铜钱锈蚀严重。另外，陶楼、釉陶罐和陶俑无法修复。

铜铃　1件。M177：1，整体呈球形，上有圆弧形纽，中空。最宽处直径1.1、高1.35厘米（图224，3；图版115，2）。

煤精串饰　1件（组）。M177：3，由4件饰品组成。每件呈扁圆形，边缘有穿孔。自上到下分别：直径1.4、厚0.38厘米；直径1、厚0.31厘米；直径0.95、厚0.49厘米；直径0.77、厚0.43厘米（图224，1；图版121，6）。

煤精狮子　1件。M177：5，线条勾勒出卧狮状。长2.7、宽1.7、高2.5厘米（图224，4；图版122，1）。

煤精司南佩　1件。M177：4，剖面呈“串”字形，中部两侧有穿孔。最宽处1.9、高2.3、最厚处0.9厘米（图224，2；图版122，3）。

五铢铜钱　1枚。M177：2，锈蚀严重。

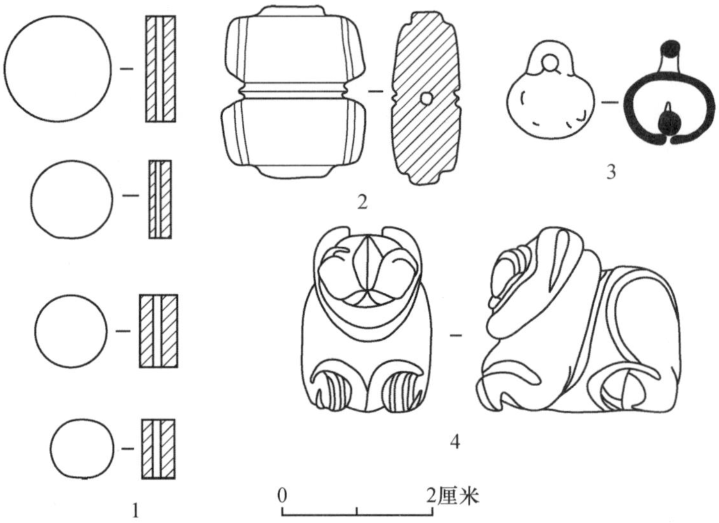

图224　2006CWPM177出土器物

1. 煤精串饰（M177：3）　2. 煤精司南佩（M177：4）　3. 铜铃（M177：1）　4. 煤精狮子（M177：5）

（二）洞式砖（石）室墓

共2座。与土洞墓相比，营建方式是一样的，只是在建墓材料上存在采用砖石或砖石混用。

1. 1999CWPM11

（1）墓葬概况

M11位于山包墓地南部偏东的1999CWPT8（图64）。墓向205°。

开口于第1层下，打破M9、M10和生土。被盗扰，墓室前、后各有一个圆形盗洞。

洞式砖室墓。由斜坡墓道、甬道、墓室三部分组成。通长1226厘米。墓口平面形状呈刀把形。墓道、甬道在南，墓室在北（图225）。

根据西侧墓壁情况，我们推测其营建方式是：先竖穴往下挖斜坡墓道和甬道，再往后掏挖出洞式墓室。随后先用砖砌筑墓室和甬道，建好墓室券顶后，放入葬具和随葬品，再建好甬道券顶，最后回填。

墓道平面略呈长方形，前端弧形外凸，直壁，斜坡状。口部距现地表25厘米，长139、宽100、深0～135厘米。坡度40°。

甬道平面呈长方形。口小底大，平底。原应有券顶，现已不存。口部距现地表25厘米，长232、宽117～191、深135～187厘米；底部距现地表163～212厘米，宽140厘米。两壁用单砖错缝砌筑，砖砌部分残高86～125厘米。甬道底部也铺有砖。

掏挖出的洞式墓室现已坍塌，边缘不规则，部分位置可以看出原先掏挖出的土洞。现露口部距现地表25厘米，长831、宽148～243、深187～329厘米；墓底距现地表212～354厘米，长857、宽224厘米。墓室两侧和后壁均用单砖错缝砌筑，在距墓底137厘米处开始起券。券顶大部分已坍塌，最高处距墓底182厘米。

墓砖长38、宽14、厚6厘米。纹饰为菱形方格纹与竖线纹等组合的几何纹，与1998CWPM3的2号砖纹相近①。

填土为黄褐色五花土。未发现葬具。在填土中发现零星肢骨和头骨残块。该墓出土42件器物，有陶灶1件、陶猪俑1件、铜棺钉8枚、釉陶锺1件、铜棺饰1件、五铢铜钱25枚、铜铃1件、银环1件、陶板瓦1件、甲壳器1件、铜摇钱树1件。

根据墓葬形制和出土陶器，初步推测该墓年代为东汉晚期。

（2）出土器物

该墓共出土42件器物，包括板瓦、灶、猪俑等3件陶器，陶灶无法修复；釉陶锺1件；五铢钱、铃、棺钉、棺饰和摇钱树等铜器36件；银环1件；甲壳器1件，无法修复。

陶猪俑　1件。M11：2，泥质红陶。长头，双目突出。长22.3、高10厘米（图226，2；图版103，3、4）。

陶板瓦　1件。M11：20，泥质灰陶。残，平面近长方形。凸面饰绳纹。凹面素面。残长40.3、残宽27.3、厚2厘米（图226，3；图版98，3、4）。

釉陶锺　1件。M11：4，泥质红陶。通体施釉，呈暗红色。盘口，平沿，尖圆唇，高领，束颈，圆肩，鼓腹，圜底，高圈足。肩部饰两个对称铺首衔环，沿外下部、肩部分别饰一道和四道凹弦纹。口径15.4、腹最大径18.6、底径14.6、高27厘米（图226，1；图版105，3）。

铜棺钉　8件。伞状，共3件。上鎏金，内有尖锥状钉。M11：3，直径4.6、高2.7厘米（图226，4；图版108，1、2）。M11：11，钉尖残。直径5、高1厘米（图226，5；图版108，3、4）。M11：16，直径4.6、高2.7厘米（图226，6；图版108，5、6）。圆帽状，共5件。

① 1999CWPM11墓砖原已采集，整理报告时未找到实物。报告依据发掘记录和墓葬图中墓砖示意图进行描述。

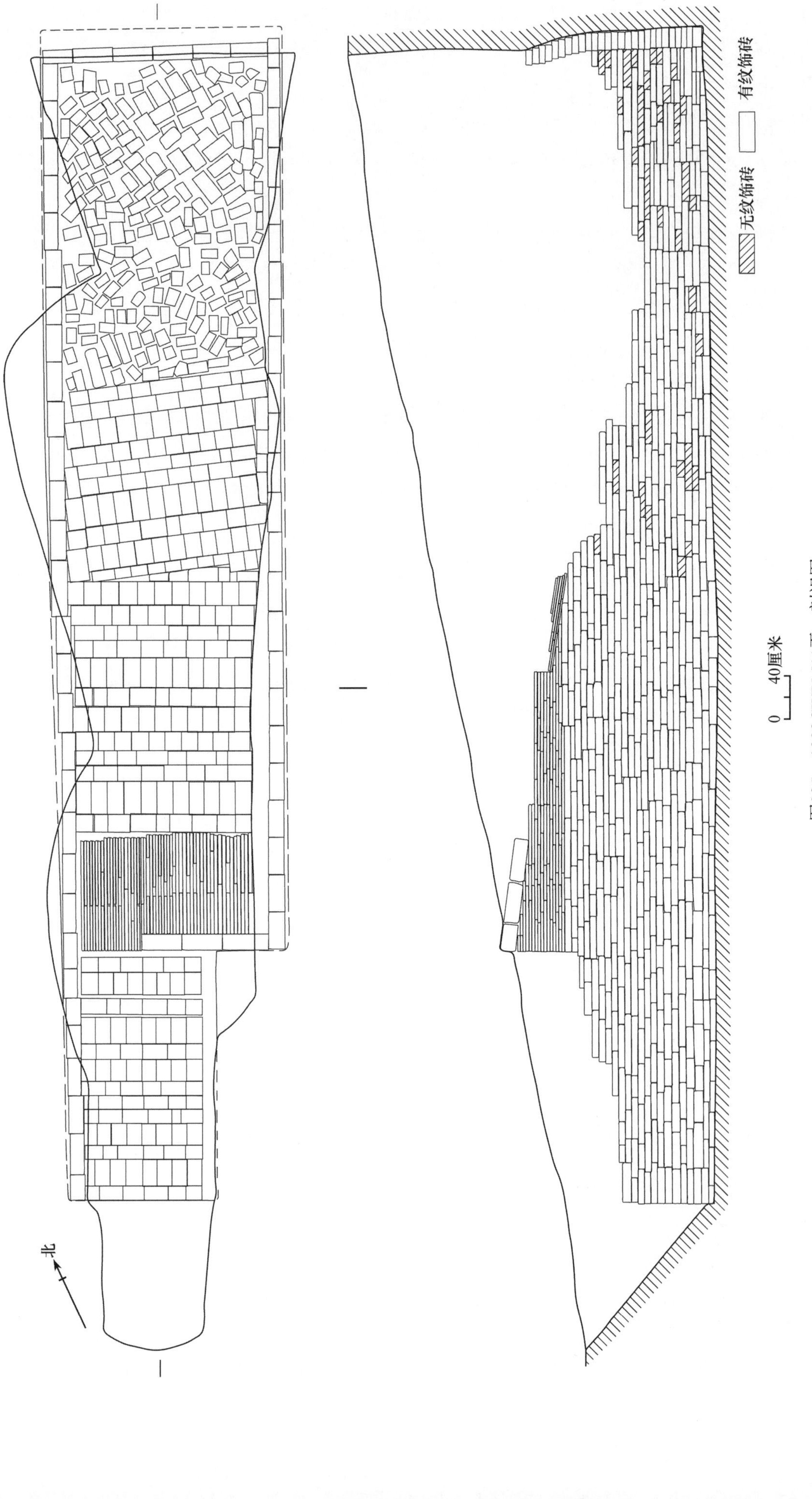

图225　1999CWPM11平、剖视图

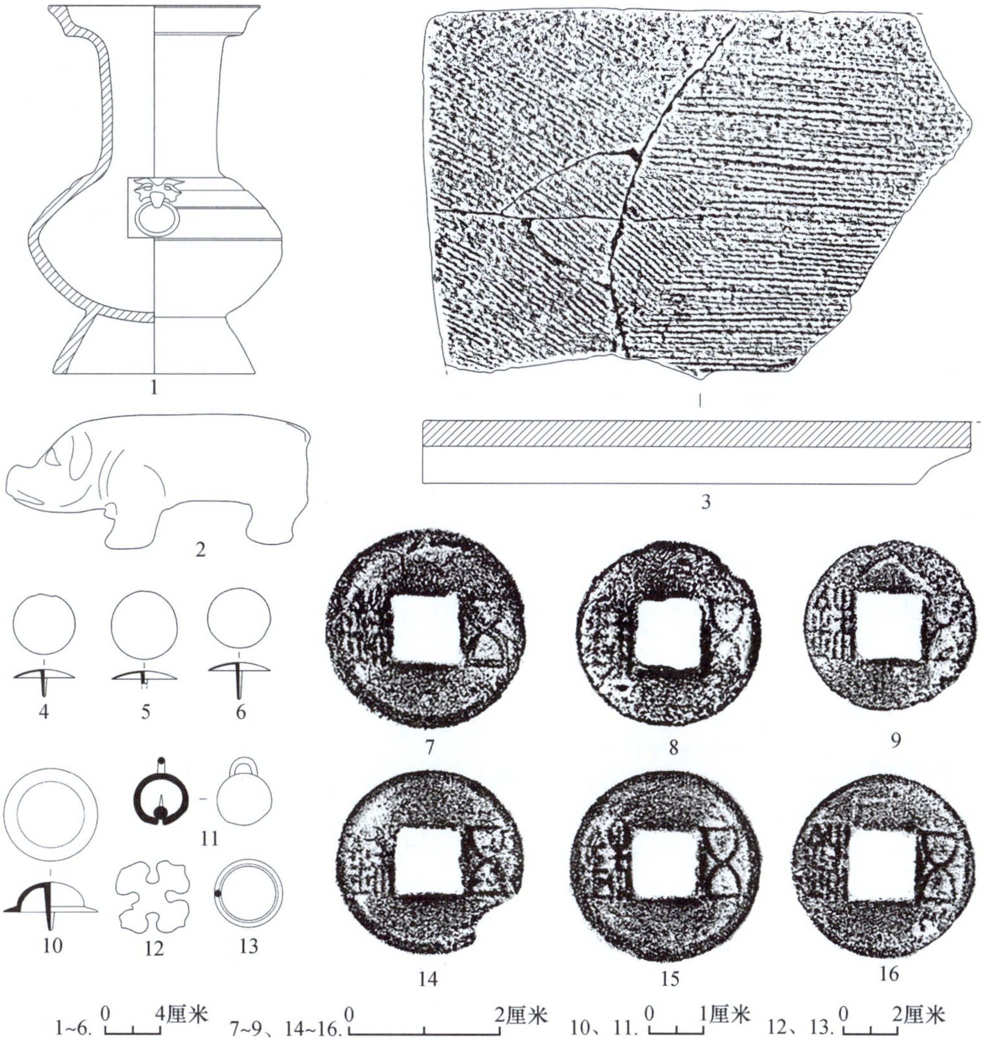

图226　1999CWPM11出土器物

1. 釉陶锺（M11：4）　2. 陶猪俑（M11：2）　3. 陶板瓦（M11：20）　4～6、10. 铜棺钉（M11：3、M11：11、M11：16、M11：6-1）　7～9、14～16. 五铢铜钱拓片（M11：7、M11：8-1、M11：9-1、M11：9-2、M11：17-1、M11：17-2）　11. 铜铃（M11：10）　12. 铜棺饰（M11：5）　13. 银环（M11：18）

M11：6-1，上鎏金，内有扁锥状钉。直径1.7、高0.9厘米（图226，10；图版111，1、2）。

铜棺饰　1件。M11：5，四叶状，薄片。鎏金。直径5.3厘米（图226，12；图版115，4）。

铜铃　1件。M11：10，整体呈中空球形，铃上有一桥形纽。直径1、高1.25厘米（图226，11；图版115，1）。

铜摇钱树　1件。M11：22，残。可辨识出有铜钱、走兽和树枝（图版116，2）。

五铢铜钱　25枚。均圆形，有郭，阳文篆体“五铢”。M11：7，锈蚀较严重。直径2.6厘米（图226，7；图版130，4）。M11：8，共5枚，3枚锈蚀较轻，2枚锈蚀严重（图版130，5）。M11：8-1，直径2.6厘米（图226，8）。M11：9，共5枚。锈蚀较严重（图版130，6）。M11：9-1，直径2.5厘米（图226，9）。M11：9-2，直径2.6厘米（图226，14）。M11：12，共3枚，均锈蚀严重。M11：13，锈蚀较严重。直径2.6厘米（图版131，1）。M11：14，锈蚀严重。M11：15，锈蚀较严重。直径2.6厘米（图版131，2）。M11：17，共7枚，6枚锈蚀较严重，1枚锈蚀严重（图版131，3）。M11：17-1，直径2.6厘米（图226，15）。M11：17-2，直径2.6

厘米（图226，16）。M11：19，锈蚀严重。直径2.5厘米（图版131，4）。

银环　1件。M11：18，银质，表面呈黑色。直径2.5、厚0.3厘米（图226，13；图版120，3）。

2. 2004CWPM159

M159位于山包墓地西北部的2004CWPT4905南部，部分延伸至2004CWPT4904内（图64）。墓向270°。

开口于第2层下，打破生土。被盗扰，在墓道中部和墓室东北部分别有1个直径50和80厘米的圆形盗洞。

洞式石室墓。墓口平面形状呈刀把形。通长642厘米。由斜坡墓道、甬道和墓室三部分组成。墓道在西，甬道和墓室在东。墓室为洞式，因土壤流失，现已塌陷，塌陷处又被土填充。根据发掘情况，我们推测其营建方式是：先挖斜坡墓道与甬道，然后往后掏挖出洞式墓室。因墓内填土中发现大量石块，墓室与甬道衔接处还发现封门用的石槽，故推测墓室可能为石室，且底部铺有石块。接着放置葬具与随葬品，最后起券、回填（图227）。

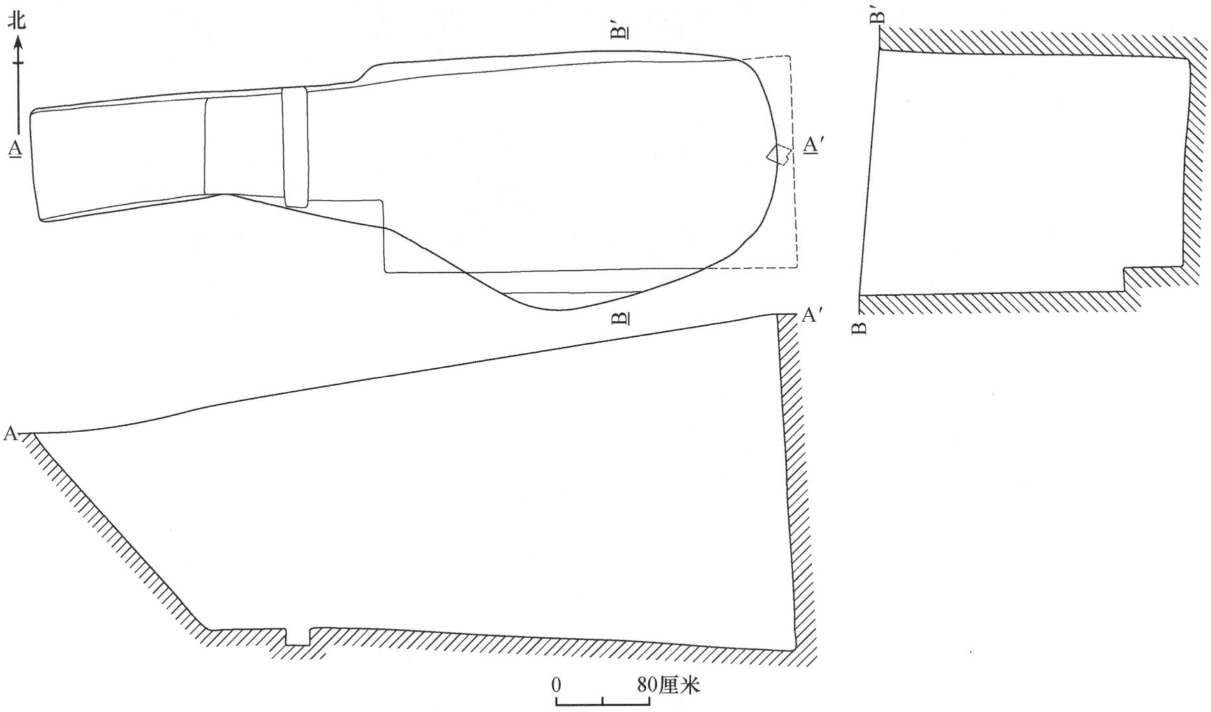

图227　2004CWPM159平、剖面图

墓道平面形状呈长方形。侧壁斜直内收，斜坡状底。口部距现地表18～20厘米，长150、宽93、深0～190厘米；底部距现地表20～210厘米，宽83厘米。坡度48°。

甬道平面形状呈长方形。两侧壁斜直内收，平底。口部距现地表18～20厘米，长150、宽90～125、深190～214厘米；底部距现地表208～234厘米，宽96厘米。封门凹槽长104、宽21、深14厘米。

洞式墓室塌陷后形成了现在所见的墓口。口部形状呈椭圆形。口部距现地表24厘米，现长332、现宽220、深214～285厘米；底部距现地表234～305厘米，长354、宽176厘米。

填土为夹杂生土块与石块的花土。在墓底发现有板灰痕迹，推测原应有棺。未发现人骨和随葬品。

根据墓葬形制，推测其年代为东汉，具体年代不明。

第四节 宋代墓葬

仅2座。均为竖穴土坑墓。

1. 1999CWPM15

（1）墓葬概况

M15位于山包墓地东南部的1999CWPT9北部（图64）。墓向75°或255°。

开口于第1层下，被M13和M14打破，并打破M12。被盗扰。

竖穴土坑墓。墓口平面形状呈长方形。直壁，平底。墓口距现地表25厘米，长200、宽120、深122厘米（图228）。

填土为黄褐色五花土。未发现葬具。发现有散乱的人肢骨和石块。出土1件黄酱釉四系瓷罐。

出土的黄酱釉四系瓷罐与重庆奉节宝塔坪ⅣM1004出土的四系罐（M1004：1）形制相近[①]，故推测M15的年代大致为南宋时期。

（2）出土器物

该墓仅出土瓷罐1件。

四系瓷罐 M15：1，褐色胎。直口，圆唇，圆肩，鼓腹，平底。肩上有四系。口沿至上腹部内外均施黄酱釉。口径9.2、腹最大径15.3、底径6.9、高14.1厘米（图229；图版134，1）。

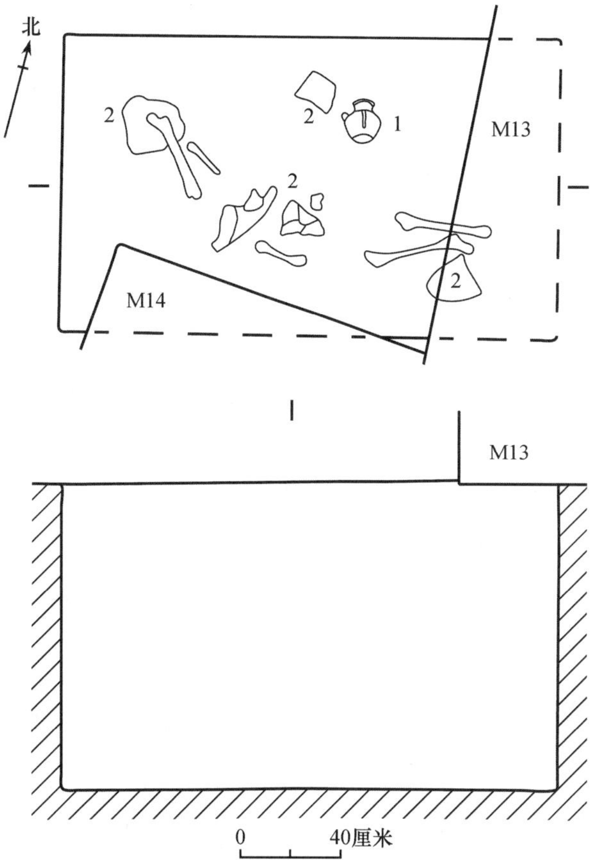

图228 1999CWPM15平、剖面图
1. 四系罐 2. 石块

2. 2004CWPM143

M143位于山包墓地东南部的2004CWPT1303东南部（图64）。墓向10°。

开口于第2层下，打破生土。未被盗扰。

① 重庆市文物局、重庆市移民局编：《奉节宝塔坪》，科学出版社，2010年，第154页，图一六一，2。

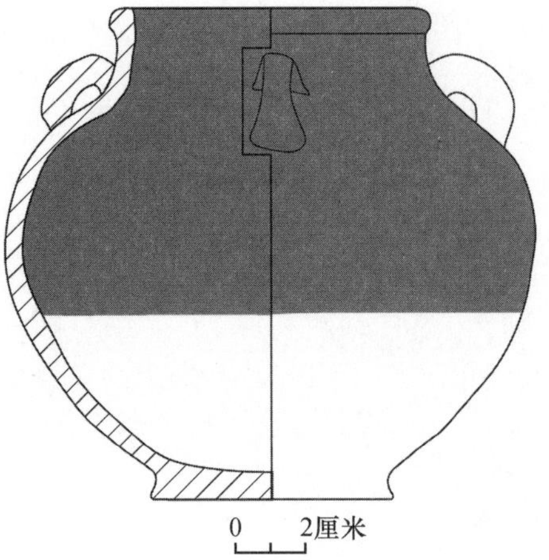

图229　1999CWPM15出土四系瓷罐（M15：1）

竖穴土坑墓。墓口平面形状呈长方形。墓葬上部大部分被破坏，仅存墓葬下半部，平底。墓口距现地表35厘米，长174、宽61～70、深6厘米（图230）。

填土为黄、白、灰相间的五花土。在墓室中部、南部分别发现1枚和2枚铁棺钉（图版134，2）。在盆骨左侧发现1枚铁钱。

墓底隐可见棺木痕迹。发现1具人骨，保存状况差。仰身直肢葬，头向东北，面向不明。初步推断为一成年女性。

因铁钱锈蚀严重，无法辨识，推测M143的年代大致为宋代，具体年代不明。

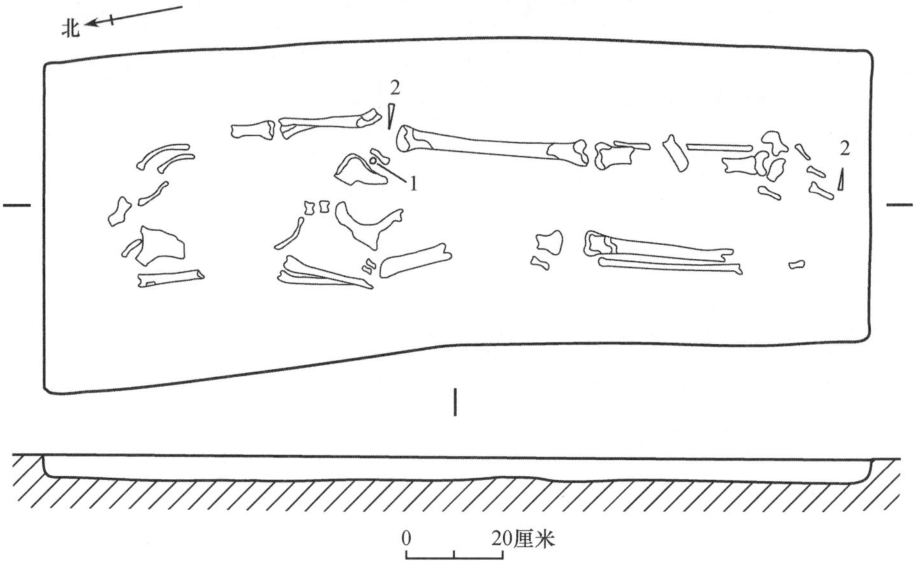

图230　2004CWPM143平、剖面图
1. 铁钱　2. 铁棺钉

第五节　年代不明的墓葬

共17座。均是竖穴土坑墓。绝大多数墓葬无随葬品。

1. 1999CWPM8

M8位于山包墓地南部偏东的1999CWPT8北部（图64）。墓向111°。

开口于第1层下，打破M9和生土。被扰动。

竖穴土坑墓。墓口平面形状呈长方形。因上部被毁，仅留有下部小部分，平底。墓口距现地表25～30厘米，长226、宽88、墓残深10厘米（图231）。

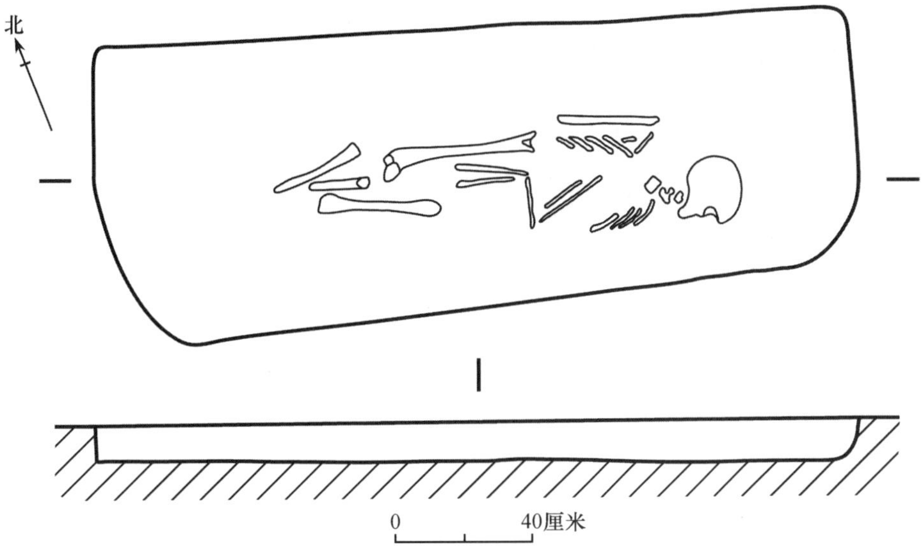

图231　1999CWPM8平、剖面图

填土为黄褐色五花土。无葬具。无随葬品。

发现1具人骨，保存状况较差。仰身直肢，头向东，面朝左。初步推断墓主为一成年男性。

因该墓打破M9，所以其年代早不过汉代，但具体年代不明。

2. 1999CWPM13

（1）墓葬概况

M13位于山包墓地东南部的1999 CWPT9东北部（图64）。墓向177°。

开口于第1层下，打破M12、M14和M15。未被盗扰。

竖穴土坑墓。墓口平面形状呈长方形。墓壁较直，平底。墓口距现地表25～69厘米，长220、宽81、深62～106厘米（图232）。

填土为黄褐色五花土。未发现葬具痕迹。发现1具人骨，保存较差，仰身直肢葬，头向南，面朝右，性别、年龄不详。在盆骨左侧出土铁镰1件。

因该墓打破M15，所以其年代早不过南宋时期，但具体年代不明。

（2）出土器物

该墓仅出土1件铁镰。

铁镰　M13：1。锈蚀严重，一端残。残长17.6、宽4.5厘米（图版134，3）。

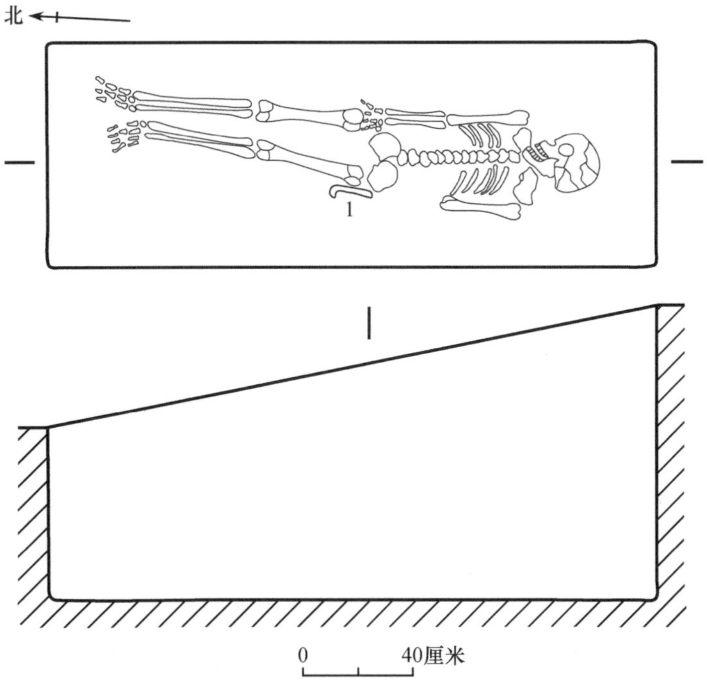

图232　1999CWPM13平、剖面图
1. 铁镰

3. 1999CWPM14

M14位于山包墓地东南部的1999 CWPT9北部（图64）。墓向276°。

开口于第1层下，被M13打破，打破M12和M15。被扰动。

竖穴土坑墓。墓口平面形状呈长方形。直壁，平底。墓口距现地表25～40厘米，长200、宽120、深83～97厘米（图233）。

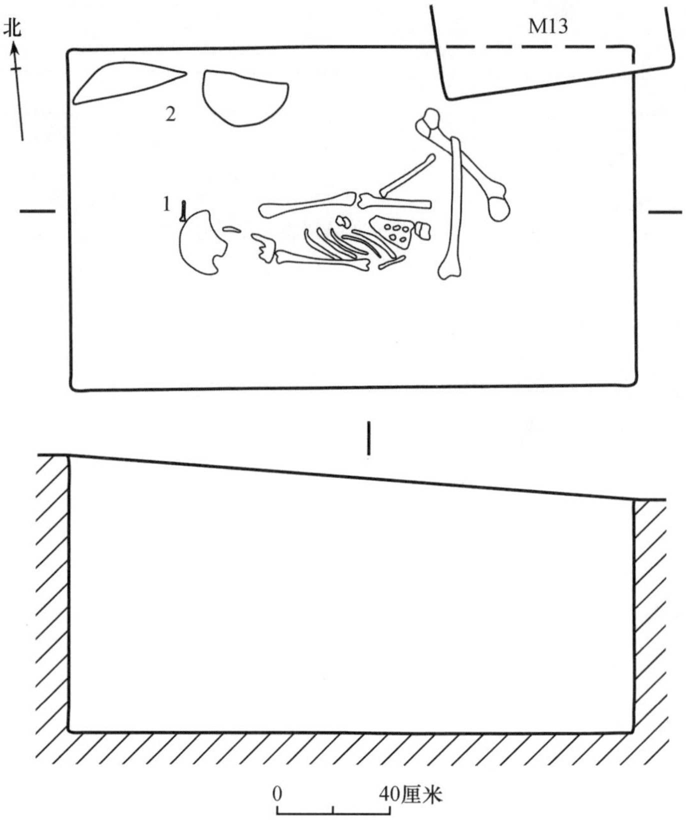

图233　1999CWPM14平、剖面图
1. 铁棺钉　2. 石块

填土为黄褐色五花土。未发现葬具。发现1具人骨，保存较差。头向西，葬式、性别和年龄不明。

出土1枚铁棺钉和2块石块。

因该墓打破M15，所以其年代上限为南宋时期，但具体年代不明。

4. 2003CWPM101

M101位于山包墓地东北部的2003 CWPT1604西北部（图64）。墓向299°。

开口于第2层下，打破生土。未被盗扰。

竖穴土坑墓。墓口平面形状呈长方形。口大底略小，除北壁外，其他三壁斜直内收，平底。墓葬仅存近墓底部分。墓口距现地表35～52厘米，长226、宽85～103、深2～25厘米；墓底距现地表40～55厘米，长224、宽83～97厘米。

在墓室北、南、西三面有生土二层台。二层台仅高2～4厘米，北二层台宽0～17、南二层台宽16～35、西二层台宽25厘米（图234；图版50，3）。

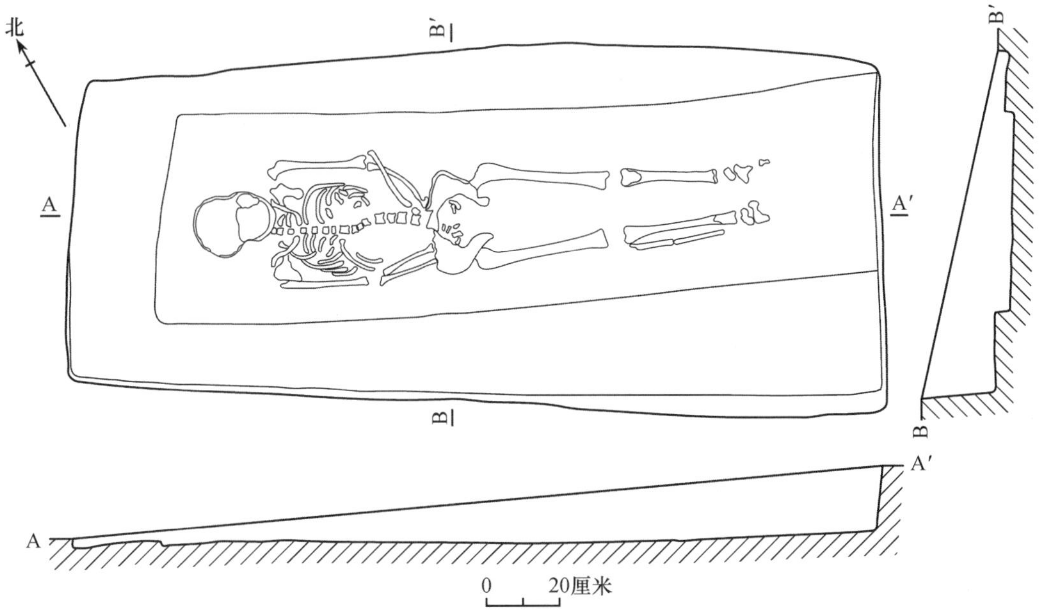

图234　2003CWPM101平、剖面图

填土为红褐色花土，质地较硬。未发现葬具。发现1具人骨，保存较好。仰身直肢，头向西北，面向不详。初步推断墓主为一年轻女性。无随葬品。

因该墓无随葬品，其年代不明。

5. 2003CWPM104

M104位于山包墓地东北部的2003CWPT1604西南部，小部分在2003CWPT1503、T1603和T1504内（图64）。墓向211°。

开口于第2层下，打破生土。未被盗扰。

竖穴土坑墓。墓口平面形状呈长方形。口大底略小，墓壁斜直内收，底部南部稍高。墓口距现地表35～52厘米，长286、宽104、深4～26厘米；墓底距现地表40～78厘米，长280、宽96厘米（图235；图版50，4）。

填土为浅黄色五花土，土质较硬、较黏。发现棺灰痕迹，应有木棺。并发现1具人骨，保存较好。仰身直肢葬，头向西南，面向左。初步推断墓主为一成年女性。无随葬品。

因该墓无随葬品，其年代不明。

6. 2003CWPM107

M107位于山包墓地东北部的2003CWPT1504南部，小部分在2003CWPT1503内（图64）。墓向104°。

开口于第2层下，打破生土。未被盗扰。

竖穴土坑墓。墓口平面形状呈长方形。口大底小，墓壁斜直内收，底部西部稍高。墓口距现地表35～40厘米，长224、宽80、深37～48厘米；墓底距现地表72～83厘米，长204、宽70厘米（图236；图版51，1）。

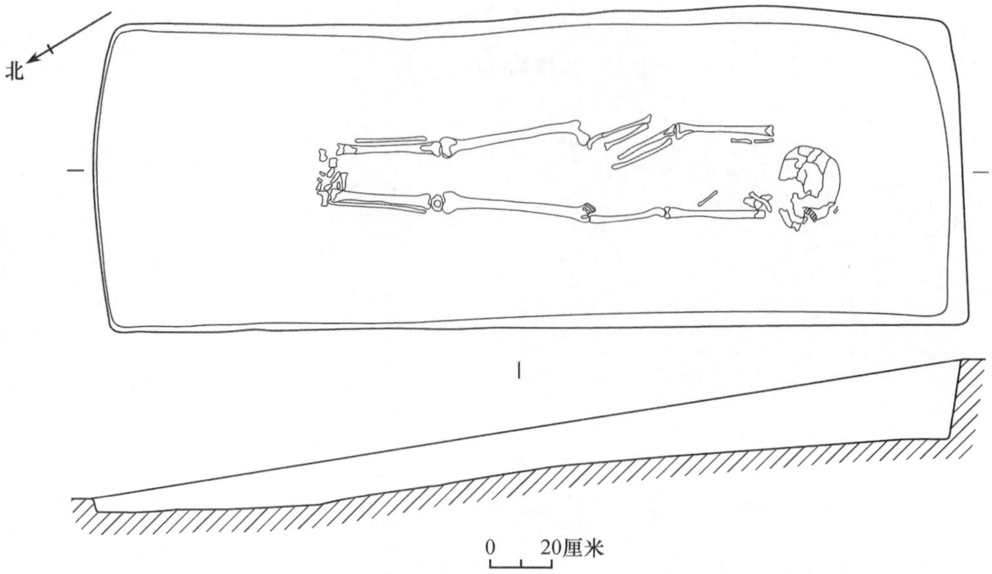

图235　2003CWPM104平、剖面图

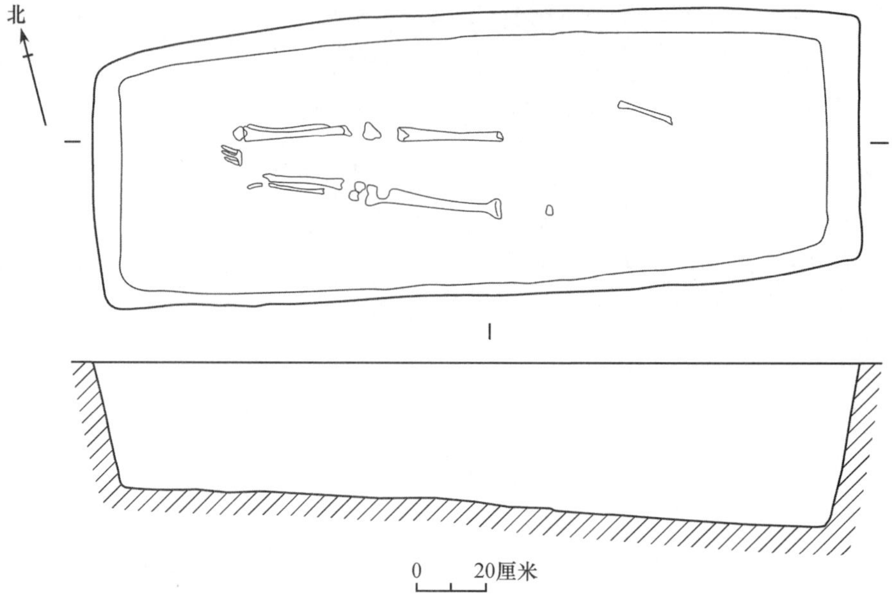

图236　2003CWPM107平、剖面图

填土为黄色五花土，土质较硬、较黏。未发现葬具。发现1具人骨，保存较差，仅存部分肢骨。仰身直肢，头向东南。面向、性别和年龄不详。无随葬品。

因该墓无随葬品，其年代不明。

7. 2003CWPM108

M108山包墓地东北部的2003CWPT1504西部（图64）。墓向270°。

开口于第2层下，打破生土。未被盗扰。

竖穴土坑墓。墓口平面形状呈长方形。口大底小，墓壁斜直内收，平底。墓口距现地表35厘米，长258、宽93、深149厘米；墓底距现地表184厘米，长234、宽87厘米。墓室四周有生土二层台。二层台高26厘米，北二层台宽7、东二层台宽8、南二层台宽8、西二层台宽20厘米。棺长193、宽55厘米（图237；图版51，2）。

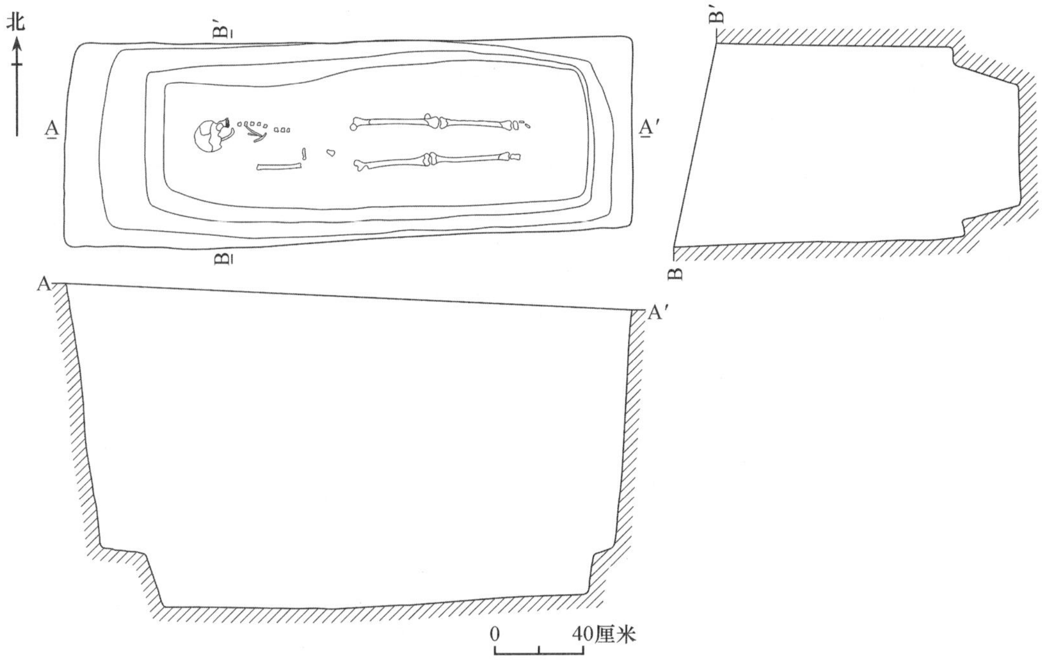

图237 2003CWPM108平、剖面图

填土为黄色五花土，土质较硬、较黏。发现一具人骨，保存状况较差。残存部分头骨、肢骨和椎骨。仰身直肢，头向西，面向左。初步推断墓主年龄34岁左右，性别不详。无随葬品。

因该墓无随葬品，其年代不明。

8. 2003CWPM128

M128位于山包墓地中部偏东的2003CWPT 1204南部（图64）。墓向9°或189°。

开口于第2层下，打破生土。被扰动。

竖穴土坑墓。墓口平面形状呈长方形。口大底略小，墓壁斜直内收，平底。墓口距现地表20～25厘米，长282、宽172、深107～116厘米；墓底距现地表127～ 141厘米，长270、宽150厘米（图238；图版51，3）。

填土为红褐色黏土夹杂有灰黄色土的五花土。未发现葬具。人骨仅残存有小部分头骨和肢骨末。头向、葬式、面向、性别和年龄不明。未发现随葬品。

因该墓无随葬品，其年代不明。

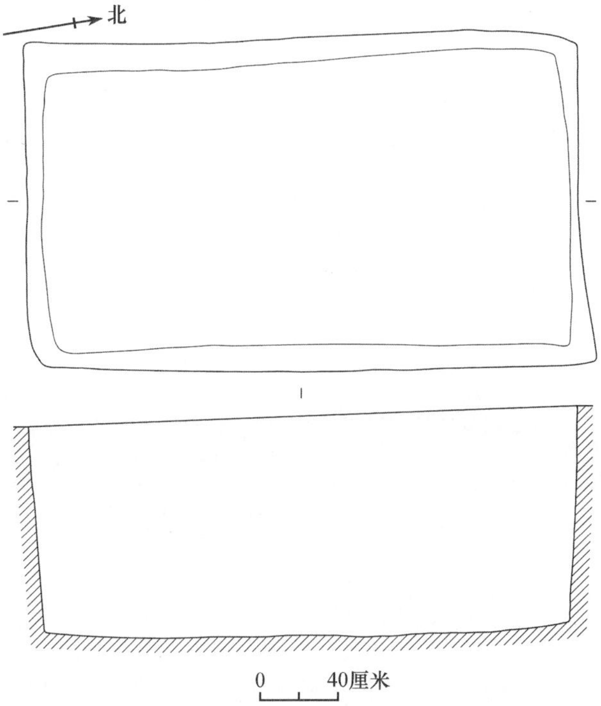

图238 2003CWPM128平、剖面图

9. 2004CWPM139

M139位于山包墓地东南部的2004CWPT 1302西北部（图64）。墓向22°。

开口于第2层下，打破生土。未被盗扰。

竖穴土坑墓。墓口平面形状呈圆角长方形。口大底小，四壁斜直内收，平底。墓口距现地表42厘米，长155、宽42、深25～31厘米；墓底距现地表67～73厘米，长141、宽29厘米（图239）。

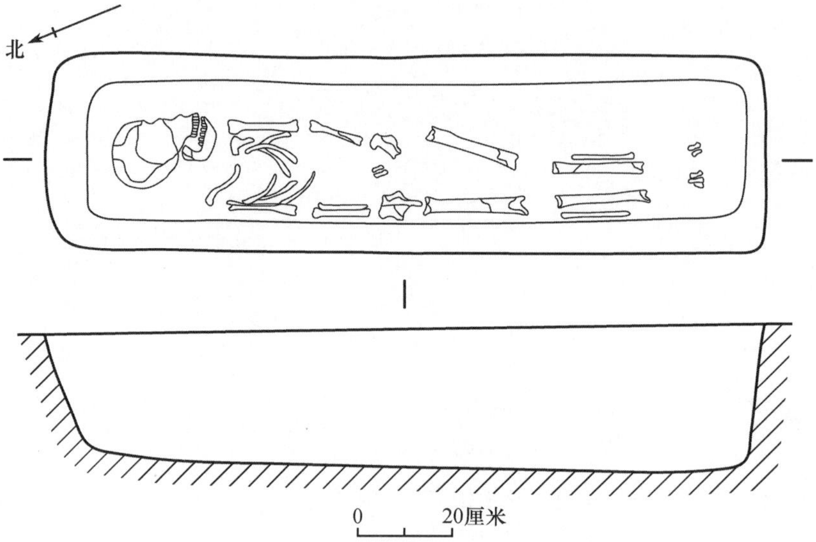

图239　2004CWPM139平、剖面图

填土为黄白灰相杂的五花土。未发现葬具痕迹。发现1具人骨，保存状况差。仰身直肢葬，头向东北，面向左，性别和年龄不明。无随葬品。

因该墓无随葬品，其年代不明。

10. 2004CWPM142

M142位于山包墓地中部偏东的2004 CWPT1302北部（图64）。墓向123°或303°。

开口于第2层下，打破M144与生土。被盗扰，墓室东部有一个直径70厘米的圆形盗洞，西部有一个直径80厘米的圆形盗洞。

竖穴土坑墓。墓口平面形状呈长方形。口大底小，墓壁斜直内收，平底。墓口距现地表35厘米，长266、宽154、深132～146厘米；墓底距现地表167～181厘米，长236、宽130厘米（图240）。

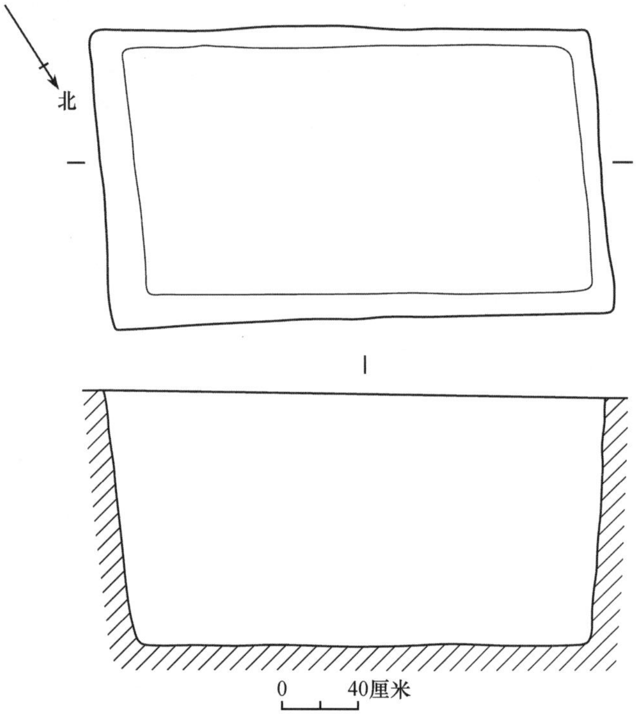

图240　2004CWPM142平、剖面图

填土为五花土。未发现葬具、人骨和随葬品。

因该墓无随葬品，其年代不明。

11. 2004CWPM156

M156位于山包墓地东南部的2004 CWPT1302西北部，部分延伸至探方外（图64）。墓向296°。

开口于第2层下，打破生土。被盗扰，在墓室西部有1个直径80厘米的圆形盗洞。

竖穴土坑墓。墓口平面形状呈长方形。口大底小，墓壁斜直内收，底部东部稍高。墓口距现地表42厘米，长264～270、宽120、深185～204厘米；墓底距现地表227～246厘米，长250、宽100厘米（图241）。

填土为黄灰色花土。墓底有板灰痕迹，推测原应有棺。发现1具人骨，保存较差，仅存下肢骨。头向西北，应为仰身直肢，面向、性别和年龄不明。未见随葬品。

因该墓无随葬品，其年代不明。

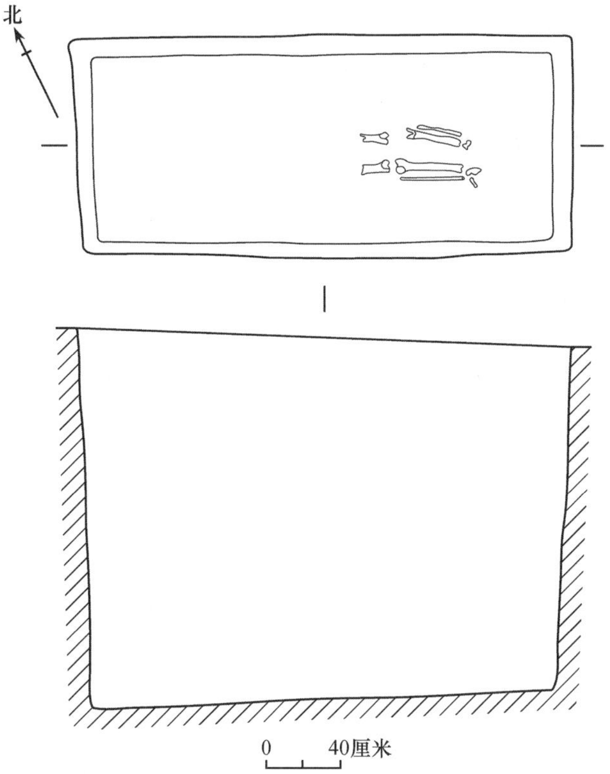

图241　2004CWPM156平、剖面图

12. 2006CWPM172

M172位于山包墓地南部的2006CWPT2001西部，部分延伸至2006CWPT3001内（图64）。墓向283°。

开口第2层下，打破生土。被盗扰，墓室东北部、西部分别有1个直径80、100厘米的圆形盗洞。

竖穴土坑墓。墓口平面形状呈长方形。口大底小，墓壁斜直内收，底部北部稍高。墓口距现地表19～30厘米，长390～395、宽230～242、深115～164厘米；墓底距现地表135～175厘米，长305、宽162厘米。

墓室北、东、西三面有生土二层台。二层台高82厘米，北二层台宽13～24、东二层台宽14～25、西二层台宽14～17厘米（图242）。

填土为红褐色土。发现1具人骨，保存状况差，仅存骨末。头向西北，面向、葬式和性别不明。未发现葬具。因盗扰严重，未发现随葬品。

因该墓无随葬品，其年代不明。

13. 2006CWPM174

M174位于山包墓地南部的2006CWPT3002的中部偏西（图64）。墓向0°。

开口于T3002第2层下，打破生土。被扰动。

竖穴土坑墓。墓口平面形状呈长方形。墓地北高南低。因地处坡地，流水冲刷掉墓葬上部大部分，仅存下部小部分。墓口距现地表30～40厘米，长182、宽90、深6～27厘米。墓葬北半部分的北、东、西面有一凹槽，北凹槽长86、宽19、深27厘米；东凹槽长127、宽12、最深3厘米；西凹槽长117、宽9、最深4厘米。根据发掘情况看，南半部分可能也有凹槽，只是被破坏无存（图243）。

填土为红褐色土。发现1具人骨，保存状况较差，仅存头骨、部分肋骨和椎骨。头向北，面向、葬式和性别不明。在墓室西北部、墓主头部东侧发现23枚铁棺钉，故原应有棺木。未发现随葬品。

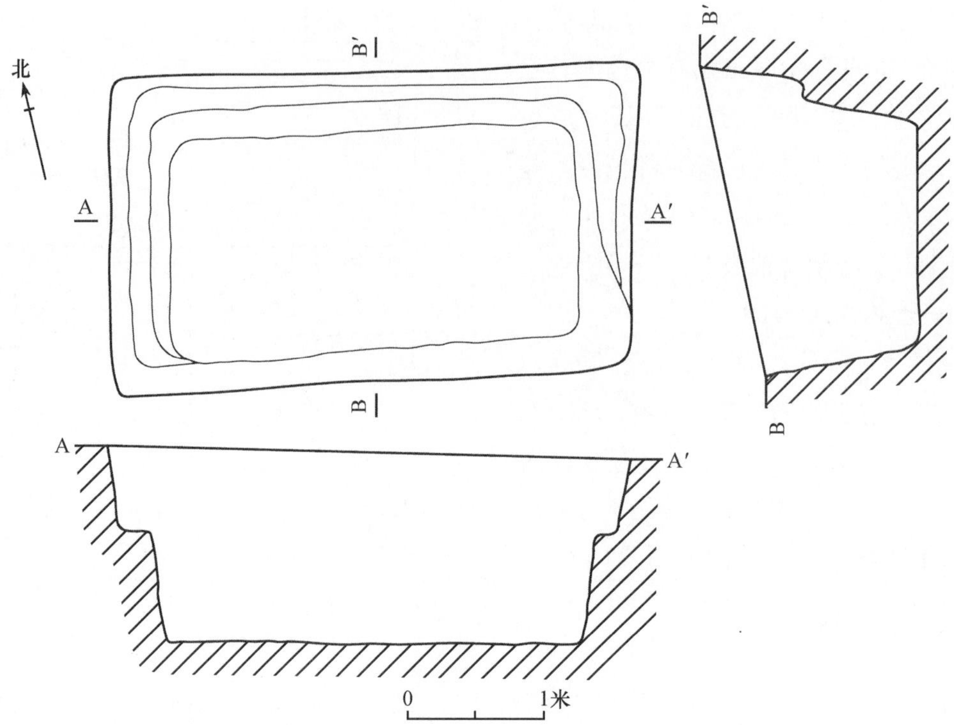

图242　2006CWPM172平、剖面图

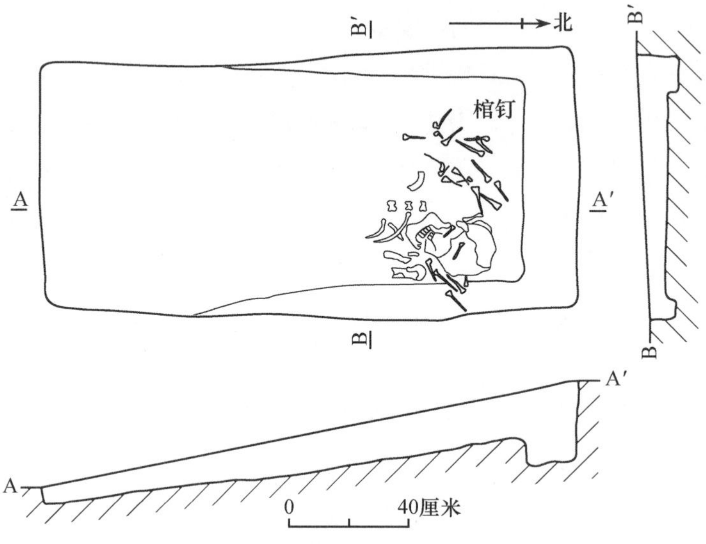

图243　2006CWPM174平、剖面图

因该墓无随葬品，其年代不明。

14. 2006CWPM175

M175位于山包墓地南部的2006CWPT2101中部偏南（图64）。墓向104°。

开口于第2层下，打破生土。被扰动。

竖穴土坑墓。墓口平面形状呈长方形。墓壁较直，平底。墓口距现地表20～25厘米，长234、宽106、深14～18厘米（图244）。

填土为浅灰褐色黏土，土质较硬。未发现葬具。发现人骨1具，保存状况较差。头向东南，

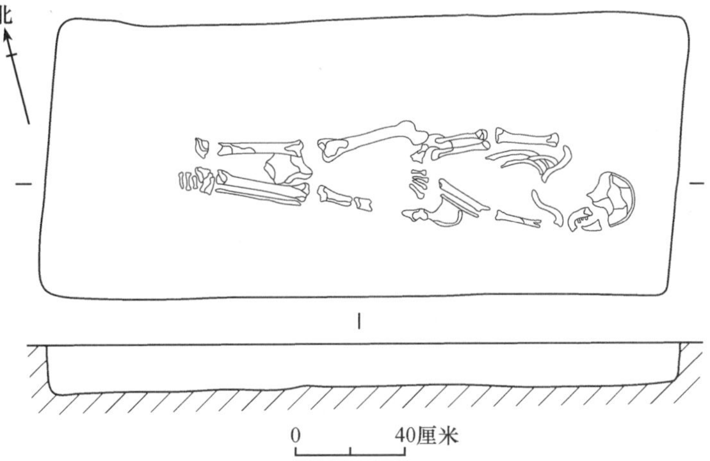

图244　2006CWPM175平、剖面图

面向左，仰身直肢葬，双手放于盆骨上。初步推断其为一年龄30～35岁的男性。无随葬品。

因该墓无随葬品，其年代不明。

15. 2006CWPM183

M183位于山包墓地中部的2006CWPT1002南部（图64）。墓向322°。

开口于第2层下，打破生土。未被盗扰。

竖穴土坑墓。墓口平面形状呈长方形。口大底略小，墓壁斜直内收，平底。墓口距现地表20厘米，长236、宽111、深52～60厘米；墓底距现地表72～80厘米，长226、宽102厘米。

墓室四周有熟土二层台。二层台高20厘米，西二层台宽15、东二层台宽10、北二层台宽21、南二层台宽24厘米（图245）。

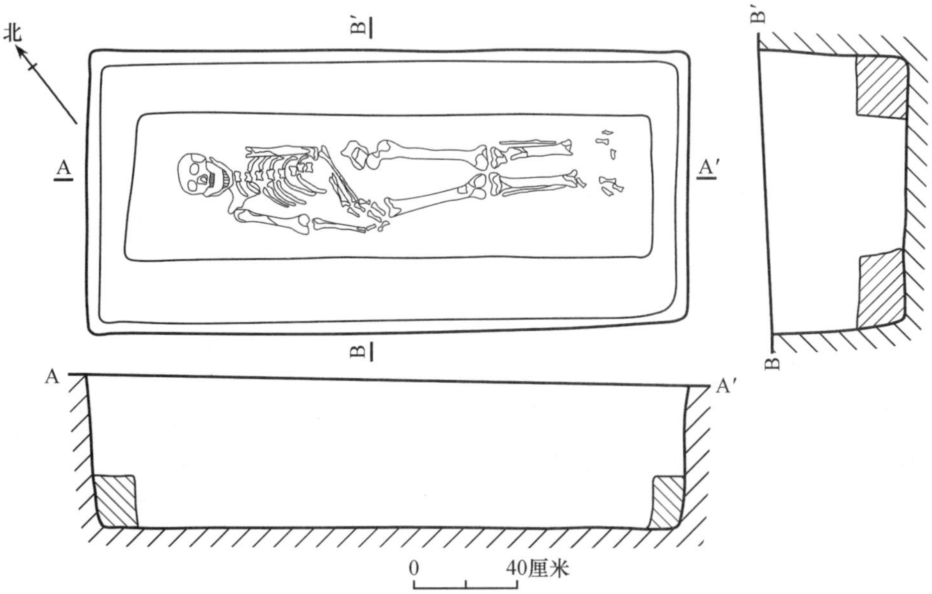

图245　2006CWPM183平、剖面图

填土为红褐色土与黄褐色土相杂的五花土。发现白色棺灰。棺长204、宽56厘米，高度不详。棺内发现1具人骨，保存较好。头向西北，面朝上，仰身直肢，左手斜压着右手置于腹

部。经陈靓先生鉴定为一例大于56岁的男性个体，详情见附录三。无随葬品。

因该墓无随葬品，其年代不明。

16. 2006CWPM185

M185位于山包墓地中部的2006CWPT1102西北部，小部分延伸至2006CWPT1002内（图64）。墓向113°。

开口于第2层下，打破生土。未被盗扰。

竖穴土坑墓。墓口平面形状呈长方形。口大底略小，墓壁斜直内收，平底。墓口距现地表29～33厘米，长247～251、宽136～145、深74～91厘米；墓底距现地表118～122厘米，长236、宽116～123厘米。

墓室四周有熟土二层台。二层台高12～13厘米，北二层台宽24、东二层台宽21、南二层台宽24、西二层台宽17厘米（图246）。

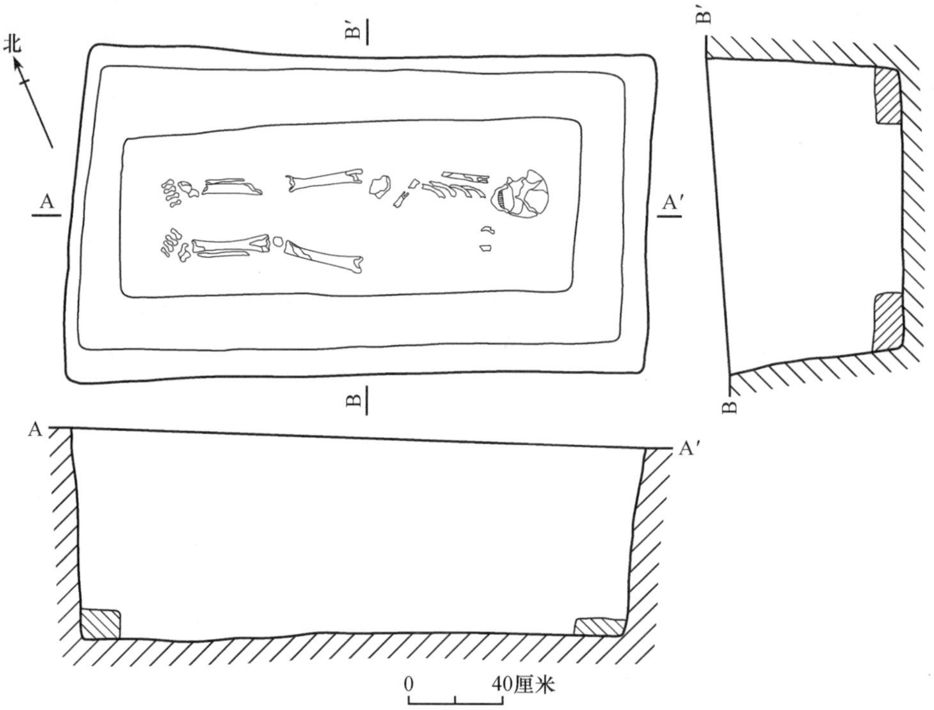

图246　2006CWPM185平、剖面图

填土为红褐色土和黄褐色土相杂的五花土。发现1具人骨，保存状况较差，仅下肢骨保存较好。仰身直肢，头向东南，面朝上，性别和年龄不明。在人骨上、下均发现有白色朽灰，应是棺木朽灰成。无随葬品。

因该墓无随葬品，其年代不明。

17. 2006CWPM186

M186位于山包墓地中部的2006CWPT1102东南部，部分延伸至探方南壁外（图64）。墓向301°。

开口于第2层下，打破生土。未被盗扰。

竖穴土坑墓。墓口平面形状长方形。墓壁较直，平底。因地处坡地，流水冲刷掉墓葬上部大部分，仅存近墓底的小部分。墓口距现地表22～28厘米，长188～210、宽86、深10～13厘米（图247）。

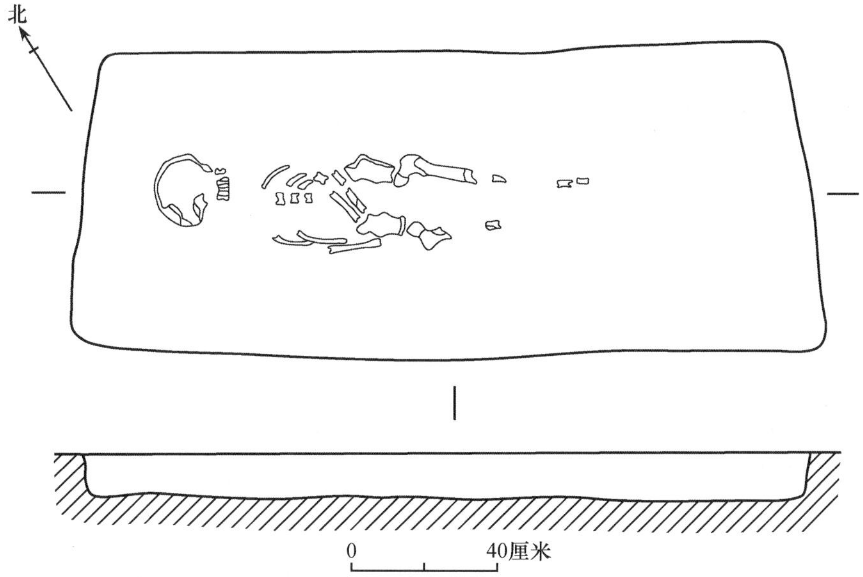

图247　2006CWPM186平、剖面图

填土为黄褐色五花土。未发现葬具。发现1具人骨，保存较差。仰身直肢，头向西北，面朝上。性别和年龄不明。无随葬品。

因该墓无随葬品，其年代不明。

第四章　战国至汉代墓葬出土器物与分期研究

第一节　层位关系与分期依据

琵琶洲山包墓地共发现战国至汉代墓葬共81座，其中有打破关系和出土纪年墓砖的有以下12组。

1. 1998CWPT19

M4打破M5；其中M4出土“永初二年”和“永初五年”的墓砖，永初元年为公元107年，故我们可以确定M4的年代为东汉中期。

2. 1999CWPT8

M8和M11打破M9；M11打破M10。

3. 1999CWPT9

M13打破M14和M15；M14打破M15；M13、M14和M15都打破M12。M15为宋代墓葬。另外，M12出土“永元十二年”墓砖，永元十二年为公元100年，故我们可以确定M12的年代为东汉中期。

4. 2003CWPT1502

M110打破M119。

5. 2003CWPT1204

M113出土“永元十二年”墓砖，永元十二年为公元100年，故我们可以确定M113的年代为东汉中期。

6. 2003CWPT1004

M117打破M118。

7. 2004CWPT4007

M137打破M141。

8. 2004CWPT4107

M147打破M140。

9. 2004CWPT1302

M142打破M144，但M142没有随葬品，年代不明。

10. 2004CWPT1408

M155打破M158。

11. 2004CWPT4903西南扩方

M167打破M168，M168打破M166，M166打破M169。

12. 2006CWPT2101

M176打破M179和M180；M178打破M179和M180。

总的来说，琵琶洲山包墓地战国至汉代墓葬打破关系不多，而且大多数墓葬被盗或者被扰动过，81座墓葬中有64座墓葬被盗或被扰动过。所以我们根据打破关系、出土纪年墓砖等分期依据以及参考半两、五铢、货泉、大泉五十等铜钱的分期研究、距离琵琶洲山包墓地较近的麦沱山墓地[①]研究成果对随葬器物进行型式划分。

第二节　出 土 器 物

琵琶洲山包墓地战国至汉代墓葬出土器物共计442件（不含动物骨骼），包括陶器、釉陶器和瓷器、铜器、铁器、石器、漆器、银器、角器、琉璃器、煤精饰品和甲壳器等。其中陶器314件、釉陶器和青瓷器7件、铜器62件、铁器8件、石器20件、漆器4件、银器19件、角器1件、琉璃器3件、煤精饰品4件以及甲壳器1件。另外，还有23座墓葬出土各类铜钱526枚。

一、陶　　器

共314件。有57座墓葬随葬有陶器。陶器以灰陶为主，其次为褐陶，红陶最少。陶俑均为红陶。器类有鼎、敦、盒、豆、灶、甑、壶、盆、钵、釜、鍪、器座、罐、珠、板瓦、陶俑、

① 重庆市文物局、重庆市移民局编：《巫山麦沱墓地》，科学出版社，2018年。

摇钱树座以及陶楼等18类。其中M3和M110各有2件陶楼共计4件陶楼无法复原。下面依器类分析如下。

（一）陶鼎

共16件，共有15座墓葬随葬有陶鼎，其中M171中的1件陶鼎无法复原。依据腹部及底部特征分为三型。

A型　弧腹，圜底近平。共3件。依据耳部及足部特征可分为三式。

Ⅰ式：附耳较直，蹄足较高。1件。M119：2，泥质灰陶。子母口微敛，圆唇，三蹄形足。有一对长方形附耳，中有长方形孔。有浅盘形盖，中有一桥形纽，内穿有一圆形套环。器盖和腹部均饰一道凸弦纹。口径13、腹径16.7、高17.8厘米（图248，1；图版52，1）。

Ⅱ式：附耳较直，蹄足更矮且外撇。1件。M118：3，泥质黑皮褐陶。子母口微内敛，圆方唇，三蹄形足。有一对方形附耳，中间有长方形孔。腹部饰一道凸弦纹。有浅盘形盖，上有三个实心扁纽，上饰五道浅凹弦纹。口径13.1、腹径16.3、高13.7厘米（图248，2；图版52，2）。

Ⅲ式：附耳外撇更甚，浅腹，足部简化。1件。M110：9，泥质灰陶。子母口微敛，圆唇，三蹄形足，有一对长方形附耳，中部有长方形孔。素面。口径20.6、腹径22.3、高13.9厘米（图248，3；图版52，3）。

B型　鼓腹，圜底。共10件。依据腹部、足部及盖上纽的特征可分为三式。

Ⅰ式：鼓腹较深，蹄形足，盖上为“S”形纽。共7件。M7：1，泥质褐陶，器表较光滑。子母口微内敛，圆唇。有一对方形附耳，中间有长方形孔。腹部饰一道凸弦纹。有浅盘形盖，上有三个“S”形纽，上有一道凹弦纹。口径12.9、腹径18.2、通高14.1厘米（图248，4；图版52，4）。M106：3，泥质灰陶。子母口，圆唇。有一对长方形附耳，中间有长方形孔。有浅盘形盖，上有三个“S”形纽。纽上、下各有一道浅凹弦纹，腹部饰一道凸弦纹。口径13.4、腹径18.8、通高16.7厘米（图248，5；图版52，5）。M112：2，泥质褐陶。子母口微内敛，圆方唇。有一对方形附耳，中间有长方形孔。腹部饰一道浅凹弦纹。有浅盘形盖，上有三个“S”形纽，上有一道凹弦纹。口径16、腹径19.3、通高18.4厘米（图248，6；图版52，6）。M146：2，泥质灰陶。子母口。有一对长方形附耳，中有长方形孔。有浅盘形盖，上有三个“S”形纽。盖与腹各饰有一道凹弦纹。口径 13.6、腹径17.7、高15.9厘米（图248，7；图版53，1）。M148：1，泥质灰陶。子母口。有一对长方形附耳，中间有长方形孔。有浅盘形盖，上有三个“S”形纽。盖上饰有两道凹弦纹，腹部有一道折棱。口径 14、腹径17.9、高16.9厘米（图248，8；图版53，2）。M154：1，泥质灰陶。子母口。有一对对称长方形附耳，中间有长方形孔。有浅盘形盖，上有三个“S”形纽。腹部饰一道凸弦纹。口径 13.8、腹径18.7、高19厘米（图248，9；图版53，3）。M171：7，泥质黑皮褐陶。子母口，方唇。有一对长方形附耳，中间有长方形孔。腹部饰一道微凸弦纹。口径13.1、腹径16.4、高10.7厘米（图248，10；图版53，4）。

Ⅱ式：腹变浅，足部简化，盖上为实心扁纽。1件。M169：2，泥质灰陶。子母口，方唇。有一对折附耳，三兽形足。有浅盘形盖，上饰有两道凹弦纹。腹部饰一道凹弦纹。口径17.7、腹径20.3、高19.9厘米（图248，11；图版53，5）。

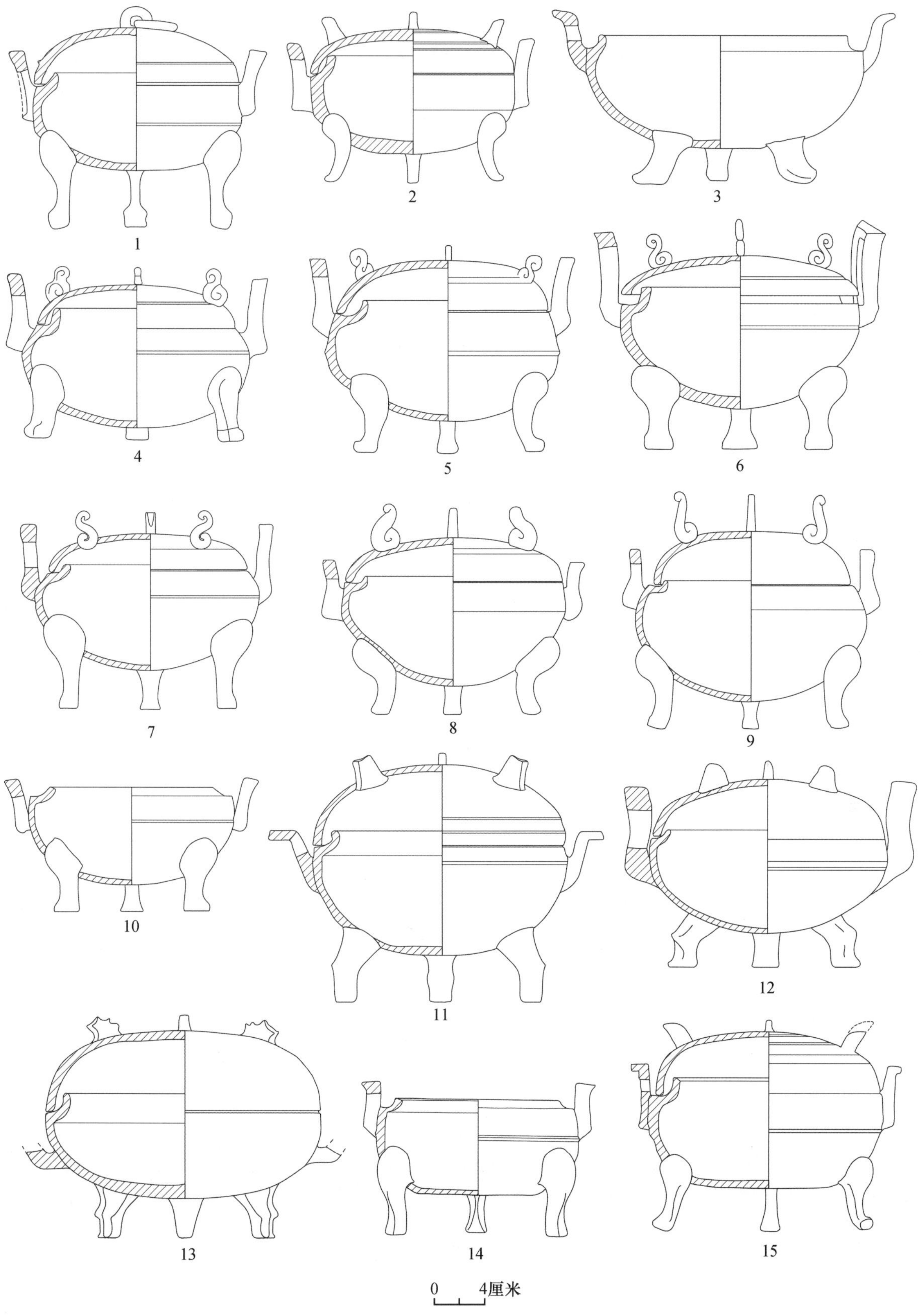

图248　出土陶鼎

1. A型Ⅰ式（M119：2）　2. A型Ⅱ式（M118：3）　3. A型Ⅲ式（M110：9）　4～10. B型Ⅰ式（M7：1、M106：3、M112：2、M146：2、M148：1、M154：1、M171：7）　11. B型Ⅱ式（M169：2）　12、13. B型Ⅲ式（M147：12、M168：6）　14、15. C型（M5：2、M130：1）

Ⅲ式：腹更浅，呈扁腹状，足部更矮，盖上为实心扁纽。共2件。M147：12，泥质灰陶。子母口，三兽形足。有一对长方形附耳，中间有长方形孔。有浅盘形盖，弧腹，上有三个耳纽。腹部饰有凹弦纹与凸弦纹各一周。口径 16.4、腹径19.3、高16.5厘米（图248，12；图版53，6）。M168：6，泥质灰陶。子母口，三兽形足。双耳皆残缺。有浅盘形盖，上有三个实心扁纽。素面。口径19.2、腹径22、高17.8厘米（图248，13；图版54，1）。

C型　扁腹，平底。共2件。M5：2，泥质灰陶。子母口，方唇，三蹄形足。有一对长方形附耳，中间有长方形孔。腹部饰一道凸棱。口径13.2、腹径16.1、高12.4厘米（图248，14；图版54，2）。M130：1，泥质黑皮褐陶。器表较光滑。子母口微内敛，斜方唇，三蹄形足。有一对方形附耳，中间有长方形孔。腹部饰一道凸弦纹。有浅盘形盖，上有三个实心扁纽，上有六道凹弦纹。口径15.4、腹径18.9、高16.9厘米（图248，15；图版54，3）。

（二）陶敦

共5件。出土数量较少，共5座墓葬随葬有陶敦。均为器、盖上下对称，“S”形纽。依据纽及器身整体特征可分为二式。

Ⅰ式：纽稍外撇，器身整体呈扁椭圆形。共3件。M106：2，泥质灰陶。敞口，平沿，方唇，浅弧腹，圜底。纽上、下各有一道浅凹弦纹。口径19.5、通高21.7厘米（图249，1；图版54，4）。M119：3，泥质灰陶。敞口，平沿，方唇，浅弧腹，圜底。纽上、下各有一道浅凹弦纹。口径17.8、通高22.8厘米（图249，2；图版54，5）。M146：3，泥质灰陶。敞口，平

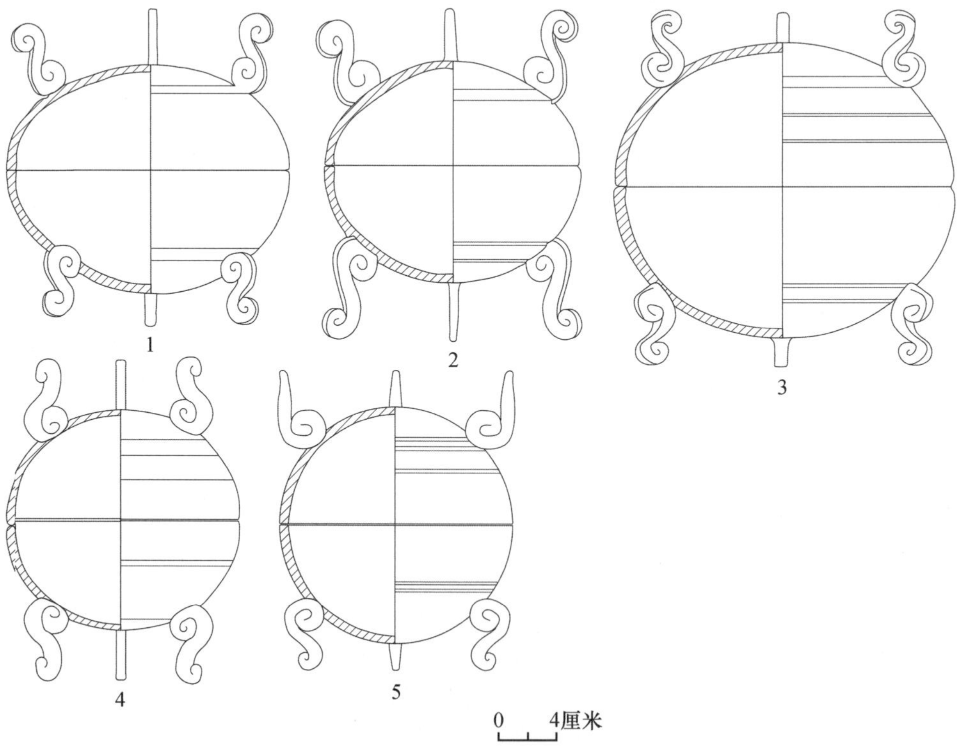

图249　出土陶敦

1～3. Ⅰ式（M106：2、M119：3、M146：3）　4、5. Ⅱ式（M148：3、M154：2）

沿，方唇。盖与腹各饰有两道凹弦纹。口径22.6、高24.4厘米（图249，3；图版54，6）。

Ⅱ式：纽向上下竖直，器身整体呈瘦高椭圆形。共2件。M148：3，泥质灰陶。敞口，弧腹，圜底。盖上饰有三道凹弦纹，腹部饰有两道凹弦纹。口径16.4、高22.4厘米（图249，4；图版55，1）。M154：2，泥质褐陶。敞口，方唇，弧腹，圜底。盖上有三个钩状纽，器身下有三个“S”形纽。盖上饰三道凹弦纹，腹部饰两道凹弦纹。口径16、通高20.5厘米（图249，5；图版55，2）。

（三）陶盒

共8件。出土数量较少，共7座墓葬随葬有陶盒。依据器身与器盖的差异可分为三型。

A型　器盖与器身形制相同，子母口扣合，腹壁较直，器盖与器身均有圈足。共2件。依据腹部及底部特征可分为二式。

Ⅰ式：浅腹，底近平，圈足较高。1件。M118：1，泥质灰陶。圆方唇，圜底。腹部饰四道凹弦纹。器盖为敞口，上饰八道凹弦纹。盖口径16.3、器身口径14.6、圈足径10、通高14.7厘米（图250，1；图版55，3）。

Ⅱ式：深直腹，圜底微凹，圈足较低。1件。M141：9，泥质灰陶。器盖直口微敛。器盖与器腹部各饰有五道凹弦纹。盖口径16.2、器身口径13.2、圈足径10.7、高13.1厘米（图250，2；图版55，4）。

B型　器盖较器身扁矮，器盖与器身扣合后呈扁椭圆形。共3件。M7：2，泥质褐陶。方

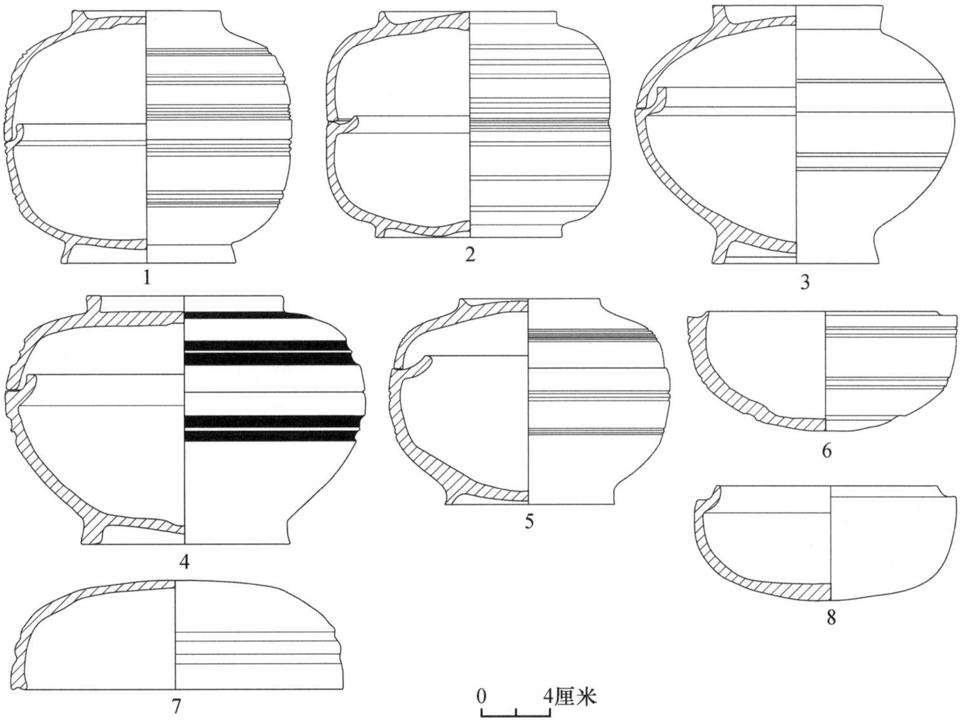

图250　出土陶盒

1. A型Ⅰ式（M118：1）　2. A型Ⅱ式（M141：9）　3～5. B型（M7：2、M112：1、M171：6）
6～8. C型（M130：2、M166：5、M166：20）

唇。腹部饰两道凹弦纹。器盖为敞口。盖口径18.4、器身口径16、圈足径9.8、通高15厘米（图250，3；图版55，5）。M112：1，泥质灰陶。方唇。腹部饰两道凹弦纹，其上施红彩。器盖为敞口。上部施一周红彩。下部饰两道凹弦纹，其上施红彩。盖口径20.7、器身口径17.8、圈足径11.9、高14.4厘米（图250，4；图版55，6）。M171：6，泥质黑皮褐陶。圆唇。盖微敞口。盖上饰四道凹弦纹。上腹部和下腹部各有两道凹弦纹。盖口径15.5、器身口径11.7、圈足径9.8、通高12厘米（图250，5；图版56，1）。

C型　无完整器，器身浅腹，器盖与器身均无圈足。共3件。M130：2，泥质灰陶。尖圆唇，圜底。腹部饰五道凹弦纹。缺器盖。口径13.4、高7厘米（图250，6；图版56，2）。M166：5，泥质灰陶。仅剩器盖。圜底。上饰两道凹弦纹。口径19.1、高 6.3厘米（图250，7；图版56，3）。M166：20，泥质灰陶。器盖部分缺失。圜底。素面。口径13、腹最大径15.4、高6.6厘米（图250，8；图版56，4）。

（四）陶豆

共7件。出土数量较少，共6座墓葬随葬有陶豆。均浅盘，细柄，喇叭形圈足。素面。依据豆盘口部特征分为二型。

A型　敞口。共5件。依据豆盘和柄部特征可分为二式。

Ⅰ式：盘较浅，细高柄。1件。M119：4，泥质灰陶。口径13.3、底径8.7、高12.1厘米（图251，1；图版56，5）。

Ⅱ式：盘更深，柄较粗。共4件。M123：3，泥质灰陶。口径12.4、底径5.5、高10.2厘米（图251，2；图版56，6）。M144：02，泥质褐陶。口径 15.5、底径8、高12.6厘米（图251，

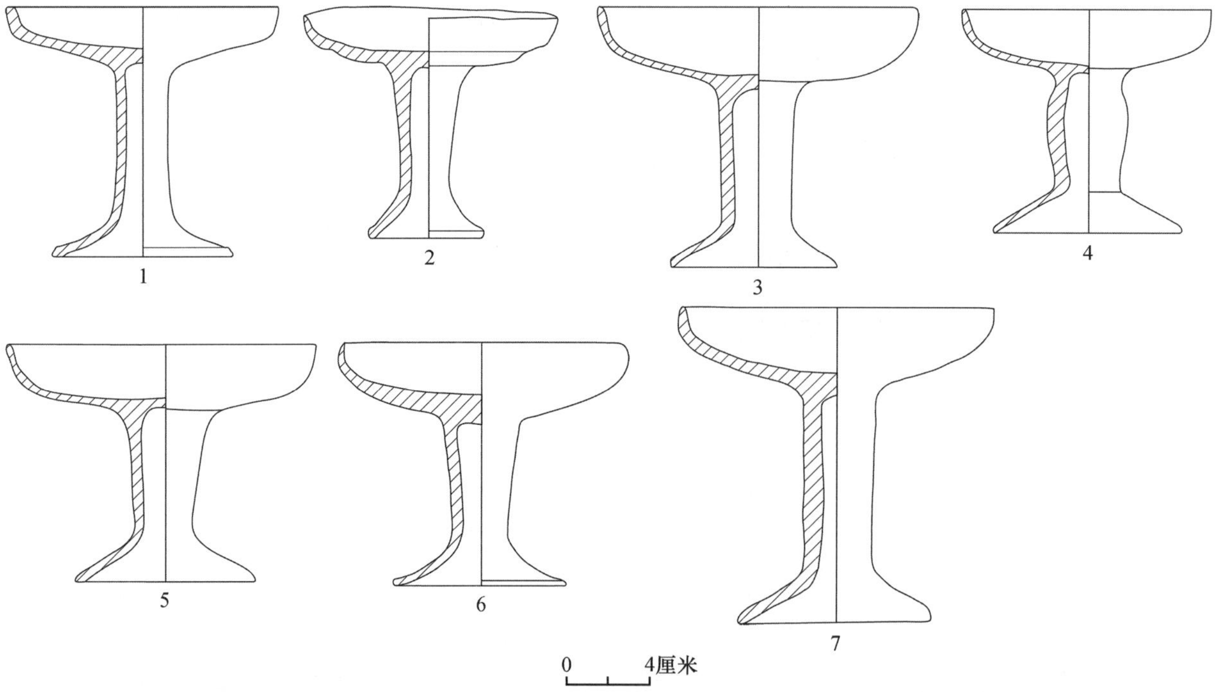

图251　出土陶豆

1. A型Ⅰ式（M119：4）　2～5. A型Ⅱ式（M123：3、M144：02、M144：03、M146：1）　6、7. B型（M2：3、M125：1）

3；图版57，1）。M144：03，泥质褐陶。口径 12.1、底径9、高10.9厘米（图251，4；图版57，2）。M146：1，泥质灰陶。口径 15.1、底径8.7、高11.6厘米（图251，5；图版57，3）。

B型　微敛口。共2件。M2：3，夹细砂灰陶。口径13.6、底径8.3、高11.8厘米（图251，6；图版57，4）。M125：1，泥质灰陶。口径15.3、底径9.2、高15.4厘米（图251，7；图版57，5）。

（五）陶灶

共16件。共16座墓葬随葬有陶灶，其中M11出土1件陶灶无法修复。根据釜眼数量分为二型。

A型　单釜眼，共6件。依据火门位置可分为二亚型。

Aa型　火门位于一长侧边底部。1件。M168：4，泥质灰陶。近方形。拱形火门与釜眼相对。釜眼后方一侧有一椭圆形烟囱孔。长19.5、宽15、高6.3厘米（图252，1；图版57，6）。

Ab型　火门悬置于一长侧边中部。共5件。依据灶面与底部大小差异可分为二式。

Ⅰ式：灶面与灶底大小近似。1件。M165：10，泥质灰陶。圆角长方形。圆拱形火门与釜眼相对。釜眼后方一侧有一圆形烟囱孔。长 25.2、宽18.1、高8.4厘米（图252，2；图版58，1）。

Ⅱ式：灶面略小于灶底。共4件。M136：8，泥质褐陶。平面呈长方形。拱形火门与釜眼相对。釜眼后方一侧有一圆形烟囱孔，烟囱孔周围有三个凸起。长19.5、宽14.2、高8.6厘米（图252，3；图版58，2）。M169：5，泥质灰陶。平面呈长方形。拱形火门与釜眼相对。釜眼后方一侧有一圆形烟囱孔。长20.7、宽15.6、高8.4厘米（图252，4；图版58，3）。M110：8，泥质灰陶。圆角长方形。梯形火门与釜眼相对。釜眼后方一侧有一圆形烟囱孔。长18、宽14、高8厘米（图252，5；图版58，4）。 M140：5，泥质灰陶。圆角长方形。拱形火门与釜眼相对。釜眼后方一侧有一圆形烟囱孔。长 21.7、宽15.3、高6.9厘米（图252，6；图版58，5）。

B型　双釜眼，共9件。依据火门位置可分为二亚型。

Ba型　火门位于一长侧边底部。共5件。依据釜眼间距离可分为二式。

Ⅰ式：釜眼间距离较近。1件。M118：10，泥质灰陶。圆角长方形。火门与釜眼相对。左侧火门呈拱形，右侧火门呈梯形。两釜眼后方中间有一圆形烟囱孔。长23.8、宽14、高7.6厘米（图252，7；图版58，6）。

Ⅱ式：釜眼间距离较Ⅰ式更大。共4件。M137：9，泥质褐陶。平面呈长方形。半圆形火门与釜眼相对。长25.6、宽15.7、高6.7厘米（图252，8；图版59，1）。M141：8，泥质灰陶。平面呈圆角长方形。拱形火门与釜眼相对。两釜眼后方中间有一个圆形烟囱孔。长23.2、宽12.8、高5.8厘米（图252，9；图版59，2）。M147：4，泥质灰陶。平面呈长方形。半圆拱形火门与釜眼相对。两釜眼后方中间有一圆形烟囱孔。长 24.9、宽16.9、高7.7厘米（图252，10；图版59，3）。M166：15，泥质灰陶。圆角长方形。拱形火门与釜眼相对。两釜眼后方中间有一圆形烟囱孔。长26.1、宽15.7、高7.9厘米（图252，11；图版59，4）。

Bb型　火门悬置于一长侧边中部。共4件。依据釜眼间距离可分为二式。

Ⅰ式：釜眼间距离较近。共3件。M151：03，泥质灰陶。拱形火门与釜眼相对。两釜眼后

图252　出土陶灶

1. Aa型（M168：4）　2. Ab型Ⅰ式（M165：10）　3～6. Ab型Ⅱ式（M136：8、M169：5、M110：8、M140：5）
7. Ba型Ⅰ式（M118：10）　8～11. Ba型Ⅱ式（M137：9、M141：8、M147：4、M166：15）
12～14. Bb型Ⅰ式（M151：03、M179：7、M180：1）　15. Bb型Ⅱ式（M131：11）

方中间有一圆形烟囱孔。长24、宽14.1、高9.5厘米（图252，12；图版59，5）。M179：7，泥质灰陶。平面呈长方形。拱形火门与釜眼相对。两釜眼后方中间有一长条形烟囱孔。长23.1、宽13.7、高5.7厘米（图252，13；图版59，6）。M180：1，泥质灰陶。残。平面呈长方形。拱形火门与釜眼相对。两釜眼后方中间有一长条形烟囱孔。长22.3、宽14.1、高6.6厘米（图252，14；图版60，1）。

Ⅱ式：釜眼间距离较Ⅰ式更大。1件。M131：11，泥质灰陶。长方形。半圆形火门与釜眼相对。两釜眼后方拐角处各有一圆形烟囱孔。长23.3、宽13、高6.7厘米（图252，15；图版60，2）。

（六）陶甑

共18件。共12座墓葬随葬有陶甑，其中M132的1件陶甑无法修复。依据口部特征分为二型。

A型　直口微敛或敛口。均三角形唇沿，平底或小平底。共6件。依据腹部特征可分为二式。

Ⅰ式：腹较深。共2件。M179：14，泥质灰陶。底部有十一个箅孔。沿下有一道折棱。腹部饰一道附加堆纹，其上施戳印纹。下腹部有切削痕迹。口径10.1、底径2.5、高6.6厘米（图253，1；图版60，3）。M179：17，泥质灰陶。底部有七个箅孔。沿下有一道折棱，腹部饰一道凸弦纹。下腹部有切削痕迹。口径9、底径2.1、高5厘米（图253，2；图版60，4）。

Ⅱ式：腹变浅。共4件。M137：2，泥质灰陶。底部有六个箅孔。腹部饰有两道凹弦纹。下腹部有切削痕迹。口径 9.5、底径2.6、高4.3厘米（图253，3；图版61，1）。M137：6，泥质灰陶。底部有七个箅孔。下腹部有切削痕迹。口径9.5、底径2.9、高4 厘米（图253，4；图版61，2）。M141：2，泥质灰陶。底部有六个箅孔。腹部有一道凹弦纹。下腹部有切削痕迹。口径9、底径3.5、高5.1 厘米（图253，5；图版61，3）。M141：10，夹砂灰陶。底部有四个箅孔。腹部中部饰有一道凸弦纹。下腹部有切削痕迹。口径9.3、底径3.3、高4.9厘米（图253，6；图版62，1）。

B型　敞口。多三角形唇沿，平底或平底微凹。共12件。依据腹部特征可分为二式。

Ⅰ式：腹较深。共9件。M4：17，泥质灰陶。三角形唇沿，平底。底部有三个箅孔。素面。口径6.3、底径1.5、高3.7厘米（图253，7；图版62，2）。M4：24，泥质灰陶。三角形唇沿，平底。底部有四个箅孔。下腹部有切削痕迹。口径9.7、底径1.5、高5厘米（图253，8；图版62，3）。M118：6，三角形唇沿。平底。底部有七个箅孔。沿下和腹上部各饰一道凹弦纹。口径10、底径2.8、高4.8厘米（图253，9；图版63，1）。M118：7，三角形唇沿。平底。底部有七个箅孔。沿下和腹上部各饰一道凹弦纹。口径9.2、底径2.4、高4.8厘米（图253，10；图版63，2）。M165：2，泥质灰陶。斜平沿。平底。底部有六个箅孔。上腹部有一道折棱，下腹部有切削痕迹。口径9.2、底径2.6、高4.9厘米（图253，11；图版63，3）。M168：2，泥质褐陶。三角形唇沿。上腹较直，下弧腹，平底。底部有七个箅孔。口径11.1、底径2.8、高5.2厘米（图253，12；图版64，1）。M168：7，泥质褐陶。三角形唇沿。上腹较直，下弧腹，平底。底部有六个箅孔。素面。口径12.3、底径3、高5.2厘米（图253，13；图版64，2）。M180：5，泥质灰陶。三角形唇沿。平底。底部有七个箅孔。沿下和腹部各有一道

图253　出土陶甑

1、2. A型Ⅰ式（M179：14、M179：17）　3～6. A型Ⅱ式（M137：2、M137：6、M141：2、M141：10）
7～14. B型Ⅰ式（M4：17、M4：24、M118：6、M118：7、M165：2、M168：2、M168：7、M180：5）
15～17. B型Ⅱ式（M136：6、M131：5、M162D1：01）

凸起。口径8.9、底径2、高4.6厘米（图253，14；图版64，3）。

Ⅱ式：腹变浅。共3件。M131：5，泥质灰陶。平沿。平底微凹。底部有十一个箅孔。素面。口径12、底径5.1、高3.9厘米（图253，16；图版65，1）。M136：6，泥质灰陶。斜平沿。折腹，平底。底部有七个箅孔。素面。口径12.8、底径5.8、高5厘米（图253，15；图版65，2）。M162D1：01，泥质灰陶。三角形唇沿。平底。底部有六个箅孔。下腹部有切削痕迹。口径9.6、底径4.7、高 3.9厘米（图253，17；图版65，3）。

（七）陶壶

共23件。出土数量较多，共22座墓葬随葬有陶壶。依据肩、耳部特征可分为五型。

A型　肩部饰铺首。共12件。均高领，束颈，鼓腹，圈足。依口部特征可分为二亚型。

Aa型　敞口。共7件。依据颈腹部和整体器形特征分为二式。

Ⅰ式：器形瘦高，颈部细长，圆鼓腹。共4件。M7：3，泥质褐陶。有盖。颈部及肩部饰五道凹弦纹。该器为彩绘陶，在白色陶衣上施红彩。出土时大部分已斑驳脱落，仅在壶的口颈部保留一圈倒三角纹。颈、肩处有一条宽条带纹。器盖上有三个“S”形纽。口径11.2、腹最大径18.4、底径11.5、通高28.4厘米（图254，1；图版66，1）。M106：1，泥质灰陶。方唇。有盖，盖上有三个“S”形纽。该器为彩绘陶，在白色陶衣上施红彩。出土时大部分已斑驳脱落，仅在壶的口颈部保留一圈倒三角纹。颈上部、下部及上腹部各饰一条窄条带纹。颈部上、下各饰一道凹弦纹。上腹部饰两道凹弦纹。口径11.8、腹最大径20.8、底径12.1、通高35.6厘米（图254，2；图版66，2）。M112：3，泥质褐陶。有盖，盖上有三个“S”形纽，上施一周红彩。颈部、肩部及腹部饰四道凹弦纹，其上施红彩。在壶的颈部两道凹弦纹之间施一周三角纹红彩，颈外上部靠近口沿处施一周红彩。器物出土时红彩大部分已斑驳脱落。口径12.4、腹最大径19.7、底径15.3、通高34.2厘米（图254，3；图版66，3）。M146：4，泥质灰陶。方唇，圆肩。颈、肩及腹部饰四道凹弦纹。口径 11.1、腹最大径17.4、底径11、高24.3厘米（图254，4；图版66，4）。

Ⅱ式：器形变矮胖，扁鼓腹。共3件。M5：3，泥质灰陶。方唇，有盖。颈部饰一道凸棱，肩部及腹部饰七道凹弦纹。器盖上有三个实心扁纽。口径10.4、腹最大径18.3、底径11、器盖高8、通高25.7厘米（图254，5；图版66，5）。M171：1，泥质黑皮褐陶。圆肩。颈上部饰两道凹弦纹，肩部饰两道凹弦纹。口径9.8、腹最大径16.3、底径11、高20.3厘米（图254，6；图版66，6）。M171：2，泥质黑皮红胎。圆肩。颈上部饰两道凹弦纹，肩部饰三道凹弦纹。口径9.6、腹最大径16.4、底径10.5、高20.3厘米（图254，7；图版67，1）。

Ab型　盘口。共5件。均泥质灰陶。依据颈腹部和整体器形特征分为三式。

Ⅰ式：器形瘦高，颈部细长，圆鼓腹。共2件。M2：1，方唇，有盖。肩部饰两道凹弦纹。腹部饰一道凹弦纹。器盖上有三个“S”形纽。口径9.8、腹最大径16.2、底径9.4、通高30.8厘米（图254，8；图版67，2）。M148：2，有盖，盖纽残。盖上饰两道弦纹，腹部有两道凹弦纹。口径 11.8、腹最大径18.3、底径12.5、通高31.6厘米（图254，9；图版67，3）。

Ⅱ式：器形矮胖，颈部变短，圆鼓腹略扁。1件。M118：2，有盖，盖上有三个实心扁

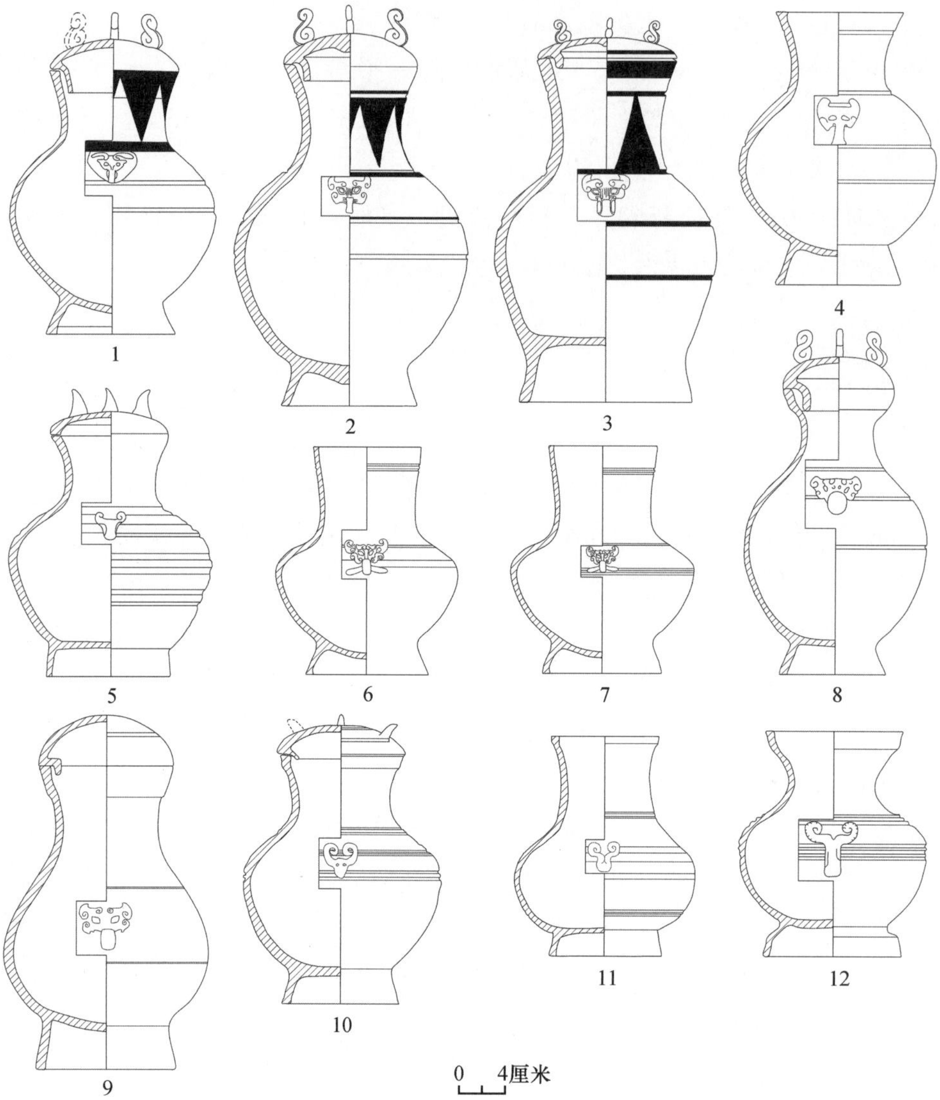

图254　出土A型陶壶

1～4. Aa型Ⅰ式（M7：3、M106：1、M112：3、M146：4）　5～7. Aa型Ⅱ式（M5：3、M171：1、M171：2）
8、9. Ab型Ⅰ式（M2：1、M148：2）　10. Ab型Ⅱ式（M118：2）　11、12. Ab型Ⅲ式（M129D1：01、M141：6）

纽。颈部及肩部饰六道凹弦纹。口径10.8、腹最大径17.7、底径10.4、通高25.8厘米（图254，10；图版67，4）。

Ⅲ式：器形更矮胖，颈部粗短，扁鼓腹。共2件。M129D1：01，颈肩部及下腹部各饰两道凹弦纹，两者之间饰五道微凸弦纹。口径9.6、腹最大径16.1、底径10、高19.6厘米（图254，11；图版67，5）。M141：6，方唇。肩部及腹部各饰三道凹弦纹。口径 12、腹最大径16.6、底径12、高20.1厘米（图254，12；图版67，6）。

B型　肩部饰桥形双耳。共6件。均为泥质灰陶。盘口，高领，束颈，斜弧腹，圈足。依据肩腹部的特征可分为二式。

Ⅰ式：窄溜肩，腹最大径偏上。共3件。M3：5，尖唇。折肩。颈部有一道凹弦纹，肩部有两道凹弦纹。口径14.9、肩径20、底径12.2、高20.7厘米。（图255，1；图版68，1）。M132：5，方唇，折肩。肩部上、下各饰三道和两道凹弦纹。口径15.3、肩径21、底径11.6、高21.2厘米（图255，2；图版68，2）。M134：1，方唇，折肩，深弧腹。肩部

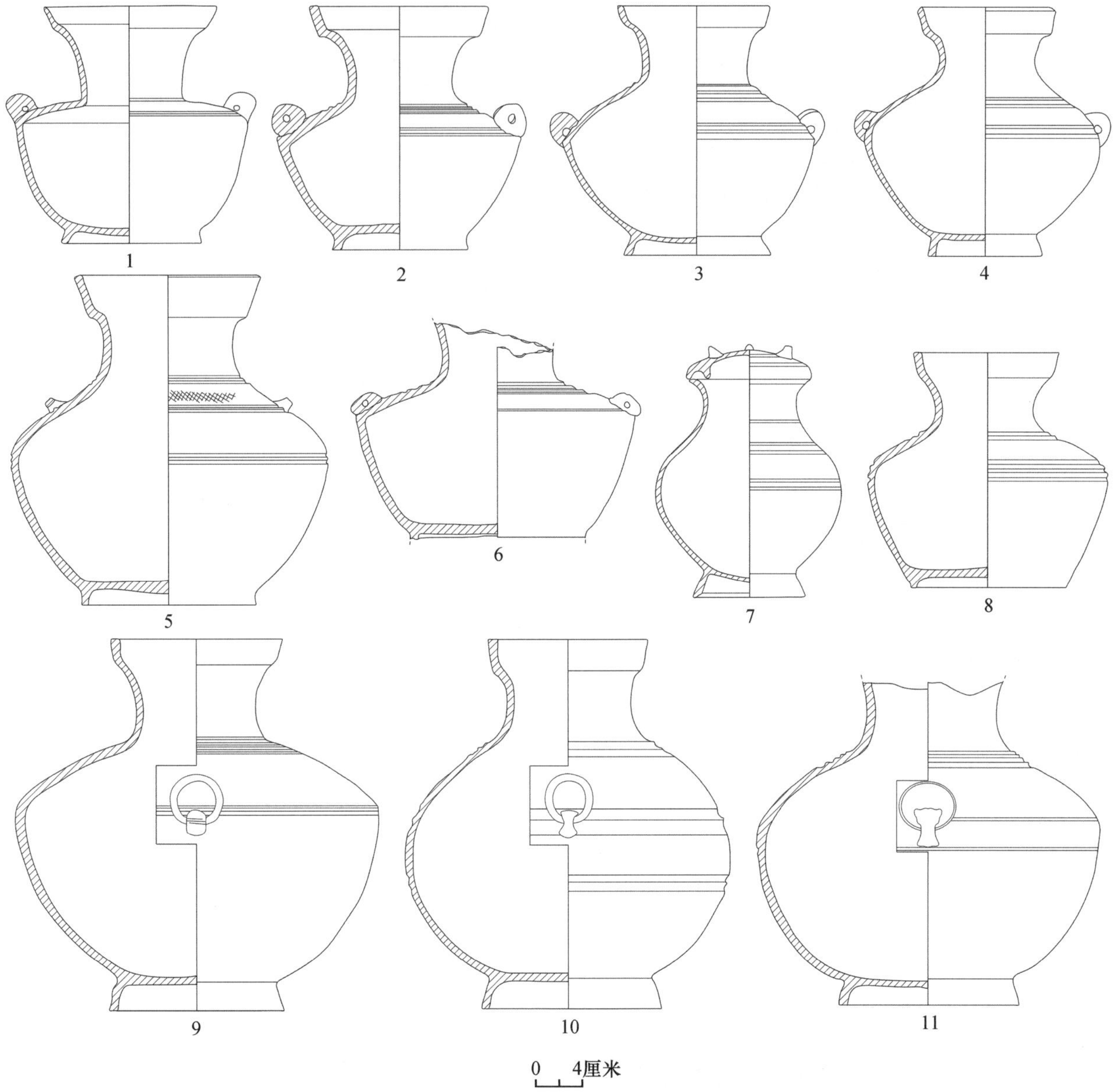

图255　出土B、C、D和E型陶壶

1～3. B型Ⅰ式（M3：5、M132：5、M134：1）　4～6. B型Ⅱ式（M140：1、M110：12、M117：2）　7. D型（M144：01）　8. E型（M157：02）　9～11. C型（M168：10、M169：1、M147：13）

上、下各饰三道和两道凹弦纹。口径 13、肩径21.1、底径12.5、高21.7 厘米（图255，3；图版68，3）。

Ⅱ式：宽溜肩，腹最大径下移。共3件。M110：12，圆唇。颈下部、肩部中间及中腹部处各饰两道凹弦纹，前两组凹弦纹之间饰一段网格纹。口径16、腹最大径27.4、底径15.2、高28.6厘米（图255，5；图版68，4）。M140：1，肩部饰四道凹弦纹。口径 11、腹最大径19.8、底径9.9、高21.6厘米（图255，4；图版68，5）。M117：2，口、领及圈足均残。宽折肩。肩部饰四道凹弦纹。肩径24、残高18.8厘米（图255，6）。

C型　肩部饰衔环双耳，环朝上，并紧贴器表。共3件。均泥质灰陶，高领，束颈，平底，圈足。M147：13，口部残。折肩，深弧腹。颈部饰四道弦纹。肩部、腹部各饰一道凹弦纹。

底径15.8、腹最大径30.1、残高28.1厘米（图255，11；图版68，6）。M168：10，盘口，方唇，广折肩，深弧腹。肩部饰九道凹弦纹。口径14.7、腹最大径31.4、底径15.1、高32.3厘米（图255，9；图版69，1）。M169：1，盘口，方唇，圆溜肩，鼓腹。肩部至腹部饰六道凹弦纹。口径13.8、腹最大径28、底径15.7、高32厘米（图255，10；图版69，2）。

D型　肩部无耳，器形与AaⅠ式相近，器形略矮胖。1件。M144：01，泥质灰陶。有盖，上有三个实心扁纽。颈部和腹部饰五道凹弦纹。口径10.6、腹最大径16.1、底径9.8、通高22厘米（图255，7；图版69，3）。

E型　肩部无耳，器形与BⅡ式相近。1件。M157：02，泥质灰陶。肩部饰六道凹弦纹。口径 12.6、腹最大径21、底径13.5、高20.5厘米（图255，8；图版69，4）。

（八）陶盆

共3件。出土数量较少，出土于M116、M133和M149等3座墓葬中。均为泥质灰陶。腹部均饰绳纹。依据底部特征分为二型。

A型　凹底或微凹底。共2件。均敛口，尖圆唇，浅弧腹。M133：2，腹部饰绳纹。口径21.9、腹径21.9、底径5.4、高10.6厘米（图256，1；图版69，5）。M149：3，腹部饰绳纹。口径18.4、底径6.9、高9.6厘米（图256，2；图版69，6）。

B型　圜底。1件。M116：2，近直口，尖圆唇，浅弧腹，上腹短直，下腹斜内收，圜底。下腹部饰交错绳纹。口径26.9、腹径25.4、高12.5厘米（图256，3；图版70，1）。

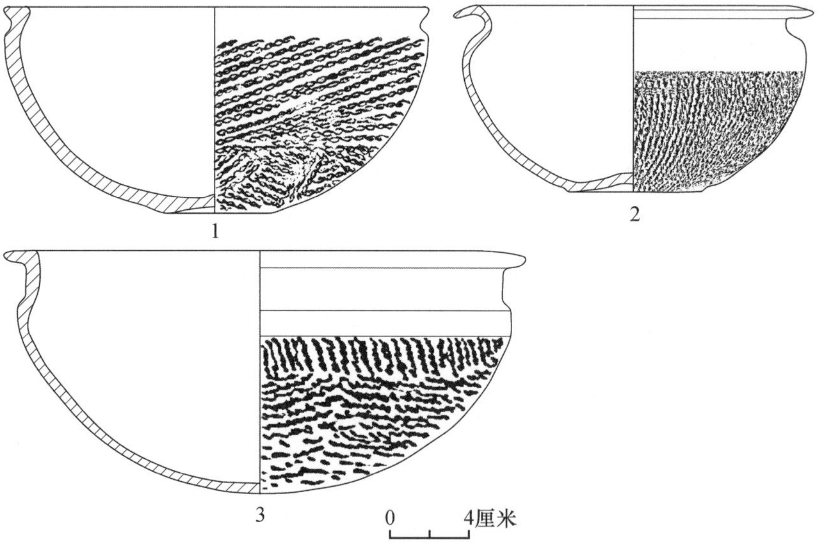

图256　出土陶盆

1、2. A型盆（M133：2、M149：3）　3. B型（M116：2）

（九）陶钵

共24件。出土数量较多，共16座墓葬随葬有陶钵，其中M135和M166各有1件陶钵无法修复。依据腹部特征分为四型。

A型　折腹。共5件。均敞口，上腹部斜弧，下折腹，平底。依据腹部特征可分为二式。

Ⅰ式：腹较深。共3件。M12：38，泥质红陶。腹部有一道折棱。口径13.3、底径4.2、高3.5厘米（图257，3；图版70，2）。M136：7，泥质褐陶。素面。口径10.8、底径2.9、高4厘米（图257，1；图版70，3）。M169：10，泥质灰陶。素面。口径17.7、底径6.9、高6.5厘米（图257，2；图版70，4）。

Ⅱ式：腹变浅。共2件。M131：6，泥质灰陶。素面。口径11.4、底径4.9、高3.6厘米（图257，4；图版70，5）。M136：14，泥质灰陶。素面。口径11.9、底径5.7、高 3.5厘米（图257，5；图版70，6）。

B型　弧腹。共15件。均敞口，三角形唇沿或平沿。依底部特征可分为二亚型。

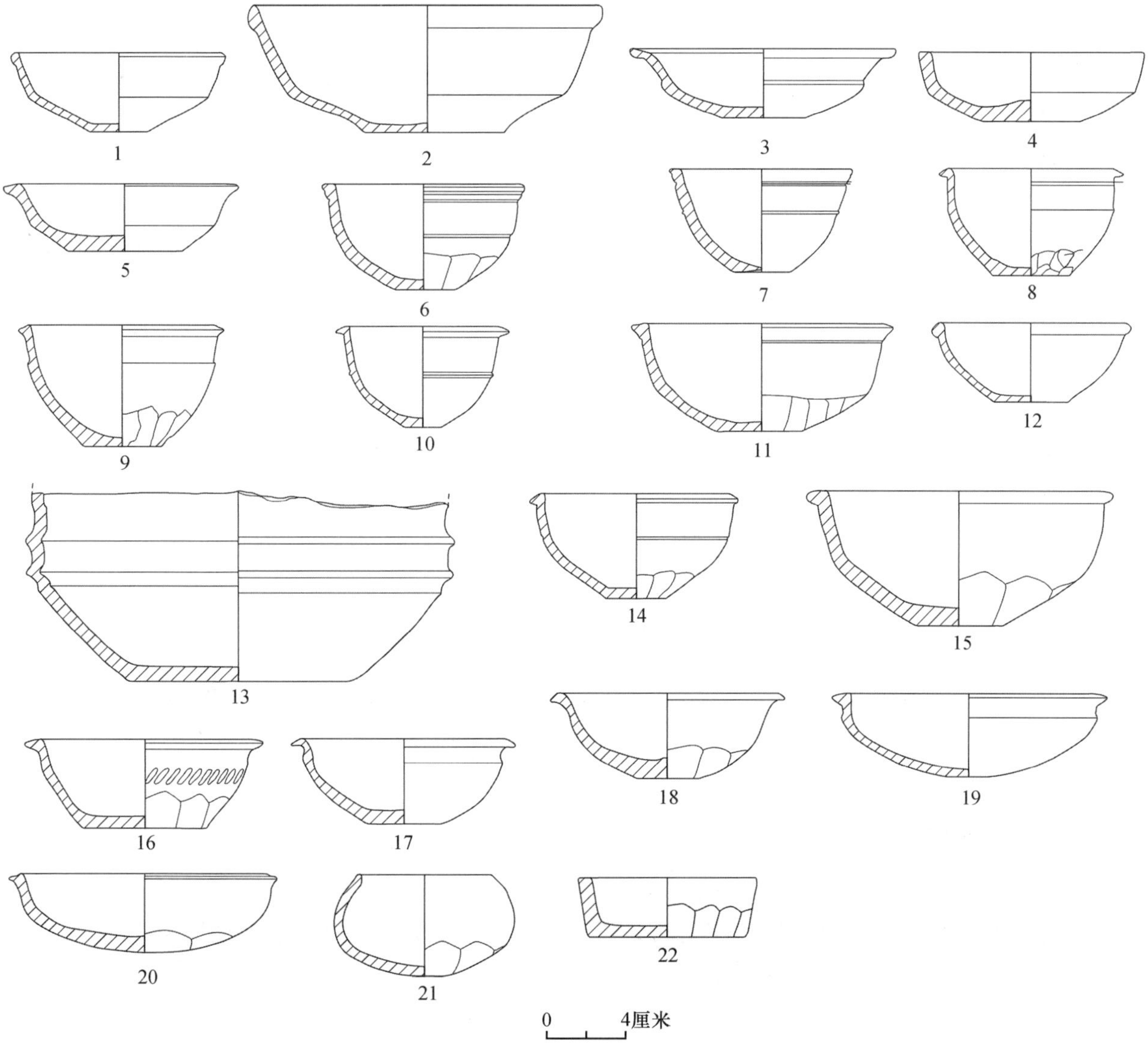

图257　出土陶钵

1～3. A型Ⅰ式（M136：7、M169：10、M12：38）　4、5. A型Ⅱ式（M131：6、M136：14）　6～9、13. Ba型Ⅰ式（M118：16、M118：17、M179：5、M179：12、M103：1）　10～12、14～18. Ba型Ⅱ式（M4：7、M110：13、M135：2、M137：3、M157：03、M165：7、M166：4、M166：7）　19、20. Bb型（M166：12、M168：9）　21. C型（M165：3）　22. D型（M3：8）

Ba型　平底。共13件。依据腹部特征可分为二式。

Ⅰ式：腹较深。共5件。M103：1，泥质灰陶。口部残。上腹部饰两道凸弦纹，下腹部有一道折棱。底径11、残高9.6厘米（图257，13）。M118：16，泥质灰陶。沿外中部饰一道凹弦纹，沿下和腹中部各饰一道凹弦纹，下腹部有切削痕迹。口径10.1、底径2.9、高5.4厘米（图257，6；图版71，1）。M118：17，泥质灰陶。沿外中部饰一道凹弦纹，沿下饰一道凹弦纹，腹中部饰一道凸弦纹。口径9.2、底径2.8、高5.2厘米（图257，7；图版71，2）。M179：5，泥质灰陶。腹部有一道折棱，下腹部有切削痕迹。口径9.4、底径3.9、高5.5厘米（图257，8；图版71，3）。M179：12，泥质灰陶。腹部有一道折棱，下腹部有切削痕迹。口径10.3、底径3.9、高6.2厘米（图257，9；图版71，4）。

Ⅱ式：腹变浅。共8件。M4：7，泥质灰陶。腹部饰一道凸棱。口径8.6、底径1.8、高5.1厘米（图257，10；图版71，5）。M110：13，泥质灰陶。腹上部饰一道凹弦纹。下腹部有切削痕迹。口径13.1、底径4.2、高5.5厘米（图257，11；图版71，6）。M135：2，泥质褐陶。素面。口径10.1、底径3.7、高 4.1厘米（图257，12；图版72，1）。M137：3，泥质褐陶。腹部饰有一道凹弦纹，下腹部有切削痕迹。口径10.4、底径3、高5.3 厘米（图257，14；图版72，2）。M157：03，泥质灰陶。下腹部有切削痕迹。口径 15.7、底径4.5、高6.9厘米（图257，15；图版72，3）。M165：7，泥质灰陶。腹部饰一周戳印纹，下腹部有切削痕迹。口径12、底径6.2、高4.5厘米（图257，16；图版72，4）。M166：4，泥质灰陶。素面。口径11.1、底径3.6、高 4.4厘米（图257，17；图版72，5）。M166：7，泥质褐陶。下腹部有切削痕迹。口径11.8、底径3、高4.4厘米（图257，18；图版72，6）。

Bb型　圜底。共2件。M166：12，泥质灰陶。素面。口径14、高 4.3厘米（图257，19；图版73，1）。M168：9，泥质灰陶。沿上有一道凹槽。下腹部有切削痕迹。口径13.5、高4厘米（图257，20；图版73，2）。

C型　鼓腹。1件。M165：3，泥质灰陶。敛口，内斜方唇，圜底。下腹部有切削痕迹。口径6.6、腹最大径9、高5.2厘米（图257，21；图版73，3）。

D型　斜直腹。1件。M3：8，夹砂褐陶。直口微敞，平底。下腹部有切削痕迹。口径9、底径7.8、高3厘米（图257，22；图版73，4）。

（十）陶釜

共17件。共14座墓葬随葬有陶釜。依据有无实心泥凸分为二型。

A型　带实心泥凸。共13件。该型陶釜器形较小，且个别陶釜带盖。依据口部特征可分为二亚型。

Aa型　微敞口或直口。共11件。依据泥凸位置和腹部特征可分为二式。

Ⅰ式：泥凸位置较高，腹较深。均圆肩。共7件。M118：8，泥质灰陶。方唇，鼓腹，平底。肩下附加一对实心泥凸和两道凹弦纹。口径5.1、腹最大径8.2、底径3.3、高5.3厘米（图258，1；图版73，5）。M118：9，泥质灰陶。方唇，鼓腹，平底。肩部附加一对实心泥凸和两道凹弦纹。口径4.5、腹最大径8.3、底径4、高6.1厘米（图258，2；图版73，6）。M137：7，泥质灰陶。鼓腹，小平底。肩下附加一对实心泥凸。腹部饰两道弦纹，下腹部有切削痕迹。口径4.8、腹最大径8.5、底径3、高6.1厘米（图258，3；图版74，1）。M141：4，泥质灰陶。鼓腹，小平底。肩下附加一对实心泥凸，饰一道凹弦纹，下腹部有切削痕迹。口径5.3、腹最大径8.4、底径3.4、高5.1厘米（图258，4；图版74，2）。M179：8，泥质灰陶。方唇，弧腹，平底。肩部附加一对实心泥凸，饰两道凹弦纹，下腹部有切削痕迹。口径6.2、腹最大径9.8、底径3.4、高6.1厘米（图258，5；图版74，3）。M179：9，泥质灰陶。方唇，弧腹，小平底。有盖，盖上有扁纽。肩部附加一对实心泥凸，饰两道凹弦纹，下腹部有切削痕迹。口径5.4、腹最大径8.6、底径2、高5.1、器盖高3厘米（图258，6；图版74，4）。M180：3，泥质灰陶。方唇，鼓腹，圜底。肩部附加一对实心泥凸和两道凹弦纹。口径4.8、腹最大径8.5、高5厘米（图258，7；图版74，5）。

Ⅱ式：泥凸位置偏下，腹变浅，呈扁腹状。共4件。M131：8，泥质灰褐陶。平底微凹。肩部附加一对实心泥凸。口径7.1、腹最大径9.9、底径6.1、高4.5厘米（图258，8；图版74，6）。M140：3，泥质灰陶。平底。肩部附加一对实心泥凸。下腹部有切削痕迹。口径 6.6、腹最大径9.8，底径5.9、高4.5厘米（图258，9；图版75，1）。M166：13，泥质灰陶。方唇，小平底。肩部附加一对实心泥凸。口径8.8、腹最大径11.7、高5厘米（图258，10；图版75，2）。M168：3，泥质褐陶。方唇，折肩，上腹较直，下腹斜收，圜底。肩部附加一对实心泥凸。腹部有两道折棱。口径7.9、腹最大径11.4、高5.1厘米（图258，11；图版75，3）。

Ab型。敛口。共2件。M136：9，泥质褐陶。尖唇，圆肩，平底。肩部附加一对实心泥凸。腹部有两道折棱。口径9.3、腹最大径11.3、底径5.4、高5.7厘米（图258，12；图版75，4）。M137：10，泥质褐陶。内斜平沿，鼓腹，小平底。肩部附加一对实心泥凸和两道弦纹。口径 8.9、腹最大径11、底径4、高5.6厘米（图258，13；图版75，5）。

B型　无泥凸。共4件。该型陶釜器形较大。均束颈，矮领，鼓腹，圜底。依据器形及腹部

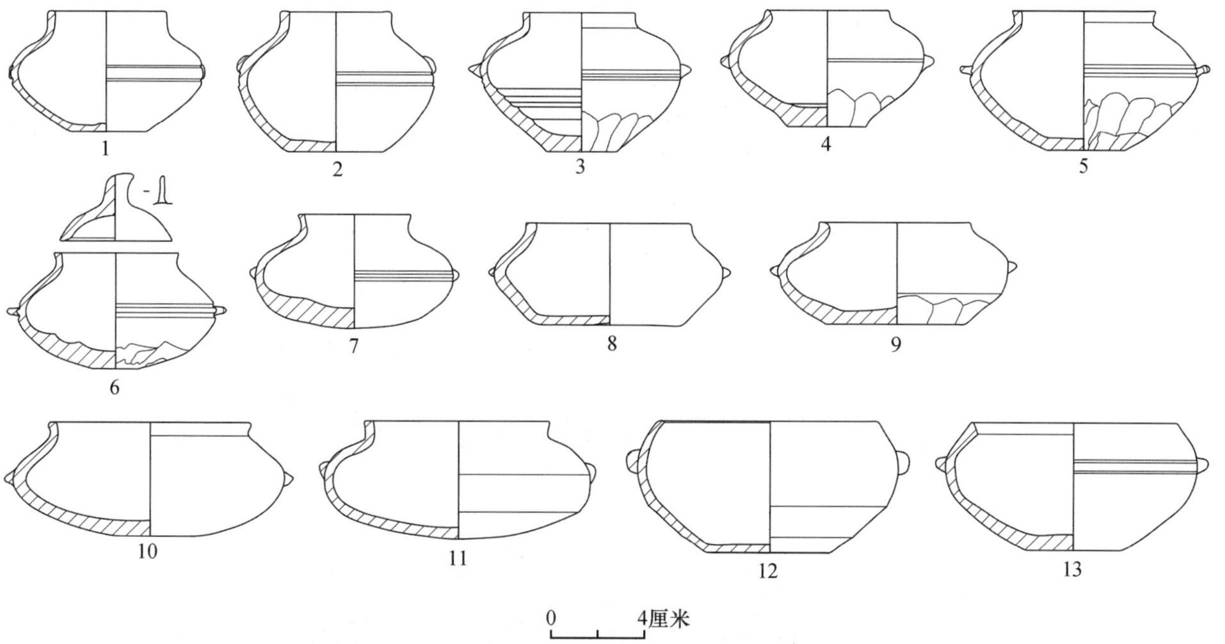

图258　出土A型陶釜

1～7. Aa型Ⅰ式（M118：8、M118：9、M137：7、M141：4、M179：8、M179：9、M180：3）

8～11. Aa型Ⅱ式（M131：8、M140：3、M166：13、M168：3）　12、13. Ab型（M136：9、M137：10）

特征可分为二亚型。

Ba型　深腹，器形较高。共2件。M123：1，泥质灰陶。小侈口，尖唇，圆肩。上腹部饰竖绳纹，下腹部及底部饰交错绳纹。口径16.5、腹最大径19.6、高17.4厘米（图259，1；图版76，2）。M171：8，夹砂褐陶。侈口，尖圆唇。腹部及底部饰绳纹。口径12、腹最大径18.2、高15.6厘米（图259，2；图版76，1）。

Bb型　腹较浅，器形较矮。共2件。M120：1，泥质灰陶。小侈口，尖唇，圆肩。肩部饰一道浅凹弦纹，其下饰绳纹。口径14.9、腹最大径20.1、高14厘米（图259，3；图版76，4）。M124：1，泥质灰陶。小侈口，方唇。颈下部有一周折棱。上腹部饰竖绳纹，下腹部及底部饰交错绳纹。口径14.3、腹最大径17.1、高12.6厘米（图259，4；图版76，3）。

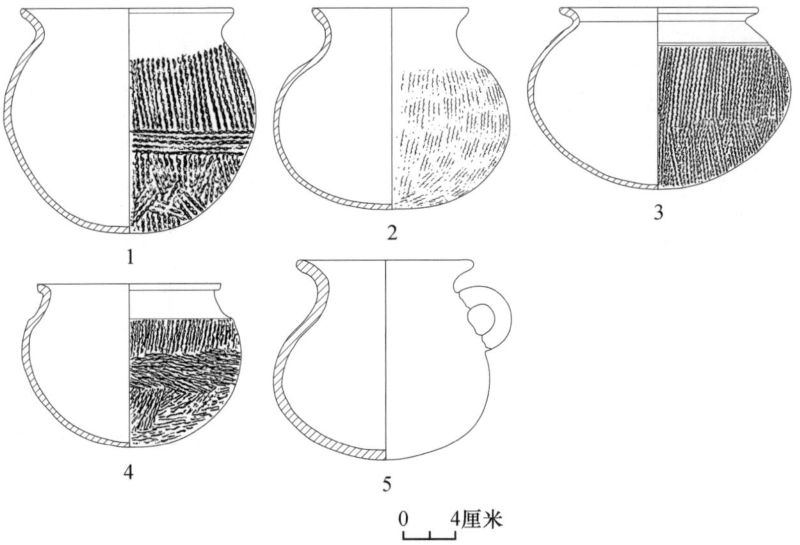

图259　出土B型陶釜和陶鍪

1、2. Ba型陶釜（M123：1、M171：8）　3、4. Bb型陶釜（M120：1、M124：1）　5. 陶鍪（M125：3）

（十一）陶鍪

仅1件。应是仿青铜鍪制成的。

M125：3，夹砂褐陶。耳残。侈口，圆唇，短束颈，单耳，鼓腹，圜底。素面。口径13.5、腹最大径16.6、高15.5厘米（图259，5；图版75，6）。

（十二）陶器座

共7件。出土数量较少，共7座墓葬随葬有陶器座，其中M12的1件陶器座无法修复。均豆形，中空，敞口，束腰，喇叭形圈足。依据口径与底径的差异可分为二式。

Ⅰ式：口径大于底径。共3件。M118：12，泥质灰陶。素面。口径6.6、底径6、高6.2厘米（图260，1；图版76，5）。M179：3，泥质灰陶。素面。口径8.3、底径5.8、高9.6厘米（图260，2；图版77，1）。M180：6，泥质灰陶。腹部有一道折棱。口径8.2、底径5.9、高7.1厘米

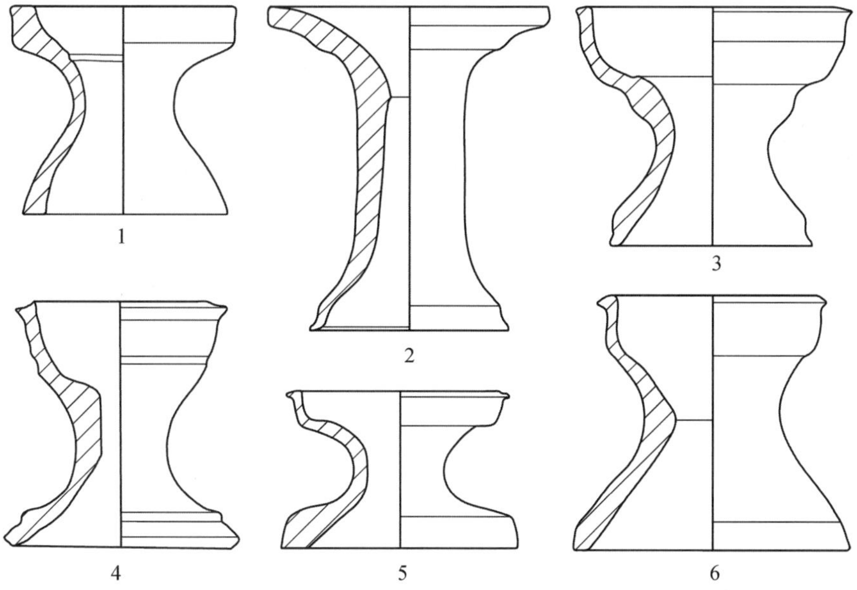

图260　出土陶器座

1～3. Ⅰ式器座（M118：12、M179：3、M180：6）　4～6. Ⅱ式器座（M4：25、M137：11、M141D1：01）

（图260，3；图版77，2）。

Ⅱ式：口径略小于或小于底径。共3件。M4：25，泥质灰陶。三角形唇沿。下腹部饰一周凹弦纹。圈足上饰一周凹弦纹。口径6.1、底径6.8、高7.3厘米（图260，4；图版77，3）。M137：11，泥质褐陶。盘口。口径 6.5、底径6.9、高4.7厘米（图260，5；图版78，1）。M141D1：01，泥质灰陶。三角形唇沿。口径 6.7、底径8.2、高7.5 厘米（图260，6；图版78，2）。

（十三）陶罐

共128件。陶罐是琵琶洲山包墓地随葬器物最多的陶器，共有41座墓葬随葬有陶罐，其中M147有2件，M102、M111、M121、M133、M135、M140、M145、M167、M178和M181各有1件共计12件陶罐无法修复。依据器形特征可分为十一型。

A型　小口，矮领或无领，器形较小。共35件。共有16座墓葬随葬有该型陶罐。依据肩部、底部特征可分为三亚型。

Aa型　圆肩，平底或微凹底。共23件。依据腹部特征可分为三式。

Ⅰ式：腹最大径偏上。共7件。M110：5，泥质灰陶。直口，圆方唇，鼓腹。下腹部有切削痕迹。口径6.9、腹最大径11.4、底径4.5、高6.8厘米（图261，1；图版78，3）。M118：4，泥质灰陶。敛口，斜方唇，斜弧腹。素面。口径5、腹最大径10.7、底径5、高6.8厘米（图261，2；图版78，4）。M118：14，泥质灰陶。直口，方唇，鼓腹。有盖。肩部饰两道浅凹弦纹。鼓腹处饰一周索状附加堆纹。口径4.5、腹最大径9、底径3.3、高8.4厘米（图261，3；图版79，1）。M165：4，泥质灰陶。直口，方唇，微折肩，鼓腹。下腹部有切削痕迹。口径6、腹最大径9、底径5.5、高5.4厘米（图261，4；图版79，2）。M165：9，泥质灰陶。直口，方唇，斜弧腹。素面。口径5、腹最大径8.2、底径3.9、高6厘米（图261，5；图版79，3）。M179：6，泥质灰陶。敛口，斜方唇，斜弧腹。下腹部有切削痕迹。口径7.3、腹最大径10.5、底径3.5、高7厘米（图261，6；图版79，4）。M179：19，泥质灰陶。直口，方唇，弧腹。下腹部有切削痕迹。口径4.6、腹最大径8.7、底径2、高5.4厘米（图261，7；图版79，5）。

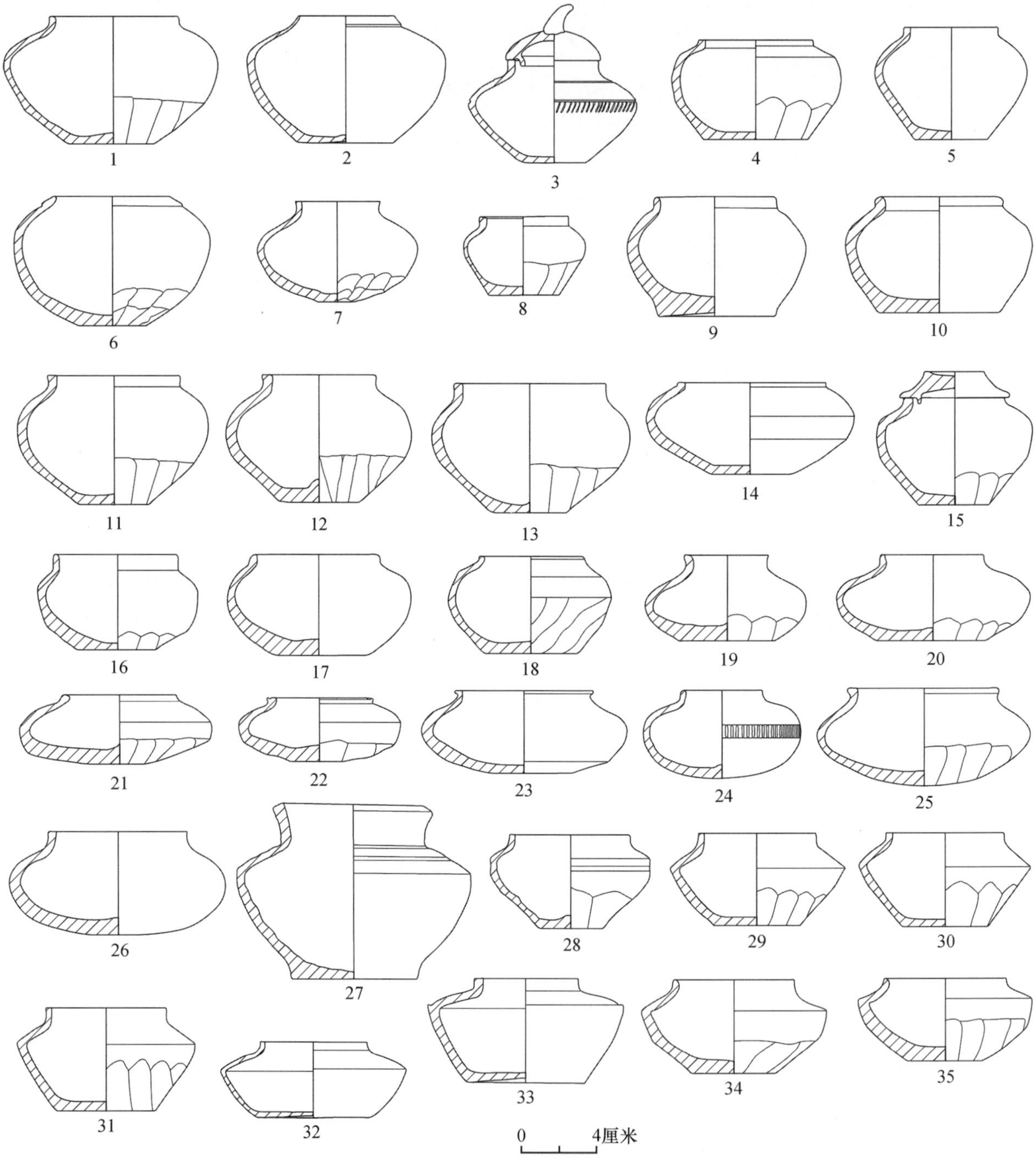

图261　出土A型陶罐

1～7. Aa型Ⅰ式（M110：5、M118：4、M118：14、M165：4、M165：9、M179：6、M179：19）　8～18. Aa型Ⅱ式（M3：4、M4：10、M4：11、M110：4、M110：6、M110：11、M136：5、M141：1、M151：01、M151：02、M152D1：01）　19～23. Aa型Ⅲ式（M147：1、M147：10、M166：2、M166：6、M166：11）　24. Ab型Ⅰ式（M180：2）　25、26. Ab型Ⅱ式（M166：3、M166：8）　27～31. Ac型Ⅰ式（M3：7、M132：2、M165：5、M165：6、M165：8）　32～35. Ac型Ⅱ式（M131：10、M131：12、M162D1：02、M162D1：03）

Ⅱ式：腹最大径下移，鼓腹。共11件。M3：4，泥质灰陶。直口。下腹部有切削痕迹。口径4.7、腹最大径6.5、底径3.7、高4.2厘米（图261，8；图版79，6）。M4：10，泥质红陶。小直口，圆唇。素面。口径6.3、腹最大径9.5、底径6.1、高6.4厘米（图261，9；图版80，1）。M4：11，泥质红陶。敞口，圆唇。素面。口径6.3、腹最大径10、底径6.4、高6.2厘米（图261，10；图版80，2）。M110：4，泥质灰陶。直口，圆方唇。下腹部有切削痕迹。口径7.1、腹最大径10.2、底径3.7、高7厘米（图261，11；图版80，3）。M110：6，泥质灰陶。直口，圆方唇。下腹部有切削痕迹。口径6.2、腹最大径10、底径4.3、高6.8厘米（图261，12；图版80，4）。M110：11，泥质灰陶。直口，圆方唇。下腹部有切削痕迹。口径8.1、腹最大径10.6、底径3.8、高7厘米（图261，13；图版80，5）。M136：5，泥质褐陶。直口，方唇。腹部有两道折棱。口径7.9、腹最大径11.1、底径4.2、高5厘米（图261，14；图版80，6）。M141：1，泥质灰陶。直口微敛，有盖。下腹部有切削痕迹。口径 5.4、腹最大径8.4、底径3.8、通高7.2厘米（图261，15；图版81，1）。M151：01，泥质褐陶。直口，方唇，上腹较直，下腹斜收。下腹部有切削痕迹。口径6.6、腹最大径8.6、底径4.2、高5.2厘米（图261，16；图版81，2）。M151：02，泥质灰陶。直口，方唇。口径7、腹最大径10、底径4.9、高5.4厘米（图261，17；图版81，4）。M152D1：01，泥质灰陶。敛口，圆唇，微折肩，折鼓腹。下腹部有切削痕迹。口径5.6、腹最大径8.8、底径4.9、高 5.3厘米（图261，18；图版81，3）。

Ⅲ式：器形扁矮，扁腹。共5件。M147：1，泥质灰陶。直口微侈。下腹部有切削痕迹。口径4.5、腹最大径8.6、底径5、高4.7厘米（图261，19；图版81，5）。M147：10，泥质灰陶。直口微侈。下腹部有切削痕迹。口径5.6、腹最大径10.4、底径5.8、高4.6厘米（图261，20；图版81，6）。M166：2，泥质褐陶。敛口，微折肩。下腹部有切削痕迹。口径6、腹最大径10.3、底径2.8、高 3.7厘米（图261，21；图版82，1）。M166：6，泥质灰陶。直口，方唇上有凹槽，圆肩，上腹微折，下腹斜收。下腹部有切削痕迹。口径5.7、腹最大径8.8、高3.5厘米（图261，22；图版82，2）。M166：11，泥质灰陶。直口，方唇。下腹部有切削痕迹。口径7.4、腹最大径11、底径4.3、高4.5厘米（图261，23；图版82，3）。

Ab型 圆肩，圜底。共3件。依据器形和腹部特征可分为二式。

Ⅰ式：鼓腹，器形较高。1件。M180：2，泥质灰陶。直口，圆方唇。腹部饰一周戳印纹。口径4.3、腹最大径8.4、高4.8厘米（图261，24；图版82，4）。

Ⅱ式：扁腹，器形扁矮。共2件。M166：3，泥质灰陶。直口微敞。下腹部及底部有切削痕迹。口径8.1、腹最大径11.4、高 5.3厘米（图261，25；图版82，5）。M166：8，泥质灰陶。直口，方唇上有凹槽。素面。口径5.7、腹最大径8.8、高3.4厘米（图261，26；图版82，6）。

Ac型 折肩，平底或微凹底。共9件。依据肩部特征可分为二式。

Ⅰ式：肩最大径偏上。共5件。M3：7，泥质灰陶。敞口，尖圆唇，斜弧腹。肩部饰两道凹弦纹。口径8.5、肩径12.6、底径6.9、高9.5厘米。（图261，27；图版83，1）。M132：2，泥质灰陶。直口，方唇，斜弧腹。腹部饰一道凹弦纹，下腹部有切削痕迹。口径6.4、肩径8.6、底径3.4、高5厘米（图261，28；图版83，2）。M165：5，泥质灰陶。直口，圆唇，斜弧腹。下腹部有切削痕迹。口径6.2、肩径9.3、底径4.6、高5厘米（图261，29；图版83，3）。M165：6，泥质灰陶。直口，方唇，斜弧腹。下腹部有切削痕迹。口径6.3、肩径9.2、底径

4.6、高5厘米（图261，30；图版83，4）。M165：8，陶罐，泥质灰陶。直口，方唇，斜弧腹。下腹部有切削痕迹。口径6.4、肩径9.5、底径5.2、高5.5厘米（图261，31；图版83，5）。

Ⅱ式：肩最大径下移。共4件。M131：10，泥质灰陶。直口，斜腹。素面。口径5.8、肩径10.1、底径6.1、高4.1厘米（图261，32；图版83，6）。M131：12，泥质灰陶。直口，斜腹。折肩处有一周凹槽。口径5.6、肩径10.5、底径6.3、高5.6厘米（图261，33；图版84，1）。M162D1：02，泥质灰陶。直口微侈，斜弧腹。下腹部有切削痕迹。口径6.4、肩径9.9、底径4.4、高 5.1厘米（图261，34；图版84，2）。M162D1：03，泥质灰陶。直口微侈，斜弧腹。下腹部有切削痕迹。口径6.5、肩径9.4、底径3.9、高 4.5厘米（图261，35；图版84，3）。

B型　高领，器形较小，绝大多数为平底或小平底，仅有M140：2一件为圜底。共26件。共有16座墓葬随葬有该型陶罐。依据肩部特征可分为二亚型。

Ba型　圆肩。共23件。依据腹部特征可分为三式。

Ⅰ式：鼓腹，腹最大径较高。共7件。M118：11，泥质灰陶。直口，圆唇。素面。口径4.4、腹最大径7.3、底径2.8、高6厘米（图262，1；图版84，4）。M132：1，泥质灰陶。三角形唇沿，敞口，斜唇，唇沿上饰一道凹弦纹，下腹部有切削痕迹。口径8.1、腹最大径8.7、底径5.2、高8.5厘米（图262，2；图版84，5）。M137：4，泥质灰陶。敞口，三角形唇沿，圆唇。素面。口径4.9、腹最大径7.9、底径3.2、高6.2厘米（图262，3；图版84，6）。M137：5，泥质灰陶。直口微侈，短颈。下腹部有切削痕迹。口径 3.3、腹最大径7.9、底径2.5、高5.6厘米（图262，4；图版85，1）。M179：15，泥质灰陶。侈口，三角形唇沿，尖唇。下腹部有切削痕迹。口径4、腹最大径6.4、底径3.6、高5.8厘米（图262，5；图版85，2）。M179：16，泥质灰陶。侈口，三角形唇沿，尖圆唇。下腹部有切削痕迹。口径4.3、腹最大径7.2、底径3.5、高6.7厘米（图262，6；图版85，3）。M179：18，泥质灰陶。侈口，三角形唇沿，尖唇。腹部饰一周附加堆纹，其上饰戳印纹，下腹部有切削痕迹。口径4.4、腹最大径7.9、底径3.2、高7.5厘米（图262，7；图版85，4）。

Ⅱ式：鼓腹，腹最大径下移。共8件。M4：6，敞口，三角形唇沿，尖唇。颈上部有两道浅凹弦纹。口径4.6、腹最大径8.1、底径2.7、高6.7厘米（图262，8；图版85，5）。M4：21，泥质灰陶。直口微敞，三角形唇沿，尖唇。下腹部有切削痕迹。口径4.1、腹最大径8、底径2、高6.7厘米（图262，9；图版85，6）。M110：7，泥质灰陶。敞口，三角形唇沿，尖唇。唇部饰一道凹弦纹，肩部饰两道浅凹弦纹，中间饰一周网格纹。下腹部有切削痕迹。口径9.1、腹最大径10.9、底径4.3、高9.5厘米（图262，10；图版86，1）。M140：2，泥质灰陶。敞口，三角形唇沿，尖唇，圜底。肩部饰一周戳印纹，下腹部有切削痕迹。口径 9.4、腹最大径10、高8.4厘米（图262，11；图版86，2）。M141：3，泥质灰陶。敞口，斜平沿，圆唇。下腹部有切削痕迹。口径5.3、腹最大径7.3、底径3.8、高6.1厘米（图262，12；图版86，3）。M141：5，泥质灰陶。敞口，斜平沿，圆唇。下腹处有切削痕迹。口径 5.3、腹最大径8.3、底径3.5、高7厘米（图262，13；图版86，4）。M180：4，泥质灰陶。敞口，斜方唇。下腹部有切削痕迹。口径4.6、腹最大径7.9、底径2.8、高6厘米（图262，14；图版86，5）。M180：7，泥质灰陶。敞口，方唇。下腹部有切削痕迹。口径4.5、腹最大径8.1、底径3.6、高5.8厘米（图262，15；图版86，6）。

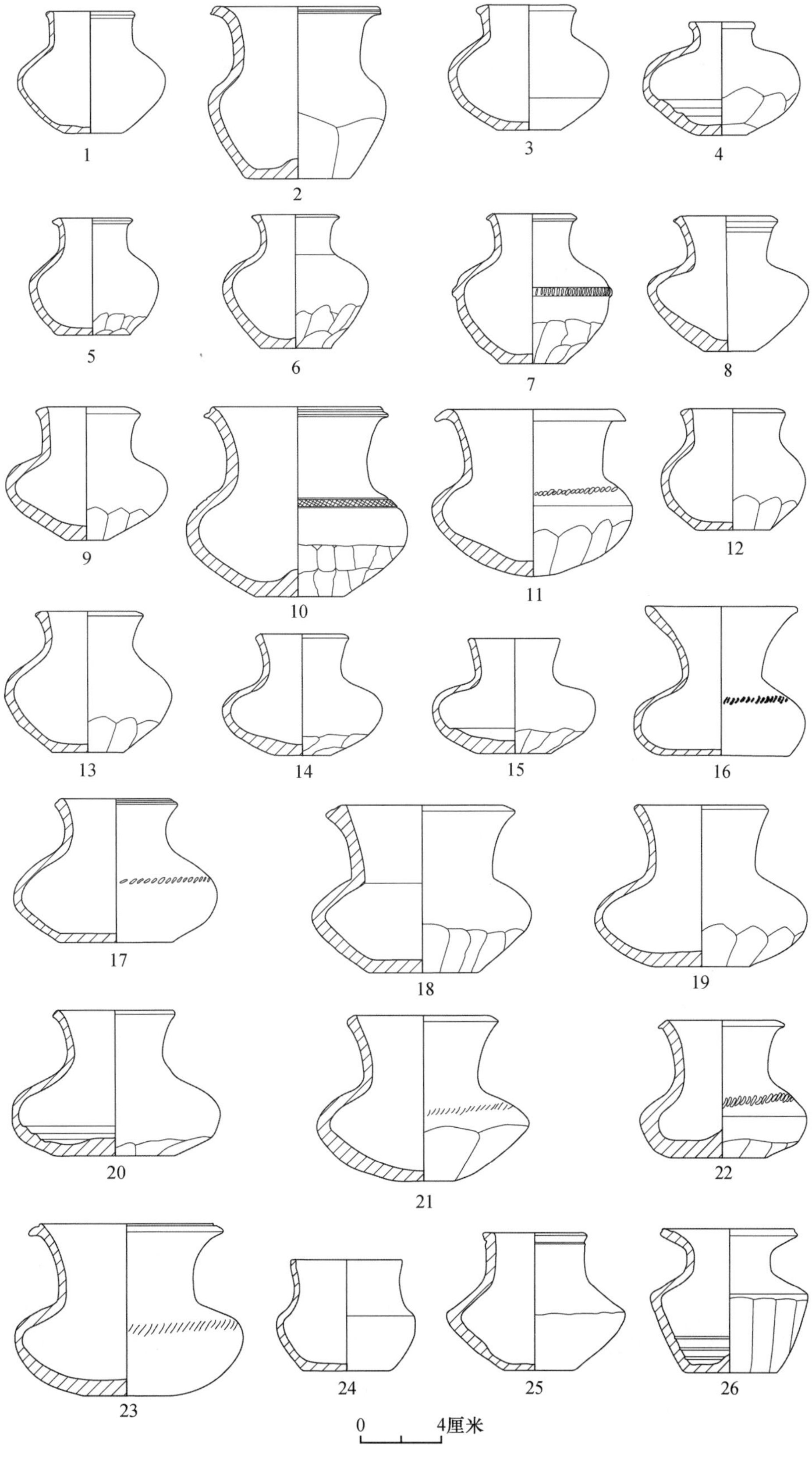

图262　出土B型陶罐

1～7. Ba型Ⅰ式（M118：11、M132：1、M137：4、M137：5、M179：15、M179：16、M179：18）

8～15. Ba型Ⅱ式（M4：6、M4：21、M110：7、M140：2、M141：3、M141：5、M180：4、M180：7）

16～23. Ba型Ⅲ式（M131：1、M135：4、M136：4、M147：5、M147：14、M166：9、M166：10、M168：5）

24～26. Bb型（M12：25、M118：13、M132：3）

Ⅲ式：扁鼓腹。共8件。M131：1，泥质灰陶。敞口。腹部饰一周戳印纹。口径7.6、腹最大径8.7、底径6.5、高7.5厘米（图262，16；图版87，1）。M135：4，泥质灰陶。敞口，三角形唇沿，斜方唇。唇沿上饰一道凹弦纹。肩部饰一周戳印纹。口径6、腹最大径10.1、底径5.5、高7.2厘米（图262，17；图版87，2）。M136：4，泥质褐陶。敞口，斜平沿，尖唇。近底处有切削痕迹。口径9.3、腹最大径10.9、底径5.4、高8.4厘米（图262，18；图版87，3）。M147：5，泥质灰陶。敞口。下腹部有切削痕迹。口径 6.8、腹最大径10.8、底径4.8、高8.1厘米（图262，19；图版87，4）。M147：14，泥质灰陶。敞口，斜方唇。下腹部有切削痕迹。口径6、腹最大径10.3、底径5.8、高7.3厘米（图262，20；图版87，5）。M166：9，泥质褐陶。敞口，斜平沿，尖唇。肩部饰一周戳印纹，下腹部有切削痕迹。口径7.5、腹最大径10.5、底径2.9、高8.3厘米（图262，21；图版87，6）。M166：10，泥质褐陶。敞口，斜平沿，尖唇。肩部饰一周戳印纹，下腹部有切削痕迹。口径6.4、腹最大径8.5、底径4.8、高6.9厘米（图262，22；图版88，1）。M168：5，泥质灰陶。敞口，三角形唇沿，圆唇，沿上有一道凹槽。肩部饰有一周戳印纹。口径9.6、腹最大径11.3、底径4.4、高8.6厘米（图262，23；图版88，2）。

Bb型　折肩。共3件。M12：25，泥质褐陶。敞口，方唇，弧腹。素面。口径5.5、肩径6.9、底径4.2、高5.6厘米（图262，24；图版88，3）。M118：13，泥质灰陶。直口，尖圆唇，鼓腹。颈上部饰一道凹弦纹。口径5.1、肩径8.8、底径3.3、高6.9厘米（图262，25；图版88，4）。M132：3，泥质灰陶。敞口，三角形唇沿，斜方唇，高弧领，斜弧腹。唇部饰一道凹弦纹，下腹部有切削痕迹。口径6.9、肩径8、底径4.6、高7.2厘米（图262，26；图版88，5）。

C型　高领，深弧腹，凹底或圜底，器形较大。共9件。共有6座墓葬随葬该型陶罐。依据肩部特征可分为二亚型。

Ca型　折肩。共6件。依据器形和底部特征可分为二式。

Ⅰ式：器形宽胖，凹底较宽。共4件。M3：6，泥质灰陶。敞口，圆唇，折沿。肩部压印有两道网格纹，腹部饰横向或交错绳纹。口径15.6、肩径21.5、底径10、高21.8厘米。（图263，1；图版88，6）。M131：9，泥质灰陶。敞口，三角形唇沿，尖唇。肩部饰一周戳印纹，腹部饰绳纹。口径16.3、肩径23.9、底径9.2、高19.8厘米（图263，2；图版89，1）。M132：4，泥质灰陶。敞口，三角形唇沿，尖圆唇。唇沿上饰两道凹弦纹。肩部饰两周窄网格纹，腹部及底部饰交错绳纹。口径15.3、肩径21、底径11.6、高21.2厘米（图263，3；图版89，2）。M132：6，泥质灰陶。敞口，三角形唇沿，尖圆唇。唇沿上饰两道凹弦纹。肩部饰两周窄网格纹，腹部及底部饰交错绳纹。口径17.3、肩径23.5、底径8.7、高20.5厘米（图263，4；图版89，3）。

Ⅱ式：器形稍瘦高，底部较窄。共2件。M117：3，泥质灰陶。敞口，尖唇。唇沿饰两道凹弦纹。肩部饰两周窄网格纹，腹部及底饰交错绳纹。口径15.7、肩径22.9、高21.2厘米（图263，5；图版89，4）。M135：1，泥质灰陶。敞口，三角形唇沿，尖圆唇。肩部饰四个鱼形刻划符号，下饰一周戳印纹。腹部及底饰交错绳纹。口径14、肩径26.3、高24.5厘米（图263，6；图版89，5）。

Cb型　圆肩。共3件。依据器形和肩部特征可分为二式。

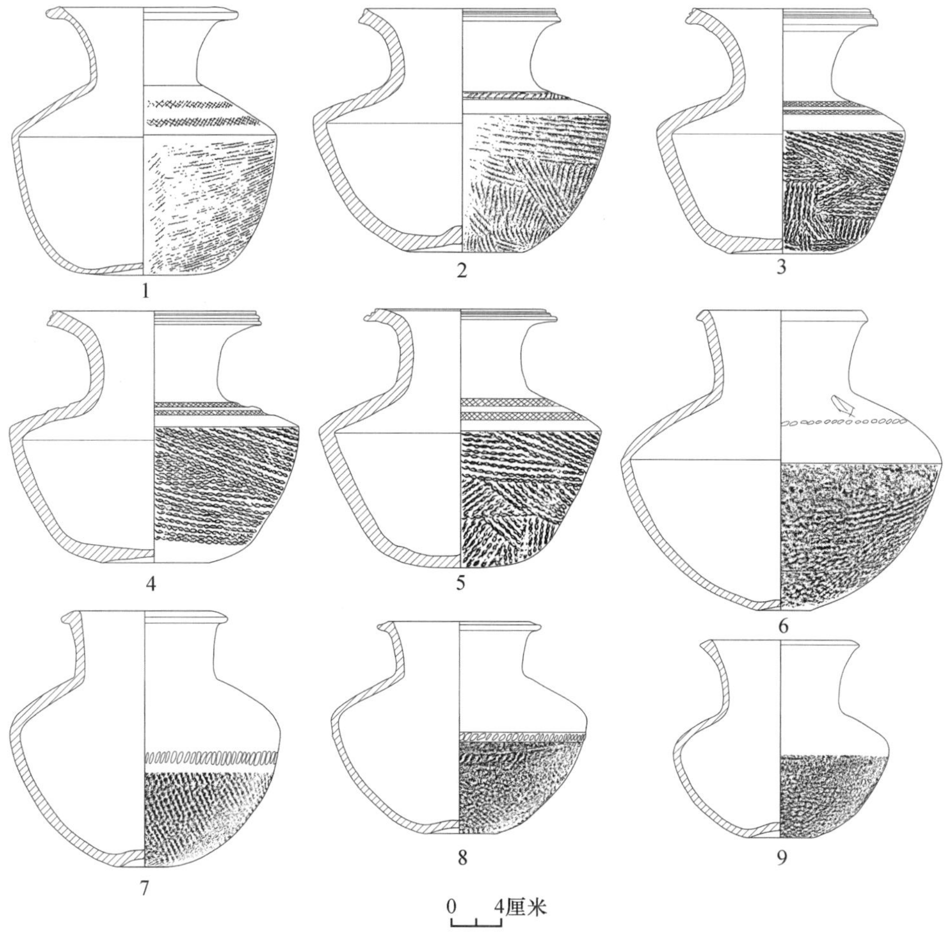

图263　出土C型陶罐

1～4. Ca型Ⅰ式（M3：6、M131：9、M132：4、M132：6）　5、6. Ca型Ⅱ式（M117：3、M135：1）
7、8. Cb型Ⅰ式（M9：1、M137：1）　9. Cb型Ⅱ式（M135：3）

Ⅰ式：器形宽高，肩最大径偏上。共2件。M9：1，夹砂褐陶。直口微敞，三角形唇沿，尖圆唇。腹部饰一周戳印纹，下饰绳纹。口径13.5、肩径22、底径4.4、高20.9厘米（图263，7；图版89，6）。M137：1，泥质灰陶。敞口，三角形唇沿，圆尖唇。上腹部饰一周戳印纹，下腹部及底部饰绳纹。口径13.2、肩径20.7、底径5.6、高17.4厘米（图263，8；图版90，1）。

Ⅱ式：器形变矮，肩最大径下移，呈扁鼓腹状。1件。M135：3，泥质灰陶。喇叭形口，三角形唇沿，斜方唇。腹部及底部饰绳纹。口径13、肩径17.7、底径5.3、高16.2厘米（图263，9；图版90，2）。

D型　高领，鼓腹，器形较大。共10件。共有9座墓葬随葬该型陶罐。依据底部特征可分为二亚型。

Da型　凹底或微凹底。共8件。依据腹部特征可分为二式。

Ⅰ式：圆鼓腹较扁。共3件。M109：1，泥质灰陶。直口微敛，三角形唇沿，尖圆唇，圆肩。肩部及上腹部饰竖绳纹，下腹部和器底饰交错绳纹。口径14.2、腹最大径23.3、底径10.8、高19.1厘米（图264，1；图版90，3）。M116：1，泥质灰陶。直口微敛，尖圆唇，圆肩。上腹部饰两道浅凹弦纹。肩部及上腹部饰竖绳纹，下腹部和器底饰交错绳纹。口径11.9，腹最大径20.7、底径6.1、高17.5厘米（图264，2；图版90，4）。M123：2，泥质黑皮褐陶。直口，三角形唇沿，尖唇，圆肩。上腹部饰一道浅凹弦纹和竖绳纹，下腹部和器底饰交错绳纹。口径12.5、腹最大径20.9、底径6.9、高16.6厘米（图264，3；图版90，5）。

Ⅱ式：球腹。共5件。M6：1，泥质褐陶。直口，三角形唇沿，尖圆唇。颈肩部有一道凹弦纹，器腹及器底饰交错绳纹。口径13.2、腹最大径19.8、底径7.5、高17.6厘米（图264，4；图版90，6）。M103：3，泥质灰陶。直口微敞，三角形唇沿，尖圆唇，微溜肩。颈腹部饰三道浅凹弦纹，肩部及上腹部饰竖绳纹，下腹部和器底饰交错绳纹。口径14.4、腹最大径21.6、底径8.6、高19.7厘米（图264，5；图版91，1）。M125：2，泥质黑皮褐陶。直口微敞，三角形唇沿，方唇，圆溜肩。颈下部饰一道浅凹弦纹。上腹部饰竖绳纹，下腹部和器底饰交错绳纹。口径12.7、腹最大径16.5、底径7.1、高15.9厘米（图264，6；图版91，2）。M149：1，夹

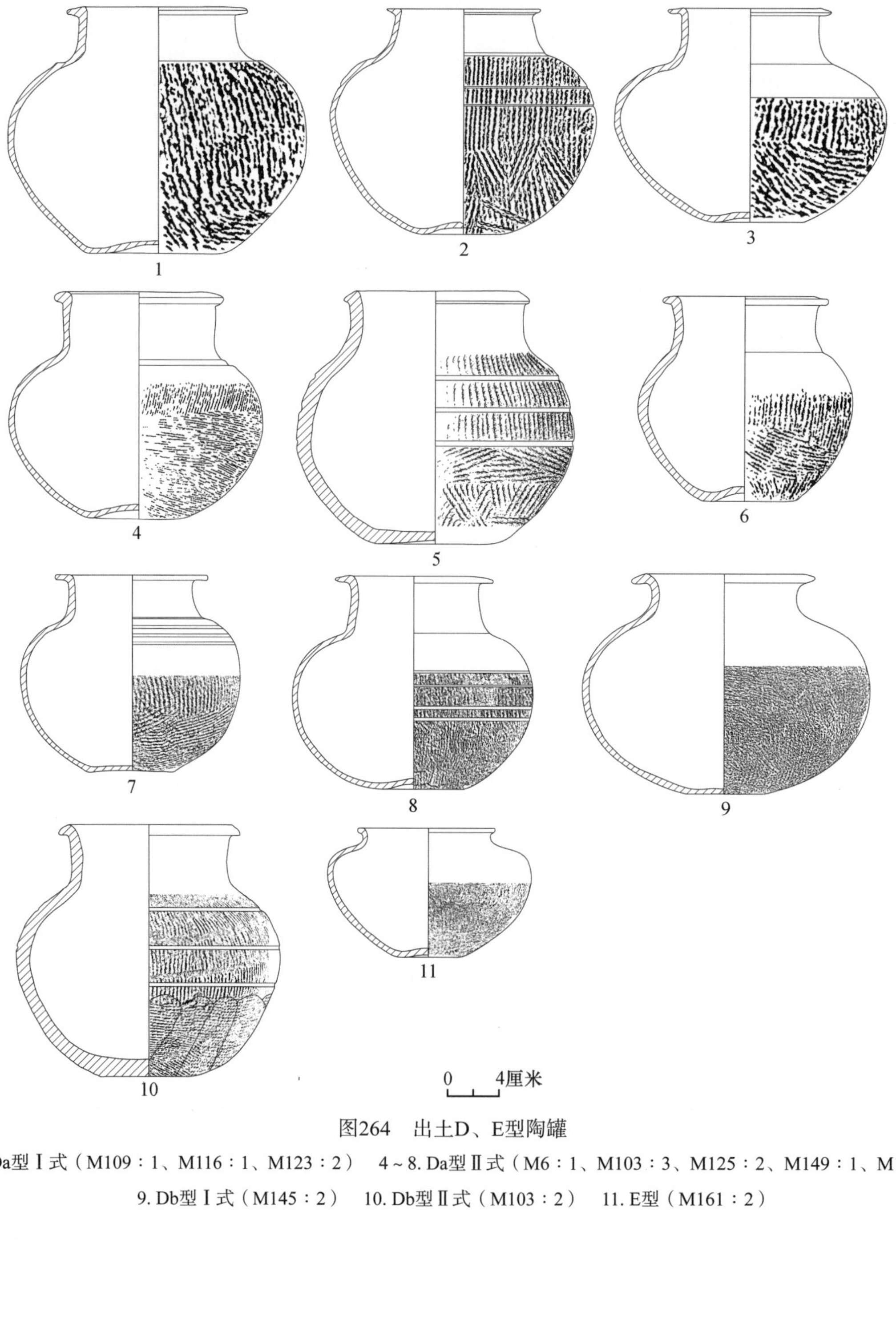

图264　出土D、E型陶罐

1～3. Da型Ⅰ式（M109：1、M116：1、M123：2）　4～8. Da型Ⅱ式（M6：1、M103：3、M125：2、M149：1、M149：2）　9. Db型Ⅰ式（M145：2）　10. Db型Ⅱ式（M103：2）　11. E型（M161：2）

细砂灰陶。直口，折沿，圆唇。肩部饰四道弦纹，腹部及底部饰交错绳纹。口径11.8、腹最大径17.2、底径7、高15.3厘米（图264，7；图版91，3）。M149：2，夹细砂灰陶。直口微侈，折沿，尖唇。颈部饰一道弦纹，肩部及腹部饰四道弦纹，肩部以下及底部饰绳纹。口径12.2、腹最大径18.7、底径7.8、高16.6厘米（图264，8；图版91，4）。

Db型　平底。共2件。依据领部和腹部特征可分为二式。

Ⅰ式：直领，鼓腹较扁。1件。M145：2，泥质灰陶。侈口，圆尖唇，圆肩。下腹部饰绳纹。口径 14、腹最大径22.1、底径5.8、高17.1厘米（图264，9；图版91，5）。

Ⅱ式：直领较高，球腹。1件。M103：2，泥质灰陶。直口微敞，三角形唇沿，尖圆唇，圆肩。颈部及腹部饰三道浅凹弦纹，肩部及上腹部饰竖绳纹，下腹部经切削后再饰交错绳纹，器底饰交错绳纹。口径14.2、腹最大径20.7、底径7、高19.5厘米（图264，10；图版91，6）。

E型　矮领，圆肩，斜弧腹，凹底，器形较大。1件。M161：2，夹砂灰陶。侈口，圆唇，束颈。下腹部饰绳纹。口径10.6、腹最大径15.9、底径4.6、高10.1厘米（图264，11；图版92，1）。

F型①　矮领，折肩，深斜直腹或斜弧腹，平底。器形较大。共12件。共有4座墓葬随葬有该型陶罐，依据肩部特征可分为二亚型。

Fa型　宽折肩。共10件。依据器形和腹部特征可分为二式。

Ⅰ式：器形较矮，斜直腹或斜弧腹。共4件。M110：3，泥质灰陶。小直口，方唇。肩下部靠近折肩处饰一周网格纹。口径10.3、肩径16.6、底径10.3、高13.9厘米（图265，1；图版93，1）。M110：10，泥质灰陶。小直口，方唇，底微内凹。肩下部靠近折肩处饰一周网格纹。口径9.6、肩径16.2、底径10.1、高13.7厘米（图265，2；图版93，2）。M131：2，泥质灰陶。直口微敛，平沿。折肩处有一周戳印纹。口径7.5、肩径13.9、底径8.4、高11.6厘米（图265，3；图版93，3）。M131：3，泥质灰陶。直口，平沿。折肩处有一周戳印纹。口径9.8、肩径16、底径12.2、高13厘米（图265，4；图版93，4）。

Ⅱ式：器形变瘦高，斜直腹。共6件。M131：4，泥质灰陶。直口，平沿。折肩处有一周戳印纹。口径9.1、肩径15.5、底径8.9、高13.6厘米（图265，5；图版93，5）。M136：3，泥质灰陶。直口，平沿，方唇。肩部下饰一周戳印纹，上腹部饰两周凹弦纹，下腹部有切削痕迹。口径8.7、肩径14.4、底径9.3、高13.2厘米（图265，6；图版92，2）。M136：10，泥质褐陶。直口，平沿，方唇。肩部下饰一周戳印纹，上腹部饰两周凹弦纹。口径8.6、肩径12.6、底径9.4、高13厘米（图265，7；图版92，3）。M136：11，泥质褐陶。直口，平沿，方唇。肩部下饰一周戳印纹，腹部饰三周凹弦纹。口径10、肩径16.7、底径10.4、高16.7厘米（图265，8；图版92，4）。M136：12，泥质褐陶。直口微敞，平沿，方唇。肩部下饰一周戳印纹，上腹部饰两周凹弦纹，下腹部有刮削痕迹。口径9.1、肩径14.7、底径9.1、高13.1厘米（图265，9；图版92，5）。M136：13，泥质褐陶。直口微敞，平沿，方唇。肩下部饰一周戳印纹，腹部饰三周凹弦纹。口径10、肩径16.4、底径9.9、高17.2厘米（图265，10；图版92，6）。

Fb型　窄折肩。共2件。M12：36，泥质灰陶。敛口，方唇。腹部有一道凸棱，下腹部有

① 有学者将此类陶罐定名为陶仓，如蒋晓春：《三峡地区秦汉墓研究》，巴蜀书社，2010年，第57页；武汉市文物考古研究所、巫山县文物管理所：《重庆巫山土城坡墓地2004年发掘简报》，《江汉考古》2009年第2期。

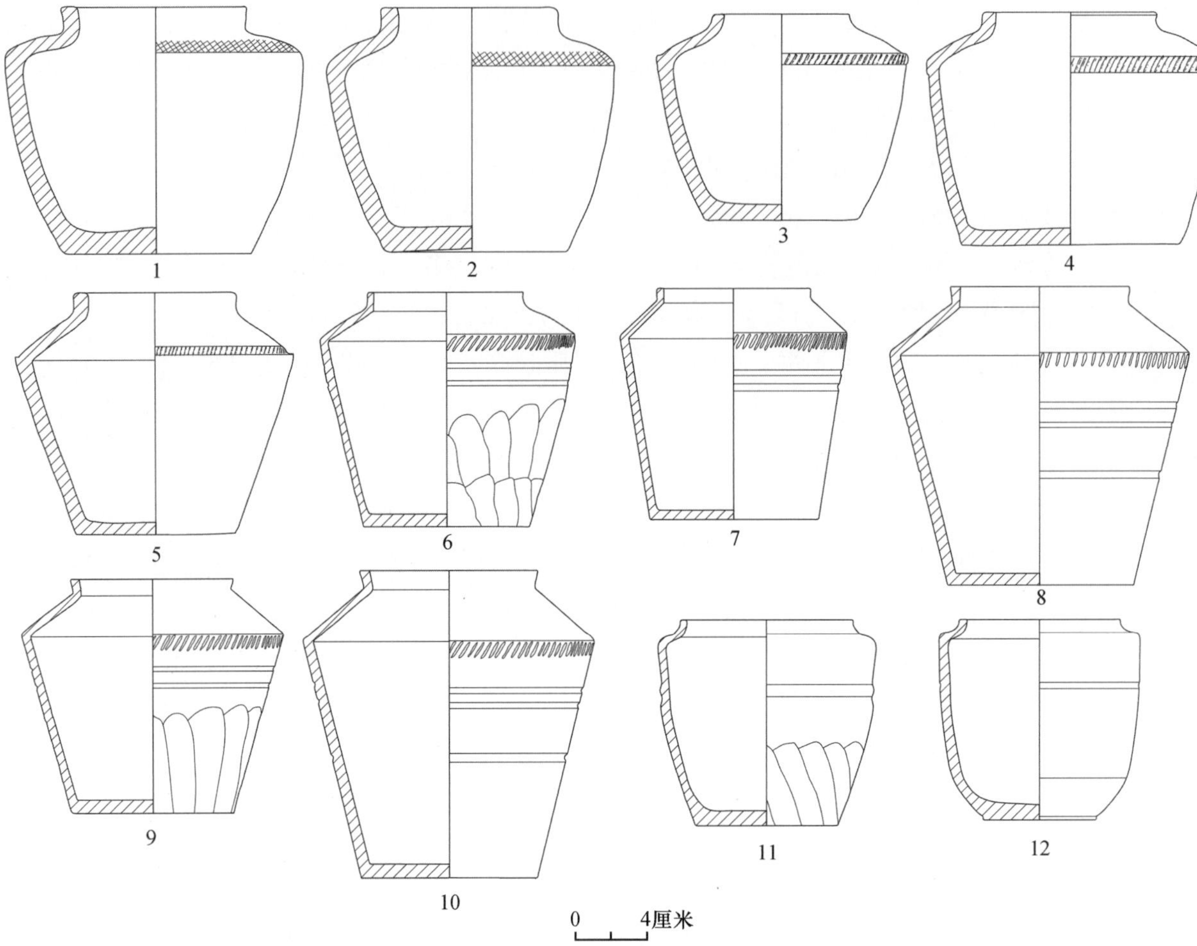

图265　出土F型陶罐

1～4. Fa型Ⅰ式（M110：3、M110：10、M131：2、M131：3）　5～10. Fa型Ⅱ式（M131：4、M136：3、M136：10、M136：11、M136：12、M136：13）　11、12. Fb型（M12：36、M12：37）

切削痕迹。口径9.6、肩径12.2、底径7.8、高11.6厘米（图265，11；图版93，6）。M12：37，泥质灰陶。敛口，方唇。上腹部有一道凹弦纹，下腹部有一道折棱。口径9、肩径11.3、底径6.2、高11.3厘米（图265，12；图版94，1）。

G型　矮领或无领，敛口，斜弧腹或直腹，多平底。器形较大。共17件。共有8座墓葬随葬有该型陶罐。依据肩部和腹部特征可分为二亚型。

Ga型　折肩，斜弧腹。共10件。依据器形特征可分为二式。

Ⅰ式：器形较瘦高。共5件。M168：1，泥质灰陶。平底微凹。素面。口径9.4、肩径14.7、底径8.3、高11.5厘米（图266，1；图版94，2）。M169：3，泥质灰陶。斜方唇。素面。口径10.6、肩径16.5、底径9.9、高13.1厘米（图266，2；图版94，3）。M169：4，泥质灰陶。斜方唇。腹部近折肩处饰有一周戳印纹。口径11.2、肩径16.1、底径9.2、高11.7厘米（图266，3；图版94，4）。M169：6，泥质灰陶。斜方唇。腹部饰有两道凸弦纹。口径10.7、肩径15.8、底径8.3、高12.3厘米（图266，4；图版94，5）。M169：7，泥质灰陶。斜方唇。腹部饰一周戳印纹和一道凸弦纹。口径11.1、肩径15.3、底径7.2、高11.8厘米（图266，5；图版94，6）。

Ⅱ式：器形较扁矮。共5件。M147：6，泥质灰陶。下腹部有切削痕迹。口径 10.1、肩径

16.9、底径8.9、高11.1厘米（图266，6；图版95，1）。M147：7，泥质褐陶。肩部饰一周戳印纹，下腹部有切削痕迹。口径9.7、肩径15.5、底径8、高10.7厘米（图266，7；图版95，2）。M147：8，泥质灰陶。肩部饰一周戳印纹。口径 11.9、肩径17.5、底径9.8、高10.9厘米（图266，8；图版95，3）。M147：9，泥质灰陶。肩部饰一周戳印纹，下腹部有切削痕迹。口径13.4、肩径18.6、底径9.5、高11.1厘米（图266，9；图版95，4）。M147：11，泥质灰陶。下腹部有切削痕迹。口径 9.9、肩径16.5、底径8.4、高10.7厘米（图266，10；图版95，5）。

Gb型　圆肩，微鼓腹，腹中部较直或微弧。共7件。依据器形特征可分为二式。

Ⅰ式：器形较胖高。共5件。M118：5，泥质灰陶。三角形唇沿，上腹较直，下腹斜急

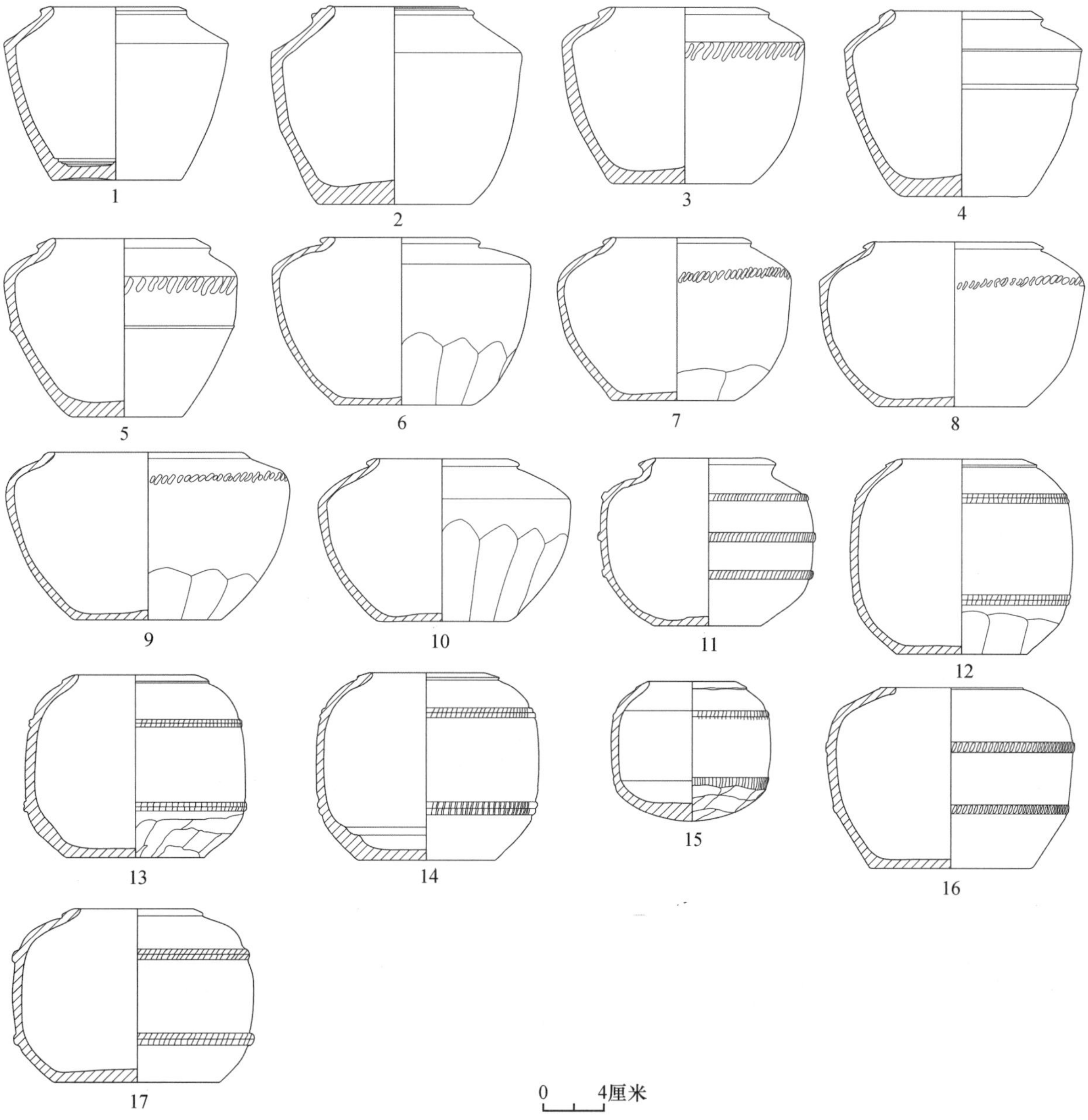

图266　出土G型陶罐

1～5. Ga型Ⅰ式（M168：1、M169：3、M169：4、M169：6、M169：7）　6～10. Ga型Ⅱ式（M147：6、M147：7、M147：8、M147：9、M147：11）　11～15. Gb型Ⅰ式（M118：5、M179：4、M179：10、M179：11、M179：13）　16、17. Gb型Ⅱ式（M137：8、M141：7）

收。腹部饰三周索状附加堆纹。口径9.1、腹最大径14.1、底径7.2、高11厘米（图266，11；图版95，6）。M179：4，泥质灰陶。斜方唇，上腹较直，下腹斜收。肩部和下腹部各饰一周附加堆纹，其上饰戳印纹，下腹部有切削痕迹。口径10、腹最大径14.8、底径8.6、高12.8厘米（图266，12；图版96，1）。M179：10，泥质灰陶。斜方唇，上腹较直，下腹斜收。肩部和下腹部各饰一道附加堆纹，其上施戳印纹，下腹部有切削痕迹。口径9.5、腹最大径14.6、底径9、高12.1厘米（图266，13；图版96，2）。M179：11，泥质灰陶。斜方唇，上腹较直，下腹斜收。肩部和下腹部各饰一道附加堆纹，其上施戳印纹。口径9.2、腹最大径14.5、底径9、高12.4厘米（图266，14；图版96，3）。M179：13，泥质灰陶。斜方唇，上腹较直，下腹斜收，圜底。肩部和下腹部各饰一道附加堆纹，其上饰戳印纹，下腹部和底部有切削痕迹。口径7.3、腹最大径10.6、高9.2厘米（图266，15；图版96，4）。

Ⅱ式：器形较扁矮。共2件。M137：8，泥质褐陶。方唇，上腹部较直，下腹部斜直内收。上、下腹部各饰一周戳印纹。口径9.5、腹最大径16.3、底径10.7、高11.9厘米（图266，16；图版96，5）。M141：7，泥质灰陶。斜方唇，上腹较直，下腹斜收。腹部上部与下部饰两道戳印附加堆纹。口径7.8、腹最大径15.7、底径10.8、高11.5厘米（图266，17；图版96，6）。

H型　高领，圆肩，斜弧腹，平底，器形较大。共3件。共有2座墓葬随葬该型陶罐。M138：1，泥质灰陶。侈口微敞，圆唇。下腹部饰一周凹弦纹。口径 11.6、腹最大径18.1、底径12.1、高15.2厘米（图267，1；图版97，1）。M138：2，泥质灰陶。直口微敞，三角形唇沿，尖圆唇。下腹部间饰绳纹。口径 12.5、腹最大径21.8、底径12.7、高18.1厘米（图267，3；图版97，2）。M161：1，泥质灰陶。侈口，卷沿，尖唇。下腹部饰竖绳纹。口径12.2、腹最大径19.9、底径10.1、高15.5厘米（图267，5；图版97，3）。

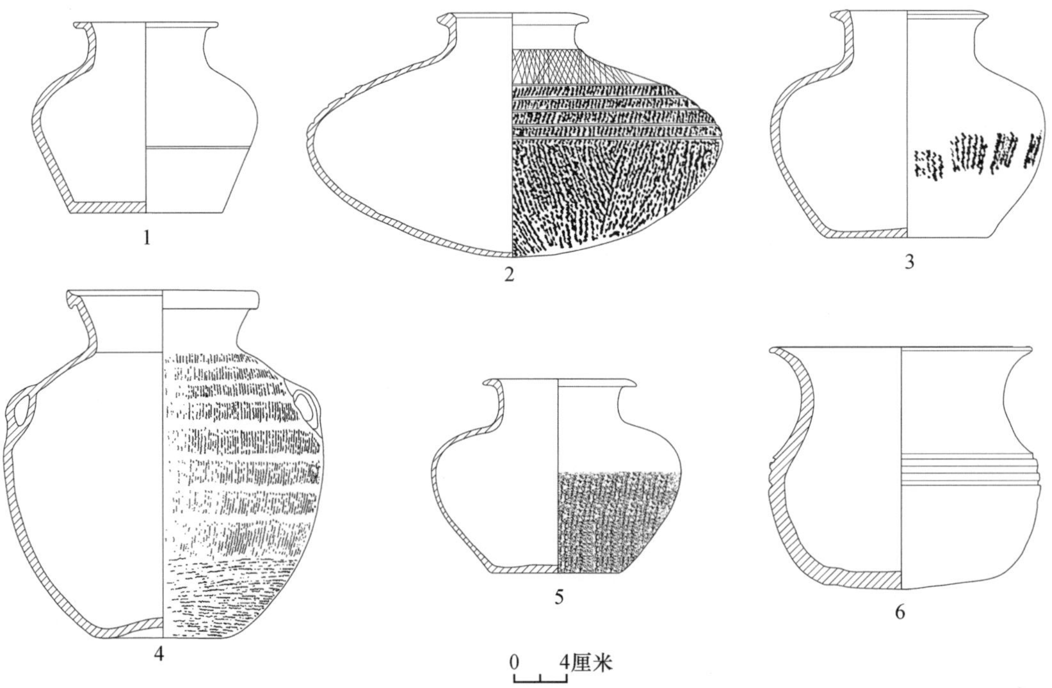

图267　出土H型、I型、J型和K型陶罐

1、3、5. H型（M138：1、M138：2、M161：1）　2. I型（M117：1）　4. J型（M3：14）　6. K型（M117：4）

I型[1]　小口，广肩，圜底。器形较大。1件。M117：1，泥质黑皮褐陶。器表光滑，呈黑色。三角形唇沿，小直口微侈，矮领，广溜肩，宽鼓腹，大圜底。上腹部饰五道浅凹弦纹。上肩部饰网格纹，其下饰绳纹。口径12、腹最大径33.1、高19.4厘米（图267，2；图版97，4）

J型　双耳。1件。M3：14，泥质灰陶。侈口，重沿，方唇，鼓腹，底部上凹，口沿上有两个对称的桥型耳。器身上部饰细密的纵向间断绳纹，下部饰横向粗绳纹。器底饰绳纹。口径15.3、腹最大径25.6、底径10.6、高27.7厘米。（图267，4；图版97，5）。

K型[2]　高领，敞口，圜底。器形较大。共1件。应是仿铜鍪制成的，但无耳。M117：4，泥质灰陶。圆唇，圆肩。肩下饰三道凸弦纹。口径20.8、腹最大径21.6、高19.3厘米（图267，6；图版97，6）。

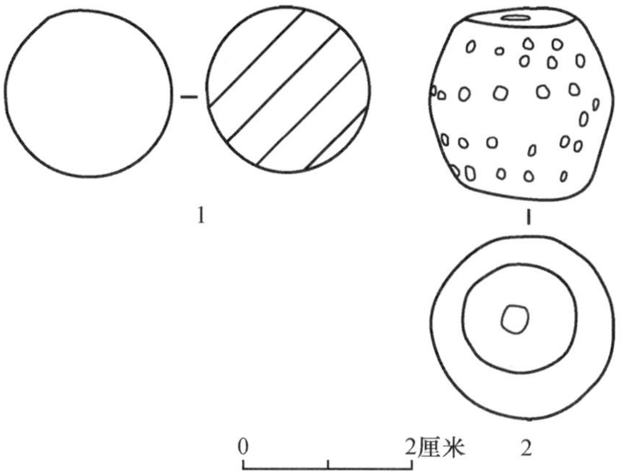

图268　出土陶珠
1. M166：18　2. M167：3

（十四）陶珠

共2件。均夹砂褐陶。共2座墓葬随葬有陶珠。M166：18，球形。直径1.9厘米（图268，1；图版98，1）。M167：3，鼓状，中间有穿孔。表面有许多圆形小孔。直径2.1厘米（图268，2；图版98，2）。

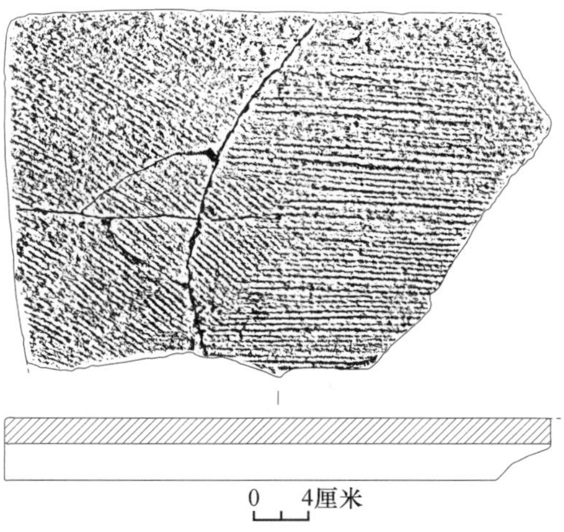

图269　出土陶瓦
（M11：20）

（十五）陶板瓦

仅1件。M11：20，泥质灰陶。残。平面近长方形。凸面饰绳纹。凹面素面。残长40.3、残宽27.3、厚2厘米（图269；图版98，3、4）。

（十六）陶俑

共33件。有M3、M4、M11、M12和M110等5座墓葬随葬有陶俑，其中M4有3件、M12有2件陶人物俑无法修复，M110有6件陶人物俑、1件陶鸡俑和1件陶狗

① 有学者将此类陶罐定名为陶釜，如蒋晓春：《三峡地区秦汉墓研究》，巴蜀书社，2010年，第47、48页。有学者将此类陶罐定名为陶瓮，如重庆市文物局、重庆市移民局编：《巫山麦沱墓地》，科学出版社，2018年，第336、337页。

② 此型陶罐形制与铜鍪相似，但无耳，而铜鍪均有耳，单耳或双耳。

俑无法修复。均泥质红陶。陶俑种类主要有人物俑和动物俑。

人物俑，共23件。分别出土于M3、M4、M12和M110等4座墓葬中。其中M4有3件、M12有2件、M110有6件无法修复。可分为立俑和乐舞俑二型。

A型　立俑，共9件。依据有、无戴冠分为二亚型。

Aa型　戴冠。共7件。M3：20，高20.8厘米（图270，1；图版99，1、2）。M4：23，高20.8厘米（图270，2；图版99，3、4）。M4：29，高22厘米（图270，3；图版99，5、6）。M4：33，高21.1厘米（图270，4；图版100，1、2）。M4：34，高19厘米（图270，5；图版100，3、4）。M4：35，高19.2厘米（图270，6；图版100，5、6）。M12：34，残。残高14.3厘米（图270，9）。

Ab型　无冠。共2件。M3：16，高12.1厘米（图270，7；图版101，1、2）。M12：24，高19.1厘米（图270，8；图版101，3、4）。

图270　出土A型人物俑

1～6、9. Aa型（M3：20、M4：23、M4：29、M4：33、M4：34、M4：35、M12：34）

7、8. Ab型（M3：16、M12：24）

B型　乐舞俑，共3件。M4：32，抚琴俑，高18.8厘米（图271，1；图版101，5、6）。M4：27，吹乐俑，高21.1厘米（图271，2；图版102，1、2）。M3：10，舞俑，高23.9厘米

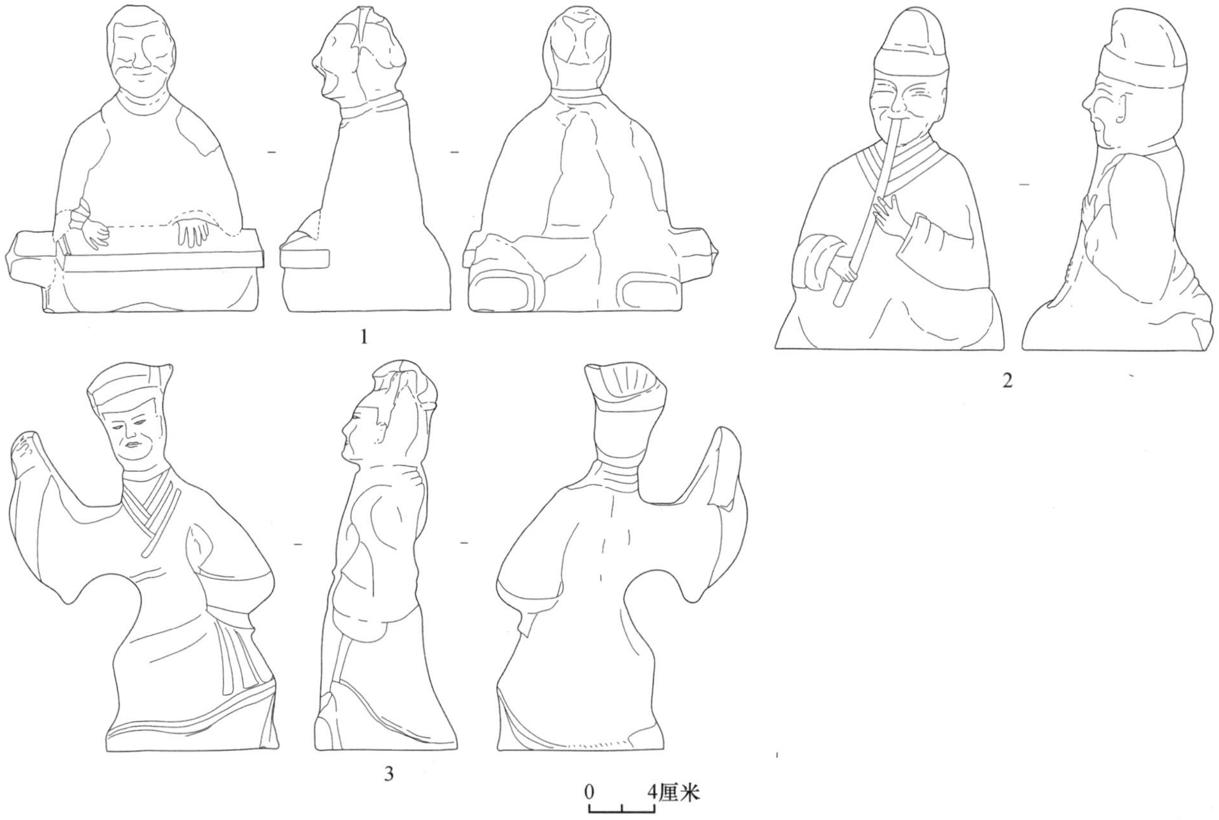

图271　出土B型人物俑

1. 抚琴俑（M4：32）　2. 吹乐俑（M4：27）　3. 舞俑（M3：10）

（图271，3；图版102，3、4）。

动物俑，共10件。分别出土于M3、M4、M11和M110等4座墓葬中，其中M110有1件陶鸡俑和1件陶狗俑无法修复。

鸡俑，可修复共3件。M4：16，高20.6厘米（图272，1；图版102，5、6）。M110：14，长21.8、宽9.6、高20.9厘米（图272，2）。M3：21，长14.7、高9.8厘米（图272，3）。

猪俑，共2件。M4：1，长27.2、高13.6厘米（图272，4；图版103，1、2）。M11：2，长22.3、高10厘米（图272，5；图版103，3、4）。

狗俑，可修复共3件。M3：12，长25.6、高21厘米（图272，6；图版103，5、6）。M4：2，长47.3、高43.9厘米（图272，7；图版104，1、2）。M4：13，残有头部及颈肩部，残高约14.8厘米（图272，8；图版104，3、4）。

（十七）摇钱树陶器座

仅1件。M12：40，泥质褐陶。呈覆钟形，上部残。纹饰分为上下两栏。上部仅存兽足和花叶图案，下栏正面有三头象向左行走，左侧象有人骑乘，背面有两头象向右行走，左侧象有人牵引。宽31.2、残高29.3、厚26厘米（图版104，5、6）。

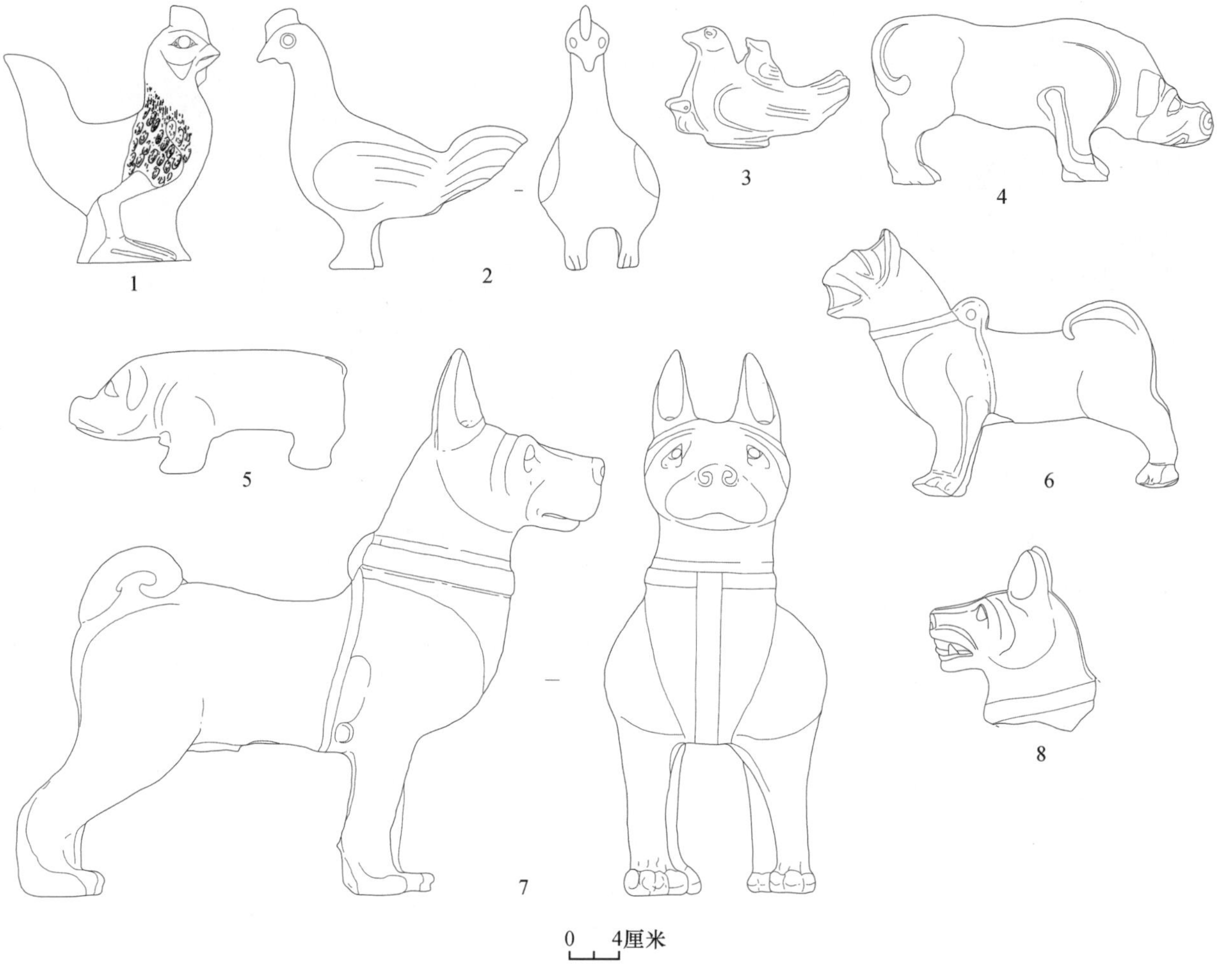

图272 出土动物俑

1～3. 鸡俑（M4：16、M110：14、M3：21） 4、5. 猪俑（M4：1、M11：2） 6～8. 狗俑（M3：12、M4：2、M4：13）

二、釉陶器和瓷器

共7件。其中釉陶器5件，有3件釉陶锺和2件釉陶罐。共M3、M4和M11等3座墓葬出土有釉陶器，其中M4有1件釉陶罐无法修复。瓷器2件，有瓷盏和瓷碗各1件，均出土于M12中。

（一）釉陶锺

共3件。出土数量较少，分别出土于M3、M4和M11。通体施红釉，呈红色。均高领，溜肩，鼓腹，圈足，腹部有两个对称铺首衔环。依据盘口和颈部特征可分为二式。

Ⅰ式：盘口，束颈。共2件。M3：15，泥质红陶。方唇，平底。口径14.7、腹最大径24.3、底径17.4、高31.2厘米（图273，1；图版105，1）。M4：12，泥质红陶。口部残。颈部及肩部各饰两道凹弦纹。腹最大径20.6、底径14.2、残高25.4厘米（图273，2；图版105，2）。

Ⅱ式：盘口更深，高直颈。1件。M11：4，泥质红陶。沿外下部、肩部分别饰一道和四道凹弦纹。口径15.4、腹最大径18.6、底径14.6、高27厘米（图273，3；图版105，3）。

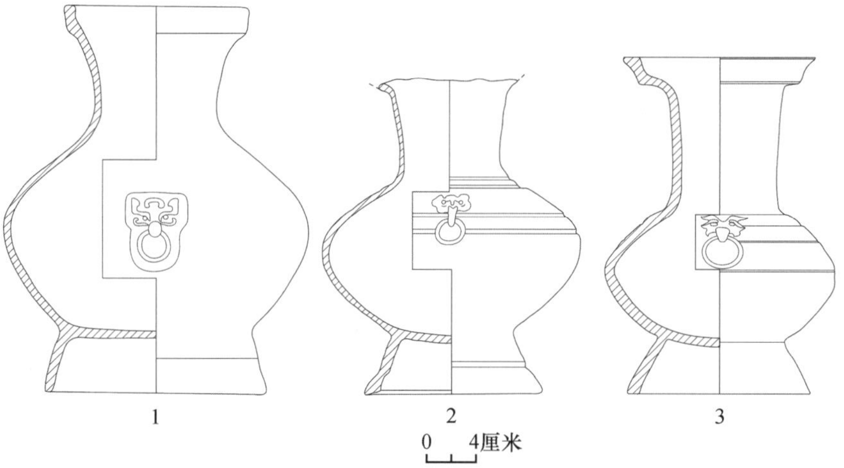

图273　出土釉陶锺

1、2. Ⅰ式（M3：15、M4：12）　3. Ⅱ式（M11：4）

（二）釉陶罐

共2件。均出土于M4，有1件釉陶罐无法修复。M4：8，泥质灰陶。盘口，方唇，束颈，圆肩，深弧腹，平底。器身拍印方格纹。肩、腹部施黄褐色釉。口径12.7、肩径20、底径10.3、高23.4厘米（图274，1；图版105，4）。

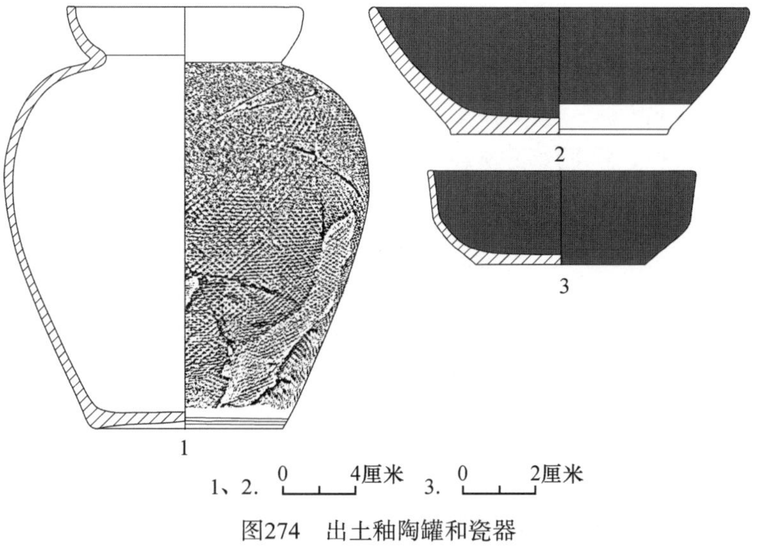

图274　出土釉陶罐和瓷器

1. 釉陶罐（M4：8）　2. 瓷碗（M12：21）　3. 瓷盏（M12：14）

（三）瓷盏

仅1件。M12：14，褐色粗瓷胎。敞口，浅弧腹，平底。除器底外施青釉。口径7.3、底径4.7、高2.6厘米（图274，3；图版105，5）。

（四）瓷碗

仅1件。M12：21，褐色粗瓷胎。敞口，斜弧腹，平底。器内及上腹部施青釉。口径20.7、底径12、高7.1厘米（图274，2；图版105，6）。

三、铜　器

共62件。不包括半两、五铢、货泉和大泉五十等各类钱币。共有22座墓葬出土有铜器。器类有盆、鍪、镜、带钩、印、棺钉、环、铃、摇钱树以及各类饰件（含耳杯扣、棺饰和帽饰等）。

（一）铜盆

共2件。有M155和M169等两座墓葬出土有铜盆，但其中M169的1件铜盆无法修复。M155：2，敞口，折沿，尖圆唇，斜弧腹，凹底。口径 41.2、底径20.8、高12.2厘米（图275，1；图版106，1）。

（二）铜鍪

仅1件。M9：2，敞口，圆唇，束颈，折肩，鼓腹，圜底，肩部有麻绳状单耳。口径9.7、腹最大径12.2、高11.9厘米（图275，2；图版106，2）。

（三）铜镜

共4件。有M136、M166和M179等3座墓葬出土有铜镜。依据背面纹饰可分三型。

A型　乳钉神兽纹镜。共2件。M136：15，直径10、最厚处0.4厘米（图275，3；图版106，3）。M166：1-2，直径9.6、最厚处0.3厘米（图版106，4）。

B型　连弧纹日光镜。1件。M166：1-1，直径5.9、最厚处0.2厘米（图275，5；图版106，5）。

C型　蟠螭纹镜。1件。M179：1，直径8.7、最厚处0.7厘米（图275，4；图版106，6）。

（四）铜印

共2件。M150：2，十字形，顶部有纽，阳文篆体“宜侯王”。长1.5、宽1.5、高1.4厘

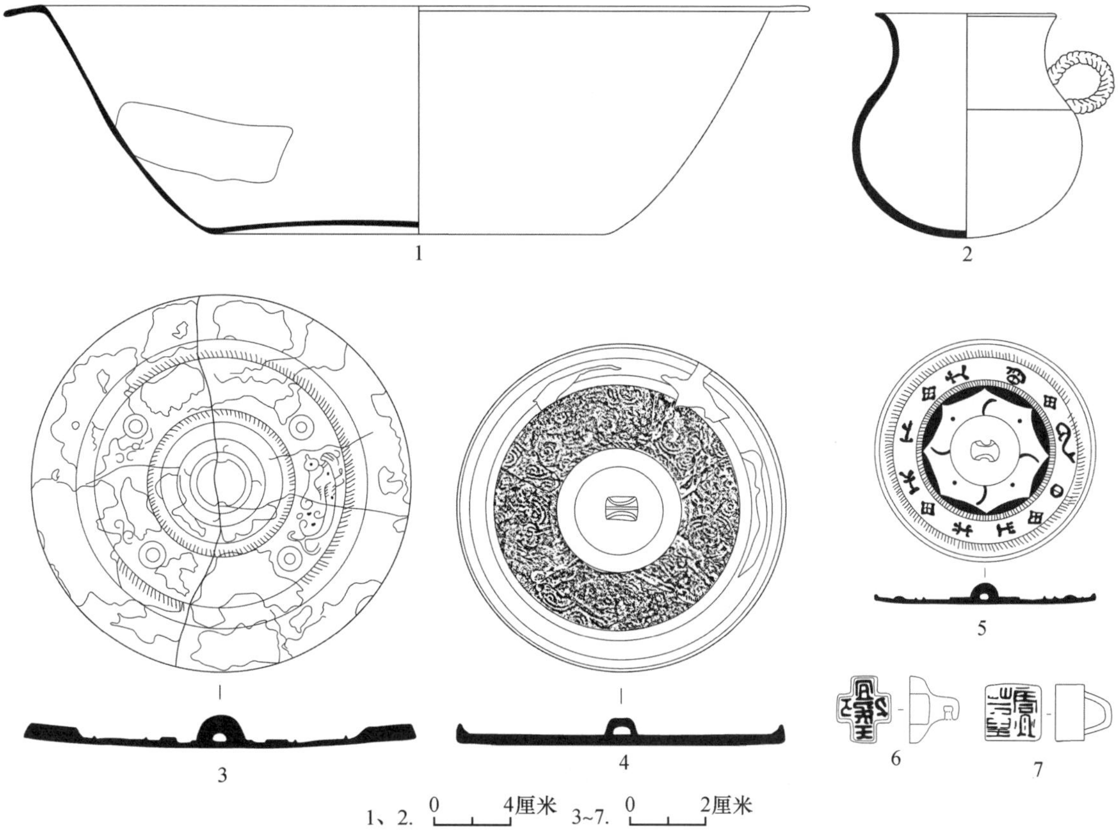

图275　出土铜盆、铜鋬、铜镜和铜印

1. 铜盆（M155：2）　2. 铜鋬（M9：2）　3. A型铜镜（M136：15）　4. C型铜镜（M179：1）　5. B型铜镜（M166：1-1）　6、7. 铜印（M150：2、M167：1）

米（图275，6；图版107，1）。M167：1，方形印身，桥形纽。底面四个篆体阴文“服者君卿”。长1.6、宽1.6、通高1.6厘米（图275，7；图版107，2）。

（五）铜棺钉

共26件。依据器形特征可分为四型。

A型　剖面呈伞状。共12件。共6座墓葬出土有铜棺钉，其中M11、M150和M153均随葬3件，M4、M157和M160仅出土1件。M4：30，直径4.3、残高1.3厘米（图276，1；图版107，3、4）。M11：3，直径4.6、高2.7厘米（图276，2；图版108，1、2）。M11：11，直径5、高1厘米（图276，3；图版108，3、4）。M11：16，直径4.6、高2.7厘米（图276，4；图版108，5、6）。M150：1，直径3.5、残高0.5厘米（图276，5；图版109，1、2）。M150：6，直径5、高0.5厘米（图276，6；图版109，3、4）。M150：8，直径1.8、高0.8厘米（图276，7；图版109，5、6）。M153：2-1，直径4.7、高1.8厘米（图276，8）。M157：01，直径3.6、残高0.6厘米（图276，9；图版110，3、4）。M160：2，直径5.1、高2.5厘米（图276，10；图版110，5、6）。

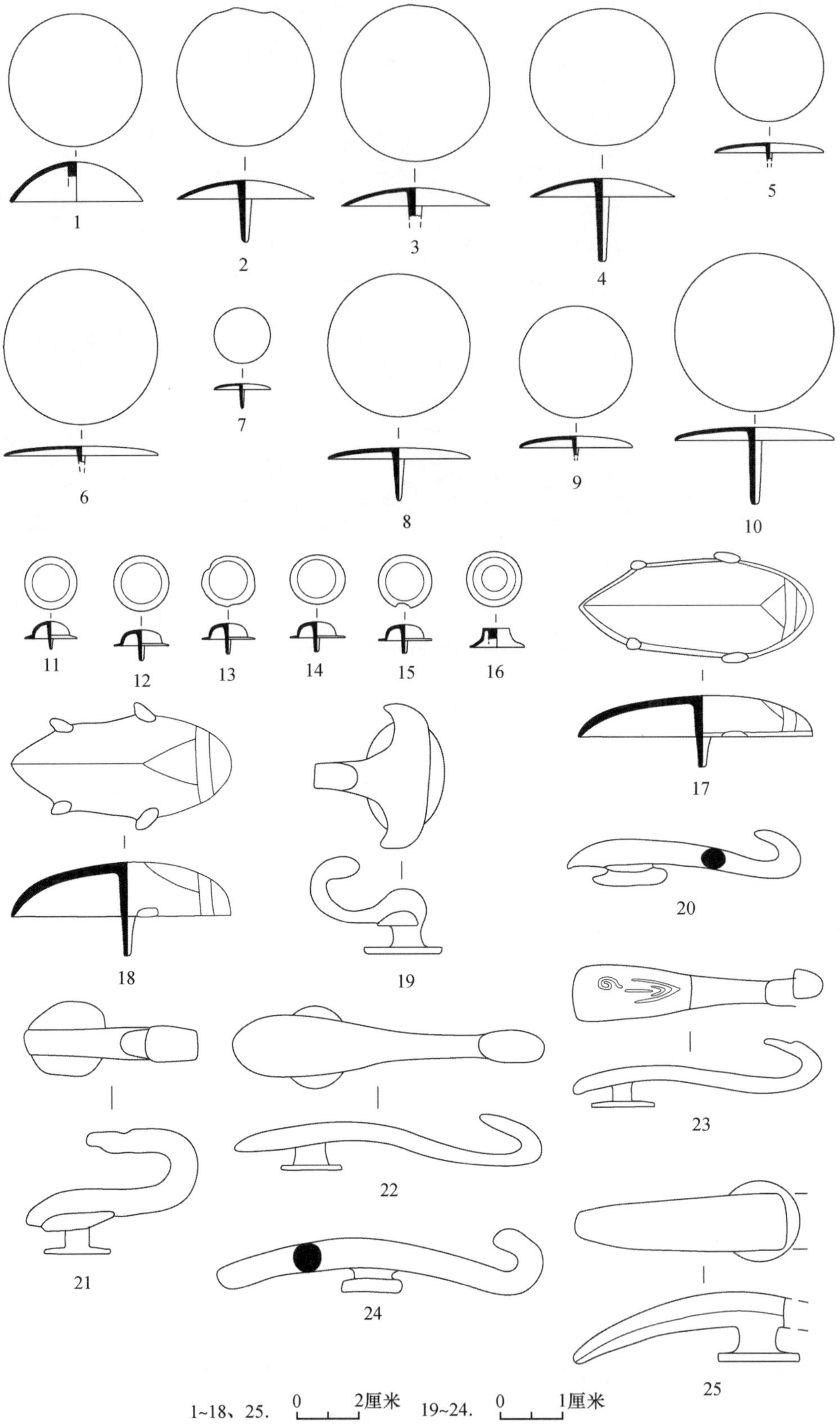

图276　出土铜棺钉和铜带钩

1～10. A型铜棺钉（M4：30、M11：3、M11：11、M11：16、M150：1、M150：6、M150：8、M152：2-1、M157：01、M160：2）　11～15. B型铜棺钉（M11：6-1、M113：5-1、M113：5-2、M113：5-3、M113：5-4）　16. C型铜棺钉（M4：3-1）　17、18. D型铜棺钉（M12：18、M176：2）　19. A型Ⅰ式铜带钩（M171：3）　20、21. A型Ⅱ式铜带钩（M118：15、M150：5）　22、23. A型Ⅲ式铜带钩（M166：16、M167：2）　24. C型铜带钩（M110：1）　25. B型铜带钩（M154：4）

B型　剖面呈圆帽状。共9件。器形较小，直径在2厘米以内。5件出土于M11，4件出土于M113。M11：6-1，直径1.7、高0.9厘米（图276，11；图版111，1、2）。M113：5，直径1.8～1.9、高1厘米（图276，12～15；图版111，3、4）。

C型　剖面呈梯形。共3件。均出土于M4。M4：3-1，残高0.7、直径1.8厘米（图276，16；图版111，5、6）。

D型　整体呈蝉形。共2件。M12：18，长7.5、最宽处3.6、高2.3厘米（图276，17；图版112，1、2）。M176：2，长7.2、最宽处4、高3厘米（图276，18；图版112，3、4）。

（六）铜带钩

共7件。共有7座墓葬出土有铜带钩。依据器形特征可分为三型。

A型　钩身较短。共4件。依据尾部特征可分为三式。

Ⅰ式：尾部较宽，呈翼形。1件。M171：3，长2.2、最宽处2.4厘米（图276，19；图版112，5）。

Ⅱ式：尾部较窄，双翼较短或无翼。共2件。M118：15，长3.8，高0.9厘米（图276，20；图版113，2）。M150：5，长2.9、宽1.3、高2.1厘米（图276，21；图版113，1）。

Ⅲ式：尾部无翼，整体细长。共2件。M166：16，长5、宽1.4、高1厘米（图276，22；图版113，3）。M167：2，长4.1、宽1、高1.2厘米（图276，23；图版113，4）。

B型　尾部扁长且无翼，圆扣靠近中部。1件。M154：4，钩首残。残长3.4、宽1.3、高1.2厘米（图276，25；图版113，5）。

C型　尾部细长，圆扣靠近中部。1件。M110：1，长10.5、高2.1厘米（图276，24；图版114，1）。

（七）铜环

共6件。有M12、M121和M150等3座墓葬出土有铜环。依据器形大小分为二型。

A型　器形较大。1件。M12：20，直径6.7厘米（图277，1；图版114，2）。

B型　器形较小，直径一般在2厘米左右。共5件。M12：17，直径1.9厘米（图277，2；图版114，3）。M12：22，直径2.2厘米（图277，3；图版114，4）。M121：2-1，直径2厘米（图277，4；图版114，5）。M150：1，残。直径2厘米（图277，5；图版114，6）。

（八）铜铃

共2件。M11：10，直径1、高1.25厘米（图277，6；图版115，1）。M177：1，最宽处直径1.1、高1.35厘米（图277，7；图版115，2）。

（九）铜饰件

共8件。有耳杯扣、棺饰、帽饰、圈扣等。共有6座墓葬出土铜饰件。

耳杯扣　2件。均出土于M113。M113：1-1，平面呈月牙形，截面呈“L”形。长7、高1.4厘米（图277，8；图版115，3）。

铜棺饰　1件。M11：5，四叶状，薄片。鎏金。直径5.3厘米（图277，9；图版115，4）。

铜帽饰　1件。M147：15，铜帽。圆筒状，中空，外壁有一小孔。口径2.5、高2.6厘米（图277，10；图版115，5）。

铜圈扣　1件。M113：7，锈蚀严重。

铜饰　3件。M4：26，侧面呈长方形，横剖面呈角菱形，中空。顶面有一个尖状乳突。长4.2、最宽处1.1、高2.5厘米（图277，11；图版116，1）。M113：3，两端残，整体呈弯曲长条形，截面呈圆角方形。长8.9、厚0.9厘米（图277，12；图版115，6）。M12：30，锈蚀严重。

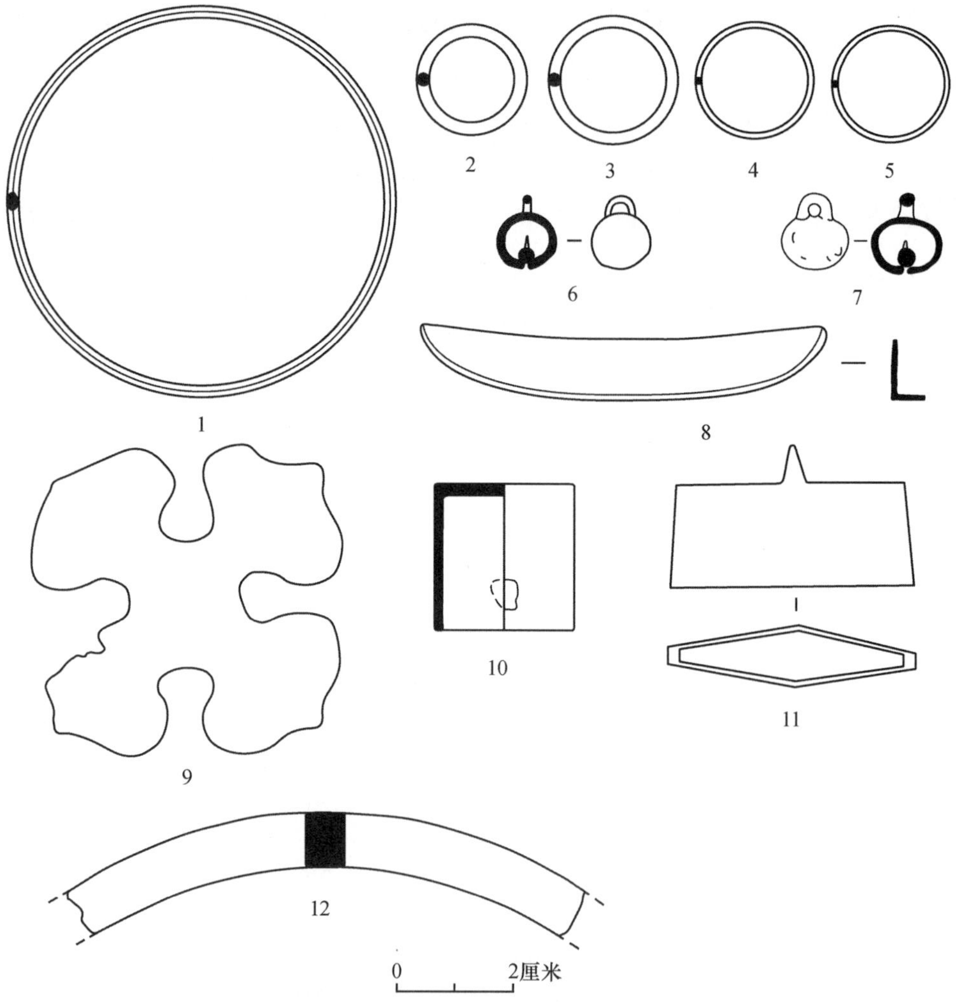

图277　出土铜环、铜铃和铜饰件

1. A型铜环（M12：20）　2～5. B型铜环（M12：17、M12：22、M121：2-1、M150：1）　6、7. 铜铃（M11：10、M177：1）　8. 铜耳杯扣（M113：1-1）　9. 铜棺饰（M11：5）　10. 铜帽饰（M147：15）　11、12. 铜饰（M4：26、M113：3）

（十）铜摇钱树

共4件。其中M11出土1件，M12出土3件。M11：22，残。可辨识出有铜钱、走兽和树枝（图版116，2）。M12：19（图版116，3）、M12：27（图版116，4）和M12：28（图版116，5），均锈蚀严重，仅能辨识出树枝纹。

四、铁　器

共8件。共有M126、M131、M135、M153、M160、M166、M168等7座墓葬出土有铁器，其中M135出土2件铁器锈蚀严重，不能辨别器类。器类有刀、锸、矛和棺钉等。

（一）铁刀

共3件。M126填土：1，残，锈蚀较严重。窄长条状，直背，刃微弧。残长43.8、宽3.9厘米（图278，1；图版117，1）。M160：01，后端残，整体锈蚀严重。直背，弧刃，尖略残。残长42.1、宽3.6厘米（图278，2；图版117，2）。M168：11，锈蚀严重，无法修复。

（二）铁锸

仅1件。M166：21，锈蚀严重，整体呈“U”形，顶端较粗，底端有弧刃。长9.8、宽8.6厘米（图278，3；图版117，3）。

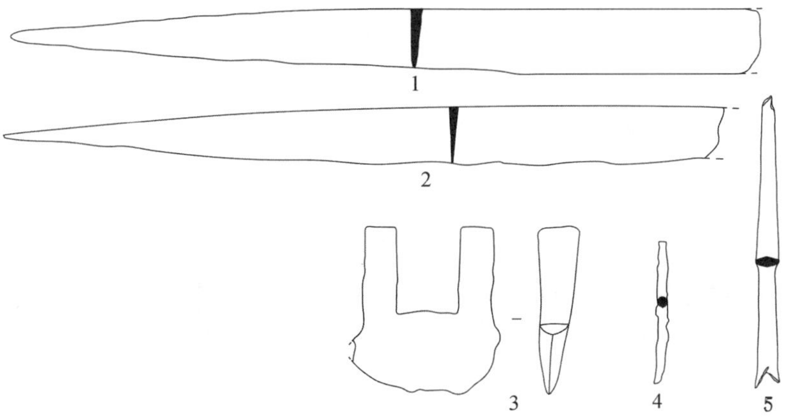

图278　出土铁器

1、2. 铁刀（M126填土：1、M160：01）　3. 铁锸（M166：21）　4. 铁棺钉（M153：1）　5. 铁矛（M131：7）

（三）铁矛

仅1件。M131：7，尖部和銎部稍残。整体细长，由矛头和銎两部分组成。残长34.2、宽3、銎残长14.1厘米（图278，5；图版117，4）。

（四）铁棺钉

仅1件。M153：1，呈尖锥状，末端平面近椭圆形。锈蚀严重。长8.3、直径0.6厘米（图278，4；图版117，5）。

五、石　　器

共20件。器类有石斧、石珠和石瑱。M5、M113和M133填土中出土有石斧。M1、M112、M119和M160等4座墓葬出土有石珠。仅M113出土有石瑱。

（一）石斧

共3件。M5填土：1，长15、宽6.8、厚3.2厘米（图279，1；图版117，6）。M113：8，长15.8、宽7、厚2厘米（图279，2；图版118，1）。M133填土：1，长15.3，宽6.7，厚2.1厘米（图279，3）。

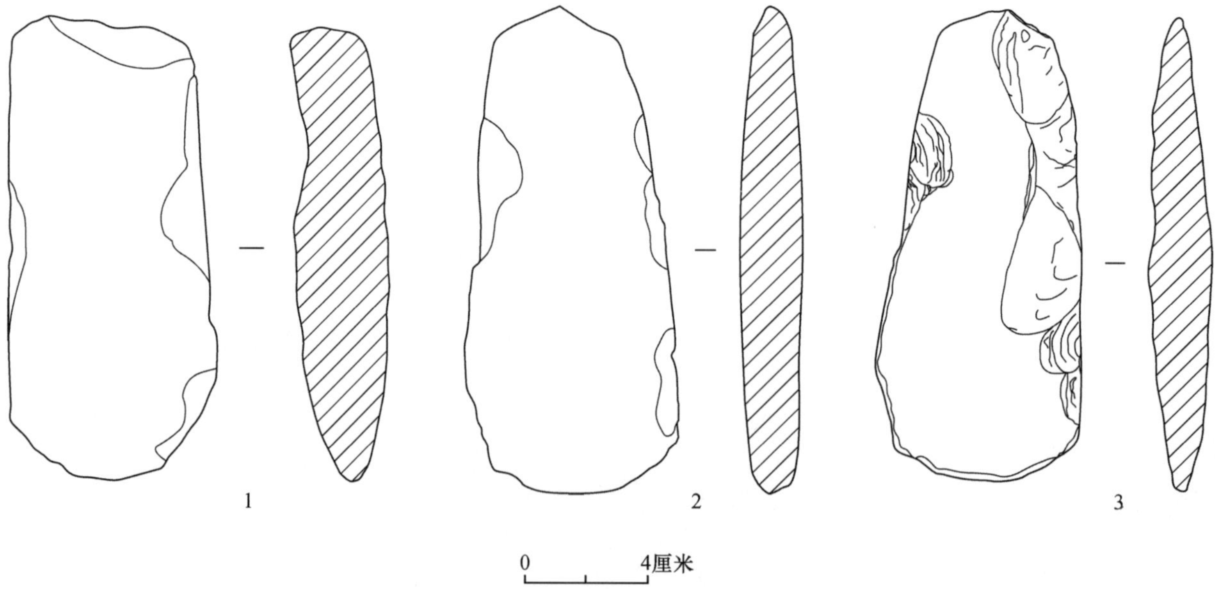

图279　出土石斧

1. M5填土：1　2. M113：8　3. M113填土：1

（二）石珠

共16颗。其中M1出土有13颗石珠（图版118，2），M112、M119和M160各出土有1颗石珠。M1：2-1，宽0.8、孔径0.15、高0.7厘米（图280，1）。M112：4，宽2、孔径1.1、高1.7厘米（图280，2；图版118，3）。M119：1，宽2.6、孔径0.9、高2.4厘米（图280，3；图版118，4）。M160：3，直径1.2、孔径0.5、高1.1厘米（图280，4；图版118，5）。

（三）石瑱

仅1件。M113：2，残。应为束腰状，中部有穿孔。宽1.4、孔径0.3、残高1.2厘米（图280，5；图版118，6）。

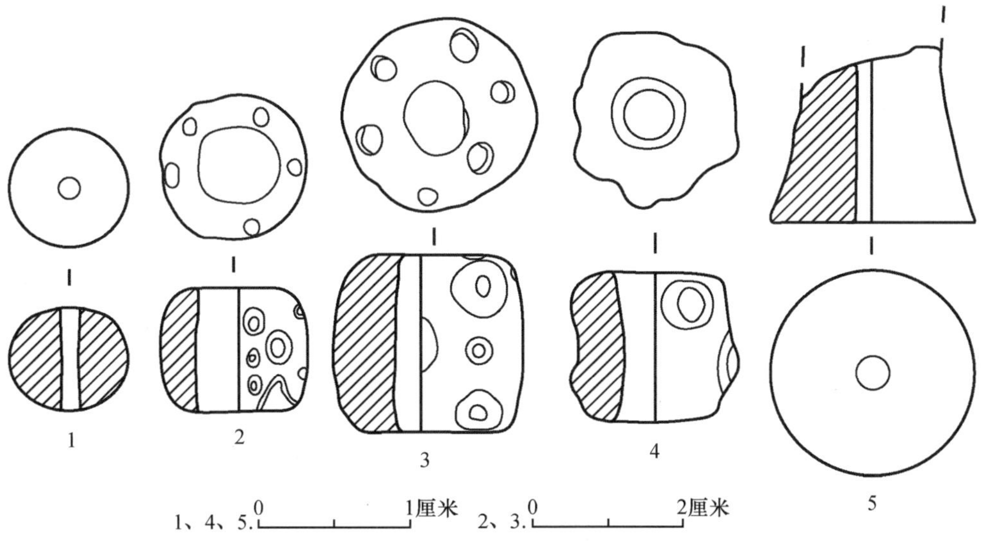

图280　出土石珠和石瑱

1～4. 石珠（M1：2-1、M112：4、M119：1、M160：3）　5. 石瑱（M113：2）

六、漆器及银器

（一）漆器

共4件。共有M2（图版24，2）、M111（图版29，1）、M133（图版38，1）和M145等4座墓葬各出土1件漆器。四座墓葬均为竖穴土坑墓。除M2将漆器放置在棺内外，其余三座墓葬均将漆器放置在壁龛内。4件漆器保存状况均较差，器形不明。

（二）银器

共19件。均为银环。共有M3、M11、M12、M110、M151和M160等6座墓葬出土有银环，其中M3出土9件，M110出土6件，其余墓葬均出土1件。依据器形大小可分为二型。

A型　直径较大。共3件。M3：17，直径7厘米（图281，1；图版119，1）。M3：18，直径6.9厘米（图281，2；图版119，2）。M3：19，直径6.9厘米（图281，3；图版119，3）。

B型　直径较小，一般在2厘米左右。共16件。M3：13，直径1.9厘米（图281，4；图版119，4）。M3：30-1，直径2.1厘米（图281，5；图版119，5）。M3：33，直径2.2厘米（图281，6；图版119，6）。M3：34，直径2厘米（图281，7；图版120，1）。M3：35，直径1.9厘米（图281，8；图版120，2）。M11：18，直径2.5厘米（图281，9；图版120，3）。M12：6，直径2.2厘米（图281，10；图版120，4）。M110：2-1～6，直径2.3厘米（图281，11～16；图版120，5）。M151：2，直径2.2厘米（图281，17；图版120，6）。M160：1，直径2.1厘米（图281，18；图版121，1）。

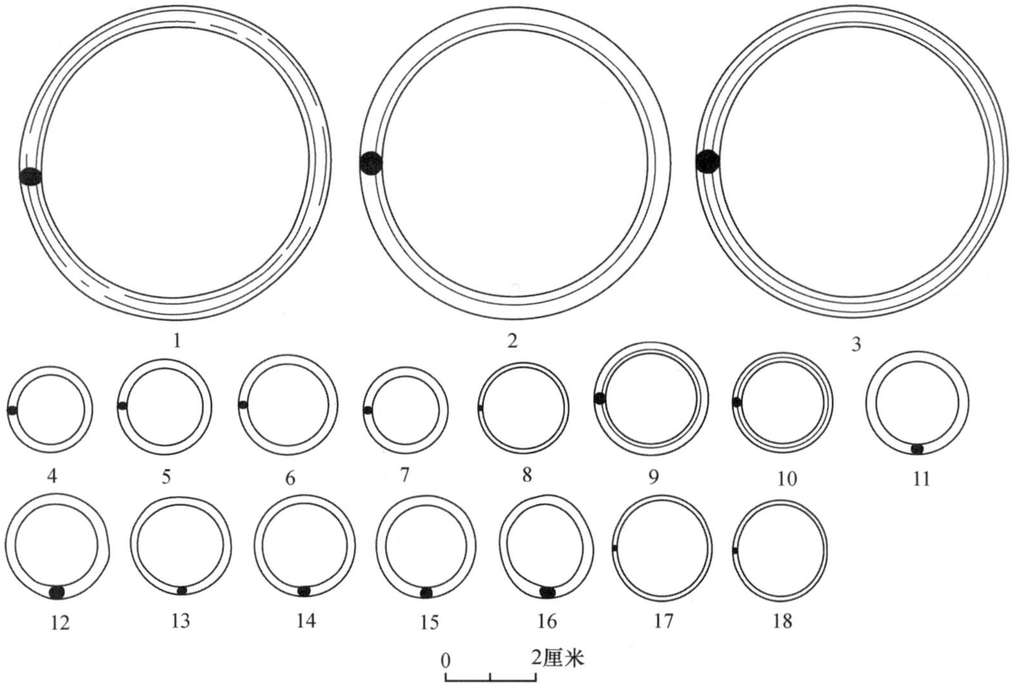

图281　出土银环

1～3. A型（M3：17、M3：18、M3：19）　4～18. B型（M3：13、M3：30-1、M3：33、M3：34、M3：35、M11：18、M12：6、M110：2-1、M110：2-2、M110：2-3、M110：2-4、M110：2-5、M110：2-6、M151：2、M160：1）

七、角器、琉璃器、煤精饰品及甲壳器

（一）角器

仅1件。角瑱。M111：2，长3.7厘米（图282，1；图版121，2）。

（二）琉璃器

共3件。均为琉璃瑱。共有M3、M151和M162出土琉璃瑱。M3：1，上端直径0.9、下端直径1.2、孔径0.2、高2厘米（图282，2；图版121，3）。M151：1，上端直径0.8、下端直径1.07、孔径0.2、高2厘米（图282，3；图版121，4）。M162D1：04，上端直径0.3、下端直径0.6、孔径0.2、高1.6厘米（图282，4；图版121，5）。

（三）煤精饰品

共4件。共有M150和M177等2座墓葬出土有煤精饰品。

煤精串饰　1件（组）。M177：3，由4件饰品组成。每件呈扁圆形，边缘有穿孔。自上到下分别：直径1.4、厚0.38厘米；直径1、厚0.31厘米；直径0.95、厚0.49厘米；直径0.77、厚0.43厘米（图282，6；图版121，6）。

煤精狮子　1件。M177：5，呈卧狮状，制作粗糙。长2.7、宽1.7、高2.5厘米（图282，5；图版122，1）。

煤精司南佩　2件。M150：7，长2.4、宽2.3、厚1.6厘米（图282，7；图版122，2）。

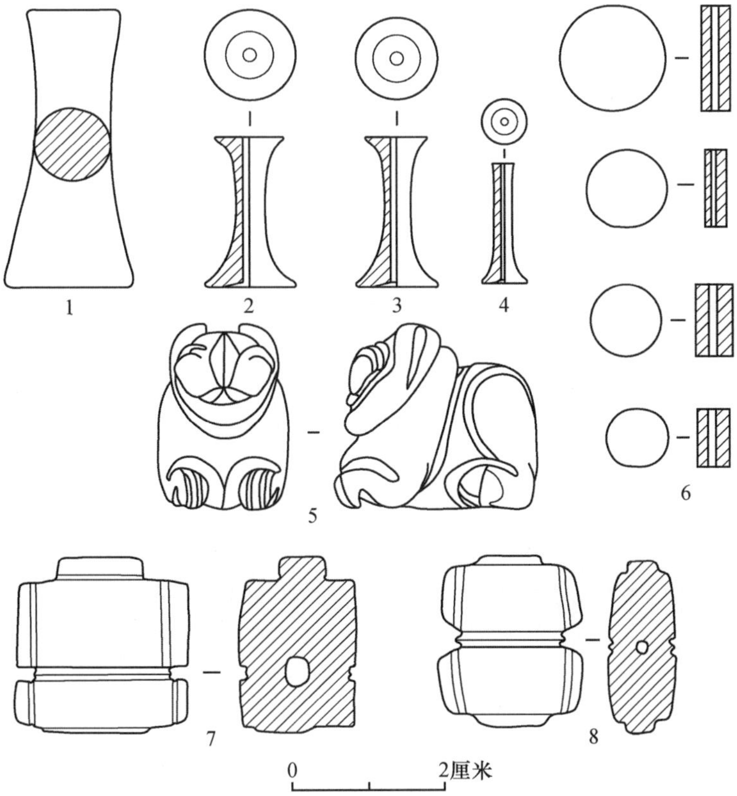

图282　出土角器、琉璃器和煤精饰品

1. 角瑱（M111：2）　2～4. 琉璃瑱（M3：1、M151：1、M162D1：04）　5. 煤精狮子（M177：5）　6. 煤精串饰（M177：3）　7、8. 煤精司南佩（M150：7、M177：4）

M177：4，最宽处1.9、高2.3、最厚处0.9厘米（图282，8；图版122，3）。

（四）甲壳器

仅1件。M11：21，无法修复。

八、铜　钱

共526枚，共有24座墓葬出土有铜钱。铜钱种类包括半两、五铢、大泉五十、货泉（表2）。

表2　琵琶洲山包墓地战国至汉代墓葬出土铜钱统计表

墓葬编号	半两	五铢	大泉五十	货泉	合计/枚
M1		2			2
M3		54			54
M4		20			20
M11		25			25
M12		18			18
M110	2				2
M113		8	1	1	10
M121	2	25		1	28
M127			16		16
M130	3				3
M131		1		30	31
M136				22	22
M140		3			3
M150		2			2
M152		2			2
M155		14			14
M158		1			1
M165			4		4
M166		59			59
M168		7			7
M169			181		181
M176		18			18
M177		1			1
M179	3				3
合计	10	260	202	54	526

（一）半两

共10枚。共有M110、M121、M130和M179等4座墓葬随葬有半两铜钱。均圆形，有郭，篆体阳文“半两”。

M110，共2枚。M110：15，共2枚，其中1枚锈蚀严重，字体不清晰。直径2.2厘米（图283，1；图版125，5）。

M121，共2枚。M121：3-3，共2枚。M121：3-3-1，直径2.2厘米（图283，2）。

M130，共3枚。M130：3，共3枚。M130：3-1，直径2.2厘米（图283，3）。

M179，共3枚。M179：2，共3枚，锈蚀较严重（图版133，6）。M179：2-1，直径2.3厘米（图283，4）。

（二）五铢

共260枚。共有17座墓葬出土有五铢铜钱。均圆形，有郭，篆体阳文“五铢”。

M1，共2枚。M1：1，直径2.6厘米（图283，5；图版130，3）。M1：3，锈蚀严重。

M3，共54枚。M3：2，直径2.5厘米（图283，8；图版122，4）。M3：3，直径2.5厘米（图283，7；图版122，5）。M3：9，直径2.5厘米（图283，6；图版122，6）。M3：22，直径2.6厘米（图版123，1）。M3：23，直径2.5厘米（图版123，2）。M3：24，共21枚。M3：24-1，直径2.5厘米（图版123，3）。M3：25，直径2.5厘米。M3：26，共21枚。M3：26-1，直径2.5厘米（图283，9；图版123，4）。M3：27，直径2.5厘米（图283，10）。M3：28，直径2.5厘米。M3：29，锈蚀严重，字体不清晰。直径2.5厘米（图版123，5）。M3：31，直径2.5厘米（图版123，6）。M3：32，直径2.5厘米（图版124，1）。M3：36，直径2.6厘米。

M4，共20枚。M4：4，共3枚。M4：4-1，直径2.5厘米（图283，11；图版124，2）。M4：5，直径2.5厘米（图版124，3）。M4：15，直径2.5厘米（图版124，4）。M4：18，共6枚。M4：18-1，直径2.5厘米（图283，12；图版124，5）。M4：20，直径2.6厘米（图版124，6）。M4：22，直径2.3厘米（图版125，1）。M4：36，共4枚。M4：36-1，直径2.5厘米（图版125，2）。M4：37，直径2.5厘米（图版125，3）。M4：38，共2枚。M4：38-1，直径2.5厘米（图版125，4）。

M11，共25枚。M11：7，直径2.6厘米（图版130，4）。M11：8，共5枚，3枚锈蚀较轻，2枚锈蚀严重（图版130，5）。M11：8-1，直径2.6厘米。M11：9，共5枚。锈蚀较严重（图版130，6）。M11：9-1，直径2.6厘米（图283，13）。M11：9-2，直径2.6厘米。M11：12，共3枚，均锈蚀严重。M11：13，锈蚀较严重。直径2.6厘米（图版131，1）。M11：14，锈蚀严重。M11：15，直径2.6厘米（图版131，2）。M11：17，共7枚，6枚锈蚀较严重，1枚锈蚀严重（图版131，3）。M11：17-1，直径2.6厘米（图283，14）。M11：17-2，直径2.6厘米。M11：19，锈蚀严重。直径2.5厘米（图版131，4）。

M12，共18枚。M12：3，共3枚。M12：3-1，直径2.6厘米（图283，15）。M12：4，共2枚。锈蚀较严重。直径2.6厘米（图版131，5）。M12：5，共2枚。M12：5-1，直径2.5厘米（图283，16）。M12：7，直径2.5厘米（图283，17；图版132，1）。M12：8，锈蚀严重。M12：9，直径2.5厘米（图版132，2）。M12：10，锈蚀严重。直径2.5厘米（图版132，3）。M12：12，直径2.5厘米。M12：15，直径2.5厘米（图版132，4）。M12：16，锈蚀较严重。直径2.5厘米（图版132，5）。M12：31，锈蚀严重。M12：32，锈蚀较严重。直径2.5厘米（图

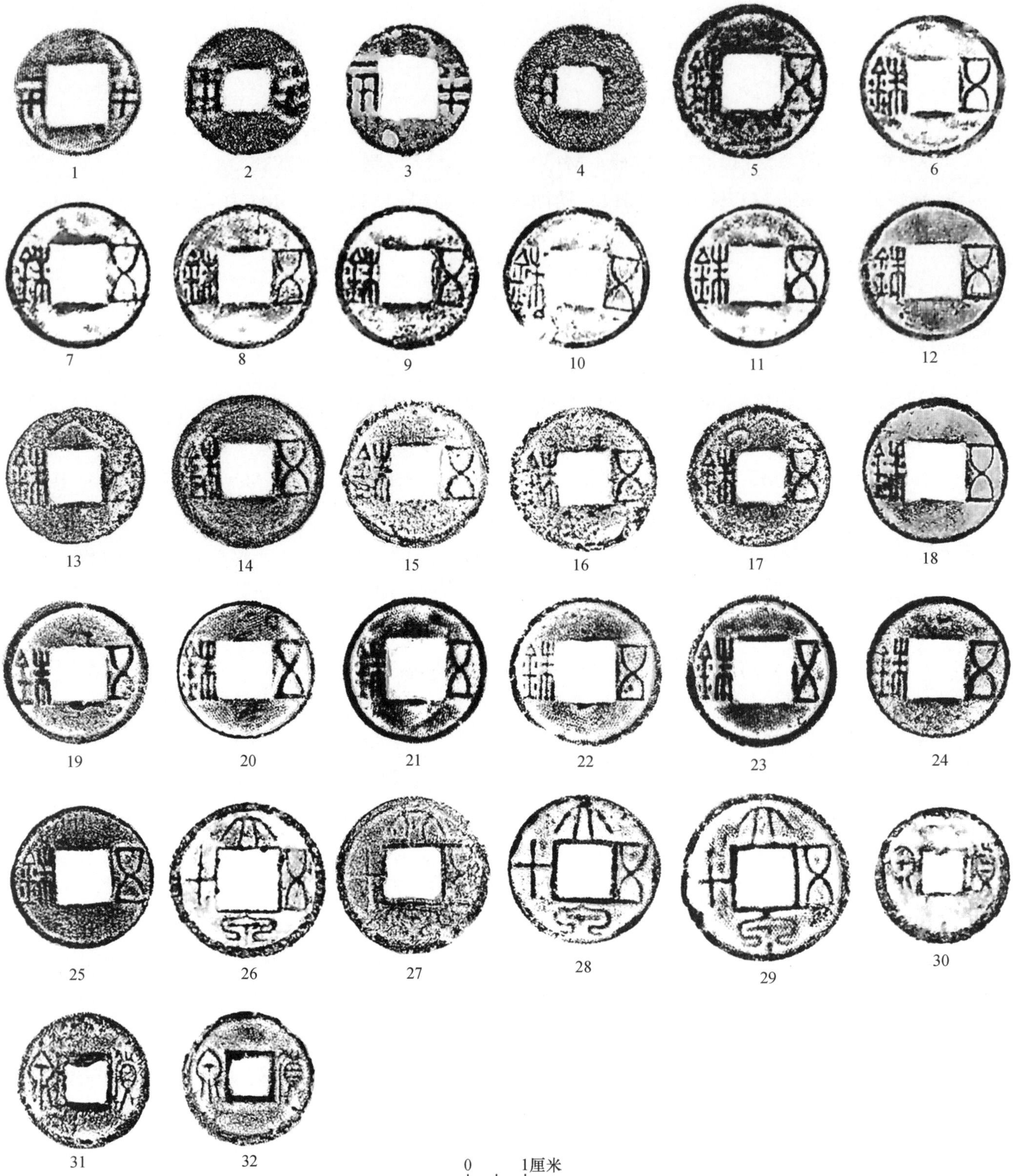

图283　出土铜钱拓片

1～4. 半两（M110：15、M121：3-3-1、M130：3-1、M179：2-1）　5～25. 五铢（M1：1、M3：9、M3：3、M3：2、M3：26-1、M3：27、M4：4-1、M4：18-1、M11：9-1、M11：17-1、M12：3-1、M12：5-1、M12：7、M121：3-1-3、M140：6-1、M150：01、M155：1-1-1、M166：17-1-1、M166：17-2-1、M168：8-1、M176：1-1）　26～29. 大泉五十（M113：4-1、M127：1-1-1、M165：1-1、M169：8-1-1）　30～32. 货泉（M113：4-2、M131：13-3、M136：1-1）

版132，6）。M12：33，共2枚。M12：33-1，直径2.6厘米。

M113，共8枚。M113：6，共8枚。均锈蚀严重。

M121，共25枚。M121：3-1，共25枚。其中完整10枚，锈蚀严重15枚。M121：3-1-1，直径2.5厘米（图版126，1）。M121：3-1-2，直径2.5厘米（图版126，2）。M121：3-1-3，直径2.5厘米（图283，18；图版126，2）。

M131，1枚。M131：14，锈蚀严重。直径2.6厘米（图版133，1）。

M140，共3枚。M140：6，共3枚。M140：6-1，直径2.5厘米（图283，19；图版130，1、2）。

M150，共2枚。M150：01，直径2.4厘米（图283，20；图版126，3）。M150：4，直径2.6厘米（图版126，4）。

M152，共2枚。M152填土：02，共2枚。均锈蚀严重。

M155，共14枚。M155：1-1，共6枚。M155：1-1-1，直径2.5厘米（图283，21；图版126，5、6）。M155：1-2，共8枚。M155：1-2-1，直径2.5厘米（图版127，1、2）。

M158，1枚。M158：01，锈蚀严重。

M166，共59枚。M166：17-1，共25枚。M166：17-1-1，直径2.6厘米（图283，22；图版127，5、6）。M166：17-2，共24枚。M166：17-2-1，直径2.6厘米（图283，23；图版128，1、2）。M166：19-1，共5枚。M166：19-1-1，直径2.5厘米（图版128，3、4）。M166：19-2，共5枚。M166：19-2-1直径2.5厘米（图版128，5、6）。

M168，共7枚。M168：8，共7枚。锈蚀较严重（图版133，2）。M168：8-1，直径2.5厘米（图283，24）。

M176，共18枚。M176：1，共18枚。均锈蚀严重（图版133，3）。M176：1-1，直径2.5厘米（图283，25）。M176：1-2，直径2.5厘米。

M177，1枚。M177：2，锈蚀严重。

（三）大泉五十

共202枚。共有M113、M127、M165和M169等4座墓葬出土有大泉五十铜钱。均圆形，有郭，阳文篆体“大泉五十”。

M113，1枚。M113：4-1，直径2.7厘米（图283，26；图版125，6）。

M127，共16枚。M127：1-1，共3枚（图版133，4）。M127：1-1-1，直径2.7厘米（图283，27）。M127：1-1-2，直径2.7厘米。M127：1-2，共13枚。均锈蚀严重。

M165，共4枚。M165：1，共4枚。M165：1-1，直径2.6厘米（图283，28；图版127，3、4）。

M169，共181枚。M169：8-1，共160枚。M169：8-1-1，直径2.9厘米（图283，29；图版129，1、2）。M169：8-2，共21枚。M169：8-2-1，直径2.9厘米（图版129，3、4）。

（四）货泉

共54枚。共有M113、M121、M131和M136等4座墓葬出土有货泉铜钱。均圆形，有郭，阳文篆体“货泉”。

M113，1枚。M113：4-2，直径2.3厘米（图283，30）。

M121，1枚。M121：3-2，锈蚀严重。直径2.3厘米。

M131，共30枚。M131：13，共30枚。均锈蚀较严重（图版133，5）。M131：13-1，直径2.3厘米。M131：13-2，直径2.3厘米。M131：13-3，直径2.3厘米（图283，31）。

M136，共22枚。M136：1，共8枚。其中4枚锈蚀严重（图版129，6）。M136：1-1，直径2.3厘米（图283，32；图版129，5）。M136：2，共14枚。均锈蚀严重。

第三节　分期与年代

在这81座墓葬中，出土纪年砖的墓葬有M4、M12和M113等3座，年代均属于东汉中期。因盗扰、无随葬品或随葬品很少而无法分期的墓葬有M1、M10、M102、M105、M111、M114、M115、M121、M122、M126、M127、M150、M153、M155、M158、M159、M160、M163、M170、M173、M176、M177、M178、M181、M182和M184等26座。通过对其余55座墓葬随葬器物型式演变分析（表3），结合层位关系和出土纪年砖等分期依据，这些墓葬可分为六期。

一、第一期墓葬

共5座。有M7、M106、M112、M119和M146。

本期墓葬均为竖穴土坑墓。随葬器物数量较少，多为陶器，M112和M119各随葬1件石珠。陶器有A型Ⅰ式鼎、B型Ⅰ式鼎、Ⅰ式敦、B型盒、Aa型Ⅰ式壶、A型豆。陶器组合方式有以下4种：

①鼎+敦+壶；②鼎+敦+豆；③鼎+敦+壶+豆；④鼎+壶+盒

本期墓葬形制为竖穴土坑墓，为战国晚期、西汉初期墓葬常见形制，且出土有楚式仿铜陶敦。M106还发现战国时期墓葬中常见的头箱。器物组合既有战国晚期常见的组合形式，也出现西汉早期常见的鼎、盒、壶的组合形式。本期Ⅰ式敦M106：2（图284，4）与丹凤古城M61出土陶敦[①]（图284，5、6）相似。本期A型Ⅰ式陶鼎M119：2（图284，1）与丹凤古城M61出土的陶鼎[②]（图284，2、3）相似，但蹄足较矮，双耳外撇。丹凤古城楚墓发掘报告认为M61的年代为战国中期，但可能会稍晚一些。因此，本期墓葬的年代大致在西汉初期，可能早至战国晚期。

① 陕西省考古研究所、商洛市博物馆：《丹凤古城楚墓》，三秦出版社，2006年，第99页，图九八，3、4。

② 陕西省考古研究所、商洛市博物馆：《丹凤古城楚墓》，三秦出版社，2006年，第99页，图九八，5、6。

表3　战国至汉代墓葬典型器物分期表

期别	墓号	陶鼎	陶敦	陶盒	陶豆	陶灶	陶甑	陶壶	陶盆	陶钵	陶釜	陶鍪	陶器座	陶罐	陶人物俑	陶动物俑	釉陶锺	铜镜	铜棺钉	铜带钩	铜环
第一期	M7	BⅠ1		B1				AaⅠ1													
	M106	BⅠ1	Ⅰ1					AaⅠ1													
	M112	BⅠ1		B1				AaⅠ1													
	M119	AⅠ1	Ⅰ1		AⅠ1																
	M146	BⅠ1	Ⅰ1		AⅡ1			AaⅠ1													
第二期	M2				B1			AbⅠ1													
	M5	C1						AaⅡ1													
	M109													DaⅠ1							
	M116								B1					DaⅠ1							
	M120										Bb1										
	M123				AⅡ1						Ba1			DaⅠ1							
	M124										Bb1										
	M133								A1					？1							
	M145													DbⅠ1、？1							
	M148	BⅠ1	Ⅱ1					AbⅠ1													
	M154	BⅠ1	Ⅱ1																	B1	
	M171	BⅠ1、？1		B1				AaⅡ2			Ba1			？1						AⅠ1	
第三期	M6													DaⅡ1、？1							
	M103									BaⅠ1				DaⅡ1、DbⅡ1							
	M125				B1							1		DaⅡ1							
	M130	C1		C1																	
	M138													H2							
	M144				AⅡ2			D1													
	M149								A1					DaⅡ2							
	M161													E1、H1							

续表

期别	墓号	陶鼎	陶敦	陶盒	陶豆	陶灶	陶甑	陶壶	陶盆	陶钵	陶釜	陶鍪	陶器座	陶罐	陶人物俑	陶动物俑	釉陶锺	铜镜	铜棺钉	铜带钩	铜环
第四期	M118	AⅡ1		AⅠ1		BaⅠ1	BⅠ2	AbⅡ1		BaⅠ2	AaⅠ2		Ⅰ1	AaⅠ2、BaⅠ1 Bb1、GbⅠ1						AⅡ1	
	M132						?1	BⅠ1						AcⅠ1、BaⅠ1 Bb1、CaⅠ2							
	M134							BⅠ1													
	M179					BbⅠ1	AⅠ2			BaⅠ2	AaⅠ2		Ⅰ1	AaⅠ2、BaⅠ3 GbⅠ4				C1			
第五期	M3							BⅠ1		D1				AaⅡ1、AcⅠ1 CaⅠ1、J1	Aa1、 Ab1、B1	鸡1、狗1	Ⅰ1				
	M4						BⅠ2			BaⅡ1			Ⅱ1	AaⅡ2、BaⅡ2	Aa5、 B2、?3	鸡1、猪1、狗2	Ⅰ1		A1、C3		
	M9													CbⅠ1							
	M12									AⅠ1			?1	Bb1、Fb2	Aa1、 Ab1、?2				D1		A1、B2
	M110	AⅢ1				AbⅡ1		BⅡ1		BaⅡ1				AaⅠ1、AaⅡ3 BaⅡ1、FaⅠ2	?6	鸡2、狗1				C1	
	M113																		B4		
	M129							AbⅢ1													
	M137					BaⅡ1	AⅡ2			BaⅡ1	AaⅠ1、Ab1		Ⅱ1	BaⅠ2、CbⅠ1 GbⅡ1							
	M141			AⅡ1		BaⅡ1	AⅡ2	AbⅢ1			AaⅠ1		Ⅱ1	AaⅡ1、BaⅡ2 GbⅡ1							
	M151					BbⅠ1								AaⅡ2							
	M165					AbⅠ1	BⅠ1			BaⅡ1、C1				AaⅠ2、AcⅠ3							
	M169	BⅡ1				AbⅡ1		C1		AⅠ1				GaⅠ4							
	M180					BbⅠ1	BⅠ1				AaⅠ1		Ⅰ1	AbⅠ1、BaⅡ2							

续表

期别	墓号	陶鼎	陶敦	陶盒	陶豆	陶灶	陶甑	陶壶	陶盆	陶钵	陶釜	陶鍪	陶器座	陶罐	陶人物俑	陶动物俑	釉陶锺	铜镜	铜棺钉	铜带钩	铜环
第六期	M11					？1										猪1	Ⅱ1		A3、B5		
	M117							BⅡ1						CaⅡ1、I1、K1							
	M131					BbⅡ1	BⅡ1			AⅡ1	AaⅡ1			AcⅡ2、BaⅢ1 CaⅠ1、FaⅠ2、FaⅡ1							
	M135									BaⅡ1、？1				BaⅢ1、CaⅡ1 CbⅡ1、？1							
	M136					AbⅡ1	BⅡ1			AⅠ1、AⅡ1	Ab1			AaⅡ1、BaⅢ1 FaⅡ5				A1			
	M140					AbⅡ1		BⅡ1			AaⅡ1			BaⅡ1、？1							
	M147	BⅢ1				BaⅡ1		C1						AaⅢ2、BaⅢ2 GaⅡ5、？2							
	M152													AaⅡ1							
	M157							E1		BaⅡ1									A1		
	M162						BⅡ1							AcⅡ2							
	M166			C2		BaⅡ1				BaⅡ2、 Bb1、？1	AaⅡ1			AaⅢ3、AbⅡ2 BaⅢ2				A1、 B1		AⅢ1	
	M167													？1						AⅢ1	
	M168	BⅢ1				Aa1	BⅠ2	C1		Bb1	AaⅡ1			BaⅢ1、GaⅠ1							

注：型式后的数字为出土数量。“？”表示器物无法修复，不能划分型式。

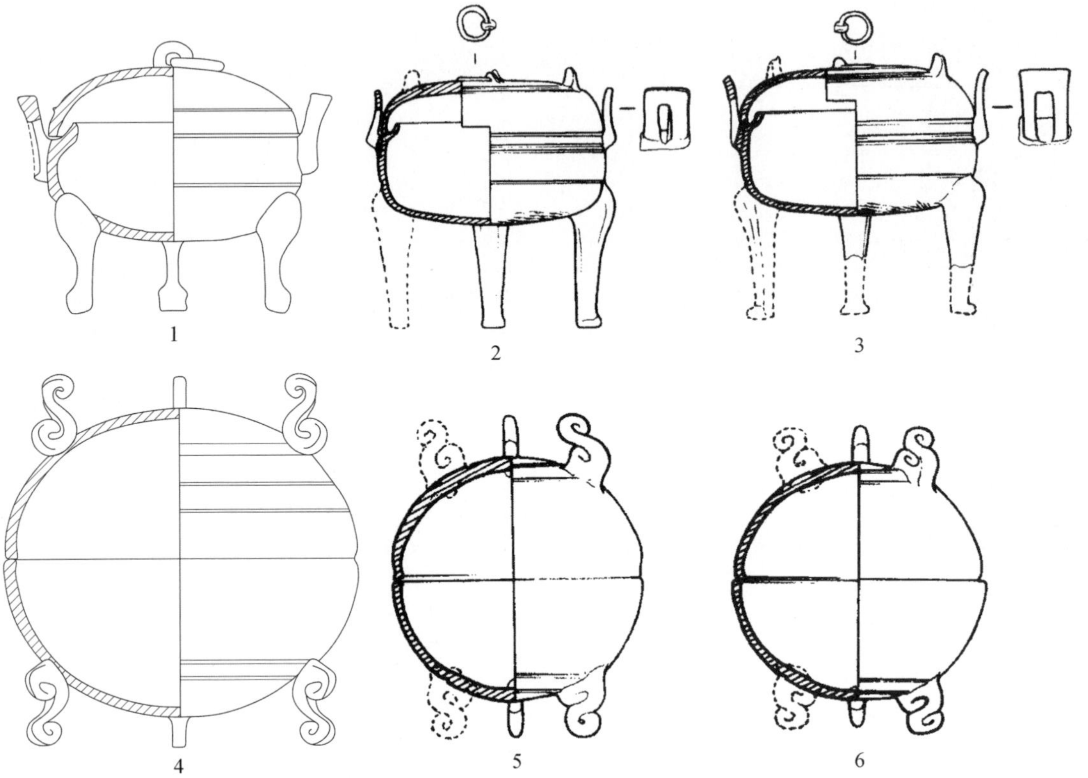

图284　第一期典型陶器与丹凤古城出土陶器比较图

1. A型Ⅰ式陶鼎（M119：2）　2、3. 丹凤古城陶鼎（M61：5、M61：6）　4. Ⅰ式陶敦（M146：3）

5、6. 丹凤古城陶敦（M61：3、M61：4）

二、第二期墓葬

共12座。有M2、M5、M109、M116、M120、M123、M124、M133、M145、M148、M154和M171。

本期墓葬均为口大底小的竖穴土坑墓。东西向墓葬居多。其中M116、M120、M123、M124、M133和M145等6座墓葬有壁龛。随葬器物数量较少，多为陶器。另外，M2随葬1件漆器和1件动物肩胛骨，M133和M145均随葬1件漆器，M109随葬1件动物肩胛骨，M154和M171均随葬1件铜带钩。陶器有B型Ⅰ式鼎、C型鼎、Ⅱ式敦、B型盒、A型Ⅱ式豆、B型豆、Ab型Ⅰ式壶、Aa型Ⅱ式壶、A型盆、B型盆、B型釜、Da型Ⅰ式罐、Db型Ⅰ式罐。陶器组合方式有以下9种：

①豆+壶；②鼎+壶；③罐；④盆+罐；⑤豆+釜+罐；⑥釜；⑦鼎+敦+壶；⑧鼎+敦；⑨鼎+盒+壶+釜

本期墓葬沿袭第一期墓葬形制，均为西汉早期常见的口大底小竖穴土坑墓。大量出现带壁龛的墓葬。随葬器物仍然较少，新出现C型鼎、B型豆、Ab型陶壶、B型陶釜、A型陶盆、B型陶盆、Da型陶罐、Db型陶罐和A型、B型铜带钩等器物。陶器组合方式多样。本期B型Ⅰ

式陶鼎M171：7（图285，1）与长沙桐梓坡西汉早期墓桐39出土陶鼎（图285，2）相似[①]。本期Ⅱ式陶敦M148：3（图285，3）与巫山水田湾秦末至西汉早期墓ⅢM1出土的陶敦（图285，4）相似[②]。本期Ba型陶釜M171：8（图285，5）与重庆临江支路西汉早期墓M5出土陶釜[③]（图285，6）相似。本期Bb型陶釜M124：1与中原地区三门峡印染厂战国晚期后段至秦代M75出土陶釜[④]相似。本期Da型Ⅰ式陶罐M123：2（图285，7）与万州大地嘴西汉早期墓M26出土陶罐[⑤]（图285，8）相似。综上所述，本期墓葬年代应大致在西汉早期。

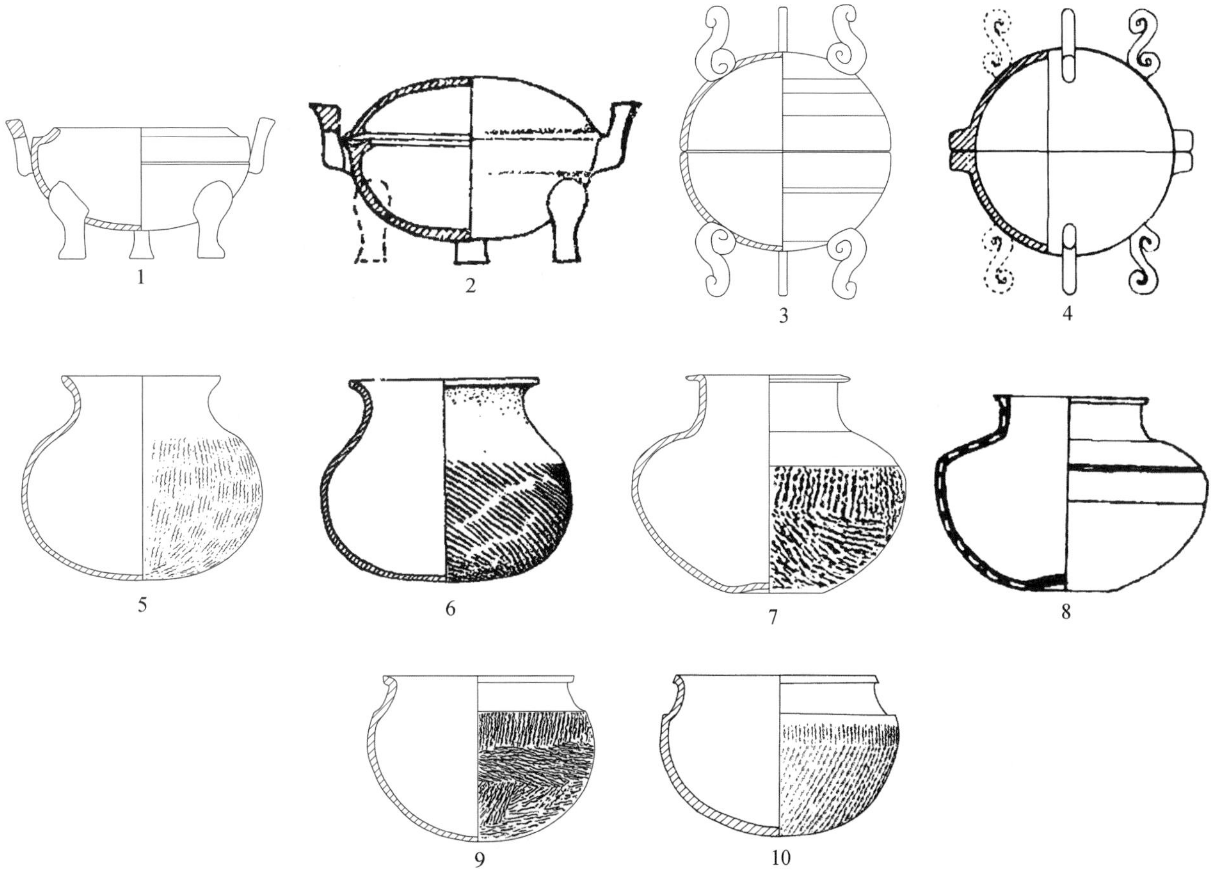

图285　第二期典型陶器与长沙桐梓坡、巫山水田湾、重庆临江支路、万州大地嘴和三门峡印染厂出土陶器比较图
1. B型Ⅰ式陶鼎（M171：7）　2. 长沙桐梓坡出土陶鼎（桐39：18）　3. Ⅱ式陶敦（M148：3）　4. 巫山水田湾出土陶敦（ⅢM1：2）　5. Ba型陶釜（M171：8）　6. 重庆临江支路出土陶釜（M5：9）　7. Da型Ⅰ式陶罐（M123：2）　8. 万州大地嘴出土陶罐（M26：3）　9. Bb型陶釜（M124：1）　10. 三门峡印染厂出土陶釜（M75：5）

① 长沙市文物工作队：《长沙西郊桐梓坡汉墓》，《考古学报》1986年第1期，图一四，17。

② 武汉市文物考古研究所、巫山县文物管理所：《重庆巫山水田湾东周、两汉墓发掘简报》，《文物》2005年第9期，图六，4。

③ 重庆市博物馆：《重庆市临江支路西汉墓》，《考古》1986年第3期，图四，1。

④ 河南省文物考古研究院编：《三门峡印染厂墓地》，中州古籍出版社，2017年，第65页，图六〇，2。

⑤ 青海省考古研究所、南京师大文博系、万州市文管会：《万州大地嘴墓地发掘报告》，《重庆库区考古报告集·1999卷》，科学出版社，2006年，第372页，图二五，5。该器在报告文字描述中腹部有绳纹，与图不符，特此说明。

三、第三期墓葬

共8座。有M6、M103、M125、M130、M138、M144、M149和M161。

本期墓葬均为竖穴土坑墓。东西向墓葬居多。其中M6、M103、M125、M138、M149和M161等6座墓葬有壁龛。随葬器物数量不多，多为陶器。另外，M130随葬3枚半两铜钱。陶器有C型鼎、C型盒、A型Ⅱ式豆、B型豆、D型壶、A型盆、Ba型Ⅰ式钵、鍪以及Da型Ⅱ式、Db型Ⅱ式、E型和H型罐。陶器组合有以下7种：

①罐；②钵+两类罐；③豆+鍪+罐；④鼎+盒；⑤豆+壶；⑥盆+罐；⑦两类罐

本期墓葬仍均为竖穴土坑墓。仍有较多带壁龛的墓葬。新出现C型陶盒、D型陶壶、Ba型陶钵、陶鍪、E型和H型陶罐。不见陶敦、B型陶釜和Aa型陶壶。本期C型陶鼎M130：1（图286，1）与巫山江东嘴西汉晚期墓M20出土陶鼎（图286，2）[①]相似。本期D型陶壶M144：01（图286，3）与巫山麦沱墓地西汉晚期偏早的M49的陶壶（图286，4）[②]相似。从本期出土的典型陶器看，本期墓葬与第四期墓葬之间可能存在缺环。本期墓葬随葬器物较少，墓葬形制等方面也与第二期墓葬更为接近。而第四期墓葬随葬陶器增多，且有刀把形竖穴土坑墓。综上，推测本期墓葬年代大致在西汉中晚期，年代可能会稍早一些。

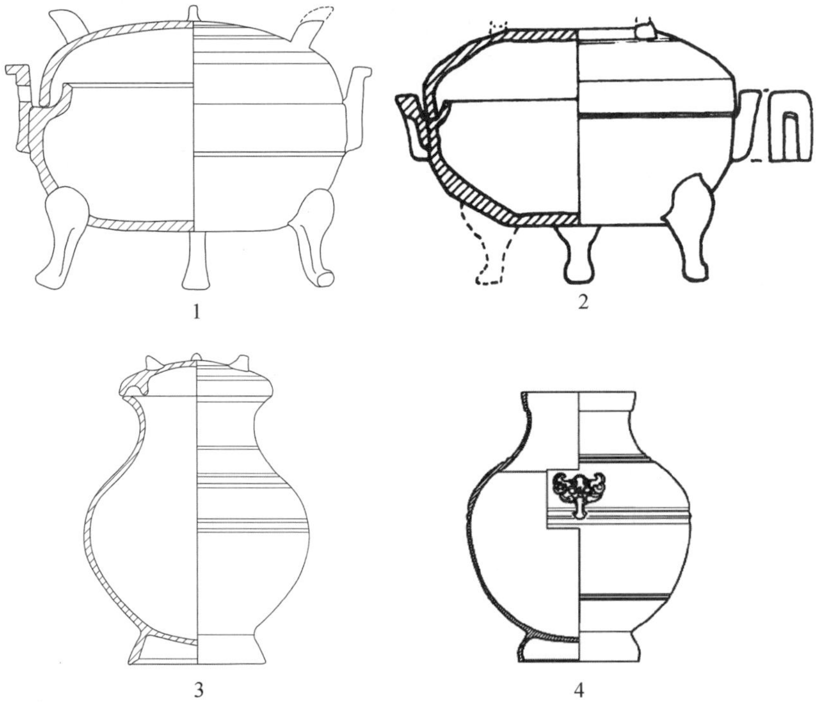

图286　第三期典型陶器与巫山江东嘴和麦沱出土陶器比较图

1. C型陶鼎（M130：1）　2. 巫山江东嘴出土陶鼎（M20：15）　3. D型陶壶（M144：01）　4. 巫山麦沱出土陶壶（M49：16）

① 重庆市文化局、中国文物研究所、吉林大学考古学系、巫山县文管所：《巫山江东嘴墓群发掘报告》，《重庆库区考古报告集·1998卷》，科学出版社，2003年，第211页，图九，1。

② 重庆市文化局、重庆市移民局编：《巫山麦沱墓地》，科学出版社，2018年，第194页，图一五六，1。

四、第四期墓葬

共4座。有M118、M132、M134和M179。

本期墓葬均为竖穴土坑墓，其中刀把形墓葬1座。随葬器物增多，多为陶器。另外，M118随葬1件铜带钩，M179随葬2枚半两铜钱和1件蟠螭纹铜镜。陶器有A型Ⅱ式鼎、A型Ⅰ式盒、Ba型Ⅰ式灶、Bb型Ⅰ式灶、A型Ⅰ式甑、B型Ⅰ式甑、Ab型Ⅱ式壶、B型Ⅰ式壶、BaⅠ式钵、Aa型Ⅰ式釜、Ⅰ式器座以及Aa型Ⅰ式、Ac型Ⅰ式、Ba型Ⅰ式、Bb型、Ca型Ⅰ式和Gb型Ⅰ式罐。陶器组合有以下4种：

①鼎+盒+灶+甑+壶+钵+釜+器座+三类罐；②甑+壶+三类罐；③壶；④灶+甑+钵+釜+器座+三类罐

本期墓葬均为竖穴土坑墓，发现有刀把形墓葬。新出现A型陶盒，Ba型、Bb型陶灶，A型、B型陶甑，B型陶壶，Aa型陶釜，陶器座，Aa型、Ac型、Ba型、Bb型、Ca型、Gb型陶罐和C型铜镜。本期出现陶灶等模型明器，不见陶豆、陶盆、B型陶釜和D型、E型以及H型陶罐等器物。本期墓葬中Gb型Ⅰ式陶罐（图287，1）、A型Ⅰ式陶甑（图287，3）、Aa型Ⅰ式陶釜（图287，5）分别与巫山麦沱山墓地西汉晚期偏早的M101的陶罐（图287，2）、陶甑（图287，4）、陶盂（图287，6）形似①。本期B型Ⅰ式陶甑M118：6（图287，7）与巫山瓦岗槽新莽时期M2出土的陶甑（图287，8）相似②。本期A型Ⅰ式陶盒M118：1（图287，9）、Ab型Ⅱ式陶壶（图287，11）分别与巫山土城坡新莽时期M19出土的陶盒（图287，10）、陶壶（图287，12）相似③，只是前者两类陶器的器形均较矮胖，年代可能比后者稍晚。而且第三期常见的B型陶釜和D型陶罐等器物在本期不见，本期常见的B型陶灶，A型、B型陶甑，Ba型陶钵，Aa型陶釜，陶器座，A型、B型、Ca型和Gb型陶罐等器类在第五期仍有沿用。综上，本期墓葬年代大致在东汉早期，或稍早一些。

五、第五期墓葬

共13座。有M3、M4、M9、M12、M110、M113、M129、M137、M141、M151、M165、M169和M180。

本期墓葬形制多样，竖穴土坑墓8座，其中刀把形带墓道墓1座，带壁龛墓1座；砖（石）室竖穴土坑墓5座，其中刀把形3座，凸字形2座，墓底铺石块的墓葬1座。发现M110和M180两

① 重庆市文物局、重庆市移民局编：《巫山麦沱墓地》，科学出版社，2018年，第315页，图二六八，3；第317页，图二七〇，3、2。

② 南京博物院考古研究所、重庆市博物馆、巫山县文保所：《巫山瓦岗槽墓地发掘报告》，《重庆库区考古报告集·1998卷》，科学出版社，2003年，第161页，图一六，11。

③ 武汉市文物考古研究所、巫山县文物管理所：《重庆巫山土城坡墓地2004年发掘简报》，《江汉考古》2009年第2期，图一七，1、4。

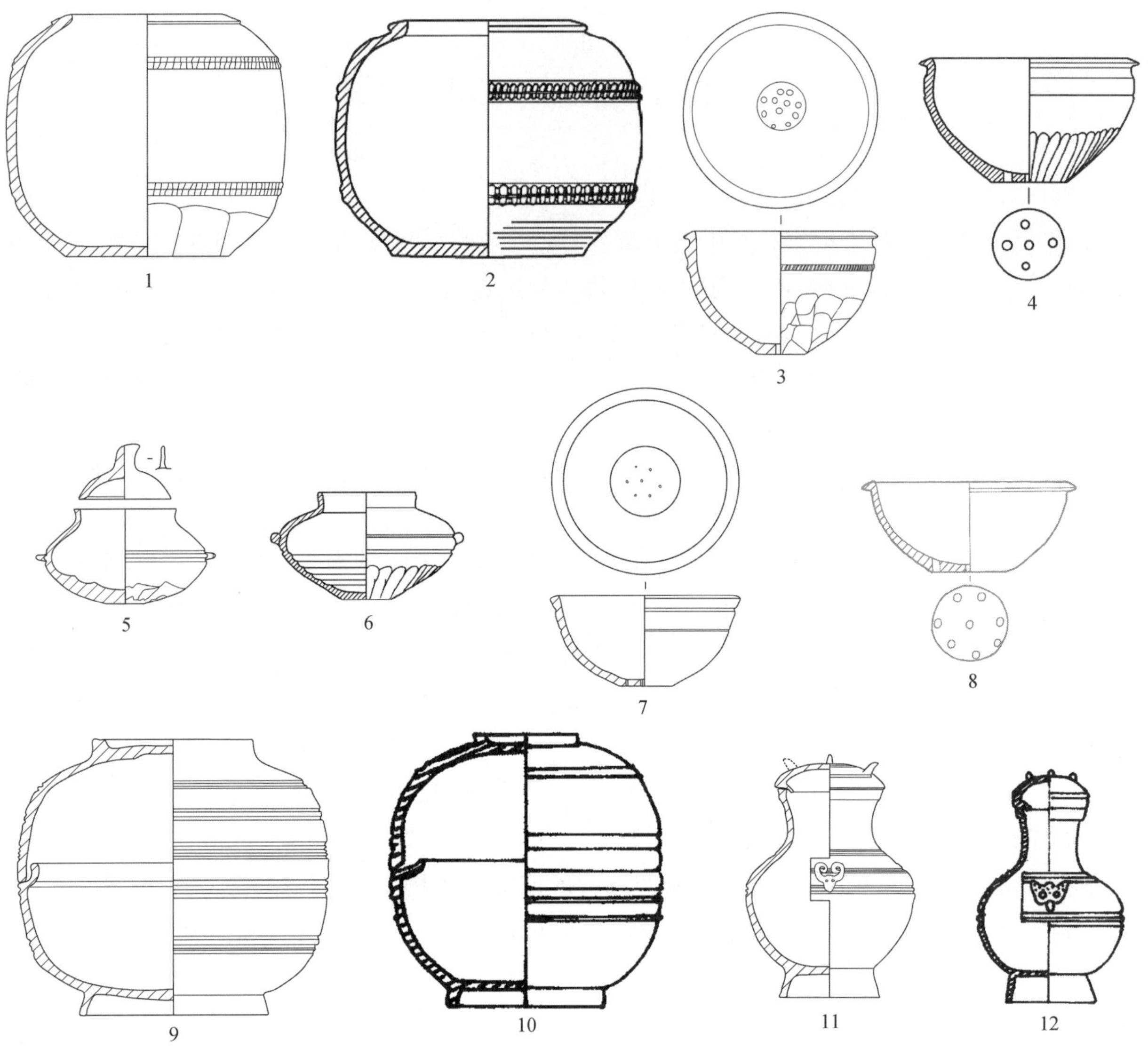

图287　第四期典型陶器与巫山麦沱、瓦岗槽和土城坡出土陶器比较图

1. Gb型Ⅰ式陶罐（M179：4）　2. 巫山麦沱出土陶罐（M101：18）　3. A型Ⅰ式陶甑（M179：14）　4. 巫山麦沱出土陶甑（M101：25）　5. Aa型Ⅰ式陶釜（M179：9）　6. 巫山麦沱出土陶盂（M101：29）　7. B型Ⅰ式陶甑（M118：6）　8. 巫山瓦岗槽出土陶甑（M2：2）　9. A型Ⅰ式陶盒（M118：1）　10. 巫山土城坡出土陶盒（ⅡM19：89）　11. Ab型Ⅱ式陶壶（M118：2）　12. 巫山土城坡出土陶壶（ⅡM19：4）

座合葬墓，其中M110发现3具人骨。随葬器物增多，多为陶器。砖（石）室墓多随葬有陶俑、釉陶器和五铢铜钱等。另外，一些墓葬随葬有铜鍪、铜带钩、大泉五十、货泉、琉璃瑱和银环等。陶器有A型Ⅲ式、B型Ⅱ式鼎，A型Ⅱ式盒，Ab型Ⅰ式、Ab型Ⅱ式、Ba型Ⅱ式、Bb型Ⅰ式灶，A型Ⅱ式、B型Ⅰ式甑，Ab型Ⅲ式、B型Ⅰ式、B型Ⅱ式、C型壶，A型Ⅰ式、Ba型Ⅱ式、C型、D型钵，Aa型Ⅰ式、Ab型釜，Ⅰ式、Ⅱ式器座，Aa型Ⅰ式、Aa型Ⅱ式、Ab型Ⅰ式、Ac型Ⅰ式、Ba型Ⅰ式、Ba型Ⅱ式、Bb型、Ca型Ⅰ式、Cb型Ⅰ式、Fa型Ⅰ式、Fb型、Ga型Ⅰ式、Gb型Ⅱ式、J型罐、摇钱树器座和陶楼。陶器组合有以下12种。需要说明的是，本期13座墓中，除M137和M165两座墓葬之外，其余墓葬均被盗扰或扰动过，故器物组合应不是完整的组合。

①壶+钵+三类罐+陶俑+釉陶锺+陶楼；②甑+钵+器座+两类罐+陶俑+釉陶器；③罐；④钵+两类罐+器座+陶俑；⑤鼎+灶+壶+钵+三类罐+陶俑+陶楼；⑥壶；⑦灶+甑+钵+釜+器座+三类

罐；⑧盒+灶+甑+壶+釜+器座+三类罐；⑨灶+罐；⑩灶+甑+两类钵+罐；⑪鼎+灶+壶+钵+罐；⑫灶+甑+釜+器座+两类罐

本期发现较多砖（石）室竖穴土坑墓，带壁龛墓葬数量减少，也发现有合葬墓。新出现Ab型陶灶，A型、C型、D型陶钵，C型陶壶，Ab型陶釜，Ab型、Cb型、F型、Ga型、J型陶罐以及陶俑、陶楼和釉陶器。本期大量出现陶灶、陶俑和陶楼等明器。M113出土有大泉五十和货泉，M165和M169出土有大泉五十，故本期墓葬年代不早于新莽时期。又因M4、M12和M113出土有明确的纪年砖，所以本期墓葬的年代应为东汉中期。另外，本期有些墓葬也略有早晚之分的，如M141被M137打破，故M141应略早于M137。

六、第六期墓葬

共13座。有M11、M117、M131、M135、M136、M140、M147、M152、M157、M162、M166、M167和M168。

本期墓葬形制多样，竖穴土坑墓12座，其中土坑墓11座、砖（石）室土坑墓1座，11座土坑墓中刀把形墓4座、凸字形墓4座、无墓道墓3座，有6座墓底铺石块或卵石；洞式砖（石）室墓2座。发现7座两人或多人合葬墓。随葬器物增多，多为陶器。另外，一些墓葬随葬有釉陶器、铁插、铁矛、铜镜、铜印、铜带钩、五铢和货泉铜钱等。陶器有B型Ⅲ式鼎，C型盒，Aa型、Ab型Ⅱ式、Ba型Ⅱ式、Bb型Ⅱ式灶，B型Ⅰ式、B型Ⅱ式甑，B型Ⅱ式、C型、E型壶，A型Ⅰ式、A型Ⅱ式、Ba型Ⅱ式、Bb型钵，Aa型Ⅱ式、Ab型釜，Aa型Ⅱ式、Aa型Ⅲ式、Ab型Ⅱ式、Ac型Ⅱ式、Ba型Ⅱ式、Ba型Ⅲ式、Ca型Ⅰ式、Ca型Ⅱ式、Cb型Ⅱ式、Fa型Ⅰ式、Fa型Ⅱ式、Ga型Ⅰ式、Ga型Ⅱ式、I型和K型罐。陶器组合有以下12种。需要说明的是，本期13座墓中，除M113之外，其余墓葬均被盗扰或扰动过，故器物组合应不是完整的组合。

①灶+陶俑+釉陶锺；②壶+三类罐；③灶+甑+钵+釜+四类罐；④钵+两类罐；⑤灶+甑+钵+釜+三类罐；⑥灶+壶+釜+罐；⑦鼎+灶+壶+三类罐；⑧罐；⑨壶+钵；⑩甑+罐；⑪盒+灶+钵+釜+两类罐；⑫鼎+灶+甑+壶+钵+釜+两类罐

本期发现有土洞墓。墓底铺石块或卵石的墓葬较多。合葬墓较多。新出现Aa型陶灶，E型陶壶，Bb型陶钵，I型、K型陶罐。本期常见的B型Ⅱ式陶甑M162D1：01（图288，3）在巫山水田湾东汉中晚期墓葬（图288，4）[①]中也有发现。不常见的I型罐M117：1（图288，1）和Ca型Ⅱ式罐M117：3（图288，5）也分别与万州大周溪东汉晚期墓葬出土扁腹罐（图288，2）[②]、巫山水田湾东汉中晚期墓葬出土广肩壶（图288，6）[③]相似。而且本期出土K型罐

---

① 武汉市文物考古研究所、巫山县文物管理所：《重庆巫山水田湾东周、两汉墓发掘简报》，《文物》2005年第9期，图七，17。

② 山东大学考古系、重庆市文化局、重庆市万州区文管所：《万州大周溪遗址发掘报告》，《重庆库区考古报告集·1999卷》，科学出版社，2006年，第278页，图二五，7。

③ 武汉市文物考古研究所、巫山县文物管理所：《重庆巫山水田湾东周、两汉墓发掘简报》，《文物》2005年第9期，图六，12。

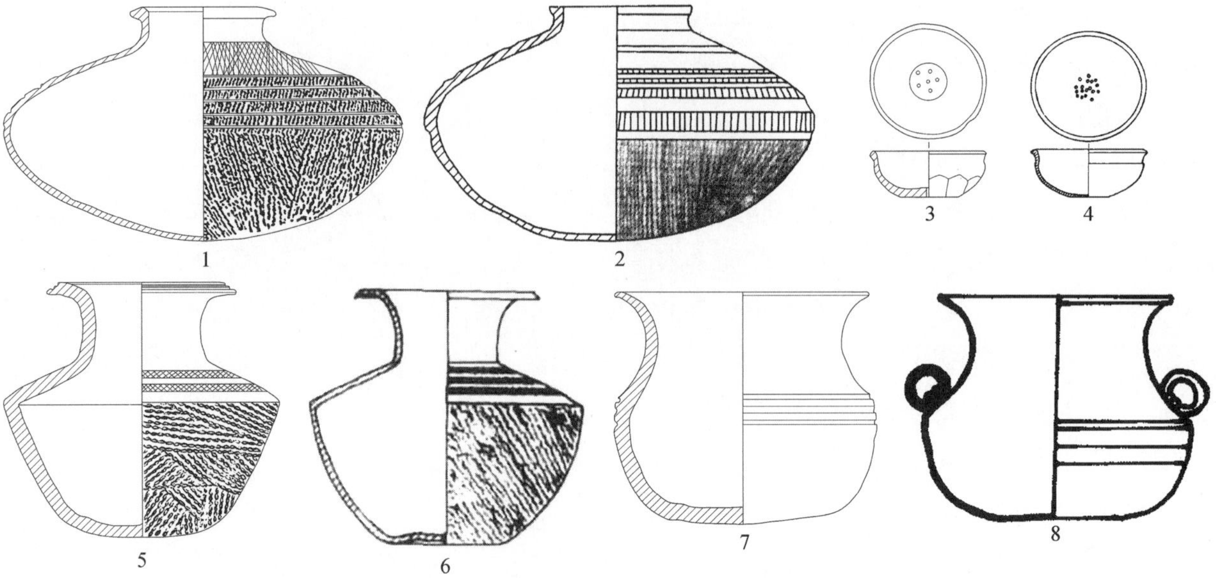

图288　第六期典型陶器与巫山水田湾、土城坡和万州大周溪出土陶器比较图

1. Ⅰ型陶罐（M117：1）　2. 巫山大周溪出土扁腹罐（M68：18）　3. B型Ⅱ式陶甑（M162D1：01）
4. 巫山水田湾出土陶甑（ⅢM8：51）　5. Ca型Ⅱ式陶罐（M117：3）　6. 巫山水田湾出土Ⅲ式广肩壶（ⅢM8：15）
7. K型罐（M117：4）　8. 巫山土城坡出土铜鍪（ⅢM46：25）

M117：4（图288，7）也应是仿铜鍪制成的，其形制与巫山土城坡东汉中期稍晚的墓葬出土的铜鍪（图288，8）[①]几乎一致，只是前者无双耳。综上，本期墓葬年代大致为东汉晚期。但本期有些墓葬还是略有早晚之别的，如因M140被M147打破，故其应略早于M147；M166被M168打破，M168被M167打破，故M166略早于M168，而M168又略早于M167。

第四节　小　　结

琵琶洲山包墓地延续时间长，发现有战国晚期、汉代和宋代墓葬，但主要集中在两汉时期，是以汉代墓葬为主的墓地。100座墓葬中有81座为战国晚期至汉代的墓葬，还不排除17座年代不明的墓葬中有汉代墓葬的可能性。

一、墓地与遗址的关系

蒋晓春先生认为三峡地区秦汉时期不仅流行专门的墓地，而且墓地与居址是分开的。墓地往往位于坡地边缘或坡上，居址则位于平坦的台地，两者相距并不太远[②]。琵琶洲山包墓地和

① 武汉市文物考古研究所、巫山县文物管理所：《重庆巫山土城坡墓地Ⅲ区东汉墓葬发掘报告》，《江汉考古》2008年第1期，图二一，1。

② 蒋晓春：《三峡地区秦汉墓研究》，巴蜀书社，2010年，第134页。

琵琶洲遗址就属于此类情况。通过图2可以看出：以汉代遗存为主的琵琶洲遗址位于东面大宁河旁的一级台地上，而山包墓地则位于台地西侧岗地山顶和其下较平缓的坡地上。由于遗址被破坏严重，汉代遗存并不丰富，难以了解其全貌。但两者相距仅三四百米，应属于同一聚落。

二、墓地选址、布局与形成过程

山包墓地中战国至汉代墓葬主要分布在山顶西北部，部分墓葬分布在其下的较平缓的坡地上。地处坡地的墓葬多被破坏或盗扰，多数墓葬具体年代不明。但从各期墓葬分布情况看（图289），墓葬所处位置经历了由海拔较高、地势较为平缓的山顶向海拔较低、地势较陡的坡地移动的过程。这与巫山其他地区汉代墓地，如巫山江东嘴墓地①、麦沱墓地②、瓦岗槽墓地③、水田湾墓地④和土城坡墓地⑤等明显不同。山包墓地第一期5座墓葬均位于山岗中心较为平缓的高地上。第二期12座墓葬仍分布在山岗中心高地上，但范围开始向四周扩大。第三期8座墓葬仍分布在与一、二期相当的中心高地，个别墓葬已在中心高地的边缘。第四期4座墓葬主要分布在中心高地西侧边缘。第五期13座墓葬中8座墓葬位于中心高地，但已呈现出向坡地移动的趋势，另外5座墓葬则位于中心高地西侧的坡地上。第六期13座墓葬中除4座位于中心高地的边缘区域外，其余墓葬均位于中心高地西侧的坡地上。综合来看，一至四期的墓葬集中分布于山顶西北部，五、六期的墓葬则明显向外扩展，总的分布态势呈同心圆状向外扩展。结合蒋晓春先生的研究，我们也认为这应与墓地的地理环境有关⑥。山包墓地位于地势较高的山顶台地上，受到地下水的影响较小。又因琵琶洲台地西侧山顶面积不大，随着墓葬的增多，晚期墓葬势必选择外围较平缓的坡地埋葬。

三、墓 葬 方 向

琵琶洲山包墓地西北紧靠青窝山，地势较高，东南为琵琶洲遗址，地势较低，呈西北—东

---

① 重庆市文化局、中国文物研究所、吉林大学考古学系、巫山县文管所：《巫山江东嘴墓群发掘报告》，《重庆库区考古报告集·1998卷》，科学出版社，2003年，第207页，图二。

② 重庆市文物局、重庆市移民局编：《巫山麦沱墓地》，科学出版社，2018年，第5～16页。

③ 南京博物院考古研究所、重庆市博物馆、巫山县文保所：《巫山瓦岗槽墓地发掘报告》，《重庆库区考古报告集·1998卷》，科学出版社，2003年，第148页，图一。

④ 武汉市文物考古研究所、巫山县文物管理所：《重庆巫山水田湾东周、两汉墓发掘简报》，《文物》2005年第9期。

⑤ 武汉市文物考古研究所、巫山县文物管理所：《重庆巫山土城坡墓地Ⅲ区东汉墓葬发掘报告》，《江汉考古》2008年第1期；武汉市文物考古研究所、巫山县文物管理所：《重庆巫山土城坡墓地2004年发掘简报》，《江汉考古》2009年第2期；武汉市文物考古研究所、巫山县文物管理所：《重庆巫山土城坡墓地2006年度发掘简报》，《四川文物》2008年第3期。

⑥ 蒋晓春：《三峡地区秦汉墓研究》，巴蜀书社，2010年，第139页。

南走向。大宁河从遗址和山包墓地边缘蜿蜒经过，形成一半岛形状的台地。山包墓地大多数墓葬的方向与地势走向大致相同。

第一期5座墓葬中有4座与地势走向大致相同。其中墓向东面低处的墓葬有3座，墓向西面高处的墓葬有1座。第二期10座墓葬中有5座与地势走向大致相同，均朝向西面高处。第三期10座墓葬中有9座与地势走向大致相同。其中墓向东面低处的墓葬有3座，墓向西面高处的墓葬有6座。第四期4座墓葬中有3座，均向东面低处。第五期13座墓葬中有10座与地势走向大致相同。其中墓向东面低处的墓葬有4座，墓向西面高处的墓葬有3座，墓向不详有3座。第六期13座墓葬中有9座与地势走向大致相同。其中墓向东面低处的墓葬有3座，墓向西面高处的墓葬有5座，墓向不详有1座。

另外，多数带墓道的墓葬墓向是朝向地势较低的地方，这一现象或如蒋晓春先生认为的，是与修建墓葬技术有关[①]。

四、文化因素考察

山包墓地一至三期墓葬的年代虽然进入西汉时期，但仍包含有多种文化因素。

楚文化因素：墓葬形制以口大底小的竖穴土坑墓为主，有头箱，且多有壁龛。出土的A型陶鼎、陶敦、陶盒、陶豆等器物及其组合方式也在陕南、江汉平原的楚墓中常见。

中原地区汉文化因素：B型陶鼎、A型陶壶、半两、五铢、铜带钩等。

秦文化因素：C型陶鼎、B型陶盒、B型陶釜、陶鍪[②]。

巴蜀文化因素：D型陶罐。

本地文化因素：A型、B型陶盆。

四至六期墓葬受中原地区汉文化影响明显，墓葬形制多样，有刀把形、凸字形竖穴土坑墓、砖（石）室竖穴土坑墓、土洞墓和洞式砖（石）室墓。出现两人或多人同穴合葬墓。随葬器物增多，出现陶灶、陶楼和陶俑等模型明器和釉陶器等。同时还有本地文化因素，以及楚文化、巴蜀文化等多种文化因素遗留。

楚文化因素：A型陶鼎、J型陶罐。

巴蜀文化因素：B型、D型陶壶和I型陶罐。

本地文化因素：A型、B型陶甑，B型、C型、D型陶钵，A型陶釜，A型、B型、F型、G型陶罐等器类下腹部的切削技术；C型、F型和G型陶罐。以上这些在同时期巫山地区其他的几处墓地中均有发现。

综上，琵琶洲山包墓地是一处历时较长，自战国晚期一直延续到东汉晚期；地方文化因素明显又受到多种文化因素影响的汉代墓地。

---

① 蒋晓春：《三峡地区秦汉墓研究》，巴蜀书社，2010年，第186页。

② B型陶盒、B型陶釜和陶鍪在宝鸡郭家崖战国秦墓中均能找到类似器物。参见陕西省考古研究院、宝鸡市考古研究所编著：《宝鸡郭家崖考古发掘报告》，科学出版社，2021年。

第五章 结　　语

本报告首先详细介绍了琵琶洲遗址1998年度、1999年度和2000年度的考古发掘情况与主要发现。虽然遗址被破坏严重，发现的遗存也不甚丰富，我们还不能对其进行详细地分期研究，但它与山包墓地同在琵琶洲台地上，为我们研究三峡地区汉代聚落布局提供了重要资料。

报告还详细发表了山包墓地1998年度、1999年度、2003年度、2004年度和2006年度等5个年度的发掘资料。自配合三峡库区建设开展大规模考古发掘工作以来，在巫山地区发现有江东嘴墓地①、麦沱墓地②、瓦岗槽墓地③、水田湾墓地④和土城坡墓地等⑤多处汉代墓地。琵琶洲山包墓地也是在三峡库区考古工作中巫山地区发现的重要汉代墓地之一。

琵琶洲山包墓地东距遗址400米，两者应属于同一聚落。共发现各类墓葬100座，其中战国至汉代墓葬81座。战国至汉代墓葬共出土陶器、釉陶器、瓷器、铜器、铁器、石器、银器、角器、漆器、琉璃器、煤精饰品和甲壳器等442件，另外还出土半两、五铢、货泉和大泉五十等铜钱526枚，时代从战国晚期一直延续到东汉晚期。通过类型学分析和研究，我们将这81座墓葬中除不能分期的26座墓葬外的55座墓葬分为六期。第一期共5座墓葬，年代大致在西汉初期，可能早至战国晚期；第二期共12座墓葬，年代大致在西汉早期；第三期共8座墓葬，年代大致在西汉中晚期，可能会稍早一些；第四期共4座墓葬，年代大致在东汉早期，或稍早一些；第五期共13座墓葬，年代为东汉中期；第六期共13座墓葬，年代大致为东汉晚期。总体来说，一至六期墓葬是一个连续发展的过程，但第三期和第四期之间似乎存在缺环，而且同期之间的墓葬也略有早晚之分。

---

① 重庆市文化局、中国文物研究所、吉林大学考古学系、巫山县文管所：《巫山江东嘴墓群发掘报告》《重庆库区考古报告集·1998卷》，科学出版社，2003年。

② 重庆市文物局、重庆市移民局编：《巫山麦沱墓地》，科学出版社，2018年。

③ 南京博物院考古研究所、重庆市博物馆、巫山县文保所：《巫山瓦岗槽墓地发掘报告》，《重庆库区考古报告集·1998卷》，科学出版社，2003年。

④ 武汉市文物考古研究所、巫山县文物管理所：《重庆巫山水田湾东周、两汉墓发掘简报》，《文物》2005年第9期。

⑤ 武汉市文物考古研究所、巫山县文物管理所：《重庆巫山土城坡墓地Ⅲ区东汉墓葬发掘报告》，《江汉考古》2008年第1期；武汉市文物考古研究所、巫山县文物管理所：《重庆巫山土城坡墓地2004年发掘简报》，《江汉考古》2009年第2期；武汉市文物考古研究所、巫山县文物管理所：《重庆巫山土城坡墓地2006年度发掘简报》，《四川文物》2008年第3期。

与同时期巫山地区其他墓地多位于坡地的情况不同，琵琶洲山包墓地战国至汉代墓葬主要分布在山岗顶部。墓地也经历了从山顶中部向外围扩展的形成过程。大多数墓葬的墓向与地势走向大致相同，多数带墓道的墓葬墓向是朝向地势较低的地方。文化因素分析显示，该墓地是一处本地文化因素明显又受到多种文化因素影响的汉代墓地。

上述发现为我们研究三峡地区汉代聚落布局、丧葬制度以及社会文化提供了重要材料。

附录一　琵琶洲遗址遗迹统计表

编号	探方层位	形制	口距现地表/厘米	尺寸/厘米			深/厘米	出土器物	时代	备注
				长	宽	径				
98H1	T3008第4层下	椭圆形锅底状	50	150	114		22	绳纹筒瓦和陶罐	汉代	
98H2	T3008第4层下	半椭圆锅底状	70	150	71		20	陶罐和陶盆	汉代	未全部清理
98H3	T3007第4层下	半椭圆锅底状	55	205	40		25～33	绳纹瓦	汉代	未全部清理
98H4	T3008第4层下	半椭圆锅底状	50	125	85		15	绳纹瓦	汉代	未全部清理
98H5	T3008第4层下；打破第5层	椭圆形锅底状	50	180	120		37	绳纹瓦、2件圆陶片、1件铁刀、1枚五铢和1枚大泉五十	东汉	小部分未清理
98H6	T1010第5层下	半椭圆锅底状	127	159	85		65～80	绳纹筒瓦、板瓦和陶罐	汉代	未全部清理
98H7	T4013第4层下；打破第5、6和7层	半椭圆锅底状	75	140	97		63	板瓦、汉代砖块、陶罐和瓷片等	清代	未全部清理
98H8	T1009第5层下	半椭圆锅底状	53	184	94		37	板瓦、筒瓦、菱形纹砖和陶罐等	汉代	未全部清理
98G1	T4006第3层下	长条状直壁平底	110	420	52～108		45	石块堆砌，未见遗物	清代	未全部清理
98K1	T4006第3层下	扇形	65	204	180		64	瓷片	清代	未全部清理
99H1	T3016第2层下；打破第3层	椭圆形锅底状	40	196	119		13～26	板瓦、筒瓦、陶甑、陶罐和陶钵等	汉代	
99H2	T3018第2层下；打破第3层	半圆形锅底状	35			180	25～35	板瓦、筒瓦、陶甑、陶罐和陶钵等	汉代	未全部清理
99H3	T3019第2层下；打破第3层	近圆形锅底状	35			166～177	17	板瓦、筒瓦、瓦当和陶罐	汉代	
99H4	T3020第2层下；打破第3层	近圆形锅底状	50			125	25	陶甑、陶罐和1件陶纺轮	汉代	
99H5	T3023第2层下；打破第3层	近圆形锅底状	40～50			135～150	24	陶盆和陶罐等	汉代	
99H6	T4008第2层下；打破第3层	四分之一椭圆形锅底状	50	120	71		22～28	板瓦和筒瓦	汉代	未全部清理
99G1	T4008、T4009和T4010第2层下；打破第3层	长条形锅底状	25～30	1407	135～181		45～64	板瓦、筒瓦和陶瓮等	汉代	未全部清理
00H1	T3028第2层下；打破第3层	半椭圆平底	37	173	137		24	板瓦、筒瓦、陶甑和陶钵等	汉代	未全部清理
00H2	T3032第2层下；打破第3层	椭圆形近平底	40	128	108		20	1件陶钵、1件铜镞、板瓦、筒瓦、陶甑和陶罐等	汉代	
00H3	T3032第2层下；打破第3层	半椭圆形近平底	48	85	59		16	板瓦、筒瓦和陶钵等	汉代	未全部清理

续表

编号	探方层位	形制	口距现地表/厘米	尺寸/厘米			深/厘米	出土器物	时代	备注
				长	宽	径				
00H4	T3032第2层下；打破第3层	圆角长方形一部分近平底	45～50	100	41		17～23	瓦、陶钵和陶罐等	汉代	未全部清理
00H5	T3031第2层下；打破第3层	椭圆形锅底状	35	200	136		18	板瓦、筒瓦和陶罐底等	汉代	
00H6	T3017第2层下；打破第3层	椭圆形大半部分斜坡状底	27	314	170		12～30	1件铁刀、1件铁凿、板瓦、筒瓦和陶罐等	汉代	未全部清理
00H7	T3018第2层下；打破第3层	圆角长方形大半部分近平底	29	135	58		16	瓦、陶钵和陶罐等	汉代	未全部清理
00H8	T1050第4层下；打破第5层	椭圆形锅底状	50	120	92		26	陶瓦、陶钵、黑釉瓷片和白瓷片等	唐代	
00H9	T1053第4层下；打破第5层	近圆形近平底	45			84	25	瓦和陶罐等	汉代	
00H10	T1069第4层下；打破第5层	瓢形斜坡状底	40	222	56～167		0～38	板瓦、筒瓦、陶豆和陶罐等	汉代	
00H11	T1069第4层下；打破第5层	椭圆形锅底状	70	141	116		16	板瓦、筒瓦和陶罐等	汉代	
00H12	T1056第4层下；打破第5层	圆角方形近平底	60	125	79		20	板瓦、筒瓦、陶罐、印纹硬陶和青瓷片等	汉代	被G2打破
00H13	T1056第4层下；打破第5层	圆角三角形坡状底	60	144	36		10～34	陶罐	汉代	未全部清理
00H14	T1056第4层下；打破第5层	三角形平底	60	120	74		37	青瓷片和釉陶罐	汉代	未全部清理
00H15	T1051、T1052和T1057第4A层下；打破第4B和5层	椭圆形坡状底	80～110	452	392		76	陶板瓦、筒瓦和青瓷片、黑瓷片和白瓷片等	唐代	出土1具人骨
00H16	T1060第3层下；打破第4和5层	椭圆形大部分斜坡状底	45～50	152	90		52～67	1枚开元通宝、板瓦、筒瓦和陶罐等	唐代	未全部清理
00G1	T3019和T3021第2层下；打破第3层	长条形斜壁平底	20	657	110		90	1件陶纺轮、1件陶甑、1件陶罐、板瓦等	汉代	未全部清理
00G2	T1055、T1056和T1062第4层下；打破第5层	长条形斜壁近平底	70	785	50～131		48	无遗物	不明	未全部清理；打破H12
00GD1	T1054、T1055、T1060和T1068第3层下；打破第4层	长条形斜壁平底	45	1520	42		22	35组70片筒瓦	唐代	未全部清理
00SC1	T1061、T1062、T1068和T1069第3层下，打破第4层	圆角方形斜壁平底	40～45	310～380	232～334		59～78	1枚铜钱、板瓦、陶罐、瓷片和石块等	唐代	

附录二　琵琶洲山包墓地墓葬登记表

编号	探方层位	方向/°	墓葬类型	形状	墓口距现地表/厘米	尺寸（长×宽－深）/厘米			出土器物	年代	备注
						墓道（口）	甬道（口）	墓室			
M1	T14 第1层下	177	竖穴土坑 砖石室	刀把形	15	144×118－250	233×140－ （250～264）	口599×213－ （264～294） 底624×258	石珠13、五铢2	东汉	被盗扰；通长966厘米
M2	T16 第1层下	175	竖穴土坑	长方形	15			口433×317－333 底414×294	陶壶1、陶豆1、漆器1、动物肩胛骨1	西汉早期	中老年男性
M3	T15 第1层下	205	竖穴土坑 砖室	凸字形	15	162× （100～186）－ （0～121）	240×200－128	口642×259－ （125～128） 底642×259	釉陶锺1、陶罐4、陶壶1、陶钵1、陶舞俑1、陶立俑2、残陶楼2、陶狗俑1、陶子母鸡俑1、银环9、琉璃瑱1、五铢54	东汉中期	被盗扰；通长1044厘米
M4	T18 第1层下	89	竖穴土坑 砖石室	刀把形	20	228×122－ （0～76）	207×165－ （84～108）	口677×（246～267）－ （108～200） 底677×（266～286）	陶猪俑1、陶狗俑2、陶鸡俑1、五铢20、陶罐4、釉陶罐2、陶钵1、釉陶锺1、陶甑2、陶人物俑10、陶器座1、铜饰1、铜棺钉4	东汉中期	成年男性；被盗扰；打破M5；通长1112厘米
M5	T18和T19 第1层下	347	竖穴土坑	长方形	20			口残228×（193～206）－（160～195） 底282×（158～170）	陶鼎1、陶壶1、石斧1	西汉早期	被M4打破
M6	T17 第1层下	113	竖穴土坑	长方形	20			口223×81－146 底223×81	陶罐1	西汉中晚期	35～40岁的男性；壁龛1
M7	T17 第1层下	117	竖穴土坑	长方形	20			口337×212－260 底286×160	陶鼎1、陶壶1、陶盒1	西汉初期	成年女性
M8	T8第1层下	111	竖穴土坑	长方形	25～30			口226×88－10 底226×88	无	不明	成年男性；被扰动；打破M9

续表

编号	探方层位	方向/°	墓葬类型	形状	墓口距现地表/厘米	尺寸（长×宽－深）/厘米			出土器物	年代	备注
						墓道（口）	甬道（口）	墓室			
M9	T8第1层下	114	竖穴土坑	长方形	25			口（296～300）×166－240 底264×130	铜鍪1、陶罐1	东汉中期	被扰动；被M8和M11打破；壁龛1
M10	T8第1层下	125	竖穴土坑	长方形	25			口（106～154）×239－（251～293） 底（94～134）×200	无	汉代	被扰动；被M11打破
M11	T8第1层下	205	洞式砖室	刀把形	25	139×100－（0～135）	232×（117～191）－（135～187）	口831×（148～243）－（187～329） 底857×224	陶灶1、陶猪俑1、铜棺钉8、釉陶锺1、铜棺饰1、五铢25、铜铃1、银环1、陶板瓦1、甲壳器1、铜摇钱树1	东汉晚期	被盗扰；打破M9和M10；通长1226厘米
M12	T9第1层下	174	竖穴土坑砖石室	刀把形	25	168×122－（0～100）	230×（187～216）－（100～135）	口663×285－（135～203） 底663×285	铜残片2、五铢18、银环1、陶立俑1、陶罐3、瓷盏1、铜环3、铜棺钉1、铜摇钱树3、青釉瓷碗1、陶俑头1、陶俑身2、铜饰1、陶器座1、陶钵1、陶摇钱树器座1	东汉中期	被扰动；被M13、M14和M15打破；通长1061厘米
M13	T9第1层下	177	竖穴土坑	长方形	25～69			口220×81－（62～106） 底220×81	铁镰1	不明	打破M12、M14和M15
M14	T9第1层下	276	竖穴土坑	长方形	25～40			口200×120－（83～97） 底200×120	铁棺钉1、石块2	不明	被扰动；被M13打破，打破M124和M15
M15	T9第1层下	75或255	竖穴土坑	长方形	25			口200×120－122 底200×120	黄酱釉四系罐1	南宋	被盗扰；被M13和M14打破，打破M12
M101	T1604第2层下	299	竖穴土坑	长方形	35～52			口226×（85～103）－（2～25） 底224×（83～97）	无	不明	年轻女性

续表

编号	探方层位	方向/°	墓葬类型	形状	墓口距现地表/厘米	尺寸（长×宽－深）/厘米			出土器物	年代	备注
						墓道（口）	甬道（口）	墓室			
M102	T1604第2层下	101	竖穴土坑	长方形	35～52			口248×115－（70～77） 底226×101	陶罐1	西汉	壁龛1；成年男性
M103	T1604第2层下	192	竖穴土坑	长方形	35～52			口314×166－（90～192） 底300×158	陶钵1、陶罐2	西汉中晚期	壁龛1；年轻女性
M104	T1604、T1503、T1603和T1504第2层下	211	竖穴土坑	长方形	35～52			口286×104－（4～26） 底280×96	无	不明	成年女性
M105	T1602和T1603第2层下	358	竖穴土坑砖石室	刀把形	20～42	205×182－22		口（623～645）×288－26 底（614～640）×279	无	东汉	被扰动；通长840～850厘米
M106	T1504第2层下	193	竖穴土坑	长方形	32～35			口385×216－（235～329） 底338×189	陶鼎1、陶壶1、陶敦1	西汉初期	
M107	T1504和T1503第2层下	104	竖穴土坑	长方形	35～40			口224×80－（37～48） 底204×70	无	不明	
M108	T1504第2层下	270	竖穴土坑	长方形	35			口258×93－149 底234×87	无	不明	34岁左右个体
M109	T1504和T1503第2层下	0	竖穴土坑	长方形	40～44			口272×97－（90～130） 底202×58	陶罐1、动物肩胛骨1	西汉早期	

续表

编号	探方层位	方向/°	墓葬类型	形状	墓口距现地表/厘米	尺寸（长×宽－深）/厘米			出土器物	年代	备注
						墓道（口）	甬道（口）	墓室			
M110	T1502和T1503第2层下	342	竖穴土坑	刀把形	35～40	316×（78～90）－（32～202）		口342×（194～226）－185 底338×（208～229）	铜带钩1、银环6、陶罐7、陶灶1、陶鼎1、陶壶1、陶钵1、陶鸡俑2、陶狗俑1、半两2、陶楼2、陶人物俑8	东汉中期	被盗扰；打破M119；通长658厘米
M111	T1304第2层下	286	竖穴土坑	长方形	35～45			口244×106－（117～133） 底215×83	陶罐1、角瑱1、漆器1	西汉	壁龛1
M112	T1403第2层下	277	竖穴土坑	长方形	40			口360×228－455 底329×206	陶鼎1、陶壶1、陶盒1、石珠1	西汉初期	被盗扰
M113	T1204和T1104第2层下	98	竖穴土坑砖石室	刀把形	20～45	352×（81～181）－68		口696×248－150 底685×233	铜耳杯扣2、石瑱1、铜饰1、大泉五十1、货泉1、铜棺钉4、五铢8、铜圈扣1、石斧1	东汉中期	被扰动；通长1048厘米
M114	T1104第2层下	36	竖穴土坑	长方形	40～46			口（367～388）×281－282 底（270～276）×（164～181）	无	汉代	被盗扰
M115	T1404第2层下	27或207	竖穴土坑	长方形	40			口380×283－495 底345×248	无	西汉	被盗扰
M116	T1304第2层下	252	竖穴土坑	长方形	30～40			口320×192－（224～280） 底280×154	陶罐1、陶盆1	西汉早期	被扰动；壁龛1
M117	T1004和T4004第2层下	223	土洞墓	刀把形	38～43	292×74－（30～165）		口253×160－154 底252×152	陶罐3、陶壶1	东汉晚期	打破M118；通长545厘米

续表

编号	探方层位	方向/°	墓葬类型	形状	墓口距现地表/厘米	尺寸（长×宽—深）/厘米			出土器物	年代	备注
						墓道（口）	甬道（口）	墓室			
M118	T1004 第2层下	110	竖穴土坑	长方形	36～43			口（250～267）× （152～160）— （182～202） 底（228～240）×132	铜带钩1、陶鼎1、陶壶1、陶盒1、陶罐5、陶甑2、陶釜2、陶灶1、陶钵2、陶器座1	东汉早期	成年女性；被M117打破
M119	T1502和 T1602 第2层下	94	竖穴土坑	长方形	35～40			口334×219— （190～231） 底300×（166～181）	陶鼎1、陶豆1、陶敦1、石珠1	西汉初期	被M110打破
M120	T1004 第2层下	293	竖穴土坑	长方形	40～43			口296× （150～182）—93 底266×（125～154）	陶釜1	西汉早期	被盗扰；壁龛1
M121	T4004和 T1004 第2层下	267	竖穴土坑 砖石室	刀把形	35～50	375×（81～145— （0～180）	232×173—190	口645×287—219 底655×303	陶罐1、铜环2、五铢25、货泉1、半两2	东汉	被盗扰；通长1234厘米
M122	T1502 第2层下	289	竖穴土坑	长方形	35			口273× （137～151）—127 底269×（127～142）		汉代	被盗扰
M123	T1402和 T1403 第2层下	293	竖穴土坑	长方形	36～42			口256×（154～165）— （207～218） 底249×（130～142）	陶豆1、陶釜1、陶罐1	西汉早期	壁龛1
M124	T1402 第2层下	275	竖穴土坑	长方形	36～40			口（332～347）× （164～177）— （232～239） 底（310～326）× （156～163）	陶釜1	西汉早期	壁龛1
M125	T1502 第2层下	275	竖穴土坑	长方形	36～40			口243×107— （96～104） 底235×93	陶豆1、陶罐1、陶鍪1	西汉中晚期	被扰动；壁龛1

续表

编号	探方层位	方向/°	墓葬类型	形状	墓口距现地表/厘米	尺寸（长×宽—深）/厘米			出土器物	年代	备注
						墓道（口）	甬道（口）	墓室			
M126	T3801 第2层下	212	竖穴土坑 砖室	刀把形	28～52	246×150—（76～120）		口619×260—（120～243） 底619×260	铁刀1	汉代	被盗扰；通长865厘米
M127	T3802 第2层下	286	竖穴土坑	长方形	38			口302×（216～228）—（214～240） 底294×（200～216）	大泉五十16	东汉	被扰动
M128	T1204 第2层下	9或189	竖穴土坑	长方形	20～25			口282×172—（107～116） 底270×150	无	不明	被扰动
M129	T4005和T4004 第2层下	116或296	竖穴土坑	长方形	35～50			口373×220—（205～220） 底300×165	陶壶1	东汉中期	被盗扰
M130	T4005和T1005 第2层下	122	竖穴土坑	长方形	35～50			口（302～323）×180—（204～217） 底（287～310）×168	陶鼎1、陶盒1、半两3	西汉中晚期	被盗扰
M131	T4105和T4005 第2层下	269	竖穴土坑	刀把形	30～50	256×（82～127）—（38～200）		口（297～320）×（166～218）—250 底（302～321）×（153～198）	铁矛1、陶罐7、陶灶1、陶甑1、陶釜1、陶钵1、货泉30、五铢1	东汉晚期	通长577厘米；1男2女；墓室底部铺卵石
M132	T1005和T4005 第2层下	105	竖穴土坑	刀把形	30～40	（291～298）×92—（88～98）		口（196～206）×119—（58～86） 底195×105	陶壶1、陶甑1、陶罐5	东汉早期	通长493～504厘米
M133	T1304和T1404 第2层下	218	竖穴土坑	长方形	25～35			口（218～232）×81—（110～166） 底198×（45～60）	陶罐1、陶盆1、漆器1、石斧1	西汉早期	壁龛1
M134	T4202和T4102 第2层下	258	竖穴土坑	长方形	33～35			口310×174—（170～185） 底308×136	陶壶1	东汉早期	41～50岁女性

续表

编号	探方层位	方向/°	墓葬类型	形状	墓口距现地表/厘米	尺寸（长×宽−深）/厘米			出土器物	年代	备注
						墓道（口）	甬道（口）	墓室			
M135	T4207和T4107第2层下	100	竖穴土坑	刀把形	30～43	（202～236）×121—（0～99）		口306×（218～228）—（70～103）底311×244	陶罐4、陶钵2、铁器2	东汉晚期	被盗扰；通长529～538厘米；一男一女？
M136	T4207和T4307第2层下	279	竖穴土坑	凸字形	32～39	269×（70～124）—（0～79）		口341×245—（54～96）底364×255	陶灶1、陶罐7、陶钵2、陶釜1、陶甑1、铜镜1、货泉22	东汉晚期	被盗扰；通长610厘米；一男一女？；墓底铺石块
M137	T4007第2层下	288	竖穴土坑	长方形	30～60			口256×151—（60～88）底225×92	陶罐4、陶甑2、陶钵1、陶釜2、陶灶1、陶器座1	东汉中期	
M138	T1401第2层下	275	竖穴土坑	长方形	30			口（244～250）×（116～119）—（80～103）底（221～227）×110	陶罐2	西汉中晚期	壁龛1；30岁女性
M139	T1302第2层下	22	竖穴土坑	长方形	42			口155×42—（25～31）底141×29	无	不明	
M140	T4107第2层下	99	竖穴土坑	凸字形	40～42	残233×（75～131）—（0～50）		口315×（160～182）—50底（305～310）×（160～171）	陶罐2、陶壶1、陶釜1、陶灶1、五铢3	东汉晚期	被盗扰；被M147打破；通长548厘米；墓底铺石块
M141	T4007第2层下	94或274	竖穴土坑	长方形	32～45			口278×165—（13～106）底267×150	陶罐4、陶灶1、陶甑2、陶釜1、陶壶1、陶盒1、陶器座1	东汉中期	被盗扰
M142	T1302第2层下	123或303	竖穴土坑	长方形	35			口266×154—（132～146）底236×130	无	不明	被盗扰，打破M144

续表

编号	探方层位	方向/°	墓葬类型	形状	墓口距现地表/厘米	尺寸（长×宽－深）/厘米			出土器物	年代	备注
						墓道（口）	甬道（口）	墓室			
M143	T1303 第2层下	10	竖穴土坑	长方形	35			口174×（61～70）－6 底174×（61～70）	铁钱1、铁棺钉3	宋代	成年女性
M144	T1302 第2层下	289	竖穴土坑	长方形	36～43			口336×（194～210）－（260～421） 底324×（184～194）	陶壶1、陶豆2	西汉中晚期	被盗扰；被M142打破
M145	T1401 第2层下	273	竖穴土坑	长方形	28～34			口256×（116～121）－（98～103） 底215×81	陶罐2、漆器1	西汉早期	成年男性；壁龛1
M146	T1303 第2层下	104	竖穴土坑	长方形	41			口236×141－（228～241） 底262×（118～141）	陶鼎1、陶壶1、陶敦1、陶豆1	西汉初期	被盗扰；壁龛1
M147	T4107 第2层下	276	竖穴土坑	长方形	44～49			口（300～312）×（232～240）－（60～102） 底300×225	陶鼎1、陶壶1、陶罐11、陶灶1、铜帽饰1	东汉晚期	被盗扰；打破M140；一男一女？
M148	T1303 第2层下	287	竖穴土坑	长方形	33～39			口（336～362）×183－（258～266） 底（305～331）×（130～176）	陶鼎1、陶壶1、陶敦1	西汉早期	被盗扰；壁龛1
M149	T1302和T1402 第2层下	96	竖穴土坑	长方形	28～30			口245×124－（150～158） 底222×100	陶罐2、陶盆1	西汉中晚期	成年男性；壁龛1
M150	T4905 第2层下	272	竖穴土坑（砖）石室	不明	15			口残（612～654）×299－（3～123） 底（612～634）×286	五铢2、铜环1、铜棺钉3、铜印1、铜带钩1、煤精司南佩1	东汉早期或稍早	被盗扰；墓道或甬道被破坏
M151	T3502和T3501 第2层下	174	竖穴土坑砖室	凸字形	25		残226×179－16	口664×240－（40～181） 底634×278	陶罐2、陶灶1、琉璃瑱1、银环1	东汉中期	被盗扰；通长890厘米；墓道被破坏

续表

编号	探方层位	方向/°	墓葬类型	形状	墓口距现地表/厘米	尺寸（长×宽—深）/厘米			出土器物	年代	备注
						墓道（口）	甬道（口）	墓室			
M152	T4308 第2层下	279	竖穴土坑	刀把形	20	123×（87～119）—（0～48）		口（290～296）×220—（40～82）底（282～298）×208	陶罐1、五铢2	东汉晚期	被盗扰；通长417厘米；墓底铺石块
M153	T4903 第2层下	175	竖穴土坑砖（石）室	刀把形	35	144×（86～137）—（0～73）	188×（173～185）—（78～106）	口654×236—（106～213）底627×268	铜棺钉3、铁棺钉1	东汉	被盗扰；通长984厘米
M154	T1302 第2层下	292	竖穴土坑	长方形	33～46			口（383～392）×293—（310～317）底336×230	陶鼎1、陶敦1、铜带钩1	西汉早期	被盗扰
M155	T1408 第2层下	212	竖穴土坑	长方形	45			口（263～289）×（123～150）—（62～75）底（246～272）×（109～133）	铜盆1、五铢14	西汉晚期	被盗扰
M156	T1302 第2层下	296	竖穴土坑	长方形	42			口（264～270）×120—（185～204）底250×100	无	不明	被盗扰
M157	T2407 第2层下	169	竖穴土坑	刀把形	28～39	528×（50～188）—（0～65）		口387×（196～242）—68 底378×（170～215）	陶壶1、陶钵1、铜棺钉1	东汉晚期	被盗扰；通长915厘米
M158	T1408、T1409、T2408和T2409 第2层下	133	竖穴土坑	凸字形	42	738×（60～165）—（0～143）		口588×（145～227）—（375～465）底575×（145～200）	五铢1	西汉	被盗扰；被M155打破；通长1325厘米

续表

编号	探方层位	方向/°	墓葬类型	形状	墓口距现地表/厘米	尺寸（长×宽－深）/厘米			出土器物	年代	备注
						墓道（口）	甬道（口）	墓室			
M159	T4905 第2层下	270	洞式石室	刀把形	18～24	150×93－（0～190）	150×（90～125）－（190～214）	口332×220－（214～285）底354×176	无	东汉	被盗扰；通长642厘米
M160	T4604 第1层下	182	竖穴土坑石室	刀把形	20	85×（100～124）－（0～58）	217×167－（58～128）	口663×260－（128～192）底603×276	银环1、铜棺钉1、石珠1、铁刀1	东汉	被盗扰；通长965厘米
M161	T1302 第2层下	296	竖穴土坑	长方形	18			口280×141－176 底265×120	陶罐2	西汉中晚期	被盗扰；壁龛1
M162	T4804 第2层	243	竖穴土坑砖石室	凸字形	59～61	50×129－（0～35）		口470×188－（92～181）底467×179	陶甑1、陶罐2、琉璃瑱1	东汉晚期	被盗扰；通长520厘米；墓道大部分被破坏
M163	T2407 第2层下	238	竖穴土坑	刀把形	20	120×95－（0～142）		口（350～368）×（146～228）－（142～212）底（342～360）×（148～221）	无	汉代	被盗扰；通长488厘米
M165	T4903 第2层下	150	竖穴土坑	长方形	45			口280×（123～135）－（35～71）底274×（117～129）	陶罐6、陶甑1、陶钵1、陶灶1、大泉五十4	东汉中期	
M166	T4903扩方 第2层下	156	竖穴土坑	长方形	35			口残291×236－（169～220）底残304×251	陶罐7、陶钵4、陶釜1、陶灶1、陶盒2、陶珠1、铁锸1、铜镜2、铜带钩1、五铢59	东汉晚期	被扰动；被M168打破，打破M169
M167	T4903扩方 第2层下	158或338	竖穴土坑	长方形	85			口284×143－（58～77）底271×130	铜印1、铜带钩1、陶珠1、陶罐1	东汉晚期	被扰动；打破M168；墓底铺石块

续表

编号	探方层位	方向/°	墓葬类型	形状	墓口距现地表/厘米	尺寸（长×宽—深）/厘米			出土器物	年代	备注
						墓道（口）	甬道（口）	墓室			
M168	T4903扩方第2层下	159	竖穴土坑	凸字形	30～40	残26×122—60		口274×171—（60～175）底285×183	陶鼎1、陶壶1、陶灶1、陶甑2、陶釜1、陶罐2、陶钵1、铁刀1、五铢7	东汉晚期	被扰动；被M167打破，打破M166；残通长300厘米；墓底铺石块；一男一女？
M169	T4903扩方第2层下	156	竖穴土坑	长方形	35			口残374×258—（180～232）底残362×240	陶鼎1、陶壶1、陶罐4、陶灶1、陶钵1、残铜盆1、大泉五十181	东汉中期	被扰动；被M166打破；墓底铺石块；一男一女？
M170	T4307第2层下	105或285	竖穴土坑	长方形	25～30			口313×150—（12～43）底306×148	无	汉代	被扰动；墓底铺石块
M171	T2001和T2101第2层下	275	竖穴土坑	长方形	25～29			口266×128—（26～49）底261×126	陶鼎2、陶壶2、陶釜1、陶盒1、铜带钩1	西汉早期	
M172	T2001和T3001第2层下	283	竖穴土坑	长方形	19～30			口（390～395）×（230～242）—（115～164）底305×162	无	不明	被盗扰
M173	T2201第2层下	90	竖穴土坑	长方形	35～40			口（216～220）×115—（4～45）底（216～220）×115	无	汉代	被扰动
M174	T3002第2层下	0	竖穴土坑	长方形	30～40			口182×90—（6～27）底182×90	铁棺钉23	不明	被扰动
M175	T2101第2层下	104	竖穴土坑	长方形	20～25			口234×106—（14～18）底234×106	无	不明	30～35岁男性；被扰动

续表

编号	探方层位	方向/°	墓葬类型	形状	墓口距现地表/厘米	尺寸（长×宽—深）/厘米			出土器物	年代	备注
						墓道（口）	甬道（口）	墓室			
M176	T2101第2层下	176	竖穴土坑砖室	不明	18～35			口残（610～630）×（250～265）—（144～150）底残（615～650）×（270～285）	五铢18、铜棺钉1	东汉晚期	被盗扰；打破M179和M180；墓道或甬道被破坏
M177	T4607第2层下	318	土洞墓	凸字形	20	137×（77～104）—（0～112）		底316×146—（132～219）	铜铃1、五铢1、煤精串饰1、煤精狮子1、煤精司南佩1	东汉	被盗扰；打破M179和M180通长453厘米
M178	T2101第2层下	178	竖穴土坑	刀把形	28～34	212×138—（115～160）		口553×187—（165～290）底585×227	陶罐残片1	东汉晚期	被盗扰；通长765厘米
M179	T2101扩方第2层下	90	竖穴土坑	长方形	35			口残（202～216）×162—（89～97）底残181×160	陶罐9、陶钵2、陶釜2、陶甑2、陶灶1、陶器座1、铜镜1、半两3	东汉早期	被M176和M178打破
M180	T2101第2层下	90或270	竖穴土坑	长方形	29～31			口残239×217—（90～219）底残279×203	陶罐3、陶灶1、陶釜1、陶甑1、陶器座1	东汉中期	被盗扰；被M176和M178打破
M181	TG1002第2层下	98	竖穴土坑	凸字形	39～50	128×96—（0～74）		口312×（214～220）—（60～106）底312×（214～220）	陶罐1	东汉	被扰动；通长438厘米；墓底铺石块；1男1女？
M182	TG1002第2层下	355	竖穴土坑	刀把形	30～37	（212～219）×（83～107）—（0～96）		口（276～316）×（170～201）—（96～152）底（262～305）×172	无	汉代	被扰动；通长512～543厘米
M183	T1002第2层下	322	竖穴土坑	长方形	20			口236×111—（52～60）底226×102	无	不明	大于56岁男性

续表

编号	探方层位	方向/°	墓葬类型	形状	墓口距现地表/厘米	尺寸（长×宽—深）/厘米			出土器物	年代	备注
						墓道（口）	甬道（口）	墓室			
M184	T1002和T1102第2层下	148	竖穴土坑	长方形	28～50			口360×（248～255）—（147～162）底317×（218～230）	无	西汉	一30岁男性一中老年女
M185	T1002和T1102第2层下	113	竖穴土坑	长方形	29～33			口（247～251）×（136～145）—（74～91）底236×（116～123）	无	不明	
M186	T1102第2层下	301	竖穴土坑	长方形	22～28			口（188～210）×86—（10～13）底（188～210）×86	无	不明	

附录三 琵琶洲遗址和山包墓地出土人骨鉴定报告

本文所鉴定的人骨出土于重庆市巫山县琵琶洲遗址和山包墓地。中国社会科学院考古研究所长江三峡工作队先后开展了1997、1998、1999、2000、2003、2004、2005年等七个协议年度的考古工作，发掘了琵琶洲遗址和山包墓地。本文所鉴定的人骨共出自7个遗迹单位，分别是1998年发掘的M2、M4、M6和M7，它们的年代分别为西汉早期、东汉中期、西汉中晚期和西汉初期；2000年发掘的H15，其年代为唐代；2006年发掘的M183和M184，M183年代不明，M184年代为西汉时期。除M184为双人合葬墓外，其余墓葬及灰坑均为单人葬。

由于人骨保存状况不理想，只有8例个体可供鉴定，因此本报告仅进行了个体的性别、年龄鉴定，颅面部极少数测量项目的测量、对可以复原的下肢骨进行了最大值的测量，以期推算个体的身高等工作（表1）。对个体性别、年龄的判断主要是依据邵象清的《人体测量手册》①、朱泓的《体质人类学》②建立的标准，依托每个个体所出土的遗迹单位来报告鉴定结果。

1998CWPM2保存头骨残块若干。眉弓中等，眶上缘锐薄，鼻根凹陷浅。乳突中等，枕外隆突显著。眶形圆角方形。颧骨中等高宽，颧颌下缘转折处方折明显。下颌颏形圆尖形，无下颌圆枕。下颌左侧M_1磨耗Ⅳ级，下颌右侧M_1磨耗Ⅵ级。下颌右侧M_1齿冠磨去，齿髓腔完全暴露。下颌左侧P_1罹患根尖脓肿，在舌侧形成长5.8、宽4.1mm的蚀洞，在颊侧形成长7.7、宽5.8mm的蚀洞。鼻最小宽值为5.9mm，鼻最小宽高值为2.1mm，鼻根指数值35.59，为中等级。内侧两眶宽（fmo-fmo）值为94.9mm，鼻根点至内侧两眶宽矢高11.6mm。鼻颧角值为153.0°，属于特大级。该个体为一例中老年男性。

1998CWPM4的左右侧股骨保存骨干，骨壁厚，骨重。骨间嵴发达。左侧肱骨下端滑车关节部分缺失。股骨骨干中等粗壮。可能为一例成年男性个体。

1998CWPM6保存头骨残片若干。额部中斜，左侧额结节明显，枕外隆突显著。

眶三角区发达。颧骨中等高宽，颧颌缘结节发达。上颌左侧I^1为铲形门齿，上颌左侧P^1、P^2舌侧齿质点暴露，上颌左、右侧M^1磨耗Ⅲ～Ⅳ级。左侧残破髋骨上，耳状面平直，有韧带沟。耳状面上缘复合弧与坐骨大切迹前缘重合。

左侧髋骨仅存耳状面上缘。坐骨大切迹窄而深。左右侧股骨残成几段，股骨头关节面大。股骨骨壁厚，骨干粗壮，骨重，骨间嵴呈唇样。颈干角大。左侧肱骨残段一块，鹰嘴窝关节面大。肱骨骨干略显纤细。该个体为一例35～40岁的男性。

---

① 邵象清：《人体测量手册》，上海辞书出版社，1985年。

② 朱泓：《体质人类学》，高等教育出版社，2004年。

1998CWPM7仅保存左右侧股骨残段几块。骨轻，骨壁薄。骨干纤细，骨间嵴发育弱。左侧胫骨完整，骨干纤细，骨轻。左右侧肱骨骨干纤细，骨轻。肱骨头残破。肱骨下端关节面残。左右侧尺骨仅存上段，桡骨保存上段，骨干纤细。左侧胫骨最大长值为332.0mm。根据K.皮尔逊①和张继宗②推算女性身高的公式计算M7的身高，前者的公式是S=72.774+2.352T，后者的公式为S=59.733+2.899T（左），公式中S代表身高，T代表股骨最大长，单位为cm。K. 皮尔逊公式计算M7个体身高为150.86cm，张继宗公式计算出M7的身高为155.98cm。该个体可能为一例成年女性。

2000CWPH15保存头骨残片少许。骨壁薄，骨轻。额平直。乳突特小，枕外隆突稍显。额结节、顶结节发达。无矢状嵴。颅顶缝前囟段、顶段、顶孔段、后段均为深波型。上颌左右侧中门齿为铲形门齿。上颌左侧侧门齿为铲形门齿，右侧侧门齿死后缺失。下颌左侧M_1磨耗Ⅰ级，下颌左侧M_1为龋齿，龋齿点在舌侧远中咬合面处。共保存15颗牙齿。门齿唇侧出现上下两条浅凹痕，该个体生前牙釉质发育不全。

左右侧股骨上端股骨头、下端关节面残破。骨干特别纤细，骨间嵴弱。左右侧肱骨保存中间骨干残段，骨干纤细。该个体为一例20岁左右的女性。

2006CWPM183的头骨保存状况欠佳，颅骨枕骨大孔处残破，面骨残破成碎片。眉弓中等，眉间突度弱。额部平直，颅顶缝已经愈合。无额中缝。眶上缘锐薄。乳突中等，枕外隆突特显。颧结节明显。颅形为卵圆形，矢状嵴显著。下颌角大，无下颌圆枕，下颌颏形圆尖形。犬齿窝浅平，腭形为椭圆形，眶形为圆角方形。保存下颌左侧P_2，附着于齿槽窝内。游离状态的牙齿有下颌左右侧I_2，上颌右侧C，下颌左、右侧C，上颌右侧P^1、P^2，左侧P^2，上颌左侧M^2齿冠大部分磨耗，从颊侧向舌侧偏斜式磨耗，髓腔完全暴露。上颌右侧P^1磨耗Ⅲ～Ⅳ级，但由于下颌牙齿生前脱落，齿槽窝闭合，因此上颌右侧P^1磨耗偏轻。下颌侧门齿齿质完全暴露，连成条状。

股骨、胫骨保留骨干部分，股骨头残破。骨干中等粗壮，骨间嵴发达，颈干角大。左右侧肱骨保存骨干部分，尺骨仅存右侧上部。

2006CWPM183的上颌左侧P^2为龋齿，仅存少许颊侧齿冠。颅长值为174.5mm，颅宽值为140.5mm，颅指数为80.52，属于圆（短）颅型，接近圆（短）颅型的下限。该个体为一例大于56岁的男性。

2006CWPM184为双人合葬墓，分别葬于墓内南侧和北侧。南侧头骨残破。上下颌保存稍好。头骨小。眉弓弱，眉间突度不显，眶形圆形，眶上缘锐薄。梨状孔心形，腭形呈抛物线形，无腭圆枕。下颌颏形尖形，下颌角中等。髁突小。下颌第三臼齿终生未萌出。下颌左侧M_1脱落，齿槽窝完全闭合。右侧M_1仅存齿根，齿冠不存。枕外隆突稍显。下肢骨保存骨干部分，股骨头、下端关节面残损。股骨、胫骨骨干纤细，骨间嵴发育中等，股骨头关节面小。左右侧肱骨保存骨干部分，肱骨头、下端滑车关节部分残缺，肱骨骨干发育中等。为一例中老年女性

① K. Pearson.Karl, Bell.Julia. A study of the long bones of the English skeleton, Cambridge University Press, London. 1917. 转引自张君：《河南商丘潘庙古代人骨种系研究》，《考古求知集——96考古研究所中青年学术讨论会文集》，中国社会科学出版社，1997年，第486～498页。

② 张继宗：《中国汉族女性长骨推断身长的研究》，《人类学学报》，2001年4期。

个体。

北侧头骨尚完整，但一移动就破碎成碎块。眉弓弱，眉间突度不显。额部平直，眶上缘锐薄。乳突中等，枕外隆突中等。眶形方形，鼻型Ⅲ型，梨状孔梨形，其下缘锐型。犬齿窝浅平。鼻棘弱，为Broca Ⅰ级。颧骨中等高宽，颧颌下缘转折处方折明显，颧颌缘结节明显。无额中缝。下颌颏形圆形，下颌角小，下颌枝宽。下颌左侧M_3阻生。右侧M_3未萌出。下颌除了左侧I_2，其余牙齿全。下颌右侧M_1为深龋，齿冠仅存舌侧1/3齿冠。下颌左侧M_1磨耗Ⅲ级。无下颌圆枕。上颌保存左侧C-M^2，右侧C-M^3。右侧股骨股骨头、下端关节面残损。左侧股骨颈干角大。左右侧股骨骨干粗壮，骨间嵴呈唇样。左侧肱骨仅存骨干及下端滑车部分，骨干中等粗壮。为一例30岁左右的男性。

北侧头骨可测量少数面部项目，包括有眶宽1（右）为41.1mm，眶宽1（左）为38.7mm，眶宽2（右）为39.6mm，眶宽2（左）无法测量，眶高（右）为35.5mm，眶高（左）为36.1mm。根据眼眶测量值计算出眶指数1（右）为86.37，属于高眶型，眶指数1（左）为93.28，属于高眶型，眶指数2（右）为89.65，亦属于高眶型。内侧两眶宽（fmo-fmo）值为98.9mm，鼻根点至内侧两眶宽矢高为8.2mm，鼻颧角值为163.0°，属于特大级。鼻高值为53.4mm，鼻宽值为26.2mm，鼻指数为49.06，属于中鼻型。

北侧个体左侧股骨完整，测量其最大长为455.0mm。根据K. 皮尔逊①和邵象清②设计的男性身高公式计算M184北侧个体的身高，前者的公式为S=81.306+1.880F，后者的男性身高公式为S=64.362+2.30F ± 3.481（左），公式中S代表身高，F代表股骨最大长，单位为cm。K. 皮尔逊公式计算M184北侧个体身高为166.85cm，邵象清公式计算出的身高为169.01 ± 3.481cm，范围在165.53 ~ 172.49cm之间。

表1　重庆巫山县琵琶洲遗址和山包墓地出土人骨鉴定结果表

单位号	年代	保存状况	性别特征	年龄特征	病理	鉴定结果
1998CWPM2	西汉早期	仅保存头骨碎片若干，下颌骨喙突部分残缺	眉弓中等，眶上缘锐薄。乳突中等，枕外隆突显著	下颌左侧M_1磨耗Ⅳ级，右侧M_1磨耗Ⅵ级	下颌左侧罹患P_1根尖脓肿	为一例中老年男性个体
1998CWPM4	东汉中期	保存股骨、肱骨骨干残段	股骨骨壁厚，骨重。骨间嵴发达	肱骨头骨干骨骺愈合	无	可能为一例成年男性个体
1998CWPM6	西汉中晚期	保存头骨残片若干。髋骨残成碎块。股骨、肱骨残成几段	额部中斜，额结节明显，枕外隆突显著。眶三角区发达。耳状面平直，有韧带沟。耳状面上缘复合弧与坐骨大切迹前缘重合。坐骨大切迹窄而深	上颌左侧P^1、P^2舌侧齿质点暴露，上颌左、右侧M^1磨耗Ⅲ ~ Ⅳ级	无	为一例35 ~ 40岁的男性

① K.Pearson. Karl, Bell. Julia. A study of the long bones of the English skeleton, Cambridge University Press, London. 1917. 转引自张君：《河南商丘潘庙古代人骨种系研究》，《考古求知集——96考古研究所中青年学术讨论会文集》，中国社会科学出版社，1997年，第486 ~ 498页。

② 邵象清：《人体测量手册》，上海辞书出版社，1985年。

续表

单位号	年代	保存状况	性别特征	年龄特征	病理	鉴定结果
1998CWPM7	西汉初期	仅保存左右侧四肢骨骨干残段若干块	股骨骨轻，骨壁薄。骨干纤细，骨间嵴发育弱	胫骨上下端关节面骨干骨骺愈合	无	可能为一例成年女性个体
2000CWPH15	唐代	保存头骨残片少许。股骨上端股骨头、下端关节面残破	额平直。乳突特小，枕外隆突稍显。额结节、顶结节发达。股骨骨干特别纤细，骨间嵴弱	下颌左侧M_1磨耗Ⅰ级	上颌中门齿唇侧出现上下两条浅凹痕，为牙釉质发育不全症状	为一例20岁左右的女性
2006CWPM183	不明	颅骨枕骨大孔处残破，面骨残破成碎片。股骨、胫骨保留骨干部分	眉弓中等，眉间突度弱。额部平直。眶上缘锐薄。乳突中等，枕外隆突特显。股骨骨间嵴发达，颈干角大	下颌侧门齿齿质完全暴露，连成条状	上颌左侧P^2为龋齿，仅存少许颊侧齿冠	一例大于56岁的男性
2006CWPM184南侧	西汉	头骨残破。上下颌保存稍好。上、下肢骨保存骨干部分	头骨小。眉弓弱，眉间突度不显。股骨、胫骨骨干纤细，骨间嵴发育中等，股骨头关节面小	下颌左侧M_1脱落，齿槽窝完全闭合。右侧M_1仅存齿根，齿冠不存	无	为一例中老年女性个体
2006CWPM184北侧	西汉	头骨尚完整，但一旦移动就破碎成碎块。股骨股骨头、下端关节面残损。肱骨仅存骨干及下端滑车部分	眉弓弱，眉间突度不显。额部平直，眶上缘锐薄。乳突中等，枕外隆突中等。颧颌缘结节明显。股骨颈干角大。骨干粗壮，骨间嵴呈唇样	下颌左侧M_1磨耗Ⅲ级	下颌右侧M_1为深龋，仅存舌侧1/3齿冠	为一例30岁左右的男性

Abstract

This report publishes information of the rescue excavations carried out by the Changjiang Three Gorges Archaeological Team of the Institute of Archaeology of the Chinese Academy of Social Sciences from 1997 to 2006 at the Pipazhou site and Shanbao cemetery in Wushan county, Chongqing, in cooperation with the construction of the Three Gorges Project. The report is divided into five chapters, including 3 appendix, 289 figures and 134 plates.

The first chapter mainly introduces the geographical location, natural environment, cultural background of Wushan county, the general situation of Pipazhou site and Shanbao cemetery, and the excavation in seven years. Since 1997, a total of 9,420.75 square meters have been excavated, and 100 tombs, 30 ash pits, 4 ditches,1 pit,1 drainage pipeline and 1 pool have been unearthed.

The second chapter introduces the strata, features and relics of Pipazhou site in detail. There are 29 ash pits, 4 ditches, 1 drainage pipeline and 1 pool in the site. This site should be mainly the remains of the Han Dynasty. Except that no Han Dynasty strata accumulation was found in the northwest of Pipazhou mound in 1998CWPT4011~T4013, Han Dynasty strata accumulation was found in the lower layer of other excavation areas. Although only two types of Han Dynasty relics, namely, ash pit and ditch, have been found, a large number of Han Dynasty building materials, such as tube tiles, slab tiles the heads of tiles, have also been unearthed. At the same time, Han Dynasty relics, such as copper coins (such as 'Wuzhu' and 'Daquan Wushi'), bronze arrowheads, ear cup with a copper rim, and pottery *Zeng*, have also been unearthed. Since the site was an ideal place for living in the past dynasties, the site was seriously damaged after the Han Dynasty.

The third chapter firstly summarizes the excavation situation, distribution of tombs and types of tombs in Shanbao cemetery. Then, the strata accumulation of the cemetery is introduced by taking the west wall of 2003CWPT1004, the south wall of 2004CWPT3501 and the west wall of 2006CWPT4307 as examples. Finally, the 100 tombs and funerary objects that have been excavated in Shanbao cemetery are introduced in detail according to the three types of tombs from the late Warring States Period to the Han Dynasty, Song Dynasty and unknown ages. The tombs from the late Warring States period to the Han Dynasty are classified and introduced according to the two construction methods of vertical pit tombs and cave tombs.

The fourth chapter studies the 81 tombs from the Warring States Period to the Han Dynasty in the Shanbao cemetery by stages. Among them, 55 tombs can be divided into six phases, and the remaining

26 cannot be phased. The first to sixth periods are from the late Warring States period to the early Western Han Dynasty, the early Western Han Dynasty, the middle and late Western Han Dynasty, the early Eastern Han Dynasty, the middle Eastern Han Dynasty and the late Eastern Han Dynasty. Finally, the relationship between the Shanbao cemetery and the site, the layout of the cemetery, the formation process of the cemetery, the direction of the burial, and cultural factors are discussed. The Pipazhou site and the Shanbao cemetery are only three or four hundred meters apart, so they should belong to the same settlement. The general distribution trend of the Shanbao cemetery is concentric circles, which has experienced the formation process of expanding from the middle of the mountain to the periphery. Most of the tombs in the Shanbao cemetery are in roughly the same direction as the terrain. Moreover, most of the tombs with passages in the cemetery are oriented towards the lower ground. Shanbao cemetery is a cemetery of the Han Dynasty with local cultural factors and influenced by various cultural factors.

The fifth chapter is the conclusion, which presents a brief overview of the Pipazhou site and the Shanbao cemetery mentioned above. The above findings provide important materials for us to study the settlement layout, the funeral system and culture of the Han Dynasty in the Three Gorges area.

后　记

琵琶洲遗址与山包墓地的发掘工作由中国社会科学院考古研究所长江三峡工作队承担，自1997年11月始至2006年3月止共历时10年。先后参加发掘的人员有杨虎、郑若葵、丛德新、陈超、付仲杨、赵慧民、梁中合、贾笑冰、李学来、黄卫东、王铮、黎明、刘琦、贺战武、郭留通、张绪武、钱常有、毕道传、杨利伟、裴建卫、申国胜、李涛、傅群启、张水峰、周海铎、丁昌峰、张召刚、董海鹏、徐少华、钱道勋、李青山和罗志宏。发掘期间得到重庆市文化局、重庆中国三峡博物馆、巫山县文化局和巫山县文物管理所（巫山博物馆）等相关部门的大力支持和协助。在资料核查、整理和报告编写过程中，得到了重庆市文物局王建国先生、重庆中国三峡博物馆李琳女士、巫山博物馆张潜馆长、张辉副馆长、袁毅先生等人的大力支持和热忱帮忙，在此谨致谢忱。

出土器物修复和绘图工作在每个年度田野工作结束后大部分已完成。本报告资料后期整理、编写工作由付仲杨负责。王一凡、陕西师范大学硕士研究生彭子源参加了后期资料整理工作。遗迹线图由付仲杨、崔凡绘制，器物线图由崔凡、陕西师范大学硕士研究生彭子源和浦泽心以及厦门大学硕士研究生匡正潇和钟泽宇绘制。器物照片和部分铜钱拓片由巫山博物馆提供。

本报告的主编为付仲杨，副主编为梁中合、丛德新。具体分工如下：第一章由付仲杨撰写；第二章由付仲杨、彭子源撰写；第三章由付仲杨、王一凡、彭子源撰写；第四章由付仲杨、彭子源撰写；第五章由付仲杨撰写。人骨鉴定和研究部分由西北大学文化遗产学院陈靓先生完成。报告初稿完成后西安文理学院本科生邵祎晨逐一核对器物尺寸大小。英文摘要由北京大学考古文博学院博士研究生陈珂尧翻译。后期审校由中国社会科学院大学历史学院博士研究生王耀文完成。

报告在编写、出版过程中，得到了中国社会科学院考古研究所张国春、陈星灿、施劲松、李新伟、徐良高、梁中合、丛德新、彭小军、常怀颖等领导和先生们的大力支持。杨勇先生专门抽出宝贵时间对初稿进行了认真仔细的审读，并提出诸多宝贵意见和建议。科学出版社王光明先生与杨烁女士为本报告的出版付出了大量心血。在此，一并致以诚挚的谢意！

编　者

2025年2月8日

图 版

1. 1998年琵琶洲台地全景（西→东）

2. 2000年琵琶洲台地全景（东北→西南）

琵琶洲台地1998年和2000年全景

图版2

1. 1998年琵琶洲山包墓地钻探和发掘工作照（东→西）

2. 2003年库区蓄水后琵琶洲山包墓地全景（东北→西南）

1998年琵琶洲山包墓地工作照和2003年山包墓地全景

1. 2003年库区蓄水后琵琶洲山包墓地全景（西→东）

2. 1998CWPT3001～T3008全景（西→东）

2003年山包墓地全景和1998CWPT3001～T3008全景

图版4

1. 雍正通宝（98T1008②：1）正面

2. 雍正通宝（98T1008②：1）背面

3. 乾隆通宝（98T1008②：2）正面

4. 乾隆通宝（98T1008②：2）背面

5. 乾隆通宝（98T1002①：1）正面

6. 乾隆通宝（98T1002①：1）背面

1998年琵琶洲遗址出土铜钱

1. 大泉五十（98T3008H5：3）

2. 五铢（98T3008H5：4）

3. 剪轮五铢（98T3005⑤：1）

4. 铁削（98T1008④：1）

5. 铁钱（98T4012④：1）

6. 铁器（98T3008H5：1）

1998年琵琶洲遗址出土铜钱和铁器

1. 筒瓦（98T1002③：1）

2. 筒瓦（98T1002③：2）

3. 筒瓦（98T4011⑤：2）

4. 瓦当（98T4011⑤：1）

1998年琵琶洲遗址出土陶器

1. 陶碗（98T4011⑥：1）

2. 陶碗（98T4013⑥：1）

3. 陶碟（98T4012⑥：1）

4. 圆陶片（98T3008H5：2）

5. 圆陶片（98T3008H5：5）

6. 瓦当（99T3019H3：1）

1998年和1999年琵琶洲遗址出土陶器

图版8

1. 陶纺轮（99T3020H4：1）

2. 铜耳杯扣（99T3021②：1）

3. 铁钩（99T3018②：2）

4. 铁钉（99T3014②：2-1）

5. 铁锥（99T3018②：1）

6. 铁镞（99T3023②：1）

1999年琵琶洲遗址出土陶器、铜器和铁器

1. 2000年秋琵琶洲遗址Ⅰ区发掘现场（南→北）

2. 2000年秋琵琶洲遗址Ⅲ区发掘现场（西→东）

2000年琵琶洲遗址发掘现场

图版10

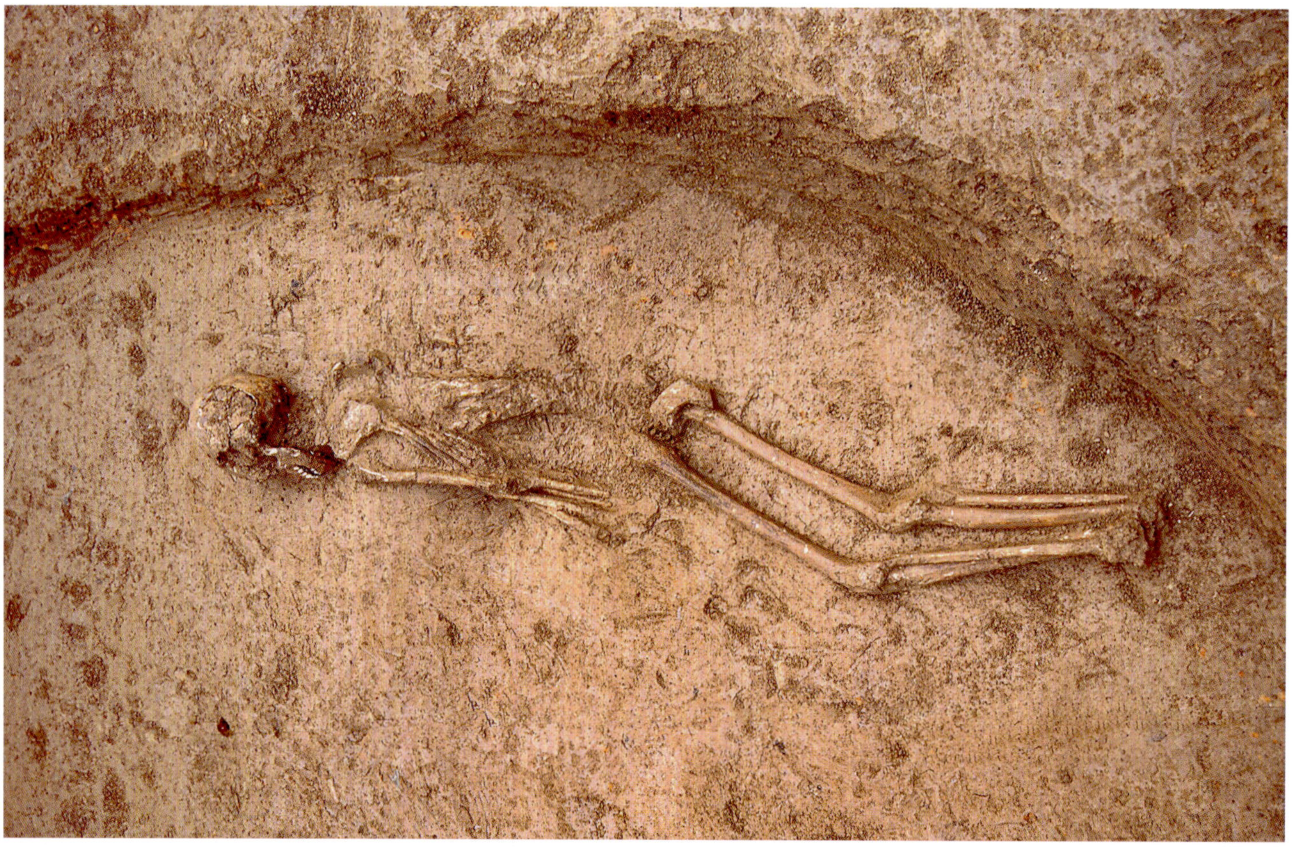

1. 2000CWPT1051H15出土人骨（东→西）

2. 2000CWPGD1和SC1（东→西）

2000年琵琶洲遗址H15、GD1和SC1

1. 板瓦（00T1059④：1）凸面

2. 板瓦（00T1059④：1）凹面

3. 筒瓦（00T1030③：2）凸面

4. 筒瓦（00T1030③：2）凹面

5. 筒瓦（00T1052⑤：1）凸面

6. 筒瓦（00T1052⑤：1）凹面

2000年琵琶洲遗址出土陶瓦（一）

1. 筒瓦（00T1054GD1：30-1）凸面

2. 筒瓦（00T1054GD1：30-1）凹面

3. 筒瓦（00T1061GD1：26-1）凸面

4. 筒瓦（00T1061GD1：26-1）凹面

5. 筒瓦（00T1061GD1：26-2）凸面

6. 筒瓦（00T1061GD1：26-2）凹面

2000年琵琶洲遗址出土陶瓦（二）

1. 瓦当（00T1022③：2）当面

2. 瓦当（00T1022③：2）当背

3. 瓦当（00T1022③：4）当面

4. 瓦当（00T1022③：4）当背

5. 瓦当（00T1026③：1）当面

6. 瓦当（00T1026③：1）当背

2000年琵琶洲遗址出土陶瓦当

图版14

1. 瓦当（00T1054④：2）

2. 瓦当（00T1058③B：2）

3. 滴水（00T1058③B：1）

4. 陶纺轮（00T1017③：1）

5. 陶纺轮（00T1024③：1）

6. 陶纺轮（00T1057⑤：3）

2000年琵琶洲遗址出土陶瓦当、滴水和纺轮

1. 陶纺轮（00T1058⑤：1）

2. 陶纺轮（00T1068④：1）

3. 陶纺轮（00T3019G1：1）

4. 陶网坠（00T1025③：2）

5. 陶网坠（00T1025③：3）

6. 陶网坠（00T1030③：5）

2000年琵琶洲遗址出土陶纺轮和网坠

图版16

1. 陶网坠（00T1057④：1）

2. 陶网坠（00T1057⑤：2）

3. 陶网坠（00T1058⑤：2）

4. 陶网坠（00T1062④：1）

5. 陶网坠（00T1065④：5）

6. 圆陶片（00T1025③：1）

2000年琵琶洲遗址出土陶网坠和圆陶片

1. 00T1030③：3

2. 00T1031③：2

3. 00T1031③：3

4. 00T1031③：4

5. 00T1031③：5

6. 00T1031③：6

2000年琵琶洲遗址出土圆陶片

图版18

1. 圆陶片（00T1031③：7）

2. 圆陶片（00T1031③：8）

3. 圆陶片（00T1031③：9）

4. 圆陶片（00T1019③：1）

5. 瓷碗（00T1050④：1）

6. 瓷碗（00T1051④：8）

2000年琵琶洲遗址出土圆陶片和瓷碗

1. 硬陶盏（00T1064④：2）

2. 石锛（00T1012③：1）

3. 石锛（00T1063⑥：2）

4. 石斧（00T1023③：1）

5. 石网坠（00T1051④：1）

6. 铁钩（00T1030③：1）

2000年琵琶洲遗址出土硬陶器、石器和铁器

图版20

1. 铁刀（00T1054④：1）

2. 铁刀（00T1055④：2）

3. 铁刀（00T1065④：1）

4. 铁凿（00T1059④：2）

5. 铜簪（00T1056④：1）

6. 铜环（00T1012③：2）

2000年琵琶洲遗址出土铁器和铜器

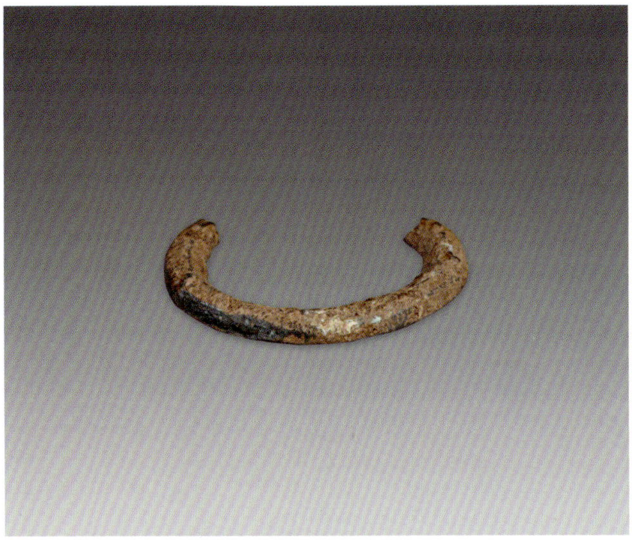

1. 铜环（00T1031③：11）

2. 铜环（00T1031③：10）

3. 铜环（00T1031③：12）

4. 铜耳杯扣（00T1031③：13）

5. 铜镞（00T1014③：1）

6. 铜镞（00T3032H2：2）

2000年琵琶洲遗址出土铜器

图版22

1. 五铢铜钱（00T1012③：3）

2. 五铢铜钱（00T1065④：2）

3. 五铢铜钱（00T1065④：4）

4. 货泉铜钱（00T1026③：2）

5. 货泉铜钱（00T1057⑤：4）

6. 开元通宝（00T1060H16：1）

2000年琵琶洲遗址出土铜钱

1. 铜钱（00T1022③：1）

2. 琉璃管（00T1051④：6）

3. 2003年琵琶洲山包墓地发掘现场（东北→西南）

2000年琵琶洲遗址出土器物和2003年山包墓地发掘现场

图版24

1. 1998CWPM2发掘照（东→西）

2. 1998CWPM2墓室（北→南）

3. 1998CWPM5墓底（北→南）

山包墓地M2和M5

1. 1998CWPM5（南→北）

2. 1998CWPM6（西北→东南）

3. 1998CWPM7（西北→东南）

山包墓地M5、M6和M7

图版26

1. 1998CWPM7出土器物（西→东）

2. 2003CWPM102（西→东）

3. 2003CWPM103（东北→西南）

山包墓地M7、M102和M103

1. 2003CWPM103壁龛出土器物（东北→西南）

2. 2003CWPM106（东北→西南）

3. 2003CWPM109（南→北）

山包墓地M103、M106和M109

1. 2003CWPM106出土陶器（东北→西南）

2. 2003CWPM110（西北→东南）

3. 2003CWPM111（东南→西北）

山包墓地M106、M110和M111

1. 2003CWPM111壁龛出土器物（右侧为漆器；东南→西北）

2. 2003CWPM112（东→西）

3. 2003CWPM114（西南→东北）

山包墓地M111、M112和M114

1. 2003CWPM112工作照（东北→西南）

2. 2003CWPM112出土陶器（南→北）

山包墓地M112

1. 2003CWPM116壁龛出土器物（东北→西南）

2. 2003CWPM116（东北→西南）

3. 2003CWPM118（西北→东南）

山包墓地M116和M118

1. 2003CWPM118墓室出土器物（南→北）

2. 2003CWPM119（东→西）

3. 2003CWPM120（东南→西北）

山包墓地M118、M119和M120

1. 2003CWPM119出土陶器（南→北）

2. 2003CWPM119出土石珠（西→东）

山包墓地M119出土器物

图版34

1. 2003CWPM123壁龛出土器物（东南→西北）

2. 2003CWPM122（东北→西南）

3. 2003CWPM123（东南→西北）

山包墓地M122和M123

1. 2003CWPM124壁龛出土器物（东→西）

2. 2003CWPM124（东→西）

3. 2003CWPM125（东南→西北）

山包墓地M124和M125

1. 2003CWPM129（东南→西北）

2. 2003CWPM130（东南→西北）

3. 2003CWPM131（西→东）

4. 2003CWPM131墓室（东→西）

山包墓地M129、M130和M131

1. 2003CWPM131墓室底部和出土人骨（上北；俯拍）

2. 2003CWPM131头箱出土器物（上东；俯拍）

山包墓地M131

1. 2003CWPM133壁龛出土器物（最左侧为漆器；东北→西南）

2. 2003CWPM132（东南→西北）

3. 2003CWPM133（东北→西南）

山包墓地M132和M133

1. 2003CWPM132南侧出土陶器（上西南；俯拍）

2. 2003CWPM132北侧出土陶器（上东北；俯拍）

山包墓地M132出土器物

1. 2004CWPM134（东→西）

2. 2004CWPM135（东南→西北）

3. 2004CWPM136（东北→西南）

4. 2004CWPM137（东南→西北）

山包墓地M134、M135、M136和M137

1. 2004CWPM138（西→东）

2. 2004CWPM140（东北→西南）

3. 2004CWPM141（西→东）

4. 2004CWPM145（东→西）

山包墓地M138、M140、M141和M145

1. 2004CWPM145壁龛出土器物（东→西）

2. 2004CWPM146出土器物（西南→东北）

山包墓地M145和M146

1. 2004CWPM146（西南→东北）

2. 2004CWPM165（西北→东南）

3. 2004CWPM166（东南→西北）

4. 2004CWPM168（东南→西北）

山包墓地M146、M165、M166和M168

1. 1998CWPM1（南→北）

2. 1998CWPM1墓室结构（南→北）

3. 1998CWPM3（西南→东北）

4. 1998CWPM4（东→西）

山包墓地M1、M3和M4

1. 1998CWPM3东侧壁和后壁（西→东）

2. 1998CWPM3墓室西侧壁（东南→西北）

山包墓地M3

1. 1998CWPM3甬道和墓室出土遗物（东北→西南）

2. 1998CWPM3清理工作照（南→北）

山包墓地M3出土器物和工作照

1. 1998CWPM3墓砖1纹饰

2. 1998CWPM3墓砖2纹饰

3. 1998CWPM3墓砖1背面

4. 1998CWPM3墓砖2背面

山包墓地M3出土墓砖

1. 1998CWPM4墓室北壁打破M5情况（南→北）

2. 1998CWPM4墓室后壁青石块（东→西）

山包墓地M4

1. 2003CWPM113（东→西）

2. 2003CWPM121（西→东）

3. 2003CWPM121（东→西）

4. 2003CWPM126（西南→东北）

山包墓地M113、M121和M126

1. 2003CWPM117（西南→东北）

2. 2003CWPM117墓室（东北→西南）

3. 2003CWPM101（东南→西北）

4. 2003CWPM104（西南→东北）

山包墓地M117、M101和M104

1. 2003CWPM107（西北→东南）

2. 2003CWPM108（东→西）

3. 2003CWPM128（东南→西北）

山包墓地M107、M108和M128

图版52

1. A型Ⅰ式陶鼎（M119：2）

2. A型Ⅱ式陶鼎（M118：3）

3. A型Ⅲ式陶鼎（M110：9）

4. B型Ⅰ式陶鼎（M7：1）

5. B型Ⅰ式陶鼎（M106：3）

6. B型Ⅰ式陶鼎（M112：2）

山包墓地出土A型和B型陶鼎

1. B型Ⅰ式陶鼎（M146：2）

2. B型Ⅰ式陶鼎（M148：1）

3. B型Ⅰ式陶鼎（M154：1）

4. B型Ⅰ式陶鼎（M171：7）

5. B型Ⅱ式陶鼎（M169：2）

6. B型Ⅲ式陶鼎（M147：12）

山包墓地出土B型陶鼎

图版54

1. B型Ⅲ式陶鼎（M168：6）

2. C型陶鼎（M5：2）

3. C型陶鼎（M130：1）

4. Ⅰ式陶敦（M106：2）

5. Ⅰ式陶敦（M119：3）

6. Ⅰ式陶敦（M146：3）

山包墓地出土B型、C型陶鼎和Ⅰ式陶敦

1. Ⅱ式陶敦（M148：3）

2. Ⅱ式陶敦（M154：2）

3. A型Ⅰ式陶盒（M118：1）

4. A型Ⅱ式陶盒（M141：9）

5. B型陶盒（M7：2）

6. B型陶盒（M112：1）

山包墓地出土Ⅱ式陶敦、A型和B型陶盒

图版56

1. B型陶盒（M171：6）

2. C型陶盒（M130：2）

3. C型陶盒（M166：5）

4. C型陶盒（M166：20）

5. A型Ⅰ式陶豆（M119：4）

6. A型Ⅱ式陶豆（M123：3）

山包墓地出土B型、C型陶盒和A型陶豆

1. A型Ⅱ式陶豆（M144：02）

2. A型Ⅱ式陶豆（M144：03）

3. A型Ⅱ式陶豆（M146：1）

4. B型陶豆（M2：3）

5. B型陶豆（M125：1）

6. Aa型陶灶（M168：4）

山包墓地出土A型、B型陶豆和Aa型陶灶

图版58

1. Ab型Ⅰ式陶灶（M165：10）

2. Ab型Ⅱ式陶灶（M136：8）

3. Ab型Ⅱ式陶灶（M169：5）

4. Ab型Ⅱ式陶灶（M110：8）

5. Ab型Ⅱ式陶灶（M140：5）

6. Ba型Ⅰ式陶灶（M118：10）

山包墓地出土Ab型和Ba型陶灶

1. Ba型Ⅱ式陶灶（M137：9）

2. Ba型Ⅱ式陶灶（M141：8）

3. Ba型Ⅱ式陶灶（M147：4）

4. Ba型Ⅱ式陶灶（M166：15）

5. Bb型Ⅱ式陶灶（M151：03）

6. Bb型Ⅱ式陶灶（M179：7）

山包墓地出土Ba型和Bb型陶灶

图版60

1. Bb型Ⅰ式陶灶（M180：1）

2. Bb型Ⅱ式陶灶（M131：11）

3. A型Ⅰ式陶甑（M179：14）

4. A型Ⅰ式陶甑（M179：17）

山包墓地出土Bb型陶灶和A型陶甑

1. A型Ⅱ式陶甑（M137：2）

2. A型Ⅱ式陶甑（M137：6）

3. A型Ⅱ式陶甑（M141：2）

山包墓地出土A型陶甑

1. A型Ⅱ式陶甑（M141：10）

2. B型Ⅰ式陶甑（M4：17）

3. B型Ⅰ式陶甑（M4：24）

山包墓地出土A型和B型陶甑

1. B型Ⅰ式陶甑（M118：6）

2. B型Ⅰ式陶甑（M118：7）

3. B型Ⅰ式陶甑（M165：2）

山包墓地出土B型陶甑（一）

1. B型Ⅰ式陶甑（M168：2）

2. B型Ⅰ式陶甑（M168：7）

3. B型Ⅰ式陶甑（M180：5）

山包墓地出土B型陶甑（二）

1. B型Ⅱ式陶甑（M131：5）

2. B型Ⅱ式陶甑（M136：6）

3. B型Ⅱ式陶甑（M162D1：01）

山包墓地出土B型陶甑（三）

1. Aa型Ⅰ式陶壶（M7：3）

2. Aa型Ⅰ式陶壶（M106：1）

3. Aa型Ⅰ式陶壶（M112：3）

4. Aa型Ⅰ式陶壶（M146：4）

5. Aa型Ⅱ式陶壶（M5：3）

6. Aa型Ⅱ式陶壶（M171：1）

山包墓地出土A型陶壶（一）

1. Aa型Ⅱ式陶壶（M171：2）

2. Ab型Ⅰ式陶壶（M2：1）

3. Ab型Ⅰ式陶壶（M148：2）

4. Ab型Ⅱ式陶壶（M118：2）

5. Ab型Ⅲ式陶壶（M129D1：01）

6. Ab型Ⅲ式陶壶（M141：6）

山包墓地出土A型陶壶（二）

图版68

1. B型Ⅰ式陶壶（M3：5）

2. B型Ⅰ式陶壶（M132：5）

3. B型Ⅰ式陶壶（M134：1）

4. B型Ⅱ式陶壶（M110：12）

5. B型Ⅱ式陶壶（M140：1）

6. C型陶壶（M147：13）

山包墓地出土B型和C型陶壶

1. C型陶壶（M168：10）

2. C型陶壶（M169：1）

3. D型陶壶（M144：01）

4. E型陶壶（M157：02）

5. A型陶盆（M133：2）

6. A型陶盆（M149：3）

山包墓地出土C型、D型、E型陶壶和A型陶盆

图版70

1. B型陶盆（M116：2）

2. A型Ⅰ式陶钵（M12：38）

3. A型Ⅰ式陶钵（M136：7）

4. A型Ⅰ式陶钵（M169：10）

5. A型Ⅱ式陶钵（M131：6）

6. A型Ⅱ式陶钵（M136：14）

山包墓地出土B型陶盆和A型陶钵

1. Ba型Ⅰ式陶钵（M118：16）

2. Ba型Ⅰ式陶钵（M118：17）

3. Ba型Ⅰ式陶钵（M179：5）

4. Ba型Ⅰ式陶钵（M179：12）

5. Ba型Ⅱ式陶钵（M4：7）

6. Ba型Ⅱ式陶钵（M110：13）

山包墓地出土Ba型陶钵（一）

1. Ba型Ⅱ式陶钵（M135：2）

2. Ba型Ⅱ式陶钵（M137：3）

3. Ba型Ⅱ式陶钵（M157：03）

4. Ba型Ⅱ式陶钵（M165：7）

5. Ba型Ⅱ式陶钵（M166：4）

6. Ba型Ⅱ式陶钵（M166：7）

山包墓地出土Ba型陶钵（二）

1. Bb型陶钵（M166：12）

2. Bb型陶钵（M168：9）

3. C型陶钵（M165：3）

4. D型陶钵（M3：8）

5. Aa型Ⅰ式陶釜（M118：8）

6. Aa型Ⅰ式陶釜（M118：9）

山包墓地出土Bb型、C型、D型陶钵和Aa型陶釜

1. Aa型Ⅰ式陶釜（M137：7）

2. Aa型Ⅰ式陶釜（M141：4）

3. Aa型Ⅰ式陶釜（M179：8）

4. Aa型Ⅰ式陶釜（M179：9）

5. Aa型Ⅰ式陶釜（M180：3）

6. Aa型Ⅱ式陶釜（M131：8）

山包墓地出土Aa型陶釜

1. Aa型Ⅱ式陶釜（M140：3）

2. Aa型Ⅱ式陶釜（M166：13）

3. Aa型Ⅱ式陶釜（M168：3）

4. Ab型陶釜（M136：9）

5. Ab型陶釜（M137：10）

6. 陶鍪（M125：3）

山包墓地出土A型陶釜和陶鍪

图版76

1. Ba型陶釜（M171：8）

2. Ba型陶釜（M123：1）

3. Bb型陶釜（M124：1）

4. Bb型陶釜（M120：1）

5. Ⅰ式陶器座（M118：12）

山包墓地出土B型陶釜和陶器座

1. Ⅰ式陶器座（M179：3）

2. Ⅰ式陶器座（M180：6）

3. Ⅱ式陶器座（M4：25）

山包墓地出土陶器座

1. Ⅱ式陶器座（M137：11）

2. Ⅱ式陶器座（M141D1：01）

3. Aa型Ⅰ式陶罐（M110：5）

4. Aa型Ⅰ式陶罐（M118：4）

山包墓地出土陶器座和Aa型陶罐

1. Aa型Ⅰ式陶罐（M118：14）

2. Aa型Ⅰ式陶罐（M165：4）

3. Aa型Ⅰ式陶罐（M165：9）

4. Aa型Ⅰ式陶罐（M179：6）

5. Aa型Ⅰ式陶罐（M179：19）

6. Aa型Ⅱ式陶罐（M3：4）

山包墓地出土Aa型陶罐（一）

图版80

1. Aa型Ⅱ式陶罐（M4：10）

2. Aa型Ⅱ式陶罐（M4：11）

3. Aa型Ⅱ式陶罐（M110：4）

4. Aa型Ⅱ式陶罐（M110：6）

5. Aa型Ⅱ式陶罐（M110：11）

6. Aa型Ⅱ式陶罐（M136：5）

山包墓地出土Aa型陶罐（二）

1. Aa型Ⅱ式陶罐（M141：1）

2. Aa型Ⅱ式陶罐（M151：01）

3. Aa型Ⅱ式陶罐（M152D1：01）

4. Aa型Ⅱ式陶罐（M151：02）

5. Aa型Ⅲ式陶罐（M147：1）

6. Aa型Ⅲ式陶罐（M147：10）

山包墓地出土Aa型陶罐（三）

图版82

1. Aa型Ⅲ式陶罐（M166：2）

2. Aa型Ⅲ式陶罐（M166：6）

3. Aa型Ⅲ式陶罐（M166：11）

4. Ab型Ⅰ式陶罐（M180：2）

5. Ab型Ⅱ式陶罐（M166：3）

6. Ab型Ⅱ式陶罐（M166：8）

山包墓地出土Aa型和Ab型陶罐

1. Ac型Ⅰ式陶罐（M3：7）

2. Ac型Ⅰ式陶罐（M132：2）

3. Ac型Ⅰ式陶罐（M165：5）

4. Ac型Ⅰ式陶罐（M165：6）

5. Ac型Ⅰ式陶罐（M165：8）

6. Ac型Ⅱ式陶罐（M131：10）

山包墓地出土Ac型陶罐

1. Ac型Ⅱ式陶罐（M131：12）

2. Ac型Ⅱ式陶罐（M162D1：02）

3. Ac型Ⅱ式陶罐（M162D1：03）

4. Ba型Ⅰ式陶罐（M118：11）

5. Ba型Ⅰ式陶罐（M132：1）

6. Ba型Ⅰ式陶罐（M137：4）

山包墓地出土Ac型和Ba型陶罐

1. Ba型Ⅰ式陶罐（M137：5）

2. Ba型Ⅰ式陶罐（M179：15）

3. Ba型Ⅰ式陶罐（M179：16）

4. Ba型Ⅰ式陶罐（M179：18）

5. Ba型Ⅱ式陶罐（M4：6）

6. Ba型Ⅱ式陶罐（M4：21）

山包墓地出土Ba型陶罐（一）

图版86

1. Ba型Ⅱ式陶罐（M110：7）

2. Ba型Ⅱ式陶罐（M140：2）

3. Ba型Ⅱ式陶罐（M141：3）

4. Ba型Ⅱ式陶罐（M141：5）

5. Ba型Ⅱ式陶罐（M180：4）

6. Ba型Ⅱ式陶罐（M180：7）

山包墓地出土Ba型陶罐（二）

1. Ba型Ⅲ式陶罐（M131：1）

2. Ba型Ⅲ式陶罐（M135：4）

3. Ba型Ⅲ式陶罐（M136：4）

4. Ba型Ⅲ式陶罐（M147：5）

5. Ba型Ⅲ式陶罐（M147：14）

6. Ba型Ⅲ式陶罐（M166：9）

山包墓地出土Ba型陶罐（三）

1. Ba型Ⅲ式陶罐（M166：10）

2. Ba型Ⅲ式陶罐（M168：5）

3. Bb型陶罐（M12：25）

4. Bb型陶罐（M118：13）

5. Bb型陶罐（M132：3）

6. Ca型Ⅰ式陶罐（M3：6）

山包墓地出土Ba型、Bb型和Ca型陶罐

1. Ca型Ⅰ式陶罐（M131：9）

2. Ca型Ⅰ式陶罐（M132：4）

3. Ca型Ⅰ式陶罐（M132：6）

4. Ca型Ⅱ式陶罐（M117：3）

5. Ca型Ⅱ式陶罐（M135：1）

6. Cb型Ⅰ式陶罐（M9：1）

山包墓地出土Ca型和Cb型陶罐

图版90

1. Cb型Ⅰ式陶罐（M137：1）

2. Cb型Ⅱ式陶罐（M135：3）

3. Da型Ⅰ式陶罐（M109：1）

4. Da型Ⅰ式陶罐（M116：1）

5. Da型Ⅰ式陶罐（M123：2）

6. Da型Ⅱ式陶罐（M6：1）

山包墓地出土Cb型和Da型陶罐

1. Da型Ⅱ式陶罐（M103：3）

2. Da型Ⅱ式陶罐（M125：2）

3. Da型Ⅱ式陶罐（M149：1）

4. Da型Ⅱ式陶罐（M149：2）

5. Db型Ⅰ式陶罐（M145：2）

6. Db型Ⅱ式陶罐（M103：2）

山包墓地出土Da型和Db型陶罐

图版92

1. E型陶罐（M161：2）

2. Fa型Ⅱ式陶罐（M136：3）

3. Fa型Ⅱ式陶罐（M136：10）

4. Fa型Ⅱ式陶罐（M136：11）

5. Fa型Ⅱ式陶罐（M136：12）

6. Fa型Ⅱ式陶罐（M136：13）

山包墓地出土E型和Fa型陶罐

1. Fa型Ⅰ式陶罐（M110：3）

2. Fa型Ⅰ式陶罐（M110：10）

3. Fa型Ⅰ式陶罐（M131：2）

4. Fa型Ⅰ式陶罐（M131：3）

5. Fa型Ⅱ式陶罐（M131：4）

6. Fb型陶罐（M12：36）

山包墓地出土Fa型和Fb型陶罐

图版94

1. Fb型陶罐（M12：37）

2. Ga型Ⅰ式陶罐（M168：1）

3. Ga型Ⅰ式陶罐（M169：3）

4. Ga型Ⅰ式陶罐（M169：4）

5. Ga型Ⅰ式陶罐（M169：6）

6. Ga型Ⅰ式陶罐（M169：7）

山包墓地出土Fb型和Ga型陶罐

1. Ga型Ⅱ式陶罐（M147：6）

2. Ga型Ⅱ式陶罐（M147：7）

3. Ga型Ⅱ式陶罐（M147：8）

4. Ga型Ⅱ式陶罐（M147：9）

5. Ga型Ⅱ式陶罐（M147：11）

6. Gb型Ⅰ式陶罐（M118：5）

山包墓地出土Ga型和Gb型陶罐

图版96

1. Gb型Ⅰ式陶罐（M179：4）

2. Gb型Ⅰ式陶罐（M179：10）

3. Gb型Ⅰ式陶罐（M179：11）

4. Gb型Ⅰ式陶罐（M179：13）

5. Gb型Ⅱ式陶罐（M137：8）

6. Gb型Ⅱ式陶罐（141：7）

山包墓地出土Gb型陶罐

1. H型陶罐（M138：1）

2. H型陶罐（M138： 2）

3. H型陶罐（M161：1）

4. I型陶罐（M117：1）

5. J型陶罐（M3：14）

6. K型陶罐（M117：4）

山包墓地出土H型、I型、J型和K型陶罐

图版98

1. 陶珠（M166：18）

2. 陶珠（M167：3）

3. 陶板瓦（M11：20）

4. 陶板瓦（M11：20）凹面

山包墓地出土陶珠和陶板瓦

1. Aa型陶立俑（M3：20）正面

2. Aa型陶立俑（M3：20）背面

3. Aa型陶立俑（M4：23）正面

4. Aa型陶立俑（M4：23）背面

5. Aa型陶立俑（M4：29）正面

6. Aa型陶立俑（M4：29）背面

山包墓地出土Aa型陶立俑（一）

1. Aa型陶立俑（M4：33）正面

2. Aa型陶立俑（M4：33）背面

3. Aa型陶立俑（M4：34）正面

4. Aa型陶立俑（M4：34）背面

5. Aa型陶立俑（M4：35）正面

6. Aa型陶立俑（M4：35）背面

山包墓地出土Aa型陶立俑（二）

1. Ab型陶立俑（M3：16）正面

2. Ab型陶立俑（M3：16）背面

3. Ab型陶立俑（M12：24）正面

4. Ab型陶立俑（M12：24）背面

5. B型陶俑-抚琴俑（M4：32）正面

6. B型陶俑-抚琴俑（M4：32）背面

山包墓地出土Ab型陶立俑和B型陶俑

图版102

1. B型陶俑-吹乐俑（M4：27）正面

2. B型陶俑-吹乐俑（M4：27）背面

3. B型陶俑-舞俑（M3：10）正面

4. B型陶俑-舞俑（M3：10）背面

5. 陶鸡俑（M4：16）正面

6. 陶鸡俑（M4：16）侧面

山包墓地出土B型陶俑和陶鸡俑

1. 陶猪俑（M4：1）正面

2. 陶猪俑（M4：1）侧面

3. 陶猪俑（M11：2）正面

4. 陶猪俑（M11：2）侧面

5. 陶狗俑（M3：12）正面

6. 陶狗俑（M3：12）侧面

山包墓地出土陶猪俑和陶狗俑

图版104

1. 陶狗俑（M4：2）正面

2. 陶狗俑（M4：2）侧面

3. 陶狗俑（M4：13）正面

4. 陶狗俑（M4：13）侧面

5. 摇钱树陶器座（M12：40）正面

6. 摇钱树陶器座（M12：40）背面

山包墓地出土陶狗俑和摇钱树陶器座

1. Ⅰ式釉陶锺（M3：15）

2. Ⅰ式釉陶锺（M4：12）

3. Ⅱ式釉陶锺（M11：4）

4. 釉陶罐（M4：8）

5. 瓷盏（M12：14）

6. 瓷碗（M12：21）

山包墓地出土釉陶器和瓷器

图版106

1. 铜盆（M155：2）

2. 铜鍪（M9：2）

3. A型铜镜-乳钉神兽纹镜（M136：15）

4. A型铜镜-乳钉神兽纹镜（M166：1-2）

5. B型铜镜-连弧纹日光镜（M166：1-1）

6. C型铜镜-蟠螭纹镜（M179：1）

山包墓地出土铜盆、铜鍪和铜镜

1. “宜侯王”铜印（M150：2）

2. “服者君卿”铜印（M167：1）

3. A型铜棺钉（M4：30）正面

4. A型铜棺钉（M4：30）背面

山包墓地出土铜印和A型铜棺钉

图版108

1. A型铜棺钉（M11：3）正面

2. A型铜棺钉（M11：3）背面

3. A型铜棺钉（M11：11）正面

4. A型铜棺钉（M11：11）背面

5. A型铜棺钉（M11：16）正面

6. A型铜棺钉（M11：16）背面

山包墓地出土A型铜棺钉（一）

1. A型铜棺钉（M150：1）正面

2. A型铜棺钉（M150：1）背面

3. A型铜棺钉（150：6）正面

4. A型铜棺钉（M150：6）背面

5. A型铜棺钉（M150：8）正面

6. A型铜棺钉（M150：8）背面

山包墓地出土A型铜棺钉（二）

图版110

1. A型铜棺钉（M153：2）正面

2. A型铜棺钉（M153：2）背面

3. A型铜棺钉（M157：01）正面

4. A型铜棺钉（M157：01）背面

5. A型铜棺钉（M160：2）正面

6. A型铜棺钉（M160：2）背面

山包墓地出土A型铜棺钉（三）

1. B型铜棺钉（M11：6）正面

2. B型铜棺钉（M11：6）背面

3. B型铜棺钉（M113：5）正面

4. B型铜棺钉（M113：5）背面

5. C型铜棺钉（M4：3）正面

6. C型铜棺钉（M4：3）背面

山包墓地出土B型和C型铜棺钉

图版112

1. D型铜棺钉（M12：18）正面

2. D型铜棺钉（M12：18）背面

3. D型铜棺钉（M176：2）正面

4. D型铜棺钉（M176：2）背面

5. A型Ⅰ式铜带钩（M171：3）

山包墓地出土D型铜棺钉和A型铜带钩

1. A型Ⅱ式铜带钩（M150：5）

2. A型Ⅱ式铜带钩（M118：5）

3. A型Ⅲ式铜带钩（M166：16）

4. A型Ⅲ式铜带钩（M167：2）

5. B型铜带钩（M154：4）

山包墓地出土A型和B型铜带钩

图版114

1. C型铜带钩（M110：1）

2. A型铜环（M12：20）

3. B型铜环（M12：17）

4. B型铜环（M12：22）

5. B型铜环（M121：2-1）

6. B型铜环（M150：3）

山包墓地出土C型铜带钩和铜环

1. 铜铃（M11：10）

2. 铜铃（M177：1）

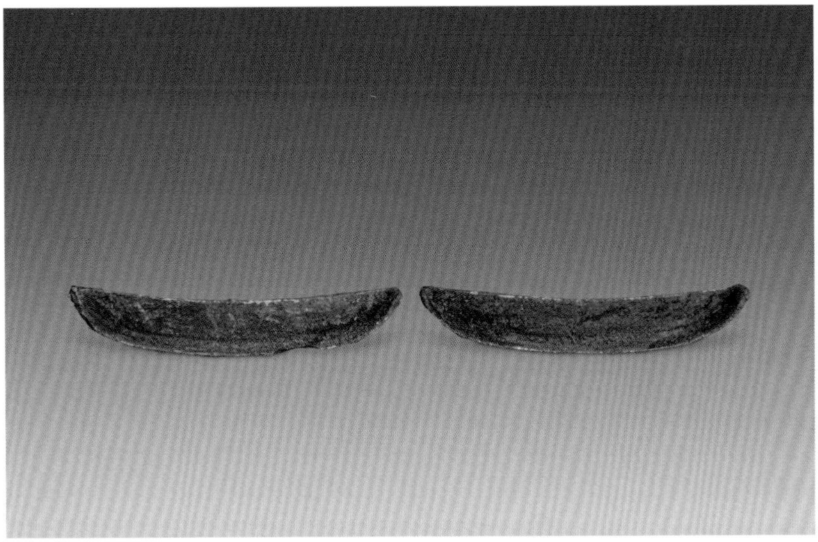

3. 铜耳杯扣（M113：1）

4. 铜棺饰（M11：5）

5. 铜帽饰（M147：15）

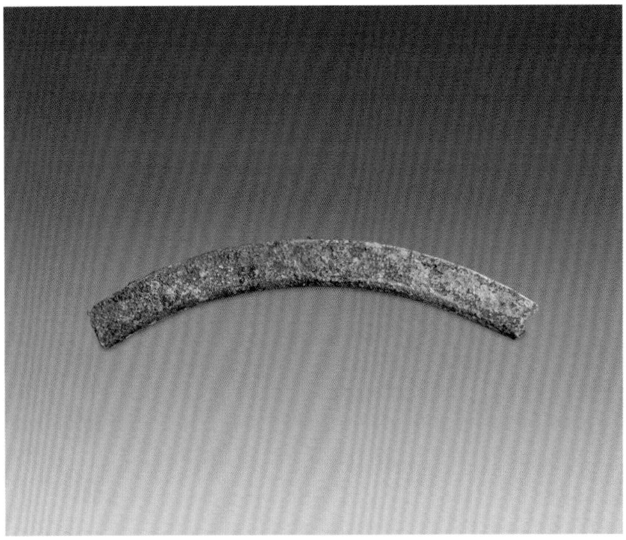

6. 铜饰（M113：3）

山包墓地出土铜器

1. 铜饰（M4：26）

2. 铜摇钱树（M11：22）

3. 铜摇钱树（M12：19）

4. 铜摇钱树（M12：27）

5. 铜摇钱树（M12：28）

山包墓地出土铜饰和铜摇钱树

1. 铁刀（M126填土：1）

2. 铁刀（M160：01）

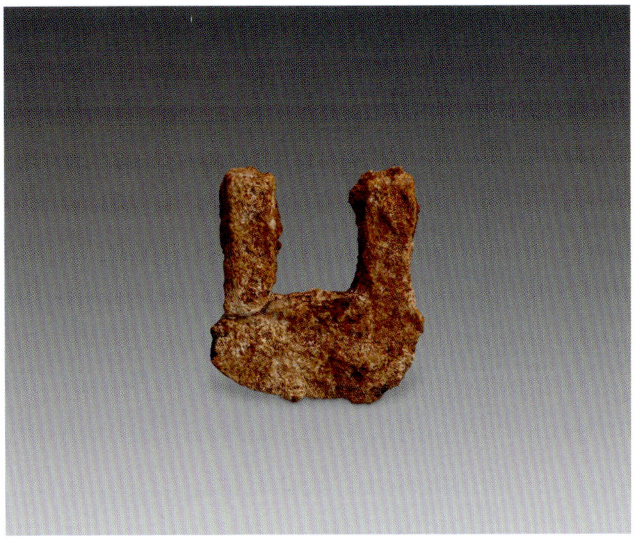

3. 铁锸（M166：21）

4. 铁矛（M131：7）

5. 铁棺钉（M153：1）

6. 石斧（M5填土：1）

山包墓地出土铁器和石斧

1. 石斧（M113：8）

2. 石珠（M1：2）

3. 石珠（M112：4）

4. 石珠（M119：1）

5. 石珠（M160：3）

6. 石瑱（M113：2）

山包墓地出土石斧、石珠和石瑱

1. A型银环（M3：17）

2. A型银环（M3：18）

3. A型银环（M3：19）

4. B型银环（M3：13）

5. B型银环（M3：30）

6. B型银环（M3：33）

山包墓地出土A型和B型银环

图版120

1. B型银环（M3：34）

2. B型银环（M3：35）

3. B型银环（M11：18）

4. B型银环（M12：6）

5. B型银环（M110：2-1～6）

6. B型银环（M151：2）

山包墓地出土B型银环

1. B型银环（M160：1）

2. 角瑱（M111：2）

3. 琉璃瑱（M3：1）

4. 琉璃瑱（M151：1）

5. 琉璃瑱（M162D1：04）

6. 煤精串饰（M177：3）

山包墓地出土B型银环、角瑱、琉璃瑱和煤精串饰

1. 煤精狮子（M177：5）

2. 煤精司南佩（M150：7）

3. 煤精司南佩（M177：4）

4. 五铢铜钱（M3：2）

5. 五铢铜钱（M3：3）

6. 五铢铜钱（M3：9）

山包墓地出土煤精饰品和五铢铜钱

1. 五铢铜钱（M3：22）

2. 五铢铜钱（M3：23）

3. 五铢铜钱（M3：24-1）

4. 五铢铜钱（M3：26-1）

5. 五铢铜钱（M3：29）

6. 五铢铜钱（M3：31）

山包墓地M3出土五铢铜钱

图版124

1. 五铢铜钱（M3：32）

2. 五铢铜钱（M4：4）

3. 五铢铜钱（M4：5）

4. 五铢铜钱（M4：15）

5. 五铢铜钱（M4：18）

6. 五铢铜钱（M4：20）

山包墓地M3和M4出土五铢铜钱

1. 五铢铜钱（M4：22）

2. 五铢铜钱（M4：36）

3. 五铢铜钱（M4：37）

4. 五铢铜钱（M4：38）

5. 半两铜钱（M110：15）

6. 大泉五十铜钱（M113：4-1）

山包墓地出土五铢、半两和大泉五十铜钱

1. 五铢铜钱（M121：3-1-1）

2. 五铢铜钱（M121：3-1）

3. 五铢铜钱（M150：01）

4. 五铢铜钱（M150：4）

5. 五铢铜钱（M155：1-1-1）

6. 五铢铜钱（M155：1-1）

山包墓地出土五铢铜钱（一）

1. 五铢铜钱（M155：1-2-1）

2. 五铢铜钱（M155：1-2）

3. 大泉五十铜钱（M165：1-1）

4. 大泉五十铜钱（M165：1）

5. 五铢铜钱（M166：17-1-1）

6. 五铢铜钱（M166：17-1）

山包墓地出土五铢和大泉五十铜钱

1. 五铢铜钱（M166：17-2-1）

2. 五铢铜钱（M166：17-2）

3. 五铢铜钱（M166：19-1-1）

4. 五铢铜钱（M166：19-1）

5. 五铢铜钱（M166：19-2-1）

6. 五铢铜钱（M166：19-2）

山包墓地出土五铢铜钱（二）

1. 大泉五十铜钱（M169：8-1-1）

2. 大泉五十铜钱（M169：8-1）

3. 大泉五十铜钱（M169：8-2-1）

4. 大泉五十铜钱（M169：8-2）

5. 货泉铜钱（M136：1-1）

6. 货泉铜钱（M136：1）

山包墓地出土大泉五十和货泉铜钱

1. 五铢铜钱（M140：6-1）

2. 五铢铜钱（M140：6）

3. 五铢铜钱（M1：1）

4. 五铢铜钱（M11：7）

5. 五铢铜钱（M11：8）

6. 五铢铜钱（M11：9）

山包墓地出土五铢铜钱（三）

1. 五铢铜钱（M11：13）

2. 五铢铜钱（M11：15）

3. 五铢铜钱（M11：17）

4. 五铢铜钱（M11：19）

5. 五铢铜钱（M12：4）

山包墓地出土五铢铜钱（四）

图版132

1. 五铢铜钱（M12：7）

2. 五铢铜钱（M12：9）

3. 五铢铜钱（M12：10）

4. 五铢铜钱（M12：15）

5. 五铢铜钱（M12：16）

6. 五铢铜钱（M12：32）

山包墓地出土五铢铜钱（五）

1. 五铢铜钱（M131：14）

2. 五铢铜钱（M168：8）

3. 五铢铜钱（M176：1）

4. 大泉五十铜钱（M127：1-1）

5. 货泉铜钱（M131：13）

6. 半两铜钱（M179：2）

山包墓地出土五铢、大泉五十、货泉和半两铜钱

图版134

1. 四系瓷罐（M15：1）

2. 铁棺钉（M143：2）

3. 铁镰（M13：1）

宋代和年代不明墓葬出土四系瓷罐、铁钉和铁镰